Marie-Luise Kreuter

Der Bio-Garten

Marie-Luise Kreuter

Der BIO GARTEN

Der praktische Ratgeber
für den naturgemäßen Anbau
von Gemüse, Obst und Blumen

11. Auflage

BLV Verlagsgesellschaft
München Wien Zürich

CIP-Titelaufnahme der Deutschen Bibliothek

Kreuter, Marie-Luise:
Der Bio Garten: d. prakt. Ratgeber für d. naturgemäßen Anbau von Gemüse, Obst u. Blumen / Marie-Luise Kreuter. – 11. Aufl. – München; Wien; Zürich: BLV Verlagsgesellschaft, 1988
ISBN 3-405-13505-2

Satz: Filmsatz Schröter GmbH, München
Druck: Aprinta, Wemding
Bindung: Ludwig Auer, Donauwörth

Printed in Germany · ISBN 3-405-13505-2

Bildnachweis

Angermayer: 91 o
Apel: 26, 250 u, 283 o, 307 u
BASF: 61 o, 61 u, 61 or
Bayerische Landesanstalt für Bodenkultur und Pflanzenbau: 17 l, 17 m, 17 r
Prof. Bergmann: 60 o
Bühler: 51 o, 79 r, 126, 139, 172 ul, 178 ru, 221 m, 245, 293 u
Burda: 51 u, 93, 148 l, 164, 185 o, 187 u, 188 l, 190, 191, 196, 200, 201 r, 202 ol, 202 u, 208 o, 214, 216 u, 217 m, 218 r, 223, 230, 237 u, 239, 243 u, 257, 280, 288 o, 293 o, 294, 308
Commed: 68 r
Dittmer: 23, 31 r, 43, 46 l, 46 mo, 46 m 46 mu, 47 mo, 47 ro, 47 rm, 47 ru, 50 o, 50 u, 53 u, 54 l, 54 r, 55 u, 56 o, 56 u, 57 o, 57 u, 62 o, 66, 67 o, 67 ml, 67 mr, 67 ur, 67 ul, 72 u, 74 u, 79 l, 79 u, 85, 99 o, 99 u, 100, 108 u, 135 l, 138 l, 138 m, 138 r, 141 lo, 141 r, 146 l, 152, 158 r, 161 u, 162 um, 166 l, 168 innen, 170 lo, 170 lu, 180 lu, 183, 213 o, 216, 217 r, 226 o, 233 o, 237 o, 246 r, 248 u, 251 u, 265 u, 291, 295 o, 295 u, 296 u, 299 o, 299 u
Eisenreich: 15 u, 31 lo, 32, 64, 72 o, 88 ml
Ewald: 301 o
Felbinger: 136 l
Harbauer: 122
Henseler: 98 ul, 98 ur, 103
Herkner: 303 u
Howard: 84 o
Jesse: 92, 159, 211, 225 l, 226 u, 262
Kopp: 16 o, 53 o, 74 m, 75, 132, 145, 149, 150 l, 158 l, 209, 261 ul, 270, 285, 292 m
Lehrstuhl für Pflanzenernährung, Technische Universität München: 60 u
Limbrunner: 87
Malotki: 129
Fa. Neudorff: 102, 104, 108 o
Pachtner: 16 u, 25 u, 175 u, 213 u, 231, 251 o
Pfau: 107 r
Pfletschinger/Angermayer: 89 m, 89 u, 90 ol, 90 u, 90 or, 91 u, 91 gu, 107 l, 303 o
Pforr: 303 m
Pott: 88 mr
Reinhard: 34 u, 35, 39, 40, 55 o, 59, 63 u, 74 o, 82, 88 ol, 88 ul, 89 o, 101 o, 101 u, 121, 155, 167, 168 außen, 171 m, 184 ro, 192, 203, 206 o, 221 l, 222 l, 228 l, 229 u, 235 o, 241 ul, 246 l, 249, 252, 253, 254 l, 265 o, 269, 272 l, 272 r, 279, 281, 284 klein, 290 u, 292 l, 296 o, 297, 302 o
Reithmeyer: 97, 98 o
Schnürer: 15 o
Schumann: 70, 71
Sammer: 37, 55 m, 76 u, 208 u, 218 l, 224 u, 238 r, 244 u, 284 groß, 289
Seidl: 212, 224 o, 225 m, 228 m, 233 u, 234 u, 244 o, 247, 248 o, 261 ur, 266, 267, 271, 273 r, 277, 282, 283 l, 306
Sperling: 144
Stangl: 42, 83, 140 go, 140 o, 140 m, 140 u, 199 l, 236, 256, 274
Stehling: 120, 124, 134, 142, 146 r, 177 u, 182, 233 m, 234 o, 235 u, 241 ur, 243 o, 254 r, 255 l, 255 ro, 255 ru, 261 o, 268, 273 l, 276 u, 286, 300, 301 m, 301 u, 302 u, 304
Stein: 290 or, 307 o
Strauß: 12, 197, 198, 199 r, 204, 206 u, 210, 215, 222 m, 229 o, 232, 242, 259, 275, 276 o, 290 ol, 309
Sulzberger: 130, 131, 161 o, 166 r, 169
USIS/Bonn: 14 (NASA-Photo mit Zeiss Objektiv)
Wolfstetter: 29
Wothe: 34 o, 88 or, 154
Ziesler/Angermayer: 106

Grafiken: Hellmut Hoffmann
Grafiken der Kapitelanfänge: Susanne Riha

Inhalt

Vorwort

Es ist fast schon »modisch in«, über naturgemäße Gärten und über das alternative Leben zu schreiben. Dieses Buch schwimmt nicht auf einer Woge, die der Trend des Augenblicks hochschwemmt. Es ist auf lange und langsam gewachsenem Grund entstanden. Seit vielen Jahren beschäftige ich mich in Gedanken und in der Praxis meines Gartens mit den Problemen des biologischen Anbaus. Einen Teil meiner Erfahrungen habe ich in Büchern und Artikeln, in Rundfunk- und Fernsehsendungen weitergegeben.

Als Echo erreichen mich zahllose Fragen zu grundlegenden Problemen und zu praktischen Details. Es wurde mir immer klarer, daß die Zahl derjenigen Freizeitgärtner, die bereit und guten Willens sind, nach den Regeln der Natur zu arbeiten, unaufhörlich anschwillt. Es handelt sich nicht mehr nur um eine weltfremde Minderheit. Der Wunsch, gesundes Leben wenigstens im eigenen Garten zu verwirklichen, ist so weit verbreitet, daß auch eine umfassende und verläßliche »Gebrauchsanweisung« für den Bio-Garten nötig wurde. Es genügt einfach nicht mehr, Rezepte für Kompostanlagen und Brennesseljauche weiterzureichen.

Dieses Buch ist entstanden in dem Bemühen, fundierte Antworten auf alle wichtigen Fragen des naturgemäßen Gartens zu geben – vom Gemüseanbau bis zum Ziergarten. Es war mir wichtig, nicht nur die Probleme der Praxis möglichst umfassend darzustellen – die naturwissenschaftlichen Grundlagen sind von ebenso großer Bedeutung. Bio-Gärtner sollten nicht nur wissen, »wie man es macht«, sie sollten vor allem auch erkennen, »warum es funktioniert«. Deshalb beginnt dieses Buch mit der Beschreibung der Grundlagen. Wenn Sie sich die Mühe machen, sie zu lesen, werden Sie feststellen, daß informierte Bio-Gärtner nicht im sektiererischen Abseits stehen, sondern daß sie sich innerhalb einer Entwicklung bewegen, die alte Erfahrungen und modernste wissenschaftliche Erkenntnisse umsetzt in verantwortungsbewußtes Handeln.

Im praktischen Teil des Buches habe ich viel Mühe darauf verwendet, Ihnen »auf einen Blick« zugänglich zu machen, was man bisher nur in weitverstreuten Einzeldarstellungen fand: zum Beispiel die große Tabelle der biologischen Schädlingsabwehr, eine Übersicht über die wichtigsten biologischen Handelspräparate, eine sachliche Darstellung der verschiedenen natürlichen Düngemöglichkeiten und zahlreiche Tips zur Mischkultur.

Die Sortenempfehlungen der Nutzgarten-Kapitel wurden unter naturgemäßen Gesichtspunkten ausgewählt. Bewährte, widerstandsfähige Züchtungen und neue krankheitsresistente Sorten erhielten den Vorzug vor sensationellen Neuheiten, die auf »riesige Prachtexemplare« getrimmt sind.

Im Ziergarten werden besonders diejenigen Staudenzüchtungen empfohlen, die sich in der Erprobung durch den »Arbeitskreis Stauden« im Sichtungsgarten Weihenstephan bewährt haben. Maßstäbe wie Standfestigkeit, Blütenfülle, gute Form und klare Farben spielen eine wichtige Rolle bei der Qualitätsbeurteilung. Die Hinweise auf naturgemäße Nachbarschaften und auf die hervorragenden Züchtungen des großen Gärtners Karl Foerster sollen Ihnen helfen, auch im Blumengarten eine ebenso reizvolle wie lebensstarke Auswahl zu treffen. Bei der Zusammenstellung der Blütengehölze standen neben der Schönheit des Erscheinungsbildes auch Fragen der Ökologie im Vordergrund. So werden Sie zahlreiche Hinweise auf solche Sträucher finden, die sich auch für Vogelschutzhecken eignen, oder die anderen Tieren Nahrung und Lebensraum bieten.

Allen, die mir bei der Entstehung dieses Buches mit Ihrem Wissen und mit tatkräftiger Hilfe zur Seite standen, möchte ich an dieser Stelle herzlich danken: den Fachleuten für viele Stunden informativer Gespräche und den privaten Bio-Gärtnern für die Bereitwilligkeit, mit der sie ihre Erfahrungen der Autorin und den Lesern zugänglich machten.

Mein besonderer Dank gilt dem BLV-Verlag, der ein Bio-Garten-Buch in diesem Umfang ermöglichte und es so großzügig ausstattete. »Meine Mitarbeiter« beim Verlag haben durch ihre Sachkenntnis, durch ihre unerschütterliche Zuverlässigkeit und durch eine stets freundliche Atmosphäre der Verständigung viel dazu beigetragen, daß die Arbeit pünktlich so abgeschlossen werden konnte, wie sie nun vor Ihnen liegt.

Dank möchte ich auch meinen beiden »guten Geistern« sagen, die auf ihre Weise ganz wesentlich mitgeholfen haben: Frau Rita Abels, die das Manuskript auf ihrer schnellen Maschine in eine so saubere, für die Mitmenschen lesbare Form übertragen hat. Sie stand mir auch unter stärkstem Termindruck treu und ermunternd fröhlich zur Seite. Frau Diplom-Bibliothekarin Ingeborg Raue-Winkelmann übernahm die fachkundige Zusammenstellung des Registers. Ihre sorgfältige Arbeit und ihre herzliche Anteilnahme am Bio-Garten haben viel zur Abrundung dieser Arbeit beigetragen.

Ich hoffe, daß Sie, die Leser dieses Buches, nun zu erfolgreichen Bio-Gärtnern werden – dann hat sich all unsere Mühe gelohnt.

Februar 1981 Marie-Luise Kreuter

Vorwort zur 10. Auflage (Neuausgabe)

Sieben Jahre sind vergangen, seit der »Bio-Garten« im Februar 1981 erschienen ist. In dieser kurzen Zeit ist viel geschehen. Dieses Buch wurde für Hunderttausende von Gärtnern zum Wegbegleiter in einen gesunden Garten »ohne Ängste«. Gleichzeitig ent-

wickelten sich die Methoden des naturgemäßen Gärtnerns zu einem wichtigen Bestandteil des allgemeinen Bemühens, unsere Umwelt zu retten und die Erde zu regenerieren.
Die Neuausgabe des »Bio-Gartens« macht allen Gärtnern den neuesten Stand der Entwicklung zugänglich: Der naturgemäße Pflanzenschutz bietet neue Ratschläge, Rezepte und Präparate; fortgeschritten sind auch die Methoden des Kompostierens, des Mulchens und der Mischkultur. Alle Sortenempfehlungen für den Gemüse-, Obst- und Blumengarten wurden überprüft und ergänzt.
Ein großes, neues Kapitel soll dem Biogärtner helfen, noch mehr Natur in seinem Garten zu verwirklichen mit einer Teichanlage, mit Kletterpflanzen, Wildsträucher-Hecken und Schmetterlingswiesen. Eine Fülle neuer Farbfotos macht das Lesen zum anschaulichen Vergnügen.
Ich hoffe, daß auch der neue »Bio-Garten« – mit seinen bewährten Grundlagen und seiner aktuellen Praxis – Ihnen wieder zu einem unentbehrlichen Freund wird, der auf alle Fragen eine verläßliche Antwort bereithält.

Ihre Marie-Luise Kreuter
im Februar 1988

Einführung

Ein Garten ist ein letzter irdischer Abglanz vom verlorenen Paradies. Er umschließt eine kleine friedliche Welt von bunten Blumen und duftenden Kräutern, von Gemüsebeeten und Obstbäumen. Auf begrenztem Raum verwirklicht der Mensch hier seine Träume vom Leben mit der Natur: Er findet Geborgenheit hinter schützenden Hecken, kann sich ausruhen und seinem Spieltrieb freien Lauf lassen. Blumen und Bäume stillen seinen Durst nach natürlicher Schönheit; mit Salaten und Äpfeln aus eigenem Anbau bringt er gesunde Delikatessen auf seinen Tisch.
Im sagenumwobenen Garten Eden lebten Menschen, Tiere und Pflanzen in ungestörter Harmonie. Nach der Vertreibung züngelten überall auf der Erde die Flammen von Mißgunst und Feindschaft hoch. Aus dem ursprünglichen Miteinander wurde erbittertes Gegeneinander.
Es blieb unserem Jahrhundert vorbehalten, diesen unaufhörlichen Krieg bis in die Gärten zu tragen. Der allgemeine Sprachgebrauch macht deutlich, was geschieht: Pflanzen und Tiere werden eingeteilt in nützlich und schädlich. Unkraut und Läuse müssen »bekämpft« und »ausgerottet« werden. Kohlweißlinge im Gemüsegarten und Gänseblümchen im Rasen werden »vernichtet«, Pilze radikal »abgetötet«. Man nennt das Pflanzen-Schutz. Aber es ist ein ungeheures Gemetzel, eine Mordmaschinerie ohnegleichen, die Schädlinge und Unschuldige gleichermaßen trifft. Nur: die milliardenfachen Opfer von Insektiziden, Fungiziden und Herbiziden sind meist so winzig, daß niemand ihren Todeskampf sieht – oder mit ansehen muß... Dieser lautlose und weitgehend unsichtbare Tod hat vielleicht dazu beigetragen, daß chemische Schädlingsbekämpfung einige Jahrzehnte lang so überzeugt und ruhigen Gewissens ausgeübt wurde. Inzwischen bekommen wir die Folgen des verborgenen Trauerspiels immer deutlicher zu spüren: zerstörte Böden, verschmutztes Grundwasser, anfällige Kulturpflanzen, minderwertige Früchte und neue Schädlingsrassen, die stärker und resistenter sind als je zuvor.
Immer mehr Menschen fragen sich deshalb: Kann ich nicht wenigstens in meinem eigenen kleinen grünen Reich eine Oase des Friedens und der Harmonie schaffen? Ist es möglich, Blumen, Kräuter, Gemüse und Obst auf natürliche Weise ohne Giftkrieg anzupflanzen und großzuziehen? Vorab die Antwort: Es ist möglich! Und jeder Gartenfreund, der bereit ist, ein wenig umzudenken, kann mit Erfolg einen »biologischen Garten« anlegen. Wie dieses Unternehmen in der Theorie und in der Praxis aussieht, soll in diesem Buch gezeigt werden.
An dieser Stelle möchte ich auch gleich die Grenzen abstecken. In einem privaten Garten sind biologische Methoden sehr viel leichter in die »grüne Tat« umzusetzen als in der Landwirtschaft. Die Gartenbeete sind überschaubar. Man kann zum Beispiel ohne große Schwierigkeiten Raupen und Schnecken von Hand ablesen. Ein Freizeitgärtner muß seine Kulturmaßnahmen auch nicht nach wirtschaftlichen Gesichtspunkten ausrichten. Er muß mit dem Anbau von Obst und Gemüse nicht seinen Lebensunterhalt verdienen. Er braucht keine zusätzlichen Arbeitskräfte und fast keine Maschinen. Ihm geht es um farbenfrohe Blumen und um gesundes Obst und Gemüse, das frisch vom Garten in die Küche gelangt. Es kommt ihm, da Hobby und Arbeit sich im Garten verbinden, nicht auf eine Stunde mehr oder weniger an. Handarbeit und häufiges Bücken zählen zum »gesunden körperlichen Training«, das als Ausgleich zum oft »unbeweglichen« Beruf gern am Feierabend praktiziert wird. Ich hüte mich aus all diesen Gründen sehr, die Möglichkeiten und Methoden, die für den biologi-

schen Garten gefunden und erprobt wurden, einfach auf die Landwirtschaft zu übertragen. Und Sie, die Leser und zukünftigen biologischen Gärtner, sollten dies auch nicht tun. Ackerbau ist keine Freizeitbeschäftigung.

Ein Blick zurück in unsere grüne Vergangenheit macht deutlich, wie die heutige Situation entstanden ist und wohin neue, alternative Wege führen können. Von den Früchten und Tieren der Erde lebten bereits unsere Vorfahren in grauer Frühzeit. Aber die wandernden Jäger sammelten nur wilde Pflanzen, Wurzeln und Beeren, wo sie diese gerade fanden. Dann zogen sie weiter. Ihr Eingriff in den Haushalt der Natur war kaum wahrnehmbar. Er regenerierte sich von selbst. Was der Nomade »erntete«, wuchs schnell wieder nach.

Eine ungeheure Revolution fand erst statt, als die wilden Sammler in der Jungsteinzeit seßhaft wurden und anfingen, Äcker und Gärten anzulegen. Schriftliche Zeugnisse gibt es über diese ersten Versuche nicht. Vermutlich begannen die Bauern der Jungsteinzeit und der folgenden Bronzezeit aber mit Brandrodungen, so wie sie noch Jahrtausende lang bei vielen Naturvölkern der Welt üblich waren. Sie nutzten die gewonnenen Felder solange, bis sie vollkommen erschöpft waren. Dann zogen sie einfach weiter und machten neue, fruchtbare Gebiete urbar. Solange es nur wenige Menschen und reichlich jungfräuliches Land gab, war dieser frühe Ackerbau möglich. Die ausgelaugten Böden blieben bei dieser Methode der Natur überlassen, die sie auf ihre Weise wieder ins Gleichgewicht brachte. Sie hatte dazu ja reichlich Zeit. Damals vor rund 5000 Jahren.

Bereits aus germanischer Zeit ist ein Übergang zu überlegterer Nutzung der Erde bekannt. Die Bauern erfanden die Zweifelderwirtschaft. Sie wechselten zwischen Getreidebau und Brache ab. Oder sie schalteten eine längere Zeit begrünter Brache ein, ehe sie ein Feld erneut bestellten. So konnte die Natur die verbrauchten Nahrungsreserven der Erde wieder auffüllen. Die zusätzliche Düngung wurde erst um 800 n. Chr. in unseren mitteleuropäischen Regionen »erfunden«. Wie fast immer in der Menschheitsgeschichte war es die Not, die neue Entwicklungen in Gang brachte. Die Bevölkerung hatte sich vermehrt. Wenn die Menschen nicht verhungern wollten, mußten sie bessere und sicherere Methoden der Nahrungsproduktion finden. Das Ergebnis dieser Bemühungen war die Dreifelderwirtschaft. Nach zwei Jahren der Frucht folgte ein Jahr der Brache. Außerdem wurde von dieser Zeit an Stalldünger und Dünger aus organischen Abfällen auf die Felder gebracht. Er steigerte die Ernteerträge und erneuerte die verbrauchten Nährstoffe. Von nun an bildeten Erde, Menschen, Pflanzen und Haustiere einen geschlossenen Kreislauf. Fast eintausend Jahre lang funktionierte dieses System, von dem alle leben konnten, ohne daß die bewohnten Lebensräume bedrohlich belastet wurden.

Die nächste umwälzende Änderung trat erst mit dem Beginn des industriellen Zeitalters ein. Mineraldünger lösten den tierischen Dünger, landwirtschaftliche Maschinen den Pflug ab. Von der Dreifelderwirtschaft ging man zunächst zu einem jährlichen Fruchtwechsel über, dann folgten die Zusammenlegung der Felder und riesige Monokulturen. Eine einseitige Nutzung, die nur durch hohe Düngergaben und unaufhörlichen Schädlingskampf durchgehalten werden konnte. Wie lange noch?

Eine neue Zeit des Umbruchs ist gekommen. Die Begeisterung für die Errungenschaften der Moderne kühlt ab, weil die Nachteile überall sichtbar werden. Dies bedeutet nicht – wie viele im Übereifer meinen – daß Chemie und Technik Erfindungen des Teufels sind. Im Gegenteil: beide sind großartige Beispiele für die Möglichkeiten, die menschlicher Geist zu erschließen vermag. Der Fehler lag in der Maßlosigkeit, mit der die Vertreter der Naturwissenschaften sich weite Bereiche des Lebens rigoros untertan machten. In vernünftigen Grenzen bedeuten Chemie und Technik sicher einen Segen für die Menschheit. Dies sollte auch ein überzeugter biologischer Gärtner bedenken. Je mehr sachliche Gespräche es zwischen den »Biologischen« und den »Chemischen« gibt, desto besser für die Erde und die Menschen! Denn durch Feindschaft und Intoleranz entstehen niemals positive Veränderungen.

Veränderungen aber sind auf beiden Feldern nötig. Die wichtigsten Mittel des Ackerbaus wurden immer auch auf die Gärten übertragen. Im Bauerngarten früherer Jahrhunderte benutzte man den gleichen tierischen Dünger, der auch auf die Felder gefahren wurde. In den Gärten unseres Jahrhunderts werden seit rund 50 Jahren mit der gleichen Selbstverständlichkeit die Mineraldünger und chemischen Spritzmittel verwendet, die für die Großkulturen des Ackerbaus entwickelt wurden. Wir wissen heute, daß Erde, Pflanzen und Tiere unter dieser Behandlung leiden. Die Umwelt ist – nicht nur durch die Landwirtschaft – bedrohlich aus dem Gleichgewicht geraten. Im Gegensatz zu früheren Epochen haben wir aber weder Zeit noch Raum, um die Regenerierung der Natur überlassen zu können. Diesmal ist die Natur auf die wachsende Vernunft der Menschen angewiesen. Die Landwirtschaft wird neue – oder alte erneuerte – Anbaumethoden finden müssen, die die Fruchtbarkeit der Erde bewahren. Und die Gärtner müssen dies auch versuchen. Sie haben es leichter, denn sie können von heute auf morgen mit der Erprobung naturgemäßer Arbeitsweisen beginnen. Es gibt bereits unzählige, nach biologischen Methoden bearbeitete Gärten, die beweisen, wie erfolgreich eine solche Umstellung ist. Jeder kann biologisch gärtnern, und jeder kann auf diese Weise auf einem kleinen Stück Erde dazu beitragen, die Welt, in der wir leben, ein wenig gesünder und friedlicher zu gestalten.

Immer noch sind Gärten ein Stück vom Paradies – wir sollten alles tun, um es zu bewahren.

Die Grundlagen

Biologisch, organisch, natürlich – was heißt das?

Biologisch – dieses Wort ist zu einem Schlagwort geworden, das aus der Diskussion um die Alternativen für eine gesündere Welt nicht mehr wegzudenken ist. »Biologisch« wird angewendet auf Gärten, Nahrungsmittel, Pflanzenschutzmittel und Weltanschauungen, ein gutgemeinter, aber meist sehr schillernder Begriff. Deshalb wollen wir gleich zu Anfang versuchen, ihn fest zu umreißen. Gärtner stehen immer mit beiden Füßen auf der Erde, deshalb müssen auch die Worte, mit denen sie umgehen, »Hand und Fuß« haben.

Biologie ist nach Auskunft des Neuen Brockhaus »die Wissenschaft vom Lebendigen«. In dem »Neuen Großen Gartenlexikon« von Georg. E. Siebeneicher findet sich unter dem Begriff »Biologischer Landbau« die Definition: »Gesamtheit naturgemäßer = biologisch begründeter Verfahren im Land- und Gartenbau... Biologischer Landbau (auch als lebensgesetzlicher, naturgemäßer, organischer oder organisch-biologischer Landbau bezeichnet) ist entstanden als Reaktion auf das Überhandnehmen chemischer Verfahren, speziell in Düngung und Pflanzenschutz.«

Daraus wird schon deutlich, daß es nicht nur *die* biologische Methode, sondern verschiedene biologische Richtungen gibt. Mögen die Details auch unterschiedlich sein, die Grundprinzipien sind allen, die biologisch gärtnern, gemeinsam. Albert von Haller beschreibt sie in seinem Buch »Die Wurzeln der gesunden Welt« so: »Im biologischen Gartenbau gilt es, die vielfältigen Beziehungen der Kulturpflanzen zu den Lebewesen des Bodens, zu Luft und Wasser, zu Klima und Kleinklima zu berücksichtigen und jede Kulturmaßnahme auf ihre Wirkung auf das Ganze zu prüfen.« Und weiter: »Im biologischen Anbau geht es daher nicht nur um den Einsatz von organischen Stoffen, sondern auch um ihre Qualität. Düngung mit Mist besagt noch nicht, daß es sich um eine biologische Methode handelt. Um hohe Qualität zu erreichen, ist im biologischen Gartenbau die Kompostierung von ausschlaggebender Bedeutung.«

Auch zu der Bezeichnung »natürlich« muß noch ein klärendes Wort gesagt werden. Nach natürlichen Methoden gärtnern bedeutet nicht, der Natur einfach ihren Lauf zu lassen. Seit Jahrtausenden haben die Menschen in ihren Gärten Pflanzen in »Kultur« genommen. Sie versuchten auf verschiedene Weise höhere Erträge zu gewinnen. Nur so konnte eine wachsende Menschheit ernährt werden. Wer dicke Kohlköpfe ernten will, der muß »künstlich« eingreifen mit Pflanzennahrung aus Menschenhand. Was die Natur wild wachsen läßt, wird ihm nie genügen. Auch der biologische Gärtner ist in diesem Sinn ein »kultivierter« Gärtner. Er bemüht sich allerdings, seine Eingriffe ins natürliche Gefüge so zu gestalten, daß keine Störungen entstehen. Er versucht in der künstlichen Welt seines Gartens ein neues Gleichgewicht zu schaffen – in Übereinstimmung mit der Natur. Natürlich heißt hier: der Natur gemäß.

Die Idee der Gemeinschaft

Ein biologischer Gärtner handelt nicht als Herrscher in seinem Garten: Tiere und Pflanzen sind seine Brüder. Dies ist keine weltfremde Romantik. Auch unsere westliche Wissenschaft beginnt langsam zu erkennen, was die großen Philosophen des Ostens und viele Naturvölker schon lange intuitiv wußten: Alles Leben auf der Welt ist in komplizierten Kreisläufen miteinander verbunden. Das am höchsten entwickelte Wesen ist deshalb abhängig davon, daß die einfachsten Lebensformen funktionieren. Wenn die winzigen Bakterien im Boden zugrunde gehen, so läuten sie auch den Untergang für Pflanzen, Tiere und Menschen ein.

Schon 350 v. Chr. erkannte der taoistische Philosoph Dschuang Dsi: »Nun ist das, was man die Welt nennt, die Einheit aller Geschöpfe.« Über 2000 Jahre später meinte der Anthropologe Lévi-Strauss, daß es höchste Zeit sei für die Kulturen des Westens, »zu lernen, daß der Mensch letzten Endes nur ein Lebewesen unter anderen ist, das nur unter der Voraussetzung weiterleben kann, daß es diese anderen respektiert.« Albert Schweitzer nannte diesen Respekt »die Ehrfurcht vor dem Leben.«

Nach diesem Leitmotiv sollten alle handeln, die biologisch gärtnern. Es klingt altmodisch, aber es ist nur so alt und so jung wie das Leben. Die Gesetze des Lebens sind nicht von Menschen gemacht. Die Menschen können nur *mit* diesen Gesetzen leben. Handeln sie dagegen, so sind sie auf Dauer immer die Verlierer.

So war die Wüste Sahara einmal die

Kornkammer Nordafrikas. Römische Mißwirtschaft richtete sie zugrunde. Die Indianer Nordamerikas lebten Jahrtausende lang im Einklang mit einer intakten Natur. 200 Jahre weißer Herrschaft genügten bereits, um weite Regionen des Kontinents in unfruchtbare Steppen zu verwandeln. Maßlosigkeit und Profitgier ließen die Menschen vergessen, daß die Reserven der Erde nicht unerschöpflich sind. Aber es gibt auch ein uraltes Gegenbeispiel: China. 1943 schrieb Sir Albert Howard in seinem landwirtschaftlichen Testament: »Der Kleinbesitz in China, zum Beispiel, liefert noch einen stetigen Ertrag, und trotz einer 4 Jahrtausende dauernden Bewirtschaftung ist die Bodenfruchtbarkeit nicht verringert worden.«

In chinesischen Gärten und Häusern gibt es keine gedankenlos weggeworfenen Abfälle. Alles organische Material wird zu Kompost und Dünger weiterverarbeitet. Für die westliche Wegwerfgesellschaft müßte die 4000jährige Fruchtbarkeit chinesischer Böden zumindest ein Grund zum Nachdenken sein. »Wir besticken unser Land« – sagen chinesische Gärtner noch heute. Roland Rainer, der China 1973 durchreiste, meint, daß in diesem poetischen Bild eine Grundeinstellung deutlich wird: »die Bereitschaft zu liebevoller, arbeitsintensiver, gärtnerischer Pflege des ganzen Lebensraumes mit allen Konsequenzen.« Dies könnte die Beschreibung einer Landschaft sein, in der es nur biologische Gärten gibt!

Noch einmal zum Schluß die Frage: Was heißt also biologisch gärtnern? Es bedeutet, ganz einfach gesagt: mit der Natur arbeiten, nie gegen sie. Dies setzt voraus, daß ein Gärtner die wichtigsten Gesetze dieser Natur kennt und daß er ständig selber mit wachen Augen beobachtet, was in seinem Garten geschieht. Dieses »zurück zur Natur« darf aber niemals ein Rückschritt in veraltete Techniken sein. Biologische Methoden sind – auf uralten Grundlagen – Entwicklungen, die in die Zukunft weisen. Auch sie bedienen sich der wissenschaftlichen und technischen Errungenschaften unserer Zeit. Aber sie tun es behutsam.

Deshalb sind biologische Gärtner auch keine weltfremden Träumer, sondern Realisten, die ihre Träume vom Garten in die Wirklichkeit umsetzen. Sie alle könnten sich den Satz des großen Gärtners Karl Foerster auf die Gartentür schreiben: »Wer Träume verwirklichen will, muß wacher sein und tiefer träumen als andere.«

Von oben gesehen: Die braune Haut der Erde.

Unsere Erde

Die Erde ist die braune Haut, die unseren Planeten umgibt. Es ist jene mehr oder weniger krümelige Masse, in der die Pflanzenwurzeln gedeihen. Der »gewachsene Boden« kann mehrere Meter dick oder nur wenige Zentimeter dünn sein. Aber nur die obere 10–30 cm starke Schicht besteht aus fruchtbarem Humus. Wir nennen diese zwei Handbreit Boden noch heute mit der ehrfürchtigen Bezeichnung unserer Vorfahren »Muttererde«. Und sie ist es wirklich: die »Mutter Erde«, die Pflanzen, Tiere und Menschen ernährt. Wenn der Erde eines Tages die Erde ausgehen sollte, dann wird unsere kleine Welt wieder zu einem toten Stern.

Rund 12600 km Durchmesser hat unser Planet. Die Humusschicht ist nur eine hauchdünne Decke, die über diesen Riesenball ausgebreitet ist. An vielen Stellen hat sie große Löcher – dort dehnen sich die Wasserweiten der Meere, ewiges Eis, nackte Riesengebirge oder Wüsten aus. Rund 3,2 Milliarden Hektar wären theoretisch landwirtschaftlich nutzbar. Aber nur die Hälfte davon wird bebaut und ernährt zur Zeit alle Menschen, die auf dieser Welt leben. Die andere Hälfte wäre nur unter großem Aufwand zu kultivieren. Der riesige Rest kann landwirtschaftlich nicht genutzt werden. Theoretisch steht heute für einen Erdbewohner etwa 1 Hektar Land zur Verfügung. Im Jahr 2000 wird es voraussichtlich nur noch die Hälfte sein.

Acker- und Gartenerde ist also überall auf der Welt eine Kostbarkeit. Sie ist im wahrsten Sinn des Wortes eine der Grundlagen des Lebens. Entstanden ist dieses inhaltsreiche, lebendige Material in Jahrmillionen. Die Erde mit ihren verschiedenen Schichten setzt sich zusammen aus mineralischen und organischen Bestandteilen. In den unermeßlichen Zeiträumen, während das Leben sich auf unserem Planeten entwickelte, mahlten die Elemente die Urgebirge zu Staub. Stürme und Wasser, Hitze und Kälte zerkleinerten sie durch die Jahrtausende. Langsam lagerte sich dieser Steinstaub ab und bildete Schichten. Noch heute bekommen wir einen Eindruck von diesem riesigen, geduldigen Mahlwerk der Natur in den großen Stromtälern der Welt – dort, wo sie noch nicht reguliert wurden. In Ägypten, zum Beispiel, brachten – bis zum Bau des Assuanstaudammes – alljährlich die Wasser des Nils den fruchtbaren Schlamm, den sie aus den Gebirgen Äthiopiens auswuschen, mit in die Ebenen. Wo er am Ufer abgelagert wurde, da blieben, wenn das Wasser abzog, gedüngte, fruchtbare Äcker zurück. Denn der auf mechanisch-physikalische Weise entstandene feine Sand aus den Gebirgen enthält Mineralien und Spurenelemente.

Die Zusammensetzung dieser wichti-

Das weiche Dolomitgestein wurde von den Elementen zu Staub »zermahlen«. Übrig blieben bizarr verwitterte Felsentürme.

gen Nährstoffe ist überall auf der Welt verschieden, je nachdem, aus welchem Gestein der Boden entstand. Es gibt die sogenannten Urgesteine, die durch urweltliche Vulkanausbrüche entstanden. Zu ihnen gehören unter anderem Granit, Basalt und Porphyr. Die Sedimentgesteine haben sich im Laufe der Erdgeschichte sedimentiert, das heißt abgelagert. Dazu gehören zum Beispiel Sandstein, Kies und Moränengestein. Die Metamorphite sind Gesteinsarten, die durch ungeheuren Druck durch erdgeschichtliche Verschiebungen oder starke Hitzeeinwirkungen umgestaltet wurden. Dieser Metamorphose waren zum Beispiel Schiefer und Gneis ausgesetzt. Schließlich gibt es noch die Kalkgesteine, die meist durch Ablagerungen urweltlicher Tiere und Pflanzen entstanden. Dazu gehören Dolomit und Jura.

Sie alle bildeten durch ihre Verwitterungsprodukte die Grundlagen der Erde. Daraus wuchs langsam in Jahrmillionen der Boden. Er war so verschieden wie die Gebirge der Kontinente. Zu den lokalen Schichten kam an manchen Orten feiner Gesteinsstaub hinzu, der über Tausende von Kilometern mit dem Wind um den Erdball wanderte – der Löß zum Beispiel. Wo er sich niederließ, entstand besonders fruchtbare, lehmige Ackererde. Chinas berühmte »gelbe Erde«, aber auch die Magdeburger Börde sind Beispiele dafür.

Aber es waren nicht die Gesteine allein, die Erde schufen. Auch die Pflanzen und Tiere, die in späteren Zeiträumen unsere Welt bevölkerten, trugen mit dazu bei, neue Erde zu bilden. Aus ihren organischen Abfallprodukten entstand und entsteht stets aufs neue jene kostbare oberste Schicht, die wir Humus nennen. Dieser wunderbare Umwandlungsprozeß begann bei den ersten Flechten und Moosen, die sich in Felsspalten auf winzigen Mengen verwitterten Gesteins ansiedelten. Wenn sie abstarben, zersetzten sie sich und bauten ganz langsam eine neue Erdschicht auf. Das vollendete Beispiel dieser natürlichen Humusbildung ist der Mischwaldboden. Ohne jeden Eingriff von außen erneuert hier die Natur in einem ständig geschlossenen Kreislauf den Bestand an »lebendiger Erde« und die Nährstoffe im Boden.

Mit Flechten und Moosen begann das Leben.

Zwischen diesen verschiedenen Arten der »Erschaffung der Erde« liegen viele Millionen Jahre. Die Bodenarten, die dabei entstanden, sind sehr verschieden. Es gibt braune, schwarze, rote und gelbe Erde. Neben trockenem Wüstensand entstanden fruchtbare Lehmböden. Es gibt saure, torfhaltige Moorböden, leichten Sand und schwere, undurchlässige Tonböden. Dazwischen findet man alle möglichen Mischverhältnisse. Für Bauern und Gärtner ist die Unterteilung in folgende Bodenarten von praktischer Bedeutung: Sandboden, lehmiger Sand, sandiger Lehm, Lehmboden, toniger Lehm, Ton.

Für die Entstehung dieser Erdarten hat die Natur unendlich lange Zeiträume

Verwüstete Erde...

...das Gegenteil: lebendiger, dunkler Humus.

gebraucht. Dieser Prozeß dauert noch heute an. Immer noch verwittert Felsgestein, entsteht aus organischen Abfällen neue Erde. Der Humus gehört also zu denjenigen »Bodenschätzen«, die nachwachsen, die sich regenerieren können. Dies geschieht aber nur dort, wo die uralten Regeln der Natur eingehalten werden. Andernfalls ist es durchaus möglich, innerhalb kurzer Zeit fruchtbares Land in Wüsten zu verwandeln. Oft unwiederbringlich. Sinkender Grundwasserstand, Versteppung und Bodenerosion sind Symptome solcher Verwüstungen, die durch menschliche Fehlleistungen entstehen. Die Natur präsentiert unweigerlich ihre Rechnung, wenn ihre Gesetze mißachtet werden. Viel Einsicht ist nötig, damit nicht ein Wort von Chateaubriand Wirklichkeit wird: »Die Wälder waren vor den Menschen da – die Wüsten folgen ihnen nach.«

Der Boden, auf dem ein Garten entsteht

Der Grund-Stoff, mit dem ein Gärtner umgeht, ist die Erde. Wo immer jemand einen Garten pachtet oder als Eigentum erwirbt, hat die Natur bereits die grundlegenden Voraussetzungen geschaffen, mit denen der Gärtner fortan leben und arbeiten muß. Er muß seine Pflege- und Düngemaßnahmen danach einrichten, ob er mageren Sand, fetten Lehm oder sauren Moorboden vorfindet. Über die wichtigsten Eigenschaften in diesen Böden muß ein Gartenfreund Bescheid wissen, ehe er zu Hacke und Düngersack greift. Das bedeutet in der Praxis die Unterscheidung der folgenden Merkmale:

Sandböden

Sie sind luft- und wasserdurchlässig; sie erwärmen sich leicht, kühlen aber auch schnell aus. Der Nährstoffgehalt dieser Böden ist gering. Sie sind immer in Gefahr, »vom Winde verweht« zu werden. Ihr Vorteil: mühelose mechanische Bearbeitung.
Ein kurzer Blick in die physikalischen und chemischen »Geheimnisse« der Natur macht deutlich, warum Sandböden in der eben beschriebenen Weise reagieren. Sandkörner haben physikalisch gesehen eine Kugelstruktur. Aus diesem Grund können sie nicht dicht aufeinander gepackt werden. Sie rollen auseinander, und so bilden sich in Sandböden die milliardenfachen Zwischenräume, durch die zum Beispiel das Regenwasser hindurchrinnt wie durch ein Sieb. Die Wissenschaftler sagen: der Porenraum ist groß in diesem Bodentyp. Die Luft, mit Luftstickstoff und Sauerstoff, ist dagegen reichlich vorhanden. Aus chemischer Sicht betrachtet haben Sandböden einen hohen Anteil an Quarzkörnern; andere Mineralien, die für die Pflanzenernährung so wichtig sind, fehlen dagegen. Quarz (chemisch Kieselsäure) trägt zur Erwärmung des Bodens bei und spielt eine Rolle bei der gesunden Strukturbildung der Pflanzen. Sandböden kommen als reine Sandböden und in unterschiedlicher Mischung mit mehr oder weniger Lehmanteil vor.
Erkennungsmerkmal: Sand rieselt durch die Finger, wenn man eine Bodenprobe aufnimmt.
Wichtig für den Gärtner ist auf solchen Böden die Vermehrung des Humusanteils und der organischen Substanz. Dadurch wird die anfangs zu durchlässige Erde bindiger. Stein- und Tonmehl, lehmhaltiger Kompost und ständige Bodenbedeckung gehören zu den wichtigsten Kulturmaßnahmen.

Lehmböden

Dies sind humusreiche Böden, die Wärme, Wasser, Luft und Nährstoffe gut zu speichern vermögen. Sie enthalten auch Kalk. Physikalisch betrachtet besteht die Struktur dieser guten, fruchtbaren Erde aus Plättchen, die mehr oder weniger dicht aufeinander gelagert sind. Das Bild der aufgeschichteten Plättchen macht anschaulich deutlich, daß diese Struktur viel »engmaschiger« sein muß als diejenige der Sandböden. Für die Nährstofflagerung und die Arbeit der Bodenlebewesen sind die Voraussetzungen in lehmhaltiger Erde sehr günstig. Es gibt auch hier verschiedene Abstufungen zwischen schweren, milden und humosen Lehmböden.
Erkennungsmerkmal: Humusreicher Lehm zerbröckelt zwischen den Fingern zu weichen Krümeln. Diese haften zusammen ohne zu kleben.
Wichtig für den Gärtner ist auf solchen guten Gartenböden die »normale«, biologische Bodenpflege. Kompost, Bodenbedeckung und Fruchtwechsel erhalten und vermehren die Fruchtbarkeit der lehmigen Erde.

Tonböden

Sie sind von Natur aus schwer, undurchlässig für Luft und Wasser. Sie erwärmen sich nur langsam. Bei diesen Böden ist die Struktur des Lehms bis zum negativen Extrem ausgebildet. Die physikalische Schichtung ist sehr dicht. Diese Böden neigen dazu, bei Trockenheit sehr hart zusammenzubacken. Sie reißen dann wie geplatzte Ziegelsteine auseinander. Bei nassem Wetter klebt die Tonerde zusammen. Tonböden haben zwar die Fähigkeit, Nährstoffe zu lagern, aber sie lassen sich nur schwer bearbeiten und lockern.

Erkennungsmerkmal: Ton läßt sich in der Hand zusammendrücken zu einem zähen Klumpen, der Ähnlichkeit mit »Plastilin« hat. Man könnte Plastiken daraus formen!

Wichtig für den Gärtner: Tonböden müssen mit Hilfe von Sand und regelmäßiger Kompostversorgung gelockert werden. Bodenbedeckung fördert die Bildung der Gare. Tiefwurzelnde Gründüngung lockert den Untergrund. In schwierigen Fällen muß dräniert werden. Tonböden sind fruchtbar, wenn es gelingt, ihre Struktur zu verbessern.

Moorböden

Sie sind aus organischen Ablagerungen aufgebaut. Hochmoorerde ist sauer, nährstoffarm und stark wasserhaltig.

Erkennungsmerkmal: Eine Bodenprobe läßt sich leicht zusammendrükken wie ein Schwamm, sie ist stark torfhaltig.

Wichtig für den Gärtner: Hochmoorerde braucht zur Aufbesserung Sand, Lehm (Gesteinsmehl), Kalk und Kompost. Bei guter Pflege kann durchaus ein lockerer, nährstoffreicher Gartenboden entstehen.

Niedermoorböden, die sich in flachen Gewässern entwickelten, haben dagegen genügend Kalkgehalt; sie sind neutral bis schwach alkalisch.

Humus – das Traumziel des Gärtners

Alle Aufmerksamkeit und alle Sorgfalt des biologischen Gärtners gilt der obersten etwa 10–30 cm dicken Erdschicht in seinem Garten: dies ist die Humusschicht. Sie wimmelt von Leben, ist ständig im Auf- und Abbau begriffen, verändert sich zum Guten oder zum Schlechten. Diese Mutterbodenschicht hat den intensivsten Einfluß auf Wachstum und Gesundheit der Pflanzen. Wo diese zwei Handbreit Humus in gutem Zustand sind, da ist der Garten fruchtbar!

Die Humusschicht kann der Gärtner direkt durch seine »biologischen« Kulturmaßnahmen beeinflussen. Er kann sie pflegen, ernähren und vermehren. Sie steht im Mittelpunkt all seiner Bemühungen. Warmer, lockerer, nähr-

Sandboden hat sich in einer 60 cm dicken Schicht über Kreidesandstein abgelagert. Die oberste dunkle Zone besteht aus schwachlehmigem, von Pflanzen durchwurzeltem Sand.

Lehmiger Boden, in der obersten Schicht locker, humusreich und von vielen Regenwürmern belebt. Weiter unten ist der Verwitterungsboden steinig und schwach tonig.

Hochmoorboden: Die oberste Schicht besteht aus grauschwarzem, krümelig zersetztem Torf; in der Mitte mäßig zersetzter Weißtorf, unten stark zersetzter Schwarztorf.

stoffreicher Humus – das ist das Traumziel jeden Gärtners. Wie dieser ideale Zustand zu erreichen ist, wird im praktischen Teil dieses Buches ausführlich beschrieben. Vorerst müssen wir uns einmal klarmachen, was dieses Zauberwort bedeutet. Was ist das für ein Stoff, aus dem die fruchtbare Erde gemacht ist? Zunächst einmal: Humus ist mehr als die Summe seiner physikalischen, chemischen und biologischen Eigenschaften. Er ist ein lebendiger Organismus – und damit, wie alles Lebendige, letzten Endes unberechenbar.

Das ist einer der Gründe, warum ein guter biologischer Gärtner nicht nur eine Menge Sachverstand braucht, sondern auch ein warmes Herz und wache Augen, die ebenso liebevoll wie genau beobachten können.

Eine unendliche Generationsreihe von Gärtnern und Bauern hat durch die Jahrtausende hindurch die Erde bearbeitet, beobachtet und ihre gesammelten Erfahrungen an die Kinder und Kindeskinder weitergegeben. Diese Kette reicht bis in unsere Zeit. Deshalb möchte ich an dieser Stelle einige prominente »Zeugen« zitieren, die ihre Erkenntnisse über die Erde bereits an die Nachwelt weitergereicht haben. Dr. Fritz Caspari schreibt über den »unterirdischen Lebensraum«: »Boden: das ist weder totes Erdreich noch leblose Dunkelheit und weit mehr als nur Speicherstätte pflanzlicher Nährstoffe. Denn der Boden lebt! Nimm es wie du willst: er bewegt sich, schichtet sich um, verwandelt seine Materie, verteilt die Nachbarelemente Luft und Wasser in seinen Adern, bietet einer Fülle von Lebewesen Existenz, Schutz und Nahrung, dem Tier so gut wie der Pflanze, – er lebt genau so wie die Luft, der Wald, dein Körper oder das Meer! Immer und überall, auch wo nie der Mensch den Spaten ansetzte, bildet er für sich einen lebendigen, in sich geschlossenen Organismus, eine Welt mit ausgeprägtem Eigenleben. Du freilich, nimmst nur eine einzelne, letzte Auswirkung von alledem wahr: das Phänomen der Fruchtbarkeit als sichtbares Zusammenspiel von Bodenleben und Pflanzenleben.«

Die besonderen Eigenschaften des Humus beschreibt Caspari so: »Was Humus chemisch ist, das entzieht sich unseren Kenntnissen. In einer umweltgebundenen Stoffwechselbeziehung zu einer Unzahl tierischer und pflanzlicher Organismen stehend, ist er die Grundlage für den Ernährungskreislauf zwischen Boden, Pflanze, Tier und Mensch. Anwesenheit und Eigenart des Humus bestimmen den physikalischen Zustand der Böden (Garezustand). Dem hohen Kohlenstoffgehalt des Humus entnimmt die Pflanze Energie und Aufbaustoffe in Form von Zucker, Eiweiß oder stickstoffhaltigen Zwischenprodukten. Humus färbt den Boden dunkel und macht ihn damit zum Wärmespeicher.

Humoses Bodengefüge zieht stark aufsaugende Pflanzennährstoffe, Luft und Wasser speichernd, in sich hinein (Sorption). Einem Schwamm vergleichbar, der mit dem Boden verwachsen ist, schützt dieses Humusgefüge als lebendige Bodendecke die Landschaften der Berge und Ebenen vor jeder Erosion durch Wasser (Verschlämmung) und Wind (Verstauben).«

Sehr klar und treffend charakterisiert Albert von Haller den wunder-vollen Zustand der Humusschicht: »Was verleiht dieser dünnen Schicht jene Fruchtbarkeit, die eine unerschöpfliche Fülle lebender Gestalten hervorbringt? Fruchtbarkeit kann weder chemisch noch physikalisch definiert werden, sondern ist ein ökologisches Zusammenspiel zwischen Lebewesen (Mensch, Pflanze, Tier) und dem Boden mit seinen organischen und anorganischen Bestandteilen.«

Jeder, der in seinem Leben mit der Erde arbeitete, oder besser mit ihr zusammenarbeitete, machte seine eigenen Erfahrungen, gelangte zu persönlich gefärbten Einsichten. Dennoch gleichen sich die grundlegenden Gedanken auf erstaunliche Weise. Sir Albert Howard zitiert auf die Frage »Was ist Humus?« den Experten Waksman:

Ein vollendetes Beispiel natürlicher Humusbildung ist der Mischwald. In einem geschlossenen Kreislauf erneuert die Natur hier aus den Abfällen der Pflanzen und Tiere ihren Bestand an nährstoffreicher Erde. Der kostbare Humus wächst ständig nach!

»Eine komplexe Anhäufung von braun- bis dunkelgefärbten, amorphen Stoffen, die während der Zersetzung von pflanzlichen und tierischen Rückständen durch Kleinlebewesen unter aeroben (luftreichen) oder anaeroben (luftarmen) Bedingungen gewöhnlich in Böden, Komposthaufen, Torfmooren und Wasserbehältern gebildet werden. ...Humus ist ein natürliches Gebilde; er ist ebenso wie pflanzliche, tierische und mikrobische Substanzen eine zusammengesetzte Einheit; er ist chemisch betrachtet sogar noch komplexer, da alle diese Stoffe zu seiner Bildung beisteuern. Humus besitzt eigenartige, physikalische, chemische und biologische Eigenschaften, die ihn von anderen natürlichen, organischen Stoffen unterscheiden. Humus bildet in sich oder durch Wechselwirkung mit bestimmten anorganischen Bestandteilen des Bodens ein komplexes, kolloidales (Kolloid = fein verteilte Stoffe) System, dessen verschiedene Bestandteile durch Oberflächenkräfte zusammengehalten werden...«

Und dann fügt Howard eine wichtige eigene Schlußfolgerung an: »Vom Standpunkt der Chemie und Physik betrachtet, ist daher Humus kein einfacher Stoff; er wird aus einer Gruppe von sehr komplexen organischen Verbindungen gebildet, die von der Natur des ihn bildenden Rückstandes, von den Bedingungen, unter denen die Zersetzung stattfindet, und von dem Ausmaß der Zersetzung abhängig sind. Humus kann deshalb nicht überall der gleiche Stoff sein. Außerdem ist er lebendig und wimmelt von Kleinlebewesen, die den größten Teil ihrer Nahrung aus diesem Substrat erhalten. Humus ist im natürlichen Zustand dynamisch, nicht statisch.«

Humus ist dynamisch! Er lebt und verändert sich. Deshalb darf der Gärtner, der diese natürliche Kostbarkeit in seinem Garten »erzeugen« möchte, nicht nach starren Regeln handeln. Er muß sich seiner ganz speziellen Gartensituation anpassen und das Beste daraus zu machen versuchen. Er handelt dann nach einem der ältesten Gesetze des Lebens: Auf der Erde haben immer diejenigen überlebt, die sich am geschicktesten angepaßt haben! Dies bedeutet nicht im moralischen Sinn Anpassung als Unterwürfigkeit. In der Auseinandersetzung mit den natürlichen Elementen geht es um eine angepaßte Reaktion. Ein Gärtner beobachtet »die Verhältnisse« auf seinem Stück Erde so genau wie möglich. Und dann zieht er die für seine Arbeitsweise nötigen klaren Schlußfolgerungen. Er reichert zum Beispiel sandige Erde mit wasserspeichernden Tonmehlen an und deckt sonnige Hänge mit Pflanzen- oder Mulchteppichen zu. So paßt er sich mit seinen Handlungen den natürlichen Voraussetzungen an.

Wie man den besten Humus erzeugt, hat die Natur dem Gärtner in ihren Laub- und Mischwäldern vorgemacht. Er braucht das Beispiel nur anzuschauen und auf die besonderen Umstände im Garten sinngemäß zu übertragen. Natürlicher Wald wächst in »Mischkultur«. Sein Boden ist von Gräsern, Kräutern und niedrigem Unterholz bedeckt. Nirgends gibt es nackte Erde. Fallendes Laub, verwelkte Pflanzen und dürre Zweige bilden ständig eine lockere, langsam verrottende Bodenschicht. Darin sind auch die »Abfälle« der Tiere ein wichtiger Bestandteil. Aus der zerfallenden organischen Substanz entsteht mit Hilfe der kleinen Bodentiere und der Mikroorganismen wieder neue Erde. Diese Walderde ist bester, duftender Humus. Er vermag das Regenwasser zu speichern, und er füllt ständig die Nährstoffreserven auf. Abbau und Aufbau halten sich in diesem intakten System das Gleichgewicht. Ein Wald muß nie gedüngt werden, obgleich er eine Fülle stattlicher Gewächse ernährt. In der Natur gibt es allerdings auch keine Verschwendung. Alles wird gebraucht und einer nützlichen Verwendung zugeführt. So bleiben die Reserven erhalten, so entsteht ein Gleichgewicht zwischen Krankheit und Gesundheit, zwischen Leben und Tod. Das ist das Geheimnis der natürlichen Fruchtbarkeit und des gesunden Bodens.

Die großartige Welt der kleinsten Lebewesen

Wenn ein Gärtner von einem seiner Beete eine Handvoll Erde aufnimmt, so hält er eine Welt in Händen. Er sieht mit seinen Augen nicht viel davon – nur braune Krümel und allenfalls einen Regenwurm oder einen Tausendfüßler. Dennoch ist diese Handvoll Erde erfüllt von milliardenfachem Leben. Es ist eine Welt der winzigen Dimensionen. Der Gärtner müßte Augen von der Schärfe eines Elektronenmikroskopes haben, um sie erkennen zu können. Wäre dies möglich, so würde es ihm vor ehrfürchtigem Staunen die Sprache verschlagen.

In 1 dm^3 Erde aus einer 15 cm dicken Schicht Wiesenboden leben zum Beispiel 1551000000 Aufguß-, Geißel- und Wimpertierchen, 50000 Fadenwürmer, 220 Springschwänze, 14 Tausendfüßler, 5 Schnecken und 2 Regenwürmer. Eine unvorstellbare Fülle lebendiger Geschöpfe. Der Schweizer Forscher A. Stöckli hat sie so genau untersucht und gezählt. Noch phantastischer wird das Gewimmel in einer Untersuchung von Prof. Sauerlandt, der die Lebewesen in 1 m^2 Ackererde bestimmte. Es handelte sich dabei um schwach-humosen Sandboden, die untersuchte Schicht war 20 cm dick. Auf ein Gartenbeet übertragen, wäre das ein Stück Erde, auf dem etwa drei Kohlköpfe wachsen könnten. »Zu ihren Füßen« leben dann in einem durchschnittlichen Boden:

4 Billionen Bakterien und Pilze
0,5 Millionen Geißeltierchen (Flagellaten)
1 Million Fadenwürmer (Nematoden)
200000 Milben
100000 Springschwänze (Collembolen)
80000 Ringelwürmer (Enchytraeiden)
80 Regenwürmer

Im Kompost, wo die Mikroorganismen besonders rege tätig sind, ist die Fülle der winzigen Lebewesen am größten. Wenn ein Gärtner eine Handvoll Kompost ergreift, so hält er mehr lebendige Wesen in der Hand als es Menschen auf der Erde gibt! Wer sich in einer

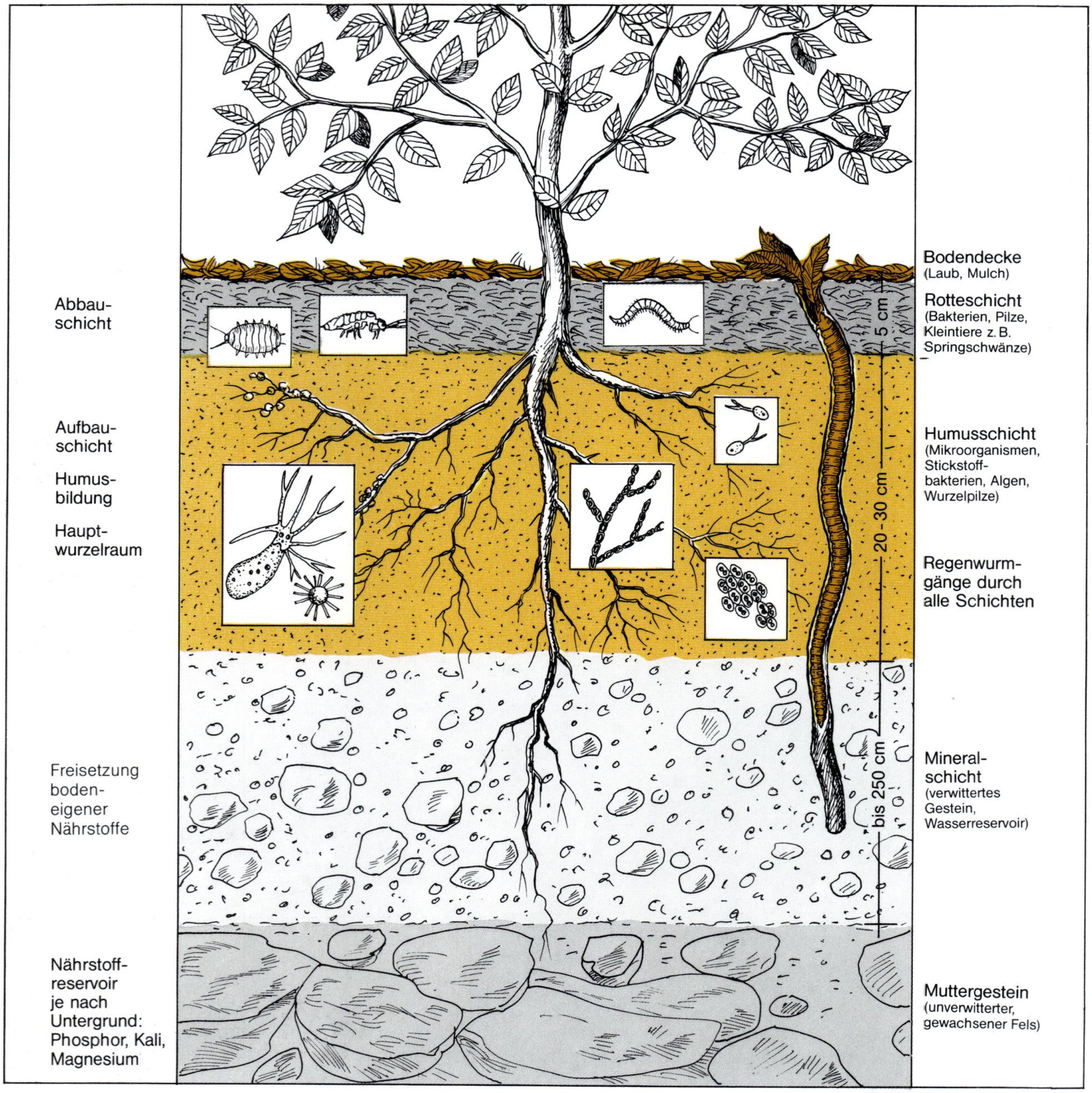

Die Humusschicht ist von wimmelndem Leben erfüllt. Jede »Etage« hat ihre eigenen hochspezialisierten Bewohner. Die Vergrößerungen zeigen winzige Ausschnitte aus dieser unglaublich vielfältigen Welt.
Die Gänge der Regenwürmer durchziehen in einem lebendigen Boden mehrere Schichten. Die Wurzeln der Bäume reichen bis in die tieferen Gesteinszonen.

stillen Gartenstunde einmal klargemacht hat, wie reich und kompliziert das Leben in der Erde ist, der wird fortan sicherlich behutsamer und ehrfürchtiger mit diesem Mikrokosmos umgehen.

Um die Zusammenhänge besser zu verstehen, wollen wir nun einen Blick in die sonst unsichtbare Welt der Bodenlebewesen werfen. Die Milliardenheerscharen der winzigen Heinzelmännchen leben und arbeiten in verschiedenen Schichten. Alles ist bestens organisiert und sinnvoll aufeinander abgestimmt. Die oberste Schicht ist die sogenannte Rotteschicht. Sie ist in Gärten, die nach der biologischen Methode bearbeitet werden, immer sehr reichhaltig, weil alle Beete mit einer Mulchdecke (nach dem Vorbild des Waldbodens!) zugedeckt sind. Unter diesem Vorrat an organischem, langsam verrottendem Material, befindet sich der Lebensbereich derjenigen Kleinlebewesen, die die »grobe Arbeit« leisten. Sie zerkleinern alle »Abfälle«, die in den Boden gelangen: Blätter, Strohhalme, Grasschnitt, sogar Pappe und vieles andere mehr. Ihr Geschäft ist die erste Stufe der Zersetzung des organischen Materials. Pilze, Bakterien und Algen sind hier milliardenfach tätig. Diese Mini-Wesen nennt man Mikroben. Unter ihnen gibt es auch die ganz »harten Burschen«, die sogar Holz, Horn und Chitin zu knakken vermögen. Ihnen zur Seite stehen in der Rotteschicht auch Kleintiere, die der Gärtner mit bloßem Auge erkennen kann: die Regenwürmer, Asseln, Tausendfüßler, Drahtwürmer und viele andere.

Damit die Rotte harmonisch ablaufen kann, benötigen die Lebewesen in der oberen Schicht Luft, Wärme und Feuchtigkeit. Man nennt die Rotte deshalb auch einen aeroben (unter der Anwesenheit von Luft ablaufenden) Prozeß. Stimmen die Bedingungen nicht, so schlägt die Situation um in einen anaeroben (luftarmen) Prozeß. Dies bedeutet: Kälte, Nässe und Fäulnis. »Speckige« Bodenschichten sind die Folge. Sie enthalten pflanzenschädliche Stoffe. Dies ist eine »Entgleisung«, die im biologischen Garten normalerweise nicht passieren darf.

Die Rotteschicht ist etwa 5 cm dick. Darunter beginnt die eigentliche Humusschicht. Sie kann, je nach Lage, 10–30 cm stark sein. In dieser Region breiten sich die meisten Wurzeln aus. Hier findet kein Abbau, sondern ein Aufbauprozeß statt. In der Humusschicht sind andere Mikroorganismen tätig. Sie setzen die »vorgekauten« Substanzen der Rotteschicht so um, daß sie von den Pflanzen aufgenom-

Blick in eine meist unsichtbare Welt: eine große Amöbe in einem Wald aus Pilzformen, bewohnt von Bakterien.

Düngerfabrikanten im Garten: Stickstoffknöllchen an den Wurzeln von Leguminosen. Links unten: stickstoffsammelnde Gründüngungspflanze (Lupine) und Gemüse-Beispiel (Erbse). Rechts: stark vergrößertes Knöllchen.

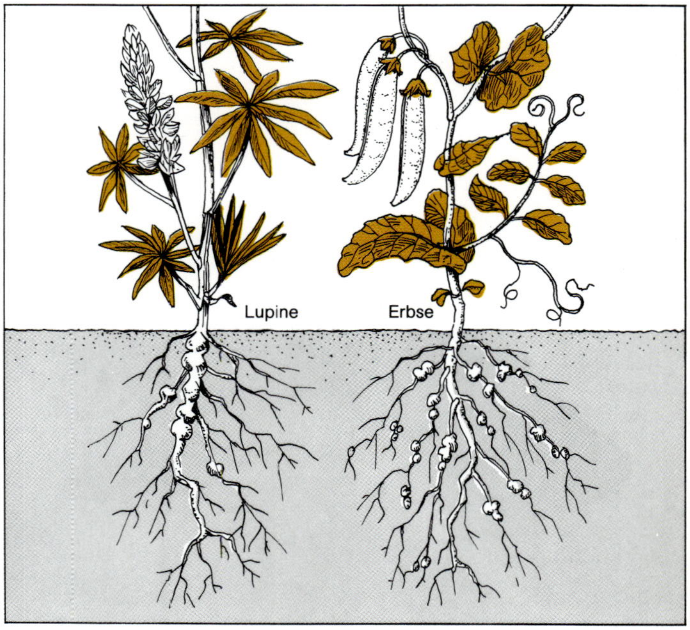

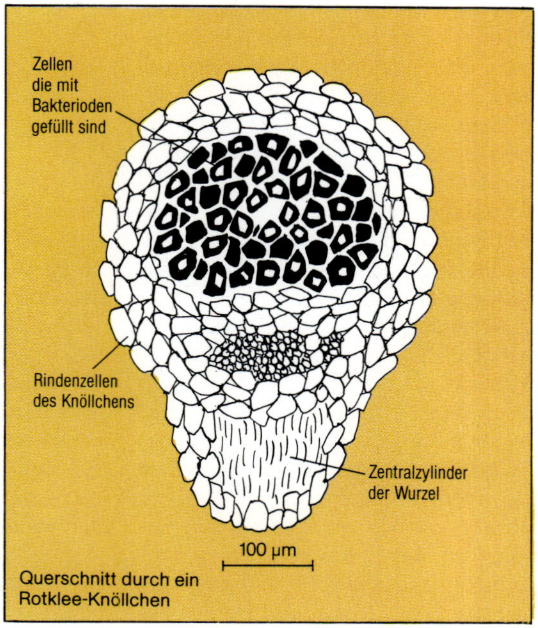

Querschnitt durch ein Rotklee-Knöllchen

men werden können. Dabei ernähren sie sich auch von den toten Leibern der abgestorbenen Bakterien, die eine Etage höher lebten.
In diesem zweiten unterirdischen Lebensraum besteht eine enge Wechselwirkung zwischen Bodenleben und Pflanzenwurzeln. Die einen leben von den Stoffwechselprodukten der anderen. Was sich dabei an chemischen Umwandlungen abspielt, ist außerordentlich kompliziert. Wir wollen deshalb nur die für einen Gärtner wichtigen Ergebnisse festhalten: In der Humusschicht werden von den Mikroorganismen Nährlösungen produziert. Es entstehen Kohlensäure und Stickstoff. Blaualgen und Azotobacter-Bakterien können zum Beispiel Stickstoff in geringen Mengen im Boden binden. Die winzigen Körper anderer Bakterien enthalten auch Kali und Phosphorsäure. Wenn sie absterben, gehen diese Nährstoffe in geringen Mengen in den Humus über.

Spezialisten am Werk

Wir wollen uns – stellvertretend für alle anderen – zwei Hauptakteure dieses riesigen unterirdischen Schauspiels etwas näher ansehen. Eine wichtige Rolle in der Humusschicht spielen Pilze und stickstoffsammelnde Bakterien, die mit den Wurzeln der Pflanzen eine enge Gemeinschaft (Symbiose) bilden. Sir Albert Howard hat die Bedeutung der Mycorrhiza (Pilzwurzeln) anschaulich beschrieben: »Verwandtschaftliche Beziehungen ermöglichen es bestimmten im Bodenhumus lebenden Pilzen, in die lebenden Zellen der Wurzeln einzudringen und ein inniges Zusammenleben mit den Pflanzen zu errichten... Wenn man ein geeignetes Präparat solcher Wurzeln unter dem Mikroskop untersucht, so kann man alle Stufenfolgen in der Verdauung des Pilzmycels beobachten. Bei Beendung des gemeinsamen Zusammenlebens zerstört die Wurzel den Pilz und vermag auf diese Weise die Kohlenhydrate und Eiweißstoffe aufzunehmen, die der Pilz z.T. aus dem Humus des

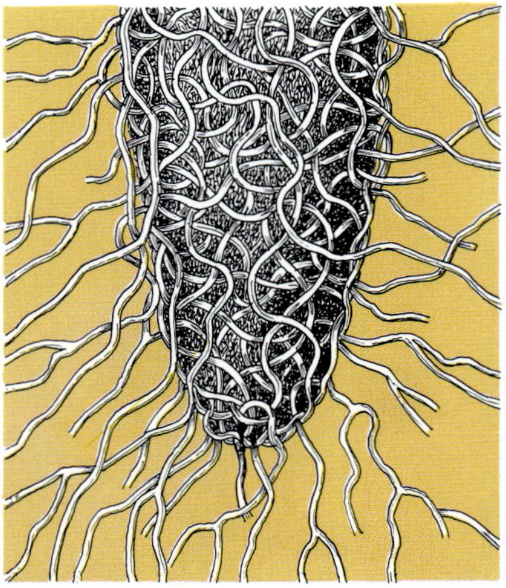

Eine im wörtlichen Sinn eng verflochtene Lebensgemeinschaft zeigt dieses Bild: Mykorrhiza an einer Buchenwurzel.

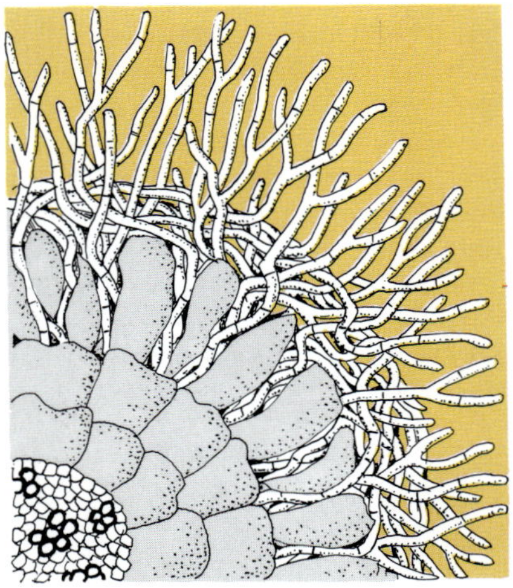

Querschnitt einer Birkenwurzel mit Pilzgeflecht.

Bodens gelöst hat. Die Mycorrhiza bilden mithin die lebende Brücke, die einen fruchtbaren humusreichen Boden und die darauf wachsenden Pflanzen unmittelbar verbindet und durch welche fertige und für den sofortigen Verbrauch geeignete Nährstoffe vom Boden an die Pflanze überführt werden können.«
Ein ähnlich wunderbares »Teamwork« vollbringen die Knöllchenbakterien an den Wurzeln der Schmetterlingsblütler (Leguminosen). Sie sind in der Lage, in Zusammenarbeit mit bestimmten Bakterien den Stickstoff aus der Luft zu binden. Die Wirtspflanzen ziehen daraus ihren Nutzen. Ein Teil des Stickstoffs geht auch nach dem Absterben der Erbsen, Bohnen oder Kleepflanzen in den Boden über und trägt so zur natürlichen Stickstoffdüngung bei. Daß diese Nutzbarmachung des Luftstickstoffs keineswegs selbstverständlich ist, sondern fast ans Wunderbare grenzt, macht Dr. Fritz Caspari deutlich:
»Was die Technik erst vor 40 Jahren (Haber-Bosch seit 1915) unter gewaltigen Anstrengungen, hohen Drücken und Temperaturen in riesigen Apparaturen fertig bekam,– die Pflanze macht das seit jeher so nebenbei. Sie verwandelt einen der beständigen Stoffe der Erde, den Stickstoff, in Verbindungen, die unmittelbar zum Aufbau der Pflanzenkörper dienen können.« Und der finnische Nobelpreisträger Prof. Dr. h. c. Virtanen ist sogar davon überzeugt: »Die biologische Stickstoffbindung ist neben der Kohlendioxid-Assimilation ein Prozeß von fundamentaler Bedeutung für das gesamte Leben auf unserer Erde.«
Der dritte Hauptdarsteller im großen Zusammenspiel der »Unterirdischen« ist für den Gärtner besonders wichtig: der Regenwurm. Unter den sichtbaren Lebewesen spielt er eine ganz besondere Rolle. Er arbeitet an der Rotte, aber seine langen Gänge führen durch alle Schichten in die Tiefe. Sie tragen ebenso zur Durchlüftung des Bodens bei wie zur Wasserverteilung. Seine Ausscheidungen sind reinster Super-Humus. Regenwurmkothäufchen enthalten siebenmal soviel Stickstoff, dreimal soviel Kali, doppelt soviel Kalk und sechsmal soviel Magnesium wie normale Gartenerde. Über diesen fleißigen kleinen Gehilfen des biologischen Gärtners wird im Kapitel »Tiere als Helfer« noch ausführlicher berichtet.

Kleine Krümel – große Wirkung

Die beiden oberen Bodenschichten unterscheiden sich nicht nur durch ihre verschiedenartigen Bewohner und deren Arbeitsweise. Auch der Hu-

mus, der in diesen beiden Abschnitten entsteht, ist von unterschiedlicher Art. In der oberen Rotteschicht entsteht jene fruchtbare Erde, die immer wieder nachwächst. Sie ist aber relativ leicht vergänglich. Man nennt ihren Zustand auch »mikrobielle Gare«. Der Humus besteht hier aus großen, lockeren Krümeln, die durch Regen zusammengeschlagen werden können oder in Hitze und Kälte erstarren. Unter ungünstigen Bedingungen wird dieser Humus wieder zerstört.
In der tieferen eigentlichen Humusschicht entsteht dagegen der sogenannte Dauerhumus. Man nennt diesen Zustand auch makromolekulare Gare. Die Bodenkrümel sind hier kleiner, intensiver verkittet und beständiger. Sie verbinden sich mit den im Boden vorhandenen Huminstoffen. So entstehen stabile Ton-Humuskomplexe. Wichtigste Eigenschaft der im übrigen noch nicht endgültig erforschten Huminstoffe ist ihr Stickstoffgehalt. Sie bilden, wenn sie reichlich vorhanden sind, ein Stickstoffreservoir im Boden, dessen Nahrungsvorräte nur langsam mineralisiert und an die Pflanzen weitergegeben werden. Also eine gut eingeteilte Vorratswirtschaft.
Die Krümelbildung der Erde ist eines der großen Wunder der lebendigen Natur. Unzählige Lebewesen wirken emsig und pausenlos, damit diese braunen Erdbröckchen entstehen und zusammenkleben. Das Geflecht der Pilze und die Schleimstoffe der Bakterien halten die lebendige Konstruktion aus Staub und Mikrobenleibern zusammen. Die Wissenschaftler nennen diesen Vorgang »Lebendverbauung«. In diesem sprachlichen Bild wird deutlich, daß die Fruchtbarkeit der Erde, von der wir alle leben, aus unendlich vielen winzigen Lebewesen buchstäblich zusammenwächst. Müssen wir vor diesen Heerscharen kleiner stiller Arbeiter nicht die größte Achtung haben? Der »Brehm des Pflanzenlebens« Raoul R. Francé hat die große Gemeinschaft der Lebewesen im Boden das Edaphon genannt (edaphisch ist griechischen Ursprungs und bedeutet: den

Die Krümelbildung – ein Wunder, an dem unzählige Lebewesen in der Erde mitwirken.

Boden betreffend). Der biologische Gärtner sieht eine seiner Hauptaufgaben darin, diese feinorganisierte Welt zu schützen und zu pflegen – zu seinem eigenen Nutzen.
Alle diese phantastischen, vielseitigen, lebendigen Prozesse, von denen bisher die Rede war, spielen sich in den beiden oberen Bodenzonen, der Rotteschicht und der Humusschicht, ab. Daran schließt sich nach unten zunächst die Mineralschicht an. Sie besteht aus verwittertem Gestein. Die Tätigkeit von Bodenlebewesen nimmt hier mit zunehmender Tiefe immer weiter ab. In diesem Bereich können aber aus den vorhandenen Mineralien noch Nährstoffe für die Pflanzen freigesetzt werden. Die Mineralschicht, die bis 2,50 m dick sein kann, hat auch die Funktion eines Wasserreservoirs. Darunter beginnt die Schicht des Muttergesteins, das ist der gewachsene Fels, der tief in die Erde reicht.

Der Kreislauf der Stoffe

Wo die verschiedenen Schichten des Bodens intakt sind, wo die milliardenfachen Heerscharen Hand in Hand arbeiten, da entsteht die Bodengare, jener reife Humus, von dem alle Gärtner und Bauern träumen. Dieser Boden ist dann in der Lage, Regenwasser und Nährstoffe zu speichern. Er ist reich an Stickstoff und Kohlensäure. Er ist lokker, porös, warm und luftig. Wie ein solcher Boden in der Praxis entsteht, wird im zweiten Teil dieses Buches beschrieben. Vorerst ist es wichtig für den künftigen biologischen Gärtner, zu begreifen, daß das Verständnis für das Bodenleben die Grundlage all seiner Bemühungen ist. Die Natur bietet ihm ein perfektes System und Milliarden kostenlose Helfer an. Der biologische Gärtner braucht sie nur sinnvoll zu nutzen.
Er erspart sich dann viel unnötige Mühe – wie zum Beispiel das jährliche Umgraben. Er erspart sich auch viel Geld – wenn er die natürliche Düngerproduktion der Erde fördert, muß er kaum Dünger zukaufen. Schließlich spart er auch Energie – sowohl in Form von menschlicher Arbeitskraft als auch bei der industriellen Erzeugung.
Der biologische Gärtner gliedert sich wieder bewußt in den natürlichen Kreislauf ein. Er fördert und pflegt mit allen Mitteln das Bodenleben. Er macht sich klar, daß jeder grobe Eingriff in diese feinorganisierte Welt nur stören, schlimmstenfalls zerstören kann. Er ernährt deshalb nicht die Pflanzen, er ernährt den Boden. Kompost, Bodenbedeckung und Gründüngung sind dabei seine wichtigsten Punkte auf der »Speisekarte des Gartens«. Denn wo die Bodenlebewesen genügend organische Masse serviert bekommen, da produzieren sie auch reichlich diejenigen Stoffe, die Boden und Pflanzen brauchen: Stickstoff, Kohlensäure, Kali, Phosphor und Spurenelemente. Es ist eine oft bewiesene Tatsache, daß in Böden, die systematisch nach biologischen Methoden bearbeitet werden, alle wichtigen Nährstoffe stets vorhanden sind. Sie »wachsen nach«! Der biologische Gärtner schließt den natürlichen Kreislauf der Stoffe, indem er alle organischen Abfälle der Erde wieder zuführt. Sie dankt es ihm durch ihre blühende Gesundheit, die sich auf alle Gewächse des Gartens überträgt – letzten Endes auch auf den Menschen, der sich von diesen Pflanzen ernährt.

Sir Albert Howard, der ein Leben lang biologische Methoden in Europa und Indien erprobte, hat dieses Fundament aller natürlichen Bodenbearbeitung in seinem »Landwirtschaftlichen Testament« beschrieben. Was er über den Kreislauf von Abbau und Aufbau in der Landwirtschaft sagt, gilt gleichermaßen für jeden biologischen Gärtner:

»Die Bodenfruchtbarkeit ist der Zustand, der sich aus dem Arbeiten des Naturkreislaufes ergibt. Es muß immer eine vollständige Ausgeglichenheit zwischen den Vorgängen des Wachstums und den Vorgängen des Absterbens vorhanden sein. Die Folgen dieses Zustandes sind ein lebendiger Boden, reiche Ernten von guter Qualität und ein Viehbestand, der den Glanz der Gesundheit besitzt. Der Schlüssel zu einem fruchtbaren Boden und einem gedeihenden Landbau ist der Humus.«

Lebenselemente der Pflanzen

Pflanzen sind Wesen, die in zwei Welten leben: Mit ihren Wurzeln greifen sie tief ins dunkle feuchte Erdreich. Dort suchen sie festen Halt, verklammern und verankern sich mit abertausend Schlingen und Windungen. Dort in der Tiefe saugen sie auch das lebensnotwendige Wasser auf, dort finden sie die Nährstoffe, die die Mikroorganismen ihnen zubereiten. Mit Stengeln, Blättern und Blüten aber wachsen die Pflanzen über die Erde hinaus – dem Himmel entgegen. Von dort strahlt das Sonnenlicht auf sie herunter. Von dort, aus der Höhe der Atmosphäre, fällt der lebenspendende Regen. Und überall, vom niedrigsten Blatt bis zum höchsten Baumwipfel, ist der oberirdische Körper einer Pflanze von der Luft umspült.

Beide Reiche – die dunkle Erde und die lichtdurchfluteten Lufträume – sind für eine Pflanze von lebenswichtiger Bedeutung. Sie kann (von extremen Ausnahmen abgesehen) nur im Zusammenspiel von Himmels- und Erdkräften leben. Dies sind die vier Elemente der Pflanze: Wasser, Erde, Luft und Licht.

In aller Stille entnehmen die grünen Gewächse diesen Elementen, was sie zum Leben brauchen. Pflanzen sind imstande, Sonnenenergie direkt zu nutzen. Sie können Kohlendioxid aus der Luft umwandeln in brauchbare Nährstoffe. Pflanzen sind die einzigen Lebewesen auf der Welt, die anorganische, mineralische Stoffe aus der Erde aufnehmen und in organische Verbindungen umsetzen können!

Im Körper einer lebenden Pflanze spielt sich ständig eine Fülle komplizierter, chemischer Prozesse ab. Obgleich sie sich selbst nie von der Stelle rührt, hält sie doch eine kleine Welt in Bewegung. Die Nährstoffe, die sie erzeugt, fördern aber nicht nur ihr eigenes Wachstum und Wohlergehen. Sie dienen Tieren und Menschen auf der ganzen Welt als Nahrung. Pflanzen bilden direkt oder indirekt die Lebensgrundlage aller Geschöpfe auf unserem Planeten. Innerhalb der ineinandergreifenden Nahrungskette sind sie das wichtigste Glied.

Auch darüber sollte ein Gärtner, der täglich mit diesen stillen Geschöpfen umgeht, ab und zu nachdenken. Wenn die Pflanzen zugrundegehen, sterben ihnen Tiere und Menschen nach. Der Erde würde dann – wie in einem Horrorfilm – ihr grünes Kleid vom Leib gerissen. Felder und Gärten verdorrten, Wälder stürzten in sich zusammen. Die Wurzeln, die den Boden wie ein riesiges, unterirdisches Netz umspannen, würden zerfallen. Sturm und Regen hätten nun leichtes Spiel. Die fruchtbare Erde würde in alle Winde verstreut. Zurück bliebe ein verwüsteter Stern.

Noch lebt die Natur, noch sind unzählige Pflanzen in der Obhut von Bauern und Gärtnern gut aufgehoben. Aber die Elemente, aus denen sie sich immer wieder aufs Neue aufbauen, sind an vielen Orten gefährdet: das Wasser, die Luft und die Erde mit ihrem wimmelnden Mikrokosmos.

Wasser gehört zu den Grundvoraussetzungen des Lebens auf der Erde. Die Wissenschaftler glauben, daß die ersten Lebewesen ursprünglich im Wasser entstanden sind. Wie auch immer – Gärten und Pflanzen sind jedenfalls ohne dieses flüssige Element undenkbar. Wasser steht den Gewächsen »von oben und von unten« zur Verfügung. Das Grundwasser ist das ständige Feuchtigkeitsreservoir in der Erde. Nachschub kommt vom Himmel: Regen, Schnee und Tau fallen als lebenspendender Niederschlag.

Dieses Wasser aus der Atmosphäre besteht aber keineswegs nur aus neutraler Flüssigkeit. Es bringt Stickstoff in Form von Ammoniak und sogar geringe Mengen Phosphorsäure mit. Messungen ergaben, daß in Westeuropa im Jahr durchschnittlich 10–30 kg Stickstoff auf 1 ha Boden herunterregnen. Der Stickstoffgehalt im Tau ist sogar noch höher. Ein Boden, der in gutem, garem Zustand ist, saugt diese Wassermengen mit ihren Inhaltsstoffen auf wie ein Schwamm und hält sie lange in günstiger Verteilung fest. In schlechten Böden läuft das Wasser entweder in den Untergrund ab, oder es staut sich und verursacht Fäulnis und Morast.

Für die Pflanzen spielt das Wasser in der Erde und im Säftestrom ihrer Körper die wichtige Rolle des Transporteurs. Mit Hilfe von Flüssigkeit werden alle wichtigen Nährstoffe dorthin geschleust, wo sie gebraucht werden. Wasser ist aber auch wichtig für das Wachstum der Pflanzen und für eine pralle Füllung der Zellen. Um 1 kg Pflanzenmasse zu erzeugen, benötigt eine Pflanze 0,5 m^3 Wasser. Man braucht sich als anschauliches Beispiel nur das saftstrotzende Blatt eines Kürbisgewächses vorzustellen – ohne Flüssigkeit würde es zu einem kleinen grünen Faserhäufchen zusammenfallen! Wie das Wasser in den »grünen Adern« kreist und wie phantastisch alle Produktionsströme im Inneren einer Pflanze gesteuert sind, werden wir später noch feststellen können – bei

Der Wasserkreislauf: Pflanzen verdunsten Feuchtigkeit, die aufsteigt, Wolken bildet und als Regen auf die Erde zurückfällt.

einem Blick nach unten in die Wurzelwelt und bei einem Blick nach oben »in die Fabrikationsanlagen« der grünen Blätter.

Die Luft ist ein Element, das sowohl in der Atmosphäre als auch im Boden verbreitet ist. Wichtigster Bestandteil der Luft ist der Sauerstoff. Ihn brauchen Menschen und Tiere zum Atmen. Auch die Pflanze »atmet«, wenn auch auf andere Weise, wie wir im nächsten Kapitel ausführlicher erfahren werden. Sauerstoff ist – sowohl im Stoffwechsel der Pflanzen als auch bei der Tätigkeit der Bodenlebewesen – wichtig für alle chemischen Verbrennungsvorgänge.

Die Luft der Atmosphäre besteht zu etwa 78% aus Stickstoff, zu 20% aus Sauerstoff, zu 1% aus Edelgasen und zu 0,03% aus Kohlendioxid. Ganz anders ist die Bodenluft zusammengesetzt. In normaler Gartenerde besteht sie aus 10% Sauerstoff, aus 50% Stickstoff und aus 40% Kohlensäure. Hier ist der Reichtum an Kohlensäure also unvergleichlich größer als in der »Atemluft«. Dieses Übergewicht entsteht durch die Tätigkeit der Bodenlebewesen und ihre Umsetzungsprozesse. Für die Pflanzen ist dieses riesige Kohlensäureangebot von großem Vorteil, denn es ist eine der Grundlagen ihrer Ernährung. Je lebendiger der Boden ist, desto reichlicher sprudelt auch die natürliche Kohlensäurequelle. Caspari stellt fest, daß aus 1 ha garen Bodens 2–5 kg Kohlensäure in der Stunde aufsteigen. Ein großer Teil davon wird von den Pflanzen aufgenommen, der Rest füllt die Kohlendioxidreserven der Atmosphäre auf.

Das Sonnenlicht ist für die Pflanzen der wichtigste Energieträger. Es setzt den Motor ihres Stoffwechsels in Gang. Nur mit Hilfe des Lichts können die Prozesse der Fotosynthese und der Assimilation in den grünen Blättern ablaufen. Dabei wird die Lichtenergie in chemische Energie umgewandelt. Pflanzen haben im Gegensatz zu den Menschen keine Schwierigkeiten bei der Ausnützung dieser unerschöpflichen natürlichen Kraftquelle. Sie vermögen die Sonnenenergie direkt zu

Das Sonnenlicht ist für die Pflanzen eine direkt nutzbare Energiequelle.

nutzen. Pflanzen sind allerdings auch sehr stark abhängig von der Intensität des Lichts und von seinem Rhythmus, der sich in Tag- und Nachtstunden gliedert. Die grünen Gewächse sind von ihrer Beziehung zum Himmelsgestirn so stark geprägt, daß ihre »Lichtgewohnheiten« sich sogar vererben! Sogenannte »Kurztagspflanzen« zum Beispiel, die in ihrer Heimat zu bestimmten Jahreszeiten mit wenigen Stunden Tageslicht auskommen müssen, halten an dieser Gewohnheit der früh hereinbrechenden Dunkelheit auch dann fest, wenn sie in andere Breiten »umgesiedelt« werden. Ihre innere Uhr richtet sich auch nach hundert Jahren in der Fremde noch nach dem Sonnenrhythmus ihrer Heimat. Der Weihnachtsstern und das Flammende Käthchen sind dafür anschauliche Beispiele auf unserer Fensterbank. Sie blühen nur, wenn sie im Herbst ein paar Wochen »früh schlafen gehen«. Das bedeutet, sie müssen einige Stunden lang künstlich verdunkelt werden.

Die Erde – das vierte Lebenselement der Pflanzen – haben wir im vorigen Kapitel schon näher kennengelernt. Steigen wir nun noch einmal hinunter in die Welt der Wurzeln. Diesmal wollen wir uns nicht die Bodenorganismen, sondern das unterirdische Leben der Pflanzen näher anschauen.

Pflanzenleben in der Erde – wunderbare Welt der Wurzeln

Eine Hälfte des Pflanzenkörpers befindet sich ständig in feuchter Dunkelheit. Die Wurzeln bohren und tasten sich durch lockeres oder steiniges Erdreich. Sie folgen beharrlich der »Witterung« von Wasser und Nährstoffen. Was diese unterirdischen Organe dazu befähigt, blind aber zielsicher ausfindig zu machen, was der Pflanze nützt, das können weder Chemiker noch Biologen auf eine Kurzformel bringen. Die sensiblen Fähigkeiten der Wurzeln gehören sicher zu den größten Wundern im Reich des Lebendigen. Bei einem Blick in die meist für unsere Augen verschlossene Welt des Bodens werden drei Hauptfunktionen der Wurzeln sichtbar:

- Sie dienen der Verankerung des Pflanzenkörpers.
- Sie nehmen Wasser und Nährstoffe auf, die dann durch ein inneres Röhrensystem bis zu den Blattspitzen hochgepumpt werden.
- Bei bestimmten Pflanzen werden die Wurzeln zu dicken Vorratsbehältern »aufgebläht«. Möhren und Sellerieknollen gehören durch diese Nährstoffreserven zu den besonders wertvollen Nahrungsmitteln.

Die Wurzelsysteme der verschiedenen Pflanzen sind sehr unterschiedlich angelegt. Sie passen sich immer den Bedingungen des Klimas, des Bodens und der Pflanzengestalt perfekt an. Dieses Ergebnis einer Jahrtausende langen Entwicklung zeigt sich zum Beispiel darin, daß Gewächse trockener Steppengebiete lange Pfahlwurzeln ausbildeten, die manchmal bis zu 10 m tief wachsen, wo sie das Leben erhaltende Grundwasser erreichen. In humusreichen, feuchten Böden bleiben die Wurzeln dagegen in der oberen, nahrhaften Erdschicht. Vor allem krautige Pflanzen, die meist keine langen Wurzeln ausbilden, durchwachsen in Wiesen und Laubwäldern oft nur die Schicht der oberen 15 cm.

Manche Bäume, wie zum Beispiel die Kiefern, sichern ihr Leben durch ein doppeltes System ab. Sie entwickeln eine bis zu 6 m lange Hauptwurzel und gleichzeitig ein flaches System zahlreicher Seitenwurzeln. Abenteuerliche Sonderformen der Verankerung bilden die Stelzwurzeln der Mangroven, die über tropische Sümpfe herausragen, und die Haftwurzeln, mit denen sich viele Orchideen in den Ästen der Urwaldbäume festklammern. Hier ist die Welt der Wurzeln gleichsam auf den Kopf gestellt. Sie haben sich »in die Lüfte« geschwungen.

Für den Gärtner unserer Breiten sind diese Seitenwege tropischer Vegetation aber nicht von Bedeutung. Er lebt und arbeitet mit denjenigen Kulturpflanzen, die normalerweise eine Tiefe von 1–2 m durchwurzeln. Die Verankerungen der Pflanzen werden immer aus den alten, verholzenden Wurzelsträngen gebildet. Das Netz der zarten, jungen Faserwurzeln dient der Nahrungsaufnahme. Bei ihren langen Wegen durch das Erdreich stoßen die Wurzeln oft auf Hindernisse. Steine, undurchlässige Erdschichten oder das

Vielfältig und bizarr ist die Welt der Wurzeln. Meist liegt sie im Dunkel der Erde verborgen. Bei diesen Mangrovenwurzeln an einem tropischen Flußlauf wird die Verankerungstechnik der Wurzeln sichtbar.

Verdickte Wurzelformen, die als Nährstoff-»Spardosen« dienen: Möhre, Rote Bete, Sellerie und Kohlrabi.

Netz der Konkurrenz versperren ihnen den kürzesten Weg. So winden sich Wurzelarme oft durch enge Spalten, oder sie drehen sich solange um einen Felsbrocken, bis sie ihn »umgangen« haben. Auf diese Weise entstehen manchmal sehr bizarre Wurzelformen, die die Menschen aller Zeiten faszinierten. Die knorrigen Gnome aus der unterirdischen Welt sind Symbole des zähen Überlebenswillens stummer Geschöpfe, die ihr ganzes Leben am gleichen Ort zubringen.

Das »Gehirn« im Boden

Einen auffälligen Kontrast zu den kräftigen, stabilen Verankerungswurzeln bilden die jungen Wurzelspitzen mit ihren feinen Haarwurzeln. Diese Spitzen sind sehr empfindlich und lebendig. Ihr Gewebe erneuert sich ständig. Eine Wurzelhaube schützt sie auf ihrem harten Weg durch das Erdreich. An den Wurzelspitzen bilden sich ständig feinste Haarwurzeln. Sie haben nur eine kurze Lebensdauer. Aber ununterbrochen wachsen neue Härchen nach. Schon mancher ernsthafte Forscher hatte bei der Betrachtung dieser sinnreichen Konstruktion den Eindruck, als sei die empfindliche Wurzelspitze der Pflanze eine Art Sinnesorgan. Francé hat diese bildhafte Vorstellung anschaulich beschrieben:

»Alle Fähigkeiten der Wurzel vereinigen sich in der Wurzelspitze. Das ist das einzige, was sich sagen läßt. Schon Darwin hat sie mit einem Gehirn verglichen. Man könnte diesen Vergleich noch erweitern und die Wurzel mit einem feinen kleinen Wurm in Parallele stellen, der das Erdreich tastend und prüfend, wenn auch unendlich langsam abkriecht, da Feuchtigkeit suchend, dort ausweichend oder eine schädliche Luft witternd, durchaus nicht stets nach der Tiefe, sondern dorthin strebend, wo die Erhaltung des Ganzen, dessen Teil er ist, am besten gesichert ist. Und wo sie jene Bodenmikroben findet, die zur Lebensgemeinschaft der Wurzel gehören.«

Wie auch immer dieses wunderbare Organ »im Innersten« beschaffen sein mag, eines ist jedenfalls gesicherte Erkenntnis: Über die feinen Haarwurzeln nehmen die Pflanzen die im Wasser gelösten Nährstoffe aus dem Boden auf. So gelangt die nahrhafte Brühe, an der die Mikroorganismen ständig arbeiten, in den Säftestrom der Gewächse. Bis vor kurzem glaubte man, daß Pflanzen einzig und allein wasserlösliche Substanzen aufnehmen können. Dieser Gedanke war auch die Grundlage der Düngung mit chemischen Salzen. Neue Forschungen – die sich unter dem Elektronenmikroskop bestätigten – ergaben, daß die Wurzeln auch winzige noch lebende organische Substanzen direkt aufnehmen können: Mikro- und Makromoleküle, Aminosäuren, Enzyme, Teilchen von Zellen und Plasma. Dr. Rusch und Professor Virtanen haben entdeckt, daß die im Wurzelbereich tätigen Bakterien die Endformen des Plasmas so »vermitteln«, daß die Pflanzenorgane sie direkt annehmen und als Bausteine für neue organische Substanzen benutzen können. Die Wissenschaftler nennen dieses Phänomen den Kreislauf der lebenden Substanz.

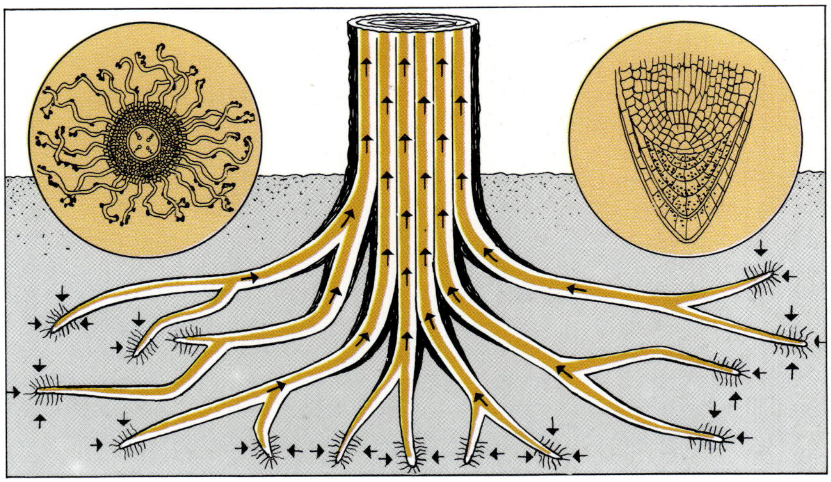

Durch die feinen Haare an den Wurzelspitzen gelangen Wasser und Nährstoffe in die Leitungsbahnen der Pflanzen.
Links: Wurzelquerschnitt mit Haarwurzeln.
Rechts: Wurzelspitze mit Haube.

Der biologische Gärtner kann aus diesem komplizierten unterirdischen Stoff-Wechsel-Geschehen die praktische Schlußfolgerung ziehen, daß seine Pflanzen nicht nur mit Mineralstoffen, sondern auch ständig mit organischer Substanz versorgt werden müssen.
Die Wurzelspitzen sind übrigens sehr wählerisch bei der Auswahl. Unter gleichen Bodenbedingungen entnehmen sie dem gemischten Angebot immer nur diejenigen Nährstoffe, die »ihre Pflanze« benötigt. Dies ist dann bei einem Kohlkopf eine ganz andere »Menü-Zusammenstellung« als bei einer Rose. Die Pflanzen wählen also ganz individuell aus dem Nährstoffangebot des Erdreiches aus, was sie gerade brauchen. Darwins Vergleich vom Gehirn der Pflanze in der Wurzelspitze drängt sich auch in diesem Zusammenhang auf.
Die Wurzeln nehmen aber nicht nur Stoffe aus dem Boden auf, sie sondern auch selber Säuren aus dem Stoffwechsel der Pflanzen ab. Diese Säuren tragen mit dazu bei, feste Bodenbestandteile zu lösen und sie so zu verflüssigen, daß die Wurzeln sie aufsaugen können. In tieferen Bodenschichten lösen die Säureausscheidungen auch Mineralien auf. Diese Ausflüsse aus dem Säftestrom der Gewächse beeinflussen auf ihre Weise die zahlreichen Umformungsprozesse im Boden. Sie können – im richtigen Verhältnis – zum Aufbau der Gare beitragen. Wo sie einseitig in größeren Mengen ausgeschieden werden – zum Beispiel in ausgedehnten Monokulturen –, können die Pflanzensäuren aber auch zur Bodenmüdigkeit führen.
Für den praktischen Gärtner ist noch ein »oberirdischer Wink« wichtig für sein Verständnis der unterirdischen Zusammenhänge. Die Natur ist immer bestrebt, möglichst funktionelle Formen zu entwickeln. Sie neigt nie zur Verschwendung. So sind manche Blatt- und Baumkronen-Konstruktionen so beschaffen, daß sie das Regenwasser genau dort hinleiten, wo sich im Boden das dichteste Netz von Wurzelspitzen befindet. Pflanzen mit senkrechten Pfahlwurzeln oder Rübenwurzeln besitzen Blätter, die das Wasser zur Mitte hin abfließen lassen. Bei großen Bäumen läuft das meiste Wasser dagegen über die Krone nach außen ab. Es rinnt genau in die Kronentraufe, wo sich die feinen Faserwurzeln ausbreiten. Bei einem Baum gleichen sich der Bereich der Wurzeln und die Form des Wipfels wie Spiegelbilder. Ihre Funktionen sind aufeinander abgestimmt – so wie überall im Pflanzenbereich die unterirdische Nahrungsaufnahme und die Nahrungszubereitung in den grünen Blättern kombiniert werden zu einem großartigen Produktionsprozeß mit ineinandergreifenden Rädchen.

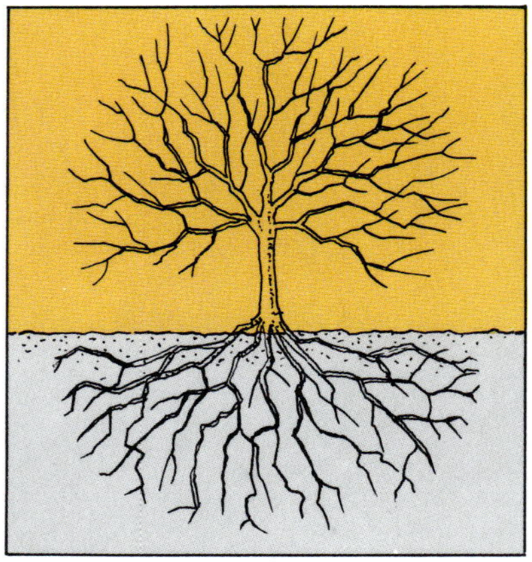
Sie gleichen sich wie ober- und unterirdische Spiegelbilder: die Baumkrone und das verzweigte Netz des Wurzelraums.

Pflanzenleben über der Erde – grüne Blattfabrik mit Sonnenmotoren

Aus der wunderbaren Welt der Wurzeln steigen wir nun ans helle Tageslicht in einen nicht minder phantastischen Bereich des Pflanzenlebens. In den grünen Blättern spielt sich der zweite Akt des spannenden Schauspiels »Pflanzen schaffen Nahrung, Energie und neues Leben« ab. Je näher die Wissenschaft mit Elektronenmikroskopen und chemischen Analysen in die verborgene Wirklichkeit der Blätter eindrang, desto aufregender waren die Erkenntnisse über die Prozesse, die sich dort abspielen: in Sekundenbruchteilen, stündlich, täglich, jahraus, jahrein, seit Milliarden Jahren!
Der große Pflanzenforscher R. H. Francé schrieb voller Bewunderung: »Einer ungeheuren Fabrik ist so ein Blatt zu vergleichen, in der zahllose kleine Sonnenmotoren aufgestellt sind, die im Sonnenlicht chemisch tätig sind. Nur sind es merkwürdige lebende Maschinen, die sich von selbst dort hinstellen, wo die besten Arbeitsbedingungen herrschen; sie sind Maschine und Arbeiter zugleich.«
Der Ire Brendan Lehane vermittelt in seinem Buch »Macht und Geheimnis der Pflanzen« einen lebendigen Eindruck von diesem allgegenwärtigen kosmisch-irdischen Wechselspiel:
»Verzehrt man bei Tageslicht ein frischgepflücktes Blatt, ist etwas von dem, was man zu sich nimmt, noch vor acht Minuten Teil der Sonne gewesen. Soviel Zeit benötigt das Sonnenlicht nämlich, um die Erde zu erreichen. Die Umwandlung dieser Sonnenenergie in Nahrung braucht zusätzlich nur noch den Bruchteil einer Sekunde. Trotz der Geschwindigkeit, mit der sich dieser Prozeß vollzieht, bildet er den wesentlichen Schlüssel für alles Leben auf der Erde. Er findet zwischen Sonnenaufgang und Sonnenuntergang in den Weltmeeren in jeder Kiesel- oder Stabalge, auf dem Trockenen in jedem Blatt statt.«

Die Photosynthese

Was aber spielt sich nun im einzelnen ab? Die Pflanzen nehmen durch winzige Spalten an der Blattunterseite Kohlensäure bzw. Kohlendioxid aus der Luft auf. Dies ist ein Grundstoff des Lebens in Gasform. Gleichzeitig steht ihnen das Urelement Wasser zur Verfügung, das von den Wurzeln her durch ein verzweigtes Röhrennetz aufsteigt. In den grünen Blättern spielen sich nun »weltbewegende« Verwandlungen ab: Wasser wird in seine Bestandteile Wasserstoff und Sauerstoff zerlegt.

Das Kohlendioxid wird aufgespalten in Kohlenstoff und Sauerstoff. Aus diesen chemischen Einzelbausteinen setzt die Pflanze nun einen neuen Grundbaustoff zusammen: die Glukose. Man nennt dieses neue Produkt aus der grünen Blattfabrik in der Sprache der Chemiker Kohlenhydrat. Im Alltagsleben begegnet uns dieser Stoff in den verschiedensten Abwandlungen als Zukker. Der Sauerstoff, der bei diesem »Arbeitsgang« übrigbleibt, wird durch die Blattoberfläche wieder an die Atmosphäre abgegeben. Er bereichert unsere Atemluft.

Die Pflanzen sind also in der Lage, aus Wasser und Kohlendioxid den Nährstoff Zucker selber herzustellen. Die Energie, die für diesen Prozeß benötigt wird, liefert die Sonne. Der Vermittler zwischen den Himmelsstrahlen und den irdischen Grundstoffen ist das Chlorophyll in den Zellen der Blätter. Den gesamten Prozeß der biochemischen Umwandlung unter der Mitwirkung von Sonnenenergie und Chlorophyll nennt man die Photosynthese.

Baumeister Chlorophyll

Sehen wir uns das Chlorophyll, den grünen Farbstoff in den Blättern, einmal näher an. Es befindet sich in den Zellen an der Blattoberseite und in den Stengeln. Seine äußere Gestalt gleicht etwa einem länglichen Reiskorn. Ein wichtiger Bestandteil des Chlorophyllmoleküls ist Magnesium. Die Chloroplasten, wie die eigentlichen Blattgrünkörper auch genannt werden, sind innerhalb ihres Zellgehäuses beweglich. Sie können hin- und herrollen. Auf diese Weise passen sie sich den Lichtverhältnissen an. Es kann zum Beispiel geschehen, daß die Chlorophyllkörner sich bei zu grellem Sonnenlicht eng nebeneinander drängen und an den Zellwänden aufreihen. Bei normaler Beleuchtung verteilen sie sich dagegen über die ganze Zelle. Solche Reaktionen fallen natürlich unterschiedlich aus, je nachdem, um welche Pflanze es sich handelt. Schattengewächse benötigen schnellere Abwehrmaßnahmen,

In die günstigste Stellung zum Licht drehen sich die Blätter des Wilden Lattichs *(Lactuca serriola)*, der auch Kompaßpflanze heißt.

wenn sie plötzlich glühender Mittagssonne ausgesetzt sind, als Pflanzen, die viel Licht lieben.

Die Blätter sind gleichfalls beweglich. Sie können sich der Sonne zudrehen. Dann bieten sie ihrer Energiequelle die größtmögliche Oberfläche an, um ihre Kräfte möglichst intensiv zu nützen. Die Chlorophyllkörner bewegen sich mit und rollen in die günstigste Lage. Sobald sie von den Impulsen des Lichts getroffen werden, setzen sie die Umwandlungsprozesse in Gang.

Auf der ersten Stufe wird Wasser in Wasserstoff und Sauerstoff gespalten. Der Sauerstoff wird dann ausgeschieden. Den Wasserstoff übernimmt ein Enzym. Ein zweites Enzym wird mit neugeschaffener chemischer Energie aufgeladen. Dieser Prozeß ist ganz und gar abhängig vom Licht und seiner Energie. Er benötigt aber keine Wärme. Man nennt diesen Vorgang auch Lichtreaktion. Die zweite Produktionsstufe spielt sich im Dunkeln ab; sie wird deshalb Dunkelreaktion genannt. Hierzu wird auch Wärme benötigt. Die beiden mit wertvoller Fracht beladenen Enzyme treffen in dieser zweiten »grünen Fabrikhalle« auf den Kohlenstoff, der von außen aus der Luft ins Blatt eingedrungen war in Form von Kohlendioxid. Das eine Enzym entlädt an dieser Stelle seine Energie, damit das andere seinen Wasserstoff mit dem Kohlenstoff verbinden kann. Aus dieser Vereinigung entstehen dann Kohlenhydrate und Zucker.

Dieses kostbare Endprodukt eines komplizierten Umwandlungsprozesses braucht die Pflanze bei weiteren lebenswichtigen Vorgängen, zum Beispiel bei der »Atmung« und als Brennstoff bei allen biologischen Verbrennungsprozessen. Aus Zucker wird aber im Blatt unter anderem auch Stärke gebildet. Sie dient den Pflanzen, wenn sie reichlich erzeugt werden kann, nicht nur als tägliche Nahrung, sondern auch als Reserve für magere Zeiten. Stärke wird in Wurzeln und Knollen eingelagert wie in lebendige Vorratsbehälter. Was der Pflanze ein langes Leben sichern soll, ist aber auch den Menschen von Nutzen: Kartoffeln und Sellerieknollen zum Beispiel sind durch die Sparkasse der Natur besonders nahrhaft!

Assimilation und Dissimilation

Alle bisher beschriebenen Produktionsabläufe in der grünen Blattfabrik dienen der Aufnahme von lebenswichtigen Stoffen. Die Biologen nennen sie deshalb auch Assimilation, das bedeutet Aneignung oder Angleichung. Die Assimilation ist ein Aufbauprozeß. In eine kurze Formel konzentriert sieht der ganze komplizierte Vorgang so aus: Kohlendioxid + Wasser + Lichtenergie ergeben die Endprodukte Zukker und Sauerstoff.

Der umgekehrte Prozeß wird Dissimilation genannt. Dies bedeutet Ausstoßung oder, chemisch betrachtet, die Umwandlung zusammengesetzter, organischer Verbindungen in einfachere Verbindungen. Die Dissimilation ist also ein Abbauprozeß. In unserer grünen Blattfabrik geht es dabei um den Abbau des selbsterzeugten Zuckers. Er besteht ja aus einer Kohlenstoffverbindung und wird als Brennstoff genutzt, so wie wir mit Kohlen heizen und Wärme erzeugen. Ein Feuer im Ofen brennt aber nur dann ordentlich, wenn es genügend Luft, das heißt Sauerstoff bekommt. Auch die Pflanze braucht Sauerstoff, um ihren Zucker in Energie umzusetzen. Dabei gibt sie die freiwerdende Kohlensäure nach außen ab. Da dieser Wechsel von Stoffen der Atmung von Menschen und Tieren ähnelt – Sauerstoff wird aufgenommen, Kohlensäure ausgeatmet –, nennt man diesen Prozeß auch bei der Pflanze »Atmung«.

Zwei wichtige Unterschiede zwischen den beiden Fabrikationsbereichen Assimilation und Dissimilation sollten Sie sich merken: Die Assimilation mit der Photosynthese verbraucht Energie, die sie von außen, von der Sonne bezieht. Sie ist abhängig vom Tageslicht. Nachts ruht die Arbeit in diesen »Werkstätten«. Bei der Dissimilation wird dagegen Tag und Nacht durchgehend produziert. Die Pflanze benutzt betriebseigene Stoffe, sie ist unabhängig. Außerdem verbraucht sie keine Energie, im Gegenteil: sie erzeugt Energie. Diese ist ein Abbauprodukt, das bei der Umsetzung des Zuckers entsteht.

Ihre »hauseigene« Energie benötigt die Pflanze, um viele lebenswichtige Vorgänge in ihrem Organismus in Gang zu halten – so ähnlich wie wir Strom benötigen, damit unsere Maschinen laufen. Dissimilation ist im Gegensatz zur Assimilation kein in sich geschlossener Produktionsablauf. Sie umfaßt eine Fülle verschiedener Prozesse mit unterschiedlichen Endprodukten. Einige davon können sogar ohne Sauerstoff ablaufen. Solche »luftscheuen« Abbauprozesse sind zum Beispiel die Alkoholgärung und die Milchsäuregärung. Doch dies würde uns zu weit in die Welt der Chemie führen.

Mit den Augen des Bio-Gärtners

Für einen praktischen Gärtner ist es aber von Bedeutung, wenigstens über die wichtigsten biochemischen Abläufe in seinen Pflanzen Bescheid zu wissen. Wenn es ihm zum Beispiel klar geworden ist, daß die grünen Gewächse für viele lebenswichtige Prozesse Sauerstoff benötigen, dann wird er viel leichter begreifen, daß Sauerstoffmangel schwere Schäden in seinen Kulturen hervorruft. Verdichtete Böden, zu enge Pflanzung, aber auch stickige Lagerräume behindern die Arbeit in den grünen Produktionsstätten. Denn sogar eingekellerte Möhren, Kohlköpfe und Wintersalate sind keineswegs »tote Ware«. Ihr Stoffwechsel arbeitet immer noch, wenn auch sehr reduziert. Und dazu braucht er Luft und Sauerstoff!

Ohne Wasser kein Leben

Wir haben nun einen Blick mit Elektronenaugen tief hinein in die innersten Bereiche des Pflanzenlebens geworfen. Von den Wurzeln in der feuchten dunklen Erde bis hinauf zu den grünen Blättern, in denen die »goldenen Sonnenmotoren« laufen. Alle Arbeitsgänge und alle Produkte, die wir in diesen phantastisch funktionierenden Pflanzenwerkstätten kennenlernten, sind abhängig von einem lebenswichtigen Urstoff: vom Wasser. Ohne Wasser gibt es kein Leben auf dieser Welt. Ohne dieses besondere flüssige Element würde auch der ganze komplizierte Apparat der Pflanzen zusammenbrechen. Denn Wasser löst die Nährstoffe in der Erde. Es drängt durch die Poren der Wurzelhaut, steigt aufwärts und kreist durch die grünen Adern der Pflanzen, um Stickstoff, Kali, Phosphor und Spurenelemente zu den Zellen zu bringen. Wasser wird in den Blättern chemisch gespalten, um neue Bausteine des Lebens bilden zu können. Wasser transportiert schließlich auf dem umgekehrten Weg, zurück in die Tiefe, diejenigen Nährstoffe, die im oberirdischen Pflanzenkörper erzeugt werden. Zwei große Ströme steigen ständig auf und nieder in den lebendigen Gewächsen.

Aber das kostbare Naß ist nicht ungefährdet – es verdunstet. Die Pflanzen schwitzen täglich große Mengen Wasser aus. Bei starker Hitze kann dies gefährlich werden. Dann hängen die Blätter schlaff herunter, in den grünen Werkshallen läuft die Produktion »auf Sparflamme«. Wassernachschub ist in solchen Stunden lebenswichtig, sonst vertrocknen die Blätter, und ihre feinen komplizierten Anlagen sind für immer zerstört. Ähnliche Katastrophen können auch im Wurzelbereich geschehen.

Die Wasserpumpen der Natur

Der ununterbrochene Kreislauf des Wassers beginnt im Boden, steigt durch die Leitungssysteme der Pflanzen in die Blätter und entweicht dort zum Teil als Wasserdampf in die Atmosphäre. Als Regenwasser kehrt es später zurück in den Boden. Dieser geschlossene Kreis ist ein technisches und biologisches Meisterwerk der Natur. Denn das Wasser muß ja von den Wurzeln bis zu den höchsten Baumkronen – entgegen der Schwerkraft – hochsteigen. Da es im Boden keine künstlichen Pumpstationen gibt, müssen die Gewächse ihre eigenen Wasserpumpen besitzen. Der Druck, der die Flüssigkeit hochtreibt, wird durch zwei unterschiedliche Kräfte ausgeübt: durch die Osmose und durch die kapillaren Kräfte. In beiden Fällen wird Wasser an- und hochgesaugt. Bei der Osmose geschieht dies von Zelle zu Zelle. Die Membranen der Zellwände sind so geschaffen, daß die Zuckerlösung im Inneren nicht herausdringen kann. Das Wasser, das von außen an die poröse Wand drängt, kann aber die feinen Öffnungen durchdringen. »Schuld« an diesen ungleichen Verhältnissen sind die verschieden großen Moleküle der Stoffe.

Die Zuckerlösung in der Zelle saugt nun das Wasser so lange an, bis sie gesättigt und die Zelle so prall gefüllt mit Flüssigkeit ist, daß die Wand nicht mehr nachgeben kann. Der optimale osmotische Druckausgleich ist erreicht. Der Innendruck, den die flüssige Zellfüllung auf die gespannte Zellwand ausübt, wird von den Wissenschaftlern Turgor (lateinisch: Schwellung) genannt. Dieser Turgor sorgt immer aufs Neue dafür, daß sich Stengel und Blätter fest anfühlen und daß sie

Unter der zerstörten Rinde einer Baum-Opuntie kann man das Leitungssystem für die Wasserversorgung erkennen.

straff aufgerichtet sind. Hängen die Blätter dagegen schlaff herunter, knikken die Stengel, so stimmt etwas mit der Wasserversorgung nicht. Die Zellen warten dringend darauf, daß die Wurzeln flüssigen Nachschub besorgen. Im Inneren des Pflanzenkörpers wird das Wasser mit Hilfe der Osmose von Zelle zu Zelle aufgesaugt. Am Ende der Kette – im letzten Blatt einer Stangenbohne zum Beispiel – ist die Saugkraft am größten. So gelangt der Säftestrom langsam aber beständig bis zu den äußersten Spitzen der Pflanzen.

Die zweite Kraft, die das Wasser nach oben zieht, ist die kapillare Kraft. Flüssigkeit steigt in Röhren hoch; je enger der Durchlaß, desto höher klettert sie. Ähnlich wie Tinte auf einem Löschblatt breitet sich so das Wasser in den Pflanzen bis in die feinsten Haarröhrchen (capillum = Haar) aus. Damit das Wasser überall hingelangen kann, besitzen die Pflanzen weitverzweigte Leitungssysteme, die wie Röhren von den Wurzeln über Stengel und Stämme bis zum letzten Blatt reichen. Dies ist ein ähnlich lebendiges Netzwerk wie die Adern, die die Körper von Menschen und Tieren durchziehen. Nur fließt statt Blut Wasser durch die Pflanzenkörper.

Wasserleitungsbahnen im Stengel eines Kürbis.

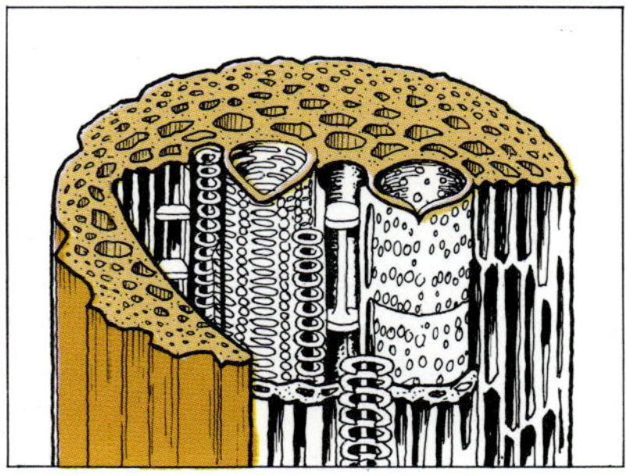

Wenn Pflanzen schwitzen

Ein zweites System von feinen Kanälen führt zur Außenhaut der Blätter. Es sind Luftleitungen, durch die überschüssiges Wasser aus dem grünen Gewebe austreten kann. Die Pflanze transpiriert. Winzig kleine Spalten oder »Münder« an der Blattunterseite öffnen und schließen sich automatisch. Stehen Stengel und Blätter unter starkem Wasserdruck, so kann der Überfluß nach außen verdunsten. Bei Wassermangel werden »die Luken dichtgemacht«, damit die Pflanzen nicht vertrocknen. Dieser Mechanismus funktioniert aber nicht hundertprozentig. Denn durch die kleinen Spalten nimmt die Pflanze ja auch Kohlendioxid von außen auf. Sie kann diese Öffnungen also nur zeitweise »verriegeln«.

Durch die Transpiration und die gleichzeitige Verringerung des Wasserstandes im Inneren der Pflanze entsteht ein Sog, der wieder neue Flüssigkeit nach oben zieht. Das Schwitzen hängt bei den grünen Gewächsen ähnlich wie bei den Menschen mit warmer, trockener Außentemperatur und Verdunstung zusammen. Wenn die Luft um sie herum an feuchten Tagen mit Wasserdampf gesättigt ist, kann die Pflanze nicht schwitzen. Damit ihr Säftestrom aber weiter zirkuliert und auch ständig erneuert und mit Nährstoffen beladen wird, greift sie zur Notlösung »Guttation«. Das ist eine Ausscheidung von Wassertropfen durch Drüsen an den Blatträndern. Sie kann nur durch den hohen Druck möglich gemacht werden, der im Flüssigkeitshaushalt der Pflanzen herrscht. Unter besonders hohem Saftdruck stehen auch viele Gehölze im Frühling, »wenn die Säfte steigen«. Wer um diese Zeit z.B. einen Birkenast abschneidet, dem quillt die Flüssigkeit stoßartig heftig entgegen. Man sagt dann: Der Baum blutet.

Der ständige Wasseraustausch einer Pflanze mit ihrer Umwelt ist ein gewaltiges Unternehmen, das ganz wesentlich zur Erhaltung des Lebens auf der Erde beiträgt. Bäume sind dafür die anschaulichsten Beispiele. Eine Birke verdunstet an einem warmen Tag 400 Liter Wasser in die Atmosphäre. Wälder haben einen »Umsatz« von Millionen Litern Flüssigkeit, die aus dem Boden gepumpt und dann zum Teil wieder an die Luft abgegeben werden. Diese Feuchtigkeit steigt auf, bildet am Himmel Wolken und fällt irgendwann wieder als Regen herunter auf die Erde. Es sind die Pflanzen selber, die dafür sorgen, daß das lebendige Naß nicht ausbleibt und daß es im Boden nicht überhand nimmt. Nur ein Viertel der Regenmenge auf der Erde entsteht durch die Verdunstung der Meere. Drei Viertel des Niederschlages sind ein Erzeugnis der grünen Pflanzen.

Bei hoher Luftfeuchtigkeit werden Wassertropfen an den Blatträndern ausgeschieden (Guttation).

So greifen alle wichtigen Lebensprozesse wie Glieder einer Kette ineinander. Immer wieder schließen sich die

lebendigen Kreisläufe. Jedenfalls so lange der Mensch nicht in blindem Egoismus in dieses feine Räderwerk greift und den eingespielten Mechanismus stört. Dann geschieht, was Lehane beschwörend beschreibt: »Entwaldetes Land besitzt keine Stimme, mit der es nach Wasser rufen könnte. Die Wolken ziehen darüber hinweg und bewahren den Regen für andere, grünere Gebiete.«
Für den biologischen Gärtner, der ja auch ein Pflanzen- und Umweltschützer ist, bedeutet das Wissen um die innersten Zusammenhänge eine große Hilfe für viele praktische Entscheidungen. Wässern und düngen, die Sorge für einen luftigen Standort und die Auswahl richtiger Lichtverhältnisse – alle diese alltäglichen Handgriffe im Garten wird er nun mit anderen Augen betrachten und mit wacherem Bewußtsein ausführen. Wer weiß, wie die lebendigen Prozesse ablaufen, wer staunend erkennt, wie kompliziert sie ineinandergreifen, der wird sich hüten, mit groben Maßnahmen feine Netze zu zerreißen. Ein Gärtner, der in seinem grünen Reich nicht nur wohlgefällig die pralle Oberfläche seiner Salatblätter betrachtet, sondern gleichsam hindurchsieht und erfaßt, was sich »unter der Haut« abspielt, ein solcher Gärtner wird erst zu einem echten »Grünen«. Er bleibt sein Leben lang ein aufmerksamer Lehrling der Natur.
Sie schlägt ihm das Buch der chemischen, physikalischen und biologischen Gesetze auf, die zwischen Himmel und Erde gültig sind. Nirgends kann er mehr lernen, als in diesem strengen Unterricht, der doch die ganze bunte Fülle des Lebens vor ihm ausbreitet. Wer Augen hat zu sehen, der sehe!

Kein Krieg im Garten

Aus Schädlingen wird man klug

In der Natur scheidet niemand die lebenden Wesen in »gut« und »böse«. Jede Pflanze, jede Mikrobe, jedes Tier hat seinen Platz und seine Aufgabe. Alles, was lebt, versucht ständig sich zu ernähren, zu vermehren und möglichst lange zu behaupten. Stets werden die Schwächeren, die Unvorsichtigen, die weniger Angepaßten als erste beiseite gedrängt oder aufgefressen. So sorgt die Natur in einem beständigen Wechselspiel zwischen Leben und Tod dafür, daß das Gleichgewicht zwischen ihren Geschöpfen erhalten bleibt.
Wie sollte sonst das unvorstellbar reiche Leben in unberührten Urwäldern oder weiten Steppenlandschaften funktionieren? Diese großen natürlichen Lebensräume erhalten sich selbst. Kein ordnender Eingriff von außen ist nötig. Schäden können hier nur Naturkatastrophen oder Menschen anrichten.
Die Behauptung, daß eine Blattlaus oder ein Kohlweißling ein »Schädling« ist, stammt ebenfalls vom Menschen.

Wenn er Nektar aus einer Blüte saugt, wirkt der Kohlweißling wie ein hübscher Schmetterling; taucht er bei den Kohlpflanzen auf, betrachtet ihn der Gärtner als »Feind«. Schädlinge gibt es nur aus der Sicht des Menschen!

Nur in seinen Augen, an seinen egoistischen Interessen gemessen, richtet da ein »Mitbewohner« seines Gartens Schaden an. Weil ein Gärtner nicht mehr so viele große, unversehrte Kohlköpfe ernten kann, wie er sich ausgerechnet hat – weil seine Rosen für einen Liebesgruß nicht mehr so makellos schön sind, wie er es sich wünscht – deshalb sagt er: Du schadest mir! Mein Tisch ist nicht für ungebetene Mitesser gedeckt. Weg mit dir!
Natürlich haben Gärtner und Bauern einen berechtigten Anspruch darauf, die Erzeugnisse ihrer Mühen auch selber zu ernten. Sie bauen Obst und Gemüse an, weil sie sich selbst, ihre Familien und eine große Zahl anderer Menschen von diesen Früchten der Erde ernähren wollen. Es besteht ein wesentlicher Unterschied zwischen wildem Wachstum in der freien Natur und den »gezähmten« Kulturen auf dem Acker und im Garten. Die kultivierten Nutz-Pflanzen sollen größer, gesünder und ertragreicher sein als ihre wilden Vorfahren in Wäldern und Wiesen. Deshalb müssen sie auf gute Eigenschaften gezüchtet, gedüngt und gewässert werden. Der Mensch bietet ihnen möglichst vorteilhafte Lebensbedingungen an, damit sie zu seinem Nutzen üppig gedeihen.
Jeder Garten und jeder Acker ist eine »künstliche«, eine kultivierte Welt. Das freie Wechselspiel der Natur wird hier in Grenzen gehalten. Die ordnende Hand des »Kultivators« greift immer wieder ein und lenkt die Entwicklung der Pflanzen in seinem Sinne. Die wichtigste Frage lautet dabei: Bleibt der »Herr des Gartens« dennoch ein »Diener der Natur«? Solange der Gärtner die Gesetze der großen natürlichen Lebensgemeinschaft achtet, von der auch der Mensch mit all seinen Bemühungen nur ein Teil ist, solange bleibt auch in seinem Garten ein Gleichgewicht der Kräfte erhalten. Es herrscht keine Wildnis, aber auch nicht die strenge Ordnung eines Exerzierplatzes. In einem solchen naturgemäßen oder biologischen Garten wird es immer eine begrenzte Zahl von

»Schädlingen« geben. Aber sie werden nie zur Plage. Sie nagen ja nicht nur die gehegten Früchte und Blumen an; viele kleine Tiere – von der lästigen Schnecke bis zur emsigen Ameise – gehören zur Gesundheitspolizei im Grünen. Sie beseitigen, was schwach und krank ist und sorgen dafür, daß Verwesendes nicht lange liegen bleibt. Derjenige Gärtner, der die lebendigen Zeichen der Natur richtig zu deuten weiß, wird sogar aus Schädlingen klüger. Sie zeigen ihm nämlich, wo sie plötzlich in Scharen auftauchen, daß er irgend etwas falsch gemacht hat. Anstatt zu schimpfen und zu spritzen, sollte er zuerst einmal nachdenken, ob er den kleinen Mitessern nicht sogar selbst die Gartentür geöffnet hat. Der bekannte Experte Sir Albert Howard war jedenfalls davon überzeugt, daß Schädlinge seine »landwirtschaftlichen Professoren« waren!

Für einen biologischen Gärtner bleiben immer die Zusammenhänge wichtig: Wo Läuse, Raupen oder Milben völlig vertrieben werden, fällt ein Glied in der Nahrungskette der vielen anderen Lebewesen aus. Meisen, Marienkäfer und Raubmilben, die natürlichen Feinde der »Schädlinge« leiden Hunger und können nicht genügend Nachkommen ernähren. In diesem Sinne wird der »Schädling« plötzlich zum »Nützling«. Er ist ein Teil des unsichtbaren Netzwerkes, das alle Lebewesen miteinander verbindet und voneinander abhängig macht. Wo diese Verflechtungen zerschlagen werden, sind unübersehbare Ketten-Reaktionen die Folge. In einem biologischen Garten sind »Schädlinge« deshalb ganz einfach Lebewesen, die man zwar in Grenzen halten, aber keineswegs »bekämpfen« und »ausrotten« muß. In erträglichem Rahmen *müssen* sie sogar ihre Rolle im großen Gartenspiel behalten. Doch dies ist kein Kampfspiel. Der biologische Gärtner will keinen Krieg in seinem friedlichen Reich. Er sieht die Gegensätze der Interessen mit anderen Augen an. Auf seine Weise überträgt er so die Gesetze der Natur auf ein Stück kultiviertes Land.

Starke Pflanzen überleben

In einem naturgemäßen Garten wird das Schädlingsproblem vorwiegend durch positive Maßnahmen gelöst: Alle Nützlinge werden gefördert. Sie helfen mit, Krankheiten und »Mitesser« in Grenzen zu halten. Es ist eine alte Erfahrung, daß die meisten Schädlinge Schwächeparasiten sind. Sie befallen zuerst diejenigen Pflanzen, die Wachstumsstörungen aufweisen. Vorbeugend wählt der biologische Gärtner deshalb Sorten aus, die zu seinem Klima und zu seinen Bodenverhältnissen passen. Richtige Pflanzabstände, genügend Licht, Luft, Wasser und Dünger gehören ebenfalls zu den wichtigen Voraussetzungen für gesundes, kraftvolles Wachstum. Mischkulturen machen es vielen Schädlingen schwer, Fuß zu fassen, weil sie ihre »Spezialitäten« darin mühsam suchen müssen. Eine sinnvolle Bodenpflege mit Kompost und Mulchdecken fördert ganz besonders die Gesundheit der Pflanzen und damit ihre Abwehrkräfte.

Umgekehrt nimmt die Schädlingsgefahr überall dort gefährliche Ausmaße an, wo die Anbaumethoden sich am weitesten von allen natürlichen Voraussetzungen entfernt haben. Riesige Monokulturen, wie sie für den modernen Ackerbau typisch sind, bieten speziellen Schädlingen beste Vermehrungsmöglichkeiten. Vor ihnen breitet sich ja oft kilometerweit ein Schlaraffenland aus. Ihre natürlichen Feinde haben dort entweder keine Lebensgrundlage, oder sie werden bei Spritzungen mit chemischen Insektiziden zusammen mit den Schädlingen vernichtet.

Der nächste Akt in dieser ländlichen Tragödie wird beherrscht von den resistenten Rassen. Die Stärksten haben – wie überall in der Natur – überlebt. Sie werden immun gegen die bisher benutzten Gifte. Intensivere Mittel müssen erfunden und auch angewendet werden. Der mörderische Teufelskreis dreht sich endlos weiter. Denn bisher ist es noch niemals gelungen, einen der winzigen Feinde wirklich auszurotten. Eher kann es geschehen, daß die »Kampfmittel« wie ein Bumerang zurückschlagen und denjenigen treffen, der sie einsetzte. So müssen – nach einem Bericht von O. Hitschfeld – in kalifornischen Obstplantagen die Farmer zur Blütezeit mit Pollenpistolen losziehen, um die Arbeit von Hummeln und Bienen zu übernehmen. Denn alle diese nützlichen Insekten, die für die Bestäubung im wohldurchdachten System der Natur eingesetzt werden, waren längst totgespritzt. Was gegen die Schädlinge gerichtet war, traf noch viel härter die Nützlinge.

Wehrlos gegen Schädlinge werden Pflanzen oft auch durch übertriebene Düngung. Riesige Gewächse mit aufgeschwemmtem Gewebe bringen zwar viele Pfunde auf die Waage, aber keine gute Kondition. Ähnlich wie allzu reichlich ernährte Wohlstandsbürger sind sie anfällig für Krankheiten. Denn groß und dick bedeutet keineswegs gesund und stark – weder beim Menschen noch beim Kohlkopf!

Für den privaten Gärtner stellt sich das Schädlingsproblem von vorneherein viel einfacher dar als für den Bauern, der möglichst viel verkaufen muß. Dieser muß sich dabei oft genug nach äußerlichen Merkmalen richten, weil der kurzsichtige Konsument es so wünscht. Im Garten dagegen dürfen die Kohlköpfe ruhig eine Nummer kleiner und die Äpfel ein wenig unregelmäßig gewachsen sein. Wenn sie dafür wohlschmeckend, gesund und giftfrei geerntet werden, so ist das allemal ein Gewinn!

Unkraut – ein großes Mißverständnis

Wo jeder »Schädling« seine guten Seiten hat, da kann auch das »Unkraut« kein Teufelszeug sein. Im Gegenteil: Es gehört zu den nützlichsten Pflanzen, die im Garten wachsen! Und es bietet sogar alle seine guten Eigenschaften umsonst an. Bei Licht betrachtet: Es gibt überhaupt kein Unkraut. Es gibt nur Wildkräuter. Und diese Kräuter aus

den unerschöpflichen Beständen der Natur gedeihen nur dort, wo sie Bedingungen vorfinden, die ihnen behagen. Jeder Gärtner hat also das Un-Kraut, das er verdient!
Vor allem ordentliche Gartenfreunde, denen öfter der Rücken schmerzt vom mühsamen Unkrautjäten, werden jetzt vielleicht empört widersprechen. Welche guten Eigenschaften sollen denn Hahnenfuß und Löwenzahn haben? Sie verbergen mehr, als ihr bescheidenes Aussehen ahnen läßt! Viele Wildkräuter gehören zu den Heilpflanzen. Ihre wertvollen Inhaltsstoffe – zu denen auch Mineralstoffe gehören – kommen nicht nur den Medizinern, sondern auch dem Gartenboden zugute. Gemischte Unkräuter ergeben einen hervorragenden Kompost. Wer sie ausreißt und sie als Mulchdecke zwischen die Kulturpflanzen legt, der verbessert mit diesen wilden kraftvollen Gewächsen den Boden.

Un-Kraut gibt dem Gärtner wertvolle »grüne Tips«: Der blaue Gamander-Ehrenpreis und die rosa gestreifte Ackerwinde wachsen auf lockeren stickstoffreichen Böden.

Der grüne Zeigefinger

Einen wichtigen Dienst erweisen die Un-Kräuter dem Gärtner durch ihre Zeichensprache. Sie zeigen ihm allein durch ihre Anwesenheit und durch die Gesellschaft, in der sie auftauchen, wie sein Boden beschaffen ist. Man nennt diese Wildpflanzen deshalb auch Zeiger-Pflanzen. Wer mühsam die zähverankerten Wurzeln des Hahnenfußes jätet, der sollte dies als Mahnung auffassen: sein Boden neigt zu Staunässe und ist verdichtet. Hahnenfuß, Wucherblumen, Sauerampfer und Breitwegerich sind solche Zeiger, die schwere, undurchlässige Böden signalisieren. Sie raten dem Gärtner dringend dazu, seine Erde zu pflegen und den Humus zu verbessern.
Wo sich dagegen die leichte, grüne Decke der Vogelmiere ausbreitet, da darf der Gärtner zufrieden sein. Dieses Unkraut zeigt ihm, daß seine Gartenerde locker und humusreich ist.
Nährstoffreichen Boden und hohen Stickstoffgehalt verraten Ackersenf, Schwarzer Nachtschatten, Brennesseln und Kletten-Labkraut.
Unkraut wächst also nicht zufällig. Manche dieser ungebärdigen Wildlinge gehören zu den Pionieren, die unbeirrt dort Land erobern, wo für zartere Naturen die Lebensbedingungen noch zu hart sind. Solche Pionierpflanzen sind zum Beispiel Löwenzahn, Gänsedistel und Greiskraut. Sie lokkern mit ihren tiefreichenden Wurzeln verhärtete Erde auf und holen noch aus tiefen Schichten Nährstoffe herauf. Schädlinge gehören zur Gesundheitspolizei im Garten. Unkraut heilt gestörte Bodenverhältnisse. Von diesen ausgleichenden Eigenschaften wußten alle Bauerngenerationen, die ihre Felder ein Jahr lang brach liegen ließen. In dieser Zeit eroberten die Wildkräuter den Boden zurück. Sie regenerierten ihn durch ihre vielfältigen Ausscheidungen. Sie sammelten Stickstoff und andere Nährstoffe. Sie durchwurzelten die Erde und hinterließen einen krümeligen, luftigen Boden.
Reste dieses uralten selbsttätigen Heilungsprozesses spielen sich im Garten ab, wenn plötzlich – wie von Geisterhand verstreut – dieses oder jenes Unkraut auftaucht. In der Erde ruhen milliardenfache Samenvorräte. Aber dies ist eine »schlafende Reserve«. Es keimen immer nur diejenigen Kräuter, die mit untrüglichem Instinkt ihre Chance wittern. Sie tauchen auf, wenn ihre Stunde schlägt. Und sie verschwinden von einem Jahr zum anderen, wenn die Verhältnisse sich ändern.
Ein aufmerksamer, biologischer Gärtner wird deshalb beim Unkrautjäten nie schimpfen. Er wird beobachten, was da ungerufen auf seinen Beeten wächst, und er wird seine Schlußfolgerungen daraus ziehen. Denn er weiß: Plagen werden wilde Kräuter ihn nur, wenn er grobe Fehler macht. Auch Alwin Seifert, der Pionier des biologischen Gartens, wußte dies: »Alte Märchenweisheit zeigt auf, was es mit den Unkräutern auf sich hat: sie sind die wirklichen Gartenzwerge, die echten Heinzelmännchen. Wer zornig auf sie ist, wer ihnen mit Gift zu Leibe rückt, dem spielen sie einen Schabernack nach dem anderen. Wer mit ihnen im rechten Sinn umzugehen versteht, dem sind sie immer bereite, geduldige und treue Helfer und Heiler.«
Und André Voisin nimmt vor den Wild-, Heil- und Un-Kräutern im Geiste den Hut ab, wenn er sagt: »... bedauerlich, daß der Mensch so unhöflich ist, derartig wertvolle Kräuter als Unkräuter zu bezeichnen, deren höchst bemerkenswerte Eigenschaften wir jetzt allmählich entdecken.«

Gartenleben – möglichst – ohne Gift

Da für einen biologischen Gärtner alle Lebewesen in seinem Garten zu einem großen, zusammenhängenden System gehören, wird er niemals Gewaltmaßnahmen ergreifen. Er ist einfach nicht naiv genug zu glauben, daß man »etwas gegen Läuse spritzen« kann, ohne gleichzeitig Millionen Unschuldige zu treffen und zu töten. Wer einen Garten im Sinne der Natur bearbeitet, der darf aber auch nicht zimperlich sein und beim Anblick einiger krabbelnder Tierchen gleich in Panik geraten. Er muß sich daran gewöhnen, daß sie dazugehören. Die kleine Springspinne, die schleimige Schnecke und die beißfreudige Ameise zählen ebenso zu seinen grünen Genossen wie die hübschen roten Marienkäfer, die jeder gern hat.

Im Grunde bilden sie alle eine verschworene Gemeinschaft, die das gleiche Feld beackern: Pflanzen, Tiere und Menschen. Wenn jeder seine Aufgabe erfüllt und sich an seinem Platz einordnet, funktioniert auch das Ganze. Es ist Sache des Gärtners, den Überblick zu behalten und die Abläufe so zu steuern, daß kein Lebewesen aus dem grünen Teamwork ausbricht. Geschieht dies dennoch – etwa bei einer Masseninvasion von Schädlingen oder Unkraut – so wird ein biologischer Gärtner nicht erbost zurückschlagen. Er wird immer versuchen, möglichst ohne Gift und Kriegswerkzeuge auszukommen. Nur im äußersten Notfall ist, in streng begrenztem Rahmen, einmal eine härtere Maßnahme erlaubt.

Bei einer akuten Lungenentzündung muß der Arzt Penicillin spritzen; eine Tasse Kräutertee könnte in dieser gefährlichen Situation nicht schnell genug helfen, im Gegenteil, sie bedeutet sträflichen Leichtsinn. Bei einer gewöhnlichen Erkältung wäre die starke Medizin dagegen unangebracht. In diesem Fall genügt es völlig, die Abwehrkräfte des eigenen Körpers mit bewährten natürlichen Hausmitteln zu mobilisieren. Es schadet gar nichts, wenn der Schnupfen zwei Tage länger dauert. Der Mensch muß wieder lernen, den normalen Rhythmus der positiven und negativen Strömungen in seinem Körper zu akzeptieren. Er muß sie eine zeitlang ertragen können. Ähnlich verhält es sich auch mit seinem Garten. Die altmodische Tugend der Geduld gehört zu den wichtigsten Eigenschaften eines biologischen Gärtners. Manchmal ist es wichtiger, zu beobachten und nachzudenken als sofort zu handeln. Es wäre viel einfacher, auf den Knopf einer Spritze zu drücken und innerhalb von Minuten lästige Störenfriede zu vertreiben. Damit würde er zwar rein äußerlich für Ruhe und Ordnung sorgen, aber es wäre die Ruhe eines Friedhofes. Die Ordnung der feinen ökologischen Zusammenhänge gerät durch solche Gewaltmaßnahmen durcheinander. Diese Folgen sind viel schlimmer und weitreichender als eine vorübergehende Läuseplage. Deshalb sollte ein biologischer Gärtner auch in schwierigen Situationen seinem Wahlspruch treu bleiben: ich töte nicht, ich fördere das Leben.

Gärtnern mit der Natur

Am Anfang steht das Umdenken

Wer sich dafür entscheidet, im Sinne der Natur zu gärtnern, der muß bereit sein, den Rücken grade zu halten und Stehvermögen zu beweisen. Romantische grüne Träume, bestickt mit Rosen und Radieschen, genügen nicht. Es geht beim biologischen Gärtner um die Wirklichkeit und um das Herz aller Dinge. Wer Leben gewinnen will, der muß stark sein – auch im Paradiesgarten!

Dies sei nicht als Abschreckung gesagt; es ist eine Aufforderung, mutig und konsequent zu sein. Denn von heute auf morgen geschehen keine Wunder. Am Anfang steht das Umdenken. Wer biologisch gärtnern möchte, der sollte zu diesem Unternehmen ein volles und vorbehaltloses Ja sagen. Bevor er zur Hacke und zur Samentüte greift,

Bunt, lebendig und fruchtbar ist der Garten, der den Bio-Gärtner für alle Mühen der Umstellung und des Umdenkens entschädigt.

muß er sich klar machen, worum es ihm geht. Es genügt nicht, gegen etwas zu sein. Die negative Definition »Wir benutzen keine künstlichen Dünger und keine giftigen Spritzmittel« – reicht nicht aus. Die positive Zielsetzung ist viel wichtiger: Wir arbeiten mit der Natur und mit allen modernen Erkenntnissen, die uns auf diesem Gebiet weiterführen. Bodenpflege, Kompost, Mulchen, organische Düngung, Mischkulturen und die Einbeziehung aller nützlichen Helfer aus dem Tier- und Pflanzenreich gehören zu den Schwerpunkten im biologischen Gartenprogramm.

Aber diese Begriffe dürfen keine Schlagworte bleiben. Wer damit arbeiten will, der muß sehr genau wissen, was damit gemeint ist. Das Gärtnern nach der Natur erfordert zuerst ein Grundwissen und dann die Bereitschaft, ständig zu beobachten, zu lernen und neue Erkenntnisse hinzuzugewinnen. Wer nur oberflächlich einige biologische Mittel ausprobieren möchte, der wird es nicht weit bringen. Natürlich wirken die Brennesseljauche als nahrhafter Flüssigdünger oder die Bierfallen gegen Schnecken auch im »normalen Garten«. Aber danach hat er sich noch lange nicht in einen biologischen Garten verwandelt. Auf Dauer erfolgreich kann nur das gesamte, vielfach verflochtene ökologische System sein. Die Natur braucht konsequente Partner!

Dies ist der Grund, warum am Anfang dieses Buches der Leser und Gärtner zuerst in die Geheimnisse des Boden- und Pflanzenlebens eingeführt wird, ehe die ersten Schritte in die Praxis getan werden. Wer es zur Meisterschaft bringen will, der muß mit der Lehre anfangen. Wissen und Erfahrung gewinnt man stufenweise – auch im Garten.

Nehmen Sie deshalb die kleine Mühe dieses kurzen grünen Studiums auf sich. Es wird Ihnen viele Enttäuschungen, die aus Unwissenheit entstehen, ersparen. Sie werden auch bald merken, daß die Wissenschaft von der Erde und den Pflanzen spannender sein kann als jeder Krimi!

Wenn der Garten »ausflippt« – die Schwierigkeiten der Umstellung

Bei allem guten Willen: Es ist nicht ganz einfach, einen Garten auf naturgemäße Methoden umzustellen. Die vielgepriesene – und unzählige Male bewiesene – Harmonie zwischen Boden, Pflanzen und Tieren stellt sich nicht sofort ein. Zunächst müssen die wichtigsten Voraussetzungen für die Gesundung der Erde und des begrenzten grünen Lebensraums geschaffen werden. Es braucht Zeit, bis der erste Kompost herangereift ist und im Garten verteilt werden kann. Es braucht auch Zeit, bis er seine heilsamen und belebenden Wirkungen auf den Boden entfaltet. Auch viele Nützlinge können erst heimisch werden, wenn Hecken wachsen, Wildkräuter blühen und Feuchtbiotope entstehen. Deshalb muß ein zukünftiger biologischer Gärtner sich nicht nur mit grünem Wissen, sondern auch mit Geduld wappnen. Er muß zum Beispiel einmal zusehen können, wie eine Läuseplage seinen Kirschbaum peinigt – auch wenn ihm das Herz blutet und es ihm in den Fingern zuckt, zur nächsten Spritze zu greifen.

Er muß sich auch vom gewohnten Gedanken des »ordentlichen« Gartens mit den blitzblank geharkten Flächen lösen. Die Mulchdecke, die für die Bodenpflege so wichtig ist, wird niemals so manierlich aussehen, wie die »nackten« Beete. Selbst die heilige herbstliche Handlung, das Umgraben, sollte ein biologischer Gärtner aus seinem Gewohnheitskatalog streichen. Anfangs wird ihm dies alles schwerfallen. Denn nichts ist für den Menschen schwieriger als das Denken in neuen Bahnen. Vor allem dann, wenn der Erfolg noch auf sich warten läßt. Zwei bis drei Jahre braucht ein Garten, bis die neuen Methoden wirksam werden. Solange muß der Gärtner konsequent und geduldig bleiben.

Wenn der Garten »ausflippt«, muß er unbedingt die Ruhe bewahren. Es kann zu regelrechten »Entzugserscheinungen« kommen. Ähnlich, wie der Körper eines starken Rauchers rebelliert, wenn ihm plötzlich die gewohnten Anregungen vorenthalten werden, kann auch ein Garten eine Zeitlang »aus dem Häuschen geraten«. Solche Entgleisungen pendeln sich aber wieder ein, wenn der Gärtner standhaft auf dem einmal eingeschlagenen Weg fortschreitet.

Wenn der liebe Nachbar spritzt ...

An dieser Stelle taucht immer wieder die Frage auf: Kann ich denn meinen eigenen kleinen Garten wirklich biologisch bearbeiten, wenn meine Nachbarn ringsum weiter spritzen? Wenn die Gärten sehr nahe aneinander stoßen, so sind die Probleme dieser ungleichen Nachbarschaft nicht von der Hand zu weisen. Die Situation wird zumindest schwieriger. Dennoch haben viele Beispiele aus der Praxis bewiesen, daß eine konsequente Anwendung der biologischen Methode einen Garten und seine Pflanzen so »stark machen«, daß sie sich gegen Widerwärtigkeiten durchzusetzen vermögen. Man sollte also nichts unversucht lassen. Oft genug hat auch schon das positive Beispiel eines üppigen »Gartens ohne Gift« die Nachbarn dazu verlockt, es ebenfalls einmal »anders herum« zu versuchen. Und die Zahl derjenigen, die wieder gesund und natürlich leben möchten, wächst ständig. Vertrauen Sie darauf, daß das Bessere sich langsam aber sicher durchsetzt!

Noch ein Gegenargument, das biologischen Gärtnern den Mut zum Weitermachen nehmen könnte, soll hier ausgeräumt werden: »Die biologischen Gärten machen ja viel mehr Arbeit!« Das stimmt einfach nicht. Die Gewichte verlagern sich nur. Und manche Mühe wird im Garten der Natur sogar viel leichter. Sie brauchen zum Beispiel nicht mehr umzugraben. Sobald das System der Bodenbedeckung sich eingespielt hat, wächst viel weniger Unkraut auf den Beeten. Es wird im Keim erstickt. Und die Erde unter der

Mulchschicht ist so locker, daß sie sehr leicht bearbeitet werden kann. Zeit und körperlichen Einsatz verlangt natürlich der Kompost. Aber auch hier läßt sich vieles praktisch organisieren. Und das Ergebnis ist wirklich die Mühe wert.

Das Ziel heißt: biologisches Gleichgewicht

Das Ende des langen Weges führt nicht ins Paradies, aber in einen harmonischen irdischen Zustand: Der Garten lebt im biologischen Gleichgewicht. Dies bedeutet, daß sich Boden, Mikroorganismen, Tiere und Pflanzen in einem ausgewogenen Lebensverhältnis zueinander befinden. Ein großes, vielseitiges Zusammenspiel ist entstanden. Abbau und Aufbau, Gesundheit und Krankheit, Tod und Leben halten sich die Waage. Dieser Zustand ist deshalb natürlich, weil die Natur, wo immer sie frei waltet, um solche Ausgeglichenheit bemüht ist. Die Bäume wachsen eben nicht in den Himmel! Man könnte auch sagen, ein Garten, in dem sich das Leben naturgemäß abspielt, ist ein funktionierendes ökologisches System auf kleinstem Raum. Spätestens von diesem Zeitpunkt an wird es in einem biologischen Garten keine wirklichen Katastrophen, keine extremen Erscheinungen mehr geben.
Wenn ein Gärtner merkt, »es fängt an zu funktionieren«, dann braucht er mit Worten nicht mehr überzeugt zu werden. Er hat mit seinen Händen, seinen Augen und all seinen Sinnen erfahren: Es geht – der biologische Garten ist kein Traum, er ist blühende Wirklichkeit. Der Gärtner ist der Natur auf die Spur gekommen, er geht mit ihr im Gleichschritt.
Aber dies ist eine Erfahrung, die jeder »am eigenen Leib« und im eigenen Garten machen muß. Sie vermittelt jenes tiefe, dauerhafte Glücksgefühl, das die Chinesen schon in alten Zeiten über alles priesen:
»... und willst Du ein Leben lang glücklich sein, so werde Gärtner.«

Das Ergebnis

Ein Garten ohne Ängste

Bis hierher haben wir uns vor Augen geführt, was in einem biologischen Garten geschieht. Wir haben uns die allgemein gültigen Gesetze der Natur klargemacht, nach denen sich das Boden- und das Pflanzenleben abspielen. Daraus haben wir die wichtigsten Konsequenzen abgeleitet für einen Gärtner, der naturgemäß arbeiten möchte. Im großen und ganzen wurde dabei deutlich, wie das Prinzip des biologischen Gartens funktioniert. Was aber ist das Ergebnis aller Mühen und Freuden? Welche ganz konkreten, handgreiflichen Vorteile hat dieser »Beinahe-Paradiesgarten« zu bieten?
Nun können wir endlich den ersten Schritt in den Alltag und in die Praxis tun: Ein biologischer Gärtner pflückt im Vorübergehen einen Apfel vom Baum, reibt ihn an seiner Jacke ab und gibt ihn seinem Kind. Er braucht dabei nicht nachzurechnen, wann er das letzte Mal Gift gespritzt hat und bangen, ob die Wartezeit schon abgelaufen ist. Er ist sicher: Dieser Apfel ist saftig, vitaminreich und gesund. Man braucht ihn nicht zu schälen. Sein Kind kann herzhaft hineinbeißen – die Frucht in seinen Händen hat nur gute Eigenschaften – keine gefährlichen Nebenwirkungen.
Der biologische Garten ist ein Garten ohne Ängste. Niemand braucht sich hier vor direkten Giftspuren oder versteckten Kampfmaßnahmen zu fürchten. Vor allem Kinder und Haustiere können ungezwungen herumtollen und überall zugreifen. Da in dieser friedlichen grünen Oase kein Krieg geführt wird, werden auch keine Aggressionen erzeugt. Man lauert sich nicht gegenseitig auf, um bei der nächsten Gelegenheit zuzuschlagen – man lebt nicht gegeneinander, sondern miteinander. Der biologische Garten ist im weitesten und einfachsten Sinn ein pazifistischer Garten.

Natürlich ist dieser Zustand keine weltfremde Faulenzer-Idylle. Die Belastungen der Umwelt machen sich auch in jedem naturgemäßen Garten bemerkbar. Der Gärtner kann solchen Gefährdungen nicht ausweichen. Er kann nur seinen Garten »stark machen« und alle positiven Kräfte gegen negative Einflüsse mobilisieren. Seinem Stück Erde wird es dann ähnlich ergehen, wie einem Menschen, der gesund lebt und sich abhärtet: Er ist widerstandsfähiger. Ein gesunder Mensch kann ruhigblei-

Ein Genuß ohne Ängste: Kinder dürfen die süßen Beeren frisch vom Strauch naschen!

ben, wenn es ringsum von Bazillen wimmelt. Solange die Abwehrkräfte in seinem Körper ausreichen, wird er sich nicht infizieren!
Man sollte sich aber sehr nüchtern klarmachen, daß sowohl die körperliche Gesundheit als auch der gesunde Garten immer das Ergebnis von Arbeit und Disziplin sind. Müßiggang macht weder stark noch glücklich. Deshalb ist die Freizeit, die ein Gärtner »im Schweiße seines Angesichts« verbringt, sicher gut genutzte Zeit. Er vollbringt ein friedliches Werk, verrichtet eine sinnvolle Tätigkeit – für sich selbst und für die Gemeinschaft der Lebewesen.

Die Früchte der naturgemäßen Methode: Qualität, Aroma, Gesundheit

Immer noch werden die »Biologischen« bei vielen Gelegenheiten als Spinner und Träumer beiseitegeschoben. Ihr Idealismus vielleicht noch in Ehren – aber was da in ihren Gärten wächst, kann doch mit modernen Erzeugnissen überhaupt nicht konkurrieren! Die seltsamsten Vorurteile machen die Runde: biologische Äpfel sind verschrumpelt, schorfig und wurmstichig. Die Kohlköpfe bleiben klein und unansehnlich. Die Ernteergebnisse lassen ganz allgemein zu wünschen übrig. Von all diesen verschrobenen Vorstellungen stimmt nur eines: biologisch gezogenes Gemüse ist tatsächlich oft etwas kleiner als die umfangreichen Prachtstücke, auf die mancher Gärtner, der kräftig mit Stickstoff düngt, so stolz ist. Der Grund: Der Kohlkopf, der naturgemäß ernährt wurde, hat bis zu 23% weniger Wasser in seinem Gewebe. Er besitzt also mehr Substanz. Sein Minus an Gewicht bedeutet ein Plus an Qualität!

Handelsqualität nach äußeren Merkmalen

Diesen Begriff der Qualität müssen wir uns einmal genauer ansehen, um dem Wert biologischer Erzeugnisse wirklich gerecht zu werden. Die grundlegenden Forschungen auf diesem wichtigen Gebiet hat Prof. Schuphan in der Bundesanstalt für Qualitätsforschung pflanzlicher Erzeugnisse in Geisenheim durchgeführt. Qualität ist ein schwer abzugrenzender Begriff, der nach ganz verschiedenen Gesichtspunkten betrachtet werden kann. Für einen hauptberuflichen Pflanzen-Erzeuger, für einen Bauern also, hat ein Kohlkopf eine gute Qualität, wenn er hohe Erträge bringt und am Markt gefragt ist.
Der Händler, der den Kohl weiterverkauft, beurteilt seine Qualität nach einem ansprechenden, möglichst makellosen Aussehen und danach, ob er sich gut hält, wenn er ein paar Tage im Laden liegt. Seine Ware wird offiziell in Handelsklassen eingeteilt. Größe, Form, Farbe und Fehlerfreiheit sind die Merkmale für die Beurteilung. Klasse I bedeutet also: groß, gut gefärbt, einwandfreie Oberfläche.
Der Verbraucher kauft meist mit den Augen und achtet dabei auf diese rein äußerlichen Merkmale. Die kosmetische Schönheit steht hoch im Kurs. Doch »wie's da drinnen aussieht« fragt selten jemand. Die Hausfrau ahnt meist erst in der Küche, daß hinter der glänzenden Fassade oft »fauler Zauber« verborgen ist: Die Erdbeeren und Tomaten schmecken trotz ihres ansprechenden Erscheinungsbildes nach Wasser. Der Kohl riecht unangenehm aus dem Topf. Dem Salat fehlt es an Kraft und Saft. Da nur rein äußerliche Maßstäbe an die Handelsklassen angelegt werden, braucht man sich nicht über solche Mängel an geschmacklicher Qualität zu wundern. Schlimmer ist, daß oft auch die wichtigen Inhaltsstoffe, Vitamine, Mineralstoffe und organische Säuren zum Beispiel, zu kurz kommen. Nach diesen Bestandteilen, die doch den eigentlichen Wert unserer Nahrung ausmachen, fragt nämlich keine Qualitätskontrolle.

Qualität mit »biologischem Wert«

Prof. Schuphan hat versucht, ein neues Begriffssystem für die Beurteilung der Qualität unserer Nahrungspflanzen zu entwickeln. Danach sollten »äußere Beschaffenheit, Gebrauchswert und biologischer Wert« untersucht werden. Wer biologisch gärtnert oder den Wert biologisch angebauten Gemüses beurteilen will, der sollte Prof. Schuphans Definition des »biologischen Wertes« kennen:
»Die Pflanze als biologisches System unterliegt *naturbedingten* Lebensprozessen, die fermentgesteuert nach biochemischen Regeln ablaufen. Dadurch wird – je nach möglichem Umwelteinfluß und düngungsbedingten Anbaumaßnahmen – die Bildung wertgebender pflanzlicher Inhaltsstoffe, die für die Ernährung und Gesunderhaltung des Menschen notwendig sind, positiv oder negativ beeinflußt. Solche Inhaltsstoffe der Nahrungspflanze sind unter anderem Aminosäuren – insbesondere essentielle, die zum Aufbau von hochwertigem Eiweiß dienen – Kohlenhydrate, stoffwechselregelnde organische Säuren, ebenso wirkende geschmackgebende ätherische Öle, die aber auch antimikrobiell-aktiv sind, Vitamine – insbesondere Vitamin C, das Provitamin A, Carotin, krebshemmende Flavonoide, Mineralstoffe und Spurenelemente.
Diese wertgebenden Stoffe und die in ihrer gesunderhaltenden Wirkung noch immer verkannten Rohfaser-Substanzen bedingen den Wert einer pflanzlichen oder pflanzenbetonten Kost. Sie kann zur Verhütung einer Reihe gefürchteter Zivilisationskrankheiten beitragen, wie umfangreiche Beobachtungen namhafter Ärzte während des Zweiten Weltkrieges in Deutschland und in der Schweiz sowie jüngste experimentell belegte britische Befunde beweisen konnten.
Unser Begriff ›biologischer Wert‹ orientiert sich positiv an der Höhe der Gehalte wertgebender pflanzlicher Inhaltsstoffe, aber auch negativ wertmindernd an unerwünschten Naturstoffen und an oberirdisch oder unterirdisch aufgenommenen toxischen Fremdstoffen, zum Beispiel Pestiziden und Schwermetallen.«
In Prof. Schuphans Forschungsinstitut wurde in zahlreichen Versuchen festgestellt, daß Gemüse und Obst nach organischer Düngung eindeutig höhere Wertstoffgehalte aufwies als Vergleichspflanzungen mit Mineraldüngung. Im Durchschnitt wurden 28% mehr Vitamin C, 18% höherer relativer Eiweißgehalt, 19% mehr Zucker, 18% mehr Kalium, 10% mehr Calcium, 13% mehr Phosphor und 77% mehr Eisen gemessen. Biologisch angebauter Spinat enthielt dagegen 93% weniger Nitrat und 12% weniger Natrium. Schäd-

liche Stoffe werden also durch den natürlichen Anbau zurückgedrängt.
Dies ist nur ein kleiner Einblick in die Arbeit wissenschaftlicher Forschung. Die Ergebnisse sind veröffentlicht und jedem zugänglich. Prof. Schuphan hat auf dem Gebiet der Qualitätsforschung Pionierarbeit geleistet. In der Zwischenzeit wurden weitere Untersuchungen von verschiedenen Stellen durchgeführt. Zum Teil haben sie die niedrigeren Nitratgehalte und die höheren Wertgehalte biologischer Früchte bestätigt; zum Teil versuchen sie das Gegenteil zu beweisen. Umfassende Untersuchungen nach einem allgemein anerkannten standardisierten wissenschaftlichen Verfahren gibt es leider noch nicht. Es ist nicht Aufgabe dieses Buches, in die aktuelle, zum Teil hitzige Diskussion einzusteigen. In diesem Kapitel soll der Leser und Gärtner nur in die grundsätzliche Problematik eingeführt werden. Wenn ihm klar geworden ist, welche Fragen wichtig sind, kann er weitere Entwicklungen aufmerksam und kritisch verfolgen (siehe auch weiterführende Literaturhinweise im Anhang).
Entgegen einem weitverbreiteten Mißverständnis fallen naturgemäß aufgezogene Gemüse- und Obsternten aber nicht nur durch ein positives »Innenleben« auf: Auch das äußere Erscheinungsbild der biologischen Gartenfrüchte kann sich durchaus sehen lassen. Wo die naturgemäßen Methoden sachkundig und konsequent angewendet werden, da sehen Äpfel, Erdbeeren, Tomaten und Möhren appetitlich und rundherum ansehnlich aus. Sie sind gut gewachsen und haben keine Würmer oder Schadstellen – abgesehen von einem normalen Prozentsatz des Unvollkommenen, der immer mit einkalkuliert werden muß.

Aroma und Haltbarkeit

Eines der wichtigsten Kennzeichen naturgemäß angebauter Früchte ist aber ihr hervorragendes Aroma. Dieses Qualitätsmerkmal kann jeder testen. Man braucht dazu keine Laboratorien. Die Zunge eines unverdorbenen Feinschmeckers genügt völlig. Wer jemals in einem biologischen Garten einen Apfel vom Baum pflückte und sofort hineinbiß, der weiß, wie aromatisch, wie saftig, wie »vollmundig« eine solche Frucht schmeckt. Auffallend ist auch der Geschmacksunterschied bei Tomaten. Sie sind so würzig, daß mancher, der diese Freuden kaum noch kannte, spontan ausruft: »Das schmeckt wie früher!« Früher – das sind meist Erinnerungen an Großmutters Garten, in dem die biologische Methode noch die normale Methode war.
Mit Kartoffeln, Erdbeeren und knackigen Salatköpfen ließen sich diese Kostproben biologischer Feinschmeckerqualität noch lange fortsetzen. Für den Gärtner ist dabei vor allem wichtig zu wissen, daß sich die Sorgfalt seiner Bodenpflege direkt auf den Geschmack seiner Pflanzen auswirkt. Daran sollte er auch gelegentlich bei der Arbeit denken: Eines Tages wird ihm dann der Kompost – in verwandelter Gestalt – auf der Zunge zergehen.
Ein wichtiges Ergebnis aller gärtnerischen Mühen ist auch die gute Haltbarkeit biologischer Früchte. Daß man Kohlköpfe, Kartoffeln oder Äpfel, die weniger Wasser enthalten, länger lagern kann, erscheint auf den ersten Blick einleuchtend. Die Gefahr der Fäulnis ist von vorneherein geringer.

Gesundheit aus dem Garten

Ein biologischer Gärtner erntet in seinem privaten Paradies aber nicht nur handfeste irdische Erzeugnisse, die sich in Kilogramm wiegen und in Zentimetern vermessen lassen. Er trägt jeden Tag Gesundheit in seine Küche. Gemüse und Früchte, die er nach der naturgemäßen Methode angebaut hat, sind im weitesten Sinn Heilpflanzen. Die Gesundheit aus dem Garten beginnt schon damit, daß die Schalen mitgegessen werden. Dicht unter dieser natürlichen Haut der Früchte befinden sich oft die meisten Vitamine. Die harten Fasern der Schale gehören zu den wichtigsten Ballaststoffen, die der Darm für eine regelmäßige Tätigkeit braucht. Der allgemein höhere Gehalt an wertvollen Inhaltsstoffen ist geradezu eine verborgene Apotheke im Inneren der biologischen Gartenerzeugnisse. Wer regelmäßig solches Gemüse und solches Obst ißt, der wird die positiven Auswirkungen einer gesunden Ernährung bald spüren. In einer Zeit, in der Wohlstandskrankheiten zum Alltag gehören, in der Arzneimittel zum täglichen Brot geworden sind, klingt dies fast wie ein Märchen aus alter Zeit: Es führt ein direkter Weg vom gesunden Garten zum gesunden Menschen. Jeder kann auf dieser Straße zum Ziel kommen. Sie ist nicht bequem, aber zuverlässig. Als Wegzehrung für unterwegs sollten Sie nur ein wenig Mut zum Umdenken mitbringen, ein offenes Herz und offene Augen, die nicht durch Vorurteile getrübt sind, und die Bereitschaft zuzupacken. Denn ohne Arbeit gewinnt niemand das Paradies zurück.
Fangen wir also an – mit der Praxis.

Es ist eine längst widerlegte Legende, daß Bio-Äpfel schrumpelig und wurmstichig sein müssen. Sie sehen auch äußerlich appetitlich und gesund aus. Wichtiger aber ist ihr »Innenleben«: hervorragendes Aroma, hoher Gehalt an Vitaminen und Mineralstoffen und gute Haltbarkeit.

Die Praxis

Der Kompost

Eine Brutstätte neuen Lebens

Der Kompost ist das Herz jedes biologischen Gartens. Oder weniger poetisch ausgedrückt: Der Kompost ist der Bauch des Gartens. In seinen Eingeweiden werden die »Abfälle«, die der Gärtner im Lauf des Jahres sammelt, verdaut und umgesetzt. Dabei entstehen neue Nährstoffe, die die Gartenerde »ernähren« sollen.

Der Kompost ist ein Ort der Verwesung, aber er ist kein Friedhof. Alles Lebendige besteht in seinen festen, sichtbaren Formen nur eine begrenzte Zeit. Die Rosen des Sommers verwelken. Die duftenden Blätter, die ein paar Tage lang das Kunstwerk einer Blüte bildeten, lösen sich und fallen zu Boden. Das letzte Feuerwerk der bunten Astern zerschlägt der Herbstregen. Die späten Chrysanthemen verbrennen unter der eisigen Berührung einer Frostnacht. Mit scharfem Messer trennt der Gärtner das zierliche Laub von seinen Möhren. Vom Salat und vom Wirsingkohl löst er die harten äußeren Blätter ab. Alle diese Reste eines sommerlangen, üppigen Pflanzenlebens treten ihre letzte Reise zum Kompostplatz an.

Aber dort findet keine Beerdigung statt. Der biologische Gärtner trifft hier alle Vorbereitungen für die Umwandlung des Vergehenden in neue Formen des Lebens. Die Kompostierung ist eine Auferstehung, die sich unmerklich und leise vor unseren Augen vollzieht. Bunte Erscheinungsbilder und feste Strukturen lösen sich auf. Aber sie verschwinden nicht in einem wesenlosen Nichts. Sie zerfallen in winzige Bausteine, aus denen dann im unendlichen Wechselspiel der Natur andere Gestalten zusammengesetzt werden. Aus den Resten eines vergangenen Gartenjahres wächst neue Erde für die Fruchtbarkeit kommender Jahreszeiten. Grüne Blätter und bunte Blüten wandeln sich in braunen Humus. Wo immer der Gärtner diese Komposterde seinen Pflanzen zu Füßen legt, da entsteht aus der Vergänglichkeit neues blühendes Leben.

Wer die schöpferische Kunst des Kompostierens erlernen will, der sollte sich immer wieder vor Augen halten, daß der »Kreislauf der Stoffe« kein mechanischer Ablauf, sondern ein Wunder des Lebens ist. Der langgestreckte braune Hügel bildet einen warmen, atmenden Organismus, in dem sich – ähnlich wie in einem Körper – eine Fülle komplizierter Prozesse abspielt. R. H. Francé hat sein ehrfürchtiges Staunen vor diesem ewigen »Stirb und Werde« schon vor Jahrzehnten beschrieben:

»Der tote Körper wird so der Erde wieder nutzbar gemacht; er wird zurückgeführt in den Kreislauf der Stoffe, und nicht ein Quentchen von ihm geht verloren. Nach einiger Zeit wird er von lebendigen Wesen in der Atemluft, im Wasser und in der Nahrung wieder aufgenommen; er wird neuerdings zum Bestandteil eines lebendigen Körpers, und dasselbe Atom Kohlenstoff, das einmal dem Leib Cäsars angehörte, war seitdem vielleicht in einem Veilchen, in einem Insekt, in einem Vogel oder in vielen Menschen und wandert weiter mit der Menschheit in die unbekannte Ferne. Und es verdankt dies eigentlich nur den Verwesungspflanzen, die das starre Gefüge der Toten auseinanderreißen.«

Was geschieht beim Kompostieren?

Wie spiegeln sich nun die Spielregeln der Ewigkeit in der täglichen Praxis? Nach welchen Gesetzen laufen die Lebensprozesse im Kompost ab? Das Wesen der Ver-Wesung haben zwei »Kompost-Wissenschaftler« anschaulich beschrieben:

»Wenn ein Lebewesen – Pflanze oder Tier – stirbt, gibt es sein bisheriges Wesen auf: es »verwest«. Die vom Leben gebildete Ordnung löst sich auf und strebt scheinbar dem Chaos zu. Aber sofort greifen neue Ordnungskräfte ein, die nun bei der Kompostierung zielgerichtet werden müssen. Der Abbau wird von Lebewesen bewirkt, von denen die meisten mikroskopisch klein sind und daher Mikroben genannt werden.« (Dr. E. Spohn.)

»Ehe aber von einer Humusbildung überhaupt gesprochen werden kann, muß zunächst einmal die äußere Form, in der diese Abfälle und Abgänge uns in die Hände kommen, zerfallen sein (Dissimilation). Einmal in ihrem Leben haben sie ja Gestalt angenommen und in dieser Gestalt bestimmte Wachstumsenergien aufgespeichert. Diese Energie muß als Wärme frei gemacht werden, ehe sich Humus wieder bilden kann.« (Dr. Fritz Caspari.)

In einem Komposthaufen laufen ähnliche Umsetzungsprozesse ab wie in der Humusschicht des Bodens. Organische

Ein vorbildlicher Kompostplatz mit sauber aufgeschichteten Mieten, Holz-Silos und einem festen Ziegelsteinweg.

Stoffe werden zerkleinert, ihre Strukturen werden aufgebrochen. Eine riesige Umwandlungsmaschinerie wird in Gang gesetzt. Die Materie durchwandert die Körper von Milliarden kleiner Lebewesen. Sie nimmt dabei neue Formen an und wandelt die Zusammensetzung ihrer Inhaltsstoffe. Im Boden wie im Kompost entsteht dabei neue Erde. In beiden Fällen sind Pilze, Mikroorganismen, kleine Bodentiere wie die Springschwänze und vor allem die Regenwürmer am Werk. Der Gärtner nennt den Ablauf dieses wimmelnden Teamworks: die Rotte. Die Verwesung organischer Substanzen auf dem Kompostplatz ist also kein Fäulnisprozeß. Deshalb wird es dort auch keine ekelhaften Zersetzungserscheinungen, keinen unangenehmen Gestank und keine Fliegen geben.

Wenn etwas faul ist...

Die Rotte muß allerdings vom Gärtner sinnvoll gelenkt werden, damit sie einen harmonischen Verlauf nimmt. Sie benötigt dazu Wärme, Luft und Feuchtigkeit. Man könnte auch sagen: Energie, Sauerstoff und Wasser. Wo eines dieser wichtigen Elemente fehlt, da schlägt die Rotte um, sie wird falsch »programmiert«. Ein Kompost, der vor Nässe trieft, der außerdem so fest geschichtet wurde, daß kein Sauerstoff ihn durchdringen kann, ein solcher Kompost wird unweigerlich faulen. In seinem Inneren entstehen dichte, dunkle, speckige Schichten. Sein unangenehmer Geruch lockt alle diejenigen Spezialisten unter den Mikroorganismen an, die die frische Luft scheuen. Sie setzen in Windeseile höchst unerwünschte, anaerobe Prozesse in Gang. Die winzigen »Aasgeier« des Bodenlebens haben ein – zumindest aus ihrer Sicht – ideales Betätigungsfeld gefunden.

Wenn pflanzliche und tierische Stoffe auf diese Weise unter Luftmangel zersetzt werden, entstehen unter anderem die Verbindungen Schwefelwasserstoff, Buttersäure, Ammoniak und Methan. Fliegen werden von diesen »Duftstoffen« angelockt und legen ihre Eier in einem solchen »Misthaufen« ab. Auch anderes Ungeziefer und Ratten wittern hier ein Paradies nach ihrem Geschmack. Die Gefahr, daß der fehlgeleitete »Kompost« zu einer Brutstätte von Krankheitserregern wird, ist groß. Nicht nur für Menschen, auch für Pflanzen ist ein solches Produkt giftig. Wurzeln, die mit faulenden Stoffen in direkte Berührung kommen, sterben ab! Wer eine solche übelriechende, verwesende Masse auf seine Beete bringt, der muß damit rechnen, daß Krankheiten und Schädlingsbefall die rebellierenden Antworten der Natur sein werden.

Außer dem Fäulnisgeruch und der schmierigen Substanz gibt es noch ein weiteres typisches Merkmal, woran ein ungeübter Gärtner erkennen kann, daß er den Kompost nicht richtig komponierte: Die Zersetzung geht sehr langsam vor sich. Ein solches »Unglück« geschieht meist dann, wenn die Abfälle einfach ohne Überlegung auf einen Haufen geworfen werden. Diese »wilde Deponie« entwickelt sich dann nach ihren eigenen wilden Gesetzen.

Harmonische Rotte

Ein guter Kompost muß dagegen sorgfältig aufgebaut werden. Der Gärtner muß ihn pflegen und seine Aktivitäten behutsam aber zielsicher in die richtige Richtung lenken. Denn die Erzeugung neuer Erde ist nicht nur ein kreativer, sondern auch ein sehr kultivierter Vorgang. Die sterbenden organischen Massen, die zum Kompost aufgeschichtet werden, dienen als Nahrungsangebot für die Kleinlebewesen. Denn Humus ist ein Stoffwechselprodukt der Mikroorganismen und der Bodentiere!

Diese winzigen, zum größten Teil unsichtbaren Heerscharen brauchen aber zum Leben Sauerstoff und Feuchtigkeit. Das Kompostmaterial muß deshalb locker und luftdurchlässig aufgeschichtet werden. Bei trockenem Wetter muß der Gärtner nicht nur seine Beete, sondern auch seinen Kompost gießen. Und dabei ist Fingerspitzengefühl nötig, damit aus der angenehmen Feuchtigkeit keine triefende Nässe entsteht.

Die Wärme, die für eine gute Rotte erforderlich ist, erzeugen die Mikroorganismen selbst. Sie ist ein Produkt ihres Stoffwechsels. Caspari hat den ganzen positiven Verwesungsprozeß, der in einem Kompost abläuft, auf eine anschauliche Kurzformel gebracht: »... eine Art milder Verbrennungsprozeß, bei dem Wärme erzeugt und die organische Masse mikrobiell in Humus übergeführt wird.« Da diese Verwandlung sich nur vollzieht, wenn genügend Luft vorhanden ist, nennt man die Rotte einen aeroben (luftliebenden) Vorgang im Gegensatz zur Fäulnis, die anaerob (luftscheu) abläuft.

»Kohlen« für die Stickstoffverwertung

Die Millarden Helfer, die für einen klugen biologischen Gärtner zum »Nulltarif« arbeiten, verlangen nichts als günstige Lebensbedingungen. Es verhält sich mit ihnen so ähnlich wie mit den legendären Heinzelmännchen von Köln: Wer sie gut behandelt und ihre bescheidenen Wünsche erfüllt, für den schaffen sie im Dunkel der Nacht – und im Dunkel des Komposthaufens – unermüdlich. Die munteren Zwerge waren mit warmer Milch zufrieden, die Mikroorganismen wollen außer Sauerstoff und Wasser mit reichlich Stickstoff versorgt werden. Sie brauchen diesen Nährstoff, um körpereigenes Eiweiß aufzubauen. Für die Energieerzeugung benötigen sie dagegen Kohlenstoff. Diese beiden Grundelemente spielen eine wichtige Rolle für den Stoffwechsel der Bodenlebewesen. Die Mikroorganismen brauchen nämlich 30 Einheiten Kohlenstoff, um 1 Einheit Stickstoff zu verwerten. Das günstigste Stickstoff-Kohlenstoff-Verhältnis beträgt also für sie 30:1. Fachleute sprechen in diesem Zusammenhang vom C/N-Verhältnis. C ist das chemische Zeichen für Kohlenstoff (lateinisch: carboneum), und N ist das chemische Zeichen für Stickstoff (lateinisch: nitrogenium).

Wir wollen die wissenschaftliche Kurzformel einmal in ein anschauliches Bild übertragen: Der Kohlenstoff liefert den Brennstoff, mit dem die Bodenlebewesen ihren Ofen heizen, auf dem sie dann ihre Nährbrühe garkochen. Sie brauchen dabei 30 Kohlen, um aus einem Topf voll Stickstoff Eiweiß zuzubereiten.

Wenn dieses ideale Verhältnis im Kompost vorhanden ist, dann spielt sich die Rotte, jener »milde Verbrennungsprozeß«, rasch und harmonisch ab. Verschiebt sich das ideale C/N-Verhältnis aber, so verändert sich auch das Arbeitstempo der Mikroorganismen und damit der Ablauf der Rotte. Man spricht dann von einem engeren oder von einem weiteren C/N-Verhältnis. Das bedeutet in der Praxis: Bei einem weiten C/N-Verhältnis wird der Anteil von Kohlenstoff immer größer, der Stickstoffvorrat aber immer geringer. Die Umsetzung der organischen Stoffe im Haufen verläuft in diesem Fall wesentlich langsamer. Am Ende entsteht ein nährstoffarmer Kompost, der die Pflanzen nur mangelhaft mit den lebensnotwendigen Substanzen versorgt.

Für den Kompostgärtner ist – nachdem er die theoretischen Grundregeln eingesehen hat – die praktische Schlußfolgerung wichtig: Den Kohlenstoff finden die Mikroorganismen im organischen Material vor. Damit ist ihr Tisch immer gedeckt. Die Stickstoffmenge aber wechselt mit den unterschiedlichen Bestandteilen des Kompostes. Die wichtige Schlüsselfrage lautet also: Welche Zutaten bringen das wichtige Nährelement Stickstoff in die Kompostmischung? Frische grüne Abfälle enthalten relativ günstige Mengen dieses Düngers. Deshalb genügen in der Regel geringe zusätzliche Stickstoffgaben, die beim Aufsetzen dünn zwischen die Pflanzenmasse gestreut werden.

Die folgende Übersicht zeigt, wie das C/N-Verhältnis einiger wichtiger organischer Stoffe aussieht. Die C/N-Verhältniszahl gibt dabei an, wieviel mal mehr Kohlenstoff (C) als Stickstoff (N) in einem bestimmten Material vorhanden ist.

Aus der Übersicht auf S. 44 läßt sich ablesen, daß es im Bereich des privaten Gartens nur wenige organische Materialien gibt, die ein sehr ungünstiges, weites C/N-Verhältnis haben. Dazu gehören zum Beispiel Laub, Weißtorf, Stroh und als Extremfall Sägemehl. Durch eine möglichst vielseitige Mischung kann der Gärtner aber leicht

Die geöffnete Kompostkiste zeigt die Stufen der Verrottung vom grünen Abfall bis zur braunen Erde.

C/N-Verhältnis der wichtigsten Kompoststoffe

Grünmasse (aus frischen Gartenabfällen)	7
Rasenschnitt	12
Kot landwirtschaftlicher Nutztiere	15
Stapelmist nach dreimonatiger Lagerung	15–20
Stroh von Hülsenfrüchten (Erbsen und Bohnen sind Stickstoffsammler!)	15
Luzerne (Gründüngungspflanzen, Stickstoffsammler!)	15–25
Küchenabfälle	23
Kartoffelkraut	25
Fichtennadeln	30
Schwarztorf	30
Baumlaub	50
Weißtorf	50
Getreidestroh	50–150
Sägemehl	511

Mängel ausgleichen und Einseitigkeiten verhindern.
Um die Mikroorganismen ein wenig lukullischer zu ernähren und das Leben im Kompost in Schwung zu bringen, eignen sich organische Dünger, die einen hohen Stickstoffanteil mitbringen. Der Kompostgärtner sollte sich für diesen Zweck merken: Horn- und Blutmehl, sowie Schaf-, Ziegen-, Kaninchen- und Schweinemist. Stickstoffhaltig ist auch Jauche aus Kuhmist oder Brennesseljauche. Mit solcher Flüssigdüngung kann der Haufen ab und zu begossen werden. Andere Düngerzusätze sind dann nicht mehr erforderlich.

Vom Abbau zum Aufbau

In einem fertig aufgesetzten Kompost verläuft die Rotte in zwei Phasen. In den ersten Wochen machen sich die abbauenden Bodenlebewesen ans Werk. Der Auflösungsprozeß der Materie spielt sich rasch und hitzig ab. Nur wenn nicht ständig genügend Sauerstoff durch den Haufen zirkuliert, besteht in dieser Zeit die Gefahr, daß die Zersetzung des Lebendigen in Fäulnis umschlägt. Ein luftiger Kompost wird in dieser Anfangsphase im Inneren 50–80°C warm. Nur Mikroben, die sich in solcher Hitze wohlfühlen, versammeln sich nun in der zerfallenden organischen Masse und lösen ihre festen Formen auf.
Nach einiger Zeit (bei günstigen Wettervoraussetzungen bereits nach 2 bis 3 Wochen) fällt der Haufen zusammen, und seine Temperatur sinkt wieder auf etwa 40°C. Die erste Generation der abbauenden Bodenlebewesen hat ihre Arbeit getan. Andersgeartete Mikroorganismen tauchen nun auf. Sie sind immer allgegenwärtig, aber sie greifen erst ein, wenn »ihre Stunde schlägt«. Sie übernehmen die rohbearbeiteten Stoffe, und sie ernähren sich auch ganz ungeniert von den toten Körpern ihrer Vorgänger. Der Schichtwechsel vom Abbau zum Aufbau vollzieht sich in der Erdfabrik Kompost ähnlich wie im Boden. Mit den winzigen Humusherstellern wandern auch die Regenwürmer in den Haufen und beteiligen sich in der wohligen, luftigen Wärme an der Umsetzung der organischen Substanzen.
Nach längstens 9 Monaten ist dieser Prozeß abgeschlossen. Aus buntgemischten Abfällen wurde wieder braune Erde. Oft dauert dieses »Wunder« auch weniger lang. Spezialmethoden und Kompostbeschleuniger verkürzen in vielen Fällen die Umwandlung der Materie um viele Wochen und Monate. Diese Unterschiede entstehen aber nur durch Variationen im Detail. Das Prinzip der Kompostherstellung bleibt sich immer gleich. Hat ein biologischer Gärtner erst einmal verstanden, »worum es geht«, dann darf er auch experimentieren. Denn nur wer die Regeln und die Gesetzmäßigkeiten genau kennt, der kann die Spiel-Räume ermessen, die für individuelle Erfahrungen bleiben. Wer Kompost mit Erfolg zubereiten will, braucht zuerst seinen Verstand. Aber er muß auch mit Gefühl handeln und abwägen. Und ein wenig Liebe gehört unbedingt dazu. Denn alles Lebendige ist mehr als ein Rechenexempel.

So wird Kompost komponiert

Da der Kompost das Herzstück eines biologischen Gartens ist, sollte der Gärtner den Platz dafür mit Bedacht aussuchen. Schon die Lage kann entscheidend auf eine günstige oder ungünstige Entwicklung der Rotte einwirken. Brennende Sonne, austrocknende Winde und tiefer, kalter Schatten müssen auf jeden Fall vermieden werden. Feste Regeln gibt es allerdings nicht. Da jeder Kompost milde, feuchte Wärme braucht, muß man ihn in heißen, von der Sonne verwöhnten Landschaften vor der Ausdörrung schützen. Dort legt man ihn am besten im kühlenden Schatten von Hecken oder Bäumen an. Eine abgelegene, finstere Ecke sollte es aber nicht sein. In Gegenden, die mit nassen, kalten Sommern rechnen müssen, wählt der Kompostgärtner besser einen Platz aus, den die wenigen, wärmenden Sonnenstrahlen wenigstens zeitweise erreichen können. »Lichter Halbschatten« ist hier die zutreffendste Standortbeschreibung.

Ein geschützter Platz

Schutz vor allen Extremen der Witterung braucht ein Kompost immer. Rauhe Winde hält der biologische Gärtner durch Hecken ab. In großen Gärten kann er dazu kräftige, starkwüchsige Sträucher auswählen, die gleichzeitig Nistplätze und Nahrung für seine Freunde, die Vögel, bereithalten. Es ist eine alte Erfahrungstatsache, daß Holunder und Haselnuß sich als besonders freundliche Nachbarn für den Kompost erweisen. Wo reichlich Abstand gehalten werden kann, eignen sich auch Feuerdorn oder Weißdorn. Natürlich bilden auch blühende Ziersträucher einen ebenso hübschen wie schützenden Rahmen.
In kleinen Hausgärten, wo jeder Meter Boden kostbar ist, verbindet ein geschickter Gärtner gleich zwei nützliche Aspekte miteinander. Der Windschutz kann hier aus Nutzpflanzen bestehen, aus einer Reihe hohem Zuckermais,

aus Stangenbohnen oder einem Brombeerspalier. Eine Hecke aus stattlichen Sonnenblumen oder Gitter, die dicht mit einjährigen, rankenden Sommerblumen zuwachsen, haben auch ihre Vorteile. Wicken, bunte Winden, Zierkürbisse und Kapuzinerkresse bilden nicht nur einen Wind-, sondern auch einen reizvollen Sichtschutz. Sie schirmen mit Charme den biologischen Arbeitsplatz vor den Blicken derjenigen ab, die ihren Garten zwischendurch auch als Genießer und Faulenzer erleben möchten.

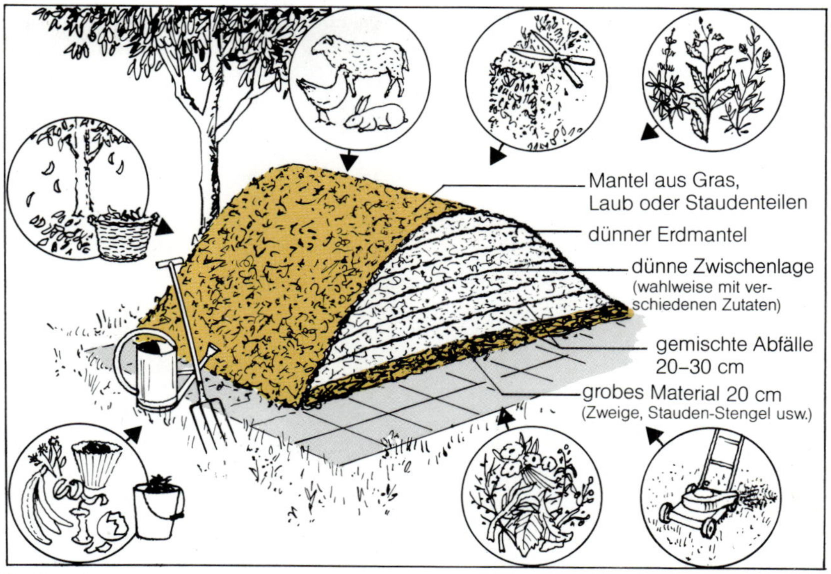

Ein Komposthaufen muß richtig »komponiert« und sachgemäß aufgebaut werden. Anfänger sollten sich genau an die erprobte Zusammensetzung der Schichten halten.

Praktische Planung

Meist wird der Kompost im hinteren Teil des Gartens angelegt. Es sollte aber kein dunkler, schwer erreichbarer, unordentlicher Winkel sein. Der Kompost muß ja gepflegt werden, und der Gärtner muß sich bei allen Arbeiten gut bewegen können. Auch für die Schubkarre und eine Jauchetonne muß Raum eingeplant werden. Eine saubere Anlage und gutdurchdachte Arbeitsabläufe vereinfachen manche Mühe. Legen Sie möglichst gleich zu Anfang Plattenwege an, die zwischen den einzelnen Kompostmieten verlaufen. Es genügt völlig, wenn einfache Betonplatten in Sand eingebettet werden. Durch diese saubere Abgrenzung können Sie bei jedem Wetter an Ihren Kompost gelangen. Wie angenehm das sein kann, werden Sie spätestens dann einsehen, wenn Sie mit einem Eimer voller Küchenabfälle zuerst durch schlammige Erde waten müssen. Schließlich legen die festen Wege auch die Grenzen der Komposthaufen fest. So entsteht eine saubere Einteilung, die dem Gärtner die Planung erleichtert.

Die Größe des Kompostes hängt von der vorhandenen Fläche und vom Bedarf an organischer Bodenverbesserung ab. Wo kein Platz für eine Kompostmiete bleibt, da kann man sich gut mit Silos, Komposttonnen oder sogar mit Kompostsäcken helfen. Doch davon wird später noch die Rede sein. Hier soll zunächst der Aufbau eines »klassischen« Komposthaufens beschrieben werden. Seine Grundfläche mißt in der Breite 1,50–2 m, die Länge kann beliebig begrenzt werden. Sie richtet sich einfach nach den Gegebenheiten. Die Höhe des aufgeschichteten Materials soll 1,50 m nicht überschreiten. Es ist sehr praktisch, wenn zwei oder mehr Mieten parallel nebeneinander angelegt werden. Dann macht das Umsetzen weniger Arbeit. Der Gärtner kann einfach das Material von einer Grundfläche auf die daneben liegende schaufeln. Außerdem hat er immer Kompost mit unterschiedlichem Reifegrad vorrätig.

Lebendiger Untergrund

Biologische Anfänger sollten sich einprägen: Ein Kompostplatz ist kein Wanderzirkus! Planen Sie ihn von Anfang an so sorgfältig, daß er immer an der gleichen Stelle bleiben kann. Denn wo einmal eine Kompostanlage »in Schwung« gekommen ist, da bleiben stets Reste des vielfältigen Lebens zurück. Sie stekken den nächsten Haufen wieder mit Bakterien und Pilzen an. Es bildet sich so eine positive Infektionsquelle, eine Brutstelle des Bodenlebens.

Sehr wichtig ist es auch, den Kompost immer auf lebendiger Erde zu errichten. Von dort steigen unzählige Tiere in den Haufen hinauf, vom Regenwurm bis zum Springschwanz. Sie können sich aber auch dorthin in die schützende Tiefe zurückziehen, wenn ihre Aufgabe im Kompost erfüllt ist, oder wenn ihre Lebensbedingungen sich verschlechtern. Dies kann ebenso bei klirrendem Frost wie bei sengender Hitze geschehen.

Damit sich keine Nässe im Kompost stauen kann, hebt der biologische Gärtner auf der Grundfläche eine flache 10–20 cm tiefe Grube aus. Hat sein Garten lehmigen Boden, so füllt er die Vertiefung mit Sand. Diese Schicht wirkt als Dränage. Hat ein Garten sandigen Boden, so wendet er die umgekehrte Methode an: Er füllt humosen Lehm unter den Kompost. Diesmal hat die Zwischenschicht die Aufgabe, Regenwasser und Sickersäfte aus der Zersetzung zu speichern. So rinnt die lebenswichtige Feuchtigkeit nicht zu rasch durch den Sand in die Tiefe. Diese Unterlagen bleiben immer bestehen. Darüber wird das buntgemischte Kompostmaterial stets aufs neue aufgeschichtet.

Material-Sammlung

Sorgfältig sortiert ein biologischer Gärtner immer wieder aus, was bei der Herstellung neuer Erde fehl am Platze ist: Glas, Draht, Steine, Blech, Alufolie und Plastikreste verroten nicht und gehören deshalb nie in die lebendige Mischung. Alle organischen Abfälle aus dem Garten werden dagegen wieder verwendet: Grasschnitt, Unkraut, Laub, Gemüseabfälle, Obstreste, verwelkte Blumen, Staudenstengel, verbrauchte Erde aus Kästen und Kübeln, Hecken- und Baumschnitt. Auch alles, was im Haushalt abfällt, sollte zurück in den Garten wandern. Ein biologischer Gärtner hat deshalb grundsätzlich zwei Mülleimer in der Küche! Der erste wird mit Dosen, Glas, Plastik und unverrottbarem Verpackungsmaterial gefüllt. Im zweiten Behälter sammelt er Obst- und Kartoffelschalen, Gemüsereste, Eierschalen, Kaffeesatz, Tee, Haare aus dem Kamm und aus der Hundebürste, Staubsaugertüten, Papiertücher, verwelkte Schnittblumen und noch manches andere mehr. Sogar Zeitungspapier, Pappe und Sägemehl können in kleineren Mengen kompostiert werden. Diese Stoffe müssen aber angefeuchtet werden, damit sie besser verrotten. Ungeeignet sind farbig bedruckte Illustrierte und Prospekte, die Schwermetallrückstände enthalten!

Zuerst muß genügend verschiedenartiges Abfallmaterial gesammelt werden. Im Herbst wächst der »Berg« rasch an.

Alle diese unterschiedlichen Abfälle aus Haus und Garten bringen natürlich sehr verschiedene Inhaltsstoffe mit. Außerdem wechselt ihre Zusammensetzung ständig mit den Jahreszeiten. Je bunter und vielseitiger die Mischung ausfällt, desto reichhaltiger wird auch der Kompost, der daraus entsteht. Damit aus dem Sammelsurium kein Chaos wird, sammelt ein biologischer Gärtner zunächst alle Abfälle an einem besonderen Platz oder – noch ordentlicher – in einem einfachen Silo. Aus ein paar Brettern kann man sich einen solchen Sammelbehälter leicht selber bauen. Kompostlegen oder Gitterkästen, wie man sie im Handel kaufen kann, eignen sich natürlich auch. Sperriges Material, wie z. B. Baumschnitt, Sonnenblumenstengel oder Rosenzweige, lagert man am besten gesondert.

Hat sich genügend Material angesammelt, so wird es herausgeschaufelt und zur weiteren Verarbeitung vorbereitet. Abfälle, die zu naß geworden sind, werden flach ausgebreitet, damit sie wieder antrocknen können. Zu trokkene Stoffe werden dagegen noch einmal angefeuchtet.

Wichtige Vorbereitung: Zerkleinern!

Nun muß das gesammelte Material so weit wie möglich zerkleinert werden, denn je kleiner die Einzelteile, desto schneller und gründlicher setzt die Rotte ein. Bei groben Brocken, Gemüseabfällen und weichen Blumenstengeln kann der Spaten als Werkzeug für diese Arbeit benutzt werden. Dünne Äste zerschneidet der Biogärtner mit der Gartenschere »auf Spannlänge«, das sind etwa 10 cm. Bei stärkeren

Von oben nach unten: holzige Abfälle können mit einem Beil kurzgehackt werden; bei grünen Blättern genügt ein Spaten. Am schnellsten zerkleinert ein Schredder die verschiedenen Substanzen.

Zweigen oder größeren Mengen holziger Abfälle wird die Handarbeit allerdings mühsam. Ein Hauklotz und ein scharfes Beil oder ein Handhäcksler können dann hilfreich sein.
Am schnellsten erledigen motorgetriebene Häcksler oder Schredder eine solche Arbeit. Im Fachhandel sind verschiedene Modelle erhältlich. Vor dem Kauf sollte man sich allerdings gründlich informieren und auf folgende Gesichtspunkte besonders achten: Leistungsfähigkeit des Motors und der Messer, Verstopfungsgefahr und Lärmentwicklung. Ein guter Häcksler kann bei größeren Abfallmengen nützlich und sinnvoll sein, weil sich das Material rasch und sauber verarbeiten läßt. Große Berge schrumpfen zu handlichen Hügeln. Das gleichmäßig zerkleinerte Häckselgut ist für die Bodentiere »mundgerecht« zubereitet und wird deshalb in kürzester Zeit zersetzt und in nahrhaften Humus umgewandelt.
Nach dem Zerkleinern ist es wichtig, die verschiedenartigen Substanzen gründlich miteinander zu vermischen: Saftreicher, grüner Abfall und trockenes holziges Material ergänzen sich; sie bilden gemeinsam ein gut verrottbares, lockeres Gemenge.

Der Aufbau einer Miete: Die unterste Schicht besteht aus groben Holzabfällen (oben Mitte). Das gut vermischte Material wird 20–30 cm hoch aufgeschichtet. Die erste Lage bestreut der Gärtner mit Dünger, Kalk und, falls kein reifer Kompost vorhanden ist, mit Komposttstarter. Zum Schluß wird die fertige Miete mit Gras abgedeckt. (Von oben nach unten)

Der Aufbau einer Kompost-Miete

Auf dem gut vorbereiteten, lebendigen Untergrund kann der Biogärtner nun mit dem Aufbau einer Miete beginnen. Die unterste Schicht eines neuen Komposthaufens sollte möglichst aus grobem, locker aufgeschichtetem Material bestehen. Zerkleinerter Baum- und Heckenschnitt eignet sich dazu ebenso gut wie die harten Stengel vieler Stauden, die im Herbst abgeschnitten werden. Über dieser Dränage, die für Luftzirkulation und Wasserabzug sorgt, wird ein »klassischer« Kompost nun lagenweise aufgeschichtet. Der Biogärtner beginnt zunächst auf einer Fläche von 1–2 m Länge. Später kann die Miete dann weiter angebaut werden. Eine etwa 20 cm hohe Schicht aus gemischten Abfällen breitet er locker aus. Darüber streut er ein paar Hände voll stickstoffhaltigen tierischen Dünger aus als anregende Nahrung für die Bodentiere. Sehr bewährt hat sich eine Mischung aus Horn-, Blut- und Knochenmehl, die außer Stickstoff auch noch Phosphor enthält. Es folgt ein Hauch von kohlensaurem Kalk oder Algenkalk. Diese Zugabe wird nur ganz sparsam über die Fläche gepudert – wie Zucker über einen Kuchen. Darüber wird eine dünne Schicht Erde oder Kompost vom Vorjahr ausgebreitet. Ist die gesamte Masse eher trocken und herrscht außerdem sonniges Wetter, so gießt der biologische Gärtner noch etwas warmes, abgestandenes Wasser darüber. An feuchten Herbsttagen ist dies natürlich nicht nötig. Dann folgt die nächste 20 cm hohe Schicht aus Abfällen, die wieder mit Dünger, Kalk und Erde überstreut wird.
Nach oben soll der wachsende Hügel immer schmaler werden. Zuletzt, wenn er etwa 1,50 m Höhe erreicht hat,

sieht er aus wie ein niedriges Erdzelt. Als Schutz gegen Kälte und Austrocknung erhält der ganze Komposthaufen zum Schluß einen warmen Mantel. Wer genügend Erde in seinem Garten findet (Aushub von Wegen oder verbrauchte Kübelfüllungen), der deckt die Miete zuerst mit einer Humusschicht zu. Der »Stoff« des Mantels muß die Eigenschaft einer porösen Haut haben: schädliche Einflüsse von außen hält er ab. Aber von innen müssen Luft und Feuchtigkeit entweichen können. Aus Laub oder Stroh kann der biologische Gärtner sehr gut eine solche atmende Hülle über den Haufen breiten. Grasschnitt eignet sich ebenfalls. Alte Schilfmatten und Säcke erfüllen den gleichen Zweck. Wichtig ist immer das Ergebnis: eine warme, luftige Abdeckung.

Diese klassische Art, Kompost zu komponieren, kann auf vielerlei Weise abgewandelt werden. Das Prinzip bleibt dabei immer unverändert: gute Mischung aller organischen Abfälle, feuchter Allgemeinzustand, lockerer luftiger Aufbau, Wärmeschutz.

Die Varianten spielen sich im Detail ab. Bei den Zutaten kann jeder biologische Gärtner sein eigenes Hausrezept entwickeln. Die Kombinationen sind ja auch abhängig von den wechselnden Gartensituationen. So haben nur wenige Freizeit-Grüne ständig genug Erde übrig, um daraus Schichten und Abdeckungen zusammenzutragen. Schließlich baut man nicht alle Jahre Wege oder Sitzplätze! Das ist aber kein Grund zum Verzagen. An den Wurzeln der ausgerissenen Unkräuter bleibt immer soviel Erde hängen, daß der Kompost mit diesem lebendigen Element versorgt ist. In die Zwischenlagen streut der biologische Gärtner dann statt Erde Steinmehl oder Tonmehl. Sie bestehen aus Gestein, das zu feinem Staub zermahlen wurde. Diese Bodenverbesserungsmittel sind reich an Mineralstoffen und Spurenelementen. (Auf Seite 70 sind sie ausführlich beschrieben.) Ihre Zusammensetzung ist unterschiedlich, je nachdem aus welchem Gestein sie stammen. So gibt es zum Beispiel einige kalkhaltige Steinmehle. Wo sie verwendet werden, da verzichtet der Gärtner natürlich auf das zusätzliche Streuen von Kalk oder Algenkalk.

Tonmineralien wie zum Beispiel »Bentonit« sind besonders wertvoll für sandige Gärten. Dort gelangt ja auch in den Kompost zunächst wenig Humus. Das Tonmehl hat die Eigenschaft, überdimensional aufzuquellen. Es kann sehr viel Wasser aufnehmen. Außerdem bindet es Nährstoffe. Für den Kompostgärtner besitzen die Steinmehle ein ganzes Bündel von Vorteilen. Sie bereichern das Leben im Haufen. Sie ersetzen ihm fehlende Erde. Und sie vertreiben unangenehme Gerüche, denn Steinmehl bindet Ammoniak (eine Stickstoffverbindung, die bei der Zersetzung entsteht). Deshalb streut der biologische Gärtner diesen feinen Gesteinsstaub auch über frisches Material in seinem Sammelbehälter und in seine Jauchetonne. So schont er die Nasen seiner Nachbarn und verdirbt den Fliegen den Geschmack an seinen Abfällen.

Anstelle der festen organischen Stickstoffdünger (Mist oder Horn- und Blutmehl) kann man den Komposthaufen auch mit flüssigem Dünger begießen. Dazu benutzt der biologische Gärtner selbstangesetzte Jauche aus Brennesseln oder Kuhmist. (Wie man sie herstellt, ist im Kapitel »Jauche – flüssige Düngung«, Seite 67 beschrieben.) Auf diese Weise schlägt er zwei Fliegen mit einer Klappe: Der Kompost erhält feinverteilte Nährstoffe und wird gleichzeitig angefeuchtet.

Kompost auf kleinstem Raum

Für viele Gärtner ist der Kompost keine Frage des guten Willens, sondern ein Platzproblem. In solchen Nöten helfen die vielen praktischen Behälter, die im Handel angeboten werden: Silos, Tonnen und Spezialsäcke. Die meisten haben die Form eines rechteckigen oder quadratischen Ka-

Selbstgebaute Kompostbehälter aus Brettern und Ziegeln.

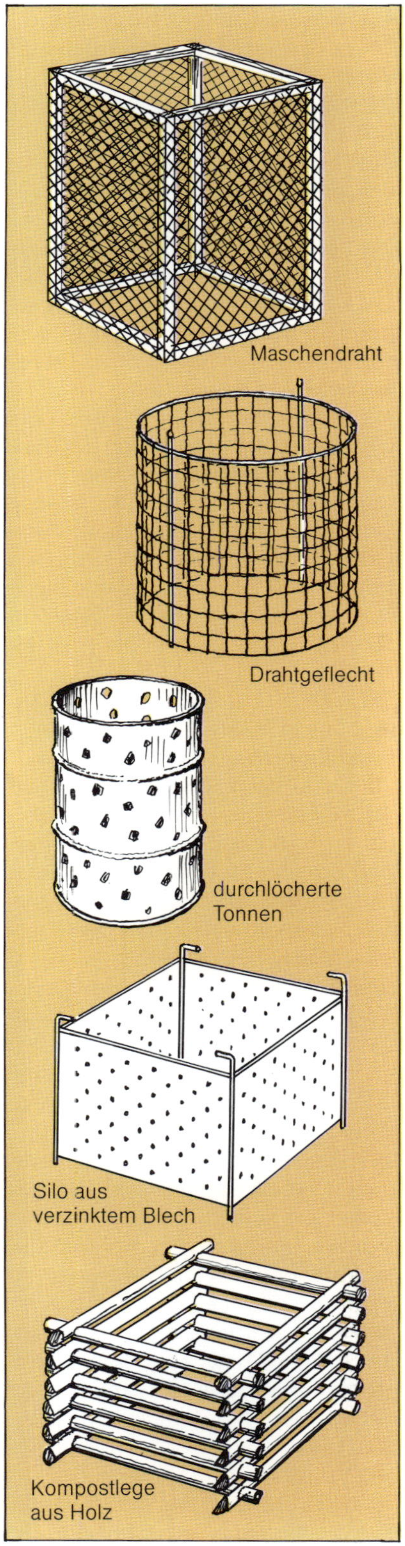

stens. Sie bestehen aus Holzstämmen, Brettern, Kunststoffmaterial, verzinktem Blech oder Drahtgittern. Auf jeden Fall müssen sie so konstruiert sein, daß die Luft durch Schlitze oder Löcher zirkulieren kann. In geschlossenen Behältern, wie zum Beispiel in der Komposttonne nach dem »System Mücke«, oder im Thermokomposter von Neudorff, wird das organische Material besonders stark erwärmt und zersetzt sich schnell. Natürlich können Sie sich eine hölzerne Kompostlege oder andere Behälter mit ein wenig handwerklichem Geschick auch selber bauen.

Im übrigen gelten alle Regeln, die für den Komposthaufen aufgestellt wurden, auch für die verschiedenen Silos: lebendiger Untergrund, das lockere Aufschichten der verschiedenen Stoffe und die Beobachtung von Feuchtigkeit und Wärme. Alle seitlich geschlossenen Kästen haben den Vorteil, daß die Abfälle nicht durch Vögel, Hühner oder gar Ratten zerwühlt werden. Eine Abdeckung, die bei Dauerregen den Silo-Inhalt vor triefender Nässe schützt, kann sehr nützlich sein.

Kompostersäcke sind die simpelste Form eines Behälters. Sie besitzen natürlich Luftlöcher. Das Abfallmaterial muß aber sehr stark zerkleinert werden, wenn es gleichmäßig verrotten soll. In diesem Sonderfall muß unbedingt ein Kompoststarter eingestreut werden. (Eine genaue Gebrauchsanweisung wird mitgeliefert.)

Spezialkomposte

Der buntgemischte »Einheitskompost« ist ein Allheilmittel für jeden Garten. Er enthält von allem und für alles etwas. Aber Gärtner und Pflanzen haben oft auch ganz spezielle Wünsche. Erfahrene unter den »Biologischen« finden mit der Zeit ihre besonderen Mischungen selbst heraus. Einige erprobte Rezepte sollen vor allem dem Anfänger Anregungen geben.

Verschiedene Kompost-Silos

Mistkompost

Wer noch größere Mengen Mist bekommen kann, der sollte ihn gesondert kompostieren. Wichtig ist, daß der Dung aus einwandfreier, gesunder Tierhaltung stammt. Ställe mit Stroheinstreu eignen sich besonders; Sägemehl ist wegen der langen Rottezeit ungünstiger.

Kuhmist, Pferdemist, Schweinemist oder Geflügelmist können einzeln oder gemischt verwendet werden. Der Dung wird schichtweise aufgesetzt. Zwischen jede Lage streut der Gärtner Erde oder Kompost. Kalk darf in diesem Fall nicht dazugegeben werden. Strohiger Mist benötigt regelmäßige Feuchtigkeit. Nach 3–4 Monaten wirkt sich einmaliges Umsetzen günstig aus. Nach 6 Monaten ist, bei warmer Witterung, ein nährstoffreicher Kompost für Starkzehrer entstanden.

Laubkompost

Laubblätter – möglichst von verschiedenen Baumarten – werden gut vermischt. Ein wenig Grünzeug, zum Beispiel Brennesseln, kann mit den Blättern vermengt werden. Zwischen 30 cm hohe Laubschichten streut der Gärtner Kompost oder Steinmehl und einen tierischen Dünger (etwas Mist oder Horn-, Blut-, Knochenmehl). Ein Kompostbeschleuniger ist empfehlenswert. Im Frühling wird die stark zusammengefallene Mischung umgesetzt. Ein paar Monate später (je nach Witterung) ist sehr gute, dunkle Erde entstanden. Halbverrottetes Laub eignet sich hervorragend zum Mulchen. Laubkompost, der ohne Kalk angesetzt wurde, kann für Rhododendren und Azaleen verwendet werden. Auch Erdbeeren, Himbeeren, Brombeeren, Johannisbeeren und Stachelbeeren gedeihen gut in diesem milden, schwachsauren Humus.

Stark gerbsäurehaltige Blätter von Nußbäumen und Eichen dürfen nur in kleinen Mengen unter gemischtes Laub gestreut werden. Sie verrotten schwer und sind schwierig zu kompostieren.

Strohkompost

In vielen Fällen geben die Bauern dieses gute organische Material gern ab, weil sie selbst nichts mehr damit anfangen können. Angefeuchtetes Getreidestroh wird 30 cm hoch aufgeschichtet. Dann folgt eine Zwischenlage aus Kompost und wenig Kalk. Darüber wird erneut Stroh ausgebreitet. Der fertige Haufen muß öfter begossen werden. Stickstoffhaltige Jauche (aus Brennesseln oder Blutmehl) wirkt günstig, weil Stroh ein weites C/N-Verhältnis hat. Dieser Spezialkompost ist stark kieselhaltig. Er beugt Pilzschäden vor. Erdbeeren, Zwiebeln und Möhren lieben ihn besonders.

Rasensoden-Kompost

Wer ein Stück Wiese urbar macht oder eine Ecke Rasen in ein Blumenbeet verwandeln möchte, der sollte die Rasensoden sorgfältig mit dem Spaten ausstechen. Sie werden mit der grünen Seite nach unten aufgeschichtet. Die Erdseite wird jedesmal mit Kalk bepudert. Dieser Spezialkompost braucht etwa ein Jahr zur Reife. Dann ist daraus ein besonders guter Humus entstanden.

Kompostverwendung im Garten

Kompost ist reif, wenn alle Abfälle sich in braune, krümelige Erde zersetzt haben. Sie riecht nach gutem Laubwaldboden! Ein leichter Pilzduft gibt ihr die charakteristische Note. Ein sicheres Zeichen dafür, daß der Rotteprozeß abgeschlossen ist, ist auch der Rückzug der Regenwürmer. Der reife, erdige Kompost wird durch ein Sieb geworfen. Grobe Reste, die eine längere Zersetzungszeit benötigen, wandern zurück zum Abfallbehälter.

Schon nach wenigen Monaten erhält der biologische Gärtner aber ein wichtiges Zwischenprodukt: den Mulchkompost. Dieses noch nicht ganz verrottete, grobe Material ist noch von

Der fertige Kompost wird im Herbst oder im Frühling auf die Gartenbeete verteilt und nur oberflächlich eingearbeitet.

wimmelndem Leben erfüllt. Seine Aktivität und seine Nährstoffreserven sind zu diesem halbreifen Zeitpunkt besonders groß. Mulchkompost ist deshalb sehr wertvoll zur Anregung des Bodenlebens auf den Gartenbeeten.

Früher war man der Ansicht, daß Kompost 2–3 Jahre reifen müsse. Heute weiß man über das Leben im Boden genauer Bescheid und kommt deshalb zu anderen Schlußfolgerungen. Der biologische Gärtner kann sich nach diesen drei Regeln richten:

Mulchkompost kann in halbreifem Zustand schon nach 2–3 Monaten verwendet werden.

Reifer Kompost ist, je nach Witterung, in 9–12 Monaten fertig.

Alter Kompost, der länger als 1 Jahr liegt, geht langsam in einen mineralisierten Zustand über.

Das bedeutet, die organische Materie wird wieder zu den anorganischen Bestandteilen abgebaut. Dieser alte Kompost wird also nicht besser, im Gegenteil: Er verliert mit der Zeit an Lebendigkeit und an Nährstoffen.

Die Verwendung des Kompostes richtet sich nach dem Zweck, den der Gärtner erreichen möchte. Gut ausgereifter Kompost ist eine milde, ausgewogene Form von dauerhaftem Humus. Saatbeete, Frühbeetkästen und Saatrillen werden mit dieser feinkrümeligen Erde angereichert. Reifen Kompost gibt der Gärtner auch in die Pflanzlöcher.

Halbreifen Mulchkompost darf er dagegen niemals direkt mit den Wurzeln in Berührung bringen. Dieses Material arbeitet ja noch. Es braucht deshalb viel Sauerstoff. In einem zugeschütteten Loch können unter Luftmangel sehr schnell Fäulnisprozesse entstehen, die dann die Wurzeln schädigen. Mulchkompost wird immer oberflächlich auf den Beeten ausgebreitet und ganz leicht eingeharkt. Er soll nur Kontakt mit der Erde bekommen. Dann überträgt seine eigene Lebensfülle sich mit all ihren Anregungen auf seine nächste Umgebung. Er wirkt wie Sauerteig beim Brotbacken.

Auch der reife Kompost wird nur leicht in die Oberfläche eingeharkt. Niemals – unter gar keinen Umständen – darf Kompost untergegraben werden! Um das kostbare Leben dieser Supererde gegen ausdörrende Hitze, gegen Kälte und auch gegen starke, verschlämmende Regengüsse zu schützen, breitet der biologische Gärtner eine leichte Decke aus organischem Material darüber aus. (Mehr darüber im Kapitel »Mulchen«, Seite 53)

Der beste Zeitpunkt zur Verteilung von Kompost liegt im Herbst, solange die

Erde noch warm und lebendig ist, und im Frühling, sobald der Boden sich erwärmt und die Kleinlebewesen wieder aktiv werden. Auf kalte oder gar gefrorene Erde sollten Sie keinen Kompost verteilen. Auch während des Sommers können Sie jederzeit ein Beet, das bepflanzt werden soll, mit dem kostbaren Humus versorgen. In der heißen Jahreszeit ist eine Abdeckung besonders wichtig, damit Feuchtigkeit und Aktivität im Kompost erhalten bleiben.

Alltagsfragen aus der Praxis

Wie ein Komposthaufen funktioniert und wie man ihn eigenhändig aufbaut, wird nun sicher jedem Leser klar geworden sein. Aber Theorie und Praxis sind zweierlei Schuhe. Im Alltag ergeben sich immer wieder ganz spezielle Probleme. Auf die wichtigsten Fragen soll deshalb hier gleich Antwort gegeben werden.

Kompost-Starter werden heute überall im Handel angeboten. Ist ihre Anwendung nötig und sinnvoll? Der biologische Gärtner sagt in seiner Fachsprache, ein Kompost soll »geimpft« werden. Das bedeutet, daß anregende Mittel zugesetzt werden, die das Bakterienleben schneller in Schwung bringen und die Rotte fördern. Vor allem in Gärten, die gerade auf die biologische Methode umgestellt werden, ist eine solche »Spritze« sehr empfehlenswert. Auf alten, gepflegten Kompostplätzen genügt die stets lebendige Unterschicht und die anregende Wirkung von ein paar Schaufeln voll fertigem Kompost. In solchen Gärten sind ja auch stets genügend Vorräte an hochwertigem Superhumus vorhanden.

Anfänger sollten einen fertiggemixten Kompost-Starter aus dem Angebot des Handels benutzen. Diese Substanzen werden zwischen die einzelnen Schichten des Komposthaufens gestreut. Die käuflichen Kompostbeschleuniger enthalten sehr verschiedene Wirkstoffe und wechselnde Kombinationen. Folgende Bestandteile können darin verarbeitet sein: Stickstoff, Tonminerale, Spurenelemente, Kräuterauszüge, Bodenorganismen (zum Beispiel Azotobakter-Bakterien), fossile Kohlenwasserstoffe und Bakteriennährböden.

Ein hellhöriger, biologischer Gärtner bemerkt bei dieser Aufzählung, daß viele der genannten Stoffe in einem gutgemischten Kompost sowieso vorhanden sind. Deshalb ist die Frage »impfen oder nicht« ein wenig umstritten. Schaden können diese Zusatzstoffe bei richtiger Anwendung aber auf keinen Fall. Und wie gesagt: dem Anfänger-Kompost helfen sie sicher auf die Sprünge!

Samentragendes Unkraut gehört nicht in den Kompost! Diese Warnung hört man immer wieder. In der alltäglichen Gartenpraxis geschieht es aber nur zu oft, daß das Unkraut schneller wächst und Samen ansetzt, als der Gärtner zupacken kann. Und das Aussortieren ist viel zu lästig! Wie kann man sich dann helfen? Bei dieser etwas heiklen Angelegenheit spielen Können und Wissen eine wichtige Rolle. Samendes Unkraut und schlimme Wucherkräuter (wie zum Beispiel Quekken und Giersch) müssen unbedingt in der Mitte des Haufens eingelagert werden. Dort entwickelt sich die größte Hitze. Sie zerstört die Keimkraft der Samen. Dort zersetzen sich auch die gefährlichen Wurzelunkräuter.

Bei der Zerstörung eines großen Teils der vorhandenen Samen scheinen aber noch andere Faktoren eine Rolle zu spielen. So werden die Samenkörner durch die Feuchtigkeit im Komposthaufen zu frühzeitiger Keimung angeregt. Sie gehen dann bald zugrunde, weil sie keine geeigneten Wachstumsbedingungen vorfinden. Auch antibiotische Wirkstoffe, die durch den Stoffwechsel von Bakterien und Pilzen während der Rotteprozesse entstehen, hemmen wahrscheinlich die Keimfähigkeit. Wenn der Gärtner einen stark mit Unkraut durchsetzten Kompost öfter durchmischt, kann er viel dazu beitragen, daß die keimenden Samen rasch absterben.

Eine Kompostmiete, die mit Erde abgedeckt und mit Ringelblumen umpflanzt wurde.

Kompost-Silos auf schmalem Raum; eine Erbsenhecke dient als Sichtschutz.

Wer trotzdem Angst vor unkrautverseuchter Erde hat, der schichte dieses Material gesondert auf und überstreue es ausnahmsweise mit Kalkstickstoff. Dieser industriell hergestellte Salzdünger wirkt auch als Herbizid und vernichtet Unkrautsamen. Er tötet das Bodenleben vorübergehend ab und sollte deshalb nur selten und gesondert benutzt werden.

Kohlstrünke, faules Obst und kranke Pflanzen werden oft mit mißtrauischen Augen betrachtet. Kann man es wagen, sie in den Kompost zu bringen, ohne ihn zu schädigen und Krankheiten zu verbreiten? Hier gilt eine ähnliche Antwort wie für samentragendes Unkraut. Kranke Pflanzenteile werden in der Mitte des Haufens der keimtötenden Hitze ausgesetzt. Obst, das einem normalen Fäulnis- und Verwesungsprozeß unterliegt, bedeutet keine Gefahr. Die Umsetzungsprozesse in einem guten Kompost sind so wirksam, daß ein biologischer Gärtner keine Angst vor Infektionen zu haben braucht. Vorsicht ist nur zu Beginn der Umstellung geboten. In dieser Zeit sind die Kräfte des Lebens und ihre Schutzmechanismen noch nicht stark genug.

Ausnahmen bilden nur solche Krankheitspilze, die sich in der Erde lange halten können und deshalb mit dem Kompost überall im Garten eingeschleppt werden können. Zu den Überträgern gehören vor allem Kohlstrünke, die von Kohlhernie befallen sind, Obstbaumzweige und Blätter mit Monilia und Himbeeren, die Zeichen der Himbeerrutenkrankheit zeigen. Alle diese kranken Abfälle müssen verbrannt oder in die Mülltonne geworfen werden!

Gesunde Kohlstrünke müssen sehr kleingeschnitten werden, weil sie nur langsam verrotten. Besondere »Härtefälle« werden besser weggeworfen. Im übrigen schaden feste Bestandteile dem Kompost nicht. Sie lockern die Mischung auf und sorgen für luftige Stellen.

Holzstückchen und Zweige kommen dem Haufen gleichfalls zugute. Sie werden kleingeschnitten und unter alle Schichten gemischt. Diese sperrigen Stoffe, die sich nur langsam zersetzen, halten das Kompostgemisch locker.

Gras und Laub bilden, wenn sie allein oder in dicken Schichten aufgehäuft werden, schnell dichte, undurchlässige Lagen. Bei frischem Grasschnitt ist die Gefahr der Fäulnis besonders groß. Laub enthält meist zuviel Säure. Beide Stoffe lagern zu dicht aufeinander. Dadurch entsteht Luftmangel und damit Lebensraum für anaerobe Mikroorganismen. Deshalb müssen Gras und Laub möglichst locker mit anderen Abfällen vermischt werden, bevor sie in den Kompost gelangen.

Papier und Pappe können in vernünftigen Mengen mit unter das Kompostmaterial gemischt werden. Geeignet sind z. B. Zeitungspapier, Wellpappe, Packpapier und Küchenkrepp, die vorher angefeuchtet werden. Farbig bedrucktes Papier, wie z. B. Illustrierte und Kataloge, darf wegen schädlicher Schwermetallrückstände nicht verwendet werden!

Luftröhren können die Sauerstoffzufuhr im Kompost verbessern. Manchmal genügt es, mit einem runden Pfahl in den Haufen hineinzustoßen und so Kanäle zu schaffen. Dauerhafter sind durchlöcherte Rohre oder aus Drahtgittern zuammengedrehte Säulen, die im Abstand von etwa 1 m in die Mitte gesteckt werden. Sie wirken wie Kamine. Diese Hilfsmaßnahmen sind normalerweise nur in großen Komposthaufen nötig. Kleine Anlagen bleiben von selbst luftig, weil nicht so viel Material aufeinanderliegt.

Ein Test des Kompostzustandes kann sehr nützlich sein. Greifen Sie sich eine Handvoll Erde heraus, und pressen Sie sie zusammen. Die Masse soll etwa die Feuchtigkeit eines ausgedrückten Schwamms haben. Wenn Ihnen Brühe zwischen den Fingern herausläuft, ist der Kompost zu naß. Es besteht Fäulnisgefahr. Bröckelt die Erde, so ist er zu trocken und könnte schimmeln.

Ob im Inneren des Haufens speckige Schichten entstehen, können Sie so ähnlich prüfen wie die Hausfrau, die eine Stricknadel in den Kuchen sticht. Nehmen Sie statt dessen einen alten Besenstiel, und bohren Sie ihn tief in den Kompost. Zeigt er beim Herausziehen schmierige, schwarze Rückstände, so ist das ein Alarmzeichen. Im Inneren gibt es eine faulige Schicht, die auseinandergerissen und gelüftet werden muß! Setzen Sie diesen Haufen so schnell wie möglich um.

Mit einem Erd-Thermometer können Sie außerdem die Wärmeentwicklung in Ihrem Kompost überprüfen.

Das Umsetzen war früher ebenso selbstverständlich wie mühsam. Das galt für die Zeiten, in denen Kompost 2–3 Jahre gelagert wurde. Heute ist er nach spätestens 9–12 Monaten fertig. Kleine, sorgfältig aufgesetzte Haufen müssen überhaupt nicht mehr umgesetzt werden. Größere Mieten bleiben luftiger und lockerer, wenn sie – nachdem sie sich gesetzt haben – einmal umgelagert werden. Dabei schichtet der Gärtner das Außenmaterial nach unten und das Innenmaterial nach oben. Ein Gebot der Stunde ist das Umsetzen immer dann, wenn die Zersetzung im Haufen nicht harmonisch verläuft.

Zeit zum Aufsetzen des Kompostes ist fast immer. Nur Frost und Schnee verursachen eine natürliche Pause. Der Herbst ist besonders günstig zum Aufbau von Kompost, weil sich um diese Zeit die meisten Abfälle im Garten anhäufen. Sobald es kalt wird, stockt allerdings das Leben in einem solchen spät angelegten Haufen. Er braucht mehr Zeit, bis er reif wird. Denn meist setzt erst im Frühjahr die nötige Wärmebildung wieder ein.

Vom Frühling bis zum Herbst kann jederzeit Kompost zubereitet werden. In diesen Monaten zersetzt sich das organische Material am schnellsten. Meist ist es schon brauchbar, wenn die abgeernteten Beete für den nächsten Winter vorbereitet werden. Stark zerkleinerte Abfälle verrotten in wenigen Wochen zu Mulchkompost, der sofort verwendet werden kann.

Mulchen und Flächenkompostierung

Warme Decken für die nackte Erde

Nackte Erde ist allen Elementen schutzlos ausgeliefert. Gnadenlose Sonnenstrahlen dörren sie aus, saugen ihr die lebensspendende Feuchtigkeit aus allen Adern. Der Wind wirbelt die staubtrockene Oberfläche fort. Regen prasselt auf ihre braune Haut, zerschlägt die feine Struktur der Krümel, verschlämmt den Humus. Unter der Kruste entsteht Atemnot. Die Luftröhren der Erde sind verstopft. Tief dringt im Winter der Frost durch alle Poren in die Tiefe und lähmt das Bodenleben.
Soweit darf es in einem biologischen Garten nie kommen. Ein Gärtner, der mit der Natur arbeitet, hat auch die schützende Bodendecke seinem großen Vorbild abgeschaut. Denn in der »freien Wildnis« gibt es keine nackte Erde. Immer ist die Humusschicht von einem Pflanzenteppich oder von organischem »Abfall« überzogen. Wenn diese grüne Decke irgendwo aufgerissen wird – durch Naturgewalten, durch Tiere oder Menschen –, so sprießen in kürzester Zeit Wildkräuter aus der braunen Erde und schließen die gefährliche, offene Wunde. Wo dies nicht geschieht, da ist das ökologische System gestört. Die Erde ist nicht mehr in der Lage, aus eigener Kraft heilende Regenerationsprozesse einzuleiten. Dann wachsen die Wüsten, fressen sich verkarstete, tote Flächen ins lebendige Fleisch einer Landschaft.
Bodenbedeckung ist also keine Erfindung der Gärtner, sondern eine Schutzmaßnahme, die die Menschen aus dem erprobten Erfahrungsschatz der Natur übernommen haben. Im biologischen Garten soll kein Beet, keine noch so kleine Fläche offen liegenbleiben. Es gibt mehrere Möglichkeiten, die Erde zuzudecken: Das Mulchen, die Flächenkompostierung und lebende Pflanzenteppiche.

Nackte Erde ist schutzlos; sie wird von Regen und Sonne verschlämmt und verhärtet.

Zum Mulchen verwendet der Gärtner zerkleinerte, organische Abfälle: z. B. Grasschnitt, Stroh, Laub, Unkraut, Blätter von Gemüse- und Blumenbeeten, Erbsenstroh und Kartoffelkraut. Dieses frische Material wird als lockere Decke über die Beete und in die Reihen zwischen den Kulturen ausgebreitet. Für die Flächenkompostierung benutzt der biologische Gärtner angerotteten, halbreifen Kompost. Er wird gleichfalls als Abdeckung ausgebreitet, braucht aber selber auch eine schützende Hülle. Deshalb streut der Gärtner noch eine dünne Schicht aus Gras oder zerkleinertem Unkraut über die Flächenkompostierung.
Welchen Zweck erfüllen nun diese natürlichen Decken, die die nackte Erde einhüllen? Zunächst erzeugen sie, wie jede Decke, Wärme. In diesen behaglichen Temperaturen fühlen sich die Bodenlebewesen sehr wohl. Besonders in der kalten Jahreszeit hält die höhere Wärme das Leben in der Humusschicht länger in Gang. Im Frühling setzt das neue Wurzelwachstum unter den schützenden Polstern früher ein als an freien Stellen.
Unter einer Mulchdecke bleibt der Boden aber nicht nur wärmer. Er behält auch seine Feuchtigkeit und erlangt eine lockere, krümelige Struktur. Die Abdeckung verhindert, daß zuviel Wasser aus der Erde aufsteigen und verdunsten kann. Sie schirmt aber auch übermäßige, austrocknende Hitze von

Unter schützenden Mulch-Decken bleibt der Boden locker und lebendig.

Eine Bodendecke aus Laub fördert die Gesundheit der Erdbeeren.

Ein Senf-Teppich deckt das Beet bis zur Aussaat zu.

außen ab. Für die luftige, humose Erde sorgen die Mikroorganismen und die Regenwürmer, die im Schutz der Bodendecke besonders rege arbeiten. Sie finden hier nicht nur sehr angenehme, feucht-warme Umweltbedingungen, sondern auch reichlich zusätzliche Nahrung. Das verrottende organische Material wird von den unzähligen Lebewesen begierig in die Erde hineingezogen und buchstäblich aufgefressen. Ein aufmerksamer Gärtner kann fast zusehen, wie Hälmchen und Blattreste im Zeitlupentempo in den Erdritzen verschwinden – in die Tiefe gezerrt von den meist unsichtbaren »Wurzelzwergen«.

Durch das kräftig angeregte Bodenleben sprudeln auch die natürlichen Kohlensäurequellen besonders reichlich. Dieser lebenswichtige Stoff wird ja in der Erde von den Mikroorganismen erzeugt. Er steigt von dort auf an die Oberfläche. Begierig nehmen ihn die Pflanzen durch die winzigen Spalten an der Unterseite ihrer Blätter auf. Sie brauchen ihn, um den lebenswichtigen Nähr- und Energiestoff Zucker herzustellen. Der Kohlensäurereichtum ist eine der chemisch-biologischen Erklärungen dafür, daß Pflanzen auf gemulchten Beeten so üppig wachsen!

Wildwuchs hat es dagegen schwer unter der Mulchdecke. Er kann kaum hochwachsen. So vermag der biologische Gärtner den Teufel mit Beelzebub auszutreiben: er kann das Unkraut mit einer Unkrautdecke unterdrücken.

Gebremst wird auch die zerstörerische Gewalt schwerer Regenfälle. Der federnde, organische Teppich filtert und verteilt die Wassermassen. Die Erde darunter kann nicht zusammengeschlagen werden. Sie spritzt auch nicht hoch und verschmutzt deshalb die niedrig am Boden wachsenden Früchte nicht. Für Erdbeerbeete bedeutet dies zum Beispiel einen großen Vorteil. Leichte Böden schützt die Mulchdecke auch vor der Erosion. Sie trocknen nicht so schnell aus und können vom Wind nicht mehr so leicht fortgetragen werden.

Fassen wir die positiven Folgen der Bodenbedeckung noch einmal kurz zusammen.

Vorteile des Mulchens für die Gartenerde und die Pflanzen:

- Erhaltung von Wärme, Feuchtigkeit und luftiger Bodenstruktur. Dadurch entsteht ein günstiges Kleinklima.
- Gute Ernährung der Mikroorganismen und Kleinlebewesen im Boden. Dadurch werden Nährstoffe erzeugt, die Humusschicht wird vermehrt.
- Schutz des Bodens vor Regengüssen und Wind. Verhärtungen, Verschlämmung und Zerstörung der Humusschicht werden verhindert.
- Die Kulturpflanzen haben gleichmäßige Wachstumsbedingungen, und sie werden besonders reichlich mit Kohlensäure versorgt.

Vorteile des Mulchens für den Gärtner:

- Weniger Hackarbeiten, weil der Boden locker bleibt.
- Weniger jäten, weil das Unkraut unter der Decke erstickt.
- Weniger gießen, weil der Boden keine Feuchtigkeit verliert.
- Weniger düngen, weil die Mikroorganismen reichlich Nährstoffe und Humus produzieren.
- Leichter und sauberer ernten, weil die Früchte nicht von Erde bespritzt werden. Fallobst fällt weich!

So werden die Teppiche im Garten ausgelegt

Zuerst lockert der Gärtner die Erde seiner Beete mit einer kleinen Hacke oder einem Grubber oberflächlich auf. Dadurch wird das feine Röhrensystem im Boden (Kapillarsystem) unterbrochen. Die aufsteigende Feuchtigkeit kann nicht bis nach oben dringen und verdunstet deshalb auch nicht. Dies ist

der erste und einfachste Schutz des biologischen Gärtners gegen das Austrocknen seiner Beete.
Die Flächen, auf die eine Mulch- oder Kompostdecke ausgebreitet werden soll, müssen unbedingt locker und feucht sein. Frisches, saftreiches Material wie Unkraut, Gras oder gemischte Gartenabfälle darf nur dünn aufgetragen werden. Alle Mulchstoffe werden vorher zerkleinert und möglichst etwas angetrocknet. Unter der Bodendecke – in der Übergangszone zwischen Erde und Mulch – spielt sich ein ständiger Rotteprozeß ab. Deshalb braucht diese organische Schicht unbedingt genügend Sauerstoff. Sonst kann – ähnlich wie im Kompost – schädliche Fäulnis einsetzen. Das ist der Grund, warum eine Mulchdecke möglichst nur wenige Zentimeter dick sein soll. Kompaktere Schichten verhindern die Luftzirkulation. Nur leichtes, trockenes Material – wie zum Beispiel Strohstreu – darf etwas reichlicher aufgetragen werden. Im übrigen ist es besser, die Mulchdecke immer wieder aufzufüllen, sobald sie verrottet ist.
Im Prinzip erzeugt ein biologischer Gärtner mit dem System der Bodenabdeckung Kompost an Ort und Stelle. Er spart sich dabei das Auf- und Umsetzen. Der Humus wächst immer dort nach, wo er ihn braucht: auf seinem Beet. Deshalb können die Ab- und Aufbauprozesse auch, ähnlich wie auf dem Kompostplatz, noch durch zusätzliche Anregungen des Bodenlebens unterstützt werden. Biologische Gärtner streuen deshalb – je nach Bedarf – noch ein wenig Steinmehl, Algenkalk, organische Dünger und sogar Kompostbeschleuniger über das Mulchmaterial. Es verrottet dann schneller und ist noch »nahrhafter«.
Im Spätsommer und im Herbst können alle freien Beete mit einer solchen Bodendecke überzogen werden. Im Frühling findet der Gärtner darunter einen feinkrümeligen, garen Boden, der bereit ist für die neuen Kulturen. Nur die Saatrillen und die Pflanzlöcher werden dann freigelegt und bearbeitet. Zwischen den Reihen bleiben die Reste der Decke noch liegen. Manchmal ist dies nicht möglich, weil die Vögel unter den Mulchresten nach Regenwürmern suchen und dabei das Saatbeet durcheinanderscharren. Auch bei sehr feinen Samen kann die Abdekkung hinderlich sein. Dann wird die alte Bodendecke mit dem Rechen beiseite gezogen und entfernt. Erst wenn die Saatreihen deutlich zu sehen sind und die Jungpflanzen kräftig »auf eigenen Füßen stehen«, breitet der Biogärtner neues Mulchmaterial aus. In der Zwischenzeit muß er öfter hacken und gießen.
Während der warmen Jahreszeit mulcht der Gärtner so lange alle freien Zwischenräume, bis die Kulturpflanzen so dicht zusammenwachsen, daß sie selber eine lebendige Bodendecke bilden. Auf diese Weise entsteht dann die gesunde »Schattengare«.
Halbreifer Kompost wird gleichfalls als Bodendecke benutzt. Er wirkt sehr anregend auf das Leben in der Humusschicht. Da er feucht und warm bleiben muß, schützt der Gärtner diese Kompostfläche durch eine leichte Decke aus Gras, Stroh oder anderem Mulchmaterial. Dieser Kompost, dessen Rotteprozesse noch in vollem Gange sind, darf nie mit den Wurzeln der Pflanzen in Berührung kommen!
Zur Bodenbedeckung können auch noch andere Stoffe verwendet werden, z. B.: **Stroh, Holzspäne, Papier und Pappe,** wenn man diese zerkleinert und anfeuchtet.
Anstelle von **Torf** benutzt der Biogärtner bessser **Rindenmulch**, der für Moorbeetpflanzen, wie z. B. Rhododendron und Heidekraut, aber auch für Beerensträucher und Blütengehölze gut als Bodendecke geeignet ist.
Schwarze Plastikfolie schützt den Boden zwar vor Verdunstung, und sie erzeugt auch Wärme. Aber sie läßt keine Feuchtigkeit von außen eindrin-

Verschiedene Möglichkeiten des Mulchens: (von oben nach unten) Strohabdeckung auf einem Gemüsebeet; dünn ausgestreutes Gras und Rindenmulch unter Gehölzen.

Beinwellblätter liefern gute Bodendecken.

gen, und sie unterdrückt die Luftzirkulation. Für die Bodenlebewesen hat sie natürlich keinerlei »Nährwert«.

Geschlitzte Folien sorgen dagegen für bessere Luft- und Feuchtigkeitsregulierung. Organischen Nachschub können sie aber auch nicht liefern. Aus diesen Gründen sollten Kunststoffolien nur kurzfristig und aus besonderen Gründen benutzt werden. Die dunklen Folien können z. B. hartnäckige Unkräuter unterdrücken, während die geschlitzten Folien zarte Frühlingskulturen vor rauher Witterung schützen.

Bei allen offenkundigen Vorteilen hat die Bodenbedeckung aber auch einige wenige Schwachpunkte. Vorsicht ist geboten bei schweren Böden. In regenreichen Sommern muß die Mulchschicht hier sehr durchlässig sein, damit keine stauende Nässe und Fäulnis entstehen können.

Nahrhafter Spezialmulch: Brennesselschnitt.

In feuchten Gärten besitzt die Bodendecke oft eine besondere Anziehungskraft für Schnecken. Der Gärtner muß dann seine biologischen Fallen aufstellen (siehe Kapitel »Biologische Maßnahmen gegen weitverbreitete Plagegeister«, S. 107). Auch Mäuse können – besonders im Winter – die Vorteile eines warmen Polsters entdecken.

Unter Obstbäumen sollte die Mulchschicht deshalb im Winter nicht zu dick gestreut werden. Zwischen dem Stamm und der Abdeckung muß stets ein freier Ring ausgespart bleiben.

Zum Schluß noch ein paar Tips für Spezial-Mulch:

Laub sollte vor allem unter Sträuchern und Hecken als natürliche Bodendecke im Herbst liegenbleiben. Auch Baumscheiben, Beerensträucher und Erdbeeren können mit einer gemischten Blätterschicht gemulcht werden.

Brennesseln liefern ein hervorragendes Mulchmaterial, das vom Frühling bis zum Sommer immer wieder neu geschnitten werden kann. Das heilkräftige Wildkraut trägt sehr zur Verbesserung der Humusqualität bei.

Beinwellblätter eignen sich als kalihaltiges Spezialmaterial ebenfalls gut für Bodendecken. Tomaten gedeihen gut mit Beinwellmulch.

Tomatenblätter legt der Biogärtner rund um die Tomaten, die im eigenen Abfall auffallend gesund wachsen. Tomatenblätter (Geiztriebe und untere Blätter), die zwischen den Kohlpflanzen ausgelegt werden, tragen dazu bei, die Kohlweißlinge abzuwehren.

Gemischte Kräuter aus dem Küchen- und Apothekengarten wirken durch ihre vielfältigen Inhaltsstoffe allgemein gesundend auf den Boden und die Pflanzen. Streuen Sie sie, wo immer dies möglich ist, zwischen die Kulturen. Schon kleine Mengen können sich wohltuend bemerkbar machen.

Steine eignen sich unter bestimmten Bedingungen ebenfalls zur Bodenbedeckung. Vor allem in heißen, trockenen Landschaften, wo im Sommer frischer, grüner Abfall Mangelware ist, hilft man sich mit Steinplättchen, die die Erde zudecken und die Feuchtigkeit erhalten.

Algen, die am Strand angeschwemmt werden, bilden für Küstenbewohner ein hervorragendes Mulch- und Kompostmaterial – solange man sicher ist, daß sie nicht aus verseuchten Gewässern stammen!

Gründüngung ist natürlich auch hervorragend zum Mulchen geeignet. Senfsaat oder Leguminosen (Klee, Lupinen u. a.) bilden zuerst einen lebendigen Pflanzenteppich; dann werden sie abgemäht und bleiben als grüne Decke liegen. Über diese »Spezialisten« wird aber im Kapitel »Pflanzliche Dünger«, Seite 64, ausführlich berichtet.

Lebende Teppiche aus Bodendekkern kann man ebenfalls knüpfen. Sie spielen im Ziergarten eine besonders reizvolle Rolle. Diese niedrigen, ausdauernden Stauden wachsen mit der Zeit so dicht zusammen, daß sie jedes Unkraut unterdrücken. Unter der schützenden Pflanzendecke bleibt der Boden lange feucht. Es gibt sehr unterschiedliche Teppichstauden; darunter finden sich solche, die feuchten Humus und schattige Stellen unter Sträuchern und Bäumen als Lebensraum bevorzugen und andere, die trockene, sonnige Plätze lieben.

Die Beete im Biogarten sehen nie so braun und leergefegt aus wie in den »sauberen« Gärten, die den Eindruck machen, als würden sie mit dem Staubsauger gepflegt. Mulchdecken dürfen zwar auch nicht unordentlich aussehen, aber sie wirken eben wie natürlicher »Bodenbelag«. Vielleicht müssen wir nur unsere Sehgewohnheiten etwas ändern. Die Schönheiten der Natur haben manchmal ungehobelte Kanten. Perfekte Oberflächen stammen meist von Maschinen. Biologische Gärtner sollten zuerst die Frage nach dem Sinn stellen. Dann erschließt sich die Schönheit, die »von innen kommt« ganz von selbst.

Nie mehr umgraben

Im Herbst muß ein biologischer Gärtner, vor allem einer, der es noch werden will, noch von einem weiteren altehrwürdigen Brauch Abschied nehmen: vom Umgraben. Nach einem ungeschriebenen Gesetz hat seit Urväter Zeiten das Gartenland in grober Scholle zu überwintern. Die »Biologischen« sind ganz anderer Ansicht. Und sie können ihre Meinung logisch begründen.

15–20 cm tief reicht normalerweise die lebendige Humusschicht. Das ist ziemlich genau die Tiefe eines Spatenstiches. Mit einem einzigen Ruck wird beim Umgraben die sorgfältig aufgebaute Schichtenbildung auf den Kopf gestellt. Die luftabhängige obere Lage fällt in die sauerstoffärmere Tiefe. Ihre Bewohner werden buchstäblich begraben. Die Nährstoffproduzenten der Wurzelzone werden dafür ins Freie befördert. Wo die Humusschicht dünner ist, wird sogar toter Unterboden nach oben geworfen. Das ganze fein abgestimmte System, das die verschiedenartigen Bodenlebewesen im Laufe eines Jahres aufgebaut hatten, wird durcheinander gerüttelt und zerrissen. Das herbstliche Umgraben gleicht für die Bewohner der Erde einem zerstörerischen Erdbeben. Ihre Wohnbereiche stürzen zusammen. Sie müssen danach noch einmal von vorn beginnen. Der »Altmeister« der naturgemäßen Gartenpraxis, Alwin Seifert, hat sehr anschaulich und mitfühlend beschrieben, welche Katastrophen sich beim gutgemeinten Schollengraben abspielen:

»Schon das Durcheinanderwerfen der verschiedenen Bodenschichten, wie es das Umgraben, das Fräsen oder tiefes Pflügen mit dem Wendepflug zur Folge hat, bringt einen Teil des Lebens in ihm zum Absterben und damit eine Minderung der Fruchtbarkeit oder mindestens eine Verzögerung schnellen Wachstums: Was dazu bestimmt ist, in der lufthaltigen obersten Bodenschicht durch grobe mechanische Zerkleinerung die Verrottung einzuleiten, kann in der dichteren Unterschicht, wo eine ganz andere Aufgabe zu lösen ist, nicht gedeihen und umgekehrt. Diese ungeheuerlich kleinen Bodenlebewesen haben natürlich auch eine ungeheuerlich dünne, und damit empfindliche Haut. Jede, sagen wir Verschärfung des Bodenwassers, in dem sie schwimmen, geht sofort durch die Haut hindurch und tötet ab.«

Für den biologischen Gärtner ergibt sich aus alledem und aus den Erkenntnissen, die er in den vorangegangenen Kapiteln erlangt hat, die Schlußfolgerung: Die natürliche, so sorgsam gepflegte Schichtenbildung des Bodens muß unbedingt erhalten bleiben. Auch im Winter! Im Normalfall bedeutet das: nie mehr Umgraben!

Die vielgepriesene Frostgare, die die groben durchgefrorenen Schollen mürbe macht, kann als Gegenargument nicht standhalten. Es stimmt zwar, daß schwerer Boden nach dieser Überwinterung leicht auseinanderfällt. Aber schon der erste, starke Frühlingsregen schlägt diese lockere Krümelung wieder zusammen. Sie ist nicht beständig. Und damit war alle Mühe vergebens.

Naturgemäße Bodenlockerung

In einem biologischen Garten bleibt der Spaten, also im Herbst, arbeitslos. Statt dessen lockert der Gärtner seine Beete auf, ohne die Humusschicht zu stören. Um die Erde nicht nur oberflächlich aufzukratzen, sondern auch in die Tiefe einzudringen, benutzt er dazu besondere Gartenwerkzeuge. Die Bio-Grabgabel z. B., die speziell für die naturgemäße Bodenlockerung entwickelt wurde, dringt mit langen, stabförmigen Zinken leicht und tief ins Erdreich. Ohne große Kraftanstrengung kann sie hin- und herbewegt werden; dabei bröckelt die Erde auseinander, und es entstehen überall luftige Hohlräume. Diese Spezialgabel eignet sich besonders gut für lehmige Böden. Da sie sehr breit ist, geht die Arbeit rasch voran.

Bodenlockerung mit der Bio-Grabgabel.

In kleinen Gärten reicht auch eine normale Grabgabel für die herbstliche Beetbearbeitung aus. Der Gärtner sticht die Zinken nur in den Boden und bewegt die Gabel ruckartig hin und her. Die belebten Schichten werden so lokker und luftdurchlässig. Ihre Lage aber bleibt ungestört. So wird ein Streifen Land nach dem anderen bearbeitet.

Das bekannteste und inzwischen weitverbreitete Spezialwerkzeug zur Bodenlockerung im Biogarten ist der Sauzahn. Im Handel wird er auch unter anderen Markenzeichen, z. B. AZ-Wühler oder Bio-Wühlmaus, angeboten. Der Sauzahn besteht aus einem sichel-

Der Sauzahn schont das Bodenleben.

förmig gebogenen Zinken und einem am unteren Ende leicht gebogenen Stiel. Er läßt sich ohne große Anstrengung durch die Erde ziehen. Mit diesem ebenso einfachen wie genialen Gerät wird der Boden ebenfalls gelokkert, ohne die Schichten umzuwenden. Besonders gründlich geschieht dies, wenn der Gärtner das Beet zweimal diagonal mit sich kreuzenden Linien bearbeitet.
In gepflegten, humosen Böden genügt oft sogar die leichte Bearbeitung mit einem Grubber oder einer kleinen Hacke. Sie werden nur durch die obere Schicht gezogen.

Ausnahmen von der Regel

Ganz arbeitslos wird der Spaten auch im Biogarten nicht. Vor allem für Pionierarbeiten leistet er gute Dienste. Wer eine Wiese urbar machen oder einen verwilderten Garten wieder kultivieren möchte, der kann mit dem Sauzahn zunächst nichts anfangen. Hier muß umgegraben oder auf großen Flächen sogar umgepflügt werden. Erst wenn der Wildwuchs beseitigt und die Erde überhaupt zum Vorschein gekommen ist, können andere Werkzeuge sinnvoll eingesetzt werden. Der Bio-Gärtner kann sich ganz einfach diese Regel merken: Zuerst muß eine lebendige Humusschicht im Garten aufgebaut werden, dann erst kann sie erhalten und naturgemäß bearbeitet werden.

Wintervorbereitungen

Nachdem die herbstliche Bodenlockerung beendet ist, streut der Gärtner die Dünger aus, die er für nötig hält. Die Wahl hängt vom Bodenzustand und von der Fruchtfolge ab. Niemals wird frischer tierischer Dünger vergraben. Er darf nur in die oberste Schicht eingeharkt werden, wo für alle nun einsetzenden Abbauprozesse genügend Sauerstoff vorhanden ist.
Auch den halbreifen Kompost verteilt der biologische Gärtner im Herbst auf seine Beete. Er bleibt gleichfalls an der Oberfläche und wird nur vorsichtig mit dem Grubber in die Erde »verrührt«. Eine dünne Kontaktzone genügt, um die Verbindung der beiden lebendigen Organismen – Humus und Rohkompost – herzustellen. Sie werden nach dieser ersten flüchtigen Berührung schnell aktiv und entwickeln ein enges Zusammenleben.
Die letzten Wintervorbereitungen bestehen im biologischen Garten dann in der Verteilung warmer Decken. Alle Beete und alle Baumscheiben werden, wie es im Kapitel »Bodendecken« beschrieben ist, mit schützendem und nährendem Material zugedeckt. Diese Teppiche aus organischem Abfall gleichen den Wintervorbereitungen, die die Natur selber trifft, wenn das Laub fällt und eine wärmende Hülle am Boden bildet. Zwischen Stauden und Ziersträuchern läßt er deshalb auch die abgefallenen Blätter liegen. Er nutzt sie als natürliche Hilfskräfte. Wer hier mit eisernem Besen Ordnung halten wollte, der würde auf Kosten des Lebendigen kalte Pracht im Garten schaffen.
Der biologische Gärtner kann nach seinen wohlüberlegten Wintervorbereitungen seelenruhig die Hände in den Schoß legen. Unter seinen warmen, luftigen Decken bleibt das Bodenleben noch lange munter. Wenn ringsum schon der Frost seine scharfen Zähne ansetzt, herrschen in den geschützten Beeten noch immer höhere Temperaturen. Regenwürmer und Mikroorganismen arbeiten weiter an der Zersetzung und Umwandlung des nahrhaften Mulchmaterials. Sie treffen die besten Vorbereitungen für den nächsten Frühling, während der Gärtner keine Hand mehr zu rühren braucht. In solchen Herbst- und Wintertagen wird es ganz besonders deutlich: Biologische Gärtner arbeiten nicht nach veralteten großväterlichen Methoden. Im Gegenteil: Sie benutzen alle naturwissenschaftlichen Erkenntnisse, um der Natur gerecht zu werden.
Biologisch Gärntern heißt deshalb auch: den Kopf benutzen, damit der Rücken nicht vom unnötigen Bücken schmerzt!

Die Düngung im naturgemäßen Garten

Pflanzennahrung – Bodennahrung

Im ungezähmten »Garten« der Natur braucht niemand zu düngen. Die Wildnis ernährt sich selbst. Viele ihrer grünen Geschöpfe verhungern aber auch beim ständigen Kampf um Licht, Luft, Wasser und Nährstoffe. Nur die lebensstarken Gewächse setzen sich durch und vermögen die Reserven der Natur zu nützen, die sich – wo sie ungestört blieben – ständig erneuern.
Die Kulturpflanzen des Menschen sind dagegen empfindliche, anspruchsvolle Gewächse. Sie wurden zu besonderen Zwecken gezüchtet und benötigen auch besondere Pflege. Auch im naturgemäßen, biologischen Garten dürfen Gemüse, Obst und Blumen nicht einfach ihrem Schicksal überlassen werden nach dem Motto: Alles wächst von selbst, die Mutter Natur wird's schon recht machen! Sie wird sicher nicht untätig bleiben, die gute alte »Mutter Natur«, aber sie wird nach den Gesetzen der Wildnis handeln. Dabei könnte es dem erhofften Paradies des biologischen Gärtners so ähnlich ergehen, wie den Städten der Mayas: ein Dschungel lebensstarker Gewächse überwuchert mit vitaler Kraft alle Spuren feinsinniger Kultur. So wie die indianischen Städte im Würgegriff der Urwaldlianen zusammenbrachen, so gingen die Radieschen, die Salatköpfe und die Tomaten eines vertrauensseligen Gärtners unter im Ansturm der Wildpflanzen, die sich ihren Lebensraum im Handumdrehen zurückerobern würden.
Auch im biologischen Garten geht es also nicht ohne Pflege und gesunde Ernährung. Wer dicke Kohlköpfe und eine reiche Erdbeerernte heimtragen möchte, der muß etwas dafür unternehmen. Wie überall gilt auch hier die Regel: Alle Pflanzen entnehmen dem

Wo Gartenpflanzen gesund und kräftig gedeihen sollen, da brauchen sie auch eine gute Ernährung. Im Biogarten sind Bodenpflege und naturgemäße Düngung eng miteinander verbunden.

Boden Nährstoffe. Sie brauchen sie, um ihre eigene Gestalt damit aufzubauen und um ihre täglichen Lebensbedürfnisse zu stillen. Damit auf die Dauer keine Mangelerscheinungen auftreten, müssen diese verbrauchten Nährstoffe wieder an den Boden zurückgegeben werden. Sonst leiden die nachfolgenden Kulturen Hunger.
Was bedeutet aber Düngung für einen biologischen Garten? Hier gilt vor allem der Grundsatz: Nicht die Pflanze, sondern das Bodenleben wird ernährt. Es wird zu eigener Produktion angeregt. Natürliche Düngung erreicht also – auch wenn sie direkt aufs Land gestreut wird – die Pflanzen im allgemeinen erst auf dem Umweg über das Bodenleben. Die organischen Dünger, die in diesem Kapitel beschrieben werden, müssen erst durch Mikroorganismen aufgeschlossen und in eine für die Pflanzen verfügbare Form umgewandelt werden. Dies geschieht entweder auf dem Umweg über den Kompost oder aber direkt im Boden. In gepflegter, humusreicher Erde sind ständig unzählige Lebewesen damit beschäftigt, Nahrung herzustellen – für sich selbst und für die Pflanzen. Aber erst, wenn genügend Wasser in dieser »Garküche« zur Verfügung steht, kann eine Nährbrühe zusammengebraut werden, die die Wurzeln durch ihre winzigen Porenöffnungen aufnehmen können.
Auch chemisch hergestellte Nährsalze sind wasserlöslich und werden den Pflanzen als nahrhafte Flüssigkeit verabreicht. Dies war ja gerade im vorigen Jahrhundert die revolutionierende Entdeckung des Justus von Liebig: »Die Pflanze nährt sich von wasserlöslichen Nährstoffen.« Die gesamte Erzeugung des sogenannten »Kunstdüngers« und seine weltweite Anwendung beruht auf dieser Erkenntnis. Gibt es denn überhaupt einen Unterschied zwischen der organischen und der chemisch zubereiteten Suppe? Handelt es sich nicht in beiden Fällen um eine Flüssigkeit, in der lebensnotwendige Nährstoffe aufgelöst wurden? Der biologische Gärtner muß dazu folgendes wissen:
Chemische Düngesalze sind sehr leicht löslich und können deshalb von den Wurzeln auch sehr schnell und mühelos aufgenommen werden. Die Pflanzen haben bei ständiger und intensiver Düngung mit diesen salzigen Nährlösungen praktisch keine Auswahlmöglichkeit. Sie nehmen, was ihnen eingeflößt wird. Eine Überdüngung ist leicht möglich. In den Blättern sammeln sich dann unter Umständen überschüssige Stickstoffsalze an (Luxuskonsum!). Auch der osmotische Druck wird durch die Salze verändert. Dadurch steigt mehr Wasser in das Pflanzengefüge. Die Folgen sind aufgeschwemmtes Gewebe und nachlassende Widerstandskraft.
Das Wurzelsystem wird in diesem »Schlaraffenland« geradezu zur Faulheit animiert. Nahrungssuche wird ja überflüssig. Caspari berichtet, daß die Knöllchenbakterien, deren Stickstoffproduktion praktisch nicht mehr gefragt ist, ihre Tätigkeit einstellen und verschwinden. Auch die Regenwürmer ziehen sich zurück, wo die Erde systematisch mit löslichen Salzen gedüngt wird.
Das Bodenleben wird nicht mehr gefordert und verarmt. Die Reizwirkung der konzentrierten Salze auf das Wachstum zieht außerdem einen hohen Humusverbrauch nach sich. Die Struktur der Böden verändert sich. Chemische Dünger sind allein aber nicht in der Lage, neuen Humus zu bilden. Deshalb läßt die Qualität der wertvollen Gartenerde nach, wenn nicht auf andere Weise zusätzlich für organischen Nachschub gesorgt wird. In leichten Sandböden ist zudem die Gefahr groß, daß ein Teil der teuren künstlichen Nährstoffe im Erdbereich nicht festgehalten werden kann. Sie werden in tiefere Schichten und vor allem ins Grundwasser geschwemmt. Dort entstehen ungewollte aber gefährliche Salzkonzentrationen.
Die wichtigsten Nachteile der chemischen Salzlösungen für die Pflanzen kann jeder Gärtner selbst beobachten. Seine Gewächse besitzen weniger Widerstandskraft gegen Krankheiten und Schädlinge. Wo des Guten zu viel getan wird, da wachsen aufgeschwemmte, wenig nahrhafte Pflanzen heran. Ihr Aroma und ihre Würze lassen nach.

Das Ergebnis aller Mühen schmeckt oft genug nach Wasser!

Die organische Düngung arbeitet dagegen immer zuerst mit dem Bodenleben zusammen. Die Nährstoffe werden langsam – sozusagen nach Bedarf – gelöst und den Pflanzen angeboten. Sie können – und diese Möglichkeit nehmen sie auch wahr – auswählen, was sie gerade brauchen. Eine gleichmäßige Ernährung mit gesunder Mischkost ist dadurch leichter zu erreichen. Überschüssige Nährstoffe werden von den Mikroorganismen festgehalten. Sie können deshalb nicht so schnell ausgewaschen werden.

Organische Dünger dienen nicht nur als Nahrungsgrundlage für die Pflanzen. Sie verbessern auch allgemein die Bodenfruchtbarkeit, weil sie gleichzeitig die Kleinlebewesen zur Arbeit anregen und ernähren. Die ideale Düngung im biologischen Garten besteht deshalb immer aus Kompost. Darin sind alle notwendigen Nährstoffe und Spurenelemente in ausgewogener Mischung vorhanden. Zusätzliche Nahrung brauchen Erde und Pflanzen in humusarmen Gärten vor allem in den Zeiten der Umstellung auf die biologische Methode. »Zusatzfutter« benötigen auch die stark zehrenden Gewächse, zum Beispiel Kohl, Gurken, Sellerie, Tomaten und Kartoffeln.

Eine sinnvoll auf die Gartenverhältnisse abgestimmte organische Düngung hat viele Vorteile: Die Pflanzen wachsen kräftig und gesund. Ihr Gewebe enthält kein überschüssiges Wasser, deshalb sind sie haltbar und lagern sich gut. Gegen Krankheiten und Schädlinge sind diese harmonisch ernährten Gewächse sehr widerstandsfähig. Zu den positiven Folgen einer natürlichen Düngung gehören auch würziges Aroma und knackiger Wohlgeschmack. Denn eine Frucht schmeckt so gut oder so schlecht wie die Nahrung, mit der sie selbst aufgewachsen ist.

Um seinen Gartenpflanzen die richtige Menükombination aufzutischen, muß ein biologischer Gärtner aber auch genau über die Hauptnährstoffe Bescheid wissen, die die grünen Gewächse benötigen. Dazu gehören Kohlenstoff, Sauerstoff und Wasserstoff. Diese Grundelemente besorgen sich die Pflanzen selber aus der Luft und aus dem Boden. Stets nachgefüllt werden müssen Stickstoff (N), Phosphor (P) und Kali (K). Nach ihren chemischen Bezeichnungen nennt man sie abgekürzt auch NPK-Dünger. Hinzu kommen noch Kalk und Spurenelemente.

Stickstoff

fördert das Wachstum der Triebe und Blätter. Er ist der Stoff, der zur Bildung der lebenswichtigen Eiweißverbindungen gebraucht wird. Das natürliche Stickstoffreservoir ist die Luft. Bestimmte Bodenlebewesen sind Spezialisten, die den luftigen, anorganischen Stickstoff festhalten und in organische Formen umwandeln können. Dazu gehören zum Beispiel Knöllchenbakterien und andere Mikroorganismen.

Stickstoff-Dünger sind Leguminosen (Schmetterlingsblütler wie z. B. Klee, Lupinen, Erbsen und Bohnen, die Stickstoff durch Knöllchenbakterien in ihren Wurzeln und im Boden anreichern) sowie die Handelsdünger Hornmehl, Hornspäne, Blutmehl und Rizinusschrot. Tierische Dünger mit relativ hohem Stickstoffanteil sind Schaf- und Ziegenmist.

Überdüngung mit Stickstoff verursacht Geilwuchs, schwammiges Gewebe und Krankheitsanfälligkeit. Die Pflanzen »schießen ins Blatt«, Blüte und Fruchtbildung leiden darunter. Starke Stickstoffüberdüngung kann sogar zu Verbrennungen führen. Strohmulch kann in Notfällen helfen. Er reißt Stickstoff an sich, weil er ein sehr weites C-N-Verhältnis hat.

Stickstoff-Mangelerscheinungen äußern sich in gelblichen Blättern. Die Verfärbung kann sogar bis in Rot-Lila-Töne übergehen.

Phosphor

fördert vor allem die Blüten- und Fruchtbildung. Er ist maßgeblich am Eiweißaufbau beteiligt. In gepflegten Humusböden sind Phosphorverbindungen meist ausreichend vorhanden. Wo das Bodenleben aktiv ist, da wird auch genug Phosphor für die Pflanzen verfügbar gemacht.

Phosphor-Dünger sind Knochenmehl, Rohphosphat und Thomasmehl. Ein tierischer Dünger mit hohem Phosphorgehalt ist Geflügelmist (Hühner-, Tauben- und Guano-Vogelmist).

Überdüngung mit Phosphor verursacht Hemmungen im Stoffwechsel. Die Pflanzen können bestimmte Spurenelemente wie Eisen und Kupfer

Überdüngung mit Stickstoff: Die grünen, harten Stellen zeigen, daß die Tomaten nicht richtig ausreifen (oben). Stickstoffmangel ist an gelben Blättern erkennbar (unten).

nicht mehr aufnehmen. Wachstumsstörungen sind die Folge.

Phosphor-Mangelerscheinungen zeigen sich in rötlichen oder bräunlich-violetten Blattverfärbungen, in schlechter Wurzelbildung und geringem Fruchtansatz.

Kali

sorgt für die Festigkeit des Pflanzengewebes und für einen stabilen Aufbau. Es fördert die Wurzel- und Knollenbildung. Da Kali die Wasserabgabe hemmt, schützt es die Gewächse vor Dürre und Frostschäden. Dieser Nährstoff ist besonders wichtig für den Stoffwechsel der Pflanzen. Er spielt eine Rolle bei der Photosynthese und bei der Bildung von Stärke und Zukker. Kali ist in den meisten Böden vorhanden, muß aber von den Mikroorganismen in pflanzenverfügbare Formen umgewandelt werden. Je lebendiger ein Boden ist, desto weniger leidet er unter Kalimangel.

Kali-Dünger sind Holzasche, Algenprodukte und Kalimagnesia (Patentkali). Tierische Dünger mit hohem Kaligehalt sind Geflügelmist, getrockneter Rinderdung und Schweinemist. Auch Knochenmehl enthält reichlich Kali.

Überdüngung mit Kali zeigt sich in Wuchshemmungen. Im Boden können durch Kaliüberschuß Magnesiummangel und Kalkarmut entstehen.

Kali-Mangelerscheinungen erkennt man daran, daß die Blätter an den Rändern braun werden und schließlich absterben. Die Pflanzen wachsen nicht gut und können sehr plötzlich eingehen.

Kalk

bindet die Säuren im Boden. Er festigt die Krümelstruktur und regt das Bodenleben an. Kalk gehört zu den wichtigen Bausteinen, mit denen Pflanzen ihre Inhaltsstoffe bilden. Er ist auch am Ionenaustausch beteiligt.

Kalk-Dünger sind kohlensaurer Kalk, Kalkmergel, Magnesiumkalk, Branntkalk, Thomasmehl, Gesteinsmehl und Algenkalk.

Überdüngung durch Kalk verdrängt Kali. Der Boden wird stark alkalisch. Die meisten Pflanzen bevorzugen aber leicht saure Erde.

Kalkmangel zeigt sich in schlechtem Wurzelwachstum. Der Boden wird sauer.

Spurenelemente

brauchen die Pflanzen nur in geringen Mengen – eben in Spuren. Trotzdem sind sie für Wachstum und gesundes Gedeihen sehr wichtig. Sie bedeuten für die Pflanzen etwas ähnliches wie die Vitamine für die Gesundheit der Menschen.

Die braunen Blattränder (Nekrosen) zeigen den Kali-Mangel der Gurke an (oben).

Magnesiummangel wird deutlich an den krankhaft hervortretenden Blattadern des Paprika.

Magnesium ist maßgeblich an der Bildung des Blattgrüns beteiligt. Es hat auch Einfluß auf die Lösung des Phosphors im Boden. Magnesiummangel zeigt sich durch krankhafte Veränderungen an den Blatträndern und zwischen den Blattadern. Dieses Spurenelement ist in bestimmten Steinmehlsorten, in Korallenmehl, Kalimagnesia und im Algenkalk enthalten.

Kalküberschuß verursachte die gelbe Blattfärbung (Chlorose) bei diesem Pfirsichbaum.

Eisen ist gleichfalls an der Bildung des Blattgrüns beteiligt und spielt eine wichtige Rolle im Pflanzenstoffwechsel. Wo der Boden zuviel Kalk enthält, da wird Eisen gebunden und kann von den Gewächsen nicht mehr genutzt werden. Eisenmangel zeigt sich durch Gelbfärbung der Blätter (Chlorose). Die Blattadern zeichnen sich als grünes Netz ab. Wo zu hoher Kalkgehalt der Grund des Übels ist, hilft als Gegengabe ausnahmsweise Torf oder saurer Spezialkompost aus Laub oder Holzabfällen.

Kupfer ist Bestandteil der Enzyme und deshalb an Stoffwechselvorgängen beteiligt. Es schützt das Blattgrün. Bei Kupfermangel färben sich die Blätter hell, die Spitzen trocknen ein. Im Urgesteinsmehl, in Basaltmehl und in Algenprodukten ist dieses Spurenelement enthalten.

Molybdän spielt eine wichtige Rolle bei den Stickstoffumwandlungen innerhalb der Pflanzen und für die stickstoffbindenden Bodenbakterien. Molybdänmangel tritt nur in sauren Böden auf. Die Blätter der Pflanzen zeigen Mißbildungen, der Blumenkohl bildet keine Rosen. Der pH-Wert des Bodens muß dann ausgeglichen werden, z. B. durch Algenkalk.

Bodensäure und pH-Werte

Ein Gärtner, der über den Zustand seiner Erde genau Bescheid wissen möchte, muß nicht nur die Nährstoffe, sondern auch den Säuregehalt des Bodens kennen. Fachleute sprechen in diesem Zusammenhang von der Bodenreaktion und vom pH-Wert. Hinter diesem wissenschaftlichen Begriff verbirgt sich ganz einfach die Tatsache, daß ein Boden, chemisch gesehen, sauer oder alkalisch reagieren kann. Um die genauen Werte zu ermitteln, wurde eine internationale Skala festgelegt. Die Zahl 7 auf dieser Skala bestimmten die Wissenschaftler als »Neutralpunkt«. Unter 7 zeigen die Bodenwerte eine immer stärker werdende saure Reaktion an. Über 7 beginnt die alkalische Bodenreaktion.

Für den Gärtner ist es wichtig zu wissen, daß die meisten Kulturpflanzen eine schwachsaure Bodenreaktion und pH-Werte zwischen 6 und 7 bevorzugen. Ausgesprochen sauer lieben es die Moorbeetpflanzen, zu denen Rhododendren, Azaleen und Heidekraut gehören. In alkalischen Böden fühlen sich nur wenige Pflanzen wohl. Schwachalkalisch darf die Erde für Süßkirschen, Kohl, Sellerie und Möhren sein. Kalk bindet Säuren und verändert die Bodenreaktion in Richtung auf den alkalischen Bereich. Torf macht die Erde sauer.

Nützliche Bodenanalyse

Natürlich kann ein Gärtner die Zusammensetzung seines Bodens und den Nährstoffgehalt nicht einfach feststellen, indem er eine Handvoll Erde aufnimmt und daran schnuppert. Genaue Aufschlüsse sind nur durch chemische und biologische Untersuchungen zu ermitteln. Eine solche Analyse kann sehr nützlich sein, vor allem bei der Umstellung auf naturgemäße Methoden. Sie erspart auch einem biologischen Gärtner planlose, blinde Düngeversuche. Er kann ja erst nach mehreren Jahren systematischer Humuspflege sicher sein, daß sein Boden ein Gleichgewicht aller wichtigen Elemente erreicht hat. Bis es soweit ist, muß er Nährstoffe ergänzen, wo es nötig ist, und versuchen, die günstigste Bodenreaktion zu erreichen. Alle diese Einzelmaßnahmen geschehen im biologischen Garten aber immer in engem Zusammenhang mit der allgemeinen Bodenpflege und dem Humusaufbau.

Es gibt im Handel kleine Bodentester-Sets, mit deren Hilfe man eigene Untersuchungen selbst durchführen kann. Genauere Auskünfte bekommt man aber nur aus wissenschaftlichen Labors. Dorthin verschickt der Gärtner mehrere Bodenproben, die er an verschiedenen Stellen entnommen hat. Dabei ist es sinnvoll, die unterschiedlichen Bereiche des Gartens getrennt zu testen. Sammeln Sie z. B. Proben im Gemüsegarten, im Beerenobstquartier, vom Rosenbeet und von Spezialkulturen wie Rhododendren oder Heidelbeeren.

Einen Kalktest kann man selber machen.

Die günstigste Zeit für eine Bodenuntersuchung liegt zwischen Ernte (Herbst) und Neubestellung (Frühjahr), wenn Nährstoffe verbraucht, aber noch nicht durch Kompost oder Dünger wieder aufgefüllt sind. Für jede Probe wird an 10–15 Stellen Erde aus den oberen 20 cm der Humusschicht entnommen. Mischen Sie jeden Bereich separat in einem sauberen Eimer gründlich durch. Füllen Sie etwa 500 g Erde von jeder Probe in getrennte Plastikbeutel, die entsprechend gekennzeichnet werden. Legen Sie in das Paket eine Kurzinformation über die Größe und die Nutzung Ihres Gartens. Geben Sie auch an, ob Sie eine normale Grunduntersuchung oder noch zusätzliche Werte (z. B. über Schwermetalle) und Düngeempfehlungen wünschen. Dann wird das Paket an eine Landwirtschaftliche Untersuchungs- und Forschungsanstalt (Lufa) geschickt. Adressen für alle Bundesländer finden Sie im Anhang.

Bei der normalen Grunduntersuchung erhält der Gärtner kurzgefaßte Auskünfte über die Bodenart, den pH-Wert, den Kalkzustand und den Kalkbedarf, den Phospor- und den Kaliwert. Oft wird auch der Magnesiumgehalt des Bodens angegeben.

Für einen Gärtner, der mit naturgemäßen Methoden arbeitet, wäre es darüber hinaus natürlich wichtig zu erfahren, wie der biologische Zustand seines Bodens aussieht. Die Fragen nach reichem oder spärlichem Bodenleben, nach der Zahl der Mikroorganismen, nach der Güte der Humusproduktion und nach naturgemäßen Düngevorschlägen sind hier vorrangig.
Antworten darauf erteilen Ihnen biologisch orientierte Spezialinstitute, deren Adressen Sie im Anhang finden.

Die wichtigsten Düngemittel für den biologischen Garten

Tierische Dünger

Frischer strohiger Rindermist gehört seit alten Zeiten zu den wichtigsten Naturdüngern. Er enthält alle Nährstoffe in ausgeglichener, milder Zusammensetzung. Wichtig: Alle tierischen Dünger werden ohne Kalk kompostiert. Er entbindet den wertvollen Stickstoff. Als Ammoniak würde er nutzlos in die Luft entweichen. Gut ist es dagegen, den Rindermist mit nichtkalkhaltigem Steinmehl zu überstreuen.
Frischer Mist darf – wenn überhaupt – nur im Herbst oberflächlich und dünn über die Beete gestreut werden, so daß er über Winter verrotten kann. Rindermist eignet sich als Dünger für starkzehrende Gewächse.
Getrockneter Rindermist ist besonders reich an Kali. Dieser Nährstoff fehlt in den meisten anderen organischen Düngern, oder er ist darin nur in geringen Mengen vorhanden. Ein Handelsprodukt aus einwandfreier Rinderhaltung ist zum Beispiel »California Rinderdung«. Besonders gut eignet sich dieser Dünger für Rosen, Möhren und Sellerie.
Pferdemist gehört, wie jeder weiß, zu den hitzigen Düngern. Man benutzt ihn deshalb als Packung zum »Aufheizen« der Frühbeete. Er hat ähnliche Nährstoffgehalte wie Rindermist. Beide können vermischt und gemeinsam kompostiert werden.
Schweinemist ist ein kalter Mist. Er enthält fast keinen Kalk, dafür aber Kali und etwas Stickstoff. Genau wie alle anderen tierischen Exkremente sollte er kompostiert werden. Er eignet sich für Sellerie, Lauch und Himbeeren.
Schaf-, Ziegen- und Kaninchenmist gehören zu den hitzigen Düngern. Ihr Stickstoffgehalt kann Geilwuchs hervorrufen. Am besten werden sie einzeln, oder mit anderem Mist vermischt, kompostiert. Sie eignen sich für starkzehrende Gemüse.
Geflügeldünger haben im Gegensatz zu den meisten anderen Mistarten einen hohen Kaligehalt. Ihr Hauptnährstoff ist allerdings der Phosphor (bis zu 12% bei Guano). Auch der Stickstoffanteil ist beachtlich. Da sich dieser Stickstoff im Geflügelmist be-

Wichtige Düngemittel und ihre unterschiedlichen Nährstoffkombinationen:

Düngemittel	Stickstoff (N)%	Phosphor-Säure (P_2O_5)%	Kali (K_2O)%	Kalk (Ca)%	Spuren-elemente	organische Substanz %
Hornspäne Hornmehl	10–14	4–5	–	6	wenig	60–80
Blutmehl	11–15	1,3–1,5	0,7–0,8	0,8	reichlich	60–70
Knochenmehl	3–4	21–30	0,2	30–31	mittel	–
Horn-, Blut-, Knochenmehl	7–9	12	0,3	13	mittel	bis 70
Rindermist getrocknet	1,64	1,55	4,25	4,19	mittel	45
Rindermist (frischer Stallmist)	0,4	0,2	0,5	0,5	mittel	25
Pferdemist (frischer Stallmist)	0,5	0,3	0,4	0,2	mittel	30
Hühnermist	1,5–1,7	1,5	0,8–1	3	reichlich	25–30
Hühnermist getrocknet	3–4	3–5	2–3	7–14	Magnesium 1–3	30–70
Peru-Guano	7	11–12	2–2,5	12–20	reichlich	40–50
Rizinusschrot	5	2,5	1,5	–	–	75
Holzasche	–	2–4	6–10	30–35	reichlich	–
Thomasmehl	–	16–20	–	45–50	reichlich	–
Kalimagnesia	–	–	25	–	5–8% Magnesium	–

Hühner und Kühe liefern guten Mist.

An den Küsten Perus »lagern« Seevögel den wertvollen Guano ab.

sonders schnell umsetzt, können bei Überdüngung Verbrennungen entstehen. Geflügelmist ist hitzig! Er sollte mit Erde vermischt kompostiert oder als Jauche angesetzt werden. Es gibt Hühner-, Enten- und Taubenmist.

Peru-Guano besteht aus den Exkrementen und den Kadavern der wilden Seevögel, die seit Jahrhunderten an den Küsten Perus in meterdicken Schichten abgelagert wurden. Dieser Naturdünger wird abgebaut und verkauft. Er ist besonders stickstoff- und phosphorreich. Achten Sie auf »Echten Guano«; es gibt auch Mischdünger mit geringem Guano-Anteil! Geflügeldünger eignen sich für starkzehrendes Gemüse. Sie werden nur sparsam verwendet. Guano fördert auch die Blütenbildung bei Zimmer-, Balkon- und Gartenblumen.

Horn-, Blut- und Knochenmehl sind tierische Düngemittel, die aus Schlachthausabfällen hergestellt werden. Diese organischen Dünger sind in praktischen Portionen verpackt. Sie sind unkompliziert in der Anwendung und können im Garten zu vielen Zwekken benutzt werden.

Horn gibt es in verschiedenen Ausführungen: mehr oder weniger fein gemahlen oder als Hornspäne. Je grober die Substanz ist, desto langsamer wird sie im Boden umgesetzt. Horndünger enthalten vor allem Stickstoff und Phosphor. Blutmehl hat einen besonders hohen Stickstoffgehalt. Hinzu kommt etwas Phosphor und Kali. Knochenmehl (entleimt oder gedämpft) hat von diesen drei Schlachthausdüngern den höchsten Phosphorgehalt, einen mittleren Stickstoffgehalt und ein wenig Kali. Horn-, Blut- und Knochenmehl können miteinander vermischt werden. Es entsteht dann ein organischer »Volldünger«, in dem die drei wichtigen Hauptnährstoffe NPK ebenso enthalten sind wie eine Fülle von Spurenelementen. Für den Laien ist es aber schwierig, das günstigste Mischungsverhältnis zu finden. Deshalb sind in diesem Fall fertige Handelsdünger empfehlenswert. Ein bewährter Naturdünger aus Horn-, Blut-, Knochenmehl und anderen organischen Substanzen ist zum Beispiel »Oscorna Animalin«.

Ein wichtiger Gesichtspunkt ist bei allen tierischen Düngern, die im biologischen Garten die Erde verbessern sollen, zu beachten: Sie müssen aus einwandfreier, möglichst naturgemäßer Viehhaltung stammen. Mist von Tieren, die mit Antibiotika und Hormonfutter aufgezogen werden, ist schädlich! Ein biologischer Gärtner sollte zum Beispiel nie Hühnermist aus den riesigen Legefabriken verwenden, in denen die Tiere unter vollkommen unnatürlichen Bedingungen »leben« müssen! Die Exkremente sind ja das indirekte Ergebnis der Fütterung und des Stoffwechsels.

Pflanzliche Dünger

Die Gründüngung

Die Bodenverbesserung mit Hilfe grüner Pflanzen ist eine sehr alte Düngermethode. Sie stammt ursprünglich aus dem Ackerbau, kann aber mit Abwandlungen auf den Garten übertragen werden. Die Gründüngung bietet verschiedene Vorteile gleichzeitig an: Die dichte oberirdische Pflanzenmasse schützt den Boden vor Verdunstung und unterdrückt das Unkraut. Werden die Blätter abgemäht oder ausgerissen, so liefern sie Material zum Mulchen und zum Kompostieren. Das vitale ausgedehnte Wurzelwerk dieser Pflanzenspezialisten bringt weitere wichtige Vorteile: Der Boden wird gelockert, durchlüftet und mit organischer Masse angereichert. Einige Grünpflanzen sind in der Lage, in Knöllchen an ihren Wurzeln Stickstoff zu sammeln. Diese Düngerproduktion funktioniert allerdings nur im Teamwork mit bestimmten Bakterien. Andere Pioniere, deren Wurzeln sehr tief reichen, tragen durch ihre Ausscheidung dazu bei, Nährstroffe aus den Mineralien des gewachsenen Bodens zu lösen. Weil die unterirdischen Wirkungen der Gründüngung so wichtig sind, werden die Wurzeln möglichst nicht ausgerissen, wenn die oberirdische, grüne Decke wieder entfernt wird.

Gründüngungsmischungen mit verschiedenen Leguminosen reichern Stockstoff im Gartenboden an. Sie tragen zur natürlichen Erneuerung der Fruchtbarkeit bei.

Im Nutzgarten wird die Gründüngung als eine Art »Schichtwechsel« eingesetzt. Überall dort, wo ein Beet abgeerntet ist, kann vorübergehend eine Pflanzenart eingesät werden, die die Erde regeneriert. Eine wichtige Rolle spielt die Gründüngung bei der Erschließung eines Baugrundstücks. Dort hinterlassen Maschinen und Handwerker oft einen völlig verwüsteten und verdichteten Boden. Die »grünen Pioniere« können hier helfen, wieder Luft und Leben in die Erde zu bringen. Sie sollten vor jeder anderen Kulturmaßnahme ausgesät werden.

Stickstoffsammelnde Pflanzen sind die Leguminosen (Schmetterlingsblütler). Zu ihnen zählen einige Kleearten, Wicken, Lupinen und auch die Gemüsepflanzen, Erbsen, Bohnen und Sojabohnen. Mit den Wurzeln dieser Pflanzen bilden bestimmte Bakterien eine enge Lebensgemeinschaft (Symbiose). Sie sammeln Stickstoff, der in Knöll-

chen abgelagert wird. Deshalb spricht man von Knöllchenbakterien. Mit Hilfe der Leguminosen kann der Gärtner eine gezielte Stickstoffdüngung durchführen. Einzelne Gründüngungsarten oder Gründungsmischungen, die auf unterschiedliche Gartenböden abgestimmt sind, gibt es inzwischen überall im Fachhandel zu kaufen. Die Mengen sind auf den Bedarf normaler Hausgärten abgestimmt. Gründüngung kann vor oder nach der Gartenkultur ausgesät werden. Einige dieser Bodenverbesserer und Naturdünger eignen sich auch als Zwischenfrucht, zum Beispiel Senf und Klee.

Senf ist für kleine Gärten ein praktischer, billiger und raschwachsender Gründünger. Saatgut kann man überall

Senf ist eine rasch wachsende Gründüngung.

im Handel kaufen. Die Pflanzen keimen so schnell wie Kresse. Ihre weitverzweigten Wurzeln hinterlassen einen feinkrümeligen Boden. Senf kann jederzeit bis spät in den Herbst ausgesät werden. Über Winter frieren die Pflanzen ab. Im Sommer reißt man sie dort aus, wo Platz für Kulturplanzen benötigt wird. Rings um die Saatreihen und die Pflanzlöcher bleibt der Senf als lockere Bodendecke liegen.

Vorsicht: Wo Kohl angepflanzt wird, darf kein Senf ausgesät werden. Beide sind senfölhaltige Kreuzblütler und damit Konkurrenten. Die Phacelia (Bienenfreund) ist hier als Zwischensaat oder Vorfrucht geeignet.

Algendünger sind pflanzliche Dünger, die aus dem Meer stammen. Viele Küstenbewohner, so zum Beispiel die Bauern der Bretagne und die Landwirte Chinas, schätzen die Nährstoffe der Algen und des Seetangs schon seit Jahrhunderten. Heute weiß man, daß Algen sehr viel Kali, etwas Stickstoff und wenig Phosphor enthalten. Wertvoll ist vor allem ihr hoher Gehalt an Spurenelementen und Magnesium. Einige Arten haben bis zu 33% Kalkgehalt (Kalkalgen).

Im Handel werden Produkte aus zwei verschiedenen Algenarten angeboten: Präparate aus getrockneten Grün- und Braunalgen sowie Algenkalk, der aus den Skeletten der Korallalgen gewonnen wird. Es handelt sich dabei um Rotalgen (Lithotamnium Calcareum), die vor der französischen Atlantikküste jahrtausendealte Ablagerungen bilden. Diese bestehen aus den Kalkgerüsten, die von den absterbenden Algen übrigbleiben. Die Korallalgen-Riffe werden systematisch abgebaut.

Algenkalk ist reich an Magnesium und enthält außerdem noch andere Spurenelemente und Kieselsäure. Er aktiviert den Boden. Meeresalgendünger aus Braun- oder Kieselalgen sind zum Beispiel »Algifert« und »Algan«. Die Mittel werden zur biologischen Blattdüngung verwendet; sie stärken die Widerstandskraft der Pflanzen.

Rizinusschrot wird aus einem tropischen Wolfsmilchgewächs *(Ricinus communis)* gewonnen. Er besteht aus den Rückständen, die beim Auspressen der ölhaltigen Rizinusbohnen übrigbleiben. Rizinusschrot ist ein stickstoffreiches Düngemittel, das auch reichlich organische Substanz liefert.

Menschen, deren Haut leicht allergisch reagiert, sollten beim Ausstreuen Handschuhe tragen oder diesen Dünger meiden, denn Rizinus kann Reizerscheinungen auslösen!

Trester Rückstände, die beim Auspressen von Trauben, Äpfeln und anderen Früchten entstehen, haben meist nur regionale Bedeutung. In Wein- und Obstanbaugebieten können Gärtner dieses Material zur Humusanreicherung nutzen. Der Nährstoffgehalt ist gering.

Achtung: Trauben- und Obstreste, die Spritzmittelrückstände aufweisen, sind für den Biogarten nicht geeignet!

Holzasche ist ihrem Ursprung nach gleichfalls ein Pflanzendünger. Jeder Gärtner kann sie selber herstellen, wenn er große Äste oder verholzten Rosenschnitt verbrennt. (Falls dies erlaubt ist; die Bestimmungen sind regional unterschiedlich.) Auch die Holzasche aus dem offenen Kamin kann als Dünger verwendet werden. Im Handel wird hochwertige Buchenholzkohle verkauft. Holzasche ist ausgesprochen kalireich. Sie enthält auch Kalk und Spurenelemente. Dieser Dünger wirkt pilz- und fäulnishemmend. Gemüse, die Kali brauchen, zum Beispiel Möhren und Sellerie, können mit Holzasche gefördert werden. Streuen Sie den feinen Staub dünn in Saatrillen und Pflanzenlöcher. Auch Rosen lieben Holzasche. Dieser kalireiche Dünger ist ganz allgemein eine gute Ergänzung zu den meisten kaliarmen tierischen Naturdüngern.

Jauche – flüssige Düngung

Sowohl tierische als auch pflanzliche Dünger können in Wasser angesetzt und als flüssige Lösungen direkt an die Pflanzen gegossen werden. Diese Jauchedüngung ist immer dann angebracht, wenn man einen kräftigen Wachstumsschub erreichen will. Starkzehrende Gewächse wie Kohl und Tomaten können solche schnellwirkenden Sonderrationen während der Vegetationszeit gebrauchen. Jauche ist im allgemeinen stickstoff- und kalihaltig. Man muß also vorsichtig damit umgehen, um Verbrennungen und geile Triebe zu vermeiden. Durch Verdünnung ist es aber leicht möglich, auch milde Jauchelösungen herzustellen.

Brennesseljauche

Die bekannteste Pflanzenbrühe, die jeder Biogärtner leicht selber ansetzen kann, ist die Brennesseljauche. Dafür wird frisches Kraut verwendet, das vom Frühling bis zum Sommer geschnitten werden kann. Nur samentragende Pflanzen sind unbrauchbar.
Kleinere Mengen, z. B. für Stadtgärten oder Balkone, kann man auch aus getrockneten Brennesselkraut ansetzen.
Zunächst benötigt der Gärtner für die flüssige Düngerproduktion ein nicht zu kleines Holz- oder Kunststoff-Faß. Es kann auch ein Steinguttopf sein. Metallfässer eignen sich nicht so gut, weil während der Gärung zwischen dem Metall und der Brühe ungünstige chemische Reaktionen stattfinden können. Über die Öffnung sollten Sie einen Holz- oder Drahtrost legen, damit keine Vögel oder andere kleine Tiere in die Flüssigkeit fallen können. Andererseits läßt das durchbrochene Gitter genügend Luft zirkulieren.
Für die Pflanzenjauche werden zunächst reichlich kleingeschnittene Brennesseln eingefüllt, dann gießt der Gärtner das Gefäß mit Wasser auf. Regenwasser wäre ideal; wo es nicht vorhanden ist, da benutzen Sie am besten abgestandenes Wasser, das einige Zeit der Sonne ausgesetzt war. Füllen Sie die Tonne nicht bis zum Rand, denn während der Gärung schäumt die Jauche hoch. An einem sonnigen Platz verläuft dieser Prozeß schneller. Mindestens einmal am Tag müssen Sie Ihre Jauche kräftig durchrühren, damit Sauerstoff in den Zersetzungsprozeß gelangt.
Jauche entwickelt immer unangenehme Gerüche. Eine Hand voll Steinmehl, das über die Oberfläche gestreut wird, oder etwas Baldrianblüten-Extrakt können diese Begleiterscheinungen mildern. Manche Jauche-Spezialisten verpacken das Grünzeug in poröse Säcke, ehe sie es in der Tonne versenken. So wollen sie verhindern, daß die zersetzte Pflanzenmasse später die Gießkanne verstopft. Sie können die Brühe aber auch vor dem Ge-

Selbst angesetzte Pflanzenjauche ist der preiswerteste Dünger im naturgemäßen Garten. Brennesseln und Beinwell werden in Holz-, Steingut- oder Plastikgefäßen vergoren.

Frisches Brennesselkraut schneiden und das Faß mit Regenwasser auffüllen.

Steinmehl bindet unangenehme Gerüche. Die fertige Jauche muß verdünnt werden.

brauch sorgfältig durchsieben. Dies ist aber nur nötig, wenn die Brennesseljauche zur Pflanzenstärkung über die Blätter gebraust wird. Im allgemeinen gießt der Gärtner die nahrhafte Brühe mit breitem Strahl direkt in den Wurzelbereich der Pflanzen. Dann stören Rückstände überhaupt nicht.

Die Jauche muß vor der Verwendung auf jeden Fall abgemessen und verdünnt werden. Im Normalfall rechnet man mit einem Verhältnis von 1:10. Haben Sie in einem kleinen Topf einen sehr intensiven Extrakt angesetzt, dann verdünnen Sie besser auf 1:20. Auch für empfindliche Gewächse verwenden Sie lieber schwache Düngerlösungen.

Ihre Jauche ist fertig zum Gebrauch, wenn sie eine dunkle Farbe angenommen hat und nicht mehr schäumt. Je nach Witterung ist das nach 1½–3 Wochen der Fall. Nun können Sie auch einen Deckel auf das Faß legen.

Brennesseln ergeben eine ideale Jauche für biologische Gärten. Sie wirkt ausgleichend und heilend, fördert das Wachstum und die Chlorophyllbildung. Regenwürmer lieben Böden, die mit Brennesseljauche gedüngt werden. Die meisten Pflanzen des Blumen-, Gemüse- und Obstgartens können mit dieser preiswerten gesunden Pflanzenbrühe ernährt werden. Nur Bohnen, Erbsen, Zwiebeln und Knoblauch vertragen diese stickstoffreiche Düngung nicht. Außer Brennesseln können auch noch andere Pflanzen als Jauche angesetzt werden.

Beinwell oder Comfrey *(Symphytum officinale* und *peregrinum)* sind stark eiweißhaltige Heilpflanzen. Sie können im Garten angebaut und mehrmals im Sommer abgeerntet werden. Die großen Blätter liefern reichlich Material für Jauche. Die Comfreybrühe ist stickstoff- und kalihaltig. Nach Erfolgsberichten biologischer Gärtner fördert sie ganz besonders Tomatenpflanzen. Comfreyblätter können auch gut mit Brennesseln gemischt werden.

Gemischte Kräuter können gleichfalls in Wasser angesetzt werden: Hirtentäschel, Schachtelhalm, Kamille, Löwenzahn sowie Zutaten aus dem Gewürzgarten wie Schnittlauch, Pfefferminze, Ysop, Majoran und viele andere. Ein biologischer Gärtner, der die Natur genau und liebevoll beobachtet, darf bei der Zusammenstellung solcher Pflanzenjauchen ruhig experimentieren. Die Kräuter können untereinander und mit Brennesseln oder Comfrey vermischt werden. Auch Rainfarn, Farnkraut, Zwiebeln und Knoblauch eignen sich als Material für Flüssigdünger. Sicher gibt es noch andere Möglichkeiten, die auf die Entdeckung einfühlsamer Gärtner warten.

Gesammeltes Regenwasser ist gut zum Gießen und Ansetzen von Pflanzenjauche.

Ein wenig tierischer Dünger, zum Beispiel Guano oder Horn-, Blut- und Knochenmehl und Kompost-Starter, können zur Abrundung ebenso unter die Kräuterbrühe gemischt werden wie eine Schaufel voll reifer Kompost.

Flüssiger Mist entsteht, wenn Sie tierische Exkremente in der gleichen Weise wie die Pflanzen in einer Tonne mit Wasser ansetzen. Kuhmist ohne Stroh, frischer oder getrockneter Hühnerdung und Guano eignen sich dazu. Auch hier helfen Zusätze von Steinmehl und Heilkräutern.

Jauche wird möglichst an trüben Tagen auf feuchte Erde verteilt. Gießen Sie die verdünnte Brühe in den Wurzelbereich der Pflanzen, nicht über die Blätter! Besonders bei trockenem Wetter besteht sonst Verbrennungsgefahr. Je milder eine Pflanzenjauche angesetzt ist, desto weniger sind unerwünschte Begleiterscheinungen zu befürchten. Mit dieser »Nahrung aus der Gießkanne« können Sie im Mischkulturen-Beet sehr gezielt düngen. Ganz gefahrlos ist die Wirkung aller Jauchen, wenn Sie den Kompost damit begießen. Dieser »Umweg« lohnt sich immer. Der große Vorteil der Naturdüngung mit Jauche: Sie ist sehr preiswert, und Sie wissen immer »was drin ist«.

Natürliche Mineraldünger

Es ist ein weitverbreiteter Irrtum, Mineraldünger grundsätzlich mit chemischen, künstlichen oder synthetischen Düngern gleichzusetzen. Unter »Kunstdüngern« versteht man nur die wasserlöslichen, industriell hergestellten Düngesalze. In der Natur gibt es reiche Mineralvorkommen, deren Salze oder Gesteine abgebaut und dann als Dünger benutzt werden. Auch in biologischen Gärten! Kalk, Rohphosphat und Kalisalze gehören dazu. Und sie sind keineswegs des Teufels! Allerdings sollten sie nur dann benutzt werden, wenn ein Boden unbedingt Phosphor, Kali oder Kalk braucht.
Um die Nebel, dich sich um den Begriff »Mineral« angesammelt haben, ein wenig zu lichten, ist es vielleicht nützlich, wenn auch ein biologischer Gärtner sich einmal einprägt, wie dieses Wort aus dem Fachbereich der Geologie im Lexikon definiert wird. Im »Brockhaus« ist unter dem Stichwort »Mineralien« nachzulesen:
»... chemisch und physikalisch einheitliche nicht an Lebewesen gebundene oder von Menschenhand erzeugte Bestandteile der Erdkruste und der Meteorite, auch Reste abgestorbener Lebewesen und Neubildung bei Bränden an Bauten und Hochöfen«.
Zu den wichtigsten Mineralien auf der Erde gehören unter anderen: Elemente (Spurenelemente), Sulfide, Nitrate, Oxide, Sulfate, Phosphate und Silikate. Mit solchen Stoffen, zum Teil Ablagerungen aus den Urzeiten unseres Planeten, haben wir es zu tun, wenn wir von »natürlichen Mineraldüngern« sprechen. Sie stammen sozusagen »aus dem Bauch der Erde«.
Um sie wieder für die Erde nutzbar zu machen, müssen sie allerdings zuerst »von Menschenhand« bearbeitet werden.
Rohphosphat entstand in lange zurückliegenden Erdzeiträumen, als die Knochen und die Zähne toter Tiere in kalkhaltigen Gewässern chemisch umgesetzt wurden. Daraus wuchsen Ablagerungen, die heute abgebaut und industriell verarbeitet werden. Als feinvermahlenes Produkt kommt Rohphosphat heute in den Handel. »Hyperphos« enthält etwa 26% Phosphorsäure und wirkt sehr langsam. Dieser Dünger eignet sich für saure und neutrale Böden. Schnellwirkende Phosphorsalze (zum Beispiel Superphosphat) sind für biologische Gärten nicht empfehlenswert.
Thomasmehl fällt als Nebenprodukt bei der Verhüttung phosphorhaltiger Eisenerze an. Die feinvermahlene Schlacke enthält etwa 15% Phosphorsäure. Hinzu kommen Mangan, ein hoher Kalkanteil und Spurenelemente. Thomasmehl gibt seine Wirkstoffe langsam ab, da sein Phosphatgehalt erst von den Bodenorganismen aufgeschlossen werden muß. Deshalb wird es über Winter im Garten ausgestreut. Thomasmehl eignet sich wegen seines Kalkgehaltes vor allem für saure Böden.
Kalimagnesia (Patentkali) stammen aus den Salzablagerungen urzeitlicher Meere. Sie werden im Bergbau gewonnen. Kalisalze enthalten Kochsalz. Sie müssen, um nicht pflanzenschädlich zu wirken, aufbereitet werden. Zu empfehlen sind Kalidünger mit hohem Kalianteil und möglichst wenig Kochsalz. Patentkali ist ein chloridfreier Kali-Magnesiumdünger.
Biologische Gärtner sollten wissen: Kalisalzdünger setzen sich schnell im Boden um (im Gegensatz zu den langsam wirkenden Phosphorsalzen). In lehmigen und tonhaltigen Böden ist der Nährstoff Kali meist ausreichend vorhanden. Unter Kalimangel leiden vor allem Sand- und Moorböden. In biologischen Gärten, die schon länger nach naturgemäßen Methoden bearbeitet werden und die deshalb eine lebendige, aktive Humusschicht besitzen, ist eine direkte Kalidüngung meist nicht nötig. Hier genügen die Kalianteile in der Pfanzenjauche, im Kompost und wenig Holzasche. Durch das aktive Bodenleben werden die Kalireste in der Erde ständig für die Pflanzen aufgeschlossen.
Ganz allgemein sollte ein biologischer Gärtner sich einprägen: Wo nicht unbedingt wegen akuter Mangelerscheinungen eine direkte Nährstoffversorgung notwendig wird, da sollten alle Düngemittel zuerst in den Kompost gestreut werden (natürlich nicht alle auf einmal, sondern in individueller Auswahl). Über diesen »Umweg« wirken sie besonders harmonisch, da sie bereits in die vielfältigen Umsetzungsprozesse einbezogen werden. Andernfalls müssen Dünger 2–4 Wochen bevor ein Beet bepflanzt oder eingesät wird, ausgestreut werden. Der Gärtner harkt sie in die oberste Bodenschicht ein – am besten, wenn der Boden feucht ist. Bei trockener Witterung muß anschließend gewässert werden. Auch im Herbst kann mit langsam wirkenden Produkten schon »auf Vorrat« gedüngt werden.
Dünger bedeuten für den biologischen Garten Hilfsmittel. Sie sind keine ständige Einrichtung. Nur wo es wirklich notwendig ist, werden sie gezielt eingesetzt. Wer einen gepflegten, lebendigen Humus besitzt, kann weitgehend auf zusätzliche Dünger verzichten.

Bodenverbesserungsmittel

Außer den direkten Nährstofflieferanten, den Düngern, gibt es für biologische Gärten noch einige Mittel, die allgemein den Zustand des Bodens verbessern. Sie regen entweder die Tätigkeit der Kleinlebewesen an, oder sie

In diesem Granitsteinbruch fällt bei der Arbeit laufend Steinmehl ab.

nehmen auf chemisch-physikalischem Wege Einfluß auf die Erde. So verbessern sie ihre Struktur, ihren Säuregehalt oder ihre Fähigkeit, Wasser festzuhalten. Wer diese Mittel im richtigen Zusammenhang einsetzt, der kann viel damit erreichen.

Gesteinsmehle

Ein mehlfeiner Staub aus Gesteinen entsteht seit Jahrmillionen überall, wo die Naturgewalten im Zeitlupentempo die Gebirge abschleifen. Wind, Wasser und Gletschereis zermahlen die Oberfläche der Felsen. Der Wind trägt den Staub fort und lagert ihn irgendwo ab. Aber auch die großen Flüsse der Erde bringen seit undenklichen Zeiten Steinmehl aus ihren Quellgebieten in den Bergen hinunter in die Ebenen. Als fruchtbaren Schlamm wälzen die langsam und träger gewordenen Wasser den Felsenstaub an die Ufer. In den großen Stromtälern des Nil, des Ganges und des Yangtsekiang entstanden auf diese Weise fruchtbare Ackerlandschaften. Die Ströme düngten die Felder mit dem Mineralreichtum der Gebirge.

Etwas Ähnliches spielt sich im Zeitraffertempo ab, wenn Gesteine industriell bearbeitet werden. Auch hier fällt feiner Staub ab. Er besitzt die gleichen Eigenschaften wie das unendlich langsam gewachsene Naturprodukt. Diese Gesteinsmehle aus Basaltwerken oder Granitbrüchen sind der »Nilschlamm des kleinen Mannes«.

Gesteinsmehl ist allerdings nicht gleich Gesteinsmehl. Die Zusammensetzung der Inhaltsstoffe wechselt, je nachdem aus welchem Gebirge das Material stammt. Unterschiedlich ist vor allem der Gehalt an Kalk, Kali und Magnesium. Allen Steinmehlen gemeinsam ist ihr Reichtum an Spurenelementen aller Art. Der feine fruchtbare Staub wirkt aber nicht als direkte Düngung. Die Mineralien und Spurenelemente müssen zuerst im Boden gelöst und aufbereitet werden. Dies geschieht vor allem durch die Mikroorganismen, aber auch durch physikalisch-chemische Prozesse. Die gute Wirkung der Steinmehle ist deshalb sehr abhängig von der Lebendigkeit der Humusschicht.

Diese Bodenverbesserungsmittel besitzen einige Vorteile, die kein anderes Präparat im biologischen Garten bieten kann: Sie bilden eine Art Düngersparbüchse im Boden. Ihre Wirkstoffe gelangen ganz langsam und kontinuierlich in den lebendigen Kreislauf. Deshalb kann ein Gärtner mit Steinmehl praktisch keine Düngefehler machen. Für Anfänger und für Gärten, die gerade auf naturgemäße Methoden umgestellt werden, bedeuten sie daher eine wichtige Hilfe auf dem Weg zur Fruchtbarkeit.

Steinmehle verbessern außerdem die Fähigkeit des Bodens, Wasser und Nährstoffe festzuhalten. Wo regelmäßig Steinmehl gestreut wird, da werden die Bodenkrümel stabiler, da nehmen die wertvollen Huminstoffe zu, da vermehren sich die Mikroorganismen, da gibt es immer Nahrungsreserven.

Der Felsstaub hat auch die Eigenschaft, seine Oberfläche außergewöhnlich weit auszudehnen. Dadurch kann sehr viel lebenswichtige Feuchtigkeit im Boden gebunden werden. Dadurch steigt aber auch die Fähigkeit zum Ionen-Austausch. Dies ist ein so wichtiger Vorgang für die Pflanzenernährung, daß er kurz erklärt werden muß. Kleine Bodenteilchen besitzen die Fähigkeit, winzige elektronisch-geladene Molekülteile an ihrer Oberfläche festzuhalten. Sobald das Element Wasser hinzukommt, können diese Miniteilchen gegen andere chemisch gleichwertige Teilchen ausgetauscht werden. Die winzigen Einheiten, mit denen hier »gehandelt« wird, nennt man Ionen. Da einige Steinmehle ihre Oberfläche sehr weit ausdehnen können, haben sie Platz für viele Ionen, die sie dann im großen Wechselspiel des Bodenlebens den Mikroorganismen oder den Pflanzen als Nährstoffe anbieten können.

Eine solche Quellfähigkeit besitzen vor allem die Tonmehle. Sie werden nach ihren Fundorten in Frankreich oder Amerika Montmorillonit oder Bentonit genannt. Diese Steinmehle, die reich an wertvollen Tonmineralien sind, eignen sich besonders zur Verbesserung sandiger Böden. Außerdem gibt es noch die sogenannten Urgesteinsmehle, die meist aus Granit oder Basaltmehl bestehen. In der Schweiz kennt man das Gesteinsmehl »Gotthard«, das aus verschiedenen Gesteinen des gleichnamigen Gebirges gemischt wird. Es besitzt eine ähnliche Zusammensetzung wie der Nilschlamm. Aus Kalksteinmagnesium wird dagegen ein kalk- und magnesiumreiches Steinmehl gewonnen, das sich besonders für kalkarme, saure Böden eignet. Reich an Tonerde, Kalk, Kali, Magnesium und Spurenelementen ist auch Lava-Mehl, das aus Vulkangestein stammt.

Beim Kauf eines Steinmehls muß der Gärtner immer auf die Zusammensetzung achten. Sie sollte diejenigen Stoffe enthalten und diejenigen Eigenschaften besitzen, die seiner Erde fehlen. Steinmehldüngung und Bodenverbesserung bedeuten immer die Wahl des kleinsten Risikos. Grobe Fehler kann niemand damit machen.

Kalk

Kalk ist, so wie er heute gefunden und abgebaut wird, ein Mineral. Er wird aus Kalkgestein wie Marmor, Kreide, Dolomit oder Mergel gewonnen. Da diese Gesteine aber in sehr weit zurückliegenden Zeiten der Erdgeschichte aus Ablagerungen von Tieren und Pflanzen entstanden sind, gehörte dieses versteinerte Material ursprünglich einmal zu den organischen Stoffen. Aus diesem lebendigen Zustand versank es gewissermaßen in einen anorganischen Tiefschlaf. Caspari definiert sehr treffend: »Kalk ist ein fossiles Produkt aus lebendigem Stoffwechsel geologischer Epochen.«

Im Garten wird dieses »Fossil« wieder zum Leben erweckt. Kalk bindet Säuren im Boden. Er schließt Nährstoffe auf. Er verbessert die Krümelstruktur und regt das Bodenleben an. Dennoch ist Vorsicht geboten beim Umgang mit diesem Bodenverbesserer. Ein Übermaß an Kalk kann Schäden hervorrufen, die nur schwer wieder zu regulieren sind. Es entsteht eine stark alkalische Bodenreaktion. Dadurch werden wichtige Spurenelemente, aber auch die Phosphorsäure in der Erde gebunden. Sie sind für die Pflanzen nicht mehr erreichbar, so daß Mangelkrankheiten entstehen.

Eine kräftige Kalkdüngung kann zunächst sehr wachstumsanregend wirken. Sie hat aber durch den gesteigerten Stoffwechsel der Pflanzen auch einen höheren Humusverbrauch zur Folge. Wenn dann nicht für organischen Nachschub gesorgt wird, verarmt der Boden. »Kalk und Humus fressen sich gegenseitig auf«, warnt Caspari. Nicht umsonst sagten die Bauern früher: »Kalk macht reiche Väter und arme Söhne!«

In einem nach biologischen Methoden gepflegten Garten ist das Kalkproblem eigentlich nur eine Randerscheinung. Durch die naturgemäßen Pflegemaßnahmen wird der Kalkgehalt im allgemeinen ausgeglichen sein. Deshalb sollte sich der biologische Gärtner vor allem einige grundsätzliche Gesichtspunkte merken. Böden mit niedrigem pH-Wert brauchen eine Kalkaufbesserung. Aber gerade hier ist besondere Vorsicht geboten, weil zum Beispiel leichte Sandböden größere Mengen dieses Minerals nicht verkraften können. Lehmige Böden enthalten meist genügend Kalkvorräte. Auch ihr pH-Wert liegt in der Regel in einem schwachsauren bis neutralen Bereich, der den meisten Pflanzen zusagt. Wenn schwere lehmige oder sogar tonige Böden dennoch einmal unter Kalkmangel leiden, so können sie mit schnellwirkendem Branntkalk versorgt werden. Genauen Aufschluß über den Kalkgehalt eines Bodens gibt eine Bodenanalyse. Der Gärtner kann auch selbst eine schnelle Probe machen, wenn er sich einen der überall im Handel erhältlichen Kalkprüfer besorgt. Unkompliziert und zuverlässig ist z. B. der »Calcitest«.

Einen deutlichen Fingerzeig in Richtung Kalkgehalt können auch Pflanzen geben. Schlechten Kalkzustand signalisieren zum Beispiel Ackerstiefmütterchen, Adlerfarn, Pechnelke, Kleiner Ampfer und Silbergras. Von gutem Kalkzustand »erzählen« dagegen Huflattich, Kleiner Wiesenknopf, Esparsette, Salbei und Wegwarte.

Biologische Gärtner können den Kalkgehalt ihrer Gartenerde im Gleichgewicht halten, wenn sie mäßig aber regelmäßig kalkhaltige Düngemittel verwenden. Dazu gehören: Steinmehl, Knochenmehl, Holzasche und Kompost. Auch Thomasmehl enthält Kalk. Eine Extradüngung mit Kalk ist bei konsequenter Anwendung der biologischen Maßnahmen meist nicht nötig. Kalkdünger für »Notfälle« sind:

Kalksteinmehl ist ein kohlensaurer Kalk, der aus gemahlenem Kalkbruch besteht. Er eignet sich für leichte und mittelschwere Böden.

Kalkmergel besteht aus einer erdigen Mischung, die Ton, Sand und 50–75% kohlensauren Kalk enthält. Er wirkt mild und langsam und eignet sich deshalb vor allem für leichte Böden. Mergel ist ein seit Jahrhunderten bewährter, empfehlenswerter Kalkdünger.

Alter, aufgelassener Steinbruch, in dem früher Kalkmergel gewonnen wurde.

Kohlensaurer Magnesiumkalk enthält das wichtige Spurenelement Magnesium.

Branntkalk entsteht aus gebranntem Kalkstein. Er ist sehr »durstig« und verbindet sich schnell mit dem Wasser in der Erde. Deshalb wirkt er in sehr kurzer Zeit. Branntkalk eignet sich für schwere Böden. Er darf aber nie auf leichten Sandböden eingesetzt werden.

Löschkalk wirkt ähnlich wie Branntkalk.

Meeresalgenkalk ist ein Produkt aus den Ablagerungen der Korallalgen. Er enthält 80% kohlensauren Kalk, 10% Magnesium und viele Spurenelemente. Für biologische Gärten ist er besonders empfehlenswert.

Kalkdünger werden am besten im Herbst auf den Erdboden gestreut und nur sehr oberflächlich eingeharkt. Der raschwirkende Branntkalk kann auch noch im Frühling – spätestens 14 Tage vor der Aussaat oder Pflanzung – verwendet werden. Vergessen Sie aber nie: kleine Kalkgaben, wenn nötig öfter wiederholt, sind besser und ungefährlicher als eine starke Kalkdüngung!

Stimmungsvolle Hochmoorlandschaft – ein Lebensraum für selten gewordene Pflanzen und Tiere. Bei der Torfgewinnung werden solche Biotope unwiderbringlich zerstört.

Torf

Torf wurde jahrzehntelang in vielen Gärten als Mädchen für alles benutzt. Es war geradezu eine gedankenlose Unsitte, überall den braunen Mull auszustreuen, weil es so »schön ordentlich aussieht«. Sogar Rosen waren im Herbst bis zur »Halskrause« mit Torf eingepackt. Die meisten Freizeitgärtner vergaßen dabei zwei wichtige Gesichtspunkte: Torf macht den Boden, wo er ständig benutzt wird, sauer. Und: Torf besitzt in seiner Naturform keinerlei Düngewirkung. Er wird zwar im Handel »Düngetorf« genannt, aber das ist ein mißverständlicher Name. Nährstoffe besitzen nur die Torfmischdünger, die mit Stickstoff, Phosphorsäure, Kali und Spurenelementen künstlich angereichert werden.

Der besondere Wert des Torfs liegt in seiner Fähigkeit, viel Feuchtigkeit aufzunehmen. Dadurch kann er sowohl in schweren als auch in leichten Böden den Luft- und Wasserhaushalt verbessern. In sandiger Erde dient Torf als Feuchtigkeitsreservoir, in lehmiger Erde bindet er überschüssiges Wasser. Sehr gefährlich kann es sein, trockenen Torf in den Boden einzuarbeiten. Er nimmt dann keine Feuchtigkeit auf, und die Pflanzen in der näheren Umgebung können regelrecht verdursten.

Wo dieser physikalische Bodenverbesserer benutzt wird, da muß er vorher immer gut angefeuchtet werden.

Im biologischen Garten sollte Torf nur sehr selten und gezielt eingesetzt werden, z. B. kann im Notfall ein zu stark alkalischer reagierender Boden mit Torf in eine saure Richtung gelenkt werden. Eine naturgemäße Wohltat ist dieses Produkt der Sümpfe für Moorbeetpflanzen. Rhododendren, Azaleen, Heidekraut und Hortensien brauchen Torf als Bodenverbesserung. Rosen lieben dagegen lehmige Erde. Es ist Unsinn, sie mit saurem Material zu »füttern«.

Zum allgemeinen Verständnis der Zusammenhänge trägt sicher die Entstehungsgeschichte dieses vielgepriesenen braunen Stoffes bei. Torf ist ein überwiegend organisches Material. Verwesende Pflanzenteile wurden unter Wasser durch Sauerstoffmangel konserviert. Wir haben es sozusagen mit »Mumien« zu tun, einem merkwürdigen Grenzzustand zwischen Leben und Tod. Es gibt **Niedermoortorf,** der kalkhaltig ist und einen neutralen bis schwach alkalischen pH-Wert besitzt. Er entstand aus verschiedenen Wasserpflanzen. **Hochmoortorf** setzt sich dagegen hauptsächlich aus Moosen zusammen. Er ist arm an Nährstoffen und Kalk. Die ältere Form des Hochmoortorfes ist der **Schwarztorf**. Dieses Material ist schon stärker zersetzt und nimmt weniger Wasser auf. Für den Gärtner ist die jüngere Form des Hochmoortorfes, der sogenannte **Weißtorf**, am wichtigsten. Er ist wenig zersetzt und kann durch seine faserige Struktur am besten schwere Böden lockern und reichlich Wasser aufnehmen. Wer Torf benutzt, der sollte daran denken, daß durch den rasanten Abbau dieses Naturstoffes Sumpfgebiete und Moore mit ihren reichen Lebensgemeinschaften unwiederbringlich vernichtet werden!

Rindenmulch und Rindenkompost

Anstelle von Torf gewinnen Produkte aus Baumrinde immer mehr Bedeutung für den Garten. Dieser natürliche stets nachwachsende Rohstoff bleibt als Abfall in der Papierindustrie, der Bauholzproduktion, der Möbelherstellung und anderer Holzverarbeiter übrig. Der größte Teil der Rinde fällt in großen Entrindungsanlagen an.

Rindenmulch besteht aus grob zerkleinerten Rindenstücken; dieses Material eignet sich gut zur Bodenbedekkung vor allem für säureliebende Pflanzen. Es besitzt einen niedrigen pH-Wert und keine Nährstoffe. Wo Rin-

Rindenhumus (links) und grober Rindenmulch

denabfälle leicht in den Boden eingearbeitet werden und langsam verrotten, muß mit Stickstoff gedüngt werden, sonst entstehen bei den Umsetzungsprozessen Mangelerscheinungen. Rindenmulch schützt die Bodenfeuchtigkeit, unterdrückt Unkraut, lokkert den Boden und bewirkt eine Veränderung in den sauren Bereich.

Rindenhumus besteht aus kompostierter Rinde, die mit Stickstoff angereichert wurde. Während der Umsetzungsprozesse in großen Mieten werden auch schädliche Stoffe wie z. B. Gerbsäuren, Harze, Phenole u. a. abgebaut.

Rindenhumus hat einen mittleren pH-Wert um 6. Er dient mit seinem hohen Gehalt an organischer Masse der Bodenverbesserung. Beim Kauf von Rindenprodukten sollte ein Biogärtner auf seriöse Firmen und gute Qualität achten. Wichtig ist auch, daß das verwendete Holz keine Lindan-Rückstände enthält!

Stroh

Stroh wird von Gärtnern noch verhältnismäßig wenig benutzt. Es könnte aber anstelle von Torf als Mittel zur Strukturverbesserung schwerer und leichter Böden eingesetzt werden. Da Stroh ein Abfallprodukt ist, das alle Jahre wieder erzeugt wird, bedeutet seine Nutzung keinerlei Raubbau. Wertvolle Naturschätze können dadurch geschont werden.

Im Handel wird das Produkt »Bihutherm« angeboten, das aus fein zerkleinertem Getreidestroh besteht und mit Stickstoff sowie rottefördernden organischen Substanzen angereichert ist. Dadurch wird das von Natur aus weite C/N-Verhältnis des Strohs auf günstige Werte reduziert. Dies bedeutet ganz einfach: Die Mikroorganismen haben es leichter, sich auf dieses organische Material zu stürzen und es zu zersetzen. Deshalb fördert der Strohdünger das Bodenleben und die Humusbildung. Durch die starke Aktivität entsteht sogar zeitweise erhöhte Bodenwärme (daher der Begriff »therm«). Gleichzeitig bewirkt das Material, ähnlich wie Torf, eine Lockerung und Durchlüftung des Bodens. Sowohl in lehmiger als auch in sandiger Erde wird der Wasserhaushalt verbessert.

Ein biologischer Gärtner hat noch mehr als jeder andere Verantwortung zu tragen für die Erde. Er sollte deshalb nie unüberlegt oder aus Bequemlichkeit irgendein Verbesserungsmittel in seinem Garten einsetzen. Immer drängender wird in Zukunft die Frage auftauchen: Ist das, was mir in meinem kleinen Garten das Leben leichter macht, nicht in der großen Natur unter viel zu hohen Verlusten gewonnen worden?

Die »hausgemachte« Bodenverbesserung bleibt deshalb im biologischen Garten wichtiger als alle Zusatzstoffe.

Fruchtwechsel und Mischkulturen

Damit die Erde nicht müde wird

Das wußten die Bauern in Mitteleuropa schon vor über 1000 Jahren: Kulturpflanzen laugen den Boden aus, wenn sie lange Zeit auf der gleichen Stelle angebaut werden. Die Erde wird müde. Deshalb »erfanden« unsere Vorfahren die Dreifelderwirtschaft und die zusätzliche Düngung. Nach Sommer- und Wintergetreide folgte ein Jahr der Brache. Das war die Zeit, in der die »Mutter Erde« ausruhen und neue Kräfte sammeln konnte.

Im kleinen, intensiv bewirtschafteten Bereich eines Gartens, wo auf verhältnismäßig engem Raum eine vielfältige Mischung aus Gemüse, Obst und Blumen gedeihen soll, wurde der Fruchtwechsel zur Fruchtfolge abgewandelt. Auch dies ist eine systematische Reihenfolge, die sich meist über einen Zeitraum von drei Jahren verteilt. Dann beginnt der grüne Zyklus wieder von vorn. Die Brache fällt aus, weil im Garten die fehlenden Nährstoffe durch Kompost und Dünger ersetzt werden können.

Der Fruchtfolge liegen ganz bestimmte Naturbeobachtungen zugrunde. Die Gemüsepflanzen entnehmen zum Beispiel dem Boden unterschiedliche Nährstoffmengen. Deshalb teilte man sie ein in Starkzehrer, Mittelzehrer und Schwachzehrer. Auf einem gutgedüngten Beet wachsen im 1. Jahr die Starkzehrer, die reichlich Nährstoffe brauchen. Im 2. Jahr werden an ihrer Stelle die Mittelzehrer angebaut, deren Ansprüche schon etwas geringer sind. Im letzten und 3. Jahr folgen die bescheidenen Schwachzehrer, die sozusagen mit den »Brotkrumen vom Tisch der Reichen« vorliebnehmen. Dann sind die Vorräte erschöpft, und das Beet muß mit neuer Nahrung versorgt werden, ehe wieder anspruchsvollere Gewächse darauf gedeihen können.

Dieser Anbaurhythmus ist ebenso alt wie bewährt. Auch heute noch können biologische Gärtner danach ihren Garten und ihre Fruchtfolge einteilen. Man weiß allerdings inzwischen, daß Bodenmüdigkeit nicht allein durch den Verbrauch der wichtigsten Nahrungsreserven entsteht. Die Pflanzen nehmen nämlich nicht nur Stoffe aus der Erde auf, sie scheiden auch selber durch die Wurzeln bestimmte Substanzen aus. Diese reichern sich im Boden an, wenn über längere Zeit die gleichen Gewächse am gleichen Platz stehen. Auch bei Monokulturen besteht diese Gefahr, weil Riesenmengen der gleichen Pflanzenart gleichzeitig auf die Erde einwirken. Ein naturgemäßer Garten sollte immer von jeder Form der Monokultur weit entfernt sein. Er bleibt um so gesünder, je bunter die Mischung seiner Gewächse ist und je wohlüberlegter die Abwechslung seiner Pflanzen geplant wird.

Dieser Wechsel kann in zwei Formen stattfinden, entweder in zeitlicher Reihenfolge, dann sprechen wir vom Fruchtwechsel, der sich über mehrere Jahre verteilt, oder in räumlicher

Folge, dann sprechen wir von der Mischkultur. Hier spielt sich das gesunde Wechselspiel innerhalb jedes Beetes ab. Die Mischkultur ist ein permanenter Fruchtwechsel, der ständig auf kleinstem Raum rotiert. Beide Arten des Gärtnerns haben ihre Vorteile und ihre Spielregeln.

Die dreijährige Fruchtfolge setzt voraus, daß der Gärtner seinen Garten in 3 Quartiere einteilt. Jede dieser Flächen kann mehrere Beete enthalten. Im 1. Jahr gehört das 1. Quartier den Starkzehrern, das 2. Quartier den Mittelzehrern und das 3. Quartier den Schwachzehrern. Im 2. Jahr rücken alle Gruppen jeweils ein Quartier weiter. Im 4. Jahr ist die ursprüngliche Reihenfolge wieder erreicht. Damit die wohlüberlegte Ordnung nicht durcheinander gerät, macht sich der Gärtner am besten einen Plan, auf dem seine Beete, die einzelnen Kulturen und die Jahreszahlen eingezeichnet sind.

- Zu den Starkzehrern gehören alle großen Kohlarten (Weißkohl, Rotkohl, Wirsing, Blumenkohl, Rosenkohl, Chinakohl), Gurken, Kartoffeln, Lauch, Sellerie und Kürbis. Die Beete für diese Kulturen müssen schon im Herbst gut vorbereitet werden. Sie bekommen außer Kompost auch eine organische Düngung. Kompostierter und verrotteter Mist (Kuhmist oder Geflügelmist), getrockneter Rinderdung, Guano oder eine Mischung aus Horn-, Blut und Knochenmehl eignen sich dazu. Wichtig ist, daß alle Hauptnährstoffe darin enthalten sind. Steinmehl bildet dazu eine gute Ergänzung wegen des reichen Gehaltes an Spurenelementen. Während der Wachstumszeit werden die Starkzehrer noch mehrmals mit einer Kopfdüngung aus Brennesseljauche versorgt.

Verschiedene Mischkulturen-Beispiele, die innerhalb der dreijährigen Fruchtfolge auf einem Beet angebaut werden können.
Starkzehrer: Kohl mit Salat und Tagetes;
Mittelzehrer: Möhren und Zwiebeln;
Schwachzehrer: Bohnen mit Bohnenkraut.
(Fotos von oben nach unten)

Zu den »Düngerfressern« gehören auch Tomaten und Rhabarber. Diese Früchte machen aber den Reigen des Fruchtwechsels nicht mit. Rhabarber bleibt als Staude immer am gleichen Platz, und Tomaten bilden die Ausnahme von der Regel: Sie gedeihen am besten im Umkreis ihrer eigenen »Ausdünstungen«. Deshalb sollten sie jedes Jahr wieder auf demselben Beet gepflanzt werden.

- Zu den Mittelzehrern gehören Zwiebeln, Knoblauch, Möhren, Rote Bete, Fenchel, Salate, Spinat, Schwarzwurzeln, Radieschen, Kohlrabi, Paprika und Melonen. Die Nährstoffversorgung dieser Gewächse wird in der Hauptsache mit Kompost gedeckt. Im Frühling kann, je nach Kultur, auch etwas organischer Dünger gestreut werden. Während der Hauptwachstumszeit können sie ab und zu einen kräftigen Schluck Pflanzenjauche bekommen.
- Zu den Schwachzehrern gehören Bohnen, Erbsen und Kräuter. Sie werden nur mit Kompost versorgt. Die Leguminosenfrüchte Bohnen und Erbsen reichern die Beete zusätzlich mit Stickstoff an. Sie nehmen nicht nur, was sie brauchen, sie geben der Erde auch etwas zurück. Besonders vorsichtig muß man mit jeglicher Düngung bei den Kräutern sein. Darüber erfahren Sie alle näheren Einzelheiten im »Kräuter-Kapitel«.

Diese Einteilung der Pflanzen gibt dem Gärtner aber nur Richtlinien an die Hand. Die 3 Felder überschneiden sich zum Teil, die Grenzen sind nicht immer streng zu ziehen. So sind zum Beispiel einige Praktiker der Ansicht, daß Frühkartoffeln und Sellerie auch zu den Mittelzehrern gerechnet werden können. Andere geben Karotten, Radieschen, Spinat und Zwiebeln lieber einen Platz bei den Schwachzehrern. Diese Variationen im Detail sind abhängig von den persönlichen Erfahrungen und von der individuellen Gartensituation. Auf nährstoffreichem lehmigem Boden kann sicher nicht viel passieren, wenn Möhren in dritter

Mischkultur aus Kohl und Salat, die Beetränder sind mit *Sedum* eingefaßt.

Tracht ausgesät werden. Sie finden noch genug »Futter« vor. Auf sandigen Böden kann nach 3 Jahren aber schon spürbar Nährstoffmangel herrschen!

Die zweijährige Fruchtfolge ist deshalb eine logische Entwicklung aus der Tatsache, daß man einen Teil der Mittelzehrer zu den Starkzehrern und einen anderen Teil zu den Schwachzehrern zählen kann. So bleiben 2 Quartiere übrig, die jährlich ausgewechselt werden. Das Prinzip des Fruchtwechsels bleibt dabei gleich.

Die vierjährige Fruchtfolge ähnelt am meisten dem alten Rhythmus des Ackerbaus. Der Garten wird diesmal in 4 Quartiere eingeteilt. Die 3 ersten Felder bieten wie gewohnt Platz für Stark-, Mittel- und Schwachzehrer. Das 4. Quartier wird mit Gründüngung eingesät. Damit sie gut gedeiht, versorgt der Gärtner diesen Teil des Gartens vor der Einsaat mit verrottetem Mist oder organischem Dünger. Wenn im folgenden Jahr die Starkzehrer auf diese gutернährte Gründüngung folgen, benötigen sie auf dem ausgeruhten Beet nur noch Kompost.

Das Thema Fruchtwechsel ist also so etwas wie ein festes Rahmenprogramm mit wechselnden Einzelvorstellungen. Zu den beweglichen Details gehört auch die Frage der sogenannten »Nebenfrüchte«. Dazu zählen Salat, Radieschen und Kohlrabi. Sie haben eine kurze Entwicklungszeit und stellen keine komplizierten Ansprüche. Deshalb benötigen sie auch kein eigenes Beet. Sie können überall, wo Platz übrigbleibt, eingefügt werden. Diese »Lückenbüßer« sorgen deshalb auch immer für frischen Nachschub, weil sie nicht gleichzeitig, sondern in unregelmäßigen Abständen nach Bedarf nachgesät werden.

Ausnahmen von der Regel des rhythmischen Wechsels bilden nicht nur die Tomaten, sondern auch einige ausdauernde Gewächse des Gemüsegartens. Die Erdbeeren bleiben 3 Jahre auf demselben Beet stehen. Der Grünspargel beansprucht sein Quartier sogar 8–10 Jahre lang ununterbrochen. Ein Dauergast ist auch der Rhabarber.

Naturgemäßer Fruchtwechsel: die Mischkultur

Die bunten und doch wohlüberlegten gemischten Gartenkulturen sind der Natur abgeschaut. In der Wildnis gibt es kein einseitiges »Monopol« einer einzigen Pflanzenart. Immer finden sich verschiedene Gewächse an einem Ort zusammen. Sie ergänzen sich gegenseitig und sind den ganz speziellen Bedingungen eines Platzes angepaßt. Boden, Feuchtigkeit, Licht, Wärme und Wind spielen dabei eine Rolle. Die Auswahlbedingungen der Natur sind streng. Die Pflanzen, die sich letzten Endes an ihrem Standort behaupten, vertragen sich miteinander. Sie sind gute Nachbarn! Sogar mit den Tieren dieses begrenzten Lebensraumes haben sie eine Art Interessengemeinschaft gebildet. Die Wissenschaftler nennen diese natürliche Form des gemischten Zusammenlebens von Pflanzen und Tieren eine Biozönose (griech.: Lebensgemeinschaft).

Eine vielseitige, harmonische Pflanzengemeinschaft wird auch in der Mischkultur angestrebt. Sie ist eine Art »Garten-Biozönose«. Man könnte sie aber auch die naturgemäße Form des Fruchtwechsels nennen. Beobachtungen aus der Natur werden dabei auf Gartenverhältnisse übertragen. In der Mischkultur wie in der freien Natur wächst die Pflanzengemeinschaft im Laufe einer Vegetationsperiode dicht zusammen. Dadurch schattieren die Blätter den Boden und schützen seine Feuchtigkeit vor Verdunstung.

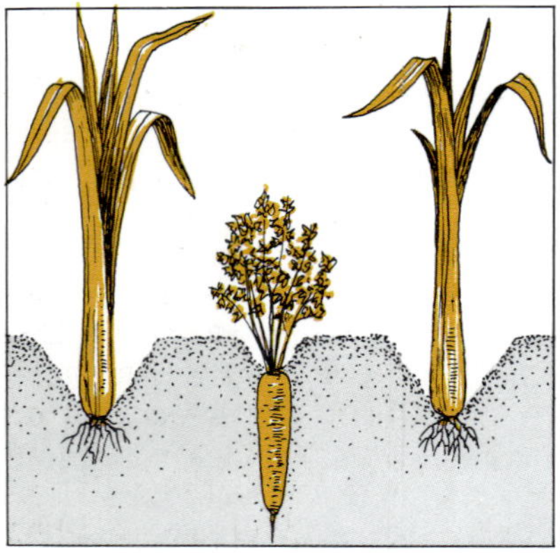

Lauch und Möhren ergänzen sich über und unter der Erde sehr harmonisch.

Die wohlüberlegte Mischung verschiedener Gewächse auf einem Beet soll sich sowohl oberirdisch als auch unterirdisch ergänzen. Die Pflanzen müssen also so ausgewählt sein, daß sie sich nicht mit ihren Blättern und Früchten bedrängen. Es muß immer genügend Raum für Licht und Luft bleiben. Im Wurzelbereich ist eine harmonische Ergänzung besonders wichtig. Die Mischkulturen entnehmen dem Boden unterschiedliche Nährstoffmengen. Sie geben aber auch selber verschiedene Substanzen aus ihrem Stoffwechsel ab. So entsteht ein Wechselspiel aus Geben und Nehmen.

Signale durch Wurzeln und Düfte

Die Wurzelausscheidung und die Düfte der Pflanzen spielen sicher eine wichtige Rolle für die Nachbarschaft. Manche Gewächse können sich buchstäblich »nicht riechen«. Sie gehen ein oder sie kümmern, wenn man sie im Garten zu engem Nebeneinander zwingt. Andere fördern sich gegenseitig. Sie gedeihen üppiger und gesünder, wenn sie ihre wechselseitigen Einflüsse spüren. Bestimmte Pflanzennachbarschaften wirken sogar vorbeugend oder abwehrend auf Krankheiten und Schädlinge. Caspari berichtet, daß die Sympathien oder Antipathien unter Pflanzen sich ganz augenfällig am Wurzelwerk ablesen lassen. Nach seinen Beobachtungen durchflechten sich die Wurzeln »artfreundlicher« Pflanzen so sehr, daß sie fast eine Einheit bilden. »Artfeindliche« Pflanzen ziehen sich dagegen mit ihren Wurzeln auf einen engen Raum zurück. Sie distanzieren sich.
Alle Pflanzenkombinationen im naturgemäßen Garten beruhen größtenteils auf den jahrzehntelangen Beobachtungen und Erfahrungen biologischer Gärtner. Sie können deshalb auch immer durch neue Experimente ergänzt werden. Wissenschaftliche Untersuchungen bringen allmählich mehr Licht in die naturwissenschaftlichen Zusammenhänge, die hinter den offensichtlichen Gesetzmäßigkeiten der Mischkulturen stehen. Im Kapitel »Pflanzen als Helfer« werden Sie noch einiges über die Allelopathie (das ist die Wissenschaft von der gegenseitigen Beeinflussung der Pflanzen) und über die Phytonzide (biologische Wirkstoffe, die die Lebensprozesse der Pflanzen anregen oder hemmen) erfahren. Hier soll zunächst von der Praxis die Rede sein.

Die Ernte schafft Platz für spätere Kulturen.

Bunte Mischung – gut durchdacht

Auf einem Mischkulturenbeet gedeihen gleichzeitig Pflanzen mit verschiedener Reife- und Erntezeit. Sie haben unterschiedliche Nährstoffansprüche, denn Starkzehrer, Mittelzehrer und Schwachzehrer werden nicht mehr nach Beeten getrennt. Buschige und breitblättrige Gewächse wachsen neben schmalen Gestalten, die entweder gerade in die Höhe oder senkrecht in die Tiefe drängen. Gemüse mit flach ausgedehntem Wurzelwerk wechseln sich mit tief wurzelnden ab.
Dieses bunte Gemisch ist allerdings nicht zufällig zusammengewürfelt. Der Mischkultur muß stets ein durchdachter Plan zugrundeliegen. Ähnlich wie bei der Fruchtfolge wird er am besten aufgezeichnet und regelmäßig benutzt. Diese geistige Anstrengung muß ein naturgemäß arbeitender Gärtner schon auf sich nehmen. Dafür ist der praktische Arbeitsaufwand zumindest nicht größer als bei »normalen« Kulturen. Gutfunktionierende Mischkulturen machen sogar im Sommer weniger Mühe, weil die dichte Pflanzendecke über dem Beet und die Mulchschicht zwischen den Reihen am Boden kaum Unkraut aufkommen lassen. Auch zur Hacke oder zur Gießkanne muß der Gärtner nur selten greifen.
Der Ertrag dieses intensiven Gemüseanbaues ist sehr reich, er liegt meist über den Ernteergebnissen von Einzelbeeten. Ein großer Vorteil besteht auch im zeitlich gut verteilten »Angebot« für Küche und Keller. Die Zwischenfrüchte wie Salat, Spinat, Radieschen, Kresse und andere Kräuter reifen in Abständen immer wieder nach. Sie

werden dann abgeerntet, damit die Hauptfrucht Platz zum Reifen bekommt. So lichten sich zwar die Reihen der Mischkultur immer wieder, aber sie bleiben nie leer! Wo eine Pflanzenart geerntet wurde, da sät der Gärtner entweder eine andere nach oder er schließt die Lücke mit Gründüngung oder Mulch.
Da die nährstoffhungrigen und die genügsamen Gewächse nun auf einem gemeinsamen Beet stehen, muß die Bodenvorbereitung und Düngung darauf abgestimmt sein. Nur Flächen, die für eine Mischung aus Stark- und Mittelzehrern bestimmt sind, werden im Herbst mit verrottetem Mist oder organischem Dünger versorgt. Alle anderen bekommen nur Kompost. Diejenigen Gemüse, die während der Vegetationszeit reichlich Nährstoffe benötigen, werden gezielt mit Brennesseljauche oder einer anderen hausgemachten Düngerjauche gegossen. Für organischen Nachschub auf den Beeten sorgen im übrigen ständige Bodendekkung und Reihen mit Gründüngung. Senf, Spinat und Kresse eignen sich dazu im Gemüsegarten besonders. Ihre Reste dienen als Mulchmaterial!

Gute Nachbarn – schlechte Nachbarn

»Es kann die schönste Pflanze nicht gedeihen, wenn es den bösen Nachbarn nicht gefällt«, so könnte man das klassische Schillerzitat für den Garten abwandeln. Ein biologischer Gärtner, der erfolgreich mit Mischkulturen arbeiten möchte, muß deshalb zunächst einmal über die »Sympathien und Antipathien« im Pflanzenbereich informiert sein. Grundsätzlich gilt: eine große Zahl von Gewächsen verträgt sich miteinander und beeinflußt sich gegenseitig günstig. Eine relativ kleine Anzahl verträgt sich nicht und beeinflußt sich gegenseitig ausgesprochen negativ. Eine dritte Gruppe verhält sich neutral. Mit Hilfe der Tabelle (Seite 77/78) können Sie sich einen Überblick über die besten Nachbarschaftsverhältnisse verschaffen.
An dieser Tabelle der guten und schlechten Nachbarn können Sie ablesen, daß auch die Kräuter eine wichtige Rolle in den Mischkulturen spielen. Sie leisten bestimmten Gewächsen Gesellschaft und wechseln mit den Gemüsereihen ab. Die aromatischen Würzpflanzen tragen zum Teil dazu bei, den Wohlgeschmack ihrer Nachbarpflanzen zu verbessern. Dies geschieht zum Beispiel bei Frühkartoffeln, die mit Kümmel und Koriander zusammengesetzt werden. Dill und Möhren üben einen ähnlichen guten Einfluß aufeinander aus. Sie können sogar in einer Reihe zusammen ausgesät werden. Auch die Kombination Kresse und Radieschen hat günstige Einwirkungen auf das Aroma. In diesem Fall werden die Radieschen würziger.
Viele Kräuter bewähren sich aber in den Mischkulturen auf andere Weise: Sie wehren Schädlinge ab! Schnittsellerie schützt Kohlkulturen vor Erdflöhen und Raupen. Salbei, Thymian und Pfefferminze lenken den Kohlweißling vom Kohlbeet ab. Wahrscheinlich werden die Falter durch die intensiven Düfte irritiert. Bohnenkraut hält die schwarzen Läuse von den Buschbohnen ab. Kapuzinerkresse und Gartenkresse schützen Tomaten und Obstbäume gegen Blatt- und Blutläuse.
Für einen biologischen Gärtner ist es besonders wichtig, solche Möglichkei-

Nachbarn für die Mischkultur

Pflanze	Gute Nachbarn	Schlechte Nachbarn
Buschbohnen	Bohnenkraut, Erdbeeren, Gurken, Kartoffeln, Kohlarten, auch Kohlrabi, Kopfsalat, Pflücksalat, Sellerie, Rote Bete, Tomaten	Erbsen, Fenchel, Knoblauch, Lauch, Zwiebeln
Endivien	Fenchel, Kohlarten, Lauch, Stangenbohnen	
Erbsen	Dill, Fenchel, Gurken, Kohlarten, Kohlrabi, Kopfsalat, Mais, Möhren, Radieschen, Zucchini	Bohnen, Kartoffeln, Knoblauch, Lauch, Tomaten, Zwiebeln
Erdbeeren	Boretsch, Buschbohnen, Knoblauch, Kopfsalat, Lauch, Radieschen, Schnittlauch, Spinat, Zwiebeln	Kohlarten
Fenchel	Endivien, Erbsen, Feldsalat, Gurken, Kopfsalat, Pflücksalat, Salbei, Zichoriensalate, (Zuckerhut, Chicorée, Radicchio)	Bohnen, Tomaten
Gurken	Bohnen, Dill, Erbsen, Fenchel, Kohl, Kopfsalat, Koriander, Kümmel, Lauch, Mais, Rote Bete, Sellerie, Zwiebeln	Tomaten, Radieschen
Kartoffeln	Dicke Bohnen, Kamille, Kapuzinerkresse, Kohlarten, Kohlrabi, Kümmel, Mais, Meerrettich, Pfefferminze, Spinat, Tagetes	Kürbis, Tomaten, Sellerie, Sonnenblumen
Knoblauch	Erdbeeren, Gurken, Himbeeren, Lilien, Möhren, Obstbäume, Rosen, Rote Bete, Tomaten, Tulpen	Erbsen, Kohlgewächse, Stangenbohnen
Kohlarten	Beifuß, Bohnen, Dill, Endivien, Erbsen, Kamille, Kartoffeln, Kopfsalat, Koriander, Kümmel, Lauch, Mangold, Pfefferminze, Pflücksalat, Rote Bete, Sellerie, Spinat, Tomaten	Erdbeeren, Knoblauch, Senf *(Sinapis alba)*, Zwiebeln

Nachbarn für die Mischkultur

Pflanze	Gute Nachbarn	Schlechte Nachbarn
Kohlrabi	Bohnen, Erbsen, Kartoffeln, Kopfsalat, Lauch, Radieschen, Rote Bete, Sellerie, Spargel, Spinat, Schwarzwurzeln, Tomaten	
Kopfsalat	Bohnen, Dill, Erbsen, Erdbeeren, Fenchel, Gurken, Kerbel, Kohlarten, Kohlrabi, Kresse, Lauch, Mais, Möhren, Pfefferminze, Radieschen, Rote Bete, Schwarzwurzeln, Spargel, Tomaten, Zichoriensalat, Zwiebeln	Petersilie, Sellerie
Lauch	Endivien, Erdbeeren, Kamille, Kohlarten, Kohlrabi, Kopfsalat, Möhren, Schwarzwurzeln, Sellerie, Tomaten	Bohnen, Erbsen, Rote Bete
Mais	Bohnen, Gurken, Kartoffeln, Kopfsalat, Kürbis, Melonen, Tomaten, Zucchini	Rote Bete, Sellerie
Mangold	Kohlarten, Möhren, Radieschen, Rettich	
Meerrettich	Kartoffeln, Obstbäume	
Möhren (Karotten)	Dill, Erbsen, Knoblauch, Lauch, Mangold, Radieschen, Rettich, Rosmarin, Salbei, Schnittlauch, Schnittsalat, Schwarzwurzeln, Tomaten, Zichoriensalat, Zwiebeln	
Pflücksalat/Schnitt-salat	Dill, Fenchel, Kohlarten, Radieschen, Rettich, Rote Bete, Schwarzwurzeln, Spargel, Tomaten	
Radieschen/Rettich	Bohnen, Erbsen, Kapuzinerkresse, Kohlarten, Kohlrabi, Kopfsalat, Kresse, Mangold, Möhren, Spinat, Tomaten	Gurken
Rote Bete	Buschbohnen, Dill, Gurken, Knoblauch, Kohlarten, Kohlrabi, Koriander, Kümmel, Pflücksalat, Zucchini, Zwiebeln	Kartoffeln, Lauch, Mais, Spinat
Schwarzwurzeln	Kohlrabi, Kopfsalat, Lauch, Pflücksalat	
Sellerie	Buschbohnen, Gurken, Kamille, Kohlarten, vor allem Blumenkohl, Kohlrabi, Lauch, Tomaten	Kartoffeln, Kopfsalat, Mais
Sonnenblumen	Gurken	Kartoffeln
Spargel	Gurken, Kopfsalat, Petersilie, Pflücksalat, Tomaten	Knoblauch, Zwiebeln
Spinat	Erdbeeren, Kartoffeln, Kohlarten, Kohlrabi, Radieschen, Rettich, Sellerie, Stangenbohnen, Tomaten	
Tomaten	Buschbohnen, Kapuzinerkresse, Knoblauch, Kohlarten, Kohlrabi, Kopfsalat, Lauch, Mais, Möhren, Petersilie, Pflücksalat, Radieschen, Rettich, Rote Bete, Sellerie, Spinat, Zichoriensalate	Erbsen, Fenchel, Kartoffeln
Zichoriensalate	Fenchel, Kopfsalat, Möhren, Stangenbohnen, Tomaten	
Zucchini	Kapuzinerkresse, Mais, Rote Bete, Stangenbohnen, Zwiebeln	
Zwiebeln	Bohnenkraut, Dill, Erdbeeren, Gurken, Kamille, Kopfsalat, Möhren, Rote Bete, Schwarzwurzeln, Zichoriensalate	Bohnen, Erbsen, Kohlarten

ten natürlicher Schädlingsabwehr auszunützen. Er sollte auf diesem Gebiet auch selber experimentieren und versuchen, tiefer in die Geheimnisse der Pflanzen- und Tierbeziehungen in seinem Garten einzudringen. Eine Übersicht über die Pflanzen, die dem Gärtner als stille »Nothelfer« zur Seite stehen, finden Sie im Kapitel »Pflanzen als Helfer«, Seite 93.

Gute wachstums- und gesundheitsfördernde Nachbarn im Gemüse- und Obstgarten können aber auch Ringelblumen und Tagetes sein. Mit leuchtenden Farben verschönern sie ihre nützliche Rolle.

Damit der Anfänger im Dschungel der Mischkulturen nicht von der Vielzahl der Möglichkeiten verwirrt wird, sollen hier noch einmal einige wichtige Alltagskombinationen, die in jedem Garten gedeihen, vorgestellt werden. Beginnen Sie mit solchen einfachen, bewährten Mischungen:

Zum Ausprobieren: Gute Nachbarn

Frühe Möhren – Zwiebeln
Späte Möhren – Lauch
Buschbohnen – Rote Bete – Bohnenkraut
Sellerie – Lauch
Möhren – Salat – Schnittlauch
Tomaten – Petersilie
Tomaten – Sellerie
Salat – Radieschen – Kohlrabi
Kohl – Buschbohnen
Gurken – Dill

Einige besonders ungünstige Kombinationen sollte sich jeder Biogärtner merken, um unnötige Mißerfolge zu vermeiden.

Zum Einprägen: Schlechte Nachbarn

Salat – Petersilie
Fenchel – Tomaten
Buschbohnen – Zwiebeln
Kohl – Zwiebeln
Tomaten – Erbsen
Erbsen – Bohnen
Kartoffeln – Sonnenblumen
Kartoffeln – Tomaten
Kohl – Senfsaat

Ein Gärtner, der diese auffallend ungünstigen Kombinationen vermeidet, kann bei den übrigen Gewächsen schon nicht mehr allzu viel falsch machen. Er kann nur mit zunehmender Erfahrung immer bessere Zusammenstellungen finden. Die Mischungen werden von Garten zu Garten immer etwas unterschiedlich ausfallen. Denn das Klima und die Bodenverhältnisse üben ja auch ihre Einflüsse auf Wachstum und Gedeihen aus. Für Anfänger folgen hier drei praktische, unkomplizierte Beispiele, mit denen er die Mischkultur in seinem Garten einüben kann.

Mischkulturen zum »Abgucken« und Ausprobieren: Grünkohl und Endivien als Herbstkultur auf abgeernteten Beeten (oben links); Etagenzwiebeln und Monatserdbeeren (rechts); Möhren und Dill (unten), eingebettet in eine bunte Mischung aus Blumen und Gemüse, die dem alten Bauerngarten ähnelt.

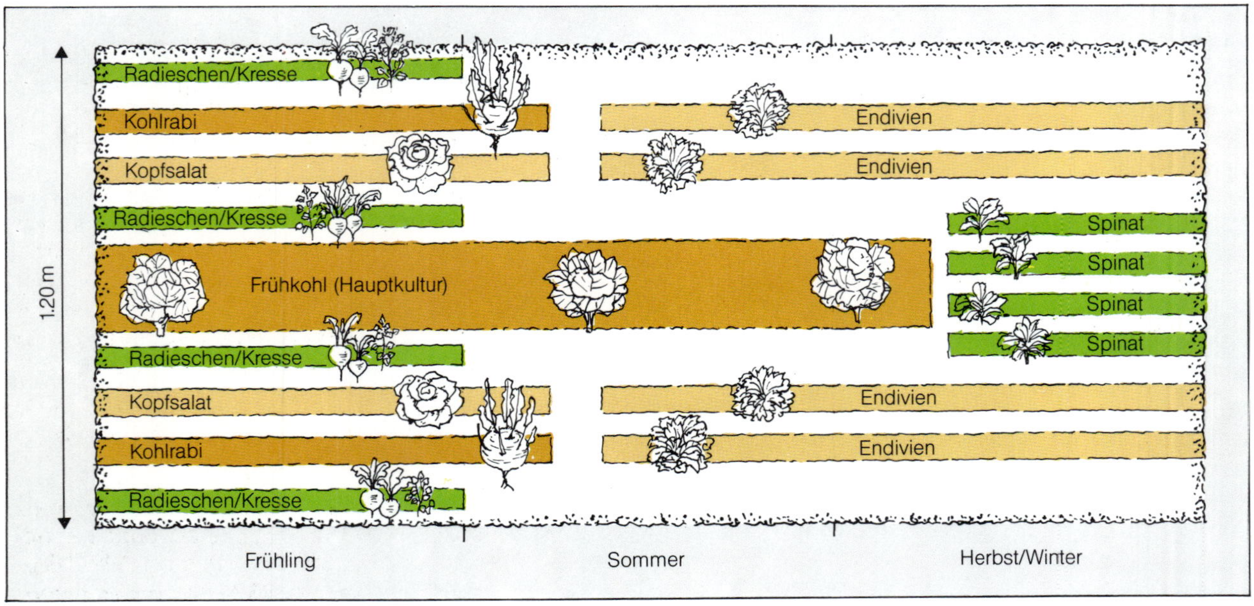

Früher Kohl, Salat, Kohlrabi, Radieschen, Kresse (oben)

Auf einem 1,20 m breiten Beet wird im Frühling in der Mitte eine Reihe Kohlpflanzen gesetzt (nach Geschmack Blumenkohl, Wirsing, Weißkohl oder Spitzkohl). Rechts und links davon hat je eine gemischte Reihe mit Radieschen und Kresse Platz. Daneben schließt sich je eine Reihe Kopfsalat (Maikönig) an, dann folgen je eine Reihe Kohlrabi und an den äußersten Rändern noch einmal je eine Reihe Radieschen und Kresse gemischt.
Als erste können Radieschen und Kresse geerntet werden. Dann haben die Salatköpfe genug Platz, um runde Köpfe zu bilden. Sie räumen als nächste das Beet. Der Kohl in der Mitte kann sich nun nach Belieben ausdehnen. Wo noch genügend Zwischenraum bleibt, da kann der Gärtner noch einmal späte Kulturen nachsäen, zum Beispiel Wintersalate oder Spinat. Bei Endivien kann die Ernte durch frühe und späte Sorten verlängert werden.

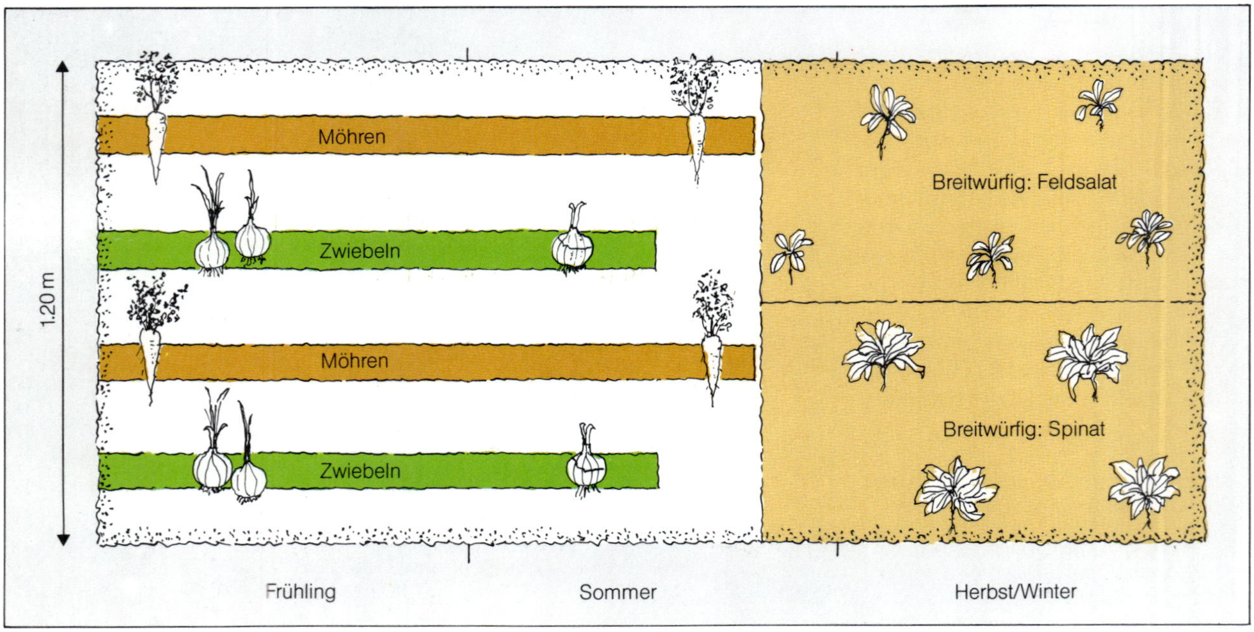

Zwiebeln und Möhren, Feldsalat und Spinat (links unten)

Im Frühling werden auf das Beet in wechselnden Reihen frühe Möhrensorten oder runde Karotten ausgesät. Dazwischen pflanzt der Mischkulturen-Gärtner Steckzwiebeln oder Schalotten. Nach der Ernte im Spätsommer folgt eine zweite Kultur, in der sich Reihen aus Feldsalat und Spinat abwechseln.

Die Kombination von Zwiebeln und Möhren zeigt besonders anschaulich, auf welch vielfältige Weise sich gekonnte Mischkulturen günstig ergänzen. Diese beiden Gemüse schützen sich wechselseitig vor Schädlingen, sie wehren die Zwiebel- und die Möhrenfliege ab. Sie sind aber auch gute Partner bei der Raumaufteilung: Möhren wachsen tief und senkrecht in den Boden, während Zwiebeln ihre Wurzeln flach ausbreiten. Sie behindern sich also nie. Die Kultur bleibt auch aus diesem Grunde luftig und gesund.

Die späten Aussaaten von Feldsalat und Spinat schließen den Kreis der Fruchtfolgen sogar über die kalte Jahreszeit. Diese winterharte Mischkultur überzieht das Beet bis zum nächsten Frühling mit einer grünen Pflanzendecke. Sie macht es dem Gärtner möglich, auch im Schnee noch frische Vitamine zu ernten. Die Spinatwurzeln reichern den Boden mit Saponinen an, seine Blätter halten ihn feucht und schattig.

Frühkartoffeln, Spinat, Radieschen, Kapuzinerkresse, Grünkohl, Lauch (unten)

In der Mitte des Beetes werden mit reichlich Abstand zwei Reihen Frühkartoffeln gepflanzt. Dazwischen sowie rechts und links je eine Reihe Spinat und Radieschen. An den Außenrändern sät der Gärtner die nicht rankende Kapuzinerkresse aus, die runde Büsche und eine hübsche blühende Einfassung bildet. Bis die Kartoffeln sich ausbreiten, sind Spinat und Radieschen geerntet. Die Kapuzinerkresse ist nicht nur eine schützende Begleitplanze für die Kartoffeln; ihre Blätter und Blüten liefern auch einen gesunden, würzigen Salat. Bei dieser Mischkultur brauchen die Kartoffeln nicht angehäufelt zu werden. Nach der Kartoffelernte können in abwechselnden Reihen Grünkohl und Winterlauch als Spätfrüchte ausgepflanzt werden.

Die »Erdäpfel« hinterlassen einen lockeren, garen Boden, der nur noch einmal mit Kompost und etwas organischem Dünger angereichert werden muß. Auch Brennesseljauche läßt das späte Gemüse noch einmal kräftig wachsen. Gleich nach der Pflanzung sollte das Beet mit einer Mulchschicht zugedeckt werden, die bis zum nächsten Frühling liegenbleibt. Der schlanke Lauch und der rundliche Grünkohl ergänzen sich sehr gut in den Platzansprüchen.

Mischkulturen-System nach Gertrud Franck

Wer einige Zeit mit den Mischkulturen experimentiert hat, der wird ein Gespür dafür bekommen, welche Pflanzen in seinem Garten besonders gute, gesunde, ertragreiche Nachbarschaften bilden. Natürlich gibt es auf diesem interessanten Gebiet auch einige Spezialisten, die die Kunst des Kombinierens fast zur Vollendung entwickelt haben. So hat die Gutsfrau Gertrud Franck in ihrem großen Bauerngarten in Oberlimpurg bei Schwäbisch Hall seit Jahrzehnten mit Mischkulturen experimentiert. Sie entwickelte im Laufe

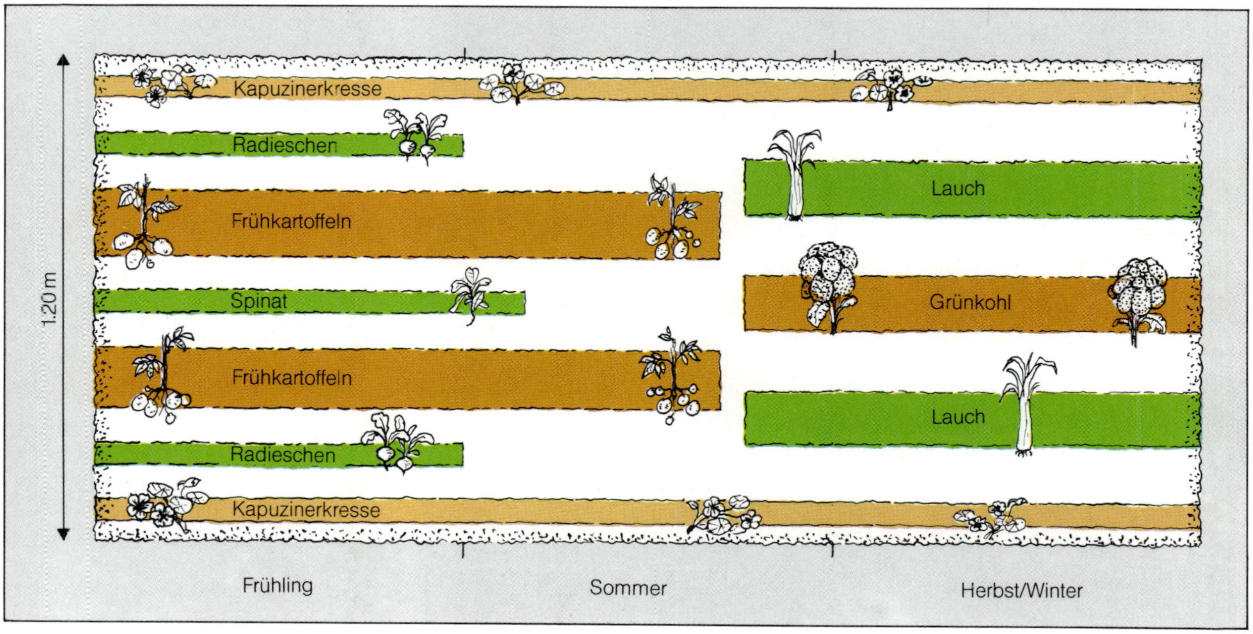

der Jahre ein eigenes Prinzip. Ihr Garten ist nicht mehr in einzelne Beete eingeteilt. Sie markiert statt dessen in 1,60 m Abstand die Quartiere durch Spinatstreifen. Dazwischen werden im Frühling in 40 cm Abstand auf dem gesamten Gartenland Reihen mit Spinat ausgesät. Sie schaffen eine regelmäßige Unterteilung und dienen gleichzeitig als Gemüse, als Beschattung für die heranwachsenden Kulturen und später, wenn die Reste ausgehackt werden, als Mulchmaterial.

Für die Bestellung teilt Gertrud Franck jedesmal ein 1,60 m breites Quartier in Hauptkulturen (zwei Außenreihen), Mittelkultur (eine Mittelreihe) und Kleinkulturen (zwei Zwischenreihen) ein. Diese Reihen werden immer zwischen den Spinatlinien gezogen. Die Hauptkultur – zum Beispiel Bohnen, Tomaten, Kartoffeln oder Kohl – bestimmt den Charakter jedes Quartiers. Die Nebenkulturen werden nach den Gesichtspunkten der guten Nachbarschaft dazu ausgesät.

Die Methode von Gertrud Franck hat den Vorteil, daß ein Gemüsegarten dadurch sehr übersichtlich geordnet ist. Ihre Abstände sind so gewählt, daß zwischen den Pflanzen genügend Platz bleibt, um den Boden ständig mit Mulchmaterial und mit Kompost versorgen zu können. Da es keine festen Wege gibt, wird nirgends kostbarer Platz verschwendet. Trittwege entstehen überall dort von selbst, wo der Spinat abgeerntet ist. Die Bodendecke dient als federnde »Pufferzone« unter den Schuhen des Gärtners.

Für biologische Gärtner lohnt sich eine nähere Beschäftigung mit dieser besonderen Form der Mischkultur. Sie ist nicht nur durch jahrzehntelange Praxis, sondern auch durch ein wohldurchdachtes theoretisches System solide untermauert. Die großzügige Aufteilung des »Spinatsystems« eignet sich allerdings besser für große als für kleine Gärten.

Bunte Mischung im Bauerngarten

Mischkulturen werden von modernen Biogärtnern erprobt und weiterentwikkelt. Aber die gutnachbarlichen Pflanzengemeinschaften sind keine Erfindung unserer Zeit. Ihre Tradition reicht Jahrhunderte weit zurück in die alten Bauerngärten. Dort war es seit eh und je üblich, daß Gemüse, Kräuter und auch Blumen in bunter Mischung gepflanzt wurden. Die Zusammenstellungen entstanden nicht zufällig. Aus generationenlanger Erfahrung wußte die Bäuerin, welche Gewächse gut miteinander gediehen und reiche Ernten versprachen.

So ist das heitere Bild des üppigen ländlichen Gartens zugleich ein Beweis für gut funktionierende Mischkulturen. Auch aus dem guten alten Bauerngarten kann ein Biogärtner sich manche wertvolle Anregung für seine Pflanzengemeinschaften holen. Besonders für kleine Hausgärten sind Kombinationen mit vielen Kräutern und Blumen sehr vorteilhaft. Das Nützliche und das Schöne können so auf engem Raum nebeneinander Platz finden.

Vorbilder und Erfahrungen sind unentbehrliche Begleiter auf dem Weg zu einem gesunden, fruchtbaren Garten. Ebenso wichtig sind aber auch eigene Beobachtungen und Experimente. Deshalb sollte jeder Gärtner, der sich mit den Grundlagen der Mischkulturen vertraut gemacht hat, auch Mut zu eigenen Versuchen haben!

Heiter-bunter Bauerngarten.

Fruchtbare Hügelbeete

Gesundes, kräftig entwickeltes Gemüse und reiche Blütenpracht sind der Traum jedes Gärtners. Im biologisch bearbeiteten Garten versucht man diese üppige Fülle mit sanften Mitteln zu erreichen: auf rundlichen Hügelbeeten zum Beispiel gedeihen alle Pflanzen besonders gut. Diese Spezialmethode – Gärtnern auf erhöhten Beeten – geht auf sehr alte Erfahrungen zurück. In vielen ländlichen Gärten wurden bestimmte Gemüsearten schon immer angehäufelt und auf niedrige Reihenhügel gepflanzt. Schalotten und Gurken erhalten noch heute solche erhöhten Standorte.

Hügelbeet-Pioniere in Ost und West

In Südchina wird die Hügelkultur seit Jahrhunderten intensiv genutzt. Peter Chan, ein in der Nähe von Kanton aufgewachsener Chinese, brachte die Methode der »raised-bed«, der erhöhten Beete, nach Amerika. Er versuchte auch den Menschen im »goldenen Westen«, die so großzügig mit Land, Saatgut und Dünger umgingen, zu erklären, warum in Asien die Hügelgärten so sorgfältig angelegt und so erfolgreich bebaut werden. Diese sanft gerundeten Beete vergrößern die Anbaufläche. Ihre Erde ist locker, mit Kompost und organischem Dünger bestens versorgt und leicht zu bearbeiten. Die Dränage funktioniert hervorragend. Die klugen, geduldigen Asiaten versuchen auf diese Weise einen möglichst hohen Ertrag mit möglichst wenig Arbeitsaufwand auf kleinstem Raum zu erreichen. Die Realität des Lebens zwingt sie dazu: Wo so viele Menschen zusammen leben, da muß jeder Quadratmeter Erde ausgenützt werden, ohne daß er »ausgelaugt« wird. Mit Hilfe der erhöhten Beete gelingt beides: höhere Ernten und ständig erneuerte Fruchtbarkeit. In China ist man nicht an Verschwendung gewöhnt. Deshalb ist diese asiatische Gartenpraxis so naturgemäß. Denn auch die Natur vergeudet nie sinnlos ihre Kräfte.

Peter Chans chinesische Hügelbeete sind niedrig im Vergleich zu den deutschen, von denen anschließend die Rede ist. Sie sind, wenn man die krummen inch-Maße umrechnet 15,24 cm hoch. Der Rücken des Hügels ist 91,44 cm breit, die Basis mißt 121,92 cm, das entspricht also unserer normalen Beetbreite von 1,20 m. Die Länge kann den persönlichen Gartenverhältnissen angepaßt werden.

Die Anlage ist einfach. Das Beet wird sorgfältig ausgemessen. Dann gräbt der Gärtner die abgegrenzte Grundfläche um und säubert sie von Steinen und Unkraut. Im biologischen Garten kann diese vorbereitende Bodenbearbeitung natürlich auch ohne Spaten bewältigt werden. Dann wird die Erde mit Kompost und organischem Dünger angereichert. Der flache Hügel entsteht, indem der Gärtner die Erde zur Mitte hin hochzieht und anhäufelt. An den Rändern bilden sich dadurch von selbst tiefere Rinnen, die später das Gießwasser auffangen.

Der chinesische Hügel ist ein leicht zugängliches Beet, das nie mit Füßen getreten wird. Er wird regelmäßig mit Kompost versorgt und kann nach den Regeln der Mischkultur bepflanzt werden.

Mächtiger und höher wölben sich dagegen die deutschen Hügelbeete auf. Hermann Andrä hat in den sechziger Jahren diese Methode entwickelt. Hans Beba hat sie ausgebaut und jahrelang damit experimentiert. Die Anlage der »Germanenhügel« ist aufwendiger und macht eine reiche Materialsammlung nötig. Die Kraftanstrengung beim Aufsetzen lohnt sich aber, weil die Fruchtbarkeit lange erhalten bleibt.

Üppig bewachsenes Hügelbeet mit ringförmig angelegter Mischkultur. Auf dem »Rücken« ist die Mulchdecke sichtbar. Sie hält Feuchtigkeit fest, denn die Hügel trocknen rasch aus. An den Seiten sorgen die Pflanzen für Schattengare.

Während der mühsamen Aufbauarbeit wird hier das »Innenleben« eines Hügelbeetes mit den verschiedenen Materialien sichtbar.

Der Bau eines Hügelbeetes

Die Grundfläche ist 1,80 m breit und beliebig lang; die Höhe des fertigen Hügels erreicht 60–70 cm. Zunächst wird eine etwa 25 cm tiefe Grube ausgehoben. Die Erde legt der Gärtner beiseite, denn sie wird später wieder gebraucht. Wenn das Hügelbeet auf Wiesen- oder Rasengelände angelegt wird, so werden die Grassoden spatentief ausgehoben. Als unterste, luftige Schicht häuft der Gärtner nun zerkleinerte Äste, harte Stengelstücke von Dahlien oder Stauden und anderes grobes Material auf. Etwa einen halben Meter hoch wird dieser schon in Hügelform gewölbte Kern aufgeschichtet. Er füllt aber nicht die ganze Grundfläche aus, sondern ist an den Breitseiten 50 cm und an den Schmalseiten 60 bis 70 cm kürzer.

Die zweite Lage besteht im Idealfall aus den Rasenplatten, die mit der grünen Seite nach unten über den Reisigkern gelegt werden. Wer keine Grassoden zur Verfügung hat, der baut diese etwa 15 cm dicke Schicht aus Grasschnitt, Stroh oder gemischten Gartenabfällen. Darüber wird eine etwa 10 cm dicke Schicht Erde verteilt und festgeklopft. Dabei wird immer deutlicher die Form des Hügels herausmodelliert. Nun wird eine 25 cm dicke Laubschicht ausgebreitet, möglichst aus gemischten Blättern, die unbedingt feucht sein müssen. Dieses Material wird mit etwas Erde vermengt und dann mit 5 cm Humus abgedeckt. Nun folgt eine 5 cm dicke Schicht aus Mistkompost, der möglichst viele Regenwürmer enthalten sollte. Diese Lage kann man aber auch weglassen, wenn man das Material nicht vorrätig hat. Wichtig ist dagegen eine 15 cm dicke Schicht Grobkompost, die über dem Laub aufgehäuft wird. Dies ist der Bereich, in dem die Wurzeln der ersten Pflanzen sich ausbreiten werden. Deshalb dürfen hier keine Verrottungsprozesse mehr ablaufen! Die oberste Decke des Hügels besteht aus einem 15 cm dicken Erdmantel, der aus reifem Kompost und Gartenboden gemischt wurde.

Der Hügel hat nun seine endgültige rundliche Form mit leicht abfallenden Hängen erreicht. Für die spätere Bepflanzung ist es wichtig, daß ein so hohes Beet möglichst in Nord-Süd-Richtung angelegt wird. In der Ost-West-Lage entsteht sonst ein heißer Süd- und ein schattiger Nordhang.

Die Bepflanzung des Hügels

Bei der Pflanzung von Gemüse kann sich ein biologischer Gärtner in etwa an die Regeln der Mischkultur halten. Die Reihen werden in ovalen Ringen um den ganzen Hügel herumgezogen. Auf dem »Rücken« stehen hohe Gewächse, wie zum Beispiel Tomaten. Rundherum können Kohl, Sellerie, Lauch, Salate und nach Geschmack und Laune noch viele andere Gemüse ge-

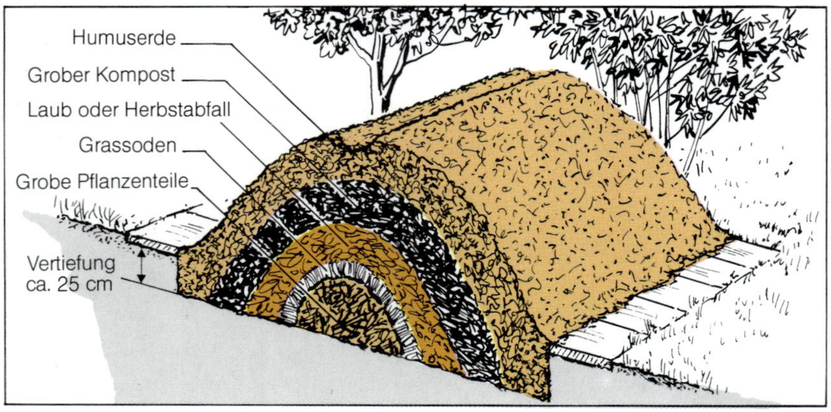

Querschnitt durch ein Hügelbeet, das nach der Methode von Beba/Andrä aufgebaut wurde.

pflanzt werden. Erdbeeren mit ihren vielen Ranken und Kartoffeln bekommen einen »Berg« für sich allein.
Am besten legt der Gärtner ein neues Hügelbeet im Herbst an. Bis zum Frühling kann es dann noch ein wenig zusammensinken. Es ist aber auch ohne weiteres möglich, das Beet sofort nach dem Aufbau »einzuweihen«. Pflanzen Sie dann Gurken oder Zucchini, die die frisch aufgeschüttete Erde rasch bedecken und schützen.
Über die Erfolge mit der Hügelbeetkultur berichten viele biologische Gärtner mit großer Begeisterung. Da ist die Rede von einer einzigen Spinatpflanze, die 80 cm(!) Durchmesser erreichte und als Mittagessen für 3 Personen die Teller füllte. Es werden Riesenkohlköpfe und Körbe voll Tomaten von den fruchtbaren Hügeln geerntet. Ich meine, man sollte es aber auch im biologischen Garten nicht übertreiben. Eine Überdüngung ist nämlich nicht nur mit synthetischem Stickstoff, sondern auch mit organischen Düngermethoden möglich. Diese Gefahr besteht anscheinend bei allzu eifrigen Hügelbeetspezialisten. Übertreibung und Überdüngung gehören aber nicht zu den empfehlenswerten naturgemäßen Methoden.
Merken Sie sich als wichtigen Grundsatz: In den beiden ersten Jahren nach dem Aufbau enthält der Hügel die meisten Nährstoffe. In dieser Zeit dürfen nur Starkzehrer, wie z. B. Tomaten, Kohl, Sellerie, Lauch und Gurken, angebaut werden. Diese Gemüse gedeihen dann gesund und prächtig.
Für Spinat und Salat besteht dagegen die Gefahr der Überdüngung und damit verbunden eine gesundheitsgefährliche Nitratanreicherung. Solche Schwachzehrer dürfen deshalb erst im 3. Jahr auf dem hohen Hügel wachsen. Vernünftige Hügelbeetgärtner ziehen daraus von selbst den Schluß, daß die oben erwähnte 80 cm breite Spinatpflanze mit Sicherheit überdüngt und ungesund war, während stattliche Kohlköpfe guten Gewissens und mit Gärtnerstolz im Herzen geerntet werden dürfen.

Funktion und Lebensdauer des Hügels

Betrachten wir das Hügelbeet deshalb mit ebenso liebevollen wie kritischen Blicken. Ohne jeden Zweifel gedeiht das Gemüse ausgezeichnet und sehr üppig auf sachgemäß gebauten Hügeln. Dazu trägt einesteils die Wärme bei, die sich bei den Abbauprozessen im Inneren entwickelt. Zum anderen wirkt das sich langsam zersetzende Material »im Bauch« des Beetes ähnlich wie ein Komposthaufen. Und jeder Gärtner weiß, wie üppig ein Kürbis gedeiht, wenn man ihn leichtsinnigerweise auf diese kostbaren Abfallhaufen setzt.
Die Wärmeentwicklung ist natürlich im ersten Jahr in einem frisch gebauten Hügel am größten. Sie läßt mit zunehmender Verrottung des Materials in den nächsten Jahren nach. Gleichzeitig bildet sich eine immer dicker anwachsende Lage aus fruchtbarer Erde. Das Hügelbeet »hält« etwa 5–6 Jahre. Dann ist aus dem aufgeschichteten organischen Material eine ungefähr 30 cm hohe Humusschicht entstanden. In der Zwischenzeit muß allerdings »nachgefüttert« werden – mit Kompost und organischem Dünger. Was bei geschickter Ausnutzung aller Vorteile auf den fruchtbaren Hügeln gedeihen kann, beschreibt Hans Beba aus eigener Erfahrung:
»Zuerst ging es mit dem Salat vorwärts, so daß wir nach 4 Wochen den ersten herrlich zarten Kopfsalat ernten konnten. Darüber war die Freude schon sehr groß. Als nächstes Gemüse kam der Spinat, der auch sehr üppig gediehen war. Dann kam der Blumenkohl, der so schön und groß wurde, daß alle Besucher nur so gestaunt haben. Als der Salat geerntet war, wurden dort Mitte Mai die Tomaten gepflanzt. Die Tomaten wurden auch so schön und üppig, wie ich sie zuvor noch nicht gesehen hatte. Auf dem Hügel wurde dann laufend, wo nur ein Plätzchen frei wurde, neuer Salat gepflanzt.
Im Laufe der Jahre habe ich allerlei Experimente gemacht, was man so alles aus einem Hügelbeet herausholen kann. Ich habe auf ein und derselben

Tomaten und Kohl sind die richtige Bepflanzung für ein frisch aufgesetztes Hügelbeet.

Stelle zum Beispiel viermal in einem Sommer Salat geerntet. Zweimal hintereinander Kopfsalat, dann eine Reihe Eissalat und zum Schluß Winterendiviensalat. Aber nicht nur Salat, Tomaten, Blumenkohl und Wirsing gedeihen auf dem Hügelbeet, sondern auch Bohnen, Gurken, Porree und was es sonst noch an Gemüse gibt. Es war und ist der wahre Wunderhügel.«

Hügelkultur ist ein Tummelplatz für experimentierfreudige biologische Gärtner, aber sie bewährt sich auch als Helfer in manchen Gartennöten. So überbrücken die Hügel zum Beispiel Engpässe während der Umstellungszeit. In jedem Fall gilt hier das alte Wort: Probieren geht über studieren. Die rundlichen Beete beweisen besonders anschaulich, daß es in einem naturgemäßen Garten keine Patentrezepte gibt. Noch mehr als anderswo kommt es hier auf eigene Erfahrung, auf jahrelange Beobachtung und vor allem auf ein gesundes Maß an. Deshalb sollen die Vor- und Nachteile der Hügelbeetkultur hier noch einmal einander gegenübergestellt werden. Die richtigen Schlüsse mag jeder daraus in der eigenen Praxis ziehen.

Vorteile der Hügelbeetkultur

Erwärmung des Bodens. Dadurch kann im Frühling früher ausgesät und gepflanzt werden. Im Herbst dauert die Reifezeit etwas länger. Dieser Vorteil macht sich vor allem in rauhen Gegenden bemerkbar.

Vermehrung des Humus. Ist das Beet erst einmal aufgebaut, entsteht Jahr für Jahr fast von selbst fruchtbare Erde. Dieser Vorteil ist besonders wichtig in Gärten mit sehr schlechtem Boden. Die Hügelbeete »überbrükken« im wahrsten Sinn des Wortes die Situation. Deshalb sind sie auch während der Umstellung auf die biologische Methode zu empfehlen. In den ersten schwierigen Jahren kann auf dem Hügel bereits reichlich gesundes Gemüse geerntet werden. So bleibt dem restlichen Gartenland genug Zeit für den Aufbau der Humusschicht.

Die Anbaufläche wird vergrößert, die Ernte fällt sehr reich aus. Vor allem in kleinen Gärten trägt dieser Vorteil dazu bei, die Selbstversorgung mit frischem Gemüse zu ermöglichen.

Eine gute Dränage ist durch den groben Kern des Hügels gesichert. Auf diesem Beet kann keine stauende Nässe entstehen.

Reiches Wurzelwachstum ist durch den lockeren, humusreichen Aufbau der Schichten möglich.

Arbeitserleichterung, weil man sich nicht so tief zu bücken braucht.

Einwände gegen das Hügelbeet

Verschiebung der natürlichen Bodenschichtung. Die Abbauschicht (Laub, Gras, organischer Abfall, Gehölzschnitt) wird tief nach unten verlagert. Die Lebewesen der Rotteschicht brauchen aber viel Sauerstoff! Deshalb befinden sie sich im Gartenboden in der oberen Humusschicht. Es besteht die Gefahr, wenn ein Hügel nicht wirklich luftdurchlässig gebaut ist, daß undurchlässige Zwischenlagen und Fäulnis entstehen können.

Gefahr für die Wurzeln, die normalerweise die Rotteschicht meiden. Im Hügelbeet liegt sie unter den Wurzeln, in der normalen Erde über dem Hauptwurzelbereich. Diese Gefahr scheint aber für die meisten Pflanzen nicht groß zu sein, da über der Rotteschicht eine reichlich dicke Humusdecke aufgebaut wird, die normalerweise als Wurzelregion ausreicht.

Der Hügel trocknet rasch aus, in heißen Sommern kann dies zum Problem werden. Feuchtigkeit rinnt rasch nach unten, kann aber aus dem gewachsenen Boden nicht in den Hügel aufsteigen. In den ersten Jahren muß viel gegossen werden. Mulchen ist auf den »Hängen« schwieriger als auf flachen Beeten. Auch dieser Feuchtigkeitsschutz kann nicht voll eingesetzt werden.

Mäuse und Wühlmäuse benutzen die Hügel gern als Unterschlupf.

Zuviel Aufwand – meinen manche biologischen Gärtner. Sie wenden ein, daß man zusätzliche Wärme und frühere Aussaat auch im Frühbeet und unter leichten Folientunneln erreichen kann. Die Humusanreicherung mache weniger Arbeit, wenn man mit Flächenkompostierung auf normalen Gartenbeeten arbeite.

Die Entscheidung für oder gegen Hügelbeete ist sicher auch eine Frage des gärtnerischen Temperaments. Vielleicht sollten die biologischen Experimentierer mehr als bisher ihre Aufmerksamkeit den nur sanft gerundeten chinesischen Hügeln zuwenden. Sie bleiben der Erde näher und haben sich seit Jahrhunderten bewährt.

Tiere als Helfer im Garten

»In der Natur ist ein ewiges Auf und Ab von Nützlingen und Schädlingen. Laßt sie nur alle, dann frißt das eine das andere auf.« Diese Naturbeobachtung samt ihrer gelassenen Schlußfolgerung stammt von Goethe.

Im 20. Jahrhundert verloren die Menschen schneller die Geduld, sie nahmen sich wohl oft auch nicht mehr die Zeit, genau hinzuschauen. Schädlinge wurden nicht mehr ihren natürlichen Feinden überlassen, sondern in groß-angelegten »Feldzügen« vernichtet. Neue Mittel der Chemie, die es bis zum Beginn der zwanziger Jahre nicht gegeben hatte, machten dies möglich. Der tödliche Regen der Insektizide traf aber Feinde und Freunde gleichermaßen. Die natürliche Balance zwischen Fressen und Gefressenwerden geriet in unkontrollierte Taumelbewegungen. Aber oft schlug das lautlose Wehklagen in der Natur nach kurzer Zeit in Hohngelächter um.

Die Rote Spinne ist ein Beispiel für die Härte, mit der winzige Lebewesen zurückzuschlagen vermögen. Der kleine Schädling wurde so lange von einer bestimmten Raubmilbenart in Schach gehalten, bis die Giftspritze »aufräumte«. Die Milben gingen zugrunde, und die Rote Spinne hatte endlich freie Bahn. Sie entwickelte sich in kurzer Zeit zu einem der gefährlichsten Obstbaumschädlinge. Inzwischen hat man solche Zusammenhänge erkannt und beobachtet die Wechselbeziehungen in der Natur wieder genauer. Aber Goethesche Gelassenheit ist schwieriger geworden. Biologische Gärtner müssen wieder lernen, daß Tausende für sie umsonst arbeiten, wo die richtigen Lebensbedingungen geschaffen werden. Aber das geduldige Zuschauen ist oft nicht leicht. Manchmal muß man eine Faust in der Gartenschürzentasche machen, wenn Läuse über die Obstbaumblätter krabbeln oder Raupen an den Kohlpflanzen nagen. Wer jetzt radikal eingreift, der entzieht den Nützlingen die Lebensgrundlage. Wer Geduld hat, der wird beobachten können, wie eine Vielzahl kleiner Tiere sich auf die »gedeckten Tische« stürzt. Niemals rotten die »natürlichen Feinde« ihre Gegenspieler ganz aus. Aber wo sich wieder ein Gleichgewicht der Arten einpendelt, da bleiben die Schädlinge in erträglichen Grenzen.

Allerdings muß ein Gärtner seine Freunde und Helfer auch kennen und erkennen, wenn er erfolgreich mit ihnen zusammenarbeiten will. Auch die Nützlinge gehören ja oft zu den krabbelnden oder schwirrenden Tieren, die bei vielen Menschen Abwehrreaktionen auslösen. Ich erinnere mich an eine kleine spätsommerliche Szene: eine Florfliege hatte sich ahnungslos auf einer Tischdecke niedergelassen. Eine Frau erschlug sie und stieß dabei voller Abscheu das Wort »Ungeziefer«! aus. Dieser sinnlose Tod war doppelt traurig. Florfliegen sind bezaubernde Geschöpfe mit durchsichtigen grüngeäderten Flügeln und goldenen Augen. Sie gleichen eher einem märchenhaften Elfenwesen als einem häßlichen »Ungeziefer«. Die Florfliegen sind aber nicht nur wunderschön, sie gehören auch zu unseren nützlichsten Helfern im Garten: Ihre Larven vertilgen große Mengen Blattläuse!

Erkennen – beobachten – schützen

Dieser Wahlspruch gilt für alle, die mit der Natur zusammenarbeiten wollen. Die »Steckbriefe« der wichtigsten Tiere, die im Garten bei der Schädlingsregulierung mithelfen, sollen Ihnen dabei als Wegweiser dienen.

Säugetiere

Fledermäuse sind selten geworden, weil ihnen Schlupfwinkel in Scheunen und Höhlen fehlen. Diese Insektenfresser besitzen eine Flughaut, die zwischen dem Rumpf und den Gliedmaßen angewachsen ist. Sie können sich hervorragend in der Dunkelheit orientieren. Die kalte Jahreszeit verbringen sie im Winterschlaf; dann hängen sie kopfunter an der Decke ihrer Verstecke.

- Nutzen: Fledermäuse fangen die »Nachtschwärmer« unter den Insekten, z. B. Eulenschmetterlinge, Wickler, Spanner und Schnaken.
- Schutz: Die Tiere sind harmlos, obgleich sie vielen Menschen unheimlich erscheinen. In Ruhe lassen und Schlupfwinkel erhalten, damit hilft man ihnen am meisten. Im Handel kann man Fledermauskästen kaufen, in denen die Tiere neue Schlafplätze finden können.

Igel sind ebenso beliebt wie nützlich. Wenn Gefahr droht, rollen sie sich zusammen, stellen die Stacheln auf und werden zu uneinnehmbaren Festungen. Igeljunge kommen im Frühling zur Welt; bis zum Herbst bleibt die Familie zusammen und geht in der Dämmerung gemeinsam auf Jagd. Den Winter verbringen die »Stachelhäuter« schlafend in warmen Höhlen. Ihr Herz schlägt nur noch ganz langsam, zwei bis drei Atemzüge in der Minute. Alle Lebensfunktionen sind »auf Sparflamme« geschaltet.

- Nutzen: Igel fressen Schnecken, Engerlinge, Würmer, Raupen, Mäuse und sogar Schlangen. Gegen Erdbeeren oder Äpfel zum Nachtisch haben sie allerdings auch nichts einzuwenden.
- Schutz: Eine ungestörte Ecke unter Sträuchern, wo Laub und Äste liegenbleiben. Dort können Igel sich ein Nest bauen. Kein Schneckenkorn!

Die Mausohr-Fledermaus verläßt ihren Schlupfwinkel in einem alten Dachstuhl; im Schutz der Nacht geht sie auf Jagd. Zu ihren Beutetieren gehören Käfer und Nachtschmetterlinge.

Keine Schönheit ist die Spitzmaus (ganz links), aber sie sollte nie verfolgt werden. Nachts vertilgt sie im Garten große Mengen Schädlinge!

Auch der Spatz macht sich nützlich, wenn er im Frühling für seine Jungen Insekten fängt (rechts). Ein Specht (Mitte) bringt eine »geballte Ladung« schwarzer Läuse in seine Nisthöhle im Baum! Im Garten zu Hause sind die Meisen, wenn der Gärtner Nistkästen für sie aufhängt (rechts). Ein Meisenpärchen sammelt bis zu 30 kg Insekten in einem einzigen Sommer!

Nah an der Hauswand baut der Grauschnäpper sein Nest im Geäst eines Weinstocks (ganz unten). Sie alle sind gefiederte Freunde des Biogärtners, die bei der Abwehr von Insekten, Raupen und Läusen nützliche Hilfsdienste leisten.

Maulwürfe werden von vielen Gärtnern nicht als Bundesgenossen betrachtet, sondern als Störenfriede, die durch ihre Erdhaufen den Rasen und die Gemüsebeete verunzieren. Wo sie durch solche Wühlarbeit am falschen Ort lästig werden, da kann man sie vergraulen, indem man petroleumgetränkte Lappen in die Gänge legt. Fangen und töten sollte ein Gärtner diese eifrigen Insektenjäger aber nie. Der Maulwurf kann einschließlich Schwanz bis zu 17 cm lang werden. Er hat ein samtiges schwarzes oder graubraunes Fell, kräftige, schaufelartige Grabepfoten, eine langgezogene Schnauze und winzige halbblinde Augen.

- Nutzen: Maulwürfe fressen Würmer, leider auch Regenwürmer, Maulwurfsgrillen, Insekten, Larven, Puppen, Engerlinge, Nacktschnecken und räumen sogar die Nester der schädlichen Wühlmäuse aus. Sie müssen täglich so viel Nahrung zu sich nehmen, wie sie selber wiegen!
- Schutz: Um Verständnis werben bei erbosten Gärtnern. Der Maulwurf steht unter Naturschutz!

Spitzmäuse sind leicht an ihrem spitzen Rüsselschnäuzchen, dem kurzen Schwanz und einem unangenehmen Moschusgeruch zu erkennen. Sie fressen keine Pflanzen und richten auch sonst keine Nageschäden an.

- Nutzen: Die Spitzmäuse fangen nachts Schnecken, Insekten, Maulwurfsgrillen und Larven. Sie fressen jede Nacht mindestens soviel, wie sie selber wiegen!

- Schutz: Spitzmäuse richten sich ihre Schlupfwinkel gern unter Steinen, im Gebüsch und unter Laubhaufen ein. Sorgen Sie für solche Stellen an ungestörten Gartenplätzen, unter Sträuchern und Hecken.
  Hunde und Katzen beißen Spitzmäuse tot, ohne sie zu fressen. Zumindest Hunde kann man daran hindern.

Vögel

Sie gehören zu den fleißigen Helfern im Garten, die jeder kennt. Ihre nützliche Tätigkeit untermalen sie mit melodischem Gesang oder munterem Gezwitscher. So gewinnen sie leicht die Herzen der Menschen. Einige Vogelarten können aber auch Ärger oder gar Schäden anrichten. Amseln, Spatzen und Stare haben sich in unserer zivilisierten Umwelt so sehr vermehrt, daß sie manchmal in Scharen in den Garten einfallen. Sie zerwühlen Saatbeete, scharren kleine Pflanzen aus dem Boden, fressen Samen und »stehlen« große Mengen Obst. Dagegen muß sich auch ein Naturfreund schützen. Netze, Folien und blinkende Alustreifen halten die gefiederten »Halbstarken« fern, ohne ihnen zu schaden.
Denn auch diese Vögel haben trotz ihrer schlechten Angewohnheiten nützliche Eigenschaften: Sie fangen Würmer (leider auch Regenwürmer), Insekten und Raupen. Die Spatzen räumen auch unter den Unkrautsamen auf. Ein Meisenpärchen soll in einem einzigen Sommer bis zu 30 kg Raupen zur Fütterung der Jungen zusammenschleppen. Auch Rotkehlchen, Rotschwänze und Finken helfen tatkräftig mit.

- Nutzen: Vor allem zur Ernährung der Jungen fangen Vögel große Mengen Insekten, Raupen, Larven, Maden und Läuse. Einige vertilgen auch Unkrautsamen.
- Schutz: Wichtig sind vor allem Nistplätze. In einem naturgemäßen Garten sollten möglichst Hecken und Sträucher gepflanzt werden, die Vögeln Schlaf- und Wohngelegenheiten bieten. Zusätzlich werden Nistkästen aufgehängt. Die Fluglöcher sollen nach Südosten gerichtet sein. Im Herbst, wenn alle Jungtiere ausgeflogen sind, werden die Kästen gereinigt, damit Krankheiten und Ungeziefer sich nicht ausbreiten können. Nistkästen gibt es für die Höhlenbrüter, zu denen Meisen, Baumläufer, Kleiber und Rotschwänzchen gehören, Nisthilfen auch für Schwalben. In Hecken, Bäumen und am Boden brüten dagegen Rotkehlchen, Finken und Zaunkönige.

Eine Vogeltränke oder ein kleines Wasserbecken gehören unbedingt zum Vogelschutz im Garten. In harten Wintern sollte eine Futterstelle eingerichtet werden.

Kriechtiere

Blindschleichen sind keine gefährlichen Schlangen, sondern Echsen. Ihr schlangenförmiger Körper ist auf dem Rücken graubraun gefärbt und schwarz gestreift. Der Bauch ist dunkel. Die Tiere lieben feuchte Wiesen und Gartenecken.

- Nutzen: Blindschleichen fangen nachts Nacktschnecken, Würmer und Insekten.
- Schutz: Ungestört lassen, vor stöbernden Haustieren bewahren.

Lurche

Erdkröten und Grasfrösche werden leider oft mit Ekel betrachtet. Wer sie näher kennenlernt, der wird sie bald als gute Freunde im Garten begrüßen. Die Erdkröte ist braun gefärbt und mit Warzen bedeckt. Dafür hat sie schöne, goldfarbige Augen. Auch der Grasfrosch hat einen bräunlichen Rücken, der Bauch schimmert heller. Beide Tiere brauchen eine Wasserstelle, wo sie im Frühling ihren Laich ablegen. Eine dichte, feuchte Uferpflanzung dient ihnen als Schutz. Beide Tiere wandern in die Nachbarschaft.

- Nutzen: Erdkröten und Grasfrösche fressen Nacktschnecken, Würmer und Insekten.

Ein Teich lockt Erdkröten in den Garten.

- Schutz: Mit Hilfe von kleinen Teichen und Feuchtbiotopen geeignete Lebensbedingungen im Garten schaffen und Freunde für die »häßlichen« Kröten gewinnen. Diese »Nackthäuter« sind sehr empfindlich gegen Gifte aller Art!

Insekten

Florfliegen, die auch Goldaugen oder Blattlauslöwen genannt werden, sind schlanke Insekten mit durchsichti-

Eine Florfliege ernährt sich von Nektar – Florfliegenlarven fressen Blattläuse in Mengen.

gen grüngeäderten Flügeln und goldfarbigen Augen. Diese Elfen unter den Insekten ernähren sich in der Hauptsache von Honigtau und Wasser. Wenn sie sehr hungrig sind, fangen sie auch Blattläuse oder kleine Insekten.

Große Räuber sind dagegen die Florfliegenlarven. Sie schlüpfen aus Eiern, die an langen Stielen unter Blättern und Ästen befestigt sind. Die bräunlichen Larven packen mit ihren zangenförmigen Kiefern Blattläuse, Spinnmilben, Schild- und Blutläuse. Nach 18 Tagen spinnen sie sich in weiße kleine Kokons ein. Darin vollzieht sich die wunderbare Umwandlung von der gefräßigen Larve zum durchsichtigen »Goldauge«.

- Nutzen: Eine einzige Larve frißt 200–500 Blattläuse und andere Schädlinge.
- Schutz: Keine Insektizide, Fungizide und ölhaltigen Mittel spritzen! Im Winter suchen die erwachsenen Florfliegen geschützte Winkel in kühlen Speichern, Schuppen und Gartenhäusern auf. Biologische Gärtner verschieben dann den Hausputz bis zum Frühling, wenn die Blattlauslöwen wieder ins Freie schweben.

Im Frühling vermehren sich die Marienkäfer. Auf ihrem Speisezettel stehen die Blattläuse ganz oben. Wichtig für den Gärtner ist aber, daß er auch die Larven der roten Glückskäfer erkennt (Bild unten). Sie beteiligen sich sehr emsig an der Läusejagd.

Marienkäfer sind nicht immer rot. Es gibt auch gelbe und andersfarbige Arten. Auch die Zahl und die Größe der dunklen Punkte variiert. Wichtig ist es vor allem, die Larven zu erkennen: Sie schlüpfen aus gelben, senkrecht aufgestellten Eiern, sind dunkel graublau gefärbt und gelb gepunktet. Wenn sie sich verpuppen, rollen sich diese Larven kugelförmig zusammen. Dann hängen sie an »Füßchen« an Blättern oder Stengeln. Man erkennt sie an ruckartigen Bewegungen, wenn man sie berührt.

- Nutzen: Käfer und Larven fressen vor allem große Mengen Blattläuse. Eine Larve vertilgt während ihrer 20tägigen Lebenszeit 350–400 der kleinen Schädlinge. Nach der Winterruhe sind Marienkäfer besonders hungrig und räumen deshalb schon im Frühling kräftig im Garten auf.
- Schutz: Nicht mit Gift spritzen, vor allem nicht im Frühling (sogenannte Austriebsspritzung!). Beim Anblick der ersten Läuse geduldig bleiben; die Pflanzen beobachten, bis die Marienkäfer auftauchen.

Laufkäfer: Zu ihnen gehören u. a. der Goldlaufkäfer, der Gartenläufer und der Puppenräuber. Sie haben alle lange, kräftige Beine und feste dunkle Flügeldecken.

- Nutzen: Die Käfer und ihre Larven gehören zu den großen Räubern, die Puppen, Raupen, Drahtwürmer, Kartoffelkäfer, Kartoffelkäferlarven und Schnecken jagen; kleine Arten fangen auch Läuse und Milben.
- Schutz: Vor allem als Nützlinge erkennen und nicht aus Unkenntnis tottreten. Achten Sie auf die grüngoldenen Flügel! Feuchte Plätze unter Laub, Holz oder Steinen dienen den nützlichen Käfern als Unterschlupf.

Laufkäfer gehören ebenfalls zu den nützlichen Gartenbewohnern.

Ohrwürmer stehen zu Unrecht im Ruf, in Menschenohren zu krabbeln und dort mit ihren Kneifwerkzeugen Unheil anzurichten. Das ist ein Märchen! Die Zangen am Hinterleib können nur kleinen Tieren Respekt einflößen, wenn das Weibchen in den Erdröhren seine Jungen verteidigt.

- Nutzen: Der Ohrwurm ist ein nächtlicher Räuber, der Insekten, vor allem Läuse frißt. Er knabbert aber auch gelegentlich Pflanzen und Obst an. Sein Speisezettel ist also gemischt.
- Schutz: Im biologischen Garten wird der Ohrwurm als »Haustier« gehalten und regelrecht zur Jagd auf Obstbaumschädlinge angesetzt. Dazu hängt man Blumentöpfe, die mit Holzwolle vollgestopft werden, kopfunter in die Bäume. In diesen Höhlen verstecken sich die Ohrwürmer tagsüber gern. Nachts gehen sie dann an Ort und Stelle auf Jagd.

Schlupfwespen sind kleine, nur 5–30 mm lange Insekten. Es gibt viele unterschiedliche Arten. Sie haben dunkle, schimmernde Flügel und einen langen Legestachel. Mit diesem »Mordinstrument« bohren die Schlupfwespen zum Beispiel Blattläuse an und legen ihre Eier in den lebenden Tieren ab. Die Schlupfwespenlarve frißt von innen her ihren Wirt auf und überwintert dann verpuppt in der hohlen Laus.

- Nutzen: Ein Schlupfwespenweibchen kann 200–1000 Läuse mit Eiern belegen. Größere Arten stechen auch Gespinstmotten und die Raupen der Kohlweißlinge an.
- Schutz: Auf die Blattlausmumien achten, in denen die Schlupfwespen überwintern. Baumschnitt nicht gleich verbrennen!

Schwebfliegen werden manchmal mit den Wespen verwechselt und deshalb getötet. Sie sind schwarzgelb gemustert, aber relativ klein (7–15 mm). Man erkennt sie an ihrem schnellen geräuschlosen Flug. Sie können ihre Flügel so schnell bewegen, daß sie in der Luft auf der Stelle »stehenbleiben«. Ihre Eier legen sie in Blattlauskolonien ab. Die hellen, weiß oder gelblich gefärbten Larven sehen aus wie Maden.

- Nutzen: Die erwachsenen Schwebfliegen leben von Blütenstaub und Honig. Sie spielen eine wichtige Bestäuberrolle. Die Larven ernähren sich dagegen von Blattläusen. Während ihrer kurzen Lebenszeit von 8–15 Tagen verzehrt eine Larve rund 400 Läuse.
- Schutz: Nicht mit Wespen verwechseln. Vor allem im Frühling die erste Schwebfliegengeneration nicht durch Spritzungen schwächen. Insekten-Nisthilfen aufhängen. Doldenblütler (Dill, Kerbel, Wilde Möhren u. a.) locken Schwebfliegen in den Garten!

Wanzen haben in der freien Natur nützlichere Eigenschaften als in den Betten der Menschen. Es gibt viele unterschiedliche Raubwanzen, die Schädlinge vertilgen. Sie sind im Durchschnitt nur 3–7 mm groß. Zu den wichtigsten gehören die Blumenwanzen und die auffallend farbigen Blindwanzen.

- Nutzen: Wanzen fressen vor allem Spinnmilben, aber auch Blattläuse und kleine Raupen.
- Schutz: Kein Gift spritzen! Nicht davor ekeln, sondern beobachten und ihre Rolle im »vernetzten System« erkennen.

Spinnentiere

Dazu gehören die **Kreuzspinnen**, die **Springspinnen**, die **Wolfsspinnen** und noch viele andere. Durch ihre Gestalt und ihre Größe unterscheiden sie sich sehr. Einige bauen Netze, andere leben am Boden. An ihren »Spinnenbeinen« erkennt sie jeder.

- Nutzen: Spinnen gehören zu den erfolgreichsten Schädlingsjägern. Sie fangen u. a. Fliegen, Falter, Käfer, Raupen, Wanzen und Läuse.
- Schutz: Nicht aus Ekel töten, kein Gift spritzen.

Raubmilben gehören ebenfalls zu den Spinnentieren. Sie haben Ähnlichkeit mit den schädlichen Spinnmilben, produzieren aber kein Gespinst. So kann man sie unterscheiden. Raubmilben sind nur 0,5 mm groß; sie sitzen an den Unterseiten der Blätter.

- Nutzen: Raubmilben töten die Rote Spinne. Sie werden für die biologische Schädlingsbekämpfung bereits systematisch gezüchtet.
- Schutz: Nicht mit schädlichen Spinnmilben verwechseln! Nicht spritzen!

Alle Arten von Schwebfliegen werden von Doldenblüten magisch angezogen (oben): die Schwebfliegenlarven (Mitte) sind dagegen große Blattlausjäger. Zu den nützlichen Freunden des Gärtners gehören auch zahlreiche Spinnenarten; links die Gartenkreuzspinne.

Der Regenwurm oder die unterirdische Kuhherde

Auch in der Erde gibt es unzählige Tiere, die dem kundigen Gärtner in die Hände arbeiten. Von den Milliarden winzigen Bodenlebewesen haben wir schon oft in den verschiedensten Zusammenhängen gesprochen. Hier wollen wir nur den größten unterirdischen Helfer noch einmal etwas näher in Augenschein nehmen: den Regenwurm. Über sein arbeitsreiches Leben und über seine erstaunlichen Leistungen könnte man ein ganzes spannendes Buch schreiben. Aber auch dieser kurze Ausflug ins Reich der rosabraunen Ringelwesen enthüllt Wunder über Wunder. Regenwürmer sind kleine Ackerbauern, die metertief den Boden durchgraben. Ein ganzes Leben lang stopfen sie unaufhörlich Erde und organische Abfälle in sich hinein und

Regenwürmer graben besser als der Gärtner!

scheiden am anderen Ende fruchtbarste Humushäufchen aus. Ihr ganzer Körper ist ein einziger Darmkanal. Darin vermischen sich organische Bestandteile und mineralische Bodenteilchen zusammen mit den Verdauungssekreten zu feinsten dauerhaften Krümeln. So entstehen die begehrten Ton-Humus-Komplexe.

Regenwurm-Kothäufchen enthalten hohe Nährstoffkonzentrationen; die folgenden Werte aus einer Analyse zeigen an, wie hoch der durchschnittliche Gehalt an Hauptnährstoffen im Vergleich zur Erde der näheren Umgebung ausfallen kann:

5 × mehr Stickstoff
7 × mehr Phosphor
11 × mehr Kali
2 × mehr Magnesium
4 × mehr Kalk

Diese Zahlen können – je nach Boden- und Nahrungsverhältnissen schwanken; sie sind aber immer beeindruckend hoch.

Einen preiswerteren Düngerfabrikanten kann sich kein Gärtner wünschen, zumal die Regenwürmer keine Einzelgänger sind, sondern gute Erde in Scharen bevölkern. In einem Hektar Gartenboden können 80000–130000 dieser Tiere leben. Sie bringen es auf ein Gewicht von 6–8 Zentnern! In einem Hektar Ackerboden wiegen die gesammelten Regenwürmer soviel wie eine Kuh. Deshalb nennt man sie auch »die Kuh im Acker«. Diese kleine unterirdische Herde setzt in einem Jahr das 70fache ihres eigenen Gewichtes in feinsten, fruchtbaren Humus um.

Außerdem sorgt dieses bewegliche Heinzelmännchen mit seinem Röhrensystem für eine gute Durchlüftung des Bodens. Durch seine zahlreichen Gänge verteilt sich das Regenwasser. Auch die Pflanzenwurzeln folgen gern den vorgearbeiteten Kanälen, deren Wände mit besten Nährstoffen austapeziert sind.

Jeder Regenwurm ist Männchen und Weibchen zugleich. Diese Zwitter steigen in feuchten Nächten aus ihren Erdröhren, umarmen sich lange im Schutz der Dunkelheit und befruchten sich gegenseitig. Dann verschwinden sie wieder in der Erde und legen dort ihre Eier ab. Starke Regengüsse, die die Gänge mit Wasser füllen, treiben die Würmer in Scharen an die Erdoberfläche. Vielleicht stammt daher ihr deutscher Name. Sie scheuen aber nicht den Regen; sie leiden in den überschwemmten Röhren an Luftmangel. Draußen aber lauert eine noch größere Gefahr: die Sonne. Wenn es ihnen nicht gelingt, sich schnell wieder in ihr feuchtdunkles Element einzugraben, sterben sie im tödlichen Licht, das ihre Blutsubstanz zerstört.

Regenwürmer als Haustiere

Es gibt auf der Welt viele verschiedene Regenwurmarten. Für den Gärtner in unseren Breiten sind vor allem zwei Gruppen von Bedeutung: die Mistwürmer, die man auch Kompostwürmer nennt *(Eisenia foetida)* und die Ackerregenwürmer *(Lumbricus terrestris)*. Die hellroten Mistwürmer werden 6–8 cm lang und vermehren sich schnell. Sie leben von frischen organischen Abfällen und brauchen viel Feuchtigkeit und Wärme. Deshalb ist der Komposthaufen ein idealer Lebensraum für sie.

Die Ackerwürmer sind größer, dicker, braun bis graubraun gefärbt und haben ein flaches Schwanzende. Sie dringen tief in den Boden ein, oft bis in die mineralischen Schichten. Ihre Nahrung besteht aus Erde, abgefallenen Blättern, abgestoßenen Wurzelstückchen und ähnlichen Stoffen. Sie sind die lebendigen Spaten, die dem Gärtner viele Mühen abnehmen. Er sollte sie halten wie eine kleine Viehherde im Boden, wie gute Haustiere, die genährt und gepflegt werden müssen, damit sie reichen Ertrag bringen!

Für Gärten mit schlechten Böden und für solche, die gerade auf die naturgemäße Methode umgestellt werden, lohnt sich eine regelrechte Regenwurmzucht. Bauen Sie sich zu diesem Zweck eine Holzkiste, die im Garten oder im Keller untergebracht werden kann. Die unterste Lage sollte aus Stroh oder Laub bestehen. Dann wird der Behälter mit abwechselnden Schichten aus Stallmist, Kompost und organischen Abfällen gefüllt. Wer keinen Mist bekommen kann, der nimmt mit gemischtem Material aus Küche und Garten vorlieb. Streuen Sie etwas Steinmehl oder Tonmehl dazwischen und überbrausen sie alles mit warmem Regenwasser, so daß das Material ange-

nehm feucht ist. Mit einem Sack oder Plastikfolie wird der Regenwurmbrutkasten zum Schluß abgedeckt. Er darf, solange er bewohnt ist, weder zu warm noch zu kalt werden. Besondere Lekkerbissen für Ihre geringelten Haustiere sind übrigens Lauch- und Zwiebelreste, Kaffeesatz, Obst- und Weintrester sowie feuchte, zerkleinerte Wellpappe.
Nach 4–6 Monaten können Sie Ihren Garten mit den fleißigen Würmern bevölkern. Bringen Sie aber vor allem die gelblichen oder braunen, stecknadelkopfgroßen Wurmeier nach draußen. Die alten Regenwürmer wechseln nicht mehr gern ihre Umgebung. Im Kompost oder unter der Mulchdecke Ihrer Beete werden die Jungtiere bald ausschlüpfen. Für die Vermehrung eignet sich besonders der kanadische Tennessy Whiggler. Bezugsquellen für die Regenwurmzucht finden Sie im Anhang dieses Buches.

Hut ab vor dem Erdenwurm

Die Regenwürmer gehören sicher zu den wichtigsten Tieren, die dem Gärtner helfen, den Garten gesund zu erhalten. Sie vertilgen keine Schädlinge, aber sie tragen viel zur Bereicherung der Humusschicht und damit zu gesundem, widerstandsfähigem Pflanzenwuchs bei. Diese einfachen Wesen, die ohne Arme und Beine die Erde durchwühlen, sind ein unersetzliches Glied im Ökosystem der Erde. Aber sie haben eine empfindliche Haut. Mit Salzkonzentrationen und Giftspritzungen vertreibt man sie wie einst die hilfreichen Heinzelmännchen.
Biologische Gärtner sollten im Geiste stets den Hut ziehen vor diesen stillen fleißigen Mitarbeitern, die keinen Stundenlohn nehmen. Französische Bauern pflegten früher zu sagen: »Le bon Dieu, der liebe Gott weiß, wie man fruchtbare Erde macht, und er hat sein Geheimnis den Regenwürmern anvertraut.« Der große Grieche Aristoteles betrachtete sie als die »Eingeweide der Erde«. Und Charles Darwin schrieb 1881 über die Regenwürmer:

»Der Pflug ist eine der allerältesten und werthvollsten Erfindungen des Menschen; aber schon lange, ehe er existirte wurde das Land durch Regenwürmer regelmäszig gepflügt und wird fortdauernd noch immer gepflügt. Man kann wohl bezweifeln, ob es noch viele andere Thiere gibt, welche eine so bedeutungsvolle Rolle in der Geschichte der Erde gespielt haben, wie diese niedrig organisirten Geschöpfe«. (»Die Bildung der Ackererde durch die Thätigkeit der Würmer«, deutsch 1899)

Pflanzen als Helfer im Garten

Gärtner, die begonnen haben, im Sinne der Natur zu handeln, und Leser, die sich aufmerksam bis zu dieser Buchseite durchgearbeitet haben, werden sich nicht mehr darüber wundern, daß auch Pflanzen tatkräftige Helfer im Garten sein können. Obgleich sie nie einen Laut von sich geben und sich niemals von ihrem Standort fortbewegen, können diese stillen Geschöpfe doch eine deutliche Sprache sprechen und sogar Schädlinge in die Flucht schlagen. In den Kapiteln über das Unkraut und die Mischkulturen war davon schon die Rede. Meist handelte es sich dabei um Erfahrungen aus der Praxis. Gärtner und Bauern beobachteten Jahre – oder sogar Generationen lang – Kulturpflanzen und ihre Verhaltensweisen untereinander. Das Ergebnis waren Ratschläge für günstige Kombinationen, die sich im Gartenalltag immer wieder bewährt hatten.
Seit etwa 50 Jahren nimmt sich auch die Wissenschaft der auffallenden Nachbarschaftsverhältnisse unter den Pflanzen an und versucht, die Gesetzmäßigkeiten zu klären, die sich dahinter verbergen. Bereits 1937 schrieb der Direktor des pflanzenphysiologischen Institutes an der Universität Wien, Professor Hans Molisch, ein Buch »Der Einfluß einer Pflanze auf die andere – Allelopathie«. Aber diese wissenschaftliche Arbeit geriet bei uns wieder in Vergessenheit.

Eine blühende Kur mit Tagetes »heilt« durch Wurzelausscheidungen den Boden von pflanzenschädlichen Älchen.

Phytonzide – rätselhafte Pflanzenstoffe

In Rußland dagegen ging man den geheimnisvollen Wechselbeziehungen der Pflanzen weiter nach. Vor allem Professor Tokin vom Institut für Mikrobiologie und Virologie in Kiew fand hochinteressante Einzelheiten heraus. Er prägte den Begriff der Phytonzide. Das sind verschiedene biologische Wirkstoffe, die von Pflanzen gebildet werden.

Phytonzide wirken auf die Lebensprozesse benachbarter Gewächse und kleiner Lebewesen anregend oder hemmend. Sie können Bakterien und Pilze töten, Insekten und Würmer vergiften, sie können aber auch Nachbarpflanzen zu besonders üppigem Wachstum anregen. Phytonzide bilden sich in Blättern und Früchten ebenso wie in Wurzeln. Sie werden in die Luft, ins Wasser oder in den Boden ausgeschieden und entfalten dort ihre unterschiedlichen Wirkungen. Albert von Haller, der in einer kleinen Broschüre wichtige Ergebnisse der russischen Forschung in deutscher Sprache zugänglich machte, nennt die Phytonzide »Ordnungskräfte«.

Wir können hier nur einen kurzen Blick hinter die Kulissen der Naturgesetze werfen. Wer sich näher mit diesen interessanten Forschungen beschäftigen möchte, der lese dazu die Spezialliteratur, die im Anhang dieses Buches aufgeführt ist. Einige Beispiele sollen dem biologischen Gärtner anschaulich vor Augen führen, wo diese geheimnisvollen, unsichtbaren Phytonzide sich in der täglichen Praxis bemerkbar machen:

Schnittblumen halten sich nicht in der Vase, wenn ein »Störenfried« in der Gemeinschaft auftaucht. Reseda zum Beispiel läßt andere Blüten schnell welken. In diesem Fall scheiden die Stiele Phytonzide aus, die auf die Nachbarn toxisch wirken. Ähnliches geschieht bei den Pflanzengemeinschaften im Garten. Tokin berichtet zum Beispiel von Versuchen, bei denen Veilchen und Roggen zusammen ausgesät wurden. Alle Veilchensamen gingen dabei auf. Sobald die Wissenschaftler aber das wohlriechende Blümchen zusammen mit Weizen aussäten, keimte kein einziges Veilchen. In diesem Fall fand die Verbreitung hemmender Substanzen in der Erde statt.

Pflanzen kontra Wurzelälchen

Auf der Ausscheidung bestimmter Phytonzide beruht sicher auch die Wirksamkeit der Studentenblume (Tagetes) gegen die Wurzelälchen (Nematoden). Diesmal waren es holländische Wissenschaftler von der landwirtschaftlichen Hochschule Wageningen, die herausfanden, daß die Wurzeln der Ta-

Pflanzen helfen Pflanzen

Krankheit/Schädling	Abwehrende Pflanzen	Besonders wirksame Kombinationen
Ameisen	Lavendel, Rainfarn, Feldsalat	Rosen und Lavendel
Blutläuse, Blattläuse	Kapuzinerkresse, Lavendel, Bohnenkraut	Kapuzinerkresse unter Obstbäumen und neben Brokkoli, Rosen und Lavendel, Bohnen und Bohnenkraut
Erdflöhe	Wermut, Pfefferminze, Salat, blühende Ginsterzweige	Kohl und Salat, Gurkensämlinge und Ginster
Fliegen	Basilikum, Rainfarn, Nußbäume	Nußbaum am Sitzplatz
Kartoffelkäfer	Meerrettich, Taubnessel, Farnkraut	–
Kohlweißling	Dill, Salbei, Rosmarin, Thymian, Pfefferminze, Beifuß, Tomaten, Sellerie	Kohl und Tomaten, Kohl und Sellerie oder Kohl mit Kräuter-Randpflanzung
Mäuse, Wühlmäuse	Knoblauch, Kaiserkronen, Wolfsmilch, Hundszunge, Steinklee, Sonnenblumen, Narzissen 'La Riante'	Steinklee auf Baumscheiben, Sonnenblumen oder Narzissen als schützende Randpflanzung
Mehltau (Echter Mehltau)	Knoblauch (allgemein bakterizid und fungizid), Schnittlauch	einige Knoblauchpflanzen unter Obstbäumen, zwischen Erdbeeren und Rosen
Möhrenfliege	Zwiebeln, Salbei, Kresse	Möhren und Zwiebeln, Möhren und Kresse
Nematoden (Wurzelälchen)	Tagetes (Studentenblumen, Sammetkäppchen), Ringelblumen	Teppich- oder Randpflanzen zu Rosen, Kartoffeln, Tomaten
Säulenrost, Johannisbeerrost	Wermut	Wermut zu Johannisbeersträuchern
Schnecken	Senfsaat, Zwiebeln, Knoblauch, Kapuzinerkresse, Salbei, Ysop, Thymian	nur »relative« Wirkung
Zwiebelfliege	Möhren (Karotten)	Zwiebeln und Möhren

getes wasserlösliche Stoffe ausscheiden, die toxisch auf die Wurzelälchen wirken. Noch interessanter wurde diese Entdeckung, als man feststellte, daß die natürlichen Pflanzenwirkstoffe ähnliche Verbindungen enthalten wie die Anti-Nematoden-Mittel der chemischen Industrie.
Dieser kurze Blick in die Forschung soll einem biologischen Gärtner zweierlei beweisen: Die Natur hält immer noch viele Überraschungen und unerforschte Zusammenhänge bereit. Daß wir sie noch nicht alle durchschauen, ist sicher kein Beweis dafür, daß es sie nicht gibt. Und zum anderen: Sehr oft bestätigen wissenschaftliche Untersuchungen Erfahrungen aus der Praxis erst viel später. Dabei kann der zeitliche Abstand Jahrzehnte oder sogar Jahrhunderte betragen. Wenn wir also hier Pflanzen als Gartenhelfer vorstellen und einordnen, dann haben diese Tips nichts mit nebulösem Aberglauben zu tun. Im Gegenteil: Sie sind konkrete Wirklichkeit, deren Geheimnisse manchmal erst in den brodelnden Dämpfen chemischer Retorten enthüllt werden. Für den Gartenalltag sind die

Anzeiger für nährstoff- und humusreiche Böden

1 Große Brennessel *(Urtica dioica)*
2 Ackerhellerkraut *(Thlaspi arvense)*
3 Franzosenkraut *(Galinsoga parviflora)*
4 Bingelkraut *(Mercurialis annua)*
5 Persischer Ehrenpreis *(Veronica persicum)*
6 Vogelmiere *(Stellaria media)*
7 Erdrauch *(Fumaria officinalis)*
8 Echte Kamille *(Matricaria chamomilla)*
9 Schwarzer Nachtschatten *(Solanum nigrum)*

wissenschaftlichen Hintergründe zwar aufschlußreich, aber noch wichtiger sind die praktischen Ergebnisse. Jeder Gärtner kann mit diesen Empfehlungen aus der Praxis experimentieren und seine eigenen Erkenntnisse hinzugewinnen. Aus der Tabelle S. 94 können Sie ablesen, welche Pflanzen in Ihrem Garten als »grüne Schutzengel« eingesetzt werden können.

Der grüne Zeigefinger

Unter den hilfreichen Pflanzen spielen die Kräuter mit ihren intensiven Wirkstoffen eine wichtige Rolle. Sie tauchen in der »Schutzengel-Tabelle« immer wieder auf. Mit echten »grünen Tips« helfen vor allem die Wildkräuter dem Gärtner auf die Sprünge. Sie sind beredte Zeugen der Bodenbeschaffenheit. Wer ein Grundstück kauft oder einen Garten pachtet, der sollte sich sehr genau die vorhandene Unkraut-Flora anschauen. Wo in einem kultivierten Garten plötzlich bestimmte Unkräuter wie eine Invasion auftauchen, da weisen sie oft unmißverständlich auf Kulturfehler oder Nährstoffmangel hin. So können Ackerschachtelhalm, Ackerminze und Kriechender Hahnenfuß zum Beispiel auf schwere Bodenverdichtungen, aber auch auf Staunässe hindeuten. Vogelmiere und Brennessel verraten dagegen: wir wurzeln in gutem Humus! Die Tabelle (rechts) »übersetzt« die Zeichensprache der Pflanzen. Sie macht deutlich, was Zeigerpflanzen zeigen können.
Als Helfer des Gärtners sind in diesem Kapitel nur »lebende Pflanzen« beschrieben. Sie stellen ihre Dienste an Ort und Stelle zur Verfügung, dort wo sie wachsen. Natürlich machen sich Pflanzen im biologischen Garten auch noch auf andere Weise nützlich: Sie werden als Jauche angesetzt oder als Spritzbrühe gegen Schädlinge. Aber diese »erste Hilfe mit Pflanzen« leitet schon über zum nächsten Kapitel. Dort geht es nicht mehr nur um Unterstützung, sondern um direkte biologische Schädlings-Abwehr.

Zeigerpflanzen

Bodenart/Bodenzustand	Charakteristische Wildkräuter
Sandiger Boden	Einjähriges Knäuelkraut, *Scleranthus annuus* Feldbeifuß, *Artemisia campestris* Pechnelke, *Viscaria vulgaris* Saatwucherblume, *Chrysanthemum segetum* Sandmohn, *Papaver argemone*
Lehmiger Boden	Ackerhahnenfuß, *Ranunculus arvensis* Ackerkratzdistel, *Cirsium arvense* Ackerröte, *Sherhardia arvensis* Esparsette, *Onobrychis viciifolia* Huflattich, *Tussilago farfara* Kamille, *Matricaria chamomilla* Klettenlabkraut, *Galium aparine* Löwenzahn, *Taraxacum officinale* Wegwarte, *Cichorium intybus*
Humoser nährstoffreicher Boden (vor allem Stickstoff)	Ackerhellerkraut, *Thlaspi arvense* Ackersenf, *Sinapis arvensis* Bingelkraut, *Mercurialis annua* Echte Kamille, *Matricaria chamomilla* Erdrauch, *Fumaria officinalis* Franzosenkraut, *Galinsoga parviflora* Große und Kleine Brennessel, *Urtica dioica* und *U. urens* Hirtentäschel, *Capsellla bursa-pastoris* Melde, *Atriplex patula* Schwarzer Nachtschatten, *Solanum nigrum* Vogelmiere, *Stellaria media* Weißer Gänsefuß, *Chenopodium album*
Feuchter, schwerer Boden	Ackerminze, *Mentha arvensis* Beinwell, *Symphytum officinale* Breitwegerich, *Plantago major* Gänsefingerkraut, *Potentilla anserina* Kriechender Hahnenfuß, *Ranunculus repens* Löwenzahn, *Taraxacum officinale* Scharbockskraut, *Ranunculus ficaria*
Trockener, leichter Boden	Frühlingshungerblümchen, *Erophila verna* Hasenklee, *Trifolium arvense* Heidenelke, *Dianthus deltoides* Mohn, *Paver argemone*
Kalkarmer Boden	Adlerfarn, *Pteridium aquilinum* Buchweizen, *Fagopyrum esculentum* Gelber Hohlzahn, *Galeopsis segetum* Hederich, *Raphanus raphanistrum* Hühnerhirse, *Panicum crus-galli* Hundskamille, *Anthemis arvensis* Kleiner Ampfer, *Rumex acetosella* Silbergras, *Corynephorus canescens* Stiefmütterchen, *Viola tricolor* Weiches Honiggras, *Holcus mollis*
Kalkreicher Boden	Ackerrittersporn, *Consolida regalis* Echter Gamander, *Teucrium chamaedrys* Kleiner Wiesenknopf, *Sanguisorba minor* Sommeradonisröschen, *Adonis aestivalis* Wegwarte, *Cichorium intybus* Wiesensalbei, *Salvia pratensis*

Biologische Mittel zur Schädlingsabwehr

Das Ziel jedes biologischen Gärtners bleibt es – auch in schwierigen Zeiten – das natürliche ökologische Gleichgewicht zwischen »schädlichen« und »nützlichen« Lebewesen zu bewahren oder wiederherzustellen. Mittel gegen »Schädlinge« dürfen nur als Notwehrmaßnahmen betrachtet werden. Deshalb sprechen wir im naturgemäßen Garten auch nicht von Schädlings-Abwehr. Es geht immer nur darum, Mitbewohner der Erde in ihre Schranken zu verweisen, wenn sie einmal »aus der Rolle fallen«.

In diesem Kapitel finden Sie auf zahlreichen Seiten eine Fülle praktischer Ratschläge. Dennoch sollte eigentlich in roten Buchstaben darüber stehen: Nur im Notfall aufschlagen und benutzen! Negative Maßnahmen, die Leben vernichten, dürfen nie zur Gewohnheit werden, selbst dann nicht, wenn sie unsere Ernten schützen sollen. Biologische Gärtner müssen sich mit dem Gedanken vertraut machen, daß letzten Endes nur positive Handlungen auch positive Folgen haben. Alles andere ist eine Illusion, eine schillernde Seifenblase aus der Trickkiste unserer Zivilisation, die eines Tages an der Härte der Realität zerplatzen wird.

Gärtner, die in stillen Stunden einmal in 60–100 Jahren alten Gartenzeitschriften blättern, werden sich wundern, wie wenig Raum damals die Fragen der Schädlings-Abwehr einnahmen. Der Grund dafür bestand sicher nicht in paradiesischen Zuständen. Aber die praktischen Tips zur Eindämmung von Schnecken, Raupen oder Läuseplagen, die man auch zu Urgroßvaters Zeiten an die Gärtner weitergab, bestanden größtenteils aus bewährten Hausmitteln.

Jeder konnte sie selber herstellen oder in der nächsten Drogerie besorgen. Ihre Wirksamkeit reichte offenbar aus, um den größen Teil der Ernte sicherzustellen. So wurden sie beide satt: der Gärtner und ein überschaubarer Schädlingsbestand. Heute lebt von der »Schädlingsbekämpfung« eine ganze riesige Industrie. Vergessen Sie das nie, wenn Sie darüber nachdenken, ob »der Zweck die Mittel heilige« – oft füllt er nur die Kassen der Hersteller!

Die »Schädlinge«

Doch zurück zu den biologischen Schutz- und Abwehrmaßnahmen. Das Wort »Schädling« ist ein sehr umfassender und deshalb unklarer Begriff. Mit welchen Schäden und mit welchen Schädlingen haben wir es denn zu tun im Garten?

Pilze

Sie gehören zu den niederen Pflanzen, die aus fadenförmigen Zellen bestehen und ohne Chlorophyll leben. Diese feinen, mit bloßem Auge erkennbaren Fäden nennt man das Pilz-Mycel. Pilze ernähren sich von toten oder lebenden organischen Substanzen. Sie wachsen mit ihren Fäden in das Gewebe hinein und entziehen ihm Nährstoffe. Zur Vermehrung – durch Sporen – benötigen sie viel Feuchtigkeit und Wärme. Im Boden spielt eine Vielzahl von Pilzarten eine außerordentlich wichtige und nützliche Rolle bei den Abbauprozessen und bei der Humusbildung.

Oberirdisch können bestimmte Pilze aber große Schäden an den Kulturgewächsen anrichten. Sie gehören zu den Parasiten, die im Gewebe ihrer Wirtspflanzen wuchern und die Leitgefäße unterbrechen. Allerdings müssen dazu die »richtigen Verhältnisse« herrschen: stickiges Treibhausklima und weiches Pflanzengewebe, das vor allem durch übermäßige Stickstoffdüngung entsteht, begünstigen den Pilzbefall. Unter den 3000 bekannten Pilzkrankheiten sind dies die wichtigsten:

Bodenschadpilze befallen Zwiebeln, Knollen und Wurzeln. Gefährdet sind zum Beispiel Tulpen- und Gladiolenzwiebeln, Astern (Asternwelke), Kohlpflanzen (Schwarzbeinigkeit der Setzlinge, Umfallkrankheit und die gefürchtete Kohlhernie).

Baumkrebs verursacht Schäden, die tief ins Gewebe hinein wuchern und den Saftfluß unterbrechen. Äste und Zweige, die oberhalb dieser Infektionsquellen wachsen, sterben mit der Zeit ab.

Blattflecken sind eine Pilzkrankheit, die Sellerie und Tomaten befällt. Auf den Blättern zeigen sich helle, bräunliche Flecken, die eintrocknen und ganze Pflanzenteile absterben lassen.

Rostkrankheiten weisen eine Besonderheit auf: Sie entstehen nur, wenn die Pilze zwei verschiedene Pflanzenarten vorfinden, die sie für ihre Vermehrung benötigen. Auf bestimmten Zwischenwirten entwickeln sich die Pilzsporen, die dann auf andere Pflanzen überwechseln und rostfarbige Flecken verursachen. Rosen, Bohnen und Johannisbeeren sind besonders gefährdet.

Kraut- und Knollenfäule trifft vor allem die Nachtschattengewächse Kartoffeln, Tomaten und Paprika. Das Kraut der Kartoffeln stirbt nach der Infektion ganz ab. Die Knollen faulen.

In nassen, kalten Sommerwochen sind die Tomaten durch Krautfäule an den Blättern und Braunfäule an den Früchten gefährdet.

Grauschimmel an Erdbeeren.

Grauschimmelpilze sind besonders stark verbreitet und in den Gärten sehr gefürchtet. Sie benötigen immer ausreichend Feuchtigkeit zu ihrer Entwicklung und gelten als typische »Schwächeparasiten«. Der deutlich erkennbare »graue Schimmel« auf den Blättern oder an anderen Pflanzenteilen schädigt Erdbeeren, Trauben, Salat, Gurken, aber auch Geranien und Alpenveilchen.

Echter und Falscher Mehltau gehören zu den verbreiteten Pilzkrankheiten. Der Echte Mehltau entwickelt sich auch bei trockenem Wetter, der Falsche vor allem in nassen Sommern. An einem »mehligen« Blattbelag erkennt man den Echten Mehltau. Er trifft Rosen, Gurken, Erbsen, Stachelbeeren, Obstbäume und Weinreben. Der Falsche Mehltau zeigt sich durch »mehligen« Belag unter den Blättern und weiß-gelbe Flecken auf der Oberseite. Gefährdet sind Reben, aber auch Zwiebeln, Salat, Kohl und Spinat.

Echter Mehltau an Rosenblättern.

Tiere

Sie bilden die größte Gruppe ungebetener Mitesser und umfassen mindestens einige hunderttausend Arten, die auf vielfältige Weise in das große ökologische System verstrickt sind. Meist haben sie »nützliche« und »schädliche« Funktionen zugleich. Ein Eingriff muß deshalb immer sehr sorgfältig überlegt werden. Die »Schadtiere« können in drei große Gruppen eingeteilt werden:

Insekten bringen es auf mindestens eine Million Arten auf der Welt. Sie können sich sehr rasch vermehren und dadurch ganz plötzlich in Massen auftreten. Solche Plagen sind aber stark abhängig vom Klima, vom Nahrungsangebot und auch von der Anwesenheit ihrer natürlichen Feinde. Wer bei einer Masseninvasion von Läusen in Panik gerät, der muß wissen, daß die Nützlinge meist in einem Drei-Jahres-Rhythmus auftreten. Dabei werden sehr sinnreiche Gesetzmäßigkeiten wirksam: Im ersten Jahr vermehren sich bei starkem Schädlingsbefall auch die Nützlinge sehr rasch, weil sie sich hervorragend ernähren können. Im zweiten Jahr beherrschen die »guten Geister« den Garten. Dafür ist ihr Tisch aber weniger reichlich gedeckt als in »Schädlingszeiten«. Also vermehren sich die Nützlinge nicht mehr so üppig. Im dritten Jahr können die Schädlinge wieder »den Kopf heben«. Und dann beginnt das Schaukelspiel von neuem, vorausgesetzt, es hat niemand »dreingeschlagen« und die Gewichte verschoben.

Raupe des Großen Kohlweißlings.

Die Insekten »kränken« die Pflanzen des Gärtners durch Fraßschäden und durch Saugschäden. Sie durchlaufen verschiedene Entwicklungsstadien; deshalb fressen sie sich nicht nur als erwachsene Tiere, sondern auch als Larven, Raupen und Maden durch den Garten. Da es aber in unseren Breiten fast nie vorkommt, daß sie ganze Bäume oder Gemüsebeete kahlfressen, hält sich der Schaden der Insekten meist in Grenzen. Vor allem dort, wo ihre Gegenspieler aktiv bleiben. Leider können Insekten aber beim Ansaugen der Pflanzen Viruskrankheiten übertragen.

Zu den »schädlichen« Insekten gehören Läuse, Wanzen, Fliegen, Falter, Motten, Wespen, Mücken, Käfer, Ameisen und viele andere. Sie werden sie, soweit sie für den Gartenfreund von Bedeutung sind, in der großen Pflanzenschutztabelle wiederfinden.

Milben gehören nicht, wie viele Menschen glauben, zu den Insekten, sondern zu den Spinnentieren. Die meisten sind winzig klein, 0,1–0,5 mm, und können nur mit einem Vergrößerungsglas genauer erkannt werden. Viele dieser Mini-Spinnentiere gefährden die Gewächse des Gartens überhaupt nicht. Einige Milbenarten schädigen die Pflanzen, weil sie den Saft aus den Blättern saugen. Diese werden gelb und sterben ab.

Besonders verbreitet ist die Rote Spinne, die Obstkulturen befällt. Die Kräuselmilbe gefährdet Pfirsiche, Reben und Erdbeeren, die Bohnen-Spinnmilbe die Gemüsebeete. Durch chemische Giftspritzungen werden die Feinde der Milben, die Raubmilben, meist radikal vernichtet, während die Schadmilben überleben und sich rasch wieder vermehren.

Nematoden sind winzige Fadenwürmer oder Älchen, die größtenteils im Boden leben. Sie spielen eine sehr nützliche Rolle bei der Humuslösung. Nur ganz wenige Nematodenarten befallen Pflanzen und schädigen die Wurzeln oder Stengel. Eine besondere Gruppe bildet Zysten; darin können die Eier und Larven, sicher verpackt, lange Zeiträume überleben. Die schützenden kleinen Paketchen werden an Wurzeln befestigt, oft an Unkräutern. Erst wenn in der Nähe wieder Pflanzen nach dem Geschmack der Älchen angebaut werden, erwachen die kleinen Schädlinge zu neuen, unerwünschten Aktivitäten. Fruchtwechsel, Mischkultur und Mulchdecken, die den Unkrautwuchs verhindern, gehören deshalb zu den vorbeugenden Maßnahmen gegen Nematoden. Älchen befallen vor allem Zierpflanzen wie Phlox und Chrysanthemen, aber auch Möhren, Petersilienwurzeln, Kartoffeln und Erdbeeren. Wurzeln, Stengel oder Blätter sterben ab.

Weichtiere können im Garten zur Plage werden. Zu den schädlichen Vertretern gehören vor allem die Nacktschnecken. Ihre unersättliche Freßlust ist jedem Gärtner bekannt. Sie werden bei den »Plagegeistern« auf Seite 107–108 ausführlich besprochen.

Wildlebende Säugetiere können gleichfalls im Garten Schaden anrichten. Sie kommen aber nicht überall vor. Hasen und Kaninchen machen allerdings manchem Gärtner zu schaffen. Sie fressen Nelken, junges Gemüse und andere »Leckerbissen« ab. Ratten und Mäuse richten eher Schaden in den Wintervorräten als auf den Beeten an. Wühlmäuse gehören dagegen zu den wirklichen Schädlingen. Sie fressen Wurzeln, Rinde, Gemüse und Erdbeeren an. Auch sie werden im Abschnitt »Plagegeister« ausführlich behandelt.

Bakterien und Viren

Sie gehören zu den winzigen Lebewesen, die mit bloßem Auge nicht erkennbar sind. Nur Elektronenmikroskope machen sie sichtbar. Die Bodenbakterien gehören mit ihren zahlreichen Arten zu den nützlichsten Lebewesen. Andere Bakterien verursachen bei Tieren und Menschen Krankheiten. Auch Pflanzen können von Bakterien infiziert werden. Die Folgen sind u. a. Krebswucherungen und Fäulniserscheinungen. Bakterienkrankheiten sind

Rote Wegschnecke an jungem Mangold. Frühlingsaussaaten sind besonders gefährdet.

Die gelblichen Flecken zeigen deutlich die Viruserkrankung Bohnenmosaik.

zum Beispiel die Stengelfäule bei Kartoffeln und Mais und der Feuerbrand, der vor allem die Triebspitzen der Birnbäume absterben läßt. Es gibt keine wirksamen Spritzmittel gegen Bakterienkrankheiten!

Viren sind noch kleiner als die einzelligen Bakterien. Sie entwickeln sich in lebenden Zellen. Mißbildungen, Zwergwuchs und Farbwechsel der Blattadern zeigen oft an, daß eine Virusinfektion stattgefunden hat. Auch Gelbsucht und mosaikartige Flecken deuten auf die unsichtbaren Schädlinge in den Zellen. Bohnenmosaik, Salatmosaik, Kartoffelvirosen, Gelbstreifigkeit bei Zwiebeln und die Weißstreifigkeit der Gladiolen sind Beispiele für solche Infektionen. Pflanzen, die von einem Virus befallen werden, kann man durch keine Spritzung retten.

Hilfsmittel in der Not

Kräuterjauche – Kräuterbrühe

Gegen viele Pflanzenkrankheiten ist in der Natur ein hilfreiches Kraut gewachsen. Im biologischen Garten schießt man nicht mit Kanonen auf Spatzen. Die natürlichen Mittel erzielen auf weniger problematische Weise den gewünschten Erfolg. Sie sind außerdem, wenn man sie selber herstellt, sehr preiswert! Für das Ansetzen selbstgemachter Spritzmittel genügt ein 10-Liter-Eimer. Die Pflanzen für die hausgemachte Brühe können Sie selber sammeln oder sogar in einer Gartenecke halbwild wachsen lassen. Brennesseln, Schachtelhalm und Rainfarn zählen ja zum Un-Kraut. Beinwell und Wermut gehören sogar in den Heilkräutergarten. Verwenden Sie von Brennessel, Schachtelhalm, Beinwell und Wermut das ganze Kraut mit Stengel und Blättern vor der Blüte. Beim Rainfarn benutzen Sie die blühende Pflanze.

Getrocknete Kräuter bekommen Sie in Drogerien, Apotheken, Kräuterhäuschen und im biologischen Spezialversand. Die in den Rezepten angegebenen Mengen können schwanken, da auch die Wirkstoffgehalte der Pflanzen nicht konstant sind. Probieren Sie soviel wie möglich selber aus!

Die Grundrezepte

Kräuterjauche und ihre Herstellung ist im Dünger-Kapitel ausführlich beschrieben.

Kräutertee erhalten Sie, wenn Sie die Pflanzen frisch oder getrocknet mit kochendem Wasser überbrühen, die Mischung 10–15 Minuten zugedeckt ziehen lassen und dann absieben.

Kräuterbrühe entsteht, wenn Sie die vorgeschriebene Pflanzenmenge 24 Stunden in Wasser (möglichst Regenwasser!) einweichen; dann kochen sie den Ansatz mit dem Einweichwasser auf und lassen alles etwa eine halbe Stunde bei geringer Hitze leise sieden. Die Brühe muß anschließend abkühlen und wird dann durchgesiebt.

Aus verschiedenen Wild- und Gartenkräutern kann ein Biogärtner eigene Spritzbrühen ansetzen, die zur Schädlingsabwehr geeignet sind. In diesem Korb wurden Brennesseln, Adlerfarn, Rainfarn, Schachtelhalm und Wermut gesammelt.

Kräuterauszüge werden mit frischen oder getrockneten Pflanzen in kaltem Wasser angesetzt. Sie dürfen nur einige Stunden, höchstens einen Tag und eine Nacht lang stehen und nicht in Gärung übergehen.

Die wichtigsten Spritzbrühen

Brennessel-Jauche wirkt als Insektenabwehr und stärkt die Widerstandskräfte der Pflanzen. 1 kg frische Brennnesseln (die große oder die kleine Art) werden mit 10 Liter Wasser angesetzt. Von getrockneten Brennesseln genügen 100–200 g. Die vergorene Jauche muß 10fach verdünnt werden. Sie kann in den Wurzelbereich der Pflanzen, auf den Boden oder – stark verdünnt – über die Blätter gegossen werden. Junge, gährende Jauche wird nach etwa 4 Tagen verwendet; sie muß 1:50 verdünnt werden und wirkt, über Blätter und Triebe gespritzt, gegen Blattläuse und Spinnmilben.

Beißende Brennessel-Brühe wird mit 1 kg frischem Kraut auf 10 Liter Wasser angesetzt, darf aber nicht vergären. Dieser Kaltwasserauszug bleibt 12–24 Stunden stehen und wird dann unverdünnt ausgespritzt. Er wirkt gegen Blattläuse. Die »brennenden« Substanzen der Nessel gehen verloren, wenn die Brühe zu lange stehenbleibt. Die Wirksamkeit des Brennessel-Kaltwasserauszugs ist umstritten. In systematischen Versuchen blieben die Läuse teilweise völlig »unbeeindruckt«. Möglicherweise sind die Ergebnisse aber auch von der ökologischen Gesamtsituation im Garten abhängig. Auf jeden Fall ist diese Brühe nur bei geringem Läusebefall zu empfehlen. Testen Sie selbst!

Beinwell-Jauche (»Comfrey«) wird genau wie Brennessel-Jauche hergestellt und auch zum gleichen Zweck verwendet. Beide Pflanzen kann man ebenso wie die fertige Jauchebrühe mischen. Sie ergänzen sich mit ihren Wirkstoffen.

Ackerschachtelhalm-Brühe: Von diesem Kraut, auch Zinnkraut oder Katzenschwanz *(Equisetum arvense)* genannt, werden 1 kg frische oder 150 g getrocknete Pflanzen 24 Stunden in 10 Liter Wasser eingeweicht. Am nächsten Tag läßt man diese Brühe etwa eine halbe Stunde lang leise kochen. Dann muß sie abkühlen und wird später durchgesiebt.

Vor dem Ausspritzen verdünnen Sie Ihre Schachtelhalm-Brühe mit der 5fachen Menge Wasser. Sie ist stark kieselsäurehaltig und wirkt vor allem vorbeugend gegen Pilzkrankheiten. Spritzen Sie Schachtelhalm bei trockenem Wetter, an sonnigen Tagen. Die vorbeugende Wirkung ist am stärksten, wenn die Spritzungen vom Frühling bis zum Sommer regelmäßig wiederholt werden. Bei akuter Gefährdung muß Schachtelhalmbrühe 3 Tage hintereinander angewendet werden.

Brennessel-Jauche und Schachtelhalm-Brühe können gemischt und gemeinsam versprüht werden. Sie können auch der Brennessel-Jauche eine Handvoll Katzenschwanzkraut hinzufügen.

Farnkraut-Jauche oder -Brühe: Dazu können Sie den Wurmfarn *(Dryopteris filix-mas)* und den Adlerfarn *(Pteridium aquilinum)* verwenden. Jeweils 1 kg frische oder 100 g trockene Pflanzen werden in 10 Liter Wasser angesetzt. Farnkraut-Jauche verwenden Sie unverdünnt als Winterspritzung. Sie wird direkt auf die Pflanzen oder Bäume gesprüht und hilft gegen Schild-, Schmier- und Blutläuse. Eine unverdünnte Spritzung aus Farnkraut-Jauche oder -Brühe kann auch gegen Rostbefall angewendet werden.

Adlerfarn-Jauche verdünnen Sie im Vorfrühling mit der 10fachen Menge Wasser und spritzen sie dann gegen Blattläuse. Während des übrigen Jahres benutzen Sie diese Jauche unverdünnt. Sie wird auf die Pflanzen und auf den Boden verteilt und wirkt dann auch gegen Schnecken. Adlerfarn besitzt einen hohen Kaligehalt und kann deshalb bei Kalimangel als Nährstoffausgleich wirken. Gießen Sie diese Jauche auch auf den Kompost. Beide Farnkräuter können ebensogut als Brühe angesetzt werden.

Rainfarn-Brühe, -Tee oder -Jauche: Der Rainfarn *(Tanacetum vulgare)* ist kein Farnkraut. Sein deutscher Name täuscht ein wenig; botanisch gehört die

Pflanze zu den Korbblütlern. 300 bis 500 g frische, blühende Pflanzen oder 30 g getrocknetes Kraut und 10 Liter Wasser werden entweder als Jauche, Brühe oder Tee angesetzt. Im Winter spritzen Sie diese Flüssigkeit unverdünnt auf die Pflanzen, im Sommer auf den Boden. Zur Nachblütenspritzung oder zur Herbstspritzung wird die Rainfarn-Brühe mit der 2fachen Menge Wasser verdünnt. Dieser Wildkräuterauszug wirkt allgemein gegen Ungeziefer, vor allem aber gegen Erdbeerblütenstecher, Erdbeermilben, Brombeermilben, Himbeerkäfer, Blattwespen, Rost und Mehltau.

Rainfarn wird im Volksmund auch Wurmfarn genannt, weil er als Hausmittel gegen Würmer Verwendung fand. Heute weiß man, daß das Kraut auch toxische Inhaltsstoffe hat und nicht ungefährlich ist. Achten Sie deshalb darauf, daß die Brühe nicht von Kindern getrunken wird.

Wermut-Jauche oder -Brühe stellen Sie aus 300 g frischem Kraut vom Wermut *(Artemisia absinthium)* oder 30 g getrockneter Droge und 10 Liter Wasser her. Im Frühling wird die Jauche unverdünnt gegen Blattläuse, Säulenrost an Johannisbeeren, Raupen und Ameisen auf die Pflanzen gespritzt.

Im Juni bis Juli wirkt der 3fach verdünnte Tee gegen Blattläuse und Apfelwickler. Im Herbst spritzen Sie die 2fach verdünnte Brühe gegen die Brombeermilben. Unverdünnte Spritzungen mit Wermut-Brühe oder -Tee sind auch zur Abwehr der Kohlweißlinge wirksam.

Tomaten-Auszug wird aus 2 Handvoll Blättern und ausgebrochenen Seitentrieben hergestellt. Zerdrücken Sie das frische Material und lassen Sie es in 2–3 Liter Wasser 3 Stunden ziehen. Dieser Pflanzenauszug wird alle 2 Tage mit der Gießkanne über die Kohlpflanzen gegossen zur Flugzeit der Kohlweißlinge. Er lenkt durch seinen intensiven Geruch die Falter ab.

Knoblauch-Zwiebel-Jauche stellen Sie aus 500 g Zwiebeln und Knoblauch her, die mit 10 Liter Wasser angesetzt werden. Die fertige Jauche wird 10fach verdünnt auf den Boden der Beete und auf Baumscheiben gegossen. Sie steigert die Abwehrkräfte gegen Pilzkrankheiten, vor allem bei Kartoffeln und Erdbeeren. Zwiebeln und Knoblauch können gemischt oder einzeln verwendet werden. Man kann auch noch die Blätter der schwarzen Johannisbeeren darunter mischen.

Zwiebelschalen-Jauche entsteht aus 20–50 g Schalen und grünem Röhrenlaub, die in 1 Liter Wasser 4–7 Tage durchziehen soll. Diese Jauche spritzen Sie gegen Milben und gegen Pilzkrankheiten, wie zum Beispiel die Tomaten- und Kartoffelbraunfäule.

Zwiebelschalen-Tee wirkt allgemein gegen Ungeziefer. Ein Teeaufguß aus 75 g gehackten Zwiebeln oder Knoblauchzehen und 10 Liter Wasser kann unverdünnt auf die Pflanzen und auf den Boden gespritzt werden. Er hilft gegen Erdbeermilben, andere Milben und Pilzkrankheiten.

Bei allen Zwiebel- und Knoblauchpräparaten spielt wahrscheinlich der hohe Schwefelgehalt der Pflanzen eine entscheidende Rolle.

Quassia-Brühe setzen sie mit 150 g Quassia-Bitterholz (aus der Apotheke) und 2 Liter Wasser an. Dann fügen Sie noch 2 Liter Schachtelhalm-Brühe hinzu und 10 Liter Wasser, in dem 250 g Schmierseife aufgelöst wurde. Diese Mischung kann vom Frühjahr bis zum Herbst unverdünnt auf die Pflanzen gespritzt werden. Sie wird gegen Blattläuse und andere tierische Schädlinge eingesetzt. Nur im Notfall verwenden! Das Mittel wirkt als Magen- und Ätzgift auf alle Insekten, also auch auf die nützlichen! Für Warmblütler ist Quassia ungiftig.

Schmierseifen-Lösung wird 2%ig angesetzt und gegen Läuse gespritzt. Achten Sie darauf, daß Sie in der Drogerie oder Apotheke reine Schmierseife erhalten! Je nachdem, wie stark und wirkungsvoll die Lösung sein soll, verrührt man 150–300 g Schmierseife in 10 Liter heißem Wasser. Nach dem Abkühlen unverdünnt ausspritzen.

Spiritus-Seifen-Lösung gewinnen Sie, wenn Sie 200 g Schmierseife in heißem Wasser auflösen und dann mit 10 Liter Wasser verdünnen. Fügen Sie noch ⅓ Liter Brennspiritus hinzu. Diese Mischung hilft gegen Läuse.

Schwefelleber-Seifen-Lösung wird hergestellt aus 50 g Schwefelleber (Hepar sulfuris, eine Mischung aus Netzschwefel, Pottasche und Kaliumkarbonat) und 10 Liter Wasser. Die Mischung wird gut durchgerührt und dann mit 3 Liter heißem Wasser vermischt, in dem 90 g Schmierseife aufgelöst wurde. Eventuell noch einmal mit 2–3 Liter Wasser verdünnen. Diese Brühe ist

Rainfarn gedeiht wild an sonnigen Wiesen- und Wegrändern.

Wurmfarn findet man an lichten Waldplätzen und manchmal sogar im eigenen Garten.

ein ungiftiges Mittel gegen Pilzbefall. Sie hilft gegen Schorf und Mehltau.

Wasserglas oder Natriumsilikat ist stark kieselsäurehaltig. Es wird in 0,5–2%iger Verdünnung angesetzt und für die Winterspritzung der Obstbäume verwendet. Im Sommer kann man die Lösung der vorbeugenden Pilzspritzung an Obstbäumen und Weinstöcken beimischen.

Theobaldsche Lösung wird zuerst in zwei Gefäßen angesetzt. Im ersten Eimer 1 kg Kalisalz (40%ig) in 3 Liter heißem Wasser auflösen und abkühlen lassen. Dann wird noch 100 g Natriumwasserglas in der Flüssigkeit verrührt. Im zweiten Eimer lösen Sie 1 kg gebrannten Kalk in 10 Liter Wasser auf. Schütten Sie diese »Kalkmilch« durch ein Tuch mit der Lösung des ersten Eimers zusammen und fügen Sie noch so viel Wasser hinzu, daß Sie zum Schluß 20 Liter Flüssigkeit haben.

Mit dieser Brühe spritzen Sie Ihre Obst- und Beerengehölze, bis sie vor Nässe triefen. Die Flüssigkeit bildet, wenn sie trocknet, eine harte Hülle um die Knospen. Sie schützt so vor Vogelfraß. Auch Larven, Eigelege und Insekten, die den Winter in der Rinde überlebten, werden getroffen.

Stäuben

Gesteinsmehl wird über die taufeuchten Pflanzen gestreut (nicht bei windigem oder regnerischem Wetter). Der feine Staub wirkt gegen Läuse und vorbeugend gegen Pilzerkrankungen. Diese Maßnahme sollte möglichst jede Woche wiederholt werden während der Hauptwachstumszeit. Ein Ring aus Steinmehl, um Gurken oder Salatpflanzen gestreut, hält Schnecken ab. Bei Regenwetter funktioniert diese Schädlingsabwehr allerdings nicht.

Algenkalk streut man gleichfalls über die Blätter der Pflanzen. Er fördert die Widerstandsfähigkeit gegen Insekten und Pilzerkrankungen, insbesondere gegen Schorf, Mehltau, Krautfäule, Kartoffelkäfer, Lauchmotte und Erdflöhe. Vorsicht: nicht bei kalkempfindlichen Gewächsen anwenden!

Holzasche stäubt man, ähnlich wie Steinmehl, morgens auf die taufeuchten Pflanzen. Sie wirkt gegen Läuse. Schnecken kann man mit einem Ring aus Holzasche rund um die Pflanzen abwehren. Die Asche ist kalkhaltig und deshalb nicht geeignet für Moorbeetpflanzen, wie zum Beispiel Azaleen und Hortensien.

Mechanische Abwehrmittel

Die mechanischen Mittel helfen mit, ganz bestimmte Schädlinge abzuwehren. Sie wirken sehr gezielt. Die meisten dieser Fangmethoden sind seit Generationen bekannt. Sie galten »im Zeichen des Fortschritts« als altmodisch, vielleicht auch deshalb, weil sie mit Arbeit verbunden sind. Im biologischen Garten weiß man wieder zu schätzen, daß Fallen, Netze und andere Mittel dieser Art keinerlei unerwünschte Nebenwirkungen haben!

Fallen stellt man vor allem auf, um Wühlmäuse zu fangen (siehe auch unter »Weitverbreitete Plagegeister«, Seite 106). Sie sind überall im Handel erhältlich. Zu den Fallen zählen aber auch im Boden eingegrabene Gläser, in denen man »wie früher« Käfer und vor allem Maulwurfsgrillen fängt, die sich aus diesen »Gruben« nicht mehr befreien können.

Auch die mit Bier gefüllten Schalen, in denen die Schnecken ertrinken, gehören zu den Tricks der Fallensteller. Feuchte Säcke, listig ausgelegte Bretter, große Blätter und ausgehöhlte Kartoffeln verwandeln sich ebenfalls in einen »Hinterhalt«, in dem sich Schnecken, Engerlinge und Tausendfüßler versammeln. Der Gärtner muß sie dann nur noch sammeln und – leider – umbringen. Sehr friedliche Menschen tragen sie fort – an Stellen, wo sie keinen Schaden anrichten.

Netze und Staniolstreifen sollen vor allem die Vögel von Obstbäumen und Beerensträuchern fernhalten. An die flatternden und blinkenden Bänder gewöhnen sich die Tiere aber schnell. Wirksamer sind Kunststoffnetze, die überall im Handel erhältlich sind. Schädliche Gemüsefliegen können durch feine Netze (z. B. Neudorffs Gemüsefliegennetz) von den Pflanzen abgehalten werden.

Leimringe sind Fallen für diejenigen Insekten, die an Baumstämmen auf- und abkriechen (zum Beispiel Frostspanner). Sie sind im Fachhandel zu kaufen.

Kohlkragen können Sie selber herstellen. Runde Scheiben aus Teerpappe werden an einer Stelle bis zur Mitte aufgeschnitten und dann als »Kragen« um die Stengel der Kohl-

Das Gemüsefliegennetz schützt vor schädlichen Fliegen und verhindert deren Eiablage.

Der Kohlkragen wehrt Kohlfliegen ab.

pflanzen gelegt. Die Kohlfliegen werden dadurch gehindert, ihre Eier am unteren Stengelteil abzulegen (Foto oben). Sie können die Stiele des Kohls auch mit einem Lehmbrei bestreichen. Der gehärtete Überzug hält die Kohlfliegen ebenfalls ab.

Zäune aus feinem Maschendraht rings um die Gemüsebeete halten die Hasen ab. Sie müssen mindestens 80 cm hoch sein, damit die Tiere sie nicht überspringen können.

Spezielle Schneckenzäune schützen gegen diese gefräßigen Schädlinge. Kleine Gärten oder einzelne Beete können damit eingefaßt werden. Im Handel sind verschiedene Modelle erhältlich (siehe auch Kapitel »Schnecken«, Seite 107).

Handarbeit kann im kleinen Garten viel dazu beitragen, Schädlinge in Grenzen zu halten. Sammeln Sie zum Beispiel Kartoffelkäfer oder Kohlweißlingsraupen regelmäßig ab. Wer rechtzeitig kranke Blätter (Mehltau) oder Früchte entfernt und vernichtet, schützt die Pflanzen vor Ansteckung.

Zur Handarbeit gehört auch der Wasserschlauch, mit dessen kaltem Strahl Sie Läuse von Pflanzen abspritzen können. Bei einem geringen Läusebefall sollten Sie die Tiere von den Blättern abstreifen und zwischen den Fingern zerdrücken. So schonen Sie wenigstens andere Lebewesen.

Biologische Pflanzenschutzpräparate im Handel

Der naturgemäße Gartenbau hat inzwischen so viele Anhänger gefunden, daß es sich auch für den Handel lohnt, spezielle biologische Präparate herzustellen und zu verkaufen. Die wichtigsten Bezugsquellen finden Sie im Anhang dieses Buches. Die folgende Tabelle zeigt Ihnen eine Auswahl käuflicher Pflanzenschutzmittel.

Bedenken Sie aber bei der Anwendung dieser Präparate stets: Auch »natürliches« Gift bleibt ein Gift. Mittel wie zum Beispiel die Pyrethrum-Produkte sollten nur in Notfällen eingesetzt werden. Sie belasten zwar nicht die Umwelt, reißen aber doch Löcher ins Netz des ökologischen Systems.

Eine wichtige Neuentwicklung wurde mit selektiv wirkenden Mitteln eingeleitet. Das Präparat »Neudosan« (siehe Tabelle) wirkt z. B. tödlich gegen verschiedene Schadinsekten, schont aber die Nützlinge. Selektive und vorbeugende Mittel entsprechen dem Anliegen des naturgemäßen Gartens.

Biologische Pflanzenschutzpräparate und Pflanzenstärkungsmittel

Produkt	Bestandteile	Wirkung direkt / vorbeugend
Mittel gegen Pilzkrankheiten		
Bio Blatt Mehltaumittel	Lecithin aus der Sojapflanze	stärkt die Widerstandskraft gegen Pilzerkrankungen, wirkt direkt gegen Echten Mehltau an Rosen und anderen Zierpflanzen sowie an Gurken; zugelassen von der Biologischen Bundesanstalt
Neudo-Vital	natürliche Fettsäuren und Pflanzenextrakte	stärkt die Widerstandskraft gegen Grauschimmel an Erdbeeren, Schorf an Äpfeln und Birnen, Kraut- und Braunfäule an Tomaten, Kraut- und Knollenfäule an Kartoffeln sowie Mehltau, Rost und Sternrußtau an Rosen.
Bio-S Ledax-san	Kräuterpräparate, u. a. aus Brennesseln, Schachtelhalm und Zwiebelgewächsen, hinzu kommt Netzschwefel	stärkt die Widerstandskraft gegen Pilzkrankheiten, besonders im Obstbau gegen Schorf
SPS	Wildkräuterpräparat, u. a. aus Hahnenfußgewächsen	vorbeugend, stärkt die Widerstandskraft gegen Pilz- und Viruskrankheiten
Cohrs Erdbeerpflegemittel	Kieselpräparat	vorbeugend, stärkt die Widerstandskraft gegen Grauschimmel-Fruchtfäule bei Erdbeeren
Equisan Neudorff's Schachtelhalm-Extrakt Cohrs Schachtelhalmpulver/Schnitt	Schachtelhalm	stärkt die Widerstandskraft gegen Pilzerkrankungen

Biologische Pflanzenschutzpräparate und Pflanzenstärkungsmittel

Produkt	Bestandteile	Wirkung direkt / vorbeugend
Mittel gegen Insekten und andere Tiere		
Cohrs Ameisen-streumittel	auf Kräuter- und auf Phytonzid-Wirkstoff-Basis	Vertreibung (keine Ausrottung) von Ameisen
Etermut Möhrenstreumittel	ätherische Duftstoffe verschiedener Wildkräuter, auf Phytonzid-Basis	Abwehr der Möhrenfliege
Bio Gemüse-Streumittel	Kiesel-Kräuterpräparat mit ätherischen Duftstoffen	zur Stärkung der Widerstandskraft und zur Abwehr verschiedener Gemüsefliegen
Dipel Neudorffs Raupen-spritzmittel	Bakterienpräparate (Bacillus thuringiensis), in Pulverform	gegen Raupen von Kohlweißlingen, Kohleulen und Kohlmotten; außerdem gegen Frostspanner, Gespinstmotte; von der Biologischen Bundesanstalt zugelassen
Kirschfliegenfalle	Leimfolien mit gelber Lockfarbe	gegen Kirschfruchtfliegen
Neudorffs Gelb-tafeln	beleimte Tafeln in gelber Lockfarbe	gegen Weiße Fliegen, Minierfliegen und Trauermücken im Gewächshaus
Neudorffs Raupen-leimring Fix-Fertig	insektizidfreier Leim	gegen Frostspannerweibchen
Neudorffs Obst-madenfanggürtel	witterungsbeständiger Wellpappgürtel	gegen Obstmaden (Larve des Apfelwicklers)
Promanal	Paraffinöl	Winter- und Austriebsspritzung gegen San-José-Schildlaus, Rote Spinne, Blut- und Schildläuse, Gespinstmotte, Frostspanner, Sitka-Fichtenlaus; von der Biologischen Bundesanstalt zugelassen
Quiritox	Pflanzenwurzeln, Johannisbrot, Cumarinderivat	gegen Wühlmäuse, schmerzlos, verhindert die Blutgerinnung; von der Biologischen Bundesanstalt zugelassen
Spruzit-Gartenspray Spruzit flüssig Ledax-wg Oscorna Insekten-schutz	Pyrethrum-Blütenextrakt (Nervengift für Kaltblütler und Insekten)	gegen Läuse aller Art, Weiße Fliegen, Spinnmilben, Fraßkäfer, Larven, Raupen, Erdflöhe
Spruzit-Staub	Pyrethrum-Blütenextrakt	Stäubemittel gegen Kartoffelkäferlarven, Erdflöhe, Läuse an Gemüsekulturen
Neudosan	Kaliumsalze natürlicher Fettsäuren	gegen Blattläuse, Sitkafichtenlaus, Weiße Fliegen, Spinnmilben; selektiv wirkendes Spritzmittel, nützlingsschonend!

Nützlinge per Post

Außer Spritz- und Stäubemitteln aus natürlichen Substanzen kann ein zeitweise von Schädlingen geplagter Biogärtner nun auch lebendige Gehilfen im Handel erwerben. Nützlinge, auf deren Erscheinen er bisher nur warten und hoffen durfte, kann er nun per Post bestellen! In der Hauptsache sind diese gefräßigen kleinen Helfer allerdings nur für den Einsatz im geschlossenen Gewächshaus, im Wintergarten und im Blumenfenster geeignet. Dort können sie sich nicht zerstreuen und fallen deshalb zielstrebig über die vorhandenen Schädlinge her. Florfliegen kann man auch im Freiland aussetzen. Folgende Nützlinge werden als natürliche Gegenspieler gezüchtet und verkauft:

- Räuberische Gallmücken (gegen Blattläuse)
- Schlupfwespen (gegen Weiße Fliege)
- Raubmilben (gegen Spinnmilben)
- Florfliegen (gegen Blattläuse und andere weichhäutige Insekten)
- Parasitäre Nematoden (gegen Gefurchte Dickmaulrüßler)

Im Fachhandel werden besondere Bestellgutscheine für Nützlinge angeboten, die der Gärtner ausfüllt und an die Züchterfirma schickt. Wenige Tage später erhält er seine kleinen Helfer samt einer genauen Gebrauchsanweisung per Post ins Haus geschickt. (Versandadressen für Nützlinge finden Sie im Anhang.)

Eine Raubmilbe frißt eine Spinnmilbe.

Biologische Pflanzenschutzpräparate und Pflanzenstärkungsmittel

Produkt	Bestandteile	Wirkung direkt / vorbeugend
Kombinierte Mittel gegen Pilzerkrankungen und Insekten		
Tannalgin	flüssiges Konzentrat aus Algen und Kräutern	vorbeugend, stärkt die Widerstandskraft gegen Pilzkrankheiten und Schadinsekten bei Koniferen, Rhododendren und anderen Immergrünen, auch bei Gemüse und Obst.
Ecomin	Silizium, Spurenelemente, verschiedene Naturmineralien	stärkt die Widerstandskraft gegen Pilzerkrankungen und Schadinsekten, ausgenommen Moorbeetgewächse
Bio-Myctan	Pyrethrum-Blütenextrakt und Lecithin	kombiniertes Mittel gegen Blattläuse und Spinnmilben sowie gegen Mehltau
Allgemein stärkende und pflegende Mittel		
Neudorffs Algan	Braunalgen-Extrakt, enthält 70 Spurenelemente	fördert gesundes Wachstum, stärkt die Widerstandskraft gegen Schadinsekten, Pilz- und Viruserkrankungen
Algifert-Plus-Flüssigextrakt	Konzentrat aus Nordmeeralgen, Heil- und Wildkräutern, organischen Düngemitteln	wirkt zellstärkend und gesundend, beugt Pilzerkrankungen und Schädlingsbefall vor
Cohrs-Kohlhernie-Vorbeuge	Meeresalgen, Mineralien, feinvermahlene Aschen	beugt der Kohlhernie vor
Cohrs-Tomaten-Pflegemittel	Wildkräuter, Naturmineralien, Meeresalgen	beugt Blattläusen, Pilz- und Viruserkrankungen vor
Cohrs-NAB-Plus-Mischung	feingemahlene Naturmineralien, verschiedene Meeresalgen, Netzschwefel	schützt vor Gallmilbenbefall und Schorf
Dr. Schaette Polymaris-Blütenwunder	Heilpflanzen, Meeresalgen, Hefen, Reifekompost, organische Düngemittel	Stärkung der Widerstandskraft und der Frostresistenz; fördert die Blütenbildung
Dr. Schaette Polymaris-Pflanzenkräftiger	Wildkräuterauszüge, Knoblauch, Zwiebeln, Reifkompost, Meeresalgen	erhöht Widerstandskraft gegen Pilzinfektionen, fördert Wurzelbildung und Wuchs
Neudorffs Koniferen-Balsam	natürliche Aminosäuren	Blattdüngung und Stärkung von Nadelgehölzen und anderen Immergrünen bei Umweltbelastungen, Frost, Trokkenheit und ungünstigen Standortbedingungen
Preicobakt Bio-Baumanstrich	pflanzlich-mineralische Natursubstanzen, u. a. natürliche kieselsaure Salze, Tonerden, Pflanzendrogen	Obst- und Beerensträucherpflege vorbeugend gegen Schädlinge und Frostrisse, Schutz vor Kaninchen und Knospenfraß

Biologische Maßnahmen gegen weitverbreitete Plagegeister

Unter den kleinen Plagegeistern, die selbst einem gutwilligen Gärtner das Leben manchmal zur »grünen Hölle« machen können, gibt es einige, die besonders weitverbreitet sind. »Was machen Sie gegen Schnecken?« oder: »Wissen Sie, wie man die Wühlmäuse wieder los wird?« Diese hilfesuchenden Fragen gehören beinahe überall zu den Standardgesprächen am Gartenzaun. Im Laufe der Zeiten wurden gegen diese hartnäckigen Mitbewohner im Gemüse- und Blumenparadies die verschiedensten Mittel erprobt. Ihre Wirksamkeit ist sicherlich auch von wechselnden Gartensituationen abhängig. Oft hilft eine Kombination mehrerer Präparate am besten. Sie müssen deshalb selber ausprobieren, womit Sie die größten Erfolge erzielen. Um Ihnen das Herumfragen und Suchen zu erleichtern, finden Sie in der folgenden Übersicht die wichtigsten Mittel gegen die drei großen Gartenplagen auf einen Blick.

Blattläuse

Es gibt zahlreiche, sehr unterschiedliche Läusearten. Während des Sommers gebären sie lebende Junge. Erst im Herbst legen die Weibchen Eier in Rindenritzen und an mehrjährigen Pflanzen ab. So überlebt die letzte Generation den Winter und schlüpft im nächsten Frühling aus. Durch ihre Saugtätigkeit entziehen die Läuse den Pflanzen Nährstoffe. Ihre zuckerhaltigen Ausscheidungen locken Ameisen an und einen Pilz, der dann den schwarzen Rußtau auf den Blättern bildet. Blattläuse übertragen auch Viruskrankheiten!

Vorbeugung: Gesunde, ausgewogene Ernährung der Gartenpflanzen, günstiger Standort, regelmäßige biologische Bodenpflege, Mischkultur mit läuseabwehrenden Kräutern (siehe Tabelle, Seite 94). Überdüngte Pflanzen mit auf-

getriebenem, weichem Gewebe sind besonders anfällig für Läusebefall. Aber auch schlechternährte »Kümmerlinge« sind gefährdet.
Natürliche Feinde: Marienkäfer, Schwebfliegenlarven, Florfliegenlarven, Schlupfwespen, Ohrwürmer, Vögel, Raubwanzen und Spinnen.
Sanfte Abwehr: Den Boden öfters lockern, kräftig gießen, die Tiere ablesen und zerdrücken oder befallene Blätter und Triebe ausknipsen. Eventuell mit scharfem Wasserstrahl abspritzen. Brennessel-Jauche oder flüssige Algendünger stärken die Abwehrkräfte. Als natürliche Spritz- und Stäubemittel wirken: Algenstaub, Asche, Gesteinsmehl sowie Spritzbrühen aus Brennesseln, Rainfarn oder Zwiebeln.
Harte Notwehr: Pyrethrum-Mittel, Quassia- oder Schmierseifen-Brühe. Besonders empfehlenswert: Das nützlingsschonende Präparat »Neudosan«.

Wühlmäuse

Man nennt sie auch Schermäuse, Erdratten und Wühlratten. Die Tiere werden 12–20 cm groß, haben eine gedrungene Kopfform und einen bis zu 20 cm langen Schwanz. Die Ohren sind fast im Fell verborgen. Das Haarkleid ist dunkelbraun bis gelbbraun gefärbt. Damit Sie die Wühlmaus nicht mit dem Maulwurf verwechseln, hier noch einige Unterscheidungsmerkmale:
Die Wühlmaushügel haben eine flachere Form als die Maulwurfshügel. Die Gänge der »Erdratte« besitzen glatte Wände ohne Wurzelreste, sie verlaufen gerade, ihr Durchmesser ist oval und gleicht einem stehenden Ei. In den Maulwurfsgängen hängen Wurzelreste, sie sind meist rundlich geformt, selten queroval, sie verlaufen in Biegungen oder Zickzacklinien. Wühlmausgänge werden von den Tieren immer nach außen verschlossen.
Die schädlichen Nager können in manchen Gegenden zu einer wahren Plage werden. Sie fressen die Wurzeln von Gemüsepflanzen und Obstgewächsen und nagen die Rinde von Obstbäumen und Rosen an. Wühlmäuse gehören auch zu den Überträgern von Infektionskrankheiten.
Vorbeugung: Mulchdecken in gefährdeten Gärten sorgfältig kontrollieren und möglichst flach halten.

Eine Waldohreule mit ihrer Beute. Eulen gehören auch zu den natürlichen Feinden der Wühlmäuse – wo sich die Gelegenheit dazu noch bietet.

Natürliche Feinde: Greifvögel, Waldkauz, Schleiereule, Wiesel, Iltis, Hauskatzen.
Sanfte Abwehr: Rund um den Garten oder um gefährdete Stellen Pflanzen setzen, die die Nager mit der empfindlichen Nase »nicht riechen können«: Kaiserkronen *(Fritillaria imperialis)*, Knoblauch, Wolfsmilch *(Euphorbia lathyris)*, Hundszunge *(Cynoglossum officinale)*, Schwarze Johannisbeeren, Narzissen *(La Riante)*, Sonnenblumen.
In die Gänge Substanzen legen, die einen abschreckenden Geruch ausströmen: Thujazweige, Nußbaumblätter, Knoblauchzehen, Fischköpfe. Holunderblätterjauche in offene Gänge gießen.
Flaschen schräg in die Erde eingraben. Darin erzeugt der Wind einen Pfeifton, der den feinen Ohren der Wühlmäuse unangenehm ist.
Noch wirksamer ist die folgende Geräuschbelästigung: Stoßen Sie eine kräftige Eisenstange an wühlmausgefährdeten Stellen in den Boden. Schlagen Sie mehrmals täglich mit dem Hammer auf das Metall. Der helle Klang und die gleichzeitig entstehende Druckwelle vertreiben die Wühlmäuse, wenn der Gärtner ausdauernd genug ist.
Zum Ausprobieren sei hier auch noch eine Erfahrung weitergegeben, von der einige Biogärtner berichten: Haare (z.B. vom Friseur) werden in die Gänge gelegt oder rund um gefährdete Pflanzen in die Erde vergraben: Wühlmäuse mögen diese Substanz offenbar nicht. Ein zusätzlicher Vorteil besteht darin, daß die verrottenden Haare den Boden düngen.
Harte Notwehr: Fallen aufstellen, die man in verschiedenen Ausführungen im Handel kaufen kann. Gehen Sie beim Aufstellen vorsichtig ans Werk, denn Wühlmäuse sind kluge Tiere, die empfindlich auf Menschengeruch reagieren. Sie sind bei der geringsten Witterung gewarnt. Ziehen Sie deshalb Handschuhe an oder reiben Sie ihre Hände mit Erde ein.

Pflanzliche Giftköder auslegen, zum Beispiel Quiritox. Das Cumarin, das in diesem Mittel enthalten ist, verhindert die Blutgerinnung. Die Wühlmäuse verbluten innerlich und sterben schmerzlos; sie verwesen nicht, sondern mumifizieren. Für andere Tiere, bedeuten sie bei sorgfältiger Anwendung keine direkte Gefahr. Trotzdem sollten die auf der Packung angegebenen Vorsichtsmaßnahmen genau eingehalten werden. Denn auch mit natürlichen Giften ist nicht zu spaßen!

Die früher angewendeten Radikalkuren, wie zum Beispiel die Abgase eines Zweirades in die Gänge zu lenken oder Mineralöl hineinzuschütten, verbieten sich in einem naturgemäßen Garten von selbst. Diese Umweltverseuchung steht in keinem Verhältnis zur Wühlmausvertreibung.

Versuchen Sie mit den vorher beschriebenen Mitteln möglichst gemeinsam mit Ihren Nachbarn gegen die gefräßigen Nager vorzugehen. Sonst wandern die Tiere aus den angrenzenden Gärten später wieder zurück.

Leider gibt es kein Allheilmittel gegen die Wühlmausplage. Die oft beschriebenen Abwehrpflanzen können z. B. nur eine »begleitende Rolle« spielen. Allein sind sie nicht in der Lage, die Mäuse von ihren begehrten Zielen fernzuhalten. Den größten Erfolg wird der Gärtner sicher dann haben, wenn er mehrere Abwehrmaßnahmen miteinander kombiniert.

Allen Jagdmethoden des Menschen überlegen ist ein mutiger Kater. Er kann sein Revier innerhalb weniger Monate räumen. Solange er aufpaßt, werden die Wühlmäuse nicht in größeren Mengen zurückkehren!

Schnecken

Es gibt sie in vielen Variationen. Im Garten plagen uns vor allem die Nacktschnecken. Zu ihnen gehören die großen roten, schwarzen oder braunen Wegschnecken und die kleinen weißgrauen, schwarzen oder braunen Nacktschnecken. Diese gefräßigen Tiere können sich in nassen Jahren

Schnirkelschnecken sind Kletterkünstler.

massenhaft vermehren und großen Schaden anrichten. Nachts und bei Regenwetter gehen sie auf Nahrungssuche. Sie fressen vor allem Jungpflanzen und zarte Triebe ab. Salat, Dahlien, Tagetes und Saatbeete sind besonders gefährdet. Die Schleimspuren verraten den Weg der Schnecken.

Gehäuseschnecken (Schnirkelschnekken mit gestreiften Gehäusen und die Große Weinbergschnecke) richten im allgemeinen weniger Schaden an. Die Weinbergschnecken fressen sogar die Eier der Nacktschnecken und tragen damit zur Schneckenregulierung bei.

Die Schnecken haben nicht nur die »Aufgabe«, den Gärtner zur Verzweiflung zu bringen, sie nehmen auch einen nützlichen Platz im ökologischen System ein. Die lautlosen Kriechtiere gehören zum »Gesundheitsdienst« im Garten. Wo immer verwesende Pflanzenteile oder tote Tiere am Boden liegen, da halten die Schnecken an und fressen die Reste auf. Dies sollte ein biologischer Gärtner bei all seinen Überlegungen und Abwehrmaßnahmen nicht vergessen!

Vorbeugung: Schneckenabwehrende Pflanzen als Zwischenkultur säen oder als Bodendecke ausbreiten, zum Beispiel Senf, Kapuzinerkresse, Farn- und Tomatenblätter.

Der Schneckenzaun (»Bio-Fix«) ist eine Schweizer Erfindung. Er besteht aus verzinkten Blechen, deren Oberkante ein besonders gebogenes Profil besitzt. Diese Kanten können nun die Schnecken nicht übersteigen. Mit einem solchen Zaun können gefährdete Kulturen oder ganze Gärten eingefriedet werden. Eine gute Hilfe für Grundstücke, die an feuchte Wiesen oder Waldränder grenzen.

Als deutsches Gegenstück wird »Neudorffs Intensiv Kultursystem« angeboten. Es besteht aus braunen Kunststoffelementen, die beliebig zusammengesteckt werden können. Auch bei diesem System hält eine abgewinkelte Kante Schnecken erfolgreich vom ge-

Der Schweizer Schneckenzaun »Bio-Fix« kann auch als geschütztes Frühbeet dienen.

schützten Innenraum ab. Diese Beetumrandung kann zusätzlich mit einem Folientunnel überdacht werden. So entsteht ein warmes Frühbeet, in dem die empfindlichen Jungpflanzen vor Schnecken sicher aufwachsen.

Der »emca-Schneckenzaun« besteht aus Plastikbändern, in die zwei dünne Drähte eingelassen sind. Eine kleine Batterie setzt sie unter schwachen Strom. Die Schnecken reagieren auf die Berührung wie die Kühe auf den elektrischen Weidezaun: Sie gehen dem unangenehmen Stromstoß aus dem Weg. Mit diesem Plastikzaun können Beete oder größere Gartenstücke eingefaßt werden.

Aus trockenem Sägemehl oder aus scharfem Sand können Sie Abwehrstreifen um besonders gefährdete Pflanzen auslegen.

Natürliche Feinde: Igel, Kröten, Blindschleichen, Eidechsen, Laufkäfer, Spitzmäuse, Vögel.

Beeteinfassungen mit Schneckenabwehrkanten – das Neudorff-Intensiv-Kultursystem ist vielseitig nutzbar. Auch ein Folientunnel gehört dazu.

Mehr oder weniger harte Notwehr: Der Schneckenfang ist fast immer unappetitlich und grausam.

Streuen Sie Kalk, Gesteinsmehl oder Holzasche rings um gefährdete Kulturen. Diese Methode hilft allerdings nur bei trockenem Wetter.

Stellen Sie Fallen. Holzbretter, feuchte Säcke, große Gemüseblätter, ausgehöhlte Pampelmusen oder Gurken und umgestülpte Salatköpfe eignen sich dazu. Unter diesen Ködern verkriechen sich die feuchtigkeitsliebenden Tiere am Tag. Sie können sie dort in großen Mengen einsammeln. Anschließend wird es allerdings schwierig. Wenn die Aktion einen Sinn haben soll, müssen die Tiere nun umgebracht werden. Manche »Praktiker« empfehlen, sie mit einer Schere oder einem scharfen Messer zu zerschneiden. Ich finde, diese Methode ist eines naturfreundlichen Gärtners unwürdig! Dies ist brutaler Mord, und man sollte das Gemetzel nicht mit »biologischem« Mäntelchen verbrämen. Das Überstreuen mit Salz ist mindestens ebenso grausam. Die Tiere lösen sich dabei qualvoll auf. Bleibt nur noch das Überbrühen mit kochendem Wasser. Dabei tritt der Tod wenigstens schnell ein.

Selbstgebaute Schneckenfalle: Plastikbecher mit frischer Bierfüllung.

Es soll aber auch Menschen geben, die sich die Mühe machen, ein Eimerchen voll Schnecken zum nächsten Wald- oder Wiesenstück zu tragen und dort auszuleeren. Ich berichte darüber ganz bewußt an dieser Stelle. Auf Europäer, die gewohnt sind »zweckmäßig« zu denken, mag diese kleine Rettungshandlung lächerlich oder doch zumindest übertrieben wirken. Für einen Buddhisten wäre sie dagegen die einzige akzeptable Möglichkeit. Denn für ihn gibt es keinen Unterschied zwischen einem kleinen oder einem großen Mord. Denken Sie als Natur-Gärtner zumindest einmal darüber nach!

Bierfallen nehmen Ihnen wenigstens das eigenhändige Umbringen ab. Graben Sie Quark- oder Joghurtbecher in die Beete ein. Sie werden am Abend zu zwei Dritteln mit frischem Bier gefüllt. Wichtig ist, daß die Tiere sich beim Trinken tief hinunterbeugen müssen! Schnecken aller Größen werden vom Hopfen- und Malzduft wie magisch angezogen. Sie ertrinken im Bier.

Im Handel werden auch serienmäßig hergestellte Schneckenfallen angeboten. Sie funktionieren nach dem gleichen Prinzip wie ein simpler Becher, sind aber durch ein Dach geschützt. So können Regengüsse den »Todestrunk« nicht verwässern. Auch für die schlichten Joghurtbecher empfiehlt sich eine einfache Abdeckung.

Alle Bierfallen müssen regelmäßig kontrolliert und gesäubert werden. Kippen Sie den Inhalt auf den Kompost.

Schneckenbrühe wird aus den mit heißem Wasser übergossenen Tieren hergestellt. Die Flüssigkeit bleibt 3 bis 4 Tage stehen, wird dann abgesiebt und mit der Gießkanne über die Beete gebraust. Der Extrakt aus den toten Tierleibern wirkt abschreckend auf alle Artgenossen.

Enten können, wenn sie abgerichtet sind, die natürlichste Schneckendezimierung betreiben: sie fressen sie auf. Geeignet sind dafür vor allem die indischen Laufenten. Jungpflanzen und Saatbeete muß man allerdings vor ihnen schützen. Größere Gewächse sind durch Entenschnäbel nicht mehr gefährdet. Wer Laufenten als »Schneckenpolizei« einsetzen möchte, der muß ihnen ein flaches Wasserbecken und einen schützenden Unterstand im Winter zur Verfügung stellen. Die Tiere sollen wenigstens zu zweit gehalten werden. Sie erreichen ein Alter von 15–20 Jahren und vertragen sich mit anderen Haustieren.

Achten Sie im Herbst auf die hellen perlrunden Schneckeneier in der Erde. Vernichten Sie diesen winterharten Schneckennachwuchs!

Der große Überblick

Gegen die wichtigsten Plagegeister haben Sie nun eine Fülle abwehrender Mittel kennengelernt. Sie können auswählen, welche Ihrer Mentalität und Ihren Gartenverhältnissen am meisten entgegenkommen. Aber damit sind natürlich noch nicht alle Probleme gelöst. Die folgende Tabelle soll Ihnen in kurzer, übersichtlicher Form Antworten auf die immer wieder gestellten Fragen geben: Welcher Schädling, welche Krankheit ist das? Was kann ich dagegen tun? Welche Präparate kann ich kaufen, welche selber herstellen? Dies ist der Versuch, die Mittel der biologischen Schädlingsabwehr einmal »auf einen Blick« übersichtlich darzustellen. Gleichzeitig soll die Tabelle Ihnen auch helfen bei der Erkennung der wichtigsten Krankheitsbilder und Schädlinge. Viele Fragen, die in der täglichen grünen Alltagspraxis auftauchen, können Sie mit Hilfe dieser systematischen Pflanzenschutz-Beschreibung hoffentlich selbst beantworten. Sie soll Ihnen vor allem das Suchen und Herumblättern in weitverstreuten Einzeldarstellungen ersparen. Denn wenn es einmal brennt, braucht auch ein Bio-Gärtner schnelle Hilfe!

Biologischer Pflanzen-Schutz

Krankheit oder Schädling	Daran erkennen Sie den Schaden	Besonders gefährdete Pflanzen	Vorbeugende Schutzmaßnahmen	Hausgemachter Pflanzen-Schutz	Biologische Pflanzenschutz-Präparate im Handel	Anwendung
Älchen oder Fadenwürmer (Nematoden) 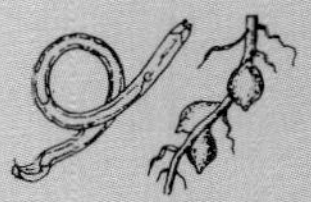	Abgestorbene Wurzeln; Mißbildungen an Stengeln, Wurzeln und Blättern.	Zierpflanzen, Kartoffeln, Möhren, Petersilie, Erdbeeren.	Mischkulturen, Mulchen, kein Unkraut wuchern lassen.	Studentenblumen *(Tagetes)* und Ringelblumen *(Calendula)* pflanzen.	Sperling's Gartendoktor (biologische Boden-desinfektion)	*Tagetes* und Gartendoktor können gezielt bei Befall eingesetzt werden.
Ameisen (Rasen- und Holzameisen) 	Abgebissene Wurzeln und Stengel, ausgegrabene Samen, vermehrte Blattlauskolonien.	–	Lavendel, Majoran und Thymianpflanzen; mit Tomatenblättern und Farnkraut mulchen.	Pflanzenjauche sprühen, Algenkalk stäuben, Fallen mit Honigwasser aufstellen, heißes Wasser auf die Nester gießen.	Cohrs-Ameisenstreumittel (Vertreibung, keine Ausrottung!); Spruzit-Präparate	Nur wenn Ameisen durch starke Vermehrung lästig werden. Sie erfüllen auch nützliche Aufgaben!
Asseln 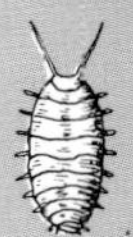	Fraßlöcher an Blättern, Stengeln und Wurzeln; abgenagte Keimlinge.	Keimende Saat	Spitzmäuse schonen, nichts Faulendes liegenlassen, Gesteinsmehl stäuben.	Fallen stellen: ausgehöhlte Kartoffeln, Bretter, feuchte Säcke.	Pyrethrum-Mittel	Nur in Notfällen spritzen!
Blattflecken-Krankheit 	Pilzerkrankung: helle bis bräunliche Flecken, die eintrocknen; Blätter sterben ab.	Sellerie, Tomaten, Chrysanthemen.	Mischkultur; Baldrianblüten-Extrakt oder Zwiebelschalen-Tee spritzen.	Tomaten mit Magermilch spritzen, Schachtelhalm-Tee drei Tage hintereinander sprühen, kranke Blätter und Pflanzen verbrennen.	Bio-S; Ledax-San; Cohrs-Tomaten-Pflegemittel; Neudo-Vital; Algen-Präparate.	Alle Spritzungen mehrfach wiederholen; Schachtelhalm bei feuchtem Wetter anwenden.
Blattläuse 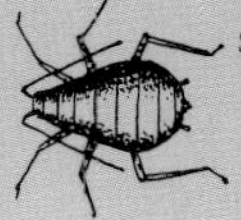	siehe »Biologische Maßnahmen gegen weitverbreitete Plagegeister«, S. 105					

Biologischer Pflanzen-Schutz

Krankheit oder Schädling	Daran erkennen Sie den Schaden	Besonders gefährdete Pflanzen	Vorbeugende Schutz-Maßnahmen	Hausgemachter Pflanzen-Schutz	Biologische Pflanzenschutz-Präparate im Handel	Anwendung
Blutläuse 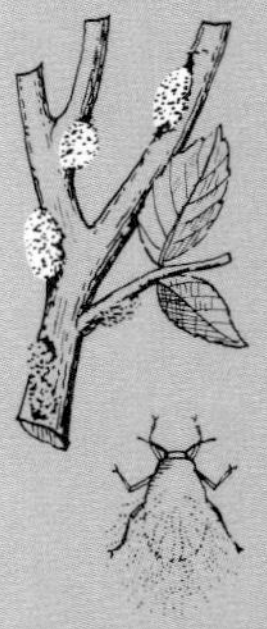	Unter wollig-weißen Wachsausscheidungen versteckte braune Läuse; beim Zerdrücken tritt ein braunroter Saft heraus. Rindenschäden und Wucherungen.	Apfelbäume, seltener Birne, Weißdorn, Rosen, Ulmen	Wahl widerstandsfähiger Sorten; Schlupf- und Zehrwespen schonen! Kapuzinerkresse auf Baumscheiben säen.	Abbürsten der Rinde, kranke Zweige ausschneiden, Farnextrakt oder Schmierseifen-Spirituslösung spritzen.	Preicobakt, Bio-Baumanstrich oder Ledax-Stamm; Winterspritzung mit Promanal; Neudosan	Öl (Promanal) vor dem Öffnen der Knospen spritzen, dabei auf Bienen Rücksicht nehmen!
Drahtwürmer (Larven der Schnellkäfer) 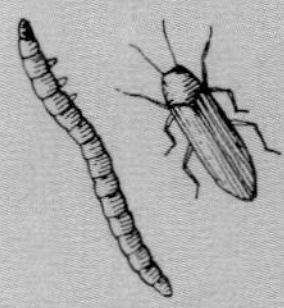	Abgefressene Wurzeln und junge Pflanzen, Fraßlöcher in Möhren und Kartoffeln.	Salat	Natürliche Feinde schonen: Maulwurf, Kröten, Spitzmäuse, Laufkäfer, Vögel; Boden locker halten.	Fallen auslegen: halbierte Kartoffeln oder Möhren; Salat als Fangpflanzen setzen.	–	Wenn die Salatpflanzen welken, vorsichtig ausgraben und Drahtwürmer fangen.
Engerlinge (Larven des Maikäfers) 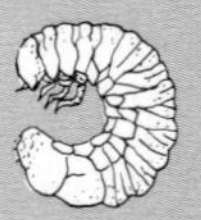	Abgefressene Wurzeln.	Salat, Erdbeeren, Rosen	Natürliche Feinde schonen: Stare, Spatzen, Igel, Maulwurf, Spitzmaus; Boden öfter hacken und locker halten.	Knoblauch als Zwischenfrucht pflanzen; Salat als Lockpflanze verwenden.	–	Drei Jahre lebt der Engerling im Boden, im vierten Jahr fliegt der Maikäfer aus. Er tritt nur noch selten in Massen auf.
Erbsenwickler 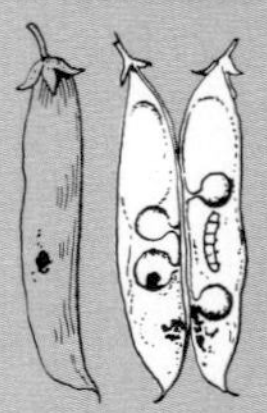	Angebohrte Früchte, Kothäufchen in den Schoten, zerfressene Samen durch eine kleine Schmetterlingsraupe.	Erbsen und Bohnen	Der Flugzeit (Mai bis Juni) ausweichen durch frühe oder späte Aussaat.	Algenkalk streuen.	Pyrethrum-Mittel	Abends spritzen, zweimal gegen Ende der Blütezeit.
Erdbeerblütenstecher 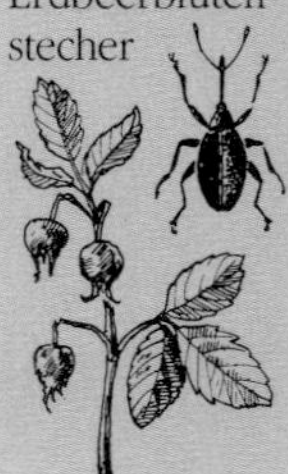	Blütenknospen vertrocknen und fallen ab.	Erdbeeren, Himbeeren, Brombeeren	Mulchen, im Frühling mit Farnkraut.	Kranke Knospen entfernen, Rainfarn-Tee spritzen.	Pyrethrum-Präparate	Rainfarn-Tee nach der Ernte auf Pflanzen und Boden sprühen; Handelspräparate sofort einsetzen, wenn der Schaden sichtbar wird.

Biologischer Pflanzen-Schutz

Krankheit oder Schädling	Daran erkennen Sie den Schaden	Besonders gefährdete Pflanzen	Vorbeugende Schutz-Maßnahmen	Hausgemachter Pflanzen-Schutz	Biologische Pflanzenschutz-Präparate im Handel	Anwendung
Erdflöhe 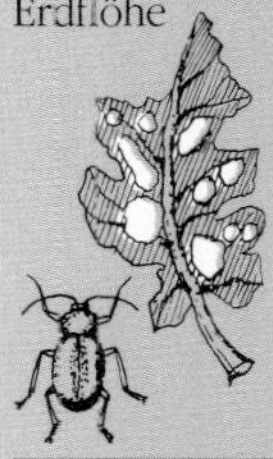	Löcher in den Blättern.	Kreuzblütler: Kohl, Kohlrabi, Radieschen, Rettiche	Boden feucht halten (bei Trockenheit beste Erdflohvermehrung!), Mulchen; Mischkulturen mit Salat und Spinat.	Wermut- oder Rainfarn-Brühe spritzen, Algenkalk oder Gesteinsmehl ausstreuen. Blühende Ginsterzweige zwischen die Reihen legen.	Pyrethrum-Mittel, Spruzit-Staub	Kräuterspritzungen zweimal wöchentlich bei Befall; die Pyrethrum-Mittel nur im Notfall.
Erdraupen (Larven mehrerer Eulenfalterarten) 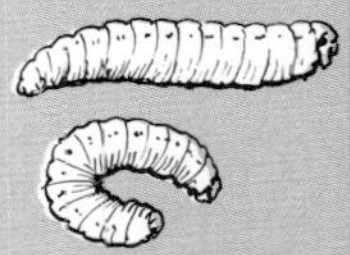	Die graubraunen dicken Raupen fressen nachts Wurzeln, Stengel und junge Blätter; typisch: ausgegrabene Tiere rollen sich zusammen!	Jungpflanzen von Salat und Kohl; außerdem Möhren, Schwarzwurzeln, Astern und andere Sommerblumen.	Erde um gefährdete Pflanzen öfter hacken; Raupen ausgraben und sammeln; Salat als Lockpflanzen setzen.	Rainfarn- und Wermut-Tee rund um die Pflanzen auf den Boden spritzen.	Bazillus thuringiensis-Präparate.	Alle Maßnahmen am besten abends, weil die Raupen im Dunkeln aus der Erde kommen.
Gespinstmotte 	Fraßschäden an Knospen und Blättern; Gespinste an den Blättern, in denen es von Räupchen wimmelt.	Apfel-, Quitten- und Pflaumenbäume	Vögel im Garten ansiedeln, Schlupfwespen schonen; Weißdorn anpflanzen, er zieht die Gespinstmotte an.	Gespinste herausschneiden, Raupen abschütteln; mit scharfem Wasserstrahl spritzen, mit Schmierseifen-Spiritus-Lösung spritzen.	Preicobakt, Bio-Baumanstrich oder Ledax-Stamm auf die Stämme streichen; Promanal spritzen; Bacillus thuringiensis-Präparate.	Preicobakt im Herbst und Frühling anwenden; Promanal, bevor sich die Knospen öffnen; Bacillus thuringiensis-Präparate bei akutem Befall.
Gitterrost 	Pilzerkrankung: orangegelbe Flecken auf den Blättern, im Herbst kleine Höcker mit faserigen »Gittern«.	Birnbäume (Zwischenwirte des Pilzes sind Zierwacholder!)	Wacholder im Garten beobachten, Spindel- oder keulenförmige Verdickungen herausschneiden.	–	Wacholder und Birnen bei Befall mit Bio-S oder Ledax-san spritzen.	Spritzungen nach 10–14 Tagen wiederholen.
Grauschimmel 	Grauer Schimmelbelag auf Blättern und Früchten; das Gewebe stirbt ab, es entstehen rotbraune Flecken.	Trauben, Erdbeeren, Himbeeren, Salat, Gurken, Geranien, Gladiolen, Tulpen, Alpenveilchen	Besondere Gefahr besteht in nassen Jahren; schwache Pflanzen werden zuerst befallen. Regelmäßige Bodenbearbeitung, luftiger Stand, Mulchen, gesunde Sortenwahl, Überdüngung vermeiden.	Mit Schachtelhalm-Jauche und Brennessel-Jauche gießen; mit Schachtelhalm-Brühe spritzen; Knoblauch als Zwischenkultur; kranke Pflanzenteile vernichten.	Algenpräparate, Bio-S, Bio-Blatt, Cohrs Erdbeerpflegemittel, Neudo-Vital oder Ledax-san spritzen.	Am besten vorbeugend!

Biologischer Pflanzen-Schutz

Krankheit oder Schädling	Daran erkennen Sie den Schaden	Besonders gefährdete Pflanzen	Vorbeugende Schutz-Maßnahmen	Hausgemachter Pflanzen-Schutz	Biologische Pflanzenschutz-Präparate im Handel	Anwendung
Johannisbeerrost oder Säulchenrost 	Pilzkrankheit; Zwischenwirte sind Kiefern, die dann blasige, orangefarbene Pusteln bekommen; an den Johannisbeerblättern bilden sich an der Blattunterseite gelbe Flecken und Pusteln, die Blätter fallen ab.	Schwarze Johannisbeeren, Stachelbeeren	Die Nachbarschaft von Kiefern meiden, Wermut als Nachbarpflanze.	Schachtelhalm-Tee und Wermut-Brühe spritzen.	Bio-S, Neudo-Vital und Ledax-san spritzen.	Wermut-Brühe im Frühling, Schachtelhalm-Tee öfter spritzen.
Kartoffelkäfer 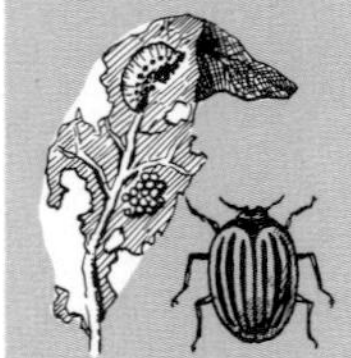	Blätter werden bis zum Stengel abgefressen.	Kartoffeln, seltener Tomaten, Bilsenkraut, Tollkirsche	Laufkäfer sind natürliche Feinde für Kartoffelkäfer und ihre Larven. Alle pflanzenstärkenden Maßnahmen, Humuspflege; gesunde Pflanzen werden kaum angegriffen.	Käfer und Larven absammeln, Blätter mit Algenkalk oder Gesteinsmehl überstäuben, Brennessel-Jauche.	Algenextrakte, Pyrethrum-Präparate, speziell Spruzit-Staub.	Vor allem vorbeugende Maßnahmen; Pyrethrum-Gift nur bei starkem Befall
Kartoffelschorf 	Pilzkrankheit: braune rissige Flecken an den Knollen.	Kartoffeln	Gesundes Saatgut, Bodenmüdigkeit vermeiden, Boden auf Kalkgehalt untersuchen lassen; zuviel Kalk fördert den Pilzbefall.	–	–	Nur vorbeugende Maßnahmen!
Kraut- und Knollenfäule 	Pilzkrankheit: braune Flecken auf Blättern und Stengeln, das Kraut stirbt ab; braungraue, eingesunkene Flekken auf den Knollen, darunter Fäulnis; auf Tomatenfrüchten braun-grüne bis schwärzliche Flecken, Früchte verhärten.	Kartoffeln, Tomaten, Paprika	Gesundes Saatgut, anfällige Sorten (Bintje!) meiden, befallene Pflanzenteile frühzeitig entfernen und vernichten; Tomaten- und Kartoffelbeete wegen der Ansteckungsgefahr möglichst weit auseinander halten.	Mit Brennessel-Brühe spritzen und gießen; Algenkalk und Gesteinsmehl stäuben, Tomaten mit Magermilch oder Knoblauch-Zwiebelschalen-Tee spritzen; mit Schachtelhalm-Brühe öfter vorbeugend spritzen.	Algenpräparate, Bio-S, Neudo-Vital oder Ledax-san spritzen.	Am besten vorbeugende Mittel; bei Befall Bio-S oder Ledax-san zwei- bis dreimal wöchentlich spritzen.

Biologischer Pflanzen-Schutz

Krankheit oder Schädling	Daran erkennen Sie den Schaden	Besonders gefährdete Pflanzen	Vorbeugende Schutz-Maßnahmen	Hausgemachter Pflanzen-Schutz	Biologische Pflanzenschutz-Präparate im Handel	Anwendung
Kirschfruchtfliege 	Maden im Fruchtfleisch; die Kirschen faulen.	Alle Kirschensorten, vor allem bei warmer Witterung (frühe Sorten weniger)	Frühe Sorten pflanzen, kranke Früchte sofort aufsammeln und vernichten, Baumscheiben mulchen.	Wermut-Tee spritzen (verhindert die Eiablage).	Kirschfliegen-Fallen aufhängen.	Wermut-Tee 3 Wochen nach der Blüte spritzen. Kirschfliegen-Fallen zur Flugzeit (Mai bis Juli) aushängen.
Kohlfliege, Kleine 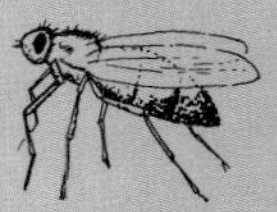 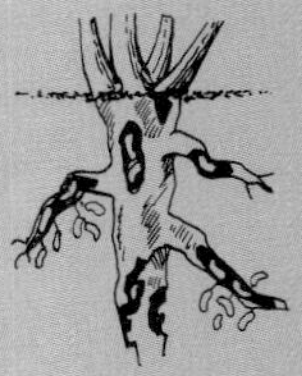	Fraßschäden der Maden an den Wurzeln und am Stengelhals; die Blätter werden schlapp, sterben ab.	Kohlgewächse, Rettiche, Rüben, Senf	Beim Pflanzen die Flugzeit der Kohlfliege (Ende April bis Anfang Mai) meiden, Jungpflanzen tief setzen und anhäufeln; Neudorffs Gemüsefliegennetz verwenden. Mischkultur mit Tomaten, Bio-Gemüsestreumittel ausstreuen.	Kohlkragen anbringen, Stengel mit Lehmbrei bestreichen, mit Kräuter-Jauche gießen, mit Holzasche, Gesteinsmehl oder Algenkalk bestreuen, infizierte Pflanzen vernichten; notfalls Schmierseifenbrühe spritzen.	–	Vor allem vorbeugende Maßnahmen ergreifen und junge Kohlpflanzen beobachten.
Kohlhernie 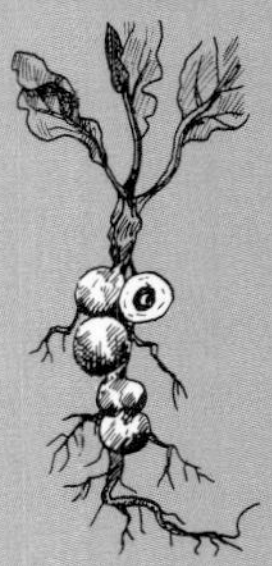	Pilzkrankheit: die Sporen bleiben jahrelang im Boden; Wucherungen und Knoten an den Wurzeln.	Kohlgewächse, Radieschen, Rettiche, Levkojen, Goldlack, zahlreiche wilde Kreuzblütler	Boden lockern, Mischkulturen, kalken, Algenkalk ins Pflanzloch; Setzlinge in Wurzelbad aus Schachtelhalm-Lehm-Brühe tauchen; Gründüngung ohne Kreuzblütler (kein Senf!), Zwiebeln und Lauch als Vorkultur, kranke Pflanzen vernichten.	Mit Schachtelhalm-Tee spritzen, mit Jauche aus Kohlblättern Jungpflanzen gießen.	Bio-S, Ledax-san, Cohrs-Kohlhernie-Vorbeuge spritzen.	Spritzmittel mehrfach in kurzen Abständen bei starkem Befall; mehrjährigen Fruchtwechsel einhalten.
Kohlherzdrehmücke 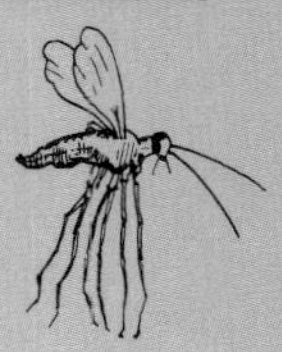	Fraßschäden durch die Mückenlarven; die Blätter krümmen und kräuseln sich, später Fäulnis.	Alle Kohlarten	Fruchtwechsel und Mischkultur, gute Bodenpflege, Kohlaussaat mit Algenkalk stäuben.	–	Pyrethrum-Präparate spritzen.	Im Notfall die Handelsmittel dreimal wöchentlich ins Herz der Jungpflanzen spritzen, während der Flugzeit, Ende Mai/Anfang Juni.

Biologischer Pflanzen-Schutz

Krankheit oder Schädling	Daran erkennen Sie den Schaden	Besonders gefährdete Pflanzen	Vorbeugende Schutz-Maßnahmen	Hausgemachter Pflanzen-Schutz	Biologische Pflanzenschutz-Präparate im Handel	Anwendung
Kohlweißling, Kleiner und Großer (Raupen) 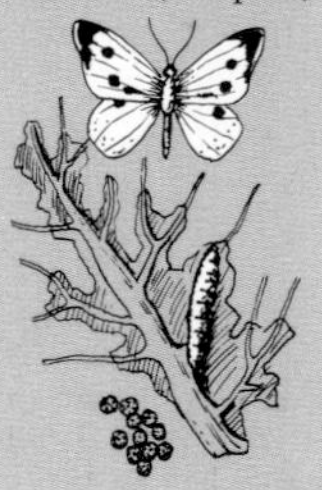	Die Blätter werden von den Raupen bis auf das Gerippe abgefressen.	Kohlarten, Raps, Rüben, Meerrettich, Levkojen, wilde Kreuzblütler	Schlupfwespen schonen, Mischkulturen mit Tomaten, Sellerie und Spinat, Bodendecke aus Ligusterzweigen.	Wermut-Tee und Tomatenblätter-Brühe spritzen, Algenkalk stäuben, Eier und Raupen ablesen.	Bacillus thuringiensis-Präparate spritzen, z. B. Dipel oder Neudorffs Raupenspritzmittel.	Die Handelspräparate bei starkem Befall direkt auf die Raupen spritzen; die biologischen Hausmittel vor allem vorbeugend anwenden.
Kräuselkrankheit 	Pilzkrankheit: Wucherungen an den Blättern, Kräuseln, verformte Triebe.	Pfirsichbäume	Kompost und Mulch auf die Baumscheiben, Kapuzinerkresse und Knoblauch unterpflanzen. Kranke Blätter vernichten.	Schachtelhalm-Tee und Brennessel-Jauche spritzen.	Bio-S, Neudo-Vital oder Ledax-san spritzen.	Schachtelhalm-Tee, Bio-S und Ledax-san bereits im Herbst über die Bäume und den Boden sprühen.
Lauchmotte 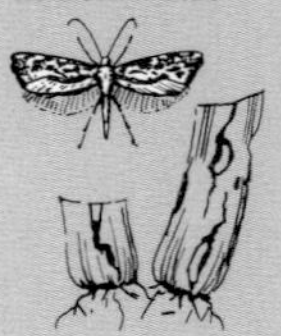	Fraßspuren an den Blättern, Fraßgänge im Inneren der Pflanze, Absterben der Herzblätter.	Lauch, Zwiebeln	Mischkultur mit Möhren und Sellerie; mit Schachtelhalm-Jauche gießen; Neudorffs Gemüsefliegen-Netz über die Jungpflanzen spannen.	Kranke Blätter zurückschneiden, Larven in den Gängen zerdrücken, mit Rainfarn-Tee spritzen.	Bacillus thuringiensis- oder Pyrethrum-Präparate spritzen.	Handelspräparate nur bei starkem Befall verwenden. Zurückschneiden ist sehr wirkungsvoll!
Maulwurfsgrille oder Werre 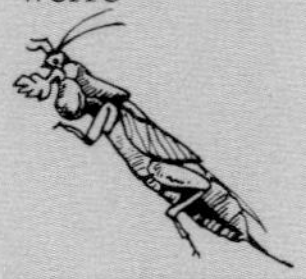	Wurzeln und Knollen werden abgefressen (auch nützlich: frißt Insekten und Würmer).	Vor allem junge Frühbeetaussaaten	Natürliche Feinde schonen: Spitzmäuse, Stare, Amseln, Maulwürfe.	Gänge ausgraben, Nester vernichten, Petroleumlappen in die Gänge legen, Gläser als Fallen ebenerdig eingraben.	Pyrethrum-Präparate	Pyrethrum-Gift nur im Notfall direkt in die Gänge gießen.
Mehltau, Echter 	Pilzerkankung: auch bei trockenem Wetter; mehliger Belag auf den Blättern, frühzeitiges Vertrocknen.	Gurken, Obstbäume, Stachelbeeren, Weinreben, Rosen, Zierpflanzen (Astern, Rittersporn, Phlox)	Mehltauresistente Sorten pflanzen, luftiger Stand, Überdüngung vermeiden.	Schachtelhalm-Tee oder Schwefelleber-Seifen-Lösung.	Bio-S, Bio-Blatt Mehltaumittel oder Ledax-san spritzen.	Kräuterpräparate möglichst vorbeugend anwenden, Bioblatt Mehltaumittel und Schwefelpräparate bei Befall.

Biologischer Pflanzen-Schutz

Krankheit oder Schädling	Daran erkennen Sie den Schaden	Besonders gefährdete Pflanzen	Vorbeugende Schutz-Maßnahmen	Hausgemachter Pflanzen-Schutz	Biologische Pflanzenschutz-Präparate im Handel	Anwendung
Mehltau, Falscher 	Pilzkrankheit: nur in nassen Jahren; weißgelbe Schimmelflecken auf der Blattoberseite, auf der Blattunterseite weißgrauer Pilzrasen.	Rosen, Reben, Kohlarten, Spinat, Zwiebeln, Salat, Kartoffeln, Tomaten	Boden lockern, luftiger Stand, resistente Sorten pflanzen, kranke Pflanzenteile vernichten.	Mit Brennessel-Jauche gießen, Schachtelhalm-Tee spritzen.	Bio-S oder Ledax-san spritzen; Algenpräparate, Neudo-Vital.	Schachtelhalm-Tee und Handelspräparate öfter vorbeugend spritzen.
Möhrenfliege 	Rotbraune Fraßgänge in den Wurzeln; Möhren stinken, Blätter verfärben sich und sterben ab.	Möhren (seltener Petersilie, Sellerie, Pastinake Kerbel, Dill, Kümmel)	Mischkultur mit Zwiebeln, Lauch, Schnittlauch, Knoblauch; offene, windige Lage, kein Mist, frühe Aussaat, Bio-Gemüsestreumittel, Etermut Möhrenstreumittel; Neudorffs Gemüsefliegennetz spannen.	Starkduftende Kräuter (Rainfarn, Dill, Lavendel) zwischen die Reihen legen; mit Kräutertees oder mit Knoblauch-Zwiebel-Brühe überbrausen.	Etermut	Etermut und Bio-Gemüsestreumittel von Mitte Mai bis August über die Reihen streuen im Abstand von 2–3 Wochen; Zwiebel-Knoblauch-Brühe beim Auflaufen der Saat.
Monilia 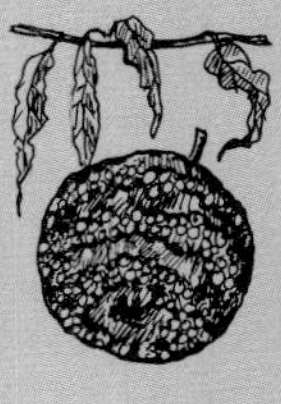	Verbreitete Pilzkrankheit: Zweige trocknen ein, Früchte zeigen gelb-braune Ringe, trocknen wie Mumien ein.	Kern- und Steinobst	Meerrettich auf die Baumscheiben pflanzen; krankes Obst vernichten, kranke Zweige herausschneiden.	–	Bio-S oder Ledax-san spritzen.	Möglichst bei den ersten Anzeichen oder vorbeugend spritzen.
Mosaik-Virus 	Helle, gelbliche oder auch dunkle Blattflekken, mosaikartig gescheckt; manchmal Beulen im Blatt.	Gurken, Kürbis, Melonen, Zucchini, Kartoffeln, Blumenkohl, Bohnen	Auf virusfreie Jungpflanzen und virusresistente Züchtungen achten; Blattlausabwehr, die Tiere übertragen Viren; Werkzeuge sorgfältig reinigen. Kranke Pflanzen vernichten.	Magermilch-spritzungen	–	Magermilch-spritzungen haben nur begrenzt vorbeugende Wirkung; direkte Maßnahmen sind unmöglich.

Nematoden: 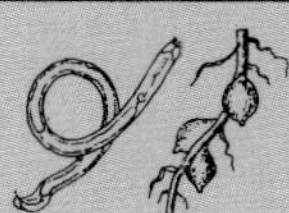 siehe Älchen

Biologischer Pflanzen-Schutz

Krankheit oder Schädling	Daran erkennen Sie den Schaden	Besonders gefährdete Pflanzen	Vorbeugende Schutz-Maßnahmen	Hausgemachter Pflanzen-Schutz	Biologische Pflanzenschutz-Präparate im Handel	Anwendung
Nematoden: Siehe Älchen						
Obstmade (Apfelwickler) 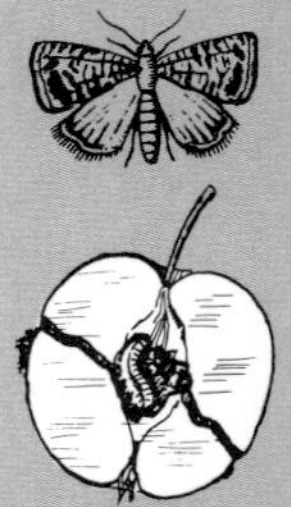	Zuerst kleine Eier auf den Früchten, später Madengänge im Fruchtfleisch und Kerngehäuse, Kothäufchen am Eingangsloch.	Äpfel	Nützlinge schützen: Vögel, Fledermäuse, Schlupfwespen; Fallobst sofort entfernen, Rindenpflege; Neudorffs Obstmaden-Fanggürtel oder am Stamm 20 cm über dem Boden Wellpappkragen als Fallen anbringen (darin verkriechen sich die Raupen des Wicklers), kontrollieren, verbrennen.	Wermut- und Rainfarn-Tee oder Schmierseifen-Brühe spritzen.	Bacillus thuringiensis-Präparate oder Pyrethrum-Mittel spritzen.	Wermut- und Rainfarn-Tee vorbeugend spritzen; der Geruch irritiert die Insekten bei der Eiablage; Handelspräparate nur bei akutem Befall.
Pflaumenwickler 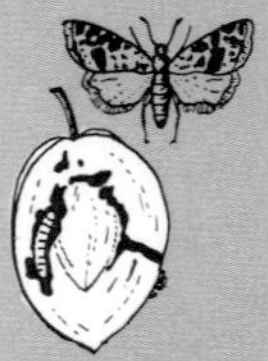	Loch in der Außenhaut, Fraßspuren in den Früchten, Kot in den Gängen; Pflaumen fallen ab.	Pflaumen und Zwetschen	Vögel im Garten heimisch machen.	Kranke Früchte sammeln.	Pyrethrum-Mittel spritzen.	Handelspräparate im Abstand von 10 Tagen mehrmals spritzen; beste Zeit die der Eiablage von Mai bis Juni oder im Juli/August.
Rost 	Pilzkrankheit: rostbraune Flecken auf den Blättern.	Sellerie, Erbsen, Bohnen, Rosen, Johannisbeeren, Pflaumen	Gesunde Sortenwahl, Mulchen, Mischkultur.	Kranke Blätter sammeln und vernichten; mit Schachtelhalm-Brühe spritzen.	SPS, Neudo-Vital	Schachtelhalm-Spritzung öfter wiederholen, möglichst vorbeugend.
Rote Spinne 	Milbenkolonien auf den Blattunterseiten, bräunliche Verfärbung; das Gewebe zerfällt, die Blätter fallen ab.	Obstbäume	Natürliche Feinde schonen (keine chemische Spritzung): Raubmilben und Raubwanzen; alle biologischen Pflegemaßnahmen wirken vorbeugend: Kompost, Steinmehl, Mulchen, Brennessel-Schachtelhalm-Brühe.	Kranke Pflanzenteile vernichten; mit kaltem Wasserstrahl bei Sonne abspritzen, danach mit Schachtelhalm-Rainfarn-Wermut-Brühe spritzen; Seifen-Spiritus-Brühe.	Neudosan oder Pyrethrum-Präparate spritzen, Winterspritzung mit Promanal, Baumanstrich mit Preicobakt, Bio-Baumanstrich oder Ledax-Stamm.	Pyrethrum-Präparate nur bei akutem Befall (z. B. bei Umstellung eines Gartens); Wintermittel vorbeugend anwenden.

Biologischer Pflanzen-Schutz

Krankheit oder Schädling	Daran erkennen Sie den Schaden	Besonders gefährdete Pflanzen	Vorbeugende Schutz-Maßnahmen	Hausgemachter Pflanzen-Schutz	Biologische Pflanzenschutz-Präparate im Handel	Anwendung
Rußtau 	Pilzkrankheit: im Spätsommer schwärzlicher »Ruß«-Belag auf Blättern und Früchten; entsteht auf dem Honigtau der Blattläuse, auch im Gefolge der Weißen Fliege; Ameisen fördern die Ausscheidungen der Blattläuse!	Obstbäume, Johannisbeeren, Rosen (Es entsteht kein ernsthafter Schaden, nur das Aussehen leidet.)	Läuse und Weiße Fliege rechtzeitig abwehren.	–	–	–
Rutenkrankheit 	Pilzerkrankung: violette oder rotbraune Flecken an den Zweigen; die Triebe trocknen ein.	Himbeeren	Himbeeren als Waldpflanzen behandeln: saure Bodenreaktion, Mulchen, möglichst mit Laub, Stroh oder Rindenmulch, gleichmäßig feucht halten; dichten Wuchs vermeiden, abgetragene Ruten regelmäßig zurückschneiden.	Abwechselnd Schachtelhalm-, Brennessel-, Kamillen-Brühe spritzen, mit etwas Wermut; kranke Zweige ausschneiden und vernichten; evtl. Standort wechseln.	Preicobakt, Bio-Baumanstrich oder Ledax-Stamm spritzen; Neudo-Vital.	Pflanzenbrühe zu Beginn der Krankheit im Abstand von 14 Tagen spritzen; Handelspräparate vorbeugend im Frühling und Herbst anwenden.
Schildläuse 	Krusten aus dem festen »Schild« der Läuse an Zweigen und Stämmen, Saugschäden.	Obstbäume, vor allem Zwetschge, Äpfel, Birnen	Stammanstrich	Stämme abbürsten.	Preicobakt, Bio-Baumanstrich, Ledax-Stamm; Promanal, Pyrethrum-Präparate Neudosan.	Stammanstrich und die Winterspritzung mit Weißöl wirken vorbeugend; Pyrethrum-Präparate nur bei akutem Befall.
Schnecken 	siehe »Biologische Maßnahmen gegen weitverbreitete Plagegeister«, S. 106					

Biologischer Pflanzen-Schutz

Krankheit oder Schädling	Daran erkennen Sie den Schaden	Besonders gefährdete Pflanzen	Vorbeugende Schutz-Maßnahmen	Hausgemachter Pflanzen-Schutz	Biologische Pflanzenschutz-Präparate im Handel	Anwendung
Spinnmilben, gemeine 	Kleine, weiße Flecken und feinstes Gespinst auf der Blattunterseite; bei Erdbeeren auch Verkrüppelung von Blättern, Blüten und Knospen.	Bohnen, Gurken, Kürbisgewächse, Erdbeeren, Chrysanthemen, Hortensien, Rosen, Stockrosen, Gewächshauskulturen	Natürliche Feinde schonen: Raubmilben, Raubwanzen; Kompost, Mulchen; Erdbeeren in Mischkultur mit Knoblauch, Lauch oder Zwiebeln; Brennessel-Schachtelhalm-Brühe spritzen; Gewächshäuser lüften.	Schachtelhalm-Rainfarn-Wermut-Brühe spritzen.	Neudosan oder Pyrethrum-Präparate spritzen; Raubmilben einsetzen, vor allem in Gewächshäusern (siehe: Nützlinge per Post, S. 104).	Pyrethrumpräparate nur bei akutem Befall; sonst vorbeugend allgemeine biologische Maßnahmen.
Sternrußtau 	Pilzkrankheit: runde, schwarzbraune Flecken auf den Blättern, Blattabfall.	Rosen	Kranke Blätter entfernen; naturgemäße Bodenpflege und Düngung.	Holzasche ausstreuen, Schachtelhalm-Tee spritzen.	Bio-S, SPS, Neudo-Vital, Ledax-san, Dr. Schaette Polymaris-Blütenwunder	Hausgemachte Mittel und Handelspräparate möglichst vorbeugend anwenden, bei Befall mehrmals hintereinander.
Schwarzbeinigkeit, Umfallkrankheit 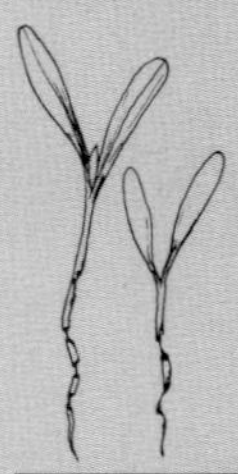	Verschiedene Pilzinfektionen: dunkle Einschnürung am Stengelende; Pflanzen fallen um und sterben ab.	Kohl, auch Salat, Gurken, Tomaten, vor allem Sämlinge und Jungpflanzen	Sorgfältige Saatbeetvorbereitung mit Reifekompost und Steinmehl; gesundes Saatgut, nicht zu dicht säen und pflanzen, Frühbeete ausreichend lüften, Fruchtwechsel.	Schachtelhalm-Tee spritzen.	Bio-S, Ledax-san, Algenextrakte spritzen.	Schachtelhalm-Tee, Bio-S und Ledax-san auf die Erde und auf die Sämlinge spritzen; Algenpräparate über die Sämlinge gießen.
Tausendfüßler 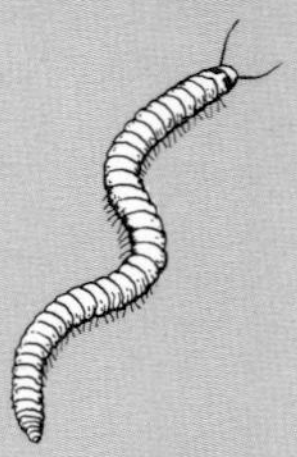	Fraßstellen an Pflanzen und Früchten.	Erdbeeren, Gurken, Blumen	Gesteinsmehl über die Pflanzen stäuben.	Fallen stellen und die Tiere sammeln; halbierte Kartoffeln oder umgestülpte Blumentöpfe.	–	Tausendfüßler sind nützliche Humusbildner. Schädliche Vermehrung nur bei andauernd nassem Wetter

Biologischer Pflanzen-Schutz

Krankheit oder Schädling	Daran erkennen Sie den Schaden	Besonders gefährdete Pflanzen	Vorbeugende Schutz-Maßnahmen	Hausgemachter Pflanzen-Schutz	Biologische Pflanzenschutz-Präparate im Handel	Anwendung
Thrips (Blasenfuß) 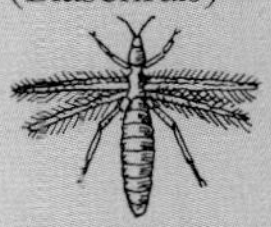	Helle, scheckige Flecken auf den Blättern, Unterseite schmierig.	Erbsen, Zwiebeln, Lauch, auch Gladiolen; besonders bei warmem Wetter	Fruchtwechsel, luftiger Stand, gleichmäßige Feuchtigkeit, früher Aussaattermin.	–	Pyrethrum-Präparate	Vor allem vorbeugen durch biologische Kulturmaßnahmen.
Weiße Fliege (auch Kohlmotte) 	Kolonien weißgeflügelter Insekten an den Blattunterseiten, Saugflecken; Rußtau als Folge der Honigausscheidung.	Besonders in Gewächshäusern, Frühbeeten und an Zimmerpflanzen: Tomaten, Gurken, Fuchsien, Geranien, Primeln; im Freiland: Kohl	Für gute Lüftung sorgen.	Mit Rainfarn-Tee spritzen; im Gewächshaus Schlupfwespen oder Gelbtafeln einsetzen (siehe S. 104).	Pyrethrum-Mittel oder Neudosan spritzen.	Pyrethrum-Präparate nur bei starkem Befall, dann mehrmals hintereinander im Abstand von 10 Tagen. Schonender: Neudosan.
Wühlmaus 	siehe »Biologische Maßnahmen gegen weitverbreitete Plagegeister«, S. 106					
Zwiebelfliege 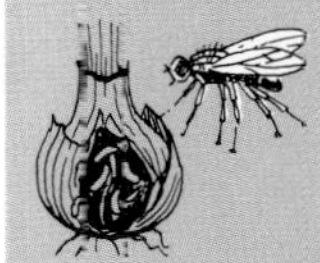	Maden zerfressen die Zwiebeln und die Röhrenblätter von innen; anschließend Fäulnis.	Zwiebeln, Lauch, Knoblauch	Mischkultur mit Möhren, stark »riechende« Dünger meiden, späte Aussaat, Bio-Gemüse-Streumittel ausstreuen, frühzeitig Neudorffs Gemüsefliegen-Netz auslegen.	Algenkalk oder Gesteinsmehl über Steckzwiebeln stäuben; Kräutertees (Rainfarn, Wermut) spritzen; kranke Pflanzen vernichten.		Flugzeit der Fliege (Mitte April bis Mai) bei der Aussaat umgehen; Tee zweimal wöchentlich ausbringen.

Vorbeugen ist besser als Spritzen

»Nun kann mir im biologischen Garten nichts mehr passieren. Auch im giftfreien Anbau darf ich ja notfalls zur rettenden Spritze greifen.« So werden Sie vielleicht beruhigt denken, nachdem Sie die zahlreichen natürlichen Abwehr-Maßnahmen gegen Schädlinge studiert haben.

Machen Sie sowenig wie möglich Gebrauch davon, möchte ich Ihnen dagegen raten, obgleich ich alle diese Mittel sorgfältig für Sie zusammengestellt habe: denn Vorbeugen ist immer besser als Spritzen! Deshalb folgt dieser Abschnitt, der im logischen Zusammenhang am Beginn des Schädlingskapitels stehen müßte, erst an dieser Stelle. Er soll Sie davor bewahren, wieder unbewußt in die Rolle des »Herrschers« im Garten zu verfallen.

Machen Sie sich als naturgemäßer Gärtner immer wieder klar: Was ich verhüten kann, brauche ich nicht zu bekämpfen. So wandelt sich der Pflanzenschutz wirklich wieder zum Schutz der Pflanzen. Wer die biologischen Anbaumethoden konsequent durchführt, der betreibt gleichzeitig die wirkungsvollste Schädlings- und Krankheitsabwehr. Denn alle diese Maßnahmen zielen darauf ab, gesunde Verhältnisse zu schaffen, in denen starke widerstandsfähige Pflanzen gedeihen. Die meisten Schädlinge aber sind Schwächeparasiten. Sie können sich nur dort stark vermehren, wo sie schwache »Angriffsflä-

Die richtige Pflanzenauswahl und ein günstiger Standort tragen bereits zum gesunden Wachstum und damit zum vorbeugenden Pflanzenschutz bei.

chen« vorfinden. Diese Voraussetzungen bieten zum Beispiel überdüngte Pflanzen mit aufgeschwemmtem Gewebe, aber auch Gewächse, die sich durch engen, dunklen Standort nur kümmerlich entwickeln.

Vorbeugender Pflanzen-Schutz besteht im biologischen Garten nicht in negativen Reaktionen, sondern vor allem in positiven Maßnahmen:

Bodenpflege ist im wahrsten Sinn des Wortes die »Grundlage« für gesundes, kräftiges Wachstum. Wer die dazu gegebenen Anleitungen befolgt, der wird das Pflanzenschutz-Kapitel nicht allzu oft um Rat fragen müssen.

Mischkulturen helfen mit, Schädlinge abzuwehren und die Kulturpflanze stark und widerstandsfähig zu machen. Monokulturen sind dagegen für Schädlinge »ein gefundenes Fressen«. Sie können sich dort besonders stark vermehren. Natürliche Feinde finden im »Einheitsfeld« oft keine Lebensmöglichkeiten. Einseitige Spezialkulturen schaffen auch die Voraussetzungen für Spezialisten unter den ungebetenen »Mitessern«.

Harmonische Düngung bewirkt auch harmonisches Wachstum. Überdüngung (vor allem durch Stickstoff) schwächt die Pflanzen ebenso wie Nährstoffmangel. Eine ausgewogene Nahrungsversorgung gehört zu den Voraussetzungen eines gesunden Pflanzenlebens. Kompost, Mulchdekken, Steinmehl und Pflanzenjauchen sind milde Düngemittel, mit deren Hilfe ungesunde Extreme vermieden werden.

Der richtige Standort trägt gleichfalls zu einer guten Entwicklung bei. Achten Sie deshalb im Garten auf die Ansprüche, die die verschiedenen Gewächse an die Licht-, Wärme-, Feuchtigkeits- und Bodenverhältnisse stellen. Pflanzen Sie keine Schattenstauden in die volle Sonne und keine lichthungrigen Gewürzkräuter in finstere Ecken. Beschäftigen Sie sich erst ein wenig mit den Lebensgewohnheiten der Pflanzen, die Ihnen anvertraut sind. Und geben Sie dann »jedem das Seine«. So vermeiden Sie Fehlentwicklungen. Mancher Schädling wird dann vergeblich auf der Lauer liegen, um einen Schwächling zu entdecken.

(Praktische Hinweise für die Standortwahl finden Sie im zweiten Teil des Buches bei allen Pflanzenbeschreibungen, sowohl im Gemüse- als auch im Ziergarten).

Gesundes Saatgut und richtige Sortenwahl schaffen von Anfang an besssere Voraussetzungen für eine kräftige Entwicklung der Pflanzen. Samen und Pflanzen aus biologischem Anbau haben eine bessere Qualität als solche aus Monokulturen. Samenzüchter, die auf naturgemäße Methoden spezialisiert sind, produzieren allerdings nur in kleinem Rahmen. Entsprechend selten wird echtes »Bio-Saatgut« angeboten. Verwenden Sie aber zumindest Samen, die nicht chemisch gebeizt sind (Hinweise und Adressen finden Sie im Bezugsquellenverzeichnis). Achten Sie auch auf neue Sorten, die speziell gegen Krankheitsanfälligkeit gezüchtet wurden: zum Beispiel mehltauresistente Salat-, Gurken- oder Asternsorten.

Wählen Sie Gemüse-, Obst- und Blumenarten so aus, daß sie zum Klima Ihres Wohnortes passen. Wärmebedürftige Kulturen führen in rauhen Hö-

henlagen meist nur zu Enttäuschungen, Bergpflanzen gedeihen dagegen ausgesprochen schlecht in milden Tiefebenen und nährstoffreichen Böden.
Wenn Sie diese einfachen, logischen und doch so wichtigen Voraussetzungen beachten, gehen Sie manchem Ärger und manchem Mißerfolg aus dem Weg. Wenn dann extreme Witterungsverhältnisse oder eine längere Abwesenheit durch Reisen Ihren Garten doch einmal aus dem Gleichgewicht bringen, dann können Sie sich guten Gewissens mit einem der vielen Präparate aus dem Schädlingskapitel helfen. Es handelt sich dann wirklich um Hilfs-Mittel, nicht mehr und nicht weniger.

Der integrierte Pflanzenschutz

Hinter diesem auf den ersten Blick etwas undurchsichtigen Doppelbegriff verbirgt sich eine Art Übergangszone vom chemischen zum biologischen Pflanzenschutz. Die integrierte Methode kombiniert verschiedene Verfahren: gesundheitsfördernde Kulturmaßnahmen, Schutz und direkter Einsatz der Nützlinge, biologische Mittel, biotechnische Mittel und chemische Präparate. Chemische Spritzmittel werden nur gezielt eingesetzt. Sie sollen möglichst so zusammengesetzt sein, daß die Nützlinge geschont werden. Sogenannte »systemische Mittel« wirken nur auf bestimmte Lebewesen giftig, für alle anderen bedeuten sie keine Gefahr. Hinzu kommt, daß im integrierten Pflanzenschutz auf möglichst niedrige Giftmengen und auf eine möglichst geringe Zahl der Spritzungen geachtet wird.
Das Ziel dieser kombinierten Methode ist es, die »Schadschwelle« möglichst niedrig zu halten. Der integrierte Pflanzenschutz ist deshalb vor allem für den Erwerbsanbau von Bedeutung. Der Versuch, auf diese Weise von den ebenso teuren wie gefährlichen Giftgewohnheiten loszukommen, ist sicherlich begrüßenswert. Zeichen des Umdenkens und der Mäßigung machen sich hier bemerkbar. Die Suche nach einem vernünftigen, gangbaren Weg wird auch in der Definition deutlich, die Professor Franz und Dr. Krieg in ihrem Buch »Biologische Schädlingsbekämpfung« zur Situation des integrierten Pflanzenschutzes geben:
»Eine ideale Schädlingsbekämpfung besteht heute nicht mehr darin, möglichst viele Krankheitserreger und Schädlinge in möglichst kurzer Zeit (gewöhnlich mit chemischen Mitteln) abzutöten. Vielmehr versucht man, den Systemcharakter unserer Umwelt auszunutzen; das heißt, daß sich nicht mehr alle Maßnahmen allein nach dem Schädling ausrichten, sondern nach der übergeordneten Lebensgemeinschaft, somit nach den dort lebenden Tieren, den dort wachsenden Pflanzen sowie nach den dort wirkenden unbelebten Faktoren wie Klima oder Boden. Die Steuerung der Schädlingspopulation soll vor allem verhindern, daß diese die ›wirtschaftliche Schadensschwelle‹ oder ein anderes, vom Menschen gesetztes Niveau überschreitet.

Insektenfallen gehören zum integrierten Pflanzenschutz.

Dabei ist es wesentlich, daß sich die Einzelmaßnahmen nicht gegenseitig stören und daß man die im Öko-System schon vorhandenen begrenzenden Tendenzen erhält und fördert.«
Hier wird ganz deutlich: Die Erkenntnis, »wir sitzen alle im gleichen ökologischen Boot« und der Wunsch nach möglichst hohem Gewinn in der Landwirtschaft sollen mit Hilfe des integrierten Pflanzenschutzes unter einen Hut gebracht werden.
Damit das jeweils günstigste Mittel eingesetzt werden kann, werden die Kulturen – meist sind es Obstanlagen – ständig kontrolliert und beobachtet. Sowohl von Schädlingen als auch von Nützlingen machen die Mitarbeiter Stichproben. Sie sammeln die Tiere an bestimmten Stellen und zählen sie aus. So wird eine Überschreitung der Schadschwelle festgestellt. Gleichzeitig weiß man aber auch, ob natürliche Feinde vorhanden sind, deren Einsatz miteinkalkuliert wird. Die Zahlen des Warndienstes lösen allerdings bei ganz bestimmten Werten Alarm aus. Für den Apfelwickler wird es zum Beispiel schon gefährlich, wenn 1–2 frische Einstiche pro 100 Früchte entdeckt werden. Dann muß der Erwerbsanbauer bereits etwas unternehmen, damit der Schädling nicht weiter um sich greifen kann.
Sie merken schon, der integrierte Pflanzenschutz mit seinen kombinierten Maßnahmen und seiner am Gewinn orientierten Schadschwelle hat für den biologischen Privatgärtner keine direkte Bedeutung. Im kleinen Garten ist es viel sinnvoller, die naturgemäßen Methoden konsequent anzuwenden. Es geht ja nicht um möglichst hohe, sondern um möglichst gesunde Ernten. Der integrierte Pflanzenschutz bedeutet deshalb in diesem Buch nur eine theoretische Information für den biologisch arbeitenden Gartenfreund. Er sollte zumindest wissen, worauf diese Methode beruht, und er sollte diese Erkenntnis auch, wo immer es möglich ist, an interessierte Mitmenschen weitergeben. Für Bauern und Erwerbsgärtner eröffnen die kombi-

nierten, möglichst giftarmen Methoden einen Weg, der ein Stück weiter in eine gesündere Zukunft führt.
Zum Schluß – nach so vielen Worten über die Schäden, die der Mensch nicht hinnehmen will – noch ein paar Gedanken über diejenigen Lebewesen, die den Garten mit uns teilen und die so oft den größeren Schaden erleiden. Der Schutz unserer »kleinen Brüder« ist selbst im integrierten Pflanzenschutz wieder zu Ehren gekommen. Man wird nicht mehr belächelt, wenn man Vögel, Ameisen oder gar Würmer als Bundesgenossen betrachtet. Diese »Ehrfurcht vor dem Leben« müssen wir uns allerdings immer wieder von neuem erwerben. In einem alten Büchlein aus dem Jahre 1855 fand ich, daß die Gärtner früherer Zeiten auch nicht immer geduldige Engel waren.
»Der Saat, den Knospen und den Früchten des Kirschbaumes sind bei uns besonders gefährlich der Spatz und Fink. Sie sind unermüdete Insektenjäger, besonders zur Zeit, in der sie Junge haben. Als Baumzüchter möchte ich sie nicht vertilgt wissen, auch nicht als Oekonom und Forstmann. Während mir ersterer etliche Pfund Kirschen frißt, und letzterer mir den Winter durch und im Frühling (er thut es ja blos aus Noth) einige Fruchtaugen von den Bäumen aushackt, würden mir ohne sie die Raupen den ganzen Baum kahl fressen.
›Wenn du drischest, sollst du dem Ochsen das Maul nicht verbinden‹, sagt Moses. Und ich sage dir: Wenn dir diese Vöglein das ganze Jahr hindurch nützen, und der Fink dich dazu noch so erfreut mit seinem Gesang, so sollst du ihnen zur Zeit der Ernte auch den Schnabel nicht zubinden oder sie gar tödten; es wäre Undank. … Er hat ein Recht, unter deinem Dache zu wohnen, in deinen Gärten sich zu nähren. Lasse es ihm, er hat es von Gott, daß er sei der Beschützer deiner Bäume, Garten- und Feldgewächse. Du darfst nicht fürchten, daß er in Unzahl heranwachse, so du ihn schonest; es gibt noch Unverstand genug, der ihm und seiner Brut an's Leben geht.«

Biologisch für Fortgeschrittene

Ein Koch, der die Regeln der Soßenzubereitung, des Fleischbratens und des Salatmixens erlernt hat, kann später die erprobten Rezepte nach eigenem Geschmack abwandeln. Eine Schneiderin, die die Grundschnitte beherrscht, darf sich auch an raffinierte Modelle heranwagen. Ähnlich ergeht es auch einem Gärtner, der eine Zeitlang seine praktischen Erfahrungen mit der naturgemäßen Gartenmethode gemacht hat. Er kann, nachdem er die Lehrjahre hinter sich hat, als »Fortgeschrittener« auch einmal Versuche machen, die über die »normalen Alltagsgewohnheiten« hinausgehen. Die Beteiligung an solchen Experimenten ist natürlich ganz freiwillig. Jeder sollte so gärtnern, wie es seinem ganz persönlichen Lebensgefühl entspricht. Die folgenden Beispiele sind nur als Anregung gedacht. Sie eröffnen einige neue Ausblicke, die über den eigenen Gartenzaun hinausweisen. Sie zeigen: Wir haben noch längst nicht alle Geheimnisse zwischen Himmel und Erde entdeckt. Es bleibt noch vieles zu erforschen. Natur und Garten halten noch ein weites Versuchsfeld bereit.

Säen und pflanzen im Zeichen des Mondes

Wer in den Mond schaut, hat normalerweise das Nachsehen. Im biologischen Garten verhält es sich umgekehrt: Wer nach dem Mond Ausschau hält, gewinnt einen Vorsprung im Pflanzenwachstum! Diese Erkenntnis ist nicht neu. Es gehört zu den Jahrhunderte alten Bauerntraditionen in vielen Ländern der Erde, bei der Aussaat »nach dem Mond zu sehen«. Dabei spielte es immer eine Rolle, ob es sich um Früchte über oder unter der Erde handelte. Ihre Wachstumsrhythmen waren nach der Überzeugung alter Bauernkalender mit dem auf- und absteigenden Mond eng verbunden. Der Engländer Thomas Tusser beschrieb diese Wechselwirkung zwischen Himmels- und Erdkräften in seinem Handbuch für die Landwirtschaft, das 1515 erschien:

»Sä' Erbsen und Bohnen,
wenn der Mond abnimmt,
der sie früher sät,
der sät sie zu früh,
daß sie mit den Planeten
ruhen und aufgeh'n,
gedeihen und tragen
in Fülle und Weisheit.«

Nachdem diese alten Bauernregeln einige Zeit vergessen und ins Reich des Aberglaubens abgeschoben worden waren, griffen Gärtner und Wissenschaftler unserer Tage sie wieder auf. Vor allem die Anthroposophin Maria Thun hat jahrzehntelang mit Aussaaten nach den verschiedenen Mondphasen experimentiert. Sie beobachtete dabei den Lauf des großen Nachtgestirns durch die Tierkreiszeichen. Das ist der sogenannte siderische Umlauf. Frau Thun stellte in zahlreichen Versuchsreihen fest, daß es einen Zusammenhang zwischen dem Wachstum der Pflanzen und den zum Zeitpunkt der Aussaat wirksamen Planetenstellungen gibt. Praktisch bedeutet dies: Wer genau zum Zeitpunkt der günstigsten Mond-Tierkreis-Konstellation sät oder pflanzt, der kann mit reichen Ernten rechnen. Ein solcher Mond-Gärtner macht sich die kosmischen Kräfte für die Erde nutzbar.
Frau Thun unterteilt die Pflanzen des Gartens nach vier charakteristischen Merkmalen: die Blattgewächse, die Fruchtgewächse, die Wurzelgewächse und die Blütengewächse.
Jede dieser Gruppen ist drei Tierkreiszeichen zugeordnet:

- Blattgewächse: Fische, Krebs, Skorpion.
- Fruchtgewächse: Widder, Löwe, Schütze.
- Wurzelgewächse: Stier, Jungfrau, Steinbock.
- Blütengewächse: Zwilling, Waage, Wassermann.

Die Grafik zeigt symbolisch die Beziehung zwischen bestimmten Tierkreiszeichen und den Pflanzengruppen: Blattgewächse, Fruchtgewächse, Wurzelgewächse und Blütengewächse.

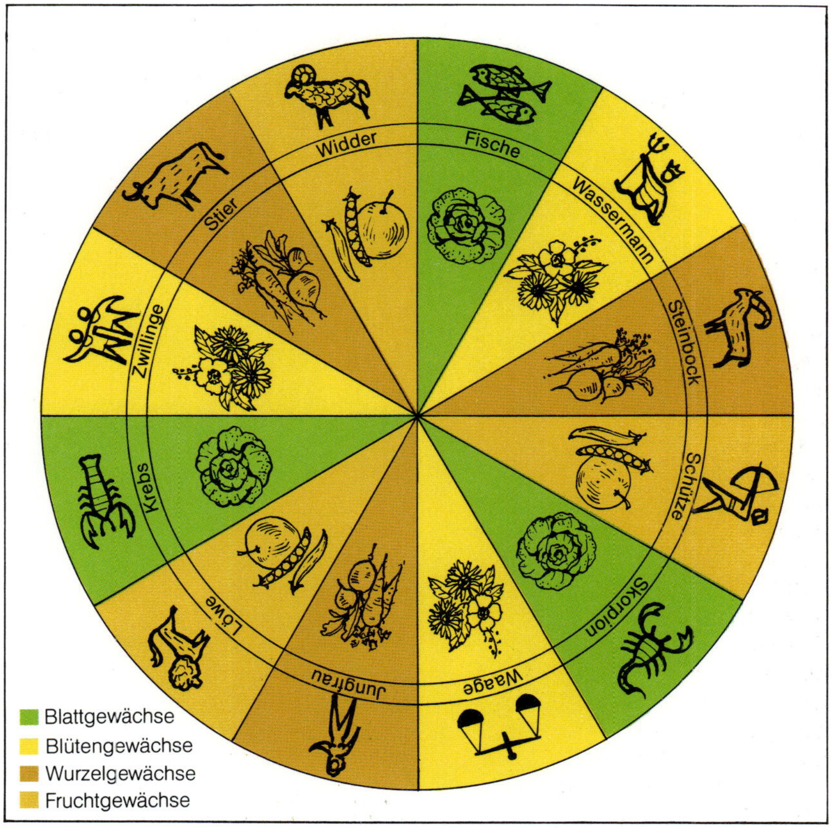

Wenn der Mond im Sternbild der Fische steht, sollten also Blattgewächse gesät oder gepflanzt werden. Sie gedeihen dann besonders gut, weil sie von der günstigsten kosmischen Strahlung getroffen werden. Sie stehen im wahrsten Sinn des Wortes unter einem guten Stern. Da der Mond nur ein bis zwei Tage in einem Tierkreiszeichen verweilt, wechseln sich die Saattermine der vier Pflanzengruppen ständig ab.

Zu den Blattgewächsen gehören: Salat, Spinat, Kohl, Kräuter, Lauch, Kohlrabi. Zu den Fruchtgewächsen gehören: Gurken, Bohnen, Tomaten, Erbsen, Erdbeeren, Obst. Zu den Wurzelgemüsen gehören: Möhren, Sellerie, Rüben, Rote Bete, Radieschen, Kartoffeln. Zu den Blütengewächsen gehören: alle Blumen. Wichtig ist, daß am Tag der günstigsten Sternkonstellation die Erde auf dem Beet, das gerade bepflanzt werden soll, noch einmal durchgeharkt und »bewegt« wird. Der Boden ist dann besser bereit, den »kosmischen Impuls« aufzunehmen.

Wer sich mit dieser Methode einmal näher beschäftigen oder danach arbeiten möchte, der besorge sich die jährlich neu erscheinenden »Aussaattage« von Maria Thun. In dieser Broschüre sind die monatlichen Sternkonstellationen und die dazugehörigen Saat-Termine in einem Kalendarium verzeichnet. Bereichert wird die Lektüre durch Erfahrungsberichte aus der »Mondforschung«. (Zu beziehen über die im Anhang genannten Firmen mit biologischem Spezialversand und über den Buchhandel.)

Es gibt übrigens inzwischen zwei Doktorarbeiten, die sich mit dem Einfluß der Sternkonstellationen auf das Pflanzenwachstum beschäftigen (Abele, Universität Gießen, 1973 und Graf, TH Zürich, 1977). Sie bestätigen die Versuchsreihen von Maria Thun zum Teil. Ein ganz wichtiges Ergebnis dieser Arbeiten ist die Erkenntnis: Eine deutliche Beeinflussung durch kosmische Konstellationen zeigt sich nur auf biologisch-dynamisch oder auch auf biologisch-organisch gepflegten Böden. Konventionell bearbeitete Gärten reagieren offenbar auf solche sensiblen Impulse nicht.

Keine Hexerei: Kompostkräuter selbst gemixt

Mit viel gesundem Menschenverstand hat die Engländerin May E. Bruce ein eigenes Rezept für »Schnellkompost« entwickelt. Das wichtigste dabei ist ein Präparat, das die Rotte beschleunigt. Miss Bruce nennt es einen »Aktivator«. Diese »Spritze« für den Kompost besteht aus einem Kräuterpulver, das biologische Gärtner, die über Erfahrung und Fingerspitzengefühl verfügen, leicht selber herstellen können. Die naturliebende Engländerin hat es dankenswerterweise allen interessierten Mitmenschen zugänglich gemacht. Sie brauchen zur Herstellung vor allem Wildkräuter: Wilde Kamille *(Matricaria chamomilla)*, Löwenzahn *(Taraxacum officinale)*, Baldrian *(Valeriana officinalis)*, Schafgarbe *(Achillea millefolium)*, Brennessel *(Urtica dioica)*, sowie Eichenrinde *(Quercus robur)* und reinen Bienenhonig.

Die Pflanzen können Sie selber sammeln oder im Garten ziehen. Sie werden am Vormittag, nachdem der Tau getrocknet ist, geschnitten und dann im Backofen bei höchstens 35°C langsam getrocknet. Reiben Sie die Blätter anschließend durch ein feines Haarsieb, und bewahren Sie das Pulver – von jedem Kraut einzeln – in Schraubgläsern auf. Die rauhe äußere Eichenrinde zerkleinern Sie am besten auf einer Küchenreibe und sieben sie an-

schließend durch. Vermischen Sie schließlich noch den Honig mit Milchzucker (aus der Apotheke oder Drogerie). Ein Tropfen Honig wird mit einem gestrichenen Teelöffel voll Zukker verrührt, bis sich die Substanzen ganz verbunden haben.

Für eine Vorratsmischung stellen Sie alle Zutaten zu gleichen Teilen zusammen: zum Beispiel von jedem Kraut und vom Honig-Milchzucker je einen Teelöffel voll. Vermengen Sie alles gründlich in einem Porzellanmörser, und bewahren Sie Ihre fertige Kräutermixtur dann in einem verschlossenen Schraubglas auf. Für den Gebrauch im Garten nehmen Sie nach der Empfehlung von Miss Bruce soviel von Ihrem gemischten Pulver »als sich auf ein Zehnpfennigstück häufen läßt in einem halben Liter Regenwasser«. Füllen Sie die Mixtur in eine Flasche, schütteln Sie alles gut durch, und lassen Sie die Flüssigkeit noch 24 Stunden stehen.

Dann können Sie Ihren fertig aufgesetzten Kompost mit dem Kräuter-Aktivator impfen. Bohren Sie mit einem Stock in Abständen von 30–60 cm rundherum tiefe Löcher in den Haufen. In jede Öffnung gießen Sie sechs Eßlöffel voll Kräuterbrühe und stopfen alles wieder mit feiner, trockener Erde fest zu. Der Kompost verrottet nach dieser anregenden »Spritze« besonders schnell und harmonisch.

Weitere Hinweise für diese Methode, die jeder erfahrene Gärtner ausprobieren kann, finden Sie im Literaturverzeichnis am Ende dieses Buches. Der Kräuter-Aktivator ist übrigens unter dem Namen Humofix-Schnellkompostpulver auch im Handel als fertiges Präparat zu kaufen. (Zu beziehen u. a. von der Abtei Fulda.)

Kein Garten gleicht dem andern; überall sind die Wachstumsbedingungen ein wenig anders. Deshalb sollte jeder Gärtner auch Mut zu eigenen Experimenten haben.

Im Kreis gärtnern

Die Energien der Erde versucht ein Amerikaner mit seinem System des »Circle Gardening«, des Gärtnerns in Kreisen anzuzapfen. Mister Langham legt alle seine Beete kreisrund an. Die Ränder werden leicht aufgeschüttet, in der Mitte entsteht eine Mulde. Alle Kulturpflanzen sollen in diesem fast magischen Rund besonders gut gedeihen. Der amerikanische Experimentier-Gärtner ist davon überzeugt, daß die runde Vertiefung in jedem Beet eine Verbindung zum Energiefeld der Erde schafft, »so daß selbst der leiseste Windhauch, der den Rand des Kreises streift, einen Energiewirbel verursacht, der die Pflanzen füttert«. Zur Theorie des Kreis-Gartens gehört auch die Überzeugung: »Wachstum ist Energie, die sich in Spiralen durch die lebenden Pflanzen bewegt mit Kreiseln von wechselnder Geschwindigkeit. Die Idee des Kreisgärtners besteht darin, ein Energie-System in Zusammenarbeit mit der Natur zu schaffen.«

Auf den ersten Blick mögen Ihnen solche Überlegungen und Experimente als »Spinnerei« erscheinen. Wir Menschen des »aufgeklärten Westens« sind es nicht mehr gewöhnt, unsichtbare Kräfte als Realität anzuerkennen. Sie liegen auch weitgehend außerhalb unseres »normalen« Erfahrungsbereichs – nicht, weil es sie nicht gibt, sondern weil wir nicht mehr mit ihnen umgehen können.

Ich habe im Sommer 1979 hoch im Norden von Schottland den berühmten Garten von Findhorn besucht. Dort hat eine Gruppe von Menschen, die nach Wegen geistiger Erneuerung sucht, ein paar hundert Quadratmeter sandige Stranddünen in schwarzen, fruchtbaren Humus verwandelt. Dies geschah mit Hilfe einer sehr irdisch-handfesten Methode:

Die Findhorn-Leute bereiten einen hervorragenden Kompost, der zum Teil aus frisch gesammelten Nordmeeralgen besteht. Gleichzeitig sind diese Menschen, die aus allen Alters- und Berufsgruppen stammen, davon überzeugt, daß man auch geistige Kräfte »gewinnen« kann: für das Gedeihen der Pflanzen ebenso wie für die Entwicklung der Menschen. In Findhorn beginnt jede Gartenarbeit mit einer kurzen Meditation, bei der die Menschen sich an den Händen fassen und ein geschlossenes Rund bilden. Auch in diesem schottischen Garten wird an manchen Stellen der Kreis als besonderes Kraftfeld benutzt. So ist zum Beispiel die Mitte des Kräutergartens – nach einem sehr alten Klostergartenplan – ringförmig angelegt.

Um kranke oder besonders empfindliche Pflanzen legt man einen schützenden Kreis aus kleinen Kieselsteinen. Er soll schädliche Einflüsse fernhalten.

Wer mit offenen Sinnen durch die Gärten von Findhorn geht, spürt, daß eine eigenartige Intensität »in der Luft liegt«, eine Ausstrahlung, die man als Realität empfinden, aber nicht unmittelbar mit dem Verstand erklären kann.

Die vollkommene, geschlossene Kreisform hat in allen Hochkulturen der Welt stets eine tiefe symbolische Bedeutung gehabt. Symbole sind aber keine dekorativen Zeichen, sondern sichtbare Kurzformeln für verborgene Wirklichkeiten. Symbole haben Auswirkungen.

Betrachten Sie einmal 10 Minuten lang ganz in Ruhe das Bild eines japanischen Gartens: ein paar Steine, Wellenlinien im Sand, eine zerzauste Kiefer, viel Leere, viel Stille. Sie werden nach einiger Zeit zu spüren beginnen, daß die wenigen »Zeichen« dieses Gartens etwas »ausstrahlen«. Sie funktionieren wie Kontaktstellen, wie Relais zwischen kosmischen und irdischen Realitäten. Ähnliche Kräftespiele setzen möglicherweise auch die Kreise im Garten in Bewegung. Gärtner, die nicht nur den Vordergund, sondern auch die Hintergründe der Natur kennenlernen möchten, können sicherlich noch ungeahnte Welten entdecken. Daß sie dabei durchaus mit den Füßen auf der festen Gartenerde bleiben, beweisen am Ende so greifbare Resultate wie runde Salatköpfe und dicke Kartoffeln.

Dieses Kapitel kann nur ein winziger Anstoß für sensible, fortgeschrittene Gärtner sein. Weitere Expeditionen in unerforschte grüne Welten müssen Sie selbst unternehmen.

Das magische Rund hat symbolische Bedeutung – in westlichen und in östlichen Gärten.

Verschiedene biologische Methoden

»Paths are many, truth is one.« – »Es gibt viele Wege, die alle zu einer einzigen Wahrheit führen.« Diesen ebenso weisen wie toleranten Satz hörte ich einmal von einem Swami, der aus Indien kam. Er könnte auch als Leitspruch über allen Bemühungen stehen, Gärten nach naturgemäßen Methoden zu bearbeiten. Auch auf diesem Feld gibt es viele unterschiedliche Wege, die doch alle zu einem gemeinsamen Ziel führen: zu lebendigen, fruchtbaren Böden, zu gesunden Pflanzen und zu der Achtung vor der Gemeinschaft aller Lebewesen.

»**Die** biologische Methode« oder »**den** alternativen Garten« gibt es nicht. Es existieren nur vielerlei Experimente, Erfahrungsberichte, Theorien und »Richtungen«. Was ich Ihnen in diesem Buch bisher vermittelt habe, sind die Grundlagen, die allen biologisch Gärtnernden gemeinsam sind: Humuspflege, Kompost, organische Düngung und möglichst ungiftige Schädlingsabwehr. Machen Sie sich nun, zum Abschluß unseres großen Rundgangs durch den naturgemäßen Garten, noch ein Bild von verschiedenen biologischen Methoden, die jedem zur Erprobung offenstehen.

Ein Blick nach Asien

Weder die »Biologischen« noch die »Grünen« haben die naturgemäßen Gartenbaumethoden erfunden. Ein kurzer Blick nach Osten, weit zurück in die Vergangenheit, lehrt uns Bescheidenheit:

»Es ist das kleine Feld, das sorgfältig mit zurechtgemachten Abfällen von Mensch und Tier gedüngt und nach Art unserer Gartenbeete bepflanzt und gepflegt wird. Dadurch erfolgt eine ständige Humufizierung. Das bedeutet wiederum eine Erhöhung der Bindigkeit, die dann eine wenigstens relative Verfestigung der so überaus leicht beweglichen Lößerde herbeiführt. Unter den gegebenen Umständen wird hier ein – wenn auch wahrscheinlich nicht genügender – Ausgleich angebahnt, der doch faktisch seit 5000–7000 Jahren ausgiebige Ernte ermöglichte. Den Wert dieser ›organischen Bodenpflege‹ kann man aus einer Gegenüberstellung ermessen. Man braucht sich nur zu vergegenwärtigen, was in einer viel kürzeren Ära aus den europäischen Böden geworden ist und in welcher beängstigend kurzen Zeitspanne die amerikanischen Weizenländer zugrundegehen....

Der chinesische Bauer hat mehr für seinen Boden getan, als von einem sonst so wenig kundigen Menschen vorausgesetzt werden kann....

›1000 Jahre vor dem Brand von Troja‹ – nämlich 4000 v. Chr. – hatte man bei den Söhnen des Ming bereits eine genaue Klassifizierung des Bodens vollendet, die ihn nach Farbe, Struktur und seinen sonstigen Eigenschaften unterschied und zugleich angab, wie er danach am besten zu behandeln und zu bebauen sei. Wo stand Europa um diese Zeit? Diese ganze Entwicklung machte es verständlich, daß man in China bei der Methode des ›kleinen Feldes‹ blieb....

Was immer in China geschah – an die Bodenständigkeit wurde nicht gerührt. Die kaiserlichen Geschlechter der Söhne der Sonne wechselten, sie gingen unter und neue traten an ihre Stelle. An dem Fünfgestirn Weizen, Hirse, Gerste, Bohne, Soja änderte sich nichts. Auch nicht an dem phantastischen Eifer, mit dem das Land gepflegt, bewässert, bepflanzt, gedüngt wurde.«

Dieses Loblied auf die chinesischen Bauern stammt von Anni Francé-Harrar, die vergleichende Bodenforschung betrieb. Ähnlich beeindruckt von den sichtbaren Erfolgen chinesischer Bodenpflege war auch Prof. Dr. King, der Chef der Abteilung für Bodenbehandlung im Landwirtschaftsdepartment der Vereinigten Staaten war. Nach einer mehrmonatigen Studienreise schrieb er 1911 in seinem berühmt gewordenen Buch »Farmers of Forty Centuries« (40 Jahrhunderte lang Bauern): »Die Düngemittel, die in den Chinesen-Dörfern in Form von Latrineninhalt, Viehdünger, Haushaltsabfall, alten K'angs u. a. gesammelt werden, verarbeitet man sorgfältigst zu Kompost, erhält diesen bei der rechten Feuchtigkeit, damit die Fermentierung unter günstigen Verhältnissen vor sich gehen kann, und pulverisiert ihn zuletzt mit äußerster Sorgfalt, bevor das Kompostmaterial über die Felder gestreut wird.

Wenn ich eben von den Voraussetzungen für die Fermentbildung sprach, wollte ich damit natürlich nicht sagen, daß der chinesische Bauer die biochemischen Prozesse, um die es sich hier handelt, kennt. Er hat durch jahrhundertelanges praktisches Experimentieren gefunden, daß gewisse Verfahren zu einem guten Resultat führen, und nach diesen Regeln arbeitet er mit ei-

Ein chinesischer Garten – bearbeitet nach den uralten Regeln naturgemäßer Bodenpflege. Hohe Bambushecken schützen das kultivierte Land.

ner untrüglichen Sicherheit, die von der modernen Wissenschaft nicht vervollkommnet, sondern nur erklärt werden kann…«

In neuerer Zeit wurde vor allem der Japaner Masanobu Fukuoka mit seinen natürlichen Ackerbaumethoden bekannt. Er baut Getreide, Gemüse und Obst an, ohne seine Felder jemals zu pflügen. Auch Kompost braucht er nicht. Ständige Bodendecken aus Unkräutern und Klee, zeitweise Strohmulch und kleine Mengen organischer Dünger genügen ihm, um seinen Boden fruchtbar zu erhalten, den Humus ständig zu vermehren und erstaunliche Ernten einzubringen. Sein Erfolg beruht auf einem ausgewogenen System des Säens und Pflanzens, bei dem Nutzpflanzen und Wildkräuter sich abwechseln und in ihren Lebensgewohnheiten hervorragend ergänzen. Genaue, geduldige Naturbeobachtungen und Erkenntnisse über die feinen Zusammenhänge zwischen seinen heimischen Pflanzen- und Tiergesellschaften sind die Grundlage von Fukuokas naturgemäßer Landwirtschaft. In seinem Buch »Der große Weg hat kein Tor« beschreibt der japanische Mikrobiologe, der auf den Acker seiner Väter zurückkehrte, seine Praxis und sein Prinzip: »Nicht fragen, was man tun sollte – fragen, was man unterlassen kann!«

Bei einem vorurteilsfreien Blick nach Osten können auch westliche Gärtner – aus alten und neuen Quellen – wertvolle Erkenntnisse gewinnen.

Die Pioniere des Westens

Die Neu- und Weiterentwicklung biologischer Arbeitsmethoden im Garten- und Landbau kann auch bei uns in Europa bereits auf einige Jahrzehnte zurückblicken. Bereits zu Beginn des 20. Jahrhunderts gaben die »Väter des biologischen Gartens« wichtige Anstöße für eine neue Denkweise. 1924 hielt der Gründer der Antroposophie, Dr. Rudolph Steiner, seinen »landwirtschaftlichen Kurs« im schlesischen Koberwitz. Er legte damit die Grundlagen für die biologische Landbaumethode.

Der Engländer Sir Albert Howard entwickelte in den Jahren 1924–1931 in Indien eine besondere Art des Kompostierens, die unter dem Namen Indore-Verfahren bekannt wurde. Howard düngte schon damals die Felder seiner indischen Versuchsgüter ausschließlich mit seinem selbsthergestellten Kompost, der aus den pflanzlichen und tierischen Abfällen seines Betriebes bestand. Seine konsequente Humuswirtschaft war sehr erfolgreich. 1948 veröffentlichte Howard seine Erfahrungen in dem Buch »Mein landwirtschaftliches Testament«. Zusammen mit Lady Balfour setzte Sir Howard in England seine Arbeit fort. Die Methode Howard-Balfour, die auf Re-

cycling, der Wiederverwendung aller organischen Abfälle durch Kompostierung, beruht, ist vor allem in angelsächsischen Ländern verbreitet.
Einer der frühen Pioniere des naturgemäßen Gartens war in Deutschland Alwin Seifert. Sein Name ist untrennbar mit der ehrenvollen Rückkehr des Kompostes in den Garten verbunden. Seifert war davon überzeugt, daß es allein mit Hilfe von gutem Kompost möglich sei, den Boden im Garten fruchtbar zu erhalten und die Kulturpflanzen widerstandsfähig gegen Krankheiten und Schädlinge zu machen. Sein Buch »Gärtnern, Ackern – ohne Gift«, das 1957 zuerst unter dem Titel »Der Kompost« erschien, wurde zur Bibel unzähliger biologischer Gärtner.

Der Schweizer Dr. H. Müller und der deutsche Arzt Dr. H.P. Rusch entwickelten nach individuellen Anfängen gemeinsam die Methode des organisch-biologischen Gartenbaues. Bereits 1932 gründete Dr. Müller in der Schweiz ein Schulungszentrum. 1946 wurde eine Absatzorganisation, die »Anbau- und Verwertungsgenossenschaft Heimat« (AVG) ins Leben gerufen, die Bio-Gemüse vertrieb.
In Frankreich entstand in den 60er Jahren die Methode Lemaire-Boucher. Der landwirtschaftliche Sachverständige Jean Boucher und der Lehrer an einer Gartenbauschule Raoul Lemaire entwickelten gemeinsam ein System zur Erhaltung und Vermehrung der Bodenfruchtbarkeit, das außer Kompost vor allem Korallalgenprodukte in die Düngung einbezieht.
Die beiden bei uns bekanntesten Methoden und eine östlich geprägte Alternative wollen wir uns näher ansehen.

Die biologisch-dynamische Methode

In dieser sehr spezialisierten Methode, die heute in der ganzen Welt verbreitet ist, wird mit Kompost und organischen Düngemitteln gearbeitet. Erlaubt ist auch die Verwendung »natürlicher Mineralstoffe«, zum Beispiel Thomasmehl und Kalimagnesium. Der wichtigste Unterschied zur organischen Methode besteht darin, daß die Wirkung kosmischer Kräfte (dynamos = Kraft) einbezogen wird.
Die biologisch-dynamisch arbeitenden Bauern und Gärtner verwenden Spezialpräparate, in denen kleinste feinstoffliche Mengen wirksam werden, ähnlich wie in der Homöopathie. Die sechs Kompostpräparate bestehen aus Schafgarbenblüten, Kamillenblüten, Brennesselpflanzen, gemahlener Ei-

In biologisch-dynamisch bearbeiteten Gärten werden spezielle Präparate in großen Holzfässern angerührt.

chenrinde, Löwenzahnblüten und Baldrianblütensaft. Das Hornmist-Präparat wird aus Kuhmist hergestellt. Es fördert die Lebensprozesse im Boden und wird vor, während und nach der Saat beziehungsweise Pflanzung auf die Erde gespritzt. Das Hornkiesel-Präparat besteht aus feingemahlenem Quarz. Es wird während des Wachstums über die Pflanzen versprüht und fördert die Assimilation und die Reife. Alle diese Spezialpräparate werden nach »geisteswissenschaftlichen« Erkenntnissen und besonderen Vorschriften hergestellt. Sie sind im Handel nicht erhältlich. Die Berater der biologisch-dynamischen Methode geben sie nur persönlich weiter.

Bei der Aussaat richten sich die Anhänger dieser Methode nach den Mondzyklen. Sie empfehlen das Umgraben, weil der Boden durch diese Bewegung aufnahmebereit wird für kosmische Impulse.

Die biologisch-dynamische Methode kann zwar von jedermann angewendet werden, es bleibt dann aber bei einer sehr äußerlichen, eher mechanischen Tätigkeit. Für ein tieferes Verständnis der Zusammenhänge ist eine Beschäftigung mit der Antroposophie und ihrer umfassenden Weltanschauung unerläßlich.

Die organisch-biologische Methode

nach Müller-Rusch

Besondere Aufmerksamkeit widmen die Anhänger dieser Methode dem Zustand der Bodenorganismen. Das Bakterienleben soll sich so reich wie möglich entfalten. Zur Verbesserung armer Böden entwickelte Dr. Rusch ein besonderes Bakterienpräparat, das unter dem Namen »Symbioflor« im Handel ist. Es wird über den Boden und über den Kompost gespritzt. Den Zustand des Bakterienlebens im eigenen Garten kann man durch Spezialuntersuchungen testen lassen (siehe Anhang).

Eine wichtige Rolle spielt im organisch-biologischen Gartenbau die ständige Bodenbedeckung. Auch Steinmehl wird regelmäßig in die Humuspflege einbezogen. Sein reicher Gehalt an Spurenelementen soll dafür sorgen, daß aus gesunder Erde gesunde, vollwertige Nahrungspflanzen für Menschen und Tiere wachsen.

Im übrigen empfiehlt die Müller-Rusch-Methode alle biologischen Maßnahmen, die der Verbesserung des Humus dienen: Kompost, Flächenkompostierung und Stallmist, Gründüngung, Pflanzenjauche und Mischkultur. In Gärten, die organisch-biologisch bearbeitet werden, ist das Umgraben verpönt. Der natürliche Aufbau der Humuszone darf nicht durcheinander geworfen werden, da sich nach Ansicht von Dr. Rusch nur in ungestörten Schichten das Bodenleben harmonisch und reichhaltig entwickelt. Dieser Zustand ist wiederum die Grundvoraussetzung für die Erhaltung der Fruchtbarkeit. Die Anhänger der organisch-biologischen Methode sind davon überzeugt, daß sie durch ihre Art des

◀ Viele Wege führen zum Bio-Garten. Jeder Gärtner muß für sich diejenige Methode ausfindig machen, die seinen Gartentraum erfüllt.

Anbaus einen direkten Beitrag zur Erhaltung der Gesundheit leisten können. Diese Variante des naturgemäßen Gärtnerns kann, mit persönlich geprägten Abwandlungen, von jedem erlernt und praktiziert werden.

Die makrobiotische Methode

Dieses Spezialgebiet soll hier kurz umrissen werden, um anzudeuten, wie vielfältig die Variationen zum Thema »natürlicher Garten« sein können. Die Idee zu diesem von weltanschaulichen Überzeugungen geprägten System entstand 1916 in den Schützengräben der Westfront. Sie wurde hauptsächlich von Rudolf Kraft entwickelt. Grundlage ist die makrobiotische Ernährungslehre, bei der ein reichhaltiges Angebot von Spurenelementen eine große Rolle spielt.

Auch im makrobiotischen Garten werden Spurenelemente in Form eines speziellen »Biokonzentrates« verwendet. Als Dünger benutzt man tierische und menschliche Exkremente, die aber erst dann in den Garten gebracht werden, wenn sie die Kompostierung durchlaufen haben. Kompost und besondere Formen der Bodenbedeckung sind auch innerhalb dieser Methode wichtige Elemente der Gartenarbeit.

Auch die makrobiotischen Gärtner beziehen kosmische Kräfte in ihre Arbeit ein. Sie handeln dabei nach den Lehren des Zen-Buddhismus. Die gegensätzlichen Kräfte Yin und Yang beherrschen danach alles Leben auf der Welt von der kleinsten Körperzelle bis zum fernsten Planetensystem. Die Pflanzen werden nach den Prinzipien dieser Ordnung eingeteilt in Gewächse, die vorwiegend Yin- oder vorwiegend Yang-Charakter haben. Dies ist wichtig für den Zeitpunkt der Aussaat. Auch die Anhänger der makrobiotischen Methode säen und pflanzen nach einem Saatkalender, der von kosmischen Gesetzen bestimmt wird.

Dieser kurze Einblick in verschiedene biologische Anbaumethoden soll Ihnen nur als Anregung dienen. Wer sich näher mit dem einen oder anderen System beschäftigen oder danach arbeiten möchte, dem sei die Lektüre weiterführender Bücher empfohlen. Sie finden dazu Tips im Anhang unter dem Stichwort »Literaturhinweise«.

Noch etwas sollte Sie der Blick in die abwechslungsreiche Welt biologischer Möglichkeiten lehren: Toleranz. Das Leben ist dort am lebendigsten, wo es in Bewegung bleibt. Dafür sorgen auch immer wieder Gärtner, die trotz aller Erdgebundenheit nach neuen Sternen suchen. Auch die »Biologischen« sind noch lange nicht am Ende aller Weisheit. Denken Sie, wenn Sie das »Rechthaben-wollen« und das Verlangen nach »festen Regeln« überkommen sollte, ab und zu an die unsterbliche Erkenntnis:

Wie süß ist alles erste Kennenlernen!
  Du lebst solange nur,
    als Du entdeckst.
  Doch sei getrost:
    unendlich ist der Text
und seine Melodie gesetzt aus Sternen.

Der Nutzgarten

Allgemeine Praxis

Hilfreiche Ordnung

Auf den Plänen alter Klöster- oder Schloßgärten sind die Gemüsebeete in übersichtlicher, meist symmetrischer Anordnung eingezeichnet. Noch heute – viele Jahrhunderte später – könnte ein Gärtner sich in dieser Einteilung zurechtfinden und die Quartiere entsprechend sinnvoll bepflanzen. Solche Ordnung ist kein Zufall. Sie hat sich in der Praxis bewährt und erleichtert die Arbeit.

Auch naturgemäß denkende Gärtner sollten, ehe sie zur Hacke und zur Samentüte greifen, Bleistift und Papier benutzen. Zeichnen Sie einen einfachen Plan, und teilen Sie dabei Ihren Nutzgarten so ein, daß Sie beim Fruchtwechsel stets den Überblick behalten. Ordnung zwischen Gemüse-, Kräuter- und Obstkulturen hat auch ganz alltägliche praktische Vorteile: Sie können leichter Unkraut jäten, säen, pflanzen und ernten.

Feste Wege

Legen Sie auf jeden Fall Wege zwischen den Beeten an. Diese anfängliche Mühe macht Ihnen später das Gartenleben viel leichter. Die einfachste Form der Einteilung kann aus schlichten »Trampelpfaden« bestehen. Messen Sie zunächst die Beete ab. Sie sollten immer 1,20 m breit sein. Das ist ein bewährtes Arbeitsmaß. Der Gärtner kann von beiden Seiten bis zur Mitte der Fläche »hantieren«. Er bleibt dabei mit den Füßen auf dem Weg, die Humusschicht wird niemals unnötig festgetreten. Als günstige Wegbreite können Sie 30 cm einplanen. Dieses Maß ist aber kein Muß. In kleinen Gärten, wo der Platz rar ist, können die Pfade etwas schmaler ausfallen, in weiträumigen Anlagen auch breiter und bequemer. Festgetretene Erde ist, wie gesagt, die einfachste Unterteilung. Dauerhafter sind Plattenwege. Sie können dafür einfache, preiswerte Betonplatten verwenden, die in einem Sandbett verlegt werden. Auch Ziegelsteine und Natursteine eignen sich natürlich für eine solche Abgrenzung.

Feste Wege dieser Art haben viele Vorteile: Sie halten lange, sie sind mühelos sauberzuhalten und sie verhindern den Unkrautwuchs von einem Beet zum anderen. Außerdem können Sie bei jedem Wetter an die Pflanzen herantreten. Auch nach einem Gewitterguß ist es dann möglich, einen Kohlkopf zu schneiden oder ein paar Möhren zu ziehen, ohne im Schlamm zu versinken.

Zum Charakter eines naturgemäßen Gartens passsen auch sehr gut Wege, die mit Rindensubstrat bestreut sind. Der weiche, federnde Untergrund ist angenehm für die Füße des Gärtners; der braune Belag wirkt sehr natürlich zwischen Blumen und Gemüse. Diese Wege bleiben lange »sauber«, weil kein Unkraut keimen kann. Von Zeit zu Zeit muß frische Rinde nachgestreut werden.

In alten Bauerngärten wurde der Nutzgarten oft durch Kieswege und niedrige Buchsbaumhecken unterteilt. Im Zentrum befand sich ein buntes Blumenrondell. Auch von solchen liebenswert-praktischen Anregungen aus den »Bio-Gärten« vergangener Zeiten könne Sie sich bei der Gestaltung anregen lassen.

Die Beeteinteilung

Die Länge der Beete richtet sich ganz nach Ihren Gartenverhältnissen und Ihrer Familiengröße. Wer große Mengen ernten möchte, der wird möglichst lange Beete einrichten. Wer sich von allem etwas, buntgemischt und abwechslungsreich wünscht, der braucht mehrere kleine Unterteilungen. In diesem Fall ist es praktisch, wenn Sie einen Mittelweg anlegen und die Beete rechts und links von dieser Achse anordnen.

Wenn Sie nach den Regeln des Fruchtwechsels gärtnern wollen, müssen Sie den ganzen Garten von Anfang an in vier Quartiere einteilen. Dabei kann jedes Quartier mehrere Beete umfassen. Sie wechseln dann immer zwischen den großen Gruppen der Starkzehrer, Mittelzehrer und Schwachzehrer ab. Das vierte Feld gehört den Tomaten, den Erdbeeren und dem Rhabarber, die »standorttreu« sind und deshalb das Wechselspiel nicht mitmachen. Wenn Sie nach den Regeln der Mischkultur gärtnern möchten, dann genügt die einfache Beeteinteilung.

Zur Gliederung des Gartens, die von Anfang an geplant sein muß, gehören auch schützende Hecken aus Sträuchern oder hohen Sommerblumen. Sie dürfen aber nie so hoch wachsen, daß der Gartenraum dadurch schattig und stickig wird. Die Einfassung soll vor allem Wind und Kälte abschirmen und dadurch ein günstiges Kleinklima

Eine übersichtliche Aufteilung der Beete und feste Gartenwege erleichtern die Arbeit. Für die Anzucht eigener Pflanzen leistet ein Kleingewächshaus unschätzbare Dienste.

schaffen. Licht und Sonne dürfen dabei nicht ausgesperrt werden.
Selbstverständlich teilen Sie auch dem Kompost einen günstigen ausgesuchten Platz zu. In seiner Nähe sollten möglichst auch die Jauchetonnen untergebracht sein. Ein Wasseranschluß oder ein Regenfaß sind an dieser Stelle sehr wichtig. Wenn Sie Hügelkulturen ausprobieren möchten, müssen diese Spezialbeete ebenfalls sorgfältig in Nord-Süd-Richtung eingeplant werden. Überdenken Sie alles gründlich, denn später machen Änderungen viel Arbeit.

Bodenvorbereitung

Über das Leben im Boden und über die Humuspflege haben Sie in diesem Buch schon soviel Grundlegendes erfahren, daß wir uns hier auf die wichtigsten Arbeitsvorgänge beschränken können. Da ein biologischer Gärtner nicht mehr umgräbt, gehören zu seinen Werkzeugen vor allem: eine starke Grabgabel mit vier Zinken, eine handliche Hacke, ein kleiner Grubber, mit dem man zwischen den Reihen arbeiten kann, und ein Rechen. Ein sehr praktisches, speziell für den biologischen Garten entwickeltes Gerät ist der »Sauzahn«. Er besteht aus einem einzigen, sichelförmig gebogenen Zinken, der durch das Erdreich gezogen wird. So kann der Gärtner den Boden tief lockern ohne die Schichten umzuwenden. Besonders in schweren lehmigen Böden zeigt dieser »Sauzahn« seine großen Vorteile. Seine wohldurchdachte Form – auch der Stiel ist leicht gebogen – verringert den Kräfteaufwand. Dieses Gerät läßt sich verhältnismäßig leicht durch das Beet ziehen. Die normale Hacke, mit der man solche Bodenlockerungen sonst bewältigt, geht dagegen »auf's Kreuz«.
Bereiten Sie möglichst im Herbst Ihre Beete schon aufs nächste Frühjahr vor. Lockern Sie den Boden entweder mit dem Sauzahn oder mit der Bio-Grabgabel, die Sie tief einstechen und dann ruckweise bewegen. Um diese Jahreszeit verteilen Sie auf allen freien Flächen 2–3 cm hoch Grobkompost, der mit einer Mulchschicht über Winter abgedeckt wird. Überall dort, wo Sie im nächsten Jahr Gemüse mit hohen Nährstoffansprüchen, also die sogenannten Starkzehrer, pflanzen wollen, verteilen Sie im Herbst oder im zeitigen Frühjahr je nach Bedarf und Bodenzustand auch organischen Dünger. Spätester Termin: 3–4 Wochen vor der Pflanzung oder Aussaat. Sie können z.B. gutverrotteten Mist, Horn-Blut-Knochenmehl, getrockneten Rinderdünger oder Guano verwenden.
Eine gute Vorbereitung, die den Stallmist ersetzt, ist auch eine Gründüngung. Wenn Sie die Herbstarbeit nicht mehr schaffen, sollten Sie wenigstens alle Beete mit Mulch abdecken. Bei frostfreiem Wetter können Sie im März noch Kompost im Garten verteilen. Die Beete der Mittelzehrer versorgen Sie, wo dies nötig erscheint, mit einem organischen Vorratsdünger. Eine Mischung aus Horn-Blut- und Knochen-

mehl oder grobe Hornspäne, die sich nur langsam zersetzen, eignen sich hier besonders.
Denken Sie daran: Kompost und Dünger werden nur flach mit einer Hacke oder dem Grubber in die oberste Bodenschicht eingearbeitet. Im Frühling brauchen Sie die Erde Ihrer Beete nur noch einmal leicht und locker durchzuziehen.

Warme Füße für den Frühling: Anzucht im Frühbeet, unter Folien und auf der Fensterbank

Nach langen Wintermonaten, die arm an frischen Vitaminen sind, ist die früheste Ernte aus dem eigenen Garten besonders wertvoll. Mit ein wenig »künstlicher« Wärme können Sie dem Frühling auf die Sprünge helfen und einen Wachstumsvorsprung gewinnen.
Der warme Frühbeetkasten ist eine altbewährte Einrichtung. Sie können ihn aus Brettern selber bauen. Die Rückwand muß 20–25 cm höher sein als die Vorderseite, so daß die Fenster schräg aufliegen. Wählen Sie den Platz für das Treibbeet immer so, daß es nach Süden geöffnet wird. Sie wollen ja auch die Sonne als Energiespender nutzen! Zur Abdeckung können Sie ausrangierte Fenster oder mit Folien bespannte Holzrahmen benutzen.
Bereits im Herbst wird in diesem »Mistbeet« 40–60 cm tief die Erde ausgehoben. Füllen Sie das »Loch« mit lockerem Laub und Gartenabfall. Im Februar, wenn der Gartenboden oft noch gefroren ist, können Sie diese Schicht leicht entfernen und die organische »Heizung« in Form von Pferdemist einbringen. Er wird schichtweise festgetreten – insgesamt etwa 20 bis 30 cm hoch. Darüber füllen Sie 20 cm gute Gartenerde oder reifen Kompost. Dann schließen Sie die Fenster, so daß keine kalte Außenluft eindringen kann. Der hitzige Pferdemist erwärmt nun die darüberliegende Erde. Dies ist wichtig, weil Samen Wärme und Feuchtigkeit brauchen, um zu keimen. Eine zusätzliche »Außenpackung« aus Laub oder Stroh wirkt als nützliche Wärmedämmung.
Wenn Sie keinen Mist bekommen können, dient eine Strohpackung als Fußbodenheizung. Füllen Sie das Material bereits im Herbst in den Kasten. Im Februar übergießen Sie das Stroh durchdringend mit Brennesseljauche oder einer anderen stickstoffhaltigen Düngerbrühe. Treten Sie auch diese Packung fest und schichten Sie zuletzt gute Erde darüber.
Im Handel sind zahlreiche praktische Frühbeetkonstruktionen erhältlich. Sie bestehen aus Kunststoff, Plexiglas, Holzzementplatten oder Holz. Dazu gibt es auch elektrische Heizsysteme, die in der Erde verlegt werden. Wer selbst nicht handwerklich begabt ist, der kann in diesem gut sortierten Angebot sicher ein passendes Modell finden.

Natürliches Baumaterial wie Ziegelsteine und Holz paßt gut zum naturgemäßen Garten.

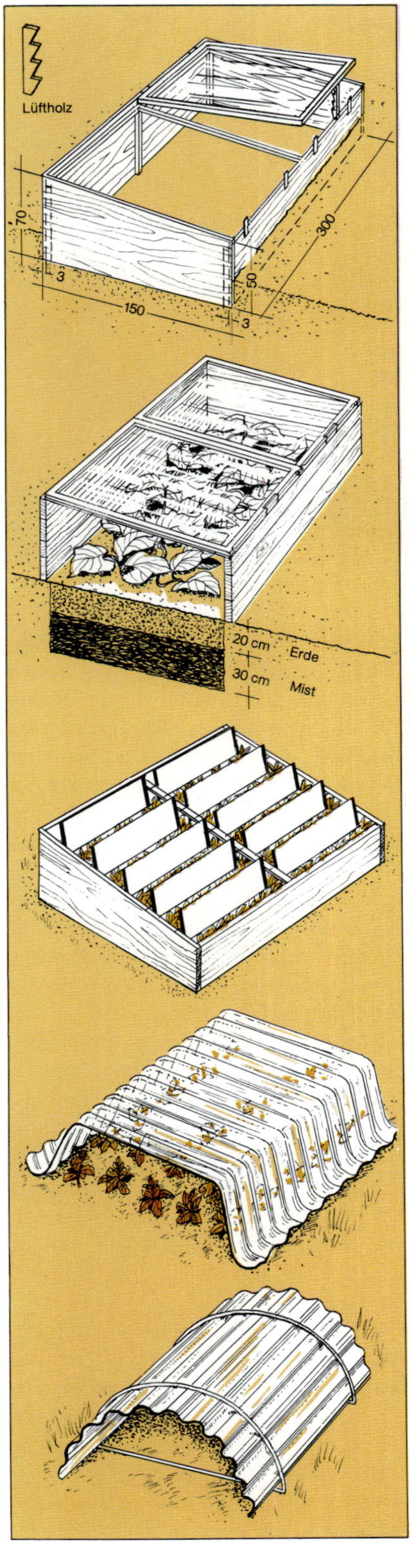

Aus Holzbrettern und Fensterrahmen können Sie ein Frühbeet (auch als Mistbeet nutzbar) selber bauen (oben). Fertige Modelle gibt es im Handel, z. B. mit selbstlüftenden Fenstern oder aus Plexiglas (unten).

Ein Foliengewächshaus für warme Kulturen.

Folientunnel sind preiswert und leicht zu handhaben. Sie bestehen meist aus halbrunden Metallbügeln, die in die Erde gesteckt werden und das Beet überspannen. Darüber werden Kunststoff-Folien ausgebreitet, so daß ein niedriger Tunnel entsteht. Ein solches mobiles kleines Warmhaus können Sie auch leicht selber herstellen. Bei den meisten Konstruktionen müssen die Plastikbahnen seitlich mit Brettern und Steinen beschwert werden, damit die durchsichtige Abdekkung festen Halt erhält.

»Mitwachsende« Folien funktionieren besonders einfach: Ihre Oberfläche ist durchbrochen und deshalb dehnbar. Diese Plastikbahnen legen Sie einfach auf den Boden des bestellten Beetes. Sie wölben sich mit den wachsenden Pflanzen hoch. Das Material vergrößert die Wärme und ist gleichzeitig durchlässig für Luft und Feuchtigkeit.

Bei allen anderen Kästen oder Tunneln muß der Gärtner sorgfältig auf die Wärmeregulierung und auf rechtzeitiges Gießen achten. Unter Glas und Folie können die Temperaturen sehr rasch hochsteigen, wenn die Frühlingssonne scheint. Dann muß gelüftet oder sogar mit Strohmatten schattiert werden. Rechtzeitig am Nachmittag muß der Gärtner wieder »alle Luken schließen«, damit über Nacht die Wärme gespeichert bleibt. Gießen Sie am Morgen oder am späten Nachmittag, niemals in der Mittagszeit, denn Wassertropfen wirken dann auf den zarten Blüten wie Brenngläser! Frühbeetaussaaten machen also Arbeit, man darf sie nie lange Zeit aus den Augen lassen. Aber diese Mühe lohnt sich, denn die erste frühe Ernte ist ein Hochgenuß und zugleich beste Medizin – eine herrliche Frühjahrskur aus dem Garten!

Der kostbare Platz im Warmen muß wohldurchdacht genutzt werden. Säen Sie dort Radieschen, Frühlingsrettiche und Kresse aus. Dazu gehört Schnittsalat, der rasch wächst. Einen weiteren Vorsprung gewinnen Sie, wenn Sie sich die ersten Kopfsalatpflanzen vom Gärtner besorgen. Graben Sie aus den Freilandbeständen zwei Ballen Schnittlauch aus, die in der Wärme bald zu treiben beginnen. Auch ein paar Körner Dill und Boretsch sollten Sie noch ausstreuen. Die ersten frischen Kräuter machen Ihren Salat zur unvergleichlichen Delikatesse!

Geschützte warme Beete können Sie natürlich auch als Aussaatplatz für kälteempfindliche Sämereien benutzen. Sowohl Sommerblumen als auch Gemüse wachsen hier wohlbehalten heran. Im Sommer gedeihen Melonen, Paprika, Gurken, Auberginen und andere Südländer im Schutz von Glas und Folie.

Aber nicht nur unter, sondern auch hinter Glas ziehen geschickte Gärtner ihre Pflanzen vor.

Eine warme Fensterbank dient zeitweise als Zimmergärtnerei. Direkt hinter der Scheibe können Schalen und Töpfe aufgestellt werden, die Sie mit einer sandigen Erdmischung füllen. Darin säen Sie diejenigen Gewächse aus, die erst nach den Eisheili-

Folienkonstruktionen zum Selberbauen: Plastikhaube über Drahtbügeln für einzelne Pflanzen, Folientunnel über Holz- oder Drahtkonstruktionen (von oben nach unten).

gen, also ab Mitte Mai, ins Freiland dürfen. Basilikum, Tomaten, Paprika, Zucchini und andere wärmebedürftige Pflanzen gedeihen in diesem wohlbehüteten Kinder-Garten. Unter einer Glasscheibe oder einer Plastikhaube entsteht auch in einem Topf ein feuchtes Gewächshausklima, in dem die Samen schnell keimen.

Die stärksten Jungpflanzen setzen Sie dann einzeln in kleine Tontöpfe oder in Torftöpfe um. Unter Gärtnern nennt man das pikieren. Diese Pflänzchen müssen hell stehen und regelmäßig gegossen werden; sie brauchen viel frische Luft, damit sie sich abhärten und nicht zu langbeinigen Schwächlingen hochschießen. Achten Sie beim Lüften aber darauf, daß kein Durchzug entsteht. In einer geschützten Balkonecke oder in einem Frühbeet können Sie Jungpflanzen langsam abhärten und auf den Umzug ins Freiland vorbereiten.

Aussaat im Freiland

Bereiten Sie ein Saatbeet immer sorgfältig vor. Es muß locker, feinkrümelig, feucht und nahrhaft sein. Wo Sie gemulcht haben, brauchen Sie die Decke nur beiseite zu schieben, um dazwischen die Reihen zu ziehen. Benutzen Sie dazu eine Gärtnerschnur, dann werden sie auch schnurgerade. Wer gutes Augenmaß hat, der kann die Reihen aber auch »aus der freien Hand« mit dem umgekehrten Stiel der Hacke ziehen. Die Rillen füllen Sie dann mit feingesiebtem Reifekompost und stäuben noch ein wenig Steinmehl darüber. Besorgen Sie sich das beste Saatgut, das Sie bekommen können, es garantiert Ihnen bereits den halben Erfolg und gesundes Wachstum.

Anzucht auf der Fensterbank: Tonscherben über die Abzugslöcher der Saatschaalen legen; Erde einfüllen und glätten; Samen mit Abstand ausstreuen und mit feiner Erde übersieben; Jungpflanzen in Ton-, Plastik- oder Torftöpfe pikieren. Gut durchwurzelte Pflanzen können ins Freiland versetzt werden.

Die Beete im Freiland werden vorbereitet.

Saatrillen ziehen mit Schnur und Gerätestiel.

Aussaat in der Reihe.

Für die Aussaat sollten Sie unbedingt den richtigen Zeitpunkt abpassen. Die Termine stehen auf den Saattüten, und Sie finden sie auch bei den Einzelbeschreibungen der Gemüse und Blumen in diesem Buch. Aber Zahlen und Daten nützen gar nichts, wenn das Wetter nicht mitmacht. Ungeduldige Gärtner, die in kalte, nasse Erde säen, erleben oft Rückschläge und Enttäuschungen. Merken Sie sich eine ganz einfache, natürliche Regel: Was keimen und wachsen soll, braucht Wärme und Feuchtigkeit. Kartoffeln zum Beispiel, die Sie 10 Tage später bei günstigem Wetter in den warmen Boden legen, holen die Zeit rasch wieder ein. Sie wachsen gesünder als solche, die einen Kälterückschlag erleiden.
Bei der Wahl des günstigsten Termins müssen Sie aber auch bedenken, daß Sandböden sich schneller erwärmen und deshalb auch früher bearbeitet werden können. Schwere, lehmige Böden dürfen Sie erst betreten, wenn sie krümelig geworden sind. So lange diese Erde an den Gartenstiefeln kleben bleibt, sollten Sie sie »in Ruhe lassen«.
Für die Wärme im Freiland ist die Natur zuständig, für die Feuchtigkeit können Sie selber sorgen. Samen werden ja nur dünn mit Erde bedeckt, die Schicht soll nur so dicht sein, wie der Durchmesser des Korns. Dann drükken Sie mit der Hand oder der Rückseite des Rechens die Reihen leicht fest und gießen vorsichtig an. Da diese dünne Abdeckung sehr schnell austrocknen kann, wenden Sie am besten einen alten Gärtnertrick an: Legen Sie in den ersten 10 Tagen feuchte Säcke über das Saatbeet. Sobald die Keime die Erde durchstoßen, ist die schwierigste Zeit überstanden. Bedenken Sie: Wer über schlechtes Saatgut schimpft, der hat oft nur vergessen, seine Aussaat gleichmäßig feucht zu halten!
Und noch ein Tip: Säen Sie nicht zu dicht, sonst treten sich die jungen Pflanzen später unterirdisch auf die Füße. Sie bekommen nicht genug Luft, Wasser und Nahrung und wachsen schlecht. Bewahren Sie ruhig den Rest der Körner in der Tüte auf. Viele Sämereien bleiben längere Zeit keimfähig. Im nächsten Jahr streuen Sie dann ein paar Samen auf ein feuchtes Löschblatt und machen eine Keimprobe. Wenn von 10 Körnern mehr als 5 aufgehen, können Sie das Saatgut noch benutzen.

Pflanzen und pflegen

Viele Gemüsesaaten werden, nachdem die Saat aufgegangen ist, noch einmal verpflanzt. Bei manchen genügt es auch, die Reihen auszulichten, so daß die Pflanzen genügend Abstand bekommen. Beim Herausnehmen und Versetzen erleiden die Wurzeln natürlich einen »Schock«. Helfen Sie ihnen beim neuen Anwachsen, indem Sie sie mit stark verdünnter Brennesseljauche angießen. Das Pflanzenloch füttern Sie mit feingesiebtem Reifekompost aus – niemals mit Grobkompost, der Fäulnis verursachen kann! Auch ein wenig Steinmehl, in Saatrillen und Pflanzlöcher gestreut, verhilft Ihren Pflanzen zu einem guten Start.
Denken Sie auch daran, daß es Gewächse gibt, die tief gepflanzt werden müssen, zum Beispiel Lauch, Kohlarten und Tomaten, während andere, wie Salat, Sellerie und Zwiebeln, so hoch gepflanzt werden, daß Sie anfangs etwas wackelig auf den Beinen stehen.
Auf gemulchten Beeten räumen Sie nur den Platz für Pflanzlöcher frei, ringsum bleibt die Bodendecke liegen. Achten Sie stets auf die richtigen Abstände, die auf Samentüten und bei den Einzelbeschreibungen in diesem Buch jeweils angegeben werden. Sie müssen sich immer die Ausmaße der erwachsenen Pflanzen vor Augen halten; die zierlichen Setzlinge täuschen! Viele Gärtner empfehlen, ein Pflanzholz zu benutzen, um die Löcher gleichmäßig und tief in den Boden zu bohren. Die Pflanzen werden dann von der Seite mit diesem Holz sanft festgedrückt. In weicher und tiefgründiger

Erde können Sie aber auch einfach mit den Händen pflanzen. So haben Sie den ganzen Vorgang »im Gefühl«. Die Hand ist das vielseitigste und sensibelste »Arbeitsgerät« des Gärtners.
Günstig für das Verpflanzen sind Tage, an denen der Himmel bedeckt und die Erde feucht ist. Muten Sie Ihren Gewächsen niemals zu, bei Hitze und Sonnenschein den Standort zu wechseln. Durch die Verdunstung würde ihr ohnehin strapazierter »Kreislauf« unerträglich belastet. Drücken Sie nach dem Umsetzen die Erde leicht mit den Händen fest, und gießen Sie vorsichtig an. Düngen Sie erst, wenn die Wurzeln wieder »Fuß gefaßt« haben, etwa nach vier Wochen.
Verwenden Sie, wenn es im Hochsommer bei einer längeren Hitzewelle einmal nötig sein sollte, zum Gießen stets abgestandenes, temperiertes Wasser. Ein kalter Wasserstrahl bedeutet für Ihre Pflanzen einen genau so unangenehmen Schock wie für Sie selbst! Gießen Sie dann nicht mit der Brause »obenhin«, sondern gezielt und kräftig in den Wurzelbereich. Es ist viel wirkungsvoller, einmal durchdringend zu wässern, als nur die Erdoberfläche zu benetzen.
Verwenden Sie Pflanzenjauche als Kopfdüngung und als vorbeugenden Schutz gegen Krankheiten und Schädlinge. Entfernen Sie regelmäßig welke Blätter, überflüssige Tomatentriebe, Erdbeerranken und anderen »Wildwuchs«. Pflanzen, die ihre Früchte nicht allein hochhalten können, werden festgebunden.
Je regelmäßiger Sie die alltäglichen kleinen Pflegemaßnahmen durchführen, desto weniger Arbeit bedeuten sie. Zur Plage wird die Gartenarbeit erst, wenn Ihnen durch längere Vernachlässigung die »Wildnis« buchstäblich über den Kopf wächst.

Im Frühling herrscht Hochbetrieb im Garten. Ab Mai können vorgetriebene Pflanzen von der Fensterbank und aus dem Frühbeet ins Freiland umziehen.

Ernten und konservieren

Gemüse, Kräuter und Obst fallen zur Haupterntezeit oft in so reicher Menge an, daß Sie unmöglich alles frisch verwerten können. Außerdem möchten ja auch viele Bio-Gärtner zu Selbstversorgern während des ganzen Jahres werden. Denn gerade im Winter ist die Ernährung der Familie mit gesunden, vitaminreichen Gartenfrüchten wichtig. Dafür stehen verschiedene Konservierungsmethoden zur Wahl, die alle ihre Vorteile besitzen. Sortieren Sie zum Lagern und Einmachen nur einwandfreie Früchte aus, ohne Krankheiten, Schädlinge und Fäulnisstellen. Ernten Sie an trockenen Tagen, denn nasses Gemüse oder Obst fault schnell.
Miete und Einschlag halten Wurzelgemüse wie Möhren, Sellerie, Winterrettiche und Rote Bete draußen frisch. Auch gesunde, von den Außenblättern befreite, Kohlköpfe überstehen in einem »Außenlager« den Winter knackig und unbeschadet. Diese Gemüse werden entweder im Frühbeet eingeschlagen oder in Haufen gelagert, die einen dicken Mantel aus Laub, Stroh und Erde erhalten. Für eine solche Miete wird an einer gut zugänglichen Stelle im Garten ein etwa 1 m breiter Streifen 20–30 cm tief ausgehoben. In dieser flachen Grube stapeln Sie die verschiedenen Gemüsearten sorgfältig übereinander. Dann wird zuerst mit einer trockenen, wärmenden Strohschicht und zum Schluß mit der ausgehobenen Erde abgedeckt.
Bei frostfreiem Wetter können Sie diese Miete an der Schmalseite öffnen und Gemüsevorräte für mehrere Tage herausnehmen.
Die Lagerung im Keller gelingt am besten in alten Häusern, wo der Fußboden aus gestampftem Lehm oder Ziegelsteinen besteht. Der Raum sollte frostfrei aber kühl sein und genügend Luftfeuchtigkeit und Sauerstoff besitzen. Solche Keller sind heutzutage eine Seltenheit. Sie können sich in betonierten Räumen mit Kisten helfen, die mit Sand oder feuchtem Torf gefüllt werden. Darin schlagen Sie Möh-

ren, Sellerie, Rote Bete, Meerrettich und Petersilienwurzeln ein. Vorher werden alle Blätter entfernt, aber der »Herztrieb« muß erhalten bleiben.

Feste gesunde Kohlköpfe können Sie an den Strünken zusammenbinden und an Drähten oder Balken kopfunter aufhängen. Auf eine Sandstreu am Boden legen Sie Endivien und Kohl. Obst, zum Beispiel Äpfel und Birnen, wird auf luftigen Lattenrosten ausgebreitet.

Einige biologische Gärtner empfehlen, das eingelagerte Wurzelgemüse mit Steinmehl zu bestäuben. Auf jeden Fall müssen die Vorräte regelmäßig kontrolliert werden. Sortieren Sie alle faulenden Früchte aus, sie stecken sonst die anderen an. Bedenken Sie immer, daß gelagertes Obst und Gemüse keine tote Ware ist. Der Stoffwechsel ist nur stark reduziert. Deshalb sind Feuchtigkeit und Sauerstoff so wichtig für die Erhaltung der Lebensfunktionen. Nur bei guter Lagerung wird der Abbauprozeß gebremst, bleiben die wichtigen Vitamine und Mineralstoffe bis zum Verzehr erhalten.

Die Lagerung im Haus empfiehlt sich für alle Früchte, die keine Feuchtigkeit vertragen und für solche, die noch an einem warmen Ort nachreifen sollen.

Aus Zwiebeln und Knoblauch flechten Sie Zöpfe, die in einem luftigen trockenen Raum aufgehängt werden. Die letzten grünen Tomaten schneiden Sie samt den Zweigen ab und hängen sie an einen frostfreien Platz. Nach Bedarf legen Sie immer einige Früchte auf den Küchenschrank. Sie reifen dort nach und eignen sich noch als Soßenbeigabe.

Auch Walnüsse, Haselnüsse und Quitten werden im warmen, trockenen Haus aufbewahrt.

Das Einfrieren ist eine gute moderne Methode. Am besten richten Sie sich dabei nach den einschlägigen Gebrauchsanweisungen. Ein praktischer Tip: Packen Sie die Portionen nur so groß, wie Ihre Familie sie für eine Mahlzeit benötigt. Frieren Sie nur ein, was unter diesen eisigen Bedingungen auch sein Aroma und seine Form behält. Gurken zum Beispiel schmecken im Steintopf eingelegt viel besser!

Das Einkochen gehört zu den altbewährten Konservierungsmethoden, auf die wir auch heute nicht verzichten können. Durch die starke Hitzeeinwirkung besteht allerdings die Gefahr, daß wertvolle Vitamine zum Teil zerstört werden. Hier muß man vernünftig abwägen und sich für die jeweils schonendste Methode entscheiden. Bohnen können Sie zum Beispiel wahlweise einkochen oder einfrieren. Hausgemachte Marmelade muß dagegen immer gekocht werden. Eine wesentliche Arbeitserleichterung bieten die Gläser mit Vakuum-Verschlüssen. Heißes Gelee, Früchte oder Kompott werden eingefüllt und sofort zugeschraubt. Diese Gläser sind ebensogut haltbar wie solche, die im Einkochapparat längere Zeit sterilisiert werden.

Das Einlegen in Salz und Essig gehört zu den bewährten Methoden aus Großmutters Zeiten. Sie können dazu die hübschen Steinguttöpfe verwenden, die man in allen Größen kaufen kann. Auch die Rezepte aus der guten alten Zeit sind wieder ausgegraben worden. Büchertips zu diesem Thema finden Sie im Anhang. Gurken, Weißkohl, Bohnen, Tomaten, Kürbis, Kräuter und noch vieles andere mehr können Sie sauer, süßsauer oder salzig einlegen. Diese konservierten Früchte sind haltbar, gesund und besonders wohlschmeckend.

Das Trocknen gehört ebenfalls zu den uralten Konservierungsmethoden, die auch heute noch ihre Vorteile haben. Dabei wird den Pflanzen oder Früchten nur das Wasser entzogen. Die wertvollen Vitamine und Inhaltsstoffe werden geschont. Deshalb gewinnt dieses natürliche Verfahren unter Bio-Gärtnern auch wieder viele Freunde. Zum Trocknen eignen sich viele Obst-

Anlage einer Miete: Das Wintergemüse wird in die vorbereitete Grube geschichtet und mit Stroh zugedeckt. Zum Schluß wird die Miete mit der ausgehobenen Erde abgedeckt. Den ganzen Winter kann Gemüse entnommen werden (von oben nach unten).

Trockenobst und gedörrte Pilze.

arten, zum Beispiel Äpfel, Birnen, Pflaumen und Aprikosen. Aber auch manches Gemüse läßt sich auf diese Weise konservieren. Versuchen Sie es einmal mit Busch- oder Stangenbohnen; Möhren, Weißkohl und Sellerie werden zum Dörren in feine Streifen geschnitten. Besonders bekannt und allgemein gebräuchlich ist das Trocknen der Kräuter.

Immer sollte dieser Prozeß langsam unter geringer Hitze ablaufen. Niemals darf das Trockengut geröstet werden. Im Ofen stellen Sie die Temperatur auf höchstens 35°C ein. Die Tür bleibt einen Spalt offen, damit die verdunstende Feuchtigkeit entweichen kann. Im Bio-Versand und im Fachhandel werden übrigens praktische Dörr-Apparate mit genauer Gebrauchsanweisung und Rezepten angeboten. Unsere Urgroßmütter reihten die Apfelscheiben noch auf Fäden und hängten sie in einem trockenen, luftigen Raum auf. Ähnliche Mühe gaben sie sich auch mit Bohnen. Das Ergebnis, die Dörrbohnen, sind eine Delikatesse, die Sie unbedingt versuchen sollten!

Auch Kräuter hängen Sie zum Trocknen auf. Schneiden Sie die Zweige am späten Vormittag, wenn der Tau verdunstet ist. Bündeln Sie diese duftende Ernte aus sauberen, einwandfreien Pflanzenteilen zu Sträußen. Sie werden kopfunter aufgehängt und langsam an einem schattigen, luftigen Ort getrocknet. Thymian, Lavendel, Bohnenkraut, Ysop, Wermut, Origano, Pfefferminze, Majoran und Liebstöckel eignen sich zum Beispiel gut dazu. Würze, die aus Samen besteht, wie Fenchel, Kümmel und Anis, schütteln Sie über einem Tuch aus, wenn diese ganz reif sind. Alle trockenen Kräuter werden über Winter in geschlossenen Schraubgläsern aufbewahrt. So erhält sich ihr Aroma am besten. Auch zu dieser Konservierungsmethode finden Sie ausführliche Büchertips im Anhang.

Das Aufbewahren und Haltbarmachen der eigenen Erzeugnisse aus dem biologischen Garten lohnt sich in jedem Fall. Sie müssen dabei etwas Zeit und Mühe investieren, aber Sie ernähren sich und Ihre Familie dafür mit besonders wertvollen Nahrungsmitteln. Und einen Genuß, den Sie in dieser Art nirgends kaufen können, bereiten Sie sich damit auch!

Verschiedene Methoden der Konservierung: Kohlköpfe werden gebündelt aufgehängt; Zwiebeln flechten Sie zu Zöpfen; Wurzelgemüse halten sich in Behältern mit feuchtem Sand. In Obsthürden oder Holzregalen überwintert die Apfelernte; für Kartoffeln gibt es luftige Kisten.

Sommerernte in Gläsern und Flaschen.

Salate und Gemüse

Salate rund um das ganze Gartenjahr

Geschickten Gärtnern geht der frische Salat zu keiner Jahreszeit aus. Sie säen diese Delikatessen in grünen, roten und weißen Sorten und ernten frische Vitamine am laufenden Band. Im Frühling eröffnen die Kopfsalate zusammen mit Schnitt- und Pflücksalaten aus der Familie der Lattichgewächse den abwechslungsreichen Reigen. Im Sommer folgen die verschiedenen Zichoriensalate und im Herbst kann noch der Feldsalat aus der Familie der Baldriangewächse ausgesät werden. Er macht – ebenso wie der rote Radicchio – selbst während des Winters frische Ernten im Freiland möglich.
Ein biologischer Gärtner, dem es ja in jeder Beziehung um ein gesünderes Leben geht, sollte dieses Angebot der Natur und der Züchter nützen und für eine ununterbrochene Salat-Reihenfolge in seinem Garten sorgen.

Kopfsalat

Anbau: Es gibt Frühlingssorten und spezielle Sommersalat-Züchtungen, die bei Hitze nicht so schnell schießen. Besonders »sonnenfest« sind die neuen rötlich-braunen Salatsorten. Sie bringen leuchtende Farben in den Gemüsegarten und wohlschmeckende Abwechslung auf den Tisch. Es lohnt sich, »die Roten« kennenzulernen!
Kopfsalat benötigt kein eigenes Beet, er kann als Nebenkultur und »Lückenbüßer« angepflanzt werden. Geben Sie ihm aber einen sonnigen Platz; im Schatten bildet er keine festen Köpfe. Der Abstand soll 25 × 25 cm betragen. Säen Sie öfter kleine Mengen Salat aus, damit die Köpfe »in Etappen« reifen und Sie laufend frisch ernten können. Jungpflanzen brauchen 5–7 Wochen, bis sie ausgewachsen sind. Im März und April wird der Frühlingskopfsalat, von April bis Juli werden die Sommersorten gesät.
Salat hat keine großen Ansprüche: Kompost und Pflanzenjauche genügen. Wichtig ist genügend Feuchtigkeit. Auf gemulchten Beeten muß weniger gegossen werden.

Sorten: Frühlings-Salate: 'Maikönig', 'Viktoria' (Sperling's Viktoria King Albert oder Viktoria Stamm Hilmar verb. King).
Sommersalate: 'Attraktion', 'Kagraner Sommer', 'Brauner Trotzkopf', 'Benita' (mehltauresistent, virustolerant), 'Dolly' (mehltauresistent, virustolerant), 'Rotkäppchen' (auch unter dem Namen 'Merveille des quatre Saisons', braunrot), 'Pirat' (verbesserter Trotzkopf), 'Kopfsalat Stamm Inka' (rotbraun).
Ernte: Stets frisch, Kopfsalat läßt sich nicht lagern.
Biologische Tips und Mischkultur: Gute Kombinationen sind: Radieschen, Kohlrabi, Spinat, Erdbeeren, Kohl, Tomaten, Bohnen, Zwiebeln. Kopfsalat schützt seine Nachbarn vor Erdflöhen. In gefährdeten Kulturen können Sie einige Salatpflanzen als »Köder« einsetzen.
Säen Sie nie Petersilie zu Salat!

Pflück- und Schnittsalat

Anbau: Dieser Salat wird in Reihen ausgesät. Er bildet keine Köpfe. Die Blätter werden gepflückt oder geschnitten. Sie wachsen mehrmals nach. Mit Hilfe dieser Dauerernte kommen Sie immer »über die Runden«. Es kann während des ganzen Sommers keine »Vitamin-Lücke« entstehen. Säen Sie öfter eine Reihe nach. Der Abstand beträgt 25 cm. Die Pflanzen gedeihen auch noch im Halbschatten. Bei den Pflegemaßnahmen werden sie wie Kopfsalat behandelt.
Sorten: 'Hohlblättriger Butter' (Schnittsalat), 'Amerikanischer Brauner', 'Australischer Gelber', 'Sperling's Salli', 'Lollo rossa' (rotbraun, bildet krause Rosetten), 'Roter Eichblattsalat', 'Gelber Eichblattsalat' (alle Pflücksalate).
Ernte: Laufend frisch bis weit in den Herbst; Pflücksalate schmecken herzhaft und würzig.

Abwechslungsreiches Salatbeet mit verschiedenen rot-braunen Züchtungen, u. a. 'Lollo rossa' und 'Roter Eichblattsalat'.

Biologische Tips und Mischkultur: Pflücksalate können als Beeteinfassung verwendet werden. Gute Nachbarn sind: Tomaten, Radieschen, Rettiche, Schwarzwurzeln, Rote Bete, Spargel, Fenchel, Kohl.

Eissalat

Anbau: Sommersalat mit großen Köpfen und kräftigen »knusprigen« Blättern. Er heißt auch »Krachsalat«. Dieser Salat hält viel Hitze aus ohne zu schießen. Frostfest ist er nicht. Das »Eis« im Namen bezieht sich auf die lange Haltbarkeit eines Kopfes im Kühlschrank.

Aussaat von Mai bis Anfang Juli, Abstand der Pflanzen 35 × 35 cm wegen der Riesenköpfe. Achten Sie auf genügend Feuchtigkeit, der Nährstoffbedarf ist etwas größer als bei anderen Sorten. Deshalb sollten Sie mit Brennesseljauche nachdüngen. Alle anderen Kulturmaßnahmen entsprechen dem Kopfsalat.

Sorten: 'Laibacher Eis' (widerstandsfähig gegen Mehltau und Virus), 'Lüneburger Eis', 'Great Lakes' (mehltauresistent), 'Rouge Grenobloise' oder 'Winnetou' (dunkelrot), 'Roter Eissalat' (rötliche Ränder), 'Rosa' (intensiv rot).

Zuckerhut

Anbau: Ein Zichoriensalat, der als Nachfrucht auf abgeernteten Beeten wächst. Er wird erst im Juni gesät, direkt an Ort und Stelle mit einem Reihenabstand von 35 cm. Die Pflanzen werden später ausgelichtet, so daß sie etwa 30–35 cm auseinander stehen. Verpflanzen ist möglich, aber wegen der langen Pfahlwurzeln – typisch für Zichoriengewächse! – ungünstig. Versorgen Sie das Beet reichlich mit Kompost, und geben Sie etwas organischen Dünger und gießen Sie mit Pflanzenjauche.

Sorten: 'Schweizer Zuckerhut' oder 'Vatters Zuckerhut', 'Sperling's Kristallkopf'.

Ernte: Die hohen spitzen Köpfe sind ab Oktober reif. Sie vertragen Frost bis −8 °C und können lange im Freiland bleiben. Bei größerer Kälte werden sie mit den Wurzeln im Frühbeet oder im Keller in feuchten Sand eingeschlagen. Als Salat oder gedünstet zubereiten.

Biologische Tips und Mischkultur: Gut zu Fenchel, der auch als Nachfrucht wächst.

Chicorée

Anbau: Auch ein Zichoriensalat, der aber bereits im Mai ausgesät wird. Reihenabstand 25–30 cm, in der Reihe auf 15–20 cm ausdünnen. Mit Kompost und Pflanzenjauche düngen, eventuell wenig organischen Langzeitdünger geben.

Sorten: 'Mitado' (zum Treiben ohne Erdabdeckung), 'Brüsseler Witloof', 'Edelloof'.

Ernte: Im Spätherbst, Ende Oktober, graben Sie die Wurzeln aus, entfernen die grünen Blätter bis auf das Herz und schlagen die Wurzeln an einem kühlen Ort ein (Keller, Garage, Frühbeet). Nach und nach werden sie zum Treiben in einen dunklen Kellerraum geholt und in Kisten oder Eimern mit feuchtem Sand aufrechtstehend eingeschlagen. Die Temperaturen sollen 10 °C bis höchstens 18 °C betragen. Im Dunkeln wachsen dann die bekannten weißen Chicorée-Zapfen.

'Mitado' treibt man einfach in Eimern mit etwas feuchtem Sand an. In zu warmen Räumen bilden sich keine festen Köpfe, und es können Schädlinge auftreten.

Biologische Tips und Mischkultur: Tomaten, Stangenbohnen, Kopfsalat, Möhren und Fenchel sind günstige Nachbarn.

Radicchio, Roter Zichoriensalat

Anbau: Ein winterharter Freilandsalat mit rotbraunen Blättern, pikant, von leicht bitterer Würze. Aussaat je nach Sorte Mitte Mai bis Mitte Juni. Reihenabstand 25 cm, lichten Sie später die Pflanzen auf 10–20 cm Abstand aus. Düngung und Kultur sonst wie Kopfsa-

Eissalat

Radicchio

Löwenzahn

Chicorée
links getriebene Zapfen
rechts die Gartenpflanze

lat. Im Spätherbst werden die länglichen, grünbraunen Blätter bis auf 5 cm abgeschnitten. Erst dann bildet der Salat die roten Rosetten. 'Palla Rossa' entwickelt bereits im Herbst kleine Köpfe.
Sorten: 'Roter Veroneser', 'Palla Rossa'.
Ernte: 'Veroneser' bleibt im Freiland und kann von Dezember bis März geschnitten werden. Bei Schnee müssen Sie ihn mit Fichtenreisig abdecken. Ein herrlicher frischer Wintersalat! 'Palla Rossa' wird von Oktober bis Dezember geerntet und kann auch wie Zuckerhut eingeschlagen werden.
Biologische Tips und Mischkultur: Wie andere Zichoriensalate, zum Beispiel Zuckerhut und Endivien.

Endivien

Anbau: Sie sind die bekanntesten Vertreter der Zichoriensalate. Es gibt glatt- und krausblättrige Sorten mit verschiedener Reifezeit. Wie alle Familienmitglieder haben auch diese Salate einen leicht bitteren Geschmack. Beliebt ist bei ihnen das Bleichen, dabei gehen aber wertvolle Inhaltsstoffe verloren. Grüne Endivien sind gesünder!
Sommerendivien werden wie Kopfsalat ab April ausgesät, verpflanzt und weiter gepflegt. Winterendivien gehören zu den Nachfrüchten. Sie werden im Juni ausgesät und bis spätestens Anfang August verpflanzt. Der Abstand beträgt 30 × 25 oder 30 × 30 cm. Je enger die Pflanzen stehen, desto eher bleicht das Innere von selbst und nimmt die begehrte, hellgelbe Farbe an. Wer die Köpfe zusätzlich zusammenbinden möchte, der tue dies nur bei trockenem Wetter und kurz vor dem Verbrauch. Sonst besteht die Gefahr der Fäulnis.
Pflanzen Sie Endivien in Kompost und Steinmehl, düngen Sie später mit Pflanzenjauche nach.
Sorten: Sommerendivie oder Römischer Salat: 'Kasseler', 'Parris Islands Cos';
Winterendivien: 'Bubikopf' (selbstbleichend, für frühe Herbsternte), 'Escariol grüner' (lange haltbar), 'Escariol gelber' (früh), 'Sperlings Jeti' (im Einschlag lange haltbar), 'Frisée' (sehr feingekraust).
Ernte: Je nach Sorte den ganzen Herbst bis Winteranfang. Endivien, besonders der grüne Escariol, vertragen Frost bis − 5 °C. Sie sollten solange wie möglich draußen bleiben und mit Plastikfolie geschützt werden. Die letzten Köpfe können mit Wurzeln im Keller in feuchten Sand eingeschlagen werden. Immer trocken ernten!
Biologische Tips und Mischkultur: Mit Urgesteinsmehl bestäuben hilft gegen Fäulnisgefahr. Gute Nachbarn sind Fenchel, Lauch und Kohl.

Feldsalat, Rapunzel, Nüsslisalat

Anbau: Er gehört in die Familie der Baldriangewächse. Dieser gesunde Wintersalat darf in keinem Garten fehlen. Er enthält viel mehr Vitamin C und Eisen als Kopfsalat! Als Nachkultur wächst der Feldsalat gut auf Kartoffelbeeten. Zur Düngung genügt Kompost. Die Samen können breitwürfig an Ort und Stelle ausgesät werden, Reihensaat ist aber praktischer, sowohl zum Schneiden als auch zum Unkrautjäten. Die Aussaatzeit ist August bis September, Reihenabstand 10–15 cm. Klopfen Sie die Saat zum Schluß ein wenig fest und achten Sie auf gleichmäßige Feuchtigkeit. Späte Aussaaten werden im nächsten Frühling geerntet.
Sorten: 'Dunkelgrüner vollherziger', 'Holländischer breitblättriger', 'Hilds-Vit' (mehltauresistente Neuzüchtung).
Ernte: Herbst bis Frühling, jederzeit frisch bei offenem Wetter. Unter Fichtenreisig oder Folie kann auch bei Schnee geerntet werden. 'Dunkelgrüner vollherziger' ist im Geschmack würziger, macht aber beim Putzen etwas mehr Arbeit als 'Holländischer breitblättriger'.
Biologische Tips und Mischkultur: Gut zusammen mit Winterzwiebeln.

Winterportulak mit hübschen eßbaren Blüten.

Löwenzahn

Anbau: Dieser Wildsalat kann auch im Garten kultiviert werden. Säen Sie ihn im Juni an den Rand eines Beetes. Kompostversorgung genügt, wenn der Boden in gutem Humuszustand ist.
Sorten: Meist unter dem Namen Löwenzahn im Handel; er wird oft unter der Rubrik »Kräuter« geführt. Besondere Züchtungen: 'Sperling's Lyonel', 'Kultivierter vollherziger'.
Ernte: Die ersten zarten Blätter des frühen Austriebs ergeben einen leicht bitteren, sehr gesunden Salat, der den Stoffwechsel anregt. Mischen Sie Löwenzahnblätter mit Gänseblümchenrosetten samt Blüten, Schafgarbe und zarten Brennesselblättern! Später werden die Blätter bitter und ungenießbar.

Winterportulak, Winterpostelein

Anbau: Dieser Wintersalat, der mit dem Portulak verwandt ist, wird ähnlich wie Feldsalat kultiviert. Ab Juli können Sie die feinen Samen breitwürfig oder in Reihen mit 20 cm Abstand aussäen. Nur dünn mit Erde bedecken und feucht halten. Ziehen Sie bei der ersten Ernte alle kleinen Pflanzen aus, damit die restlichen sich stark ausbreiten können. Sie brauchen 10–20 cm Abstand. Decken Sie das Beet über Winter mit Fichtenreisig oder Plastikfo-

lie ab. Im Frühbeet oder im Gewächshaus wächst das anspruchslose Kraut auch im Winter weiter, wenn die Sonne für ein paar Grad Wärme sorgt.
Sorten: 'Winterpostelein', 'Sperling's Postelein'.
Ernte: Den ganzen Winter bis zum Frühling. Die Pflanzen können mehrmals geschnitten werden, denn sie wachsen nach. Die kleinen weißen Blüten können Sie mitessen. Winterpostelein ist eine vorzügliche, vitaminreiche Rohkost. Der Salat sieht besonders zur Blütezeit sehr dekorativ aus.

Grün und gesund: Blattgemüse

Die frischen Blattgemüse sind ideale Mischkulturen-Partner. Sie laufen mühelos mit im Gartenplan und sollten nicht vernachlässigt werden. Probieren Sie auch die altmodischen Delikatessen aus Großmutters Garten wieder aus!

Spinat

Anbau: Spinat ist ein gesundes, vitamin- und mineralstoffreiches Gemüse, das unter anderem viel Eisen enthält. Sie können ihn sowohl im Frühjahr als auch im Herbst aussäen. Das Beet soll mit Kompost, Steinmehl und – je nach Zustand – auch mit Horn-Blut-Knochenmehl versorgt werden.
Die Frühjahrsaussaat ist von März bis Mai möglich, unter Folien auch noch früher. Die Winteraussaat können Sie in Raten von August bis Oktober verteilen. Reihenabstand 20–25 cm, Saattiefe etwa 3 cm. Nicht zu dicht säen, Blattgemüse können Sie nicht verpflanzen. Wichtig: Spinat ist empfindlich gegen Stickstoffüberdüngung, es kann dann zu Salzstauungen und zu einer übermäßigen Bildung von Oxalsäure und Nitrat kommen.
In humusreichen garen Böden mit genügend Feuchtigkeit (Mulchen) gedeiht der Spinat am besten. Auf trocknen Böden schießt er schnell in Blüte. Biologische Gärten bieten also für diese gesunde Gemüse normalerweise die besten Voraussetzungen.
Sorten: 'Matador' (für Frühjahrs- und Herbstaussaat), 'Mazurka' (mehltauresistent, gut zum Überwintern), 'Vital' (mehltauresistente Züchtung für Frühjahrs- und Herbstaussaat), 'Monnopa' (mehltauresistente Züchtung für Frühjahrs- und Spätsommeraussaat).
Ernte: Laufend frisch vom Beet, solange die Blätter zart sind. Schon nach 50 Tagen sind die Pflanzen »reif«. Spinat können Sie auch einfrieren.
Biologische Tips und Mischkultur: Spinat spielt im biologischen Garten eine besondere Rolle in der Mischkultur. Seine Wurzeln enthalten Saponine, die dem Boden erhalten bleiben sollen, weil sie die Aufnahmefähigkeit der Pflanzenzellwände für Nährstoffe erhöhen. Spinatwurzeln werden deshalb nach der Ernte nicht ausgerissen. Sie fördern die Gare. Übriggebliebene Blätter dienen als Mulchdecke. Säen Sie Spinat als Zwischenfrucht zu Kulturen, die vom Erdfloh heimgesucht werden. Der Spinatgeruch vertreibt die Schädlinge. Die dichten Blätterreihen sorgen auch für Schatten und Feuchtigkeit auf den Beeten. Besonders gute Nachbarschaft: Kohl, Kartoffeln, Tomaten, Radieschen, Stangenbohnen, Erdbeeren, Rote Bete.

Neuseeländer Spinat

Anbau: Dieser australische Spinat wird in kleinen Töpfen warm vorgezogen. Nach den Eisheiligen setzen Sie die Pflanzen auf ein sonniges, mit Kompost versorgtes Beet. Wenige Pflanzen genügen; sie benötigen anfangs 50 cm Abstand, da sie sich später mit vielen Ranken ausbreiten. Neuseeländer Spinat kann in der sonst spinatarmen Sommerzeit geerntet werden.
Sorten: 'Neuseeländer'.
Ernte: Während des ganzen Sommers Triebspitzen und zarte Blätter. Sie sind dickfleischiger als unser Spinat, werden aber in der Küche wie dieser zubereitet.
Biologische Tips und Mischkultur: Guter Bodendecker für größere Flächen. Ernten Sie selber Samen. Gute Nachbarn sind Tomaten und Obstbäume.

Mangold

Anbau: Von diesem vitaminreichen Blattgemüse gibt es zwei Arten: den Blattmangold und den Rippenmangold. Beide werden im April ausgesät auf ein Beet, das bereits im Herbst mit Kompost, Mulch und etwas organischem Dünger vorbereitet wurde. Blattmangold benötigt 30 cm Reihenabstand, die Pflanzen werden auf 15–20 cm Abstand verzogen. Rippenmangold braucht in der Reihe und zwischen den Pflanzen 40 cm Abstand. Spätere Aussaaten, bis Juli, können überwintern, sie müssen aber durch Laubdecken geschützt werden. Für die Entwicklung reicher Blattmengen ist viel Feuchtigkeit wichtig. Neue rotstielige Züchtungen bereichern das traditionelle Sortiment.

Probieren Sie einmal rotstieligen Mangold.

Sorten: 'Lukullus' (Blattmangold), 'Glatter Silber' (Rippenmangold), 'Feurio' und 'Vulkan' (rotstielig).
Ernte: Während des ganzen Sommers können immer wieder die äußeren Blätter geerntet werden. Das »Herz« bleibt erhalten, damit die Pflanzen nachwachsen. Blattmangold wird wie

Selten geworden ist die rote Melde.

Spinat verwendet, beim Rippenmangold schneiden Sie die breiten »Rippen« heraus und kochen sie wie Spargel. Die rotstieligen Sorten schmecken ein wenig herber.

Biologische Tips und Mischkultur: Gegen die Mehltauempfindlichkeit hilft weiter, luftiger Stand. Beim Mulchen darauf achten, daß keine Fäulnis der Pflanzen entsteht. Gute Nachbarn sind Kohlarten, Möhren, Radieschen und Rettich; Kopfsalat eignet sich als Zwischenraum-Kultur.

Melde

Anbau: Eine anspruchslose Nebenkultur; Melde kann auch als Randpflanze oder »Lückenbüßer« ausgesät werden. Reihenabstand etwa 25 cm. Dieses altmodische Blattgemüse ist eine Art Sommerspinat aus Großmutters Garten. Kultur sonst ähnlich wie Spinat, aber bescheidener. Aussaaten sind bei offenem Wetter schon ab Januar möglich.

Sorten: 'Gartenmelde', 'Gartenmelde gelbe', 'Grüne rheinische'.

Ernte: Wenn die Pflanzen 20 cm hoch gewachsen sind, können sie geschnitten und wie Spinat zubereitet werden.

Biologische Tips und Mischkultur: Die Pflanzen setzen schnell Samen an, Sie können leicht eigenes, biologisches Saatgut gewinnen. Die rotblättrige Melde bekommen Sie leider nur im Samentausch über den Gartenzaun.

Hülsenfrüchte in Hülle und Fülle

Hülsenfrüchte oder Leguminosen gehören zu den Schwachzehrern. An ihren Wurzeln siedeln sich die Knöllchenbakterien an, die Stickstoff umwandeln und sammeln. Diese Nutzpflanzen bedeuten also gleichzeitig eine Art Gründüngung für den Garten. Sie entziehen dem Boden nicht nur Nährstoffe, sie geben ihm auch aus ihrer eigenen »Düngererzeugung« Stickstoff zurück. Deshalb müssen Sie mit einer zusätzlichen Düngung sehr vorsichtig sein, sonst geraten die Leguminosen aus dem Gleichgewicht. Sie stehen immer in dritter Tracht und tragen ihr Teil dazu bei, die Erde zu regenerieren. Die Früchte der verschiedenen Erbsen und Bohnen sind sehr gesund und besonders eiweißhaltig.

Erbsen

Anbau: Erbsen brauchen kein besonders gedüngtes Beet. Kompost und Mulchabdeckung im Herbst dienen als Vorbereitung. Im Frühling können Sie zusätzlich etwas Steinmehl streuen oder Holzasche, die Kalk und Kali enthält.

Drei Erbsenarten müssen Sie unterscheiden lernen: Pal- oder Schalerbsen besitzen große, glatte, runde Körner. Die reifen Früchte werden mehlig. Markerbsen schmecken, solange sie jung und grün sind, sehr süß und zart. Im Alter werden sie hart und runzelig. Zuckererbsen gehören zu den süßen Delikatessen. Sie müssen ganz jung geerntet werden; dann können Sie sie mit den Schoten dünsten.

Unempfindlich gegen kaltes Frühlingswetter sind die Palerbsen; sie können schon ab März ausgesät werden. Der Reihenabstand beträgt etwa 40 cm. Legen Sie die Körner 5 cm tief mit 2–3 cm Zwischenraum, und schützen Sie die zugedeckten Saatfurchen möglichst mit Maschendraht, denn die Vögel scharren die Samen gern heraus. Niedrige Sorten brauchen keine Kletterhilfen.

Ab Mitte April können Sie Markerbsen und Zuckererbsen säen, der Boden muß schon etwas erwärmt sein. Hohe Sorten bekommen durch Reiser oder Maschendrahtwände festen Halt. Alle Erbsenreihen werden, sobald die Pflanzen handhoch gewachsen sind, angehäufelt. Je nach Sorte und Klima brauchen die Früchte 60–75 Tage bis zur ersten Ernte.

Sorten: Palerbsen: 'Kleine Rheinländerin', 'Rheinperle' (niedrig);
Markerbsen: 'Aldermann', 'Siegerin' (hoch), 'Lancet' (mittelhoch), 'Exzellenz', 'Wunder von Kelvedon' (niedrig);
Zuckererbsen: 'Zuga' (niedrig), 'Schweizer Riesen' (hoch).

Neu im Sortiment sind die blauhülsige Sorte 'Capucijners' und die winterharte Markerbse 'Resi' (Aussaat Anfang Oktober für früheste Ernte im Frühling).

Ernte: Laufend, sobald die Früchte reifen. Die Termine sind unterschiedlich, je nach Sorte. Erbsen lassen sich gut einfrieren. Palerbsen können Sie auch trocknen.

Biologische Tips und Mischkultur: Freier sonniger Stand beugt Krankheiten vor. Stickstoffdüngung macht Erbsen anfällig für Krankheiten und

Neue Erbsensorte: außen violett, innen grün.

Schädlinge. Nach der Ernte sollen die Wurzeln mit den Knöllchenbakterien im Boden bleiben. Das Erbsenstroh eignet sich gut zum Kompostieren und als Mulchdecke. Ernten Sie auf jeden Fall eigenes Saatgut, indem Sie einige Schoten ausreifen lassen.
Gute Nachbarn sind Möhren, Gurken, Kopfsalat, Kohl und Fenchel.

Buschbohnen

Anbau: Es gibt grüne, gelbe, violettblaue und rotgesprenkelte Sorten. Sie alle brauchen Wärme und werden erst ab Mitte Mai ausgelegt. Auch die Bohnen gehören zu den Schwachzehrern und Stickstoffsammlern. Sie vertragen Sonne und Halbschatten. Das Beet wird mit Kompost gedüngt und gemulcht, die Erde soll in gutem, lockerem Zustand sein. Die Reihen benötigen 40 cm Abstand. Legen Sie auch innerhalb der Reihe mit 40 cm Abstand jeweils 4–6 Bohnenkörner in eine Mulde. Sie können aber auch in gerader Linie aussäen, wenn Sie auf genügend Abstand achten.
Bohnen wollen nach einer alten Regel »die Glocken läuten hören«, legen Sie sie deshalb höchstens 2–3 cm tief. Im Juni bis Juli sollten Sie noch einmal Bohnen nachsäen. Durch einen Folientunnel oder auch durch Anzucht in Töpfchen können Sie die erste Bohnenernte vorverlegen.
Sorten: 'Saxa' (alte robuste Sorte), 'Delinel', 'Primel', 'Marona', 'Sperling's Pergousa' – alle grün;
'Wachs-Beste von Allen', 'Wachs Goldetta' (verbesserte 'Wachs-Beste von Allen'), 'Goldimmens', 'Hildora GS' – alle wachsgelb.
'Purple Teepee', 'Purpiat', 'Royal Burgundy' (violettblaue Hülsen);
'Borlotto' (rotgrün gesprenkelt).
Ernte: Laufend frisch, solange Bohnen nachwachsen. Vorsichtig abpflücken, nicht abreißen, sonst wachsen weniger Früchte nach und die Pflanzen leiden. Buschbohnen können Sie einfrieren, einkochen, trocknen oder in Salz einlegen.
Vorsicht: rohe Bohnen sind giftig! Beim Kochen verschwindet das Gift. Sie dürfen nie als grüne Rohkost verzehrt werden, weil sie Phasin enthalten. Warnen Sie deshalb Ihre Kinder – vom Bohnenbeet darf nicht genascht werden!
Biologische Tips und Mischkultur: Wie bei Erbsen Stickstoffdüngung vermeiden, die Wurzeln bleiben mit den Knöllchenbakterien als natürliche Stickstoffanreicherung im Boden. Lassen Sie eigenes Saatgut reifen.
Gute Nachbarn sind Erdbeeren, Tomaten, Gurken, Kohl, Kohlrabi, Salate, Sellerie und Rote Bete. Mischkultur mit Bohnenkraut schützt Bohnen vor Schwarzen Läusen.

Stangenbohnen

Anbau: Stangenbohnen sind anspruchsvoller in der Kultur als die bescheidenen Buschbohnen. Sie brauchen mehr Wärme, mehr Nährstoffe und vor allem mehr Platz. Sie eignen sich deshalb für große Gärten und große Familien. Die Stangen, an denen diese rankenden Bohnen hochklettern, können aus Holz oder Welldraht angefertigt sein. Es genügt, wenn sie über dem Boden 2 m hoch sind. Sie werden in 70 × 60, höchstens 50 × 100 cm Ent-

Rankhilfen für Erbsen: gespannter Maschendraht, Reiser, die beim Gehölzschnitt abfallen oder ein Doppelgitter aus Drahtgeflecht (von oben nach unten).

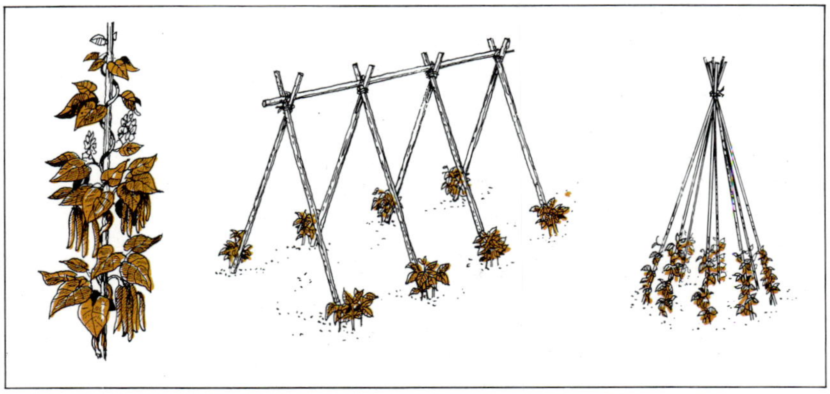

Bohnen klettern an Stangen hoch, die einzeln, in Doppelreihe mit Firststange oder als Zelt aufgestellt werden können (ganz unten).

Bohnen müssen sehr sorgfältig mit beiden Händen gepflückt werden. Ernten Sie regelmäßig, sobald genügend zarte Hülsen nachgewachsen sind.

fernung voneinander senkrecht in den Boden eingegraben. Beliebt ist auch die Methode, zwei Reihen Stangen schräg aneinander zu stellen und am »First« durch eine Querstange zu stabilisieren. Diese Konstruktion ist zwar standfest, wirft aber, wenn sie bewachsen ist, viel Schatten und behindert dadurch Misch- und Unterkulturen.
Um jede Stange ziehen Sie einen Kreis und legen 6–8 Körner in 3 cm tiefe Rillen. Die Aussaat der Stangenbohnen beginnt aber erst ab Mitte Mai. Zu früh gelegte Samen verfaulen in kalter Erde. Gedüngt wird mit Kompost und organischem Dünger, der nur wenig Stickstoff enthält: zum Beispiel Holzasche oder Knochenmehl. Außerdem brauchen Stangenbohnen immer reichlich Feuchtigkeit. Die Reifezeit bis zur ersten Ernte dauert je nach Sorte 75–100 Tage.
Sorten: 'Neckarkönigin', 'Rekord', 'Marga GS' (brennfleckenresistent), 'Mombacher Speck' (grüne Sorten);
'Wachs Neckargold', 'Goldregen' (gelbe Sorten);
'Blauhilde' (robuste Sorte für rauhere Lagen, bläulich gefärbt, beim Kochen »ergrünt« sie wieder).
Ernte: Laufend frisch während des Sommers; junge zarte Bohnen eignen

Buschbohnen

Sojabohnen

Früchte der Sojabohnen

Puffbohnen (Dicke Bohnen)

sich am besten, sie dürfen nicht so lange hängenbleiben, daß sie hart werden. Stangenbohnen sind größer und schmecken kräftiger als die zarten Buschbohnen. Sie können sie einfrieren, in Salz einlegen und sowohl die ganzen Bohnen als auch die Kerne trocknen.
Biologische Tips und Mischkultur: Bohnen sollen nie bei nassem Wetter angefaßt oder geerntet werden. Dadurch beugen Sie Pilzkrankheiten vor. Benutzen Sie die Bohnenreihen als Windschutz für empfindliche Kulturen, zum Beispiel Gurken. Lassen Sie von den ersten Früchten einige ausreifen, um Samen zu gewinnen.
Gute Nachbarn sind Tomaten, Gurken, Zucchini, Endivien, Kapuzinerkresse, Kohl, Kohlrabi und Kopfsalat. Schlechte Nachbarn sind Lauch, Knoblauch, Erbsen, Fenchel und Zwiebeln.

Feuerbohnen

(Prunkbohnen, Wollbohnen)

Anbau: Feuerbohnen sind robuster und anspruchsloser als Stangenbohnen. Sie gedeihen auch in rauhen Lagen und weniger guten Böden. Säen Sie sie je nach Witterung Anfang bis Mitte Mai aus. Sie klettern an Stangen hoch, begnügen sich aber auch mit Zäunen, Balkongittern und Rankgerüsten im Ziergarten. Feuerbohnen bilden nicht nur dichte grüne Blättervorhänge, sie bezaubern auch durch die großen feuerroten Schmetterlingsblüten, denen sie ihren Namen verdanken. Andere Sorten blühen auch weiß. Diese Nutzpflanze aus dem Gemüsegarten können Sie deshalb auch zur Zierde im Blumengarten oder auf dem Balkon aussäen. Sie eignet sich als Sicht- und Windschutz.
Die Kulturmaßnahmen sind im übrigen die gleichen wie bei Stangenbohnen. Die Reifezeit dauert etwa 2 Wochen länger.
Sorten: 'Weiße Riesen' (weißblühend), 'Preisgewinner' (rotblühend), 'Desirée' (fadenlos, virusresistent).
Ernte: Die kräftigen langen Schoten müssen unbedingt jung und zart ge-

erntet werden. Später werden sie hart und »wollig«. Feuerbohnen eignen sich vor allem für kräftig-würzige Suppen. Sie sind gesund wegen ihres hohen Eiweißgehaltes. Die Körner können Sie trocknen.
Biologische Tips und Mischkultur: Vorbeugender Pflanzenschutz besteht auch in der Wahl derjenigen Gemüsearten, die dem Klima angepaßt sind. Bauen Sie deshalb in rauhen Lagen lieber Feuerbohnen als die wärmeliebenden Stangenbohnen an. Saatgut können Sie besonders leicht selber ziehen.

Puffbohnen

(Dicke Bohnen, Pferdebohnen, Ackerbohnen, Saubohnen)

Anbau: Diese Bohnen sind überhaupt nicht kälteempfindlich, im Gegenteil, frühzeitige Wärme macht sie anfällig für schwarze Läuse. Säen Sie Puffbohnen so früh wie möglich, in milden Gegenden schon im Februar, in rauheren Landschaften Anfang März. Der Boden soll mit Kompost versorgt sein, darf aber nicht frisch gedüngt werden. Diese robuste Bohnenart gedeiht auch noch in schwerem, kalkhaltigem Boden. Sie sammelt wie alle Leguminosen Stickstoff in Zusammenarbeit mit den Knöllchenbakterien, und sie lokkert den Untergrund mit tiefreichenden Wurzeln.
Der Reihenabstand beträgt 40 cm, stekken Sie alle 20–25 cm zwei Bohnenkörner 5 cm tief. Sie können die dicken Samenkörner vorher in Wasser oder feuchtem Sägemehl vorquellen lassen. Die jungen Pflanzen werden ausgedünnt, so daß sie frei stehen, angehäufelt und bei Trockenheit rechtzeitig gegossen. Bis zur ersten Ernte dauert es 120–150 Tage. Sie beginnt Ende Mai und ist bis Ende Juni abgeschlossen. Dann ist das Beet frei für eine Nachkultur.
Sorten: 'Con Amore', 'Hangdown Dreifachweiße'.
Ernte: Die halbreifen grünen Hülsen werden gepflückt, wenn sie mittelgroß sind und die »Naht« noch hell gefärbt ist. Gekocht werden die zarten, weißlichen, dicken Körner. Dicke-Bohnen-Körner können Sie auch einfrieren.
Biologische Tips und Mischkultur: Puffbohnen sind anfällig für schwarze Läuse. Vorbeugend wirken: frühe Aussaat, weiter, luftiger Stand und später das Auskneifen der Spitzen. Spinat als Zwischenkultur hält den Boden feucht. Gute Nachbarn sind Pflücksalat und Kohlrabi. Ernten Sie auch von diesen Bohnen selber biologisch gezogenen Samen.

Sojabohnen

Anbau: Sojabohnen-Züchtungen, die auch in unserem mitteleuropäischen Klima reifen, sind noch ganz jung und neu auf dem Markt. Mit diesem eiweiß- und vitaminreichen Gemüse müssen biologische Gärtner noch ihre eigenen Erfahrungen machen. Sojabohnen werden wie Buschbohnen angebaut. Ab Mitte Mai säen Sie sie in Reihen mit 30 cm Abstand aus. Vorkultur in Töpfen ist auch möglich.
Sorten: 'Maple Arrow'.
Ernte: Ab Mitte August sind die Schoten reif. Gekocht werden die grünen Kerne, die einen feinen nußartigen Geschmack haben. Ausgereifte Samenkörner können Sie trocknen und im Winter als vitaminreiche Sojasprossen zum Keimen bringen.
Biologische Tips und Mischkultur: Auf diesem Gebiet müssen Sie noch selber experimentieren!

Zwiebelgemüse – die heilkräftigen Scharfmacher im Gemüsegarten

Die Zwiebeln und ihre Verwandten gehören wahrscheinlich zu den ältesten Gemüsen der Erde. Sie werden in jahrtausendealten ägyptischen Dokumenten ebenso erwähnt wie in historischen chinesischen Quellen. Die »beißenden« Früchte, die der Köchin die Tränen in die Augen treiben, könnten aber auch zu den Gewürz- oder Heilpflanzen gerechnet werden. Zwiebeln enthalten außer Vitaminen und organischen Säuren vor allem schwefelhaltige ätherische Öle. Sie haben antiseptische und desinfizierende Eigenschaften. Der Knoblauch wirkt sogar als eine Art natürliches Antibiotikum. Wo viel Knoblauch gegessen wird, da gibt es auch auffallend viele Hundertjährige. Soviel Gesundheit muß man sich einfach in den Garten holen!

Zwiebeln

Anbau: Zwiebeln wachsen in zweiter Tracht, also nach den »Düngerfressern«. Der Boden soll locker, humusreich und warm sein. Das möglichst sonnig gelegene Beet wird im Herbst mit Kompost gedüngt und gemulcht. Wenn zusätzliche Nahrung nötig ist – je nach Bodenzustand – verwenden Sie einen kalihaltigen Dünger, zum Beispiel Holzasche. Diese bekommt auch der Mischkultur mit Möhren gut. Stark stickstoffhaltige Dünger sollten Sie meiden, die Zwiebeln reifen sonst schlecht aus. Niemals mit frischem Mist düngen! Beim Säen und Pflanzen müssen Sie zwischen den verschiedenen Zwiebelarten unterscheiden.

Eine lustige Spezialität: Etagenzwiebeln.

Steckzwiebeln sind etwa haselnußgroße Zwiebeln, die im April in Reihen mit 20–25 cm Abstand gesetzt werden. Untereinander benötigen Sie 10 cm Zwischenraum. Aus jeder kleinen Saatzwiebel wächst eine große dicke Einzelzwiebel heran.

Eigenes Steckzwiebel-Saatgut gewinnen Sie, wenn Sie Zwiebelsamen dicht und breitwürfig auf ein kleines Extrabeet säen.

Die Pflegearbeiten auf dem Zwiebelbeet beschränken sich darauf, den Boden locker und unkrautfrei zu halten. Seien Sie vorsichtig beim Hacken, denn Zwiebeln haben flachwachsende Wurzeln.

Schalotten-Saatgut ist wesentlich größer, jede Zwiebel hat etwa Walnußgröße. Sie werden wie die Steckzwiebeln gepflanzt, benötigen aber in der Reihe einen größeren Abstand, weil rund um die »Mutterzwiebel« ein Nest von mittelgroßen Nachwuchszwiebeln entsteht. Schalotten wachsen auch gut, wenn die Reihen zu kleinen Hügeln angehäufelt werden. Vor allem in schweren Böden bewährt sich diese Methode. Steckzwiebeln und Schalotten werden hoch gepflanzt, so daß ein Drittel des Zwiebelbäuchleins über den Boden herausragt.

Saatzwiebeln werden ab Mitte März aus Samen gesät. Der Reihenabstand beträgt 20 cm. Die feinen Körnchen werden in flachen Rillen ausgestreut, nur dünn mit reifem Kompost übersiebt und festgeklopft. Die Keimung kann sich über 3–4 Wochen hinziehen. Zu dicht stehende Pflanzen werden auf 5–10 cm Abstand vereinzelt. Diese jungen Zwiebelchen können Sie schon für die Küche benutzen. Saatzwiebeln reifen etwas später, sind dafür aber besonders haltbar und lagerfähig.

Die Winterheckezwiebel kommt immer wieder.

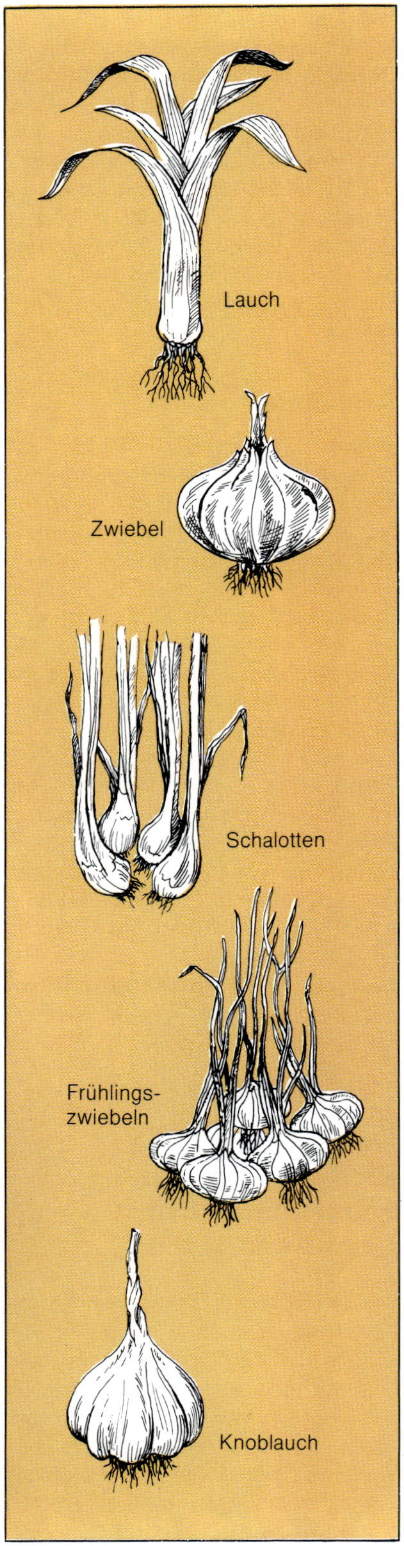

Weiße Frühlingszwiebeln werden im August in Reihen mit 20–25 cm Abstand gesät und auf 3 cm Zwischenraum verzogen. Sie sind im nächsten Mai als früheste Zwiebeln erntereif. Über Winter müssen sie in rauhen Lagen durch eine Fichtenreisigabdekkung geschützt werden.

Lauchzwiebeln treiben lauchähnliches, zierliches Laub; sie bilden keine Zwiebeln, sondern nur einen verdickten Schaft, der weiß oder bei besonderen Züchtungen auch rot gefärbt ist. Die würzigen Lauchzwiebeln können sowohl im Frühling als auch im Sommer ausgesät werden; einige Sorten sind winterhart.

Die Winterheckezwiebel ist mehrjährig. Sie bildet röhrenförmiges Laub und weiße Verdickungen am Stengelende. Diese »ewige Zwiebel« dient als schnittlauchähnliche Würze; richtige Zwiebeln entwickelt sie nicht.

Etagenzwiebeln sind eine Kuriosität: Ihre Zwiebeln bilden sich nicht am Fuß der Pflanzen in der Erde, sondern »in der oberen Etage«. Im Sommer sind die hohen Stengel an der Spitze mit einem Nest kleiner Zwiebelchen gekrönt. Diese Luft- oder Brutzwiebeln können als Würze in der Küche und als Steckzwiebeln für neue Pflanzen verwendet werden.

Sorten: Saatzwiebeln: 'Stuttgarter Riesen', 'Zittauer gelbe Riesen', 'Braunschweiger blutrote', 'Piroska', 'Allround', 'Weiße Frühlingszwiebeln', 'Weiße Königin' (Perlzwiebeln);
Steckzwiebeln: 'Stuttgarter Riesen', 'Braunschweiger blutrote', 'Schalotten'.
Lauchzwiebeln: 'Kaigaro', 'White Lisbon', 'Sperling's Toga' (roter Schaft).

Ernte: Zwiebeln sind reif, wenn das Laub vergilbt und sich von selbst umlegt. Saatzwiebeln werden im August bis September geerntet, Steckzwiebeln

früher. Wählen Sie einen warmen Tag und lassen Sie die Zwiebel an der Luft trocknen, nachdem Sie die Erdreste aus den Wurzeln und lose Schalen entfernt haben. Am besten breiten Sie sie auf Obsthürden aus. Die trockenen Früchte werden dann gebündelt, oder Sie flechten aus den Röhren Zöpfe. Hängen Sie Ihre Zwiebeln an einem trockenen, kühlen, luftigen Ort auf.
Biologische Tips und Mischkultur: Folgen Sie nicht dem verbreiteten Ratschlag, das Zwiebellaub im Sommer niederzutreten, damit es gelb wird. Sie leiten damit nur eine Notreife ein; diese Früchte sind nicht so haltbar. Späte Zwiebelaussaaten wachsen gut nach Kartoffeln. Auf Sandböden beeinflußt die Kamille die Zwiebeln günstig.
Die klassische Mischkulturen-Nachbarschaft ist die Möhre. Beide Gemüse vertreiben sich gegenseitig die Zwiebel- und die Möhrenfliege. Andere gute Kombinationen zu Zwiebeln sind Zichoriensalate, Kopfsalat, Gurken, Erdbeeren, Dill und Bohnenkraut.

Knoblauch

Anbau: Im großen und ganzen gleichen die Bodenvorbereitung und die Pflege derjenigen beim Anbau von Zwiebeln. Knoblauch ist als Kind südeuropäischer und orientalischer Heimatländer aber noch sonnenhungriger. Er liebt warme, leichte Böden. Als Saatgut verwenden Sie die »Zehen«, in die Sie eine große Knoblauchzwiebel zerteilen können. Sie werden einzeln mit 15 cm Abstand 4–5 cm tief gepflanzt. Ab März/April kann dieses Zwiebelgewächs schon im Freiland angepflanzt werden. In nicht zu kalten Gegenden können Sie Knoblauchzehen auch im Herbst, von September bis Oktober, stecken. Knoblauch braucht nicht unbedingt ein eigenes Beet. Er kann an vielen Stellen im Garten als Mischkultur und »Gesundheitsdienst« verstreut werden.
Sorten: Keine, verwenden Sie keine Mitbringsel aus dem Süden, sondern an unser Klima angepaßtes Saatgut, das Sie im Fachhandel bekommen.
Ernte: Genau wie Zwiebeln, wenn das Laub gelb und trocken wird, etwa von Juli bis August; die Herbstpflanzung reift bereits im folgenden Frühling. Knoblauch sollten Sie zu hübschen dekorativen Zöpfen flechten und neben den Zwiebeln kühl und trocken aufhängen.
Biologische Tips und Mischkultur: Knoblauch wirkt vorbeugend gegen Pilzkrankheiten, Mäuse und Schnekken, sowohl in der Zwischenpflanzung als auch in schädlingsabwehrenden Pflanzenbrühen. Setzen Sie ihn zu Erdbeeren, Himbeeren, Obstbäumen, Tomaten, Roten Beten, Möhren und Gurken; aber auch im Blumengarten zu Rosen, Tulpen und Lilien. Legen Sie einige feste Zwiebeln als Saatgut zurück.

Lauch, Porree

Anbau: Lauch enthält ebenfalls schwefelhaltige, äherische Öle und wirkt sanft abführend. Dieses gesunde Gemüse wächst gleichfalls in zweiter Tracht, ist aber anspruchsvoller als seine Verwandten, die Zwiebeln. In nährstoffreichem, tiefgründigem Boden gedeiht es am besten. Bereiten Sie das Lauchbeet im Herbst mit Kompost und organischem Dünger vor. Gut verrotteter Rinder- oder Schweinemist eignen sich besonders gut.
Säen Sie den schwarzen Lauchsamen ab März/April ins Frühbeet oder im April ins Freiland. Ab Mai können Sie, für frühe Ernten, die Pflanzen aufs vorbereitete Beet setzen. Für den Winterverbrauch säen Sie noch einmal Porree von Mai bis Juni aus. Bis Anfang August können diese späten Pflanzen noch versetzt werden, zum Beispiel als Nachfrucht auf das Frühkartoffelbeet.
Alle Lauchsetzlinge benötigen 20 bis 30 cm Reihenabstand und 15 cm Zwischenraum in der Reihe, damit sie sich kräftig entwickeln können. Ziehen Sie tiefe Furchen, und sieben Sie reifen Kompost hinein. Blätter und Wurzeln werden etwas eingestutzt vor dem Pflanzen. Bei trübem Wetter werden die Lauchsetzlinge mit verdünnter Brennesselbrühe angegossen. Auch später, während der Hauptwachstumszeit, erhält das Gemüse noch eine Kopfdüngung aus Pflanzenjauche. Sorgen Sie immer für genügend Feuchtigkeit. Während der normalen Pflegearbeiten, beim Durchhacken der Reihen, wird die Furche langsam zugeschüttet, und später werden die Pflanzen noch zusätzlich angehäufelt, damit sie hohe weiße Schäfte bekommen.
Sorten: 'Elefant' (für die Herbsternte), 'Blaugrüner Winter', 'Blaugrüner Winter/Stamm Eskimo', 'Winterriesen, Stamm Alaska', 'Carentan' (alle winterhart), 'Genita' (sehr winterhart, Ernte bis Ende Mai).
Ernte: Ab Herbst bis weit ins nächste Frühjahr, je nach Sorte. Lauch sollte möglichst im Freiland überwintern (richtige Sorte wählen!) und stets frisch geerntet werden. Nur in sehr rauhen Lagen mit lange gefrorenem Boden, müssen Sie die Schäfte im Frühbeet einschlagen.
Biologische Tips und Mischkultur: Lauch muß kräftig ernährt werden, sollte aber nie übermäßig angetrieben werden, er verliert sonst sein gutes Aroma. Biologisch angebauter Lauch schmeckt feinwürzig und leicht süß. Er riecht niemals unangenehm beim Kochen!
Lassen Sie im Frühling einige Porreepflanzen stehen, und schneiden Sie die Blütenansätze ab. Am Fuß bilden sich dann die kleinen weißen Perlzwiebeln.
Vorbeugend gegen die Lauchmotte sollten Sie Urgesteinsmehl streuen und im Abstand von 2–3 Wochen mit Schachtelhalmtee sprühen. Befallene Pflanzen werden tief zurückgeschnitten. Sie treiben dann neu aus.
Gute Nachbarn sind vor allem Möhren, aber auch Sellerie, Tomaten, Salat, Kohlarten und Erdbeeren.

Wurzelgemüse – die Vorratskammern der Natur

Unsere Wurzelgemüse bestehen aus »aufgeblähten« Wurzeln und manchmal auch aus Verdickungen des unteren Stengels. In diesen natürlichen Behältern lagern die Pflanzen Nährstoffvorräte ein. Vitamine, Spurenelemente und andere gesunde Inhaltsstoffe sind hier reichlich gesammelt. Was eigentlich zum Überleben der Pflanzen in mageren Zeiten gedacht war, machen sich die Menschen zunutze, indem sie die Wurzeln als Nahrungsmittel verwenden. Diese Gemüsearten könnte man als Medizin im Kochtopf bezeichnen. Durch gärtnerische Züchtungen wurden die »Speicher der Natur« noch umfangreicher und gehaltvoller.

Sellerie

Anbau: Dieses Gemüse braucht nährstoffreichen, feuchten Boden in erster Tracht. Versorgen Sie das Beet bereits im Herbst mit Kompost und Dünger, zum Beispiel verrottetem Mist oder Horn-Blut-Knochenmehl. Sellerie liebt Kali; mit Hilfe von Holzasche oder gut verrottetem Schweinemist können Sie ihm diesen Nährstoff zukommen lassen. Auch Algenkalk und Steinmehl bekommen den Pflanzen gut.

In lockerem Humus wachsen gerade Möhren.

Sellerie ist kälteempfindlich. Er wird deshalb auf der Fensterbank oder im warmen Frühbeet im Februar/März in Kistchen ausgesät. Die kleinen Pflänzchen müssen ein- bis zweimal pikiert werden und dürfen erst nach den Eisheiligen, Mitte Mai, ins Freiland. Einfacher ist es, sich kräftige Setzlinge bei einem guten Gärtner zu besorgen. Geben Sie dem Sellerie 40 cm Abstand nach allen Seiten. Die Pflanzen werden so hoch gesetzt, daß sie in den ersten Tagen etwas »wackelig« auf den Beinen stehen. Tief gepflanzter Sellerie bildet keine Knollen! Später ragt der obere Teil der würzigen Wurzel ein wenig aus der Erde.
Wichtig ist, daß die Pflanzen immer ausreichend mit Wasser und Nährstoffen während der Hauptwachstumszeit versorgt sind. Gießen Sie ein- bis zweimal mit Brennesseljauche, und mulchen Sie zwischen den Reihen, aber so, daß die Knollen frei bleiben!
Manche Bio-Gärtner benutzen auf dem Selleriebeet Comfrey- oder Farnblätter als schützende Decke. Beide Pflanzen enthalten Kali, das für die Entwicklung des Sellerie besonders wichtig ist.
Sorten: 'Magdeburger Markt' (bewährte Sorte), 'Sperling's Dolvi' (verbesserter 'Magdeburger Markt', widerstandsfähig gegen Pilzkrankheiten, zum Beispiel Blattflecken und Rost).
Ernte: Spät im Herbst von Oktober bis November. Sie können die Knollen im Keller in feuchten Sand einschlagen. Vorher werden die Wurzeln eingekürzt und die Außenblätter »abgedreht«. Zarte Sellerieblätter können Sie frisch als Würze verwenden, aber auch einfrieren oder trocknen. Sellerie wirkt entwässernd; er ist gesund wegen seines hohen Vitamin- und Mineralstoffgehaltes. Sie können ihn roh und gekocht verwenden.
Biologische Tips und Mischkultur: Als ehemalige Pflanze der Meeresküsten verträgt der Sellerie eine leichte Düngung mit aufgelöstem Kochsalz. Luftiger Stand wirkt vorbeugend gegen Schädlinge. Spritzen Sie Ackerschachtelhalmtee, ebenfalls vorbeugend, gegen Pilzkrankheiten.
Gute Nachbarn sind Lauch und Buschbohnen. Auch mit Kohl, vor allem Blumenkohl, gedeiht er gut. In dieser Kombination wehrt der strenge Selleriegeruch die Kohlweißlinge ab.

Stangensellerie, Bleichsellerie

Anbau: Dieser Sellerie wurde nicht auf Knollen, sondern auf Stengel gezüchtet. Die Bodenvorbereitung ist die gleiche wie beim Knollensellerie. Säen Sie ab Ende April in 2 cm tiefe Furchen, oder ziehen Sie die Pflanzen wie Knollensellerie vor. Der Abstand der Setzlinge beträgt etwa 35 × 30 cm. Die Pflanzen werden später mit Erde hoch angehäufelt oder mit dunkler Plastikfolie umwickelt, damit sie bleichen. Pflege sonst wie Knollensellerie.
Sorten: 'Weißer englischer', 'Goldgelber' (selbstbleichend), 'Utah' (aromatischer Stangensellerie).
Ernte: Ab August, bei herbstlichen Nachtfrösten mit Folientunnel schützen. Im Winter hält sich das Gemüse eine Zeitlang im Sandeinschlag im Keller. Sie können diesen Feinschmeckersellerie roh oder gedünstet essen.
Biologische Tips und Mischkultur: Wie Knollensellerie.

Möhren und Karotten

Anbau: Als Karotten werden die kleinen rundlichen Sorten bezeichnet, während die langen orangeroten Wurzeln allgemein Möhren genannt werden. Sie wachsen auf Beeten zweiter Tracht und sollten niemals mit frischem Mist gedüngt werden, auch nicht im Herbst vor der Aussaat. Denn in diesem organischen Dünger können sich Würmer und Fliegenmaden ansiedeln, die zu den »Feinden« der Möhren gehören.
Dieses Wurzelgemüse liebt einen tiefgründigen, humusreichen Boden. In warmer, lockerer, sandiger Erde gedeihen Möhren leichter als in schwerem Lehm. Hier kann Gründüngung, die über Winter als Mulchdecke liegenbleibt, helfen, den Untergrund zu lockern. Im Normalfall versorgen Sie das

Beet im Herbst mit Kompost und dekken es mit Mulchmaterial ab. Im Frühjahr dürfen Sie in die Saatrillen nur noch feinen reifen Kompost geben. Da Möhren Kali brauchen, können Sie auch mit Holzasche düngen.
Die Samen der nahrhaften Wurzeln sind nicht kälteempfindlich und werden schon ab März gesät. Sowohl die runden Karotten als auch lange Sorten eignen sich für den frühen Termin. Spätere Wintersorten kommen von Ende Mai bis Ende Juni in den Boden. Die ersten Karotten können Sie bei günstiger Witterung schon nach 75 Tagen ernten, die langen Wurzeln brauchen länger.
Möhrensamen keimt sehr langsam und braucht manchmal 3–4 Wochen, bis er aufgeht. Mischen Sie deshalb als »Markierung« einige Körner Radieschen darunter. Sie kommen schnell heraus und zeigen Ihnen beim Hacken oder beim Säen der Nachbarpflanzen, wie die Möhrenreihe verläuft. Die Rillen werden etwa 3 cm tief gezogen, zwischen den Reihen genügt ein Abstand von 20 cm. Außer mit feingesiebtem Kompost können Sie das Saatbett mit etwas Algenkalk oder Steinmehl überstäuben. Nachdem Sie die Samen wieder mit Erde oder Kompost zugedeckt haben, drücken Sie die Oberfläche mit dem Rücken des Rechens fest und gießen gut an.
Wenn die Möhren aufgehen, zupfen Sie alle überflüssigen Sämlinge heraus, so daß die Pflanzen im Abstand von 3–5 cm weiterwachsen. Nur so bekommen Sie starke gesunde Wurzeln! Sie können es auch einmal mit den Sperli-Saatbändern versuchen, darin sind die Samenkörner bereits im richtigen Abstand »eingebaut«.
Für Möhren ist es wichtig, daß sie gleichmäßig feucht gehalten werden; bei großen Unterschieden zwischen Trockenheit und plötzlichen Regengüssen platzen die Früchte sonst auf. Dünne, luftdurchlässige Mulchschichten halten die Erde feucht und locker. Während der Wachstumszeit können Sie die Möhren noch einmal mit Brennesseljauche düngen.

Sorten: 'Pariser Markt' (bewährte frühe, runde Karotte), 'Sperling's Kundulus' (verbesserte 'Pariser Markt'), 'Nantaise' (früher 'Marktgärtner', mittellang für frühe und späte Aussaat), 'Sperling's Frühbund' (frühe Zuckermöhre), 'Rote Riesen' (haltbare Wintermöhre), 'Lange, rote stumpfe, ohne Herz' (späte Sorte, haltbar im Winter), 'Sperling's Rotin' (frühe bis mittelfrühe Sorte mit hohem Carotingehalt), 'Juwarot' (»Gesundheitsmöhre« mit hohem Carotingehalt, hohem Vitamin B-Anteil, späte Sorte), 'Tip-Top' (für Frühlings-, Sommer- und Herbstsaat), 'Nanco' (gleichmäßig wachsende F1-Hybride).
Ernte: Möhren können über einen längeren Zeitraum immer frisch herausgezogen werden, so wie man sie braucht. Die Haupterntezeit liegt je nach Sorte im Sommer, Herbst oder Frühwinter. Lassen Sie die gesunden Wurzeln solange wie möglich im Freiland, sie schmecken dann viel aromatischer. Eine dicke Stroh- oder Laubdecke kann das Beet noch lange frostfrei halten. Bevor strenge Kälte einsetzt, lagern Sie die Wintermöhren in einer Miete, im strohverpackten Frühbeet oder im Sandeinschlag im Keller. Möhren können Sie auch einfrieren, einwecken oder in Form von Saft konservieren. Sie sind roh oder behutsam gedünstet sehr gesund, weil sie Carotin enthalten, das die Vorstufe zu Vitamin A darstellt. Erst im menschlichen Körper entsteht in Verbindung mit Fett das wertvolle Vitamin A.
Biologische Tips und Mischkultur: Möhren aus gutem, naturgemäßem Anbau fallen durch ein besonders süßes Aroma auf. Sie haben keinen erdigen Geschmack. Für Bio-Gärtner kann der Biß in eine Möhre deshalb zum privaten Bodentest werden. Ihre Würze verrät viel über die Humuspflege!
Ein möglichst freier, etwas windiger Standort und reichlich Abstand untereinander schützen die Möhren vor der gefürchteten Möhrenfliege. Sehr frühe Aussaaten im März oder sehr späte im Juni wirken vorbeugend gegen diese Schädlinge, weil die Zeit der Eiablage

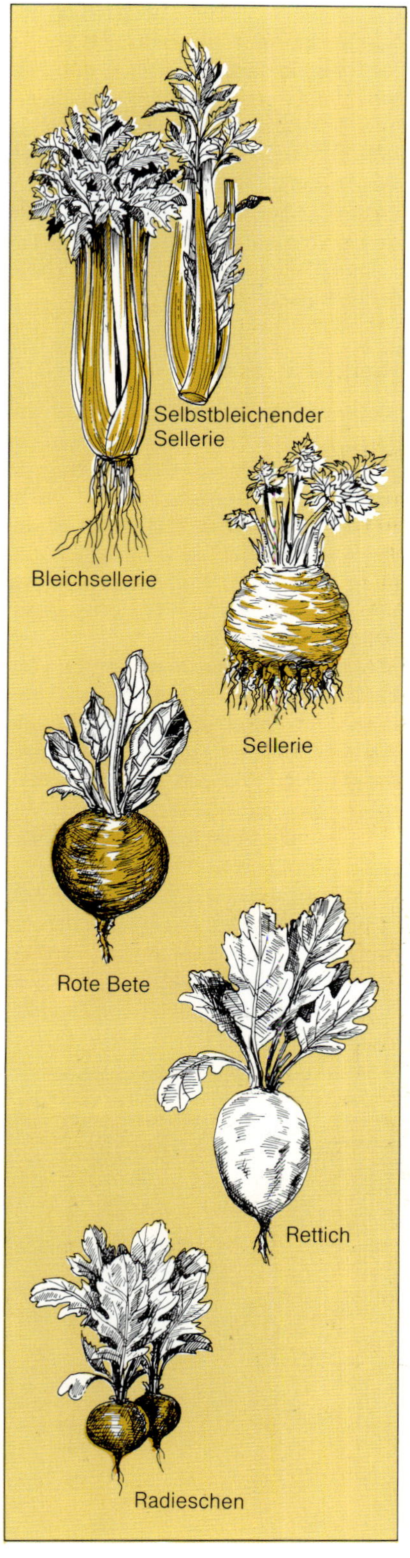

umgangen wird. Bewährt ist auch die Mischkultur mit Zwiebeln und Lauch. Sie bewirkt, wahrscheinlich auf Phytonzidbasis, gegenseitige Schädlingsabwehr. Allgemein günstig wirkt es sich aus, wenn Sie ein paar Körner Dill zwischen den Möhrensamen mischen. Gute Nachbarn sind auch Erbsen (die den Boden lockern!), Tomaten, Zichoriensalat, Radieschen, Mangold sowie Schnittsalat.

Rote Bete, Rote Rüben

Anbau: Die Roten Rüben sind anspruchslos und einfach zu ziehen. Sie gehören zu den Mittelzehrern und nehmen ohne weiteres auch mit einem halbschattigen Beet vorlieb. In einem gepflegten Boden ist zusätzliche Düngung nicht nötig. Kompostversorgung und Mulchabdeckung im Herbst genügen als Vorbereitung.
Ab April können Sie Rote Bete im Freiland aussäen. Die großen Samenkörner lassen sich gut dosieren. Wenn Sie alle 10 cm je 2 Körner legen und später nur die stärksten Pflanzen wachsen lassen, so ersparen Sie sich die Mühe des Vereinzelns. Die Rüben lassen sich zwar auch verpflanzen, aber sie machen leicht »schlapp«. Wählen Sie für diesen »Umzug« auf jeden Fall einen feuchten, bedeckten Tag. Die Reihen sollten 25 cm auseinanderliegen. Rote Bete brauchen stets genügend Feuchtigkeit, um zarte rote »Kugeln« zu entwickeln. Wo der Boden noch nicht genügend »Gehalt« hat, können Sie mit Pflanzenjauche nachdüngen. Comfreybrühe enthält Kali, das für die Wurzelbildung wichtig ist. Späte Aussaaten von Mai bis Juni bringen besonders zarte Früchte und Vorräte für den Winter.
Sorten: 'Rote Kugel', 'Sperling's Rote Kugel Probat' (können schon nach 6–7 Wochen als »Babys« geerntet werden), 'Forono' (verbesserte Formanova, walzenförmig, besonders ertragreich).
Ernte: Bei etwas dichterer Aussaat können Sie die kleinen Früchte bereits während des Sommers laufend herausziehen. Späte Aussaaten werden im Oktober – vor dem ersten Frost – ausgegraben. Drehen Sie die Blätter vorsichtig ab, so daß das Herz erhalten bleibt. Rote Rüben dürfen niemals, an keiner Stelle, verletzt werden. Sonst läuft der kostbare rote Saft aus, sie »verbluten«! Wintervorräte können Sie in feuchtem Sand im Keller einschlagen oder in einer Miete aufbewahren. Rote Beete lassen sich sehr gut in Essig konservieren. Nehmen Sie dazu hübsche Steinguttöpfe. Dieses bescheidene Wurzelgemüse sollte in keinem Bio-Garten fehlen. Es ist reich an Mineralsalzen und Vitaminen und wirkt blutbildend.
Biologische Tips und Mischkultur: Mulchen hält die Bodenfeuchtigkeit, die die Rüben brauchen. Gute Nachbarn sind Kohlrabi, Pflücksalat, Gurken und Buschbohnen.

Schwarzwurzeln brauchen durchlässigen Boden, damit sie lang und gerade wachsen.

Schwarzwurzeln

Anbau: Schwarzwurzeln können ein- oder zweijährig angebaut werden. Man nennt die langen, wohlschmeckenden Wurzeln auch »Winterspargel«. Eine wichtige Voraussetzung ist tiefgrundig lockerer Boden. Kartoffeln oder wurzelreiche Gründüngung sind deshalb gute Vorkulturen. In biologischen Gärten, die bereits längere Zeit mit Kompost und Mulch versorgt werden, ist die Humusschicht meist gut vorbereitet für die langen schwarzen Wurzeln. Geben Sie, wo es nötig ist, zusätzlichen Dünger bereits im Herbst auf das Beet. Schwarzwurzeln sind Mittelzehrer. Langsam wirkende Mischungen aus Horn-Blut-Knochenmehl (z. B. »Oscorna«) eignen sich für die lange Kulturdauer. Je nach Bodenzustand können Sie im Sommer auch mit Pflanzenjauche gießen.
Schwarzwurzeln werden schon früh im März ausgesät. Die Reihen sollten 25–30 cm Abstand haben. Säen Sie die großen, stäbchenförmigen Samen dünn in 3 cm tiefe Rillen. Die jungen Pflanzen werden später auf 7–10 cm Abstand verzogen. Schwarzwurzeln brauchen viel Feuchtigkeit. Auch Spätsommer-Aussaat ist möglich.
Sorten: 'Einjährige Riesen', 'Schwarzer Pfahl'.
Ernte: Vorsichtig im Herbst ausgraben, weil die langen Wurzeln leicht abbrechen. Sie können sie im Keller in feuchtem Sand einlagern. Schwarzwurzeln sind aber ganz winterhart. In Gegenden, in denen der Boden nicht tief zufriert, können Sie durch eine Strohoder Laubschicht die Erde lang offenhalten und stets frisch aus dem Freiland ernten. Wer die Blüten herausbricht, kann die Wurzeln noch ein zweites Jahr stehenlassen. Schwarzwurzeln sind mit dem Beinwell oder Comfrey verwandt und haben viele heilkräftige Eigenschaften. Sie enthalten unter anderem Inulin (kein Insulin!) und sind für Zuckerkranke sehr empfehlenswert.
Biologische Tips und Mischkultur: Die zarten Wurzeln sind bei Mäusen und Wühlmäusen sehr beliebt. Beachten Sie die Spezialtips im Kapitel »Weitverbreitete Plagegeister«.
Gute Nachbarn sind Lauch, Kopfsalat, Pflücksalat und Kohlrabi.

Rettiche und Radieschen

Anbau: Rettiche und Radieschen gibt es in vielerlei verschiedenen Sorten. Sie wachsen in zweiter oder dritter Tracht. Kompostdüngung reicht für ihre Nährstoffansprüche aus. Sorgen Sie aber für gleichmäßige Feuchtigkeit. Trockenheit läßt die zarten »Wurzeln« pelzig und scharf werden.

Beide Früchte brauchen kein eigenes Beet. Sie laufen als willkommene Mischkultur »nebenbei«. Schon ab März können Sie Frühlingsrettiche und Radieschen unter Folientunneln aussäen. Wenig später ist auch die Freilandaussaat möglich. Ab Mai müssen Sie Sommersorten wählen, die mehr Hitze vertragen. Ab Anfang Juli können Sie auch den schwarzen Winterrettich aussäen, der sich zum Lagern in der kalten Jahreszeit eignet.

Die großen runden Samenkörner der Rettiche und Radieschen lassen sich gut dosieren. Säen Sie gleich im richtigen Abstand, damit sich große »Kugeln« oder »Zapfen« entwickeln können. Bei den verschiedenen Rettichsorten sollten 10–25 cm Platz zwischen den Pflanzen bleiben. Achten Sie immer auf die Hinweise, die auf die Samentüten gedruckt sind. Bei Radieschen genügt es, wenn sie etwa 5 cm auseinanderstehen. Bei zu dichter Saat bilden sie keine runden Knollen! Die Rille, in die die Körner gelegt werden, soll etwa 1 cm tief sein. Füttern Sie sie mit feingesiebtem Reifekompost aus.

Sorten: Frühlingsradieschen: 'Saxa' (altbewährt), 'Saxa Treib' (für Folienanbau), 'Knacker' (verbesserte 'Saxa'), 'Frühwunder' (für Freiland und Treiberei);

Sommerradieschen: 'Rundes, halb weiß, halb rot', 'Eiszapfen' (längliches, weißes Radieschen), 'Sperling's Parat' (groß, zart und würzig), 'Carnita' (widerstandsfähig gegen Pelzigwerden), 'Riesenbutter';

Frühlingsrettiche: 'Rosa Ostergruß', 'Hilds Neckarruhm', 'Halblanger weißer Treib und Freiland';

Sommerrettiche: 'Halblanger weißer Sommer', 'Rex', 'Minowase Summer Cross' (Riesenrettich, mild würzig);

Späte Rettiche: 'Münchner Bier', 'Runder Schwarzer Winter', 'Langer Schwarzer Winter'.

Biologische Tips und Mischkultur: In schweren, undurchlässigen Böden gedeihen Rettiche schlecht. Sie sind deshalb auch ein Test für die Qualität des Humus in Ihrem biologischen Garten. Wächst der Rettich gerade, glatt und saftig, so haben Sie jenen lockeren, feuchten humusreichen Bodenzustand erreicht, der das Ziel aller naturgemäßen Methoden ist. – Gegen Erdflöhe hilft gleichmäßige Feuchtigkeit, die kleinen Fresser lieben eher trockenen Untergrund. Auch Salatpflanzen als Zwischenkultur wehren die Erdflöhe ab.

Radieschen und Rettiche sind ideale Partner in zahlreichen Kombinationen. Gute Nachbarn sind unter anderen Kresse, Salat, Bohnen, Tomaten, Spinat, Kohl und Möhren.

Kohl mit Köpfchen – Deftiges und Feines zur Wahl

Die vielgestaltigen Kohlgemüse stammen alle von einer einzigen bescheidenen Wildform ab: von *Brassica oleracea silvestris*. Sie gehören in die Familie der Kreuzblütler. Kohlgerichte waren schon bei den »alten Römern« geschätzt. In der Antike und im Mittelalter wurde dieses Gemüse nicht nur als gesunde Kost, sondern geradezu als Medizin angesehen. Man nannte es den »Arzt der Armen«. Nachdem wir heute genauer wissen, was in den Kohlköpfen steckt, erscheint uns diese Ansicht gar nicht mehr so abwegig. Kohl enthält alle wichtigen Vitamine, vor allem Vitamin C, reichlich Mineralsalze und Schwefel. Roh oder gekocht sind Kohlgemüse gesund und nahrhaft.

Sie schmecken allerdings genau so, wie sie selbst ernährt wurden. Weißkohl oder Rosenkohl aus einem guten biologischen Anbau haben niemals einen ordinären Beigeschmack, und sie riechen auch nicht unangenehm aus dem Kochtopf. Wer falsch düngt – mineralisch oder mit rohem Mist –, der wird es sofort an den »Düften« merken!

Es gibt eine große Auswahl verschiedener Kohlarten: Kopfkohl (Weißkohl, Rotkohl und Wirsing), Blätterkohl (Grünkohl), Sprossenkohl (Rosenkohl), Blumenkohl und Stengelkohl (Kohlrabi). Immer dient dabei ein anderer Teil der Pflanze als Gemüse. Für jede Gartengröße und für jeden Geschmack findet sich darunter eine passende Sorte. Kein biologischer Gärtner sollte ganz auf dieses wichtige Nahrungsmittel verzichten. Aber wählen Sie Kohl mit Köpfchen aus!

Ein gut genährter Kohlkopf.

Weißkohl, Rotkohl und Wirsing

Anbau: Alle Kohlarten, außer Kohlrabi, sind große Düngerfresser und stehen immer in erster Tracht. Vor allem die drei Kopfkohlarten müssen ja gewaltige Blattmassen erzeugen. Dazu brauchen sie natürlich reichlich Nährstoffe und Wasser. Weißkohl, Rotkohl und Wirsing beanspruchen außerdem sehr viel Platz, sie eignen sich nur für große Gärten. Wer mit dem Platz sparsam umgehen muß, sollte Spitzkohl, eine schlanke Variante des Weißkohls, oder andere Kohlarten pflanzen.

Das Kohlbeet muß mit Kompost und organischem Dünger schon im Herbst gut vorbereitet werden. Vermeiden Sie aber jede Überdüngung, auch auf naturgemäßer Basis, sie führt unweigerlich zu einer Qualitätsverschlechterung! Gut verrotteten Mist, getrockne-

ten Rinderdung oder Horn-Blut-Knochenmehl können Sie wahlweise als Nährstoffzugabe verwenden. Steinmehl und Brennesseljauche dienen während der Wachstumszeit als zusätzliche Düngung. Nur in sehr humusreichen, biologischen Gärten kann man es wagen, Kohl allein mit Kompost großzuziehen.

Kohl können Sie leicht selbst aussäen, frühe Sorten ab März ins Frühbeet, Spätkohl im April auf ein Saatbeet im Freien. Versuchen Sie es zuerst mit kleinen Mengen, denn Kohl braucht viel Platz. Ab April setzen Sie die Frühkohlpflanzen mit 40 × 40 cm Abstand. Sie werden tief gepflanzt und später etwas angehäufelt. Die Spätkohlsorten sind bis Anfang Juni nachgewachsen und werden mit 50 × 50 cm Abstand ausgepflanzt. Ende Juni ist der späteste Termin. Halten Sie den weiten Zwischenraum unbedingt ein, auch wenn die Setzlinge noch so klein dabei wirken. Enge Pflanzung ergibt nur kleine Köpfe und fördert Krankheiten. Die »Lücken« können Sie durch rasch wachsende Zwischenkulturen vorübergehend füllen.

Wichtige Pflegemaßnahmen für Kohlbeete: Sorgen Sie immer für reichlich Feuchtigkeit; düngen Sie zwei- bis dreimal mit Flüssigdünger nach und halten Sie den Boden locker. Eine Mulchdecke hilft dabei am besten.

Sorten: Früher Weißkohl: 'Dithmarscher früher', 'Nostra HKZ' (verbesserter 'Dithmarscher'), 'Erstling' (Spitzkohl), 'Filderkraut Spezialzucht' (Schwäbische Spezialität mit spitzen, schweren Köpfen, gut für Sauerkraut!);
früher Rotkohl: 'Frührot';
früher Wirsing: 'Eisenkopf';
später Weißkohl: 'Braunschweiger' (Herbsterntc), 'Marner Lagerweiß' (gut zum Lagern), 'Amager' (gut zum Lagern);
später Rotkohl: 'Herbstrot', 'Mohrenkopf';
später Wirsing: 'Dauerwirsing' (zum Lagern), 'Vertus' (Herbsternte), 'Advent' (Aussaat im August, Ernte im Mai).

Ernte: Die frühen Kohlsorten sind für den frischen Verbrauch bestimmt, sie lassen sich nicht lagern. Pflanzen Sie deshalb nicht zuviel. Späte Sorten bleiben solange im Freiland, bis Frost angesagt wird. Vor Ende Oktober soll möglichst nicht geerntet werden. Für den Winter können Sie die Köpfe nach verschiedenen Methoden einlagern, wie es im Kapitel »Ernten und Konservieren« beschrieben ist. Suchen Sie immer nur trockene, gesunde Kohlköpfe dafür aus. Weißkohl können Sie auch als Sauerkraut im Steintopf einlegen.

Biologische Tips und Mischkultur: Es empfiehlt sich, etwas Algenkalk ins Pflanzloch zu streuen, um der Kohlhernie vorzubeugen. Das Stäuben mit Holzasche oder Urgesteinsmehl hilft gegen Läuse. Einzelne Tomatenpflanzen oder Sellerie zwischen die Kohlreihen gesetzt, verhindern den Anflug der Kohlweißlinge. Die Falter werden durch den fremdartigen strengen Geruch irritiert und vom Duft der Kohlpflanzen, der sie sonst anzieht, abgelenkt. Viele Hinweise zur Vertreibung spezieller Kohlschädlinge finden Sie außerdem in der großen Tabelle auf Seite 109–119.

Gute Nachbarn für die großen Kopfkohlarten und alle anderen Familienangehörigen sind: Kartoffeln, Tomaten, Sellerie, Spinat, Salate, Lauch und Erbsen. Kräuter als Rand- und Zwischenpflanzung verbessern das Aroma, versuchen Sie es mit Kamille, Koriander und Kümmel. Schlechte Nachbarschaft bedeutet Senf. Benutzen Sie ihn nie als Gründüngung auf Beeten, die mit Kohl bepflanzt werden. Hier hat das »Mädchen für alles« Hausverbot!

Blumenkohl

Anbau: Blumenkohl wirkt mit seinen »Rosen« neben den bäuerlichen Kohlköpfen wie feiner Landadel. Er ist ebenso wohlschmeckend wie anspruchsvoll. Die Bodenvorbereitung und allgemeine Pflege gleicht derjenigen beim Weiß- und Rotkohl. Frühe Blumenkohlpflanzen müssen Sie im warmen Frühbeet oder im Kleingewächshaus vorziehen. Die Aussaat be-

Blumenkohl

Brokkoli

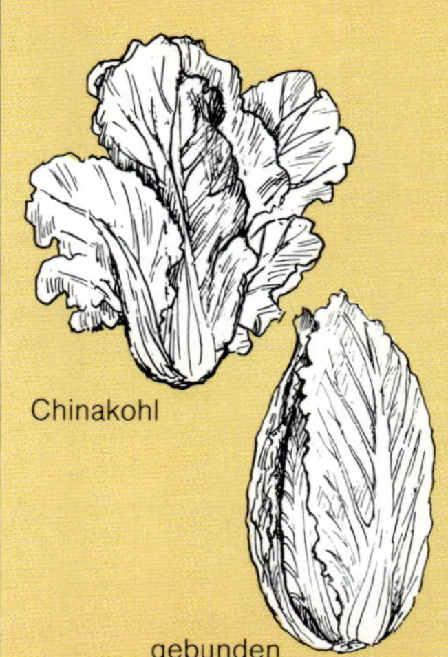

Chinakohl

gebunden für den Einschlag

ginnt im März. Im April und Mai können Sie für eine spätere Ernte im Freiland Samen aussäen. Verwenden Sie nur ausgesucht kräftige Setzlinge.
Der Abstand zwischen den Setzlingen auf dem Beet beträgt 50 × 50 cm. Dieser Kohl darf niemals im Wachstum stocken, also nicht unter Wasser- oder Nährstoffmangel leiden. Damit die Blumen weiß bleiben, müssen sie vor starker Sommersonne geschützt werden. Binden Sie die Blätter zusammen, oder knicken Sie 2–3 Blätter nach innen; unter diesem Schirm hält sich die vornehme Blässe.
Sorten: 'Erfurter Zwerg' (bewährte Sorte für frühe und späte Ernte, 'Nekkarperle' (Sommeranbau).
Ernte: Frisch, sowie er reif wird, auf jeden Fall solange die »Blumen« fest und geschlossen sind. Bei früher Aussaat beginnt die Ernte Ende Juli bis Anfang August, späte Kulturen reifen noch im Oktober. Blumenkohl können Sie zerteilt und blanchiert einfrieren oder mit gemischtem Gemüse-»Allerlei« sauer einlegen.
Biologische Tips und Mischkultur: Besonders gute Nachbarschaft mit Sellerie.

Brokkoli, Spargelkohl

Anbau: Der Brokkoli ist eine aparte grüne Variante des Blumenkohls – ein feines Gemüse ohne Star-Allüren. Sein Anbau lohnt sich auch in kleinen Gärten, weil die bläulich-grünen lockeren Blumen immer wieder nachwachsen. Bodenvorbereitung und Pflege sind die gleichen wie beim Kopfkohl. Säen Sie Brokkoli mit den Spätkohlsorten im April ins Freiland. Ende Mai/Anfang Juni setzen Sie die Pflanzen mit 50 × 50 cm Abstand auf das vorbereitete Beet.
Sorten: 'Sperlings's Sparko', 'Atlantic', 'Futura'; neue, farbige Züchtungen, die beim Kochen grün werden, sind 'Rosalind' (rotviolette Blumen) und 'Blauer von Sizilien' (violette Blumen).
Ernte: Die noch geschlossenen grünen oder violetten Blumen werden mit einem fingerlangen Stück Stiel abgeschnitten. Diese Stiele schmecken wie Spargel! Passen Sie auf, Brokkoli schießt rasch in Blüte! Aus den Blattachseln treiben immer wieder neue Sprossen nach. Die Ernte beginnt je nach Sorte und Pflanzung im Juli und reicht bis spät in den Herbst.
Da Brokkoli einige Grad Frost unbeschadet übersteht, kann man oft noch im Winter die letzten Blumen schneiden. Sie können ihn, wenn er im Überfluß reift, auch einfrieren. Das lohnt sich besonders, weil der Spargelkohl reichlich Mineralstoffe und Vitamin C enthält. Fantasievolle Köche bereiten abwechslungsreiche Gerichte aus diesem Feinschmecker-Gemüse zu.
Biologische Tips und Mischkultur: Wie Blumenkohl.

Rosenkohl

Anbau: Auch der Rosenkohl gehört zu den feineren Verwandten innerhalb der deftigen Kohlfamilie. Er stellt die gleichen Ansprüche an den Boden und die Pflege. Sie müssen sich aber bei diesem Gemüse besonders vor einer Überdüngung hüten. Denn Rosenkohl bringt sonst nur lockere Röschen zustande, die nicht viel wert sind. Als ausgesprochene Nachkultur kann er gut nach Frühkartoffeln oder Erbsen gepflanzt werden.
Bis Mitte Juni soll der Rosenkohl allerdings ausgepflanzt sein, deshalb müssen Sie ihn von Mitte April bis Anfang Mai aussäen. Der Abstand der Setzlinge beträgt 50 × 50 cm, wie bei fast allen großen Kohlarten. Im September sollten Sie die Spitzen der Pflanzen herausbrechen, damit die letzten Wachstumskräfte sich auf die »Rosen« konzentrieren.
Sorten: 'Fest und Viel' (altbewährte Sorte), 'Hilds Ideal' (gut zum Einfrieren), 'Wilhelmsburger' (bewährte alte Sorte, winterhart), 'Cavalier' (F1-Hybride, feste Rosen, widerstandsfähig gegen Mehltau und Fäulnis).
Ernte: Rosenkohl ist in den meisten Gegenden winterhart. Er braucht sogar Frost, damit die Röschen schmackhafter und zarter werden. Deshalb ernten

Sie ihn möglichst immer im Freiland, denn er gehört zu den wenigen Gemüsen, die im Winter frische Vitamine in die Küche bringen. Nur in sehr kalten Landschaften müssen Sie die Pflanzen im Frühbeet oder an einer schützenden Wand einschlagen und mit Fichtenreisig abdecken. Sie können Rosenkohl auch einfrieren.
Biologische Tips und Mischkultur: Holzaschendüngung bewirkt feste Rosen; Schädlingsabwehr und Nachbarschaften allgemein wie beim Kohl.

Grünkohl

Anbau: Dieser Winterkohl ist bescheidener in seinen Ansprüchen, bietet dafür aber einen besonders hohen Gehalt an Vitaminen und Mineralstoffen. Grünkohl gedeiht auch an halbschattigen Plätzen und kann gut nach Kartoffeln gepflanzt werden. Der Abstand beträgt 40 × 50 cm. Säen Sie ihn von Mai bis Juni aus, und verpflanzen Sie ihn nach und nach, so wie Platz auf den Beeten frei wird, von Juni bis Anfang August. Versorgen Sie das Beet vor der Pflanzung mit Kompost und einem organischen Dünger.

Eine ideale Mischkultur für Herbst und Winter: Grünkohl, Zuckerhut, Radicchio, Rote Bete.

Sorten: Niedrige Sorten sind für den privaten Garten unbedingt empfehlenswert: 'Niedriger grüner Krauser', 'Halbhoher, grüner Krauser', 'Lerchenzungen'.
Ernte: Grünkohl ist winterhart und bleibt im Freiland, er braucht ebenso wie Rosenkohl den ersten Frost, damit er besser schmeckt. Ernten Sie zuerst die unteren Blätter und zuletzt das Herz. Im Frühling bilden sich am Stamm oft noch zarte Sprossen für eine Nachernte.
Biologische Tips und Mischkultur: Wie beim Kopfkohl.

Chinakohl und Pak-Choi

Anbau: Der zarte chinesische Weißkohl hat eine sehr kurze Wachstumszeit von nur 10–12 Wochen. Er darf erst in der zweiten Julihälfte ausgesät werden, Nachsaaten sind bis Anfang August möglich. Frühere Aussaaten schießen leicht, weil es sich um eine Kurztagspflanze handelt. Säen Sie den Chinakohl auf einem abgeernteten Beet in Reihen mit 30 cm Abstand, und lichten Sie später die Pflanzen so aus, daß sie 25 cm auseinander stehen. Kompost und ein rasch wirkender organischer Dünger, wie zum Beispiel Guano, dienen als Bodenvorbereitung. Sorgen Sie auch immer für genügend Feuchtigkeit. Schützen Sie die Pflanzen im Spätherbst durch Folientunnel!
Ein »lockerer« Verwandter des Chinakohls ist der Pak-Choi. Dieser chinesische Senfkohl bildet keine geschlossenen Köpfe. Glänzende grüne Blätter und breite weiße Rippen sind charakteristisch für die Pflanzen. Die Kultur gleicht der des Chinakohls.
Sorten: Chinakohl: 'Hongkong', 'Sperling's Nippon' (gut lagerfähig), 'Nagaoka' (resistent gegen Vergilbungskrankheiten);
Pak-Choi wird kaum in Sorten angeboten; eine neue F1-Hybride ist 'Joi-Choi'.
Ernte: Chinakohl kann bis zu −5 °C im Garten bleiben. Später können Sie ihn im Keller in Sand oder auch in Zeitungspapier einschlagen. Vorher die äußeren Blätter entfernen.
Chinakohl ist ein Mittelding zwischen Gemüse und Salat. Er ist gesund, delikat und bläht weniger als die anderen Kohlgemüse. Bereiten Sie ihn roh oder zart gedünstet zu.
Biologische Tips und Mischkultur: Schützen Sie die Pflanzen vor Schnekken und Erdflöhen durch die im Kapitel »Biologische Schädlingsabwehr« beschriebenen Maßnahmen. (S. 100–107). Gute Nachbarn sind Salate, Spinat und späte Möhren.

Kohlrabi

Anbau: Sie sind die Leichtgewichte in der behäbigen, deftigen Kohlfamilie und brauchen kein eigenes Beet. Kohlrabi sind überall willkommene »Lückenbüßer« und Zwischenfrüchte. Sie benötigen weniger Nährstoffe als die großen Kohlköpfe und kommen auch als Mittelzehrer – ähnlich wie Salat – über die Runden. Säen Sie öfter kleine Partien aus, dann können Sie immer frische zarte Knollen ernten. Genügend Wasser ist wichtig, sonst werden die Früchte holzig. Die ersten Kohlrabi reifen schon unter Folien. Setzen Sie frühe Sorten auf 25 × 30 cm und späte Sorten auf 30 × 40 cm Abstand. Pflanzen Sie nicht zu tief!
Sorten: Für Frühlingsaussaat und Treibbeet: 'Blaro' ('Roggli's Blauer Treib und Freiland'); 'Lanro' ('Roggli's Weißer Freiland');

Die neue Kohlrabizüchtung 'Superschmelz'.

Der Kürbis ist ein Prachtgewächs. Die langen Ranken und die gelben Riesenkugeln brauchen aber viel Platz.

Sommer- und Herbstsorten: 'Delikateß weiß', 'Delikateß blauer', 'Blauer Speck'.
Neu für experimentierfreudige Gärtner ist die Riesen-Züchtung 'Superschmelz'. Ein einziger Kohlrabi soll bei guter Ernährung 8–10 kg auf die Waage bringen und trotzdem ganz zart bleiben!
Ernte: Stets frisch und möglichst jung. Bio-Gärtner mit gesunder Küche verwenden auch die zarten Blätter, die viel Eisen enthalten. Kohlrabi sind roh oder gedünstet eine Delikatesse. Sie können sie auch einfrieren.
Biologische Tips und Mischkultur: Kohlrabi sind dankbar für verdünnte Brennesseljauche. Gegen Schnecken helfen die Tips auf S. 107.
Gute Nachbarn sind u. a. Salat, Bohnen, Sellerie, Radieschen und Gurken.

Saftige Delikatessen aus der Kürbisfamilie

Sie stammen alle aus tropischen Kontinenten und lieben deshalb die Wärme und die Feuchtigkeit: Gurken, Zucchini und Kürbisse. Wo sie gute Bedingungen vorfinden, da entfalten sie auch bei uns die wuchernde Üppigkeit ihrer Ursprungsländer. Etwas von diesem »Heimatgefühl« muß ein guter, einfühlsamer Gärtner diesen Gewächsen vermitteln, damit sie sich auch in unserem relativ kühlen Klima wohlfühlen.
Die Gurken waren ursprünglich in Südasien und Vorderindien zu Hause. Sie gehören zu den kalorienärmsten Gemüsen und wirken entschlackend. Vitamine und Mineralsalze machen sie zu einer ebenso gesunden wie erfrischenden Sommerdelikatesse. – Zucchini stellen im Garten und in der Küche ein Mittelding zwischen Gurken und Kürbissen dar. Botanisch zählen sie zu den Flaschenkürbissen und damit zu den uralten Kulturpflanzen, von denen alte Quellen aus Asien, Afrika und Südamerika berichten. Zucchini haben in den letzten Jahren in vielen interessanten Varianten Einzug in unsere Gärten gehalten. Sie sind leicht zu ziehen und bereichern den Speiseplan durch überraschende Genüsse. Die Kürbisse dagegen, die einmal der Stolz jedes Kleingärtner-Wettbewerbs waren, nehmen viel Platz ein und sind trotz ihres Vitamin-C-Gehaltes und ihres Reichtums an Carotin nur dort zu empfehlen, wo es Gartenland im Überfluß gibt.

Gurken

Anbau: Dieses Tropengemüse darf nie vor den Eisheiligen ins Freiland. Es braucht ein sonniges, windgeschütztes Beet. Der früheste Aussaattermin liegt in milden Landschaften Anfang Mai. Wenn dann Mitte Mai die ersten Keimblätter erscheinen, ist die Gefahr kalter Nächte meist vorüber. Gurken lassen sich leicht in Blumentöpfen oder Torftöpfen auf der warmen Fensterbank vorziehen. Wenn Sie einige vorgetriebene Pflanzen mit der normalen Aussaat mischen, können Sie besonders früh und lange ernten!
Gurken gehören zu den Starkzehrern. Bereiten Sie das Beet im Herbst oder im zeitigen Frühling mit reichlich Kompost, organischem Dünger und Mulchabdeckung vor. Auch Gründüngung, im Sommer des Vorjahres ausgesät, ist eine nahrhafte Grundlage. Heben Sie im Frühling in der Mitte des Beetes einen Graben aus, der mit Pferdemist gefüllt wird. Darüber schichten Sie den Erdaushub, vermischt mit Kompost, zu einem Hügel auf. So erhalten die wärmebedürftigen Gurken eine »Fußbodenheizung«. Manche biologischen Gärtner bereiten für den Gurkenhügel einen nahrhaften Spezialkompost aus Rasensoden, Quecken und Pferdemist zu, der aber bei der Verwendung bereits gut verrottet sein muß.
Auf dem Rücken des etwa 30 cm breiten Walls ziehen Sie eine Rinne und drücken die Gurkenkerne in Abstän-

den von 10 cm in die Erde. Sie können auch alle 20 cm je 3–4 Samen legen. Später werden die kräftigsten Pflanzen auf 30–40 cm Zwischenraum vereinzelt. Wenn Sie nach dem Erscheinen des dritten oder fünften Blattes an den jungen Pflanzen die Spitzen herauskneifen, sorgen Sie für viele reichtragende Seitentriebe. Halten Sie das Gurkenbeet immer gleichmäßig feucht. Gießen Sie aber mit abgestandenem, warmem Wasser. Trockenheit bewirkt Wachstumsstockungen und als Folge davon bittere Früchte. Zwei- bis dreimal während der Hauptwachstumszeit sollten Sie auch mit verdünnter Brennesseljauche düngen.

Gurken klettern gern; lassen Sie sie an Drähten oder Gittern hochranken.

Gurken sind von Natur aus Rankpflanzen, das können Sie leicht in jedem Gewächshaus beobachten. Auch im Garten »ergreifen« sie gern jede Gelegenheit zum Hochwachsen. Versuchen Sie einmal, Ihren Gurken ein Klettergerüst anzubieten. Dazu eignen sich zum Beispiel weitmaschige Eisengitter, wie sie auf Baustellen zur Verstärkung des Betons verwendet werden. Von den hochgewachsenen Gurken können Sie viel leichter ernten. Die Früchte bleiben sauber und sind für kriechende Schädlinge nicht mehr erreichbar. In rauhen Landschaften sollten Sie das Tropengemüse lieber im Kleingewächshaus, im Frühbeet oder unter Folienabdeckungen großziehen, wo es wärmer und geschützt vor Winden wächst.

Schon vor der Aussaat müssen Sie sich überlegen, ob Sie lange Salatgurken, kleine Einmachgurken oder eine mittlere Sorte, die für beide Möglichkeiten geeignet ist, anbauen möchten.

Sorten: Treibgurken für Kästen: 'Hoffmanns Produkta', 'Orion'; Treibgurken für Gewächshäuser: 'Bella F1-Hybride (widerstandsfähig gegen Pilzerkrankungen, rein weiblich), 'Sandra' (bitterfreie Schlangengurke);

Freilandgurken: 'Chinesische Schlangen' (lange Salatgurke), 'Riesenschäl' (Salat- und Senfgurke), 'Delikateß' (halblang für Salat und zum Einlegen), 'Sperling's Mervita' (verbesserte 'Delikateß', bitterfrei, widerstandsfähig gegen Mehltau), 'Fablo' (halblang für Salat und zum Einlegen, widerstandsfähig bei ungünstigem Klima, resistent gegen Mosaik-Krankheiten und Krätze), 'Vorgebirgstrauben' (kleine traditionsreiche Einlegesorte, widerstandsfähig), 'Tomara', 'Colet', 'Fakor', (neue F1-Hybriden, ertragreiche Einlegesorten, bitterfrei, widerstandsfähig gegen Pilzerkrankungen).

Ernte: Laufend frisch je nach Sorte und Aussaat von Anfang Juli bis September. Pflücken Sie die Früchte vorsichtig mit beiden Händen, damit keine Ranken abreißen. Frische Gurken können Sie als Salat oder Schmorgemüse zubereiten. Für den Winter sollten Sie kleine und mittlere Früchte als Salz- oder Essiggurken einlegen. Tiefgefroren verlieren sie sehr an Aroma.

Biologische Tips und Mischkultur: Da Gurken anfällig sind für Pilzkrankheiten, sollten Sie diejenigen Sorten auswählen, die Ihrem Klima angepaßt sind und öfter vorbeugend mit Schachtelhalmbrühe spritzen. Säen Sie neben dem Gurkenbeet als Windschutz Dill, Zuckermais oder Erbsen.

Tips gegen spezielle Krankheiten und Schädlinge finden Sie auf Seite 109 bis 119.

Aus ganz reifen Früchten können Sie auch eigenes Saatgut gewinnen. Die herausgekratzten Kerne müssen zuerst in einer Schale mit Wasser kurz gären. Dann werden sie in einem Haarsieb gewaschen, abgetropft und auf Löschpapier getrocknet.

Gute Nachbarn sind als Randpflanzen Bohnen, Sellerie, Lauch, Rote Bete, Salat und Kohl. Dill können Sie gut zwischen den Gurkenranken wachsen lassen. Tomaten und Gurken sollten Sie nicht zu nahe zusammen pflanzen.

Kürbis

Anbau: Bodenvorbereitung und Pflege sind die gleichen wie bei Gurken und Speisekürbissen. Nur braucht der riesige Kürbis von allem noch ein bißchen mehr: noch reichlicher Dünger, Wasser und vor allem Platz. Eine einzige Pflanze kann leicht 3–4 m² überwachsen. Pflanzen Sie diese prachtvollen »goldenen Riesen« nur, wenn Sie genügend Raum dafür haben!

Sorten: 'Riesenmelonen', 'Gelber Zentner', 'Grüner Zentner'.

Neu im Angebot: 'Ölkürbis Comet' (Kugeln von 30 cm Durchmesser, eßbare Samen, die keine harte Schale haben).

Ernte: Kürbiskugeln können bis zu 50 kg schwer werden. Die Riesenfrüchte sind reif, wenn sie beim Anklopfen hohl klingen. Aus dem frischen Fruchtfleisch können Sie Suppe oder Kompott zubereiten. Klein gewürfelt wird Kürbis für den Winter süßsauer eingemacht. Ingwer schmeckt besonders gut als Würze dazu.

Ein Brett schützt den Kürbis vor Nässe.

Biologische Tips und Mischkultur: Legen Sie unter die reifenden Früchte, ehe sie zu schwer werden, Holzbrettchen. So faulen sie nicht auf nasser Erde. Wo ein größeres Stücke Land einen Sommer lang mühelos unkrautfrei gehalten werden soll, da sind Kürbisranken phantastische Bodendekker. Ein guter Nachbar ist, soweit das überhaupt möglich ist, Zuckermais als Randpflanzung.

Eine Zucchinipflanze braucht viel Platz, um sich voll zu entfalten.

Zucchini, Speisekürbisse und Kürbchen

Anbau: Alle diese Mitglieder der Kürbisfamilie sind Starkzehrer wie die Gurken. Bereiten Sie das Beet genau so vor. Auch die Anzucht und die Pflege gleichen sich. Zucchini sind aber weniger empfindlich, und sie treiben keine Ranken. Eine einzelne Pflanze braucht mit ihren breiten saftigen Blättern 1–2 m Platz im Quadrat. Legen Sie im Abstand von 1 m je 2–3 Körner aus, oder setzen Sie eine vorgezogene Pflanze. Zucchini gedeihen auf Hügeln oder flachen Beeten. Sie brauchen viel Wasser und zusätzliche Düngung mit Pflanzenjauche, der Sie einen organischen Dünger zusetzen können. Auf dem Kompost sollten Sie – entgegen manchem Ratschlag – keine Zucchini pflanzen. Sie laugen ihn zu sehr aus. Setzen Sie die robusten »Fresser« höchstens an den Fuß des Haufens. Sie ernähren sich dort von ausgespülten Nährstoffen und beschatten den Hügel mit ihren großen Blättern.
Aus der gleichen artenreichen Familie sind auch meterlange »Herkuleskeulen« und rundliche »Spaghetti-Kürbisse« mit nudelartigem Fruchtfleisch im Handel. Immer abwechslungsreicher wird das Angebot von Speisekürbissen (Squash); hinzu kommen noch die »Kürbchen«, die sich in sehr vielgestaltige Sommer- und Winterkürbchen aufteilen. Sie wachsen schnell, werden, wie ihr Name schon verrät, teils im Sommer frisch geerntet und teils über Winter gelagert. Mit diesen Früchten müssen aber noch Erfahrungen gesammelt werden. Sie sind im Bio-Versand erhältlich.
Herkuleskeulen, Squash, Spaghettikürbis und einige Kürbchenarten bilden Ranken. Sie können auch an Ziergitter und Spaliere gepflanzt werden.
Sorten: Zucchini: 'Cocozelle von Tripolis' (italienische Sorte), 'Diamant' F1-Hybride (beide grünfrüchtige Zucchini), 'Gold Rush' F1-Hybride (gelbe Früchte).
Andere Arten: 'Sperling's Bologneser' (runder gelber Spaghettikürbis), 'Herkuleskeule' (bis 2 m lange Riesenwalzen).
Speisekürbis (Squash): 'Early Butter Nut' F1-Hybride (Melonensquash mit glockenförmigen, aprikosenfarbigen Früchten, sehr wohlschmeckend und haltbar); 'Scallopini Ufo' (weißer, flacher Patisonkürbis, feines Aroma); 'Tondo di Nizza' (Rondini, melonengroße runde Früchte, stark wachsend.).
Ernte: Zucchini schmecken besonders zart als 10–20 cm lange Babyfrüchte. Aber auch in allen anderen Wachstumsstadien sind die Früchte eßbar. Wer nach dem Urlaub Riesenkeulen vorfindet, der kann sie aufschneiden, füllen und schmoren. Spaghettikürbisse sollten immer ausreifen.
Alle Speisekürbisse lassen sich einfrieren. In kühlen Räumen können Sie wochenlang lagern.
Biologische Tips und Mischkultur: Gegen Pilzkrankheiten mit Schachtelhalmbrühe spritzen; mit halbverrottetem Kompost rings um die Pflanzen mulchen. Von reifen Früchten können Sie Samen sammeln wie bei Gurken. Die großen Körner müssen trocken aufbewahrt werden bis zum nächsten Frühling. Vergessen Sie nicht, die verschiedenen Arten und Sorten rechtzeitig mit Namensschildern zu kennzeichnen.
Gute Nachbarn sind Stangenbohnen, Mais, Zwiebeln und Kapuzinerkresse.

Im Erntekorb: gelbe Zucchini und Rondini.

Kartoffeln – die braunen Äpfel aus der Erde

Sie stammen wie die Tomaten aus Südamerika und sind bei den Indianern seit mindestens 2000 Jahren in Kultur: die Kartoffeln oder Erdäpfel. Spanische Eroberer brachten das Nachtschattengewächs nach Europa, wo es bald zum »Brot der Armen« wurde. Heute wissen wir die braunen Knollen wieder hoch zu schätzen. Sie enthalten weit weniger Kalorien als Reis und Nudeln. Dafür bieten sie reichlich Vitamin C, Vitamin B_1, B_2, B_6 und Vitamin A sowie viele Mineralsalze. Vor allem aber sind sie sehr eiweißreich.

Kartoffeln zählen deshalb nach modernen Erkenntnissen zu den ausgesprochen gesunden Delikatessen. Ein Genuß sind sie allerdings nur, wenn sie aus gutem Anbau stammen. Bei der Massenproduktion in Monokulturen sank ihre geschmackliche Qualität zeitweise unter den Nullpunkt. Deshalb begannen viele Freizeitgärtner, wieder Kartoffeln im eigenen Garten anzubauen. Und siehe da: sie schmeckten »wie früher«. Selbst die Anhänger mineralischer Düngemethoden geben oft zu, daß Kartoffeln den größten Wohlgeschmack entwickeln, wenn sie mit Kompost angebaut werden. In naturgemäßen Gärten können die braunen

So sieht eine gesunde Kartoffelpflanze in ihrer sichtbaren Gestalt und im unterirdischen Wurzelraum aus.

Keimen Sie Kartoffeln rechtzeitig vor: Das Knollenende mit den meisten Augen soll nach oben weisen. Ab April legen Sie die Saatkartoffeln behutsam in kompostgefütterte Furchen, die anschließend mit dem Rechen zugezogen werden.

Erdäpfel wegen ihres Wohlgeschmacks wieder zu echten Delikatessen gezählt werden. Wer wenig Platz hat, der sollte es wenigstens mit zwei Reihen Frühkartoffeln versuchen!

Anbau: Reservieren Sie für den Kartoffelanbau möglichst ein Stückchen Land, das etwas breiter ist als die üblichen Gemüsebeete. Im Herbst düngen Sie mit Kompost und nach Bedarf mit verrottetem Mist oder Horn-Blut-Knochenmehl. Mulchen Sie sorgfältig, denn Kartoffeln lieben lockeres, humusreiches Land in erster Tracht.

Die Saatknollen – möglichst aus biologischem Anbau – werden in Kisten vorgekeimt. Der Raum soll mäßig warm und hell sein. Stellen Sie Kartoffeln auf den Nabel, so daß das Kronenende mit den meisten Augen nach oben weist. Die Pflanzzeit ist abhängig vom Frühlingswetter. In milden Landschaften kann sie Ende März beginnen, meist verschiebt sie sich in den April. In kalten, höhergelegenen Regionen können Kartoffeln oft erst im Mai in die Erde gelegt werden. Als Faustregel gilt: Die Bodentemperatur soll mindestens 7°C betragen. Kräftiges, gesundes Saatgut gibt eine gewisse Garantie für eine reiche Ernte. Schneiden Sie die Knollen nicht durch, sie bieten sonst Angriffsfläche für Schädlinge und für plötzliche Kälte.

Ziehen Sie die Kartoffelfurchen mit einem Mindestabstand von 40–50 cm. Bei 75 cm Zwischenraum haben Sie Platz für Mischkulturen. Legen Sie die Saatknollen 30–50 cm voneinander entfernt höchstens 5 cm tief, denn die Pflanzen sollen schnell Blattwerk treiben, das dann die Ernährung der Kartoffelstaude übernimmt. Füttern Sie die Reihen noch einmal mit reifem Kompost aus, schließen Sie sie vorsichtig, damit die Keime nicht brechen. Nach dem Aufgehen werden die Reihen meist angehäufelt. Dies ist aber keine Muß-Regel. Kartoffeln gedeihen auch gut auf flachen Beeten, vor allem wenn Mischkulturen dazwischen die Erde feucht und unkrautfrei halten. Achten Sie beim Unkrauthacken oder Anhäufeln darauf, daß die heranwachsenden Knöllchen nicht verletzt werden.

Bis Ende April/Anfang Mai sollten auch die mittelfrühen und späten Sorten gepflanzt sein. In rauhen Landschaften

Für die Kartoffelernte ist ein sonniger Tag günstig, damit die Knollen auf dem Beet abtrocknen können.

oder in außergewöhnlich kalten Frühlingswochen ist dies aber auch noch bis gegen Ende Mai möglich. Als Nachfrucht für Frühkartoffelbeete eignen sich Grünkohl, Rosenkohl und Chinakohl. Die Erdäpfel hinterlassen bei guter Kultur einen garen, lockeren Boden.

Sorten: 'Erstling', 'Hela', 'Saskia', 'Sieglinde' (frühe Sorten, langoval, festkochend);
'Grata', 'Granola', 'Grandifolia', 'Hansa', 'Clivia', 'Desirée', 'Climax' (mittelfrühe Sorten, rundoval, überwiegend festkochend); 'Hansa' (ist eine langovale, festkochende Kartoffel);
'Datura', 'Maritta' (späte Sorten; mehlig).

Ernte: Frühkartoffeln sind reif, wenn sie eine feste Schale haben, die sich nicht mehr abreiben läßt. Bei späteren Sorten zeigt das Welken des Kartoffelkrautes den Reifebeginn an. Frühkartoffeln können von Mitte Juni bis Mitte Juli geerntet werden, mittelfrühe Sorten im August, späte Sorten von August bis September.

Lagern Sie Kartoffeln in einem luftigen, möglichst etwas feuchten Raum bei Temperaturen von 7–8°C. In warmen Räumen keimen die Knollen schnell. Wo es kälter wird, da setzt eine Umwandlung von Stärke in Zucker ein: die Knollen schmecken süß. Der Lagerraum muß unbedingt dunkel sein. Unter Lichteinfluß färben sich Kartoffeln grün und entwickeln dabei das Gift Solanin. Solche Stellen müssen Sie auf jeden Fall beim Schälen herausschneiden! Im übrigen gelten für die Vorratshaltung die Regeln, die im Kapitel »Ernten und Konservieren« beschrieben sind.

Biologische Tips und Mischkultur: Schachtelhalmtee wirkt vorbeugend gegen Pilzerkrankungen. Mit Algenkalk werden die Pflanzen überstäubt, wenn Kartoffelkäfer auftauchen. Spinat und Melde können als Zwischenkultur und ihre Reste als Mulch dienen.

Gute Nachbarn sind: Kohlarten, Meerrettich, Dicke Bohnen, Tagetes, Ringelblumen und Kapuzinerkresse. Kümmel wirkt sich günstig auf das Aroma der Kartoffelknollen aus.

Tomaten – Liebesäpfel und Indianerfrüchte

Tomaten stammen aus den tropischen Ländern Süd- und Mittelamerikas. Ihren heimatlichen Indianernamen »Tumatl« brachten die spanischen Eroberer im 16. Jahrhundert zusammen mit den roten Früchten aus dem Reich der Aztekenkaiser nach Europa. Hier traute man sich anfangs nicht, die leuchtenden roten Fruchtkugeln zu essen und betrachtete sie lange Zeit als Zierfrüchte. Später nannte man sie in Ungarn und Südeuropa »Liebesäpfel« oder »Paradiesäpfel«.

Erst seit Beginn des 20. Jahrunderts zogen die Aztekenfrüchte in unsere Gärten ein und entwickelten sich innerhalb weniger Jahrzehnte zu einem der beliebtesten Gemüse. Ihr reicher Gehalt an Vitaminen, vor allem Vitamin C, an Mineralsalzen und natürlichen Furchtsäuren macht sie zu einem besonders gesunden Genuß. Für das »Tomaten-Verständnis« des Gärtners ist es noch wichtig zu wissen, daß diese Pflanze zu den Nachtschattengewächsen gehört. Sie ist verwandt mit Kartoffeln, Paprika, Tabak, Tollkirschen und den Petunien im Balkonkasten.

Anbau: Tomaten tanzen als einziges Gemüse aus der Reihe der Fruchtfolge. Sie möchten einen Stammplatz haben! Am besten gedeihen sie, wenn sie Jahr für Jahr auf dem gleichen Beet wachsen. Sie bleiben gesund, wenn sie mit ihren eigenen Abfällen gedüngt werden. Niemand kann bisher erklären, warum Tomaten sich in ihrem »eigenen Dunstkreis« am wohlsten fühlen. Die Erfahrung beweist nur, daß es sich eindeutig so verhält.

Die Indianerfrüchte sind außerdem sehr sonnenhungrig, sehr durstig und sehr anspruchsvoll in der Ernährung. Bereiten Sie das Beet schon im Herbst mit reichlich Kompost und Dünger vor. Sie können als Nährstoffquelle gut verrotteten Mist oder auch getrockneten Rinderdung, z. B. »California«, verwenden. Eine Horn-Blut-Knochenmehl-Mischung (zum Beispiel »Oscorna«) oder Guano eignen sich ebenfalls. Decken Sie alles mit Mulch über Winter zu. Im Frühling, vor der Pflanzung, können Sie – je nach Bedarf und Bodenzustand – noch Gesteinsmehl und etwas Holzasche streuen.

Die Geiztriebe der Tomaten müssen regelmäßig herausgebrochen werden; sie wachsen aus den Blattachseln nach. Gepflanzt werden Tomaten möglichst tief, damit sich auch am Stengel noch zusätzliche Wurzeln bilden können.

Mit den käuflichen Tomatenpflanzen erwerben Sie meist nur rundfrüchtige Sorten. Wenn Sie die vielen interessanten Züchtungen ausprobieren möchten, die heute angeboten werden, dann müssen Sie die Samen ab März auf der Fensterbank oder im warmen Gewächshaus selber aussäen. Es lohnt sich, vor allem für naturgemäße Gärten, die aromatischen »knubbeligen« Fleischtomaten, die würzigen Buschtomaten oder die süßen kleinen Cocktailtomaten auszupflanzen. Härten Sie die pikierten Jungpflanzen rechtzeitig im Frühbeet oder unter Folienschutz ab. Tomatensetzlinge müssen kräftig und gedrungen wachsen. Sie dürfen erst in der zweiten Maihälfte ins Freiland, wenn kein Frost mehr zu befürchten ist. Bei unsicherem kaltem Wetter warten Sie besser etwas länger.

Tomaten, die mit Kompost und organischem Dünger versorgt werden, bringen reiche Ernten. Wichtig für eine gesunde Entwicklung ist auch ein warmer sonniger Standort.

Als Stammplatz wählen Sie ein sehr sonniges, geschütztes Beet aus. Vor einer weißen Südwand, die die Wärme reflektiert, gedeihen die Pflanzen besonders gut. Spezialzüchtungen wachsen übrigens auch in großen Blumentöpfen und Balkonkästen. Auf dem Gartenbeet brauchen Tomaten in der Reihe einen Abstand von 50–80 cm und zwischen den Reihen 80–100 cm Platz. Füttern Sie das Pflanzloch mit reifem Kompost aus, und setzen Sie die Tomaten etwas schräg und sehr tief – bis zum Blattansatz – hinein. Sie bilden dann Seitenwurzeln, die für zusätzliche Ernährung sorgen können. Gießen Sie zum Schluß mit verdünnter Brennnesseljauche an.

Neben jede Pflanze treiben Sie einen Holz- oder Welldrahtstab in den Boden zum Anbinden. Tomaten können aber auch an Drähten oder Gittern befestigt werden. Lassen Sie nur zwei, höchstens drei Haupttriebe wachsen, die laufend mit Bast festgebunden werden. aus den Blattachseln müssen Sie den ganzen Sonner die Seitentriebe regelmäßig ausbrechen. Man nennt das »entgeizen«. Während der Hauptwachstumszeit, von Juli bis September, düngen Sie mehrmals mit Pflanzenjauche nach. Bei Trockenheit müssen die Pflanzen durchdringend gewässert werden. Gießen Sie immer mit abgestandenem, warmem Wasser in den Wurzelbereich – nie über die Blätter! Eine Mulchschicht hält die Feuchtigkeit. Besonders günstig für Tomaten sind kalireiche Beinwellblätter als Bodendecke rund um die Pflanzen.

Im Spätsommer, Ende August bis Anfang September, brechen Sie die obersten Blütentriebe ab, damit alle Kraft in den vorhandenen Fruchtansatz geleitet wird. Schneiden Sie aber niemals einen Teil der grünen Blätter ab, wie es manchmal empfohlen wird.

In rauhen Gegenden – und allgemein in naß-kalten Sommern – sollten Sie die Südländer mit einer einfachen Foliendachkonstruktion schützen. Sie hält zuviel Nässe ab und sorgt für mehr Wärme. Seitlich muß sie offenbleiben, damit die Luft zirkulieren kann, sonst entstehen leicht Pilzkrankheiten.

Sorten: 'Vollendung', 'Lukullus', 'Moneymaker', 'Goldene Königin', (glatte runde Früchte);
'Große Marmande' und 'Supermarmande', 'Große rote Fleischtomate', (würzige, große »knubbelige« Früchte);
'Rentita' und 'Patio' (Buschtomaten, brauchen nicht hochgebunden zu werden);
'Roma' (länglich-eiförmige Früchte, gut für Saft, Tomatenmark und Soßen);
Kleinfrüchtige Obsttomaten: 'Gartenfreude', 'Sweet 100' (Spalier- oder Kirschtomaten an langen Rispen);
'Tiny Tim' und 'Minibel' (niedrige Kirschtomaten für Topf- und Balkonkultur).
Ernte: Laufend frisch, von Juli bis Ende Oktober. Bio-Gärtner haben den Vorteil, vollausgereifte Früchte ernten zu können, die viel würziger und aromatischer sind als gekaufte Ware. Letzte grüne Tomaten, die nicht mehr rot werden, können Sie im Haus nachreifen lassen. Schneiden Sie den ganzen Zweig ab! Tomaten können Sie süß-sauer einlegen oder zu Pürree eindünsten und dann einfrieren. Dünne Tomatenscheiben lassen sich dörren.
Biologische Tips und Mischkultur: Die »gefräßigen« Tomaten wachsen gut auf dem Rücken eines Hügelbeetes. Düngen Sie die Pflanzen mit Tomatenkompost (aus den Pflanzenresten hergestellt). Mulchen Sie mit Tomatenlaub und spritzen Sie öfter mit Schachtelhalmbrühe, die vorbeugend gegen Pilzkrankheiten wirkt. Gegen spezielle Toamtenkrankheiten übersprühen Sie die ganze Pflanze mit einer Magermilchbrühe (1 Liter Milch auf 6 Liter Wasser). (Siehe auch weitere Tips gegen Tomatenkrankheiten in der Pflanzenschutz-Tabelle, S. 109–119.)
Tomatensamen können Sie aus reifen Früchten herauslösen. Kurz in Wasser gären lassen, im Sieb ausspülen und trocknen.
Gute Nachbarn sind: Neuseeländer Spinat als Bodendecke, Sellerie, Petersilie, Salate, Lauch, Kohlarten, Knoblauch, Mais und Kapuzinerkresse; pflanzen Sie Tomaten nicht neben Fenchel oder Kartoffeln!

Delikatessen aus dem eigenen Gemüsegarten

Gesunde Nahrung muß nicht langweilig und hausbacken sein. Auch in einem naturgemäßen Garten können Sie ein paar nicht alltägliche Spezialitäten anbauen, die den Speiseplan abwechslungsreicher gestalten. In solchen Feinschmeckergemüsen vereinen sich Wohlgeschmack und wertvolle Inhaltsstoffe zu einer genußreichen Kombination. Versuchen Sie es einmal mit den folgenden Delikatessen aus dem Bio-Garten.

Grünspargel

Anbau: Der grüne Spargel ist die ursprüngliche und natürliche Form des Anbaus für dieses Gemüse. Ungebleicht schmeckt er würziger und enthält auch mehr Vitamin C und Spurenelemente. Er wächst ganz unkompliziert auf flachen Beeten, die im Herbst mit reichlich Kompost, organischem Dünger (möglichst verrottetem Mist) und einer Mulchabdeckung vorbereitet werden. Wählen Sie einen sonnigen Platz aus, die Erde muß locker und möglichst etwas kalkhaltig sein, stauende Nässe vertragen die Pflanzen nicht.
Ab März/April werden die fleischigen Wurzelstöcke gepflanzt. Heben Sie dazu einen 40 cm breiten Graben 25 cm tief aus. Darin häufen Sie in 40 cm Abstand aus Kompost kleine Hügel auf. Darauf werden die seesternähnlichen Spargelwurzeln gebettet.
Die ausgehobene Erde wird dann mit Kompost, bei schwerem Boden zusätzlich mit etwas Sand, vermischt und wieder aufgefüllt. Zum Schluß sollen die Wurzelköpfe etwa 15 cm unter der Erdoberfläche liegen. Zwischen den Reihen halten Sie 1 m Abstand ein. Gießen Sie tüchtig an, und geben Sie Ende Juni noch einmal eine Flüssigdüngung.
In den beiden ersten Jahren bestehen die Pflegemaßnahmen im Düngen, Wässern und in der Bodenlockerung, am besten durch Mulchen. Das Spargellaub wird im November abgeschnitten.
Vom dritten Jahr an dürfen Sie endlich ernten. Die Pflanzung kann insgesamt 10–15 Jahre genutzt werden, der Ertrag läßt aber immer mehr nach. Wenn Sie im Frühling Folientunnel über die Reihen decken, sind die Spargelstangen 14 Tage früher erntereif. Grünspargel gedeiht in fast jedem Garten. Er macht viel weniger Arbeit als das weiße Luxusgemüse, weil er nicht angehäufelt wird und kein Sandbett braucht.
Sorten: 'Spaganiva' (beste, durchgezüchtete Sorte, als Jungpflanzenwurzeln im Handel), 'Sperling's Merrygreen' (Saatgut für die eigene Aussaat).
Ernte: Von Mai bis Ende Juni (Johanni) wird der Spargel geerntet. Sobald die grünen Stangen etwa

Bereiten Sie das Pflanzbett für den Grünspargel besonders sorgfältig vor.

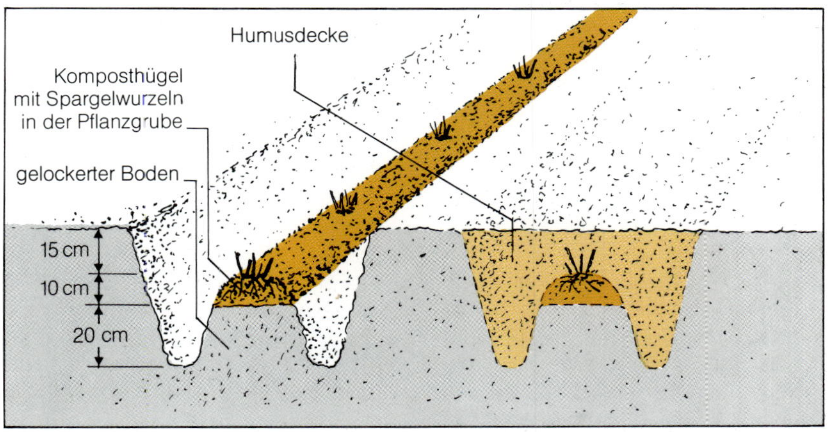

Schnittreifer Grünspargel.

Knollenfenchel mit duftigem Kraut.

20–30 cm hoch gewachsen sind, werden sie einfach über dem Boden abgeschnitten. Auch dünne Stangen können verwendet werden. Grünspargel wird ungeschält (höchstens am unteren Ende etwas wegschneiden) 10–15 Minuten gekocht. Er läßt sich auch ausgezeichnet einfrieren.
Biologische Tips und Mischkultur: In den beiden ersten Jahren ist Mischkultur mit Gurken, die gleichzeitig als Bodendecke dienen, und Salat möglich. Später nur mulchen.

Fenchel

Anbau: Dieses gesunde Gemüse, das dem Magen und den Eingeweiden wohltut, wächst als Nachkultur in zweiter Tracht. Säen Sie Fenchel erst ab Juni bis Mitte Juli aus. Frühere Versuche sind meist zum »Schießen« verurteilt. Eine Ausnahme machen die neuen Züchtungen.
Das Gemüse gedeiht besonders gut nach Kartoffeln oder Erbsen. Versorgen Sie das Beet noch einmal mit Kompost, und begießen Sie die jungen Pflanzen später mit Brennesseljauche. Auf einem Beet mit 1,20 m Breite haben drei Fenchelreihen Platz. Lichten Sie die Pflanzen später auf 20–25 cm Abstand aus. Als typisches Mittelmeergemüse liebt der Fenchel einen warmen Standort. Häufeln Sie die Knollen leicht an, und sorgen Sie stets für reichliche Feuchtigkeit. In einem trokkenen, sonnigen Herbst müssen Sie gießen. Leichte Nachtfröste verträgt der Fenchel, aber wenn es wirklich kalt wird, müssen Sie die letzten Knollen in den Keller holen.
Sorten: 'Perfektion', 'Latina' (krankheitsresistent), 'Sperling's Cantino' (für Frühaussaat ab April gezüchtet), 'Zefa Fino' (Wädenswiler Neuzucht, kann schon ab Februar im Gewächshaus vorkultiviert werden; Pflanzung im Freiland vom Frühling bis zum Sommer).
Ernte: Ab Oktober bis Ende November (je nach Witterung) frisch aus dem Freiland. Die neuen Züchtungen reifen bereits früher. Bei Frostgefahr können Sie die Knollen einige Wochen, in Sand eingeschlagen, im Keller oder im Frühbeet aufbewahren.
Der aromatische Knollenfenchel schmeckt roh als Salat und gedünstet als Gemüse zubereitet. Verwenden Sie auch einen Teil der zartgefiederten Blätter mit!
Biologische Tips und Mischkultur: Sprühen Sie die Kultur mit Schachtelhalmbrühe und wenden Sie gegen Schnecken, die den Fenchel lieben, Tips aus dem Kapitel »Plagegeister«, Seite 107, an. Legen Sie im späten Herbst eine dicke Laubdecke aus, die die Knollen vor Kälte schützt.
Gute Nachbarn sind Feldsalat und Zichoriensalate, die zur gleichen Zeit wie die Spätsommerkulturen wachsen. Bei früher Pflanzung eignen sich Kopfsalat, Gurken und Erbsen. Halten Sie Abstand von Tomaten!

Gemüsepaprika

Anbau: Paprika stammt, wie die Tomate, aus der Familie der Nachtschattengewächse und ist ebenfalls in Mittel- und Südamerika zu Hause.
Die Bodenvorbereitungen und die Düngung entsprechen derjenigen der Tomaten: reichlich Kompost, organischer Dünger, Mulchabdeckung, zusätzliche Düngung während des Sommers mit Pflanzenjauche und gleichmäßige Versorgung mit Wasser. Der grüne Gemüsepaprika ist noch ein wenig sonnenhungriger als seine rote Schwester, die Tomate. Pflanzen Sie ihn vor eine Südwand oder in ein Frühbeet. Auch ein Lattenrost mit Plastikdach kann die Pflanzen über Sommer mit zusätzlicher Wärme versorgen.
Die Samen legen Sie am besten über Nacht in Wasser, damit sie etwas quellen. Ab März können sie in kleine Töpfe gelegt und auf der warmen Fensterbank zum Keimen gebracht werden. Die jungen Pflanzen werden noch einmal umgetopft und ab April in einem Frühbeet oder in einer geschützten Balkonecke abgehärtet. Nach dem 20. Mai können Sie den Paprika dann ins Freie pflanzen. Er braucht nach allen Richtungen 40 cm Platz, um sich kräftig zu entwicklen.
Sorten: 'Szegediner' (grün), 'Sperling's Merit' (grün, später rot), 'Puszta Gold' (gelb, später rot), 'Golden Bell F1-Hybride' (grün, später gelb), 'Bell Boy-F1-Hybride' (grün, mosaikresistent), Tomatenpaprika 'Liebesapfel' (tomatenförmig, anfangs grün, später rot); alle für Kästen und Freiland geeignet.
Ernte: Die fleischigen gerippten Früchte des Paprika besitzen den höchsten Vitamin-C-Gehalt aller Gemüse. Die Schoten sind anfangs grün und fär-

ben sich erst bei günstigem Wetter, wenn sie voll ausreifen, rot oder gelb. Dann erreichen sie auch den höchsten Vitamingehalt. Ab Ende Juli bis Anfang August können bereits die grünen Früchte geerntet werden. Sie schmekken roh und gedünstet. Paprika können Sie auch in Essig eingelegt konservieren.
Biologische Tips und Mischkultur: Erfahrungen mit Nachbarschaften liegen noch nicht vor. Experimentieren Sie!

Auberginen

Anbau: Man nennt sie auch Eierfrucht. Sie ist als Nachtschattengewächs mit Tomaten und Paprika verwandt. Für Anzucht und Pflege gelten die gleichen Regeln wie beim Gemüsepaprika. Ziehen Sie die Auberginen aber, um Enttäuschungen vorzubeugen, auf jeden Fall unter Folie, im Frühbeet oder in einem Kleingewächshaus. Nachdem die Pflanzen angewachsen sind, lassen Sie ihnen nur 3–4 Triebe; schneiden Sie die übrigen Ranken ab. Sie können auch die Triebe wachsen lassen und statt dessen die Fruchtansätze durch Auskneifen auf etwa fünf Stück reduzieren. In beiden Fällen erhalten Sie schöne große violette Eierfrüchte.
Sorten: 'Sperling's Blacky', 'Violette lange', 'Black King F1-Hybride', 'Negro F1-Hybride'.
Ernte: Ab August, wenn die Früchte sich violett färben, können sie frisch geerntet werden. Sie schmecken sehr gut gedünstet oder überbacken.
Biologische Tips und Mischkultur: Auch für dieses Gemüse liegen noch keine Nachbarschaftserfahrungen vor. Experimentieren Sie selbst!

Honigmelonen

Anbau: Die süßen Melonen sind rundliche Schwestern der Gurken. Sie stammen aus Asien und brauchen noch mehr Wärme als ihre grünen Verwandten. Für die Bodenvorbereitung gelten die gleichen Regeln wie bei den Gurkengewächsen: reichlich Kompost, zusätzlicher Dünger und viel Feuchtigkeit.

So reifen Auberginen nur im Gewächshaus.

Säen Sie die Melonenkerne im April in kleine Töpfe, und ziehen Sie die Pflanzen auf einer warmen Fensterbank groß. Nach dem 20. Mai werden sie mit 1 m Abstand ausgepflanzt – am besten in ein Frühbeet oder unter ein Foliendach. Am sichersten ist die Kultur im Kleingewächshaus. Die schützenden Gehäuse dürfen aber nicht geschlossen sein, denn die Melonenblüten werden von Bienen bestäubt.
Das wichtigste bei der Melonenkultur ist der Schnitt: Zuerst wird der Haupttrieb nach dem vierten Blatt entspitzt. Dann bilden sich Seitentriebe, von denen etwa 4 Stück erhalten bleiben, die gleichfalls nach dem vierten bis fünften Blatt entspitzt werden. Nur an den Seitentrieben zweiter Ordnung, die sich nun bilden, bringen die Melonen weibliche Blüten hervor, die befruchtet werden können. Von den Früchten lassen Sie pro Ranke höchstens 6 Stück reifen. Diese wachsen dann rund und süß heran und sollten durch ein Brettchen, das Sie unter die Früchte legen, vor Feuchtigkeit und Fäulnis geschützt werden.
Sorten: 'Benarys Zuckerkugel' (grünschalige, genetzte Früchte mit süßem Fleisch), 'Sperling's Honigtopf' (gesunde Hybride, auch für Freiland; sie braucht nicht entspitzt zu werden!).
Ernte: Melonen sind reif, wenn sie sich gelb färben und der Stiel trocken wird. Sie duften dann süß und verlokkend. Diese Früchte sollten Sie als besondere Sommerdelikatesse frisch verspeisen.
Biologische Tips und Mischkultur: Als Nachbarn werden Radieschen und Rettiche empfohlen. Richten Sie sich im allgemeinen nach den Gurkentips und experimentieren Sie selbst.

Zuckermais

Anbau: Diesen zarten, süßen Delikateß-Mais dürfen Sie nicht mit dem normalen Futtermais verwechseln. Zukkermais braucht viel Sonne und kräftigen Boden, der mit Kompost und organischem Dünger versorgt wird. Er ist ein ausgesprochener »Vielfraß«. Wenn Sie die heranwachsenden Pflanzen als Windschutz oder einjährige Hecke im Garten einsetzen, können Sie das Angenehme mit dem Nützlichen verbinden und sparen außerdem ein Extrabeet.
In der ersten Maihälfte können Sie die gelben Samen aussäen. Legen Sie in eine etwa 5 cm tiefe Furche mit 10 cm Abstand je 2–3 Körner in die Erde. Lassen Sie später nur die kräftigsten Pflanzen stehen, die auf 30–40 cm Zwischenraum verzogen werden. Zwischen den Reihen bleibt 80 cm Platz. Säen Sie wenigstens eine Doppelreihe aus, denn der Mais wird durch den Wind bestäubt und braucht deshalb Nachbarschaft der eigenen Art. Häufeln Sie die Reihen über Sommer etwas an, und düngen Sie während der Wachstumszeit mit Pflanzenjauche aus Comfrey, Brennesseln und Guanozusatz.
Sorten: 'Sperling's Goldprinz', 'Golden Beauty' (frühe Sorten), 'Aztek Hybride', 'Honeycomb F1-Hybride', 'Tasty Sweet F1-Hybride'. (Die neuen Hybridzüchtungen sind besonders zuckerhaltig und süß im Geschmack.)
Ernte: Die Erntezeit liegt im August bis September. Die Kolben werden halbreif und zart geschnitten, wenn die heraushängenden Haarbüschel sich an den Spitzen braun färben. Die Körner

Topinamburstauden bilden hohe Blütenhecken, die ihre Verwandtschaft mit den Sonnenblumen zeigen. Rechts unten: die gesunden braunen Knollen.

müssen noch weich und milchig sein. Zuckermais wird von den Kolben abgeknabbert. Sie können ihn roh essen, dünsten oder grillen. Dazu schmeckt am besten frische Butter. Die Körner lassen sich auch gut einfrieren oder süß-sauer einlegen.

Biologische Tips und Mischkultur: Legen Sie zwischen den Reihen eine Bodendecke aus halbverrottetem Kompost aus. Sprühen Sie mit Schachtelhalm-Brühe. Als gute Nachbarn zwischen den Reihen oder nebenan eignen sich Bohnen, Gurken, Zucchini, Melonen und Tomaten. Mais steht auch gut am Rand eines Kartoffelfeldes.

Topinambur, Erdschocke

Anbau: Man nennt diese Knollenfrucht auch Diabetiker-Kartoffel. Sie enthält Inulin (nicht Insulin!) und ist für Zuckerkranke sehr bekömmlich. Die mehrjährigen Pflanzen sind mit den Sonnenblumen verwandt, sie wachsen 2–3 m hoch und bilden dichte grüne Hecken mit gelben Blüten. Topinambur sind anspruchslos; es genügt, den Boden mit Kompost zu düngen. Im Frühling legen Sie die Knollen etwa 20 cm tief mit 1 m Abstand in den Boden.

Sorten: 'Bianca', 'Tobianka'.

Ernte: Im Herbst und den ganzen Winter hindurch können Sie die Knollen bei offenem Wetter aus der Erde holen, denn Topinambur sind ganz winterhart. Ihr Eiweiß- und Vitamin-C-Reichtum macht sie zu einer gesunden Ergänzung des Speisezettels in der kalten Jahreszeit. Roh haben die saftigen Knollen einen feinen nußartigen Geschmack. Sie können unter Salat geschnitten oder auch als Gemüse gedünstet werden.

Biologische Tips und Mischkultur: Topinamburpflanzungen wuchern leicht, geben Sie den Erdschocken deshalb lieber einen Extraplatz. Sie eignen sich hervorragend als Sichtschutzhecke, die den Kompostplatz abschirmt, oder als Windschutz am Zaun. Die Knollen sind bei Wühlmäusen beliebt!

Stengel und Blätter können als Viehfutter verwendet werden, zum Beispiel für Schafe.

Mischkultur ist nicht empfehlenswert.

Nachtisch aus dem Gemüsegarten

Rhabarber

Ein prachtvolles vitales Familienmitglied der Knöterichgewächse ist der Rhabarber. Die ausdauernde Staude, ist seit alten Zeiten im Gemüsegarten heimisch. Als erfrischendes Frühlingsdessert sollte sie nirgends fehlen. Der feine säuerliche Geschmack des Rhabarbers entsteht durch den hohen Gehalt an Fruchtsäuren, vor allem durch die Apfelsäure. Hinzu kommen Vitamine und Spurenelemente.

Anbau: Rhabarber bildet mächtige Büsche mit riesigen Blättern und tiefreichenden starken Wurzeln. Er braucht dafür Saft und Kraft. Geben Sie ihm einen etwas feuchten Platz, auf dem er es lange aushalten kann. Denn diese Staude gedeiht außerhalb der Fruchtfolge und kann bis zu acht Jahren und länger am gleichen Standort bleiben. Der Rhabarber verträgt auch leichten Schatten unter Obstbäumen. Er kann im Frühling oder im Herbst gepflanzt werden.

Bei der Rhabarberernte werden die Stiele am Wurzelhals abgedreht.

Bereiten Sie den Boden mit Kompost, verrottetem Mist oder einem anderen organischen Dünger und einer Mulchdecke gut vor. Die Pflanzen brauchen 1 m Abstand. Verwenden Sie nur Wurzelstücke. Samenvermehrung lohnt sich nicht, sie fällt meistens nicht sortengerecht aus. Nach der Ernte, etwa Ende Juni/Anfang Juli, brauchen die Pflanzen noch einmal kräftige Nahrung, um wieder aufzubauen, was der Gärtner ihnen wegnahm. Düngen Sie mit verrottetem Mist, Horn-Blut-Knochenmehl oder mit einer kräftigen Pflanzenjauche, der Sie organischen Dünger beifügen.

Eine frühe Ernte und schnelles Wachstum im Frühling erreichen Sie, wenn Sie über die ersten Triebknospen einen Eimer stülpen. In diesem warmen Gehäuse beginnt der Rhabarber rasch zu treiben. Schon Ende März/Anfang April können sie dann das erste Kompott kochen! Für den privaten Garten eignen sich vor allem die rotstieligen Sorten, die eine mildere Säure besitzen.

Sorten: 'Holsteiner Blut', 'Vierländer Blut'.

Ernte: Im zweiten Jahr nach der Pflanzung können Sie ernten. Die Stiele werden vorsichtig am Wurzelhals abgedreht. Nehmen Sie nur so viele, wie die Pflanze ohne Schaden entbehren kann. Sie soll ja weiter wachsen! Blütenansätze schneiden Sie während der Erntezeit, die von April bis Ende Juni dauert, ab. Rhabarber können Sie als Kompott zubereiten oder mit anderen Früchten zu Marmelade verarbeiten.
Biologische Tips und Mischkultur: Mulchen Sie den Boden rings um die Rhabarberstauden stets mit halbverrottetem Kompost und einer Laubdecke. Vorhandene Pflanzen können Sie durch Teilung der kräftigen Wurzelstöcke leicht vermehren. Als Mischkultur eignet sich Spinat.

Der Kräutergarten

Ein biologischer Garten ohne Kräuter wäre undenkbar. Sie haben sicher schon in vielen Kapiteln bemerkt, daß diese aromatischen Pflanzen einfach dazugehören: Zur Mischkultur, zur Pflanzenjauche und zur Schädlingsabwehr. Natürlich gehören sie auch auf den Tisch eines Gärtners, der mit seiner Familie gesund leben möchte. Denn alle Kräuter – auch diejenigen, die vor allem als Würze in der Küche bekannt sind – besitzen Heilkräfte. Wer ständig kleine Mengen dieser duftenden Blätter oder Früchte im Essen zu sich nimmt, der betreibt sicherlich eine der angenehmsten Formen der Krankheitsvorsorge. Salate, Soßen oder Gemüse, die mit Kräutern verfeinert werden, üben nebenbei wohltuende Wirkungen auf den Magen, die Verdauung, den Kreislauf oder die Nerven aus. Diese heilsamen Eigenschaften der aromatischen Gewächse sind zum Teil seit Jahrhunderten als Erfahrungswissen bekannt. Zahlreiche Wirkstoffe wurden auch in modernen Analysen bestätigt.
Im Kräutergarten müssen Sie unterscheiden zwischen den ein- und zweijährigen Arten und den ausdauernden Stauden. Die kurzlebigen Kräuter werden jedes Jahr neu ausgesät, die langlebigen bleiben mehrere Jahre am gleichen Platz. Sie können sie entweder als vorgezogene Pflanzen beim Gärtner kaufen oder auch selber durch Samenaussaat großziehen. Ausdauernde Gewürze lassen sich, wenn sie einmal im Garten heimisch sind, auch durch Teilung der Wurzelstöcke, durch das Abtrennen von Wurzelausläufern oder durch Stecklinge vermehren. Die Teilstücke werden im Herbst oder im Frühling verpflanzt, nachdem Sie die oberirdischen Pflanzenteile und eventuell auch die Wurzeln eingekürzt haben. So können Sie zum Beispiel mehr Schnittlauch, Zitronenmelisse, Estragon und Pfefferminze gewinnen.
Stecklinge schneiden Sie im Sommer von Juni bis August. Dazu eignen sich die frischen, noch nicht verholzten Triebspitzen. Diese 5–7 cm langen Zweigstücke werden mit einem scharfen Messer abgetrennt. Entfernen Sie die unteren Blätter, und stecken Sie die Stiele dann in kleine Blumentöpfe, die mit einem Kompost-Sandgemisch gefüllt sind. Bis sich die ersten Wurzeln bilden, müssen die Stecklinge feucht und warm gehalten werden – am besten im Frühbeet oder unter einem Folientunnel. Den ersten Winter verbringen sie vorsichtshalber an einem mäßig warmen Fenster im Haus. Für diese Art der Vermehrung eignen sich zum Beispiel Rosmarin, Salbei, Ysop und Lavendel.
Mit der Düngung sollten Sie im Kräutergarten sehr vorsichtig umgehen, denn viele unserer Gewürzpflanzen waren ursprünglich an sonnigen Felsenhängen rund um das Mittelmeer zu Hause. Sie gedeihen besser in mageren Böden! Zuviel Stickstoff fördert nur die Bildung grüner Blattmassen, während die Aromastoffe leiden. Für würzige, inhaltsreiche Kräuter sind des-

Für eine Kräuterauswahl sollte sich in jedem Biogarten ein sonniges Plätzchen finden. Auf diesem Beet sind Boretsch, Salbei, Estragon, Melisse, Liebstöckel und Wermut versammelt.

Boretsch, Mutterkraut und Färberkamille ordnen sich gut in den Blumengarten ein.

halb Sonne und Kompost die wichtigsten Voraussetzungen.

Ein phantasievoll angelegtes Gewürzgärtchen kann sehr reizvoll sein. Aber auch im Steingarten oder im Staudenbeet ordnen sich die duftenden Gewächse, die sich oft auch mit hübschen Blüten schmücken, harmonisch ein. Sogar am Rand der Gemüsebeete, oder unter die nützlichen Kulturen gemischt, finden sie einen sinnvollen Platz. So läßt sich selbst im kleinsten Garten irgendwo noch eine Ecke für heilsam-würzige Kräuter finden – zum Wohl des Gärtners und der Köchin.

Nach dem Vorbild alter Klosteranlagen kann ein Kräutergärtchen in regelmäßige Beete mit Ziegelsteinwegen unterteilt werden.

Ein- und zweijährige Kräuter

Basilikum
(Ocimum basilicum)

Anbau: Das Basilikum kommt wahrscheinlich aus dem tropischen Indien und ist schon seit Jahrhunderten in den Mittelmeerländern zu Hause. Es ist sehr wärmebedürftig, deshalb müssen Sie es auf der Fensterbank vorziehen. Die Pflänzchen keimen rasch und werden büschelweise in kleine Töpfe pikiert. Dabei setzen Sie sie etwas tiefer als sie zuvor gestanden haben. Erst in der zweiten Maihälfte darf das Basilikum in den Garten umziehen. Geben Sie ihm einen sehr sonnigen, geschützten Platz, und pflanzen Sie mit 25 × 25 cm Abstand. Der Boden muß locker, humusreich und warm sein. Gedüngt wird mit feinem, reifem Kompost. In trockenen Sommerwochen müssen Sie die Pflanzen reichlich gießen. In regnerischen, kühlen Jahren gedeiht das Kraut besser im Blumentopf auf der Fensterbank.

Es gibt im Handel Kleinblättriges Basilikum, das zierlich buschig wächst und ein feines Aroma besitzt, oder Großblättriges Basilikum, das kräftiger und widerstandsfähiger ist, aber etwas derber im Geschmack. Neuerdings wird auch Saatgut von rotblättrigen Sorten im Handel angeboten, z. B. 'Rothaut' und 'Moulin rouge'. Diese Züchtungen sind robust und dekorativ. Der Geschmack der großen bräunlich-roten Blätter ist etwas rustikaler als das feine Aroma der grünen Sorten.

Ernte und Verwendung: Basilikumblätter können Sie während des ganzen Sommers frisch abpflücken, solange sie zart und weich sind. Das Kraut wird möglichst nicht mitgekocht; es sei denn, Sie füllen ein Hähnchen mit den aromatischen Zweigspitzen. Basilikum schmeckt und duftet feurig-würzig, ein wenig süß und ein wenig pfeffrig. Man muß es einfach auf der Zunge kennenlernen! Das Kraut enthält reichlich ätherische Öle, wirkt entkrampfend auf den Magen-Darm-Bereich und beruhigt die Nerven. Verwenden Sie es zu Salat, Tomaten und südländischen Gemüsen. Bei allen Konservierungsmethoden verliert Basilikum sein charakteristisches Aroma. Halten Sie es über Winter lieber im Blumentopf.

Biologische Tips und Mischkultur: Basilikum paßt auch im Garten gut zu Tomaten. Es fördert als Nachbar die Gesundheit der Gurken.

Bohnenkraut
(Satureja hortensis)

Anbau: Auch das Bohnenkraut braucht als Kind des Mittelmeerraumes ein sonniges Beet. Sie können es aber im Frühling direkt ins Freiland säen. Ab Mai, wenn die Erde sich erwärmt hat, ziehen Sie Reihen von 20–25 cm Abstand. Die Pflanzen brauchen später einen Zwischenraum von 25 cm. Es muß also ausgelichtet werden. Noch bis Anfang Juni sind Folgesaaten möglich. Die Samen werden nur dünn mit Erde bedeckt, denn Bohnenkraut gehört zu den Lichtkeimern. Als Düngung reicht reifer Kompost aus. Das Kraut verträgt viel Trockenheit und soll nur bei großer Hitze gegossen werden. Außer dem einjährigen Bohnenkraut gibt es auch das ausdauernde Bergbohnenkraut *(Satureja montana)*, das im Aroma kräftiger und herber ist.

Ernte und Verwendung: Frische grüne Blätter während des ganzen Sommers. Die größte Würzkraft hat das Kraut kurz vor und während der Blüte. Dann können Sie es büschelweise abschneiden und trocknen. Die dürren Blättchen werden von den Stengeln gestreift und in verschlossenen Gläsern aufbewahrt. Sie bleiben auch in getrocknetem Zustand sehr würzig.

Bohnenkraut hat ein kräftiges, leicht pfeffriges Aroma. Es ist reich an ätherischen Ölen, wirkt krampfstillend, magenstärkend und hilft schwere Speisen besser zu verdauen. Verwenden Sie das Kraut zu Eintopfgerichten, Kartoffelgerichten und natürlich zu Bohnen. Es wird mitgekocht.

Biologische Tips und Mischkultur: Beste Nachbarschaft mit Buschbohnen; Bohnenkraut hält von diesem Gemüse die schwarzen Läuse ab. Samen können Sie selbst gewinnen.

Boretsch
(Borago officinalis)

Anbau: Der Boretsch stammt zwar wahrscheinlich aus den Mittelmeerländern, ist aber bei uns so akklimatisiert, daß er sogar verwildert. Im Gegensatz zu den meisten anderen Kräutern liebt diese saftstrotzende, kräftige Pflanze feuchten und nahrhaften Boden, der aber locker und durchlässig sein soll. Unter günstigen Bedingungen wird der Boretsch leicht 80 cm hoch. Er wächst auch buschig in die Breite. Geben Sie dem Gurkenkraut, wie es auch genannt wird, deshalb einen Platz, wo es sich ungeniert ausbreiten kann. Die Pflanzen brauchen einen sonnigen bis hellschattigen Platz und viel Luft. Wo sie zu eng stehen, sind sie anfällig für Mehltau und Läuse.

Im übrigen ist der Boretsch ganz und gar unkompliziert. Bereiten Sie den Boden mit Kompost vor. Das Kraut verträgt auch ein wenig organischen Dünger oder Brennesseljauche. Von April bis Juni können Sie die schwarzen Samen ins Freiland säen. Sie werden gut mit Erde zugedeckt und etwas festgedrückt. Verziehen Sie die Pflanzen später auf einen Zwischenraum von 30–50 cm. Ein Versetzen ist wegen der langen Wurzeln und der weichen Blätter nicht empfehlenswert. Die kleinen Pflanzen machen leicht schlapp.

Ernte und Verwendung: Pflücken Sie laufend die jungen samtweichen Blätter ab. Alte Blätter werden hart und rauh. Aus den Blattachseln großer Boretschbüsche wachsen immer zarte Jungtriebe nach. Auch die hübschen himmelblauen Blüten sind eßbar und eignen sich als reizvolle Dekoration zu sommerlichen Salaten. Verwenden Sie den Boretsch immer frisch; konservieren läßt er sich nicht.

Die blauen Blüten des Boretsch sind eßbar.

Frisch aus dem Garten schmecken die Blätter etwas gurkenähnlich und säuerlich. Sie sind ein ausgesprochenes Salatgewürz. Die alte Heilpflanze enthält wenig ätherisches Öl, dafür aber Schleimstoffe, Gerbsäure, Saponine und Kieselsäure. Boretsch wirkt herzstärkend und übt auf rheumatische Krankheiten einen lindernden Einfluß aus.

Biologische Tips und Mischkultur: Boretsch durchwurzelt und verbessert schwere Böden. Er soll von Kohlrabi und Kohlpflanzen Schädlinge abhalten. Die großen eckigen Samenkörner können Sie leicht zur Gewinnung biologischen Saatgutes ernten. Als guter Nachbar paßt das Kraut auch zu Zucchini. Die blauen Blüten sind eine gute Bienenweide!

Dill
(Anethum graveolens)

Anbau: Dieses Kraut aus Südeuropa und dem Orient ist schon lange bei uns heimisch. Es wächst leicht und macht dennoch manchmal durch unergründliche Primadonna-Allüren den Gärtnern das Leben schwer. Geben Sie dem Dill einen sehr sonnigen Platz, denn er muß vor allem ätherische Öle entwickeln. Im Wurzelbereich lieben die Pflanzen aber gleichmäßige Feuchtigkeit. Kompost und eine Bodenbedeckung durch Mischkultur oder Mulch sind deshalb wichtig. Wer Dill zwischen Gurken sät, sorgt gleichzeitig für günstige Nachbarschaft, die die Erde mit langen Ranken feucht und schattig hält. Dillreihen brauchen

25–30 cm Abstand. Die Sämlinge werden ausgelichtet, denn sie lassen sich nicht allzu gut versetzen. Ab April können Sie die Samen ins Freiland streuen. Es lohnt sich, in Abständen mehrmals nachzusäen.
Von diesem Kraut sind auch Sorten-Züchtungen auf dem Markt: 'Tetra Dill' und 'Sperling's Elefant' (schießt nicht so schnell, eignet sich zum Treiben).

Ernte und Verwendung: Die zarten aromatischen Blätter können Sie während des ganzen Sommers frisch pflükken. Sie schmecken zu Salaten, Krabben und Aal. Dillsamen wird geerntet, wenn sich die Körner zu bräunen beginnen. Sie werden beim Einlegen von Gurken oder zu Kräuteressig verwendet. Dill enthält 2,5–4% ätherische Öle und bis zu 18% fettes Öl. Daher kommt das intensive Aroma der Blätter, die frischwürzig schmecken.
Dill läßt sich einfrieren, verliert aber sehr an Geschmack. Die Samenkörner behalten dagegen ihr kümmelartiges Aroma. Dill wirkt beruhigend, entkrampfend und erwärmend. Ähnlich wie Fenchel löst er Blähungen.

Kapuzinerkresse schmückt Zäune und Salate.

Biologische Tips und Mischkultur: Dill beeinflußt günstig das Aufgehen verschiedener Gemüsesaaten: besonders Möhren, aber auch Gurken, Kohl, Rote Bete, Salat und Zwiebeln. Säen Sie einfach ein paar Körner Dill dazu. Von den Puffbohnen soll er die Läuse abhalten. Saatgut können Sie leicht selbst gewinnen.

Kapuzinerkresse *(Tropaeolum)*

Anbau: Diese hübsche Würz- und Blütenpflanze sollte in keinem biologischen Garten fehlen. Sie stammt aus Südamerika und ist frostempfindlich. Ziehen Sie einige Pflanzen warm vor, damit sie früher blühen. Ab Mai können Sie die großen Samenkörner auch im Freiland aussäen. Die Erde sollte humusreich, aber nicht zu nahrhaft sein. Bei zu reichlicher Ernährung wuchert die Kapuzinerkresse ins Blatt und entwickelt weniger Blüten. Düngen Sie deshalb mit Kompost. Die Saatreihen brauchen 20 cm Abstand. Legen Sie in eine 2 cm tiefe Rille alle 10 cm eines der großen Körner. Die Kresse aus Peru gedeiht in der Sonne oder in lichtem Halbschatten.
Sie können wählen zwischen folgenden Arten: *Tropaeolum majus* treibt lange Kletterranken, *Tropaeolum majus-nanum* bildet runde Büsche. Von dieser Art gibt es auch eine gefüllte Form. Die nichtrankende Kapuzinerkresse eignet sich für Einfassungen.

Ernte und Verwendung: Blätter, Blüten, Knospen und Samen der Kapuzinerkresse sind eßbar. Blätter und Blüten haben ein kresseartiges, leicht süßlich-scharfes Aroma und passen, frisch gepflückt, zu Salaten oder zu Quark. Grüne unreife Samen und geschlossene Knospen können Sie als Kapernersatz in Essig einlegen. Die Kresse aus Peru enthält Vitamine und Schwefel. Sie wirkt kräftigend und leicht abführend.

Biologische Tips und Mischkultur: Kapuzinerkresse wird auf Obstbaumscheiben gesät und hält die Blutläuse ab. Sie wirkt auch abwehrend gegen Raupen, Schnecken, Ameisen und Mäuse. Gute Nachbarschaft zu Kartoffeln, Tomaten, Stangenbohnen und Rosen.
Saatgut gewinnen Sie sehr leicht. Unter günstigen Bedingungen säen sich die Pflanzen oft selbst aus.

Kerbel *(Anthriscus cerefolium)*

Anbau: Kerbel stammt aus Südosteuropa und Westasien. Er ist nicht kälteempfindlich und kann schon ab Ende März ins Freiland gesät werden. Ein halbschattiger Platz und mäßig feuchter, kompostgedüngter Boden sind ihm am liebsten. Die Reihen benötigen 10 cm Abstand. Die Entwicklung ist rasch, schon nach 6–8 Wochen können Sie ernten. Wer Kerbel liebt, sollte deshalb alle 14 Tage eine neue Reihe aussäen. Sie können wählen zwischen glattblättrigen und krausblättrigen Sorten.

Ernte und Verwendung: Nur die zarten jungen Blättchen schmecken gut. Sie haben das typisch würzig-süße

Kerbelaroma, das ein wenig an Anis erinnert. Es paßt zu Suppen, Soßen, Omeletts und Salaten. Kerbel enthält ätherische Öle, Glykosid und Bitterstoffe. Er wirkt als stoffwechselanregende Frühjahrskur.

Biologische Tips und Mischkultur: Säen Sie Kerbel zu den Salatpflanzen. Er schützt sie vor Läusen, Schnecken und Ameisen. Da das Kraut schnell in Blüte schießt, können Sie leicht Samen ernten.

Hinzu kommen Vitamin C und Bitterstoffe. Kresse wirkt gegen Frühjahrsmüdigkeit und Blutarmut; sie ist auch im Winter als Vitaminspender sehr willkommen.

Biologische Tips und Mischkultur: Kresse und Radieschen sind gute Nachbarn, die sich gegenseitig im Aroma günstig beeinflussen. Gegen Erdflöhe beachten Sie die Tips aus der großen Schädlingstabelle. Samen können Sie leicht selbst gewinnen.

Kohl, Käse und Quark. Die Körner enthalten 3–7% ätherische Öle, außerdem Gerbstoffe, Harz, Kieselsäure und Mineralstoffe. Kümmel macht schwere Speisen verträglicher. Er wirkt magenstärkend und vertreibt Blähungen.

Biologische Tips und Mischkultur: Kümmel und Fenchel können sich »nicht riechen«. Zwingen Sie sie nie zur Nachbarschaft. Geschmacksfördernd wirkt Kümmel bei Frühkartoffeln, Kohl, Gurken und Roten Beten.

Kresse
(Lepidum sativum)

Anbau: Die aus Persien stammende Kresse ist sehr anspruchslos. Sie verträgt Schatten und kann schon ab März im Freiland ausgesät werden. Kompostdüngung reicht aus. Säen Sie die roten Samenkörner in Reihen mit 10 cm Abstand. Die Kresse ist bekannt dafür, daß sie schnell keimt und rasch wächst. Schon nach 10 Tagen können Sie die ersten Blätter schneiden. Sorgen Sie deshalb öfter für Nachschub. Im Sommer gedeiht sie besser im Schatten, weil sie dort nicht so leicht schießt. Es gibt glattblättrige und krausblättrige Sorten. Im Winter können Sie Kresse auch auf der Fensterbank im Blumentopf oder im Suppenteller auf feuchter Watte aussäen!

Ernte und Verwendung: Ernten Sie stets frisch, und nehmen Sie nur junge zarte Blätter. Sie passen zu Salat, Quark, Eiern und kalten Platten. Das Kraut schmeckt typisch kresseartig, pikant und etwas scharf. Die Hauptursache dafür ist der Gehalt an Senföl.

Kümmel
(Carum carvi)

Anbau: Der Kümmel gehört zu den ältesten heimischen Gewürzen Europas. Er wächst bis nach Norwegen hinauf wild auf feuchten Wiesen. Dieses Kraut gehört zu den zweijährigen Pflanzen. Im ersten Jahr erscheint nur eine Blattrosette. Im zweiten Jahr treibt der Kümmel bis zu 1,20 m hohe Stengel, die die Blüten und Früchte tragen. Der Standort sollte feucht und tiefgründig sein. Versorgen Sie das Beet mit Kompost, etwas Algenkalk und wenig organischem Dünger. Aussaat im April oder Spätsommer. Die Samen werden nur dünn mit Erde bedeckt, denn Kümmel ist ein Lichtkeimer. Der Reihenabstand beträgt 30–35 cm.

Ernte und Verwendung: Schneiden Sie die Dolden mit den Samen ab, wenn sie sich zu bräunen beginnen. Die Körner werden über einem Tuch ausgeschüttelt und trocken in einem Schraubglas aufbewahrt. Kümmel hat eine charakteristische leicht beißende Würze. Er paßt zu Fleischgerichten,

Löffelkraut
(Cochlearia officinalis)

Anbau: Das robuste Löffelkraut ist im Norden zu Hause. Es wächst wild in Küstennähe, an sumpfigen, salzigen Stellen. Auch im Garten braucht das zweijährige Kraut feuchten Boden. Sonst ist es sehr anspruchslos und unkompliziert. Düngen Sie mit Kompost, und mulchen Sie. Der Reihenabstand beträgt 20 cm. Sie können von März bis April oder von August bis September aussäen.

Ernte und Verwendung: Die löffelförmigen Blätter können während des ganzen Jahres – auch im Winter! – frisch gepflückt werden. Sie schmekken kresseartig, etwas scharf, aber auch bitter-salzig. Sie passen zu Salaten und kleingeschnitten aufs Butterbrot. Dieses wintergrüne Kraut ist sehr gesund. Es enthält reichlich Vitamin C sowie Senföl, Gerbstoffe und Bitterstoffe. Löffelkraut wirkt als stoffwechselanregende Frühjahrskur.

Biologische Tips und Mischkultur: Keine besonderen Erfahrungen.

Majoran
(Origanum majorana)

Anbau: Majoran liebt viel Wärme, so wie er es aus seiner Heimat am Mittelmeer gewohnt ist. Geben Sie ihm ein sonniges Beet. Der Boden soll leicht, durchlässig und humusreich sein. Versorgen Sie ihn mit reifem Kompost und – je nach Situation – mit ein wenig organischem Dünger. Sie können Majoran ab März im Frühbeet oder auf der Fensterbank vorziehen. Ab Mai werden die feinen Samen direkt ins Freiland gesät und nur sehr dünn mit Erde übersiebt, denn Majoran ist ein Lichtkeimer. Die Reihen sollen 20–25 cm auseinanderliegen. Die jungen Pflanzen werden später büschelweise mit 15 cm Abstand versetzt. Sie erreichen 30–50 cm Höhe. Wenn der Majoran angewachsen ist, verträgt er auch Trockenheit.

Im Handel erhalten Sie den kräftigen, blattreichen Französischen Majoran und den Deutschen Majoran, der in unserem Klima schnell wächst. Meist wird das Kraut aber nur unter der einfachen Bezeichnung Majoran angeboten.

Ernte und Verwendung: Frische Triebspitzen und Blättchen können Sie den ganzen Sommer ernten. Kurz bevor die kugeligen grünen Blütenknospen sich öffnen, wird das Kraut zum Trocknen geschnitten. Am frühen Morgen und am Abend haben die Pflanzen den höchsten Aromagehalt. Wenn Sie die duftenden Zweige nicht zu tief abschneiden, wächst noch eine zweite Ernte nach.

Majoran behält auch getrocknet sein intensives süß-würziges Aroma. Er paßt zu Gänsebraten, Hackfleisch, Leber, Kartoffelgerichten, Eintopf und Tomaten und darf mitgekocht werden. Das Kraut enthält reichlich ätherische Öle sowie Gerb- und Bitterstoffe. Es wirkt nervenstärkend, krampflösend und magenstärkend.

Biologische Tips und Mischkultur: Majoran können Sie auch in Ihre Pflanzenjauche streuen. Das stark duftende Kraut gehört zu den Pflanzen, die eine gewisse Abwehrwirkung auf Insekten ausüben. Die Nachbarschaft zu Zwiebeln ist günstig. Junge Majoranpflanzen sind sehr durch Schnecken gefährdet!

Portulak
(Portulaca oleracea)

Anbau: Der aus Vorderasien stammende Portulak braucht viel Wärme. Säen Sie ihn im Mai auf ein sonniges Beet. Der Boden sollte durchlässig und etwas sandig sein. Düngen Sie nur mit Kompost. Die Reihen benötigen 20 cm Abstand, die Samenkörner werden nur dünn mit Erde übersiebt und leicht festgedrückt. Portulak wächst rasch, schon nach 3–4 Wochen können Sie das Kraut zum ersten Mal schneiden. Die Pflanzen brauchen immer genügend Feuchtigkeit. Je nach Standort werden sie 15–30 cm hoch. Sie können die Pflanzen einzeln auseinandersetzen oder wie Spinat in der Reihe auflaufen lassen.

Ernte und Verwendung: Frisch während des ganzen Sommers: Nach dem Schnitt wächst der Protulak wieder nach. Die saftigen Blätter können als spinatartiges Gemüse oder als Zutat zu Salat, Kräutersoßen und Quark verwendet werden. Sie schmecken erfrischend säuerlich und ein wenig salzig. Portulak ist vitaminreich und wirkt blutreinigend.

Biologische Tips und Mischkultur: Keine besonderen Erfahrungen.

Petersilie
(Petroselinum crispum)

Anbau: Die in Südosteuropa heimische Petersilie gehört zu den zweijährigen Kräutern. Sie ist nicht kälteempfindlich und kann schon ab März ins Frühbeet gesät werden. Geben Sie ihr einen feuchten, halbschattigen Platz. Der Boden soll humusreich, nahrhaft und durchlässig sein. Streuen Sie bereits im Herbst Kompost und etwas organischen Dünger. Frische Düngung verträgt die Petersilie nicht.

Da die Samen sehr langsam keimen, mischen Sie ein paar Körner Radieschen dazwischen als Markiersaat. Leichter und rascher keimen Sommeraussaaten im August. Die Reihen brauchen 10–15 cm Abstand. Bei Trockenheit müssen Sie die Petersilie kräftig gießen. Über Winter decken Sie das grüne Kraut am besten mit Kiefernreisig zu, damit Sie auch bei Schnee ernten können.

Im Handel sind verschiedene Petersiliensorten: Die glattblättrige Bauernpetersilie ist besonders aromatisch und vitaminreich. Unter den krausblättrigen Sorten können Sie wählen: 'Mooskrause' (altbewährte Sorte), 'Grüne Perle' (dicht gekraust, dunkelgrün),

'Smaragd' (dicht gefüllt, ertragreich und sehr winterhart). Außerdem gibt es noch die Wurzelpetersilie.

Ernte und Verwendung: Ganzjährig frisch vom Beet. Nach der Blüte werden die Blätter ungenießbar. Petersilie können Sie trocknen oder einfrieren, aber sie verliert dabei viel Aroma. Die zerkleinerten Blätter werden nicht gekocht, sondern frisch über Kartoffeln, Salate, Gemüse, Suppen und Soßen gestreut. Sie schmecken herb-würzig, ein wenig scharf-bitter. Petersilie enthält reichlich ätherische Öle, Mineralstoffe sowie vor allem Vitamin C.

Vorsicht: Das Kraut enthält in allen Teilen den giftigen Petersilienkampfer Apiol. Gefährlich hoch ist die Konzentration aber nur in den Samenkörnern.

Biologische Tips und Mischkultur: Petersilie ist mit sich selbst unverträglich, deshalb müssen Sie sie jedes Jahr an eine andere Stelle säen. Halten Sie dabei Abstand zu Salat.

Gute Nachbarn sind Tomaten, Zwiebeln, Radieschen und Rettiche. Eine Mischkultur mit *Tagetes* hält Wurzelälchen fern.

Ausdauernde Kräuter

Estragon *(Artemisia dracunculus)*

Anbau: Die Heimat des Estragon liegt in Süd- und Mittelasien. Das Kraut braucht einen warmen, geschützten Platz. Es verträgt Sonne und lichten Halbschatten. Die Erde muß humusreich und feucht sein. Düngen Sie mit Kompost und etwas organischem Dünger. Pflanzen Sie den Estragon ab April mit 30 × 40 cm Abstand. Er wird 80–150 cm hoch und muß im Wurzelgrund immer feucht gehalten werden. Durch Wurzelausläufer oder Blattstecklinge können Sie Ihre Bestände vermehren. In rauhen Lagen brauchen die Pflanzen einen Winterschutz aus Fichtenreisig.

Unterscheiden Sie zwei Sorten: Der Russische oder Sibirische Estragon ist robust und widerstandsfähig, dafür weniger aromatisch. Er kann auch ausgesät werden. Der Französische oder Deutsche Estragon ist empfindlicher, aber viel würziger. Er kann nur durch Wurzelausläufer vermehrt werden.

Ernte und Verwendung: Während des ganzen Sommers können sie frische grüne Triebspitzen ernten. Getrocknet verliert der Estragon sehr an Würze. Konservieren Sie sein Aroma lieber, indem Sie einige Zweige in Essig oder Öl legen. Estragonessig ist eine Feinschmeckerdelikatesse! Das feinwürzige Aroma der grünen Blätter muß man einfach probiert haben. Sie enthalten ätherische Öle, Harz, Gerb- und Bitterstoffe. Estragon wirkt appetitanregend und wassertreibend.

Biologische Tips und Mischkultur: Estragon gedeiht gut mit Liebstöckel.

Lavendel
(Lavandula angustifolia)

Anbau: Der Lavendel ist in den Mittelmeerländern heimisch, aber bei uns seit langem akklimatisiert. Er liebt einen sonnigen Standort und leichten, etwas kalkhaltigen Boden. In einem Steingarten gedeiht er ausgezeichnet. Wichtig ist guter Wasserabzug. Im Gewürzgarten düngen Sie den kleinen verholzenden Halbstrauch, der 30 bis 60 cm hoch wird, nur mit gut verrottetem Kompost.

Lavendelpflanzen bekommen Sie beim Gärtner. Sie können das Kraut aber auch im März auf der Fensterbank in Schalen aussäen. Ab Mai werden die jungen Setzlinge ins Freiland mit 30 × 30 cm Abstand ausgepflanzt. Nach der Blüte werden Lavendelbüsche leicht zurückgeschnitten. In rauhen Lagen brauchen sie Winterschutz.

Ernte und Verwendung: Die duftenden, blauen Lavendelblüten werden gebündelt und getrocknet. Die Sträußchen vertreiben Motten im Schrank und Fliegen in den Wohnräumen. Junge Blattspitzen können Sie frisch in der Küche verwenden als Würze zu Fisch, Hammelfleisch, Hühnchen und Soßen. Sie schmecken ein wenig herbbitter ähnlich dem Rosmarin.

Lavendel enthält reichlich ätherische Öle, sowie Harz, Gerbstoffe und Saponin. Er wirkt beruhigend, krampflösend und nervenstärkend.

Biologische Tips und Mischkultur: Lavendel vertreibt im Garten Ameisen und Läuse. Gesund und hübsch ist die Kombination mit Rosen. Zu stark gedüngter Lavendel erfriert leicht.

Liebstöckel
(Levisticum officinale)

Anbau: Wahrscheinlich stammt diese robuste Staude aus Südeuropa. Sie ist aber schon lange bei uns heimisch und sehr unempfindlich. Liebstöckel kann 2–3 m hoch werden. Geben Sie ihm einen feuchten, tiefgründigen, nährstoffreichen Standort. Er verträgt auch Halbschatten. Dieses kräftige Kraut braucht außer Kompost auch organischen Dünger. Mulchen Sie stets rings um die Pflanzen. Im März oder im August können Sie den Liebstöckel selber aussäen. Verpflanzen Sie mit 50 cm Abstand und bedenken Sie, daß das Kraut 10–15 Jahre am ausgesuchten Platz stehenbleiben kann.

Über Winter frieren die Blätter alle zurück. Im Frühling treibt die Pflanze aus dem Wurzelstock neu aus. Da der Liebstöckel in kurzer Zeit zu einer mächtigen Staude heranwächst, genügt meist eine Pflanze für den Bedarf einer ganzen Familie.

Ernte und Verwendung: Pflücken Sie zarte junge Blätter den ganzen Sommer frisch. Das Kraut kann mitgekocht werden. Beim Trocknen verliert der Liebstöckel einen Teil seines kräftigen Aromas. Die Blätter schmecken sehr würzig, ähnlich wie die Suppenwürze »Maggi«. Verwenden Sie sie sparsam zu Suppen, Eintöpfen und Soßen. Liebstöckel enthält ätherische Öle, Harz- und Bitterstoffe. Er wirkt harntreibend und löst Blähungen.

Biologische Tips und Mischkultur: Liebstöckel hemmt Schädlinge, aber auch die Nachbarpflanzen. Am besten geben Sie ihm einen Extraplatz.

Melisse
(Melissa officinalis)

Anbau: Man nennt sie auch Zitronenmelisse. Für dieses duftende Kraut aus den Mittelmeerländern müssen Sie einen sonnigen, geschützten Platz aussuchen. Der Boden soll humusreich und durchlässig sein. Düngen Sie mit reichlich Kompost. Im April bis Mai können Sie die Melisse im Freiland aussäen. Die kleinen Pflanzen brauchen später 30 cm Abstand nach allen Seiten. Durch Teilung der Wurzelstöcke oder Stecklinge können Sie Ihre Bestände vermehren. Die Pflanzen samen sich auch aus. Unter günstigen Bedingungen ist für Nachwuchs immer gesorgt.

In rauhen Gegenden braucht die Melisse etwas Winterschutz. Die Stauden wachsen 50–70 cm hoch und frieren im Herbst zurück. Aber im nächsten Frühling treibt die Melisse aus dem Wurzelstock zeitig wieder aus.

Ernte und Verwendung: Vom Fühlingsaustrieb an können Sie zarte junge Blätter frisch verwenden. Sie besitzen ein ausgeprägtes Zitronenaroma und passen zu Salat, Tomaten, Quark und Kräutersoßen. Zitronenmelisse darf nicht mitgekocht werden. Auch beim Trocknen verliert sie den größten Teil des Aromas. Dann wird sie am besten als herz- und nervenberuhigender Tee verwendet. Das Kraut enthält ätherische Öle, außerdem Harz, Schleim, Gerb- und Bitterstoffe.

Biologische Tips und Mischkultur: Zitronenmelisse verträgt sich nicht mit der Goldmelisse *(Monarda)*! Das blühende Kraut ist eine hervorragende Bienenpflanze.

Anbau: Unter dem Namen Staudenmajoran oder Dost ist dieses Kraut auch bekannt. Es stammt aus den Mittelmeerländern, wo es an warmen, trockenen Plätzen wild wächst. Sorgen Sie deshalb auch im Kräutergarten dafür, daß der Origano einen sonnigen Platz bekommt. Die Erde sollte sehr durchlässig und eher mager sein. Düngen Sie nur mit reifem Kompost. Auch im Steingarten ist dieses Gewürz gut untergebracht. Ab April können Sie Origano in Reihen mit 25 cm Abstand aussäen. Einfacher ist es, Jungpflanzen zu kaufen. Sie brauchen 20 × 25 cm Abstand. Durch Wurzelausläufer können Sie das Kraut später leicht vermehren.

Ernte und Verwendung: Während des Sommers können Sie ständig junge Blätter und Triebspitzen pflücken. In der Blütezeit hat das Kraut die größte Würzkraft, dann schneiden Sie es handhoch über dem Bodem ab und hängen es gebündelt zum Trocknen auf. Der Origano behält auch gedörrt sein Aroma. Allerdings entwickelt er nur in warmen Sommern seinen vollen würzigen Geschmack, der etwas pfeffrig-scharf ist. Das Aroma liegt zwischen Thymian und Majoran. Sie können ihn zu Pizza, Tomaten, Fleisch, Käse, Suppen und südländischen Gemüsen verwenden. Er wird mitgekocht.

Origano enthält ätherische Öle, Gerb- und Bitterstoffe. Er löst Krampfzustände im Unterleib, im Magen und bei Husten.

Biologische Tips und Mischkultur: Keine besonderen Erfahrungen.

Anbau: Ursprünglich stammt die Pfefferminze aus den Mittelmeerländern, aber sie ist längst auch in vielen nördlichen Gebieten Europas wild verbreitet. Sie braucht, wie an ihren natürlichen Wiesenstandorten auch, im Garten einen feuchten Platz. In lichtem Schatten gedeiht sie gut. Lehmig-humose Erde, aber auch mooriger Boden sind eine gute Grundlage für alle Minzen. Düngen Sie mit reichlich Kompost und ein wenig organischem Dünger. Sorgen Sie immer für genügend Feuchtigkeit.

Pfefferminze wird nur durch Wurzelableger vermehrt, die Sie im Frühling flach in die Erde legen mit etwa 30 cm Abstand. Das Kraut wuchert stark. Pflanzen Sie es dort, wo Sie einen Bodendecker brauchen, der jedes Unkraut unterdrückt, oder sperren Sie es in einen Kasten ein, der den Wandertrieb bremst. Im Winter frieren die oberirdischen Pflanzenteile zurück.

Im Handel sind zahlreiche Arten und Varietäten, zum Beispiel: Echte Mitcham-Minze, Apfelminze, Ananasminze, Gewürzminze, Krauseminze, Orangenminze und Poleiminze.

Ernte und Verwendung: Frische Minzenblätter können Sie den ganzen Sommer abpflücken. Die Haupternte liegt im Juni kurz vor der Blüte. Dann schneiden Sie das Kraut über dem Boden ab und hängen es gebündelt zum Trocknen auf. Bei warmer Witterung wächst im Spätsommer eine zweite Ernte nach. Die Pfefferminze behält ihr Aroma auch nach dem Dörren.

Mit grünen Minzenblättern würzen Sie Soßen und Hammelfleisch. Getrocknet dient das Kraut als Tee. Der frische typische Pfefferminzgeschmack ist überall bekannt. Die Pflanzen enthalten bis zu 2,5% ätherische Öle, zu deren Bestandteilen auch Menthol gehört. Hinzu kommen Gerb- und Bitterstoffe. Pfefferminze wirkt krampflösend und durchwärmend. Sie beeinflußt vor allem den Magen-Darm-Bereich bei Übelkeit, Blähungen und Krämpfen.

Biologische Tips und Mischkultur: Ein schlechter Nachbar für die Pfefferminze ist die Kamille. In der Nähe von Brennesseln entwickelt die Minze mehr ätherisches Öl. Neben Kohl soll sie den Kohlweißling abhalten. Gute Nachbarn sind Tomaten, Salat und Möhren. Allerdings ist es nicht ratsam, das wuchernde, ausdauernde Kraut auf ein Gemüsebeet zu pflanzen.

Gegen den Pfefferminzrost hilft radikaler Rückschnitt. Der Neutrieb ist dann wieder gesund.

Holzkästen mit einjährigen Kräutern.

Ysop
(Hyssopus officinalis)

Anbau: In seiner Heimat in Südeuropa und Vorderasien wächst der Ysop an sonnigen, steinigen, kalkhaltigen Plätzen. Pflanzen Sie ihn auch im Garten unter ähnlichen Bedingungen, und pflegen Sie ihn wie Thymian. Mit seinen hübschen blauen Blüten bildet der Ysop ein Schmuckstück des Kräutergartens. Sie können ihn im Frühling in Schalen auf der Fensterbank aussäen oder beim Gärtner kaufen. Im Mai setzen Sie die Pflanzen mit 25 × 30 cm Abstand ins Freie. Durch Stecklinge können Sie später für Nachwuchs sorgen.

Ernte und Verwendung: Blättchen und junge Triebe können Sie den ganzen Sommer frisch pflücken. Zum Trocknen schneiden Sie das Kraut kurz vor der Blüte. Die stark würzigen, ein wenig bitteren Blätter werden in kleinen Mengen zu Salat, Soßen, Bohnen, Kartoffelsuppe und Ragout verwendet. Sie enthalten ätherische Öle, Bitterstoffe, Gerbstoffe und Harz. Ysop wirkt magenstärkend und fördert die Verdauung.

Biologische Tips und Mischkultur: Ähnlich wie Salbei und Thymian wehrt das stark aromatische Kraut Raupen, Läuse und Schnecken ab. Ysop ist eine gute Bienenweide!

Die Wildkräuter-Ecke

Große und Kleine Brennessel
(Urtica dioica und U. urens)

Anbau: Geben Sie der Brennessel am Kompost oder in einem Gartenwinkel einen Platz. Sie wächst überall, liebt aber humosen Boden. Achten Sie nur darauf, daß sie nicht zu stark wuchert.

Ernte und Verwendung: Die zarten Blätter des Frühlingsaustriebs sollten Sie zu Salaten geben oder als Spinatgemüse dünsten. Von Juni bis Juli können Sie Brennesseln trocknen und später als Tee verwenden. Frisch getrocknet sind die Blätter ein ausgezeichnetes Mittel zur Anregung des Stoffwechsels. Sie enthalten unter anderem Gerbstoffe, Nesselgiftstoff, Histamin, Ameisensäure, Vitamine und Mineralsalze.

Biologische Tips und Mischkultur: Für naturgemäße Gärten sind Brennesseln ein unentbehrliches Mittel der Gesundheit. Sie liefern hervorragendes Mulchmaterial und dienen als Grundlage für flüssige Dünger und Spritzbrühen. Brennesseln halten Gärten und Gärtner gesund!

Trotzdem sollten Sie Brennesseln nicht nur »verwerten«. Die Blätter dieses Wildkrautes dienen mehreren Schmetterlingsraupen (z. B. Kleiner Fuchs und Tagpfauenauge) als lebensnotwendige Nahrung. Lassen Sie einige Brennesselstauden ungestört wachsen als wichtiger Bestandteil des Ökosystems.

Kräuter, die von sonnigen und trockenen Mittelmeerstandorten stammen, gedeihen gut im Steingarten. Hier sind es Katzenminze, Thymian und Melisse.

Beinwell und Comfrey
(Symphytum officinale und *S. peregrinum)*

Anbau: Die Staude liebt tiefgründig-feuchten Boden und nährstoffreichen Kompost. Ein Platz im lichten Schatten von Obstbäumen oder Sträuchern ist günstig. Auch am Rand des Kompostplatzes oder rund um die Jauchetonnen können Sie Beinwell pflanzen. Geben Sie den Setzlingen 40–50 cm Abstand, da die blattreichen Stauden sich üppig ausdehnen. Kompost und ein wenig organischer Dünger verhelfen bei der Pflanzung zu einem guten Start. Sonst ist Beinwell sehr anspruchslos. Er bleibt jahrelang am gleichen Platz. Die Blätter können öfter geschnitten werden; sie wachsen immer nach.

Ernte und Verwendung: Zarte junge Blätter können Sie in den Salat schneiden oder als Gemüse dünsten. Aus getrockneten Blättern gewinnen Sie einen Tee. Frisch und gedörrt hilft Beinwell innerlich gegen Rheuma, Magenkatarrh und Darmgeschwüre. Die stärkste Heilkraft haben aber die Wurzeln. Sie können getrocknet werden oder dienen als frische Breiauflage zur Heilung von Quetschungen, Wunden und rheumatischen Verspannungen.
Beinwell enthält unter anderem Gerbstoff, Cholin, Asparagin und Allantoin. Der letzte Wirkstoff fördert die Zellbildung und erklärt die guten Erfolge bei der Wundheilung.

Biologische Tips und Mischkultur: Comfrey wirkt auch heilend auf den Garten. Die großen Blätter liefern gutes Mulchmaterial und dienen zur Herstellung einer kalireichen Pflanzenjauche.

Johanniskraut
(Hypericum perforatum)

Anbau: Überall in Europa wächst dieses uralte Heilkraut an sonnigen, trokkenen Hängen und am Waldrand. Auch im Garten braucht das Johanniskraut viel Sonne und einen durchlässigen Boden. Sonst ist es ganz anspruchslos und ausdauernd.
Beim Pflanzen mischen Sie etwas Algenkalk unter eine Handvoll Kompost. Zwischen den jungen Stauden halten Sie 30–40 cm Abstand ein. Das erwachsene Kraut bildet später nach allen Seiten Ausläufer; dann ist stets für Nachwuchs gesorgt!
Die ersten Jungpflanzen bekommen Sie in Kräuterspezialgärtnereien.

Ernte und Verwendung: Geerntet und getrocknet wird das ganze blühende Kraut. Es kann auch frisch in Öl angesetzt werden. Sie gewinnen dann das berühmte, blutrote Johannisöl. Die Pflanzen enthalten vor allem ätherische Öle, aber auch Gerbstoffe, Säuren und den roten Farbstoff Hypericin. Johanniskraut beruhigt die Nerven und vertreibt Depressionen. Es regt die Leber und die Galle an. Mit dem roten Öl können Sie sich einreiben. Es hilft gegen Rheumaschmerzen, Nervenschmerzen, kleine Brandwunden und Sonnenbrand.

Biologische Tips und Mischkultur: Besondere Mischkulturen wurden noch nicht erprobt. Es lohnt sich aber zu experimentieren, um die Eigenschaften dieses wertvollen Heilkrautes auch im Bio-Garten zu nutzen!
Sehr hübsch wirken die gelben Blüten neben blauen Ysop und Lavendel.

Kamille
(Matricaria chamomilla)

Anbau: In ganz Europa wächst die Echte Kamille an sonnigen Feldrändern wild. Auch im Garten kann sie als Randpflanze ausgesät werden. Sie wird 20–50 cm hoch. Samen sind im Handel erhältlich. Säen Sie das uralte Heilkraut ab April in Reihen mit 30–40 cm Abstand oder breitwürfig auf ein Beet. In humusreicher, etwas lehmiger Erde fühlt sich die Kamille besonders wohl. Verbessern Sie Ihre Gartenerde mit Kompost und bei leichten Böden auch mit Tonmehl.
Wenn Sie die Pflanzen später auf 20 bis 30 cm Abstand vereinzeln, können sie sich gut verzweigen. Günstige Wachstumsbedingungen und möglichst viel Sonne sind wichtige Voraussetzungen für eine harmonische Entwicklung der heilkräftigen Inhaltsstoffe, die die Kamille so wertvoll machen.

Ernte und Verwendung: Während des ganzen Sommers können Sie die Blütenköpfchen pflücken und trocknen. Sie gewinnen so einen Tee, der als bewährtes Hausmittel bei Entzündungen und Erkältungen gebraucht wird. Er wirkt krampflösend, antibakteriell und entzündungshemmend. Kamille enthält ätherische Öle, Flavon, Glycoside und Cumarine.

Biologische Tips und Mischkultur: Kamille ist ein guter Kohlnachbar und kann auch zwischen Kartoffeln, Sellerie und Lauch gesät werden. Sie gehört zu den Pflanzen, die den Kompost aktivieren. Kamillentee dient im Garten zur Kräftigung der Kulturen und als Samenbeize.

Der Obstgarten

Die saftigen Früchte von Beerensträuchern und Obstbäumen runden das gesunde Nahrungsangebot aus dem eigenen Garten ab. Als süße Ergänzung zu herzhaftem Gemüse und würzigen Kräutern sollten sie nirgends fehlen. Es muß ja nicht unbedingt eine Obstplantage sein. In einem kleinen Küchengarten genügen schon zwei Reihen Erdbeeren und ein Johannisbeer-Hochstämmchen, die für vitaminreichen Nachtisch sorgen. Die runden Büsche der Monatserdbeeren können sogar am Rand eines Blumenbeetes gepflanzt werden. Sie dienen dort als dekorative Einfassung und als Quelle süßer Naschereien im Vorübergehen. In einem größeren Nutzgarten sollten Sie verschiedenartige Beeren und einige Obstbäume einplanen. Wählen sie auch hier nach den Regeln des naturgemäßen Anbaus stets diejenigen Sorten, die sowohl der Grundstücksgröße als auch den Klima- und Bodenverhältnissen am besten angepaßt sind.

Blühende Obstbäume gehören zu den schönsten Zeichen des Frühlings. Der Garten erwacht aus langem Winterschlaf.

Erdbeeren – süß wie der Sommer

Der würzig-süße Geschmack der kleinen Walderdbeeren gehört für viele Menschen zu den unvergeßlichen Kindheitserinnerungen. Groß ist dagegen oft die Enttäuschung, wenn Sie in die roten Prachtfrüchte beißen, die im Supermarkt angeboten werden: Das Erdbeerfleisch schmeckt fast nur noch nach Wasser! Wo ist das unvergleichliche Aroma geblieben? Es fiel den Transportproblemen zum Opfer, weil die empfindlichen Beeren halbreif geerntet werden müssen. Es leidet auch unter den Anbaumethoden und unter dem Wahn, der nach immer größeren, gigantischeren Zuchtformen ruft.

Die Erdbeer-Ahnengalerie

Im naturgemäßen Garten können Sie dagegen ganz leicht das süße Erdbeeraroma aus Großmutters Garten wieder gewinnen. Machen Sie sich nur einmal klar, wo diese Beeren aus der Familie der Rosengewächse urspünglich beheimatet waren. In Europa gab es lange Zeit nur die kleinen aromatischen Walderdbeeren. 1623 reiste die nordamerikanische Scharlach-Erdbeere zum ersten Mal über den Atlantik in die »Alte Welt«. Sie schmeckte süß, hatte aber kleine Früchte. 1712 folgte ihr die Chile-Erdbeere, die große Beeren, aber weniger Aroma mitbrachte.
Aus diesen drei Ahnen entstanden alle unsere Gartenerdbeersorten. Je nach Erbmischung sind sie groß, aber weniger aromatisch oder kleinfrüchtiger und süßer. Bis heute haben sie die Vorliebe der wilden Walderdbeeren für leicht sauren, humusreichen Boden beibehalten. Erinnern Sie sich an die duftende Erde lichter Mischwälder; dies ist die Urheimat der Beeren. Wenn Sie mit diesem Grundwissen im Sinne der Natur ein Beet anlegen, werden Sie sicher wieder süß-würzige Beeren ernten, die zu den unvergeßlichen Erinnerungen an warme Sommertage zählen.

Ein neues Erdbeerbeet

Günstige Vorkulturen für Erdbeeren sind Bohnen oder Kartoffeln, die gare Erde hinterlassen. Bereiten Sie den Boden rechtzeitig mit reichlich Kompost und einem organischen Dünger vor. Gut verrotteter Rindermist eignet sich hervorragend. Sie können aber auch getrockneten Rinderdung verwenden oder einen Mischdünger aus Horn-Blut-Knochenmehl. Im Handel werden verschiedene biologische Spezialdünger für Erdbeeren angeboten, zum Beispiel »Oscorna, speziell für Erdbeeren«. Mulchen Sie das vorbereitete Beet mit Laub- oder Nadelstreu.
Die beste Pflanzzeit für Erdbeeren liegt im August bis September. Je früher Sie beginnen, desto größer wird die Ernte im ersten Jahr. Wählen Sie einen sonnigen, aber geschützten Platz, und denken Sie immer daran, daß Sie für ein wenig Waldatmosphäre sorgen müssen. Der Boden soll zum Zeitpunkt der Pflanzung humusreich, locker, feucht und leicht sauer sein. Wo die Gartenverhältnisse noch ungünstig sind, können Sie Ihre Erdbeeren auf ein Hügelbeet pflanzen. Dort finden sie gute Bedingungen, selbst wenn ringsum noch die Schwierigkeiten der Umstellung auf naturgemäße Methoden herrschen. Auch in feuchten Gegenden und in Gärten mit schwerem Boden ist diese Methode von Vorteil.
Für die erste Erdbeerpflanzung sollten Sie sich gute Züchtungen vom Gärtner oder von einem Spezialversand besorgen. Später können Sie Ihre Bestände eine Zeitlang durch Ableger selbst vermehren. Die Erdbeerreihen sollten weit auseinanderliegen. Auf einem 1,20 m breiten Beet haben 2 Reihen Platz. Untereinander brauchen die Pflanzen 25–30 cm Abstand.
Füllen Sie das Pflanzloch mit reifem Kompost, und mischen Sie auch etwas Steinmehl darunter. Zum Schluß wird mit verdünnter Brennesseljauche angegossen. Dem Waldbodencharakter kommen Sie besonders nahe, wenn Sie das Erdbeerbeet mit halbverrottetem Laub oder mit holzigen Abfällen

Strohmulch auf dem Erdbeerbeet hat sich bewährt: Die Früchte bleiben sauber und trocknen. Schnecken meiden den rauhen Belag aus scharfkantigen Halmen.

mulchen. Kleine Zweige, Hobelspäne, Rindenstückchen und Nadelstreu verschaffen den Beeren jene heimatliche Atmosphäre, in der sie gut gedeihen und besonders aromatische Früchte entwickeln. Wenn es Ihnen an solchem Material mangelt, können Sie sich auch durch eine Senfsaat helfen, die im Spätherbst abfriert und über Winter als Bodendecke liegenbleibt. Auch Rindenkompost eignet sich gut zur Verbesserung der Bodenbedingungen auf einem Erdbeerbeet, wenn Sie noch keine eigenen Vorräte besitzen.
Der weite Zwischenraum bei der Pflanzung hat den Vorteil, daß Sie Mischkulturen anbauen können, die zur Gesundheit der Erdbeerkulturen beitragen. Wenn Sie den Boden durch eine ständige Mulchdecke feucht und lokker halten, brauchen Sie wenig zu hakken und zu jäten. Dadurch werden die flachwachsenden Wurzeln der Beeren nicht gestört. Muß in trockenen Zeiten doch einmal gewässert werden, so sollten Sie morgens mit abgestandenem Wasser direkt in den Wurzelbereich gießen. Feuchtigkeit am Abend fördert Pilzkrankheiten! Zur Reifezeit der Erdbeeren sollten Sie den Boden um die Pflanzen mit besonders sauberem Ma-

terial abdecken, zum Beispiel mit Nadelstreu, Stroh oder Gras. Dann werden die Früchte nicht mit Erde bespritzt und können einwandfrei geerntet und ungewaschen gegessen werden. Besonders reichtragende Pflanzen kennzeichnen Sie für die Vermehrung.

Nach der Ernte: Düngen und Vermehren

Nach der Ernte kann man das Erdbeerlaub ganz abschneiden, nur das Herz darf nicht beschädigt werden. Auch alle überflüssigen Ranken werden entfernt. Sie nehmen den Pflanzen nur Kraft weg. Von den ausgesuchten Mutterpflanzen nehmen Sie die stärksten Ableger ab. Sie können zuerst auf ein Extrabeet gepflanzt und dort einige Wochen lang feucht und schattig gehalten werden, bis sie kräftige Wurzeln gebildet haben. Dann legen Sie mit den »Kindeln« ein neues Beet an.

Alte Pflanzungen brauchen nach der Ernte eine kräftige Nährstoffversorgung mit Kompost und organischem Dünger. Sie bilden in den folgenden Monaten nämlich noch die Blütenansätze für das nächste Jahr aus. Dies ist auch die Zeit, in der die Blätter und Wurzeln kräftig wachsen. Bei guter naturgemäßer Pflege kann eine Erdbeerpflanzung 2–3 Jahre, manchmal sogar länger, stehenbleiben. Wenn der Ertrag spürbar nachläßt, legen Sie rechtzeitig ein neues Beet an.

Bei der Wahl der Sorten müssen Sie noch darauf achten, ob Sie einmal oder mehrmals tragende Züchtungen pflanzen möchten. Die einmal tragenden Gartenerdbeeren bringen eine reiche Ernte im Frühsommer. Bei mehrmals tragenden Sorten verteilt sich der süße Segen auf Frühsommer und Herbst. Es ist natürlich sehr reizvoll, zu solch später Jahreszeit noch einmal frische Erdbeeren zum Nachtisch ernten zu können. Die Portionen sind dafür aber etwas bescheidener.

Schließlich gibt es noch die kleinen aromatischen Monatserdbeeren. Sie bilden runde Büsche und treiben keine Ausläufer. Diese süßen Beeren, die den ursprünglichen Waldfrüchten noch am ähnlichsten sind, blühen und fruchten ununterbrochen von Juni bis zum späten Herbst. Monatserdbeeren können Sie sich aus Samen selber heranziehen.

Sorten: 'Senga Sengana' (robuste, reichtragende Sorte, mittelfrühe Reife-

Knoblauch schützt Erdbeeren vor Pilzen.

zeit), 'Senga Litessa' (mittelfrühe Reifezeit, gut zum Einfrieren), 'Senga Dulcita' (große rote Früchte, aromatisch, späte Reifezeit), 'Regina' (frühe Reifezeit, feines Aroma), 'Macherauch's Marieva' (ältere, würzig-aromatische Sorte, früh bis mittelfrüh), 'Asieta' (mittelspät, gut zum Konservieren), 'Mieze Schindler' (alte Sorte aus Großmutters Garten, herrliches Aroma!).

Mehrmals tragende Sorten: 'Ostara', 'Macherauch's Dauerernte';

Monatserdbeeren: 'Rügen', 'Sperling's Bowlenzauber'.

Ernte: Zur Reifezeit können Sie ständig frisch pflücken. Seien Sie behutsam, damit die nachwachsenden Früchte nicht beschädigt werden. Sie können Erdbeeren einfrieren und einkochen. Die frischen Früchte sind besonders gesund, weil sie noch mehr Vitamin C als Zitronen enthalten. Hinzukommen zahlreiche Mineralsalze, vor allem Magnesium, Eisen, Kalium, Kalzium und Silizium. Die Beeren wirken sich günstig auf Arteriosklerose aus und gehören auch für Diabetiker zu den erlaubten süßen Freuden. Erdbeeren wirken harntreibend und entschlackend.

Biologische Tips und Mischkultur: Erdbeeren sind anfällig gegen Pilzer-

Richtige Pflanzung der Erdbeeren (oben).

So werden Erdbeeren vermehrt: Ableger in eingegrabene Töpfchen pflanzen. Nach dem Bewurzeln die Nabelschnur zur Mutterpflanze durchtrennen.

krankungen. Beachten Sie dazu die Empfehlungen aus dem Kapitel »Biologische Mittel zur Schädlingsabwehr«. Vorbeugende Spritzungen mit Schachtelhalmbrühe haben sich bewährt. Gießen Sie außerdem mit Brennesseljauche, die mit Zwiebelbrühe gemischt wurde. Auch die Mischkultur mit Knoblauch beugt Pilzerkrankungen vor. Tips gegen Schnecken finden Sie auf Seite 107 im Kapitel »Weitverbreitete Plagegeister«.

Zur Gesundheit der Erdbeeren trägt auch eine Mulchdecke aus Stroh bei auf der die Früchte sauber und trocken liegen.

Gute Nachbarn für die Mischkultur sind: Spinat, Lauch, Zwiebeln, Salat, Buschbohnen und Boretsch.

Die frischgepflückten Früchte aus dem Beerengarten schmecken köstlich. Sie lassen sich auch zu Säften, Marmeladen und Kompott verarbeiten.

Beeren von Sträuchern und Ranken

Die wilden Vorfahren unserer Stachel- und Johannisbeeren waren in Nord- und Mitteleuropa zu Hause. Sie wuchsen in Auwäldern, auf Lichtungen und am Waldrand. Dort fanden sie genügend Licht oder auch angenehmen hellen Schatten. Die Bäume standen weit genug entfernt, um die Sonne nicht zu verdecken, aber doch nahe genug, um rauhe Winde von den Beerensträuchern fernzuhalten. Den Boden bedeckte in dieser heimatlichen Umgebung ein Teppich aus buntgemischten Wildkräutern. Sie hielten die Erde darunter feucht und locker. Alle unsere reichtragenden modernen Beerenobstzüchtungen stammen aus den Kreuzungen verschiedener Wildarten. Wenn Sie in Ihrem naturgemäßen Garten dafür sorgen, daß sie ähnliche Lebensbedingungen vorfinden, wie sie es gewöhnt waren, dann haben Sie schon wichtige Voraussetzungen für gesundes Wachstum erfüllt. Viele Krankheiten entstehen dadurch, daß die Sträucher nicht ihrer Natur gemäß gepflanzt und behandelt werden.

Ähnliche Regeln gelten auch für Himbeeren und Brombeeren, die ja noch heute in unseren Wäldern wild wachsen. Suchen Sie für Ihre Beerenpflanzungen also einen sonnigen oder halbschattigen Platz aus, der vor rauhen Winden geschützt ist. Und sorgen Sie das ganze Jahr hindurch dafür, daß der Boden immer mit einem Mulchteppich bedeckt ist. Er kann, wie im Wald, aus niedrigen Pflanzen bestehen oder aus Laub und Rinde.

Das gesunde Beerenobst sollte in jedem Bio-Garten eingeplant werden. Es macht Spaß, die Früchte im Sommer frisch vom Strauch zu essen. Für den Winter können Sie Saft, Gelee oder Kompott daraus einkochen.

Rote und Weiße Johannisbeeren

Anbau: Johannisbeeren gehören zu den Steinbrechgewächsen. Sie gedeihen auch an Hängen und zwischen Obstbäumen. Je sonniger sie stehen, desto reicher tragen sie und desto höher ist der Gehalt an wertvollen Inhaltsstoffen. Rote Johannisbeeren enthalten Vitamin C sowie reichlich Fruchtsäuren und Pektin.

Die Sträucher können im Herbst oder im zeitigen Frühling gepflanzt werden. Es ist günstig, wenn Sie vorher eine tiefwurzelnde bodenlockernde Gründüngung einsäen, denn später kann das Land unter den Büschen nicht mehr intensiv bearbeitet werden. Die flachwachsenden Wurzeln der Johannisbeeren lassen dies nicht zu. Setzen Sie die Pflanzen etwas tiefer als sie zuvor standen, damit sie im Boden reichlich neue Triebe bilden. Die Wurzeln tauchen Sie vorher in Schachtelhalmtee, der mit Lehm verrührt wurde. Bei roten und weißen Sorten beträgt der Abstand 1,50– 1,80 m; bei Reihenpflanzung müssen Sie 2–3 m Zwischenraum einhalten. Das Pflanzloch füttern Sie mit reifem Kompost aus, der mit Steinmehl vermischt wurde. Nach der Pflanzung schneiden Sie die Triebe um zwei Drittel zurück, so daß nur das letzte Drittel erhalten bleibt.

Gedüngt werden die Beerensträucher im naturgemäßen Garten mit verrottetem Mist oder halbverrottetem Kompost, die im Herbst oberflächlich ausgestreut werden. Auch Rindenkompost, Horn-Blut-Knochenmehl, Holzasche, Algenkalk und Brennesseljauche eignen sich zur Ernährung. Wichtig ist aber vor allem eine Mulchdecke. Sie kann aus Stroh, Brennesseln, Comfrey, Laub, holzigen Abfällen, Rindenmulch oder Gründüngung bestehen. Diese Schicht muß ständig erneuert werden. Sie erhält die Bodenfeuchtigkeit, die die Sträucher lieben, und schützt die flachwachsenden Wurzeln.

Schnitt: Rote und Weiße Johannisbeeren tragen am zwei- bis dreijährigen Holz. Alle Äste, die älter als 4 Jahre sind – Sie erkennen sie am dunklen Holz – werden tief am Boden abgeschnitten. Den Rückschnitt können sie nach der Ernte oder im frühen Herbst durchführen. Wenn die Blätter fallen, können Sie das Gerüst des Strauches besser durchschauen. Jedes Jahr lassen Sie 2–3 kräftige Jungtriebe nachwachsen und entfernen ebenso viele überalterte Zweige. Auch den überflüssigen Nachwuchs schneiden Sie weg. Insgesamt sollte der Strauch 8–12 kräftige Triebe behalten. So wächst er luftig und gesund.

Von den überflüssigen einjährigen Zweigen können Sie übrigens Stecklinge gewinnen. Schneiden Sie ein 15–20 cm langes Stück unterhalb eines Auges schräg ab. Diese Triebspitzen stecken Sie einfach schräg in die Erde. Sie bewurzeln sich und können im nächsten Jahr verpflanzt werden.

Sorten: Von allen Johannisbeeren gibt es Sträucher, Halbstämmchen und Hochstämmchen. Die Sträucher lassen sich auch als Spalier an Drähten ziehen. Für kleine Gärten eignen sich die Hochstämmchen besonders gut. Sie nehmen weniger Platz ein und sehen bezaubernd altmodisch aus, wenn sie am Weg entlang gepflanzt werden. Die Ernte können Sie bequem im Stehen durchführen. Wenn die Kronenbäumchen reichlich Früchte ansetzen, brauchen sie allerdings eine Stütze.

Rote Sorten: 'Heros' (große Beeren, ertragreich, frühreifend), 'Jonkheer van Tets' (starkwachsend, frühreifend), 'Rote Vierländer' (altbewährte Sorte, robust, mittelfrüh, gut für Saft), 'Heinemanns rote Spätlese' (starkwüchsig, späte Ernte im August!). Weiße Sorten: 'Weiße aus Jüterbog' (robust, mittelfrüh, gut für Rohkost), 'Weiße Versailler' (besonders lange Trauben, reichtragend).

Biologische Tips und Mischkultur: Eine Unterpflanzung mit Wermut schützt die Johannisbeeren vor dem Säulchenrost. Auch Farn hält sie gesund. Spritzen Sie mehrmals vorbeugend gegen Pilzkrankheiten mit Schachtelhalmbrühe (vom Frühling bis zum Herbst). Im Frühling (etwa Mai) mit Brennesselbrühe gießen. Zwiebelschalenbrühe hilft als Spritzung ebenfalls gegen Pilzkrankheiten.

Zerschnittene Knoblauchstücke, die in einem Säckchen aufgehängt sind, vertreiben zeitweise die Vögel, wenn sie an den Knospen picken wollen. Beachten Sie auch alle speziellen Tips in der Schädlingstabelle auf Seite 109–119.

Schwarze Johannisbeeren

Anbau: Sie lieben noch mehr Bodenfeuchtigkeit (aber keine Staunässe!) als die Roten Johannisbeeren und vertragen auch mehr Schatten. Schwarze Johannisbeeren bewähren sich auch in rauhen Gegenden. Sie wachsen robust

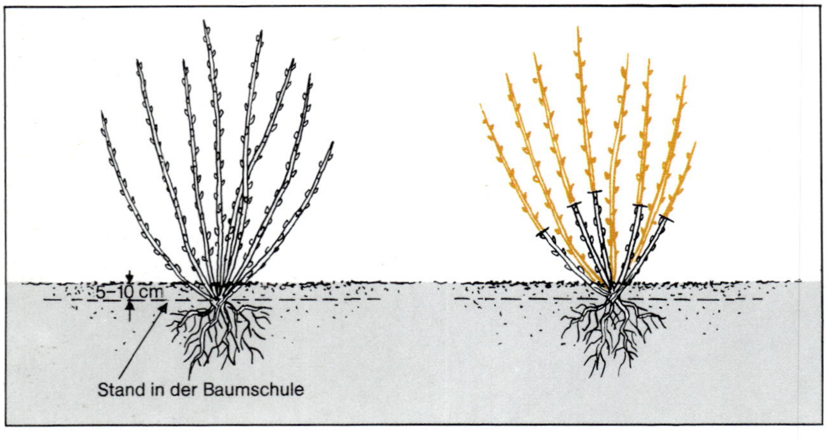

Johannisbeersträucher werden tief gesetzt (links) und nach der Pflanzung kräftig zurückgeschnitten (rechts).

und kräftig und benötigen 2,00–2,50 m Abstand. Im übrigen gelten die gleichen Anbauregeln wie bei den roten Sorten. Die schwarzen, herbwürzigen Beeren enthalten außergewöhnlich viel Vitamin C. Ihr Saft stärkt die Widerstandskraft, vor allem im Winter, wenn die Grippe droht. Selbst die Zweige der Sträucher verströmen, wenn Sie sie zwischen den Fingern reiben, noch den typischen strengen Geruch dieser Beeren.

Schnitt: Die Schwarzen Johannisbeeren tragen hauptsächlich am einjährigen Holz. Der Strauch muß also ständig verjüngt werden. Nach der Ernte schneiden Sie die abgetragenen Ruten dicht über dem Boden heraus und lassen jährlich 2–3 starke Neutriebe nachwachsen. Insgesamt sollte der Busch nicht mehr als acht Hauptäste haben. Nehmen Sie alles weg, was nach innen wächst. Beerensträucher brauchen Luft und Sonne!

Sorten: 'Rosenthahls Langtraubige' (große Beeren, hoher Vitamin-C-Gehalt), 'Silvergieters Schwarze' (ertragreich, mild, aber weniger Vitamin C). Beide Sorten fördern sich gegenseitig in der Befruchtung.

'Josta' ist eine starkwüchsige Kreuzung zwischen Schwarzen Johannisbeeren und Stachelbeeren mit sehr großen schwarzen Beeren. Die aromatischen Früchte eignen sich gut für Saft und Konfitüren.

Biologische Tips und Mischkultur: Schwarze Johannisbeeren gedeihen gut in der Nachbarschaft von Sauerkirschen. Gegen die Gallmilbe mit Rainfarntee oder Pyrethrum-Mitteln spritzen. Sonst wie bei den roten Sorten.

Stachelbeeren

Anbau: Auch Stachelbeeren sind Steinbrechgewächse. Im großen und ganzen gelten die gleichen Regeln wie bei Johannisbeeren. Stachelbeeren sind sogar noch etwas anspruchsloser und vertragen etwas mehr Schatten. In der Sonne reifen aber süßere Beeren. Die Sträucher lieben etwas kalkhaltigen, lehmigen Boden. Auf Kalkmergel gedeihen sie besonders gut. Der Abstand zwischen den Büschen sollte 1,50 m betragen. Bei Hochstämmchen genügen 1,20–1,30 m Zwischenraum. Die Kronen brauchen einen Stützpfahl oder ein Gerüst.

Wenn Sie einen Teil der halbreifen Früchte ernten und zu Kompott einkochen, entlasten Sie die Stachelbeerbäumchen und erhalten später besonders schöne ausgereifte Beeren. Die Früchte enthalten, ähnlich wie die Roten Johannisbeeren, viel Fruchtsäure und Vitamin C. Sie wirken, roh gegessen, verdauungsfördernd und blutreinigend.

Schnitt: Erwachsene Sträucher sollen 8–12 ein- und zweijährige Triebe haben. Nach der Ernte oder im Herbst schneiden Sie (ähnlich wie bei den Roten Johannisbeeren) die alten, dunklen Äste dicht am Boden ab. Dafür lassen Sie jedes Jahr einige kräftige Jungtriebe nachwachsen. Der Schnitt der Kronenbäumchen geschieht sinngemäß ähnlich, auch hier müssen Sie für den Rückschnitt alter Äste und eine Verjüngung durch Neutriebe sorgen. Achten Sie dabei auf die kugelige Kronenform. Wo der Stachelbeermehltau verbreitet ist, müssen vor allem die Triebspitzen bis ins gesunde Holz eingekürzt werden, denn in diesem Teil der Zweige überwintern die Pilzsporen!

Sorten: Gelbfrüchtige Beeren: 'Hönings früheste Gelbe' (altbewährte Sorte, nicht mehltauanfällig), 'Lauffener Gelbe' (dünnschalig, mittelfrüh);

Stachelbeer-Ableger wachsen leicht aus Zweigen, die mit Erde bedeckt werden.

Außer den gelbfrüchtigen Stachelbeeren gibt es auch grüne und rote Sorten.

Ein Gerüst stützt die schwere fruchtbehangene Krone des Stachelbeerbäumchens, damit sie nicht abknickt (links oben).

Ein regelmäßiger Schnitt sorgt dafür, daß die Krone luftig bleibt (rechts oben).

Himbeeren sind Waldrandgewächse, die unter naturgemäßen Bedingungen besonders gut gedeihen.

weißfrüchtige Beeren: 'Weiße Neckartaler' (früh, feiner Geschmack, aber mehltauanfällig), 'Weiße Triumph' (zuverlässig, ertragreich, mittelfrüh, gut für Hochstämmchen);
grünfrüchtige Beeren: 'Grüne Kugel' (früh, reichtragend, anfällig für Mehltau), 'Lady Delamere' (robust, auch für rauhe Lage, ertragreich, mittelfrüh);
rotfrüchtige Beeren: 'Rote Triumph' (seit etwa 100 Jahren bewährt, spätreifend, kräftig, aber anfällig für Mehltau), 'Maiherzog' (früh, reichtragend, geeignet für Hochstämmchen).

Biologische Tips und Mischkultur: Stachelbeeren abwechselnd mit Johannisbeeren pflanzen. Gutgepflegte Sträucher sind weniger anfällig gegen Stachelbeer-Mehltau. Spritzen Sie mit Farnkrautextrakt bei Befall und vorbeugend mit Schachtelhalm- und Rainfarnbrühe.
Leichte Kaligaben halten die Stachelbeeren gesund: Nehmen Sie Comfrey als Mulch und Jauche oder streuen Sie Holzasche. Beachten Sie auch die speziellen Hinweise in der großen Schädlingstabelle auf Seite 109–119.

Himbeeren

Anbau: Süße Himbeeren sind eine Delikatesse, die reich an Vitaminen und Mineralstoffen ist. Noch mehr als alle Beerensträucher hat die Himbeere ihren Charakter als Waldpflanze behalten. Die gefürchteten Krankheiten, wie zum Beispiel die Rutenkrankheit, treten vor allem dort auf, wo Himbeeren nicht naturgemäß behandelt werden. Die Pflanzen gehören an den ursprünglichen Waldstandorten zum Unterholz. Sie lieben lichten Schatten, Windschutz, eine ständige Bodendecke und leicht saure, feuchte Erde, die durchlässig und möglichst lehmhaltig sein sollte.
Sie können Himbeeren am Zaun entlang als Hecke pflanzen oder ein einfaches Spalier aufstellen. Zwischen zwei stabilen Eckpfosten werden zwei Drähte gespannt, durch die Sie die langen Triebe hindurchziehen. Diese Methode erspart sogar das Anbinden. Besorgen Sie sich gutes Pflanzgut aus einer Baumschule. Beste Pflanzzeit sind der Herbst von September bis Oktober und das zeitige Frühjahr. Himbeeren brauchen untereinander einen Abstand von 40–60 cm, die Reihen benötigen 1,20–1,60 m Zwischenraum. Kürzen Sie beschädigte Wurzeln etwas ein, und setzen Sie sie relativ flach, jedenfalls nie tiefer als sie vorher standen. Im Frühling schneiden Sie die jungen Ruten auf 4–5 Augen zurück.
Vor dem Pflanzen tauchen Sie die Wurzeln in ein Bad aus Schachtelhalmtee und Lehm. Das Pflanzloch wird mit reifem Kompost und etwas Steinmehl ausgefüttert. Wichtig ist kräftiges Angießen. Danach streuen Sie die Mulchdecke aus, die von diesem Zeitpunkt an eine Dauereinrichtung Ihrer Himbeerkultur sein muß. Den leicht sauren Waldbodencharakter erreichen Sie mit Nadelkompost, Laubkompost oder Rindenhumus. Sie können aber auch halbverrotteten Kompost, Stroh, Hobelspäne, Laub, Beinwellblätter oder Rindenmulch verwenden.
Ganz ausgezeichnet wirkt auch eine Gründüngungseinsaat unter den Himbeeren, die später als Mulch liegenbleibt. Wählen Sie dazu stickstoffsammelnde Leguminosen, wie Perserklee oder Sommerwicken. Als zusätzlicher Dünger können Sie im Herbst etwas Horn-Knochenmehl und Gesteinsmehl unter die Mulchdecke streuen. Sehr

Himbeerruten werden an ein einfaches Drahtgestell gebunden, abgetragene Triebe tief am Boden weggeschnitten.

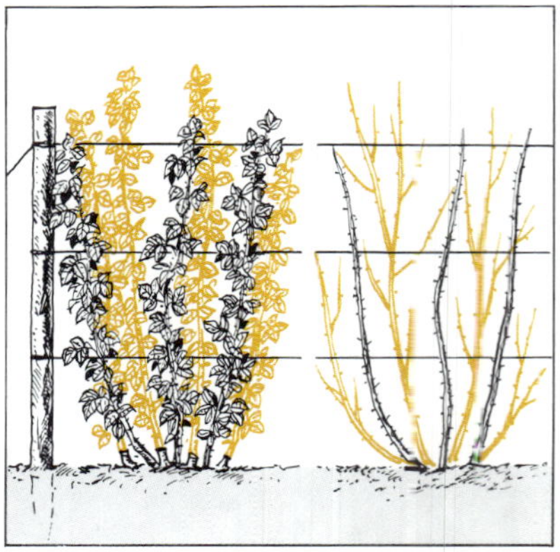

gut ist auch verrotteter Schweinemist, denn Himbeeren lieben Kali!
Die Vermehrung der Kulturen geschieht ganz einfach: Graben Sie Wurzelausläufer aus und pflanzen Sie diese wieder ein.
Schnitt: Junge Himbeerruten treiben im Sommer aus, tragen im folgenden Jahr Früchte und sterben dann ab. Die alten Zweige müssen deshalb jedes Jahr nach der Ernte dicht über dem Boden abgeschnitten werden. Auch alle schwachen Jungtriebe entfernen Sie. Der Himbeerschnitt darf nur dann kompostiert werden, wenn er ganz gesund ist!
Jede erwachsene Pflanze behält 5–7 starke Neutriebe, junge Stöcke nur 2–3. Bei den zweimal tragenden Himbeersorten schneiden Sie dagegen erst im Frühling alle abgetragenen Ruten zurück. Bei einem Nachschnitt Mitte Juni werden dann noch einmal die schwachen Neutriebe entfernt.
Sorten: 'Preußen' und 'Deutschland' (zwei alte Sorten, gutes Aroma, aber anfällig für die Himbeerrutenkrankheit), 'Malling Promise' (reichtragend, wenig anfällig für die Rutenkrankheit), 'Zefir 1' und 'Zefir 2' (Schweizer Neuzüchtungen, widerstandsfähig, aromatisch);
'Nordmark', 'Korbfüller' und 'Herbsternte' (zweimal tragende Sorten, von denen man noch im Oktober ernten kann).
Biologische Tips und Mischkultur: Zur Misch- und Unterkultur eignen sich vor allem Buschbohnen und niedrige Erbsen, die Stickstoff sammeln. Ihr Laub bleibt als wertvolle Bodendecke liegen.
Die Himbeerrutenkrankheit zeigt sich durch anfangs graue, später violettbraune Flecken, die Rinde platzt und die Triebe sterben plötzlich ab. Kranke Pflanzenteile müssen sofort herausgeschnitten und vernichtet werden. Vorbeugend wirken: ständige Bodenbedeckung, Leguminosen-Gründüngung und Spritzungen mit Schachtelhalmbrühe. Beachten Sie auch die speziellen Tips in der großen Schädlingstabelle auf Seite 109–119.
Himbeerpflanzungen dürfen nie gehackt oder gegraben werden, um die Wurzeln nicht zu schädigen. Als gesunde Unterpflanzung bewähren sich auch Ringelblumen. Das abgefallene Herbstlaub bleibt als Mulch liegen.
Noch ein besonderer Tip: Ernten Sie außer den Beeren auch eine kleine Portion Himbeerblätter. Getrocknet ergeben sie zusammen mit Brombeerblättern und Erdbeerblättern einen aromatischen Tee.

Brombeeren

Anbau: Die schwarzen Beeren haben einen besonders hohen Vitamin-A-Gehalt. Hinzu kommen wertvolle Mineralstoffe und Fruchtsäuren. Brombeersaft wirkt günstig auf Magen, Darm und Blase. Die Kultur dieser gesunden vitalen Waldbeeren ähnelt derjenigen der

Seitentriebe, die aus den Blattachseln wachsen, werden im Sommer zurückgeschnitten.

Himbeeren. Brombeeren brauchen aber etwas mehr Sonne. Sie sind im ganzen anspruchsloser und robuster. Sorgen Sie für waldähnliche Bodenbeschaffenheit und für eine ständige Mulchdecke.
Pflanzen Sie die Wurzelballen etwas tiefer als Himbeeren. Die beste Pflanzzeit liegt in den Frühlingsmonaten März bis April. Die jungen Ruten schneiden Sie nach der Pflanzung auf etwa 20–30 cm zurück. Brombeeren brauchen ein stabiles Rankgerüst, das von zwei Seiten zugänglich sein muß. Der Abstand der Pflanzen beträgt bei den rankenden Sorten 3–4 m, bei aufrechtwachsenden Sorten 1,00–1,50 m.
Schnitt: Aus jedem Wurzelstock lassen Sie jährlich 6 Jungtriebe wachsen, die hochgebunden werden. Schwache

An einem Drahtspalier können ein- und zweijährige Brombeerranken übersichtlich festgebunden werden.

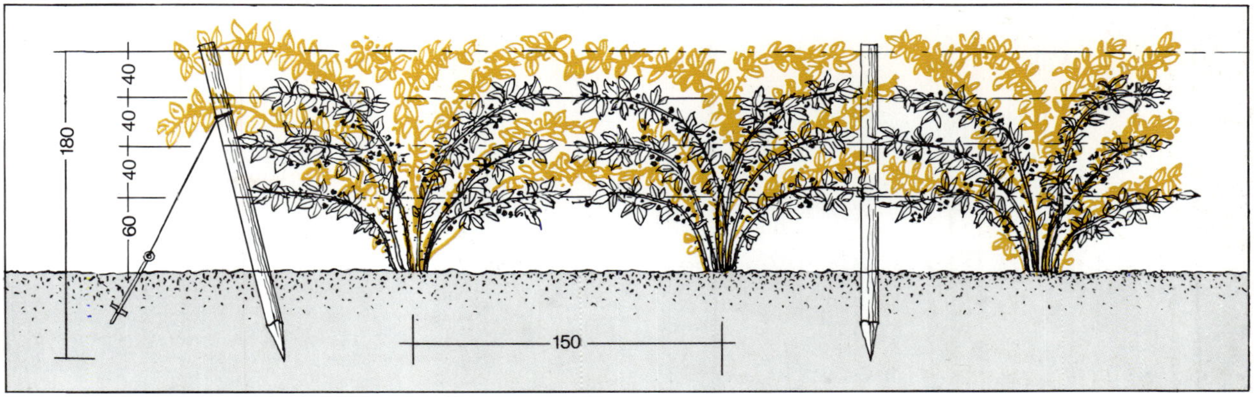

Zweige entfernen Sie. Die Geiztriebe, die aus den Blattachseln wachsen, schneiden Sie im Sommer auf 2–3 Knospen zurück. So bleibt die Übersicht über die langen dornigen Ranken gewahrt. Im Spätsommer – nach der Ernte – müssen schließlich noch alle abgetragenen Ruten dicht über dem Boden abgetrennt werden. Dann beginnt der Wachstumszyklus der Jungtriebe von neuem. Vernachlässigen Sie den regelmäßigen Schnitt der Brombeeren nie, sonst entsteht sehr schnell ein undurchdringliches Dornengestrüpp!

Sorten: 'Theodor Reimers' (alte rankende Sorte, auch für sandige Böden geeignet, etwas frostempfindlich, aromatische Beeren, reiche Ernte), 'Thornless Evergreen' (Neuzüchtung ohne Dornen, besonders schönes, geschlitztes Laub);
'Wilsons Frühe' (einzige noch angebotene aufrechte Sorte; wächst ähnlich wie Himbeeren, kleine süße Beeren).

Biologische Tips und Mischkultur: Brombeeren sind weniger krankheitsanfällig als Himbeeren. Im Frühling sind vorbeugende Spritzungen mit Schachtelhalm- und Brennesselbrühe empfehlenswert. Der beste Tip für gesunde Kultur: stets mulchen!

Weinreben

Anbau: Diese edlen Beeren gedeihen wahrscheinlich schon seit 5000 Jahren in der Obhut der Menschen. Sie enthalten Traubenzucker, Fruchtsäuren, Vitamine und Mineralsalze. Aus eigener Ernte sollten Sie am besten frisch als Delikatesse gegessen werden. Aber auch Traubensaft ist natürlich sehr gesund. Im Hausgarten wachsen die Reben am besten an einer Südwand oder als Laubengang an sonniger Stelle. Ganz besonders günstig ist ein Atriumhof. Weinstöcke brauchen warmen, durchlässigen Boden mit etwas Kalkgehalt. Sie wurzeln 6–8 m in die Tiefe und überstehen deshalb problemlos sommerliche Trockenheit. Gründüngung bereitet den Boden für die Pflanzung tiefgründig und gut vor.
An einem Spalier benötigen die Pflanzen 3–5 m Abstand. Heben Sie die Pflanzgrube 1 m im Quadrat und 70 bis 80 cm tief aus. Beste Pflanzzeit ist der Frühling. Die Rebe wird schräg zur Wand hineingelegt, so tief, daß 2 Triebaugen mit Erde bedeckt werden. Mischen Sie den Aushub mit reifem Kompost, Gesteinsmehl und Knochenmehl und füllen Sie die Grube damit wieder auf. Dann müssen Sie kräftig angießen.
Im Winter braucht ein Weinstock reichlich Feuchtigkeit, im Sommer verträgt er Trockenheit. Wichtig sind Licht und Wärme. Gedüngt wird im Herbst mit Kompost und Steinmehl. Kompostierter Geflügeldung, Guano oder Horn-Knochenmehl können unter den Kompost gemischt werden. Sehr gut ist Holzasche. Im Frühling können Sie noch einmal Kompost geben.

Schnitt: Der Aufbau eines Gerüstes und der laufende Pflegeschnitt gehören zu den wichtigsten Arbeiten am Weinstock. Im ersten Jahr entsteht aus dem Mitteltrieb der Stamm, alle Nebentriebe werden auf zwei Augen zurückgeschnitten. Im zweiten Jahr braucht die Rebe ein Spalier an dem sie festgebunden wird. Der junge Haupttrieb wird aus 5–7 Augen eingekürzt. Er wird senkrecht hochgebunden. Die Seitentriebe werden schräg-waagerecht befestigt. Die Nebentriebe aus den Seitentrieben, die man auch »Geize« nennt, müssen auf 6–8 Blätter eingekürzt werden.
Im Spätwinter, etwa im Februar, wird der Winterschnitt durchgeführt. Er darf nie zu spät erfolgen, sonst »bluten« die Reben und verlieren viel Kraft. Weinstöcke tragen an einjährigen Jungtrieben, die aus dem zweijährigen Holz wachsen; deshalb werden bei diesem Schnitt die zweijährigen Ruten zurück-

Weinreben verbreiten die heitere Stimmung des Südens. Sie brauchen viel Sonne und müssen regelmäßig geschnitten werden. Bei guter Pflege werden Weinstöcke sehr alt.

Eine süße Traubenernte ist auch im eigenen Garten möglich.

geschnitten auf 2 Augen. Darüber müssen 1–2 cm Holz stehenbleiben, die sogenannten Zapfen, damit die Knospen nicht austrocknen. Die beiden Ruten, die aus diesen Augen treiben, werden sorgfältig waagerecht angebunden. Sie tragem in diesem Jahr Trauben.
Im Sommer müssen Sie noch den »Grünschnitt« ausführen. Alle tragenden Ruten werden über dem obersten Fruchtansatz auf 3–4 Blätter eingekürzt. Die Triebe, die keine Trauben tragen, schneiden Sie ab Juli heraus. Haupttriebe werden im August/September an der Spitze eingekürzt. Am besten wäre es, wenn Sie die ersten Formschnitte von einem Fachmann ausführen lassen und dabei zuschauen und lernen. Der Pflegeschnitt fällt Ihnen dann später leichter. Wenn Sie bedenken, daß ein Weinstock 50 Jahre alt werden kann, dann lohnt sich eine »gute Erziehung« in der Kindheit bestimmt!
Sorten: Kaufen Sie Topfreben in einer guten Baumschule. 'Früher Malinger' (alte Sorte, auch für rauhe Lagen, zukkersüße Trauben), 'Weißer Gutedel' und 'Roter Gutedel' (reichtragend, auch im Norden, verlangen aber gute Böden), 'Früher blauer Burgunder' (nicht empfindlich, auch für Sandböden geeignet).

Biologische Tips: Keine Mischkultur, Reben müssen frei und sonnig stehen. Eine Bodenabdeckung mit Steinen oder Kieseln wirkt günstig, weil Sonnenwärme gespeichert und wieder abgestrahlt wird. Ein Lehmanstrich (siehe Obstbäume) schützt das Holz. Abgeschnittenes Rebholz sollten Sie verbrennen und die Asche als Dünger benutzen, sie ist reich an Kali und Phosphorsäure.
Weinstöcke sind anfällig für Pilzerkrankungen. Spritzen Sie vorbeugend mit Schachtelhalmbrühe, und beachten Sie die speziellen Tips gegen Mehltau und Grauschimmel in der großen Schädlingstabelle auf Seite 109–119.

Obstbäume – Paradiesfreuden

In einem naturgemäßen Garten dürfen Obstbäume nicht fehlen – und wäre es nur ein einziges Apfelbäumchen als symbolischer Abglanz aller vergangenen und zukünftigen Paradiesfreuden. Natürlich ist die Ernte vom eigenen Obstbaum nur möglich, wenn auch genügend Platz für die Pflanzung vorhanden ist. Aber durch die Zucht kleiner schmal-wachsender Baumformen bietet sich auch für kleine Gärten die Möglichkeit, Äpfel oder Birnen mit einzuplanen.
Alle Obstarten sind gesund und ein wichtiger Bestandteil naturgemäßer Ernährung. Vor allem, wenn die Früchte frisch vom Baum gepflückt und gegessen werden, bieten sie ihren ganzen gespeicherten Vorrat an Vitaminen, Mineralstoffen, Zucker und Fruchtsäuren an. Obst aus biologischem Anbau wächst unter ausgewogenen Nahrungs- und Lebensbedingungen auf. Entsprechend fällt auch die Qualität seiner Inhaltsstoffe und des Aromas aus. Wenn Sie nicht mit Gift spritzen, können Sie Kirschen, Äpfel oder Pflaumen ohne Hemmungen jederzeit pflücken und genußvoll hineinbeißen. Hinzukommt ein weiterer wichtiger Pluspunkt: Sie brauchen Ihr Obst nicht zu schälen. Die festen Bestandteile der Schale und des Kerngehäuses bedeuten wichtige Ballaststoffe, die den Darm zu normaler Tätigkeit anregen.
Obstbäume sind aber nicht nur nützlich. Sie gehören zu den uralten Symbolen der Fruchtbarkeit und des Lebens auf unserer Erde. Wir sollten im Umgang mit diesen Bäumen, die uns Nahrung schenken, wieder etwas von der Ehrfurcht lernen, mit der man sie früher betrachtete und behandelte. Welchen tiefen Sinn hatte zum Beispiel die Sitte, bei der Geburt jedes Kindes einen Baum zu pflanzen. Beide wuchsen dann jahre- und jahrzehntelang miteinander auf. Mensch und Baum entwickelten sich zu unverwechselbaren Persönlichkeiten – jeder auf seine Weise.
Obstbäume – Abbilder jedes geträumten Paradiesgartens – schmücken den grünen Lebensraum aber auch durch ihre Schönheit im Wechsel der Jahreszeiten. Ein blühender Apfel- oder Kirschbaum ist »ein Gedicht«. Auch im üppigen Fruchtbehang bildet er einen wunderbaren Anblick. Selbst im Winter, wenn das Gerüst der kahlen Zweige sich gegen den Himmel abzeichnet, enthüllt ein Obstbaum neue reizvolle Seiten seines Wesens. Ein Gärtner, der die festen, braungepanzerten Knospen betrachtet, muß nachdenklich und ehrfürchtig werden: In diesen kleinen rundlichen Gebilden ist bereits die ganze Fülle des kommenden Gartenjahres eingeschlossen: Blüten, Blätter und Früchte – Farben, Formen und Düfte. Der Apfelbaum im eigenen Garten kann uns den Blick für die Wunder, an denen wir täglich vorübergehen, wieder öffnen.

Baumformen und Sortenwahl

Obstbäume gibt es in den verschiedensten Größen, Sie können deshalb eine Auswahl treffen, die genau auf Ihre Gartenverhältnisse abgestimmt ist.
Spindelbuschformen eignen sich hervorragend für die meist nur kleinen oder mittelgroßen Gärten unserer Zeit. Sie haben eine Stammhöhe von

Große Obstbäume wurden früher auf weiträumigen Obstwiesen gepflanzt. Für den kleinen Hausgarten gibt es heute auch schwachwüchsige Baumformen.

40–60 cm, wachsen insgesamt nur 2–3 m hoch und brauchen in der Reihe einen Abstand von 2,50–3,00 m. Mit diesen Bäumchen, an denen alle Pflegearbeiten leicht durchzuführen sind, können Sie zum Beispiel eine hübsche Fruchthecke anpflanzen. Sie lassen den anderen Früchten des Gartens noch genügend Luft und Sonne. In dieser Form werden vor allem Äpfel- und Birnensorten angeboten.
Spindelbüsche sind auf bestimmte Unterlagen veredelt; sie verhindern, daß der Baum zu stark oder zu schwach wächst. Sie sind durch Buchstaben und Zahlenkombinationen (zum Beispiel Typ M9) gekennzeichnet. Unterlage und Obstsorte müssen sehr überlegt und fachgerecht zusammengestellt sein. Andernfalls kann es passieren, daß Ihr zierlicher Spindelbusch unvorhergesehen in die Höhe schießt. Kaufen Sie deshalb Obstbäume nur in einer anerkannten, guten Baumschule.

Der Buschbaum hat eine Stammhöhe von 60–80 cm. Diese Form eignet sich nur für kleinkronige Obstbäume, wie Sauerkirschen und Pfirsiche. In mittleren Gärten haben diese Bäume noch genügend Platz. Sie benötigen 4–5 m Abstand.
Halb- und Hochstämme erreichen Stammhöhen von 0,80–1,50, bzw. von 1,50–1,80 m. Sie müssen frei stehen, brauchen viel Platz und werfen große Schatten. Sie können sie als einzelnes »Schmuckstück« in Ihren Garten pflanzen. Für mehrere große Bäume brauchen Sie aber ein Stück Land, das nur als Obstgarten dient. Bedenken Sie auch, daß die Ernte bei den Hochstämmen sehr reichlich ausfällt – oft gibt es zentnerweise Obst von der gleichen Sorte. Diese Fülle muß auch verwertet werden! Von kleinen Bäumen können Sie dagegen mehrere Sorten anpflanzen, die verschiedene Genüsse zu unterschiedlichen Zeiten bieten.

Sehr wichtig für einen gesunden ertragreichen Obstanbau ist die richtige Sortenwahl. Pflanzen Sie immer solche Bäume, die dem Klima Ihres Heimatortes und der besonderen Situation Ihres Gartens angepaßt sind. Empfindliche Obstsorten sind zum Beispiel in rauhen Lagen besonders anfällig für Krankheiten. Sie bringen mehr Enttäuschungen als Früchte. Genieren Sie sich nicht, einen erfahrenen Fachmann in der Nähe zu fragen. Ein privater Obstgärtner, ein Kleingärtnerverein oder eine gute Baumschule können Ihnen aus ihren reichen Erfahrungen Rat geben. An einer guten, widerstandsfähigen Lokalsorte haben sie manchmal mehr Freude als an einer hochgepriesenen Züchtung.
Alte Obstsorten, von denen viele fast verschollen waren, werden seit einigen Jahren wieder gesammelt, vermehrt und in einigen Baumschulen angeboten. Für Bio-Gärtner lohnt es sich, auf die Suche nach solchen traditionsreichen Apfelsorten oder anderen, seit Generationen beliebten Obstarten zu gehen. Oft zeichnen sie sich durch besonders ausgeprägten Wohlgeschmack und durch robustes Wachstum aus. Bezugsquellen finden Sie im Anhang!

Die Pflanzung

Obstbäume stehen viele Jahre lang, große Bäume sogar Generationen lang, am gleichen Ort. Überstürzen Sie deshalb nichts bei den Vorbereitungen, Sie leiten damit ja Entwicklungen ein, die noch lange nachwirken. Säen Sie als erstes im Frühling eine Gründüngungsmischung, die den Boden tief durchwurzelt, lockert und mit Nährstoffen anreichert.
Bereits im frühen Herbst können Sie die Pflanzgruben ausheben. Sie müssen 40–60 cm tief sein und so breit, daß die Wurzeln bequem darin ausgebreitet werden können. Schaufeln Sie

Baumformen für den Hausgarten: Spindelbusch, Buschbaum und Mittelstamm (von links nach rechts).

Bei einem richtig gepflanzten Obstbaum muß die Veredelungsstelle über der Erde liegen (Zeichnung rechs außen).

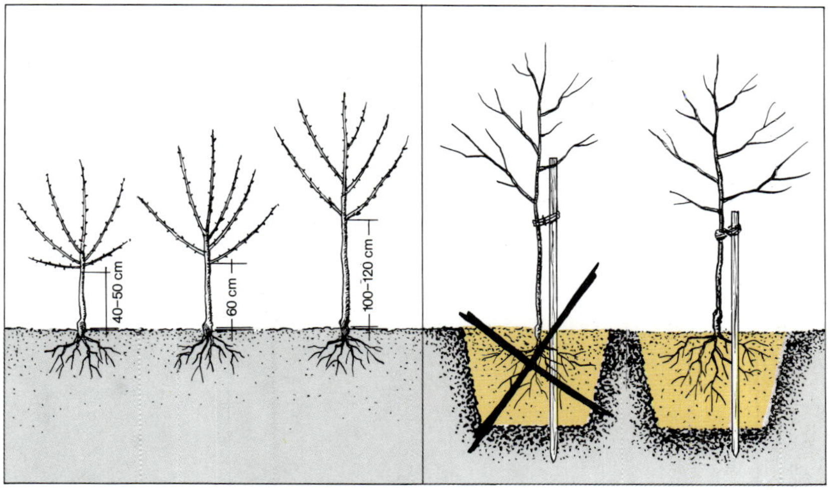

2–3 Spaten voll reife Komposterde in das Loch, und vermengen Sie auch die ausgehobene Erde mit solchem Kompost und etwas Holzasche. Sie können noch Steinmehl oder Algenkalk dazu geben. Die lockere Mischung füllen Sie vorläufig wieder ein und decken alles mit Mulchmaterial zu.

Die beste Pflanzzeit für Obstbäume liegt im Spätherbst. In Landschaften, in denen man mit frühem Frost rechnen muß, ist der Oktober der geeignetere Monat. In milderen Gegenden pflanzen Sie am besten im November. Aber auch im März kann eine Neupflanzung geplant werden. Zuerst heben Sie die Erdmischung wieder aus dem Pflanzloch. Dann wird ein Pfahl in den Boden geschlagen, der dem noch dünnen Stämmchen Halt geben soll. Er darf nur bis zum untersten Ast reichen, soll also nicht in die Krone ragen. Dieser Stützpfahl muß eine Handbreit vom Stamm entfernt sein und an der Südseite vor dem Baum stehen, um ihn vor »Sonnenbrand« zu schützen.

Der junge Baum wird, wenn er aus der Baumschule eintrifft, gründlich in einem Eimer gewässert. Schneiden Sie die Wurzeln etwas kürzer; vor allem gequetschte oder trockene Stellen müssen entfernt werden. Die feinen Faserwurzeln bleiben unberührt. Kurz vor der Pflanzung tauchen Sie die Wurzeln in einen Lehmbrei, wie er im Abschnitt »Düngung und Pflege«, Seite 196, beschrieben ist. Am besten pflanzen Sie zu zweit. Ein Helfer stellt den Baum in die Grube, breitet sorgfältig die Wurzeln aus und hält den Stamm fest. Der andere schaufelt die Erdmischung in das Loch. Der Stamm muß öfter ein wenig gerüttelt werden, damit die Erde sich setzt und alle Hohlräume füllt. Drücken Sie die Humusmischung mit den Stiefeln zum Schluß etwas fest. Aber bitte nicht einstampfen! Dann wird gründlich in eine Rinne rund um den Baum gewässert.

Die Veredelungsstelle, die als Wulst am Stammende deutlich erkennbar ist, muß unbedingt über der Erdoberfläche liegen. Wird sie »vergraben«, so bildet der Baum an dieser Stelle Wurzeln und überwächst die Unterlage. Deshalb muß ein Obstbaum immer etwas höher gepflanzt werden als er ursprünglich in der Baumschule stand. Schließlich wird der Stamm noch mit einer Schlaufe in Form einer Acht lokker am Pfahl festgebunden. Dafür gibt es im Fachhandel Kokosstricke oder Spezialbinder aus Kunststoff. Decken Sie nun noch die Baumscheibe mit Laub, Stroh, Gras oder abgemähter Gründüngung zu. Dann ist Ihr Obstbäumchen über Winter gut versorgt.

Allgemeine Schnittregeln

Der Obstbaumschnitt ist eine Kunst, die Fachwissen und Einfühlungsvermögen voraussetzt. Deshalb kann man allen angehenden Obstgärtnern nur raten, zunächst einmal bei einem Fachmann in die praktische Lehre zu gehen. Sehen Sie einmal eine Zeitlang einem geübten Gärtner beim Schneiden zu. Oder besuchen sie einen Fachkursus, der von einem Kleingärtnerverein oder einem Gartenbauverein veranstaltet wird. Auch bei den Fachberatern der regionalen Gartenämter können Sie Auskünfte bekommen. Ideal wäre es natürlich, wenn Sie einen Lehrmeister fänden, der den Baumschnitt nach naturgemäßen Gesichtspunkten ausführt. Auch mit Hilfe von Spezialliteratur (siehe Anhang) können Sie sich in den ruhigen Winterwochen ein Grundwissen aneignen.

An dieser Stelle geht es nur darum, Ihnen die wichtigsten Zusammenhänge und Handgriffe klarzmachen. Deshalb ist der Text auch durch viele Zeichnungen ergänzt, die anschaulich zeigen, wie sich eine Baumkrone aufbaut und wo Sie mit Schere und Säge eingreifen müssen. Trotzdem: Das schönste Schnitt-Bild stimmt niemals mit der Wirklichkeit überein, die Sie selbst eines Tages in Ihrem Garten vorfinden. Denn jeder Baum wächst anders – jeder Baum ist eine ausgeprägte Persönlichkeit. Lernen Sie deshalb aus dem Erfahrungsschatz anderer Gärtner, und üben Sie sich im Beobachten. Wenn Sie ein Grundwissen beherrschen und sich in die Wuchsform eines Baumes einfühlen können, dann wird Ihnen der Schnitt leichter und selbstverständlicher von der Hand gehen.

Merken Sie sich als allgemeine Regel: Eine Baumkrone braucht Luft und Licht. Deshalb werden grundsätzlich alle nach innen wachsenden Äste entfernt. Von Zweigen, die sich kreuzen oder reiben, schneiden Sie einen weg. Achten Sie darauf, daß Sie immer dicht

oberhalb eines nach außen weisenden Auges die Schere ansetzen. Stellen Sie sich vor, wie der Zweig an dieser Stelle aus der Knospe weiterwachsen wird. Auch alle senkrecht hochwachsenden Triebe, sogenannte Wasserschosse oder Geiltriebe, müssen entfernt werden. Nur manchmal wird einer dieser Äste erhalten und für die Gestaltung der Krone mitbenutzt.
Um nicht die falschen Äste herauszuschneiden, müssen Sie die verschiedenen Knospenformen der Obstbäume unterscheiden können. Die spitzen Formen enthalten Laubaugen, die rundlichen Knospen umhüllen dagegen die Blüten- und Fruchtaugen.
Als allgemeine Richtlinien können Sie sich noch merken: Ein starker Rückschnitt fördert vor allem das Holzwachstum. Ein behutsamer Schnitt, verbunden mit dem Herunterbinden bestimmter Zweige, fördert die Fruchtansätze. In naturgemäßen Gärten werden diejenigen Methoden bevorzugt, die keinen radikalen Eingriff in das Wachstum bedeuten, sondern die guten Eigenschaften des Baumes lenken und unterstützen.
Die beste Zeit für den ersten Schnitt der jungen Bäume und für den Hauptschnitt der älteren Bäume ist das zeitige Frühjahr (Februar bis März). Ein Auslichtungsschnitt kann nach der Ernte im Sommer durchgeführt werden. Wo die Säge größere Wunden hinterläßt, da müssen die Schnittflächen geglättet und mit Baumwachs oder Lehmbrühe bestrichen und verschlossen werden. Ein solches »Pflaster« schützt den Baum vor Parasiten, die durch die offene Wunde eindringen könnten. Grobes Schnittholz sollten Sie anschließend verbrennen (falls die Gesetze Ihres Bundeslandes dies zulassen), weil sich Schädlinge in der Rinde verstecken und dann wieder ausbreiten könnten. Nur dünne Zweige mit glatter Haut können für den Kompost verwendet werden.

Schnitt der Spindelbüsche

Diese kleine Baumform trägt schon sehr früh, im zweiten oder dritten Jahr. Im ersten Frühling wird nur der senkrecht hochwachsende Mitteltrieb auf 30–40 cm eingekürzt. Ganz weggeschnitten wird der sogenannte »Konkurrenztrieb«, der ungefähr parallel zum Haupttrieb steil nach oben wächst. Seitentriebe, die in spitzem Winkel aus dem Hauptstamm treiben, werden ebenfalls weggenommen. Im ersten Jahr bleiben dem Bäumchen 3–5 Seitenzweige, die locker verteilt in möglichst flachem Winkel aus dem Stamm wachsen. Sie werden nicht beschnitten, sondern waagerecht gebunden. So tragen sie früher Früchte.
In den folgenden Jahren schneiden Sie immer regelmäßig den Haupttrieb zurück und entfernen Zweige, die nach innen wachsen. Nur wenn die Fruchtzweige Alterserscheinungen zeigen, werden sie auf ein nach außen weisendes Auge zurückgeschnitten. Dann bilden sich wieder Jungtriebe, die erneut waagerecht gebunden werden. Ein älterer, regelmäßig geschnittener Spindelbusch sollte die Form einer spitzzulaufenden Pyramide haben.

Schnitt der Halb- und Hochstämme

Bei diesen großen Baumformen ist der Aufbau einer Krone wichtig. Auch hier wird in jedem Fall der Konkurrenztrieb entfernt. Neben dem Haupttrieb sollen 3 Leittriebe erhalten bleiben, die das Grundgerüst der Krone bilden. Diese Äste müssen möglichst locker und ausgeglichen am Stamm verteilt sein. Sie sollten Etagen bilden, die 50–60 cm voneinander entfernt sind und möglichst flach aus dem Hauptstamm herauswachsen. An diesen Hauptästen entwickeln sich später die Seitenzweige, die die Früchte tragen.
Beim ersten Schnitt werden alle Triebe

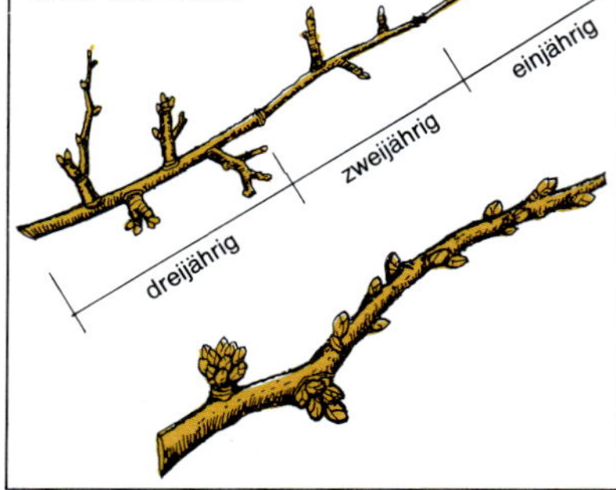

Aufbau eines Obstbaumzweiges und Knospenformen beim Steinobst.

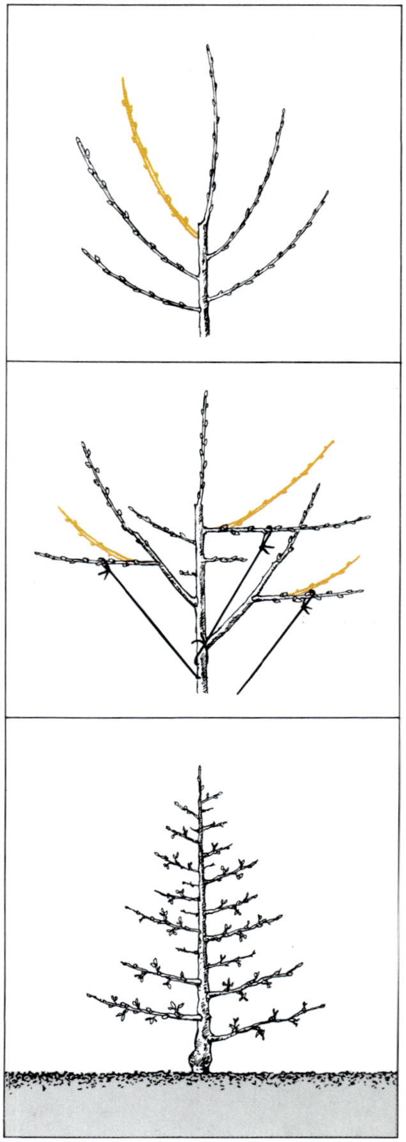
Schnitt eines jungen Spindelbusches: Zuerst wird der Konkurrenztrieb entfernt. Um eine frühe Fruchtbarkeit zu erreichen, werden einige Äste waagerecht gebogen. Ein gepflegter, älterer Spindelbusch besitzt übersichtlich in Etagen angeordnete Zweige und reichlich Fruchtholz.

des Kronengerüstes kräftig zurückgeschnitten. Die schwächsten Zweige müssen dabei am stärksten eingekürzt werden. In den folgenden Jahren muß so geschnitten werden, daß eine gut aufgebaute Krone entsteht, die trotz reichen Fruchtholzes luftig und sonnendurchströmt bleibt.

Schnitt der Buschbäume

Apfel- und Birnbuschbäume werden genau wie Halb- und Hochstämme geschnitten. Eine Ausnahme machen die Sauerkirschen- und Pfirsichbuschbäume. Bei der Pflanzung müssen Sie am unteren Teil des Stammes einige sogenannte vorzeitige Triebe wegnehmen, so daß eine Stammhöhe von 60 cm entsteht. Darüber bleiben 3–4 Zweige erhalten, die aber scharf zurückgeschnitten werden auf nur 2–4 Augen. Der Mitteltrieb wird eine Handbreit über diesen Seitentrieben auf eine starke Knospe zurückgeschnitten. Der kleine Buschbaum wird nach einem solchen kräftigen Rückschnitt besonders stark durchtreiben. Im nächsten Jahr wird er dann weiter behandelt wie die Hochstämme, damit er eine gut aufgebaute Krone erhält. Besonderheiten beim Schnitt der Pfirsiche und Schattenmorellen sind im Kapitel »Steinobst« erwähnt.

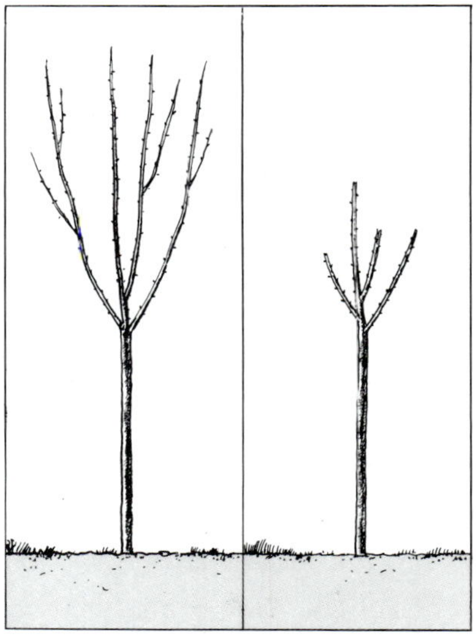

Pflanzschnitt einer Süßkirsche; im ersten Jahr werden alle Triebe kräftig gekürzt.

Wo ein Ast abgesägt wurde, muß der Wundrand nachgeschnitten und mit Baumwachs geschlossen werden.

Düngung und Pflege

Frisch gepflanzte kleine Bäume sollten nicht zu stark angetrieben werden. Sie sind mit Kompost, Steinmehl und einer Mulchdecke im ersten Jahr gut versorgt.

Dünger: Eingewachsene Obstbäume werden alle 2 Jahre gedüngt, damit ihre Fruchtbarkeit erhalten bleibt. Am besten bekommt ihnen gutverrotteter Mist. Niemals dürfen Sie frischen Dünger oder unvergorene Jauche geben. Sie fördern dadurch nur die Anfälligkeit für Krankheiten und Geilwuchs. Wer keinen Stalldung bekommen kann, der vermische seinen Kompost mit einwandfreiem Geflügeldünger (Echter Guano), getrocknetem Rindermist (»California«) oder einer Mischung aus Horn-Blut-Knochenmehl (»Oscorna«).

Steinmehl und Algenkalk sorgen für die nötigen Spurenelemente. Holzasche bringt vor allem Kali als wichtigen Hauptnährstoff mit in die Mischung. Streuen Sie den mit Dünger vermischten Kompost auf die Baumscheiben und decken Sie diese offene Fläche, die dem Umfang der Krone in etwa entsprechen soll, das ganze Jahr mit einer Mulchdecke zu.

Baumscheibe: Im biologischen Garten spielt sich der wichtigste Teil der Baumpflege auf dieser Baumscheibe ab. Da alle Obstarten sich mit mehr oder weniger dicht unter der Oberfläche wachsenden flachen Wurzeln ausbreiten, darf unter den Bäumen nicht gegraben oder grob gehackt werden. Denn dieses feine Wurzelgeflecht ernährt den Baum, während tieferreichende starke Wurzeln ihn im Erdreich verankern. Die gemulchte Baumscheibe schützt also das flachausgebreitete Wurzelnetz. Sie sorgt für Nahrungs- und Humusnachschub, und sie hält die Erde feucht und locker.

Legen Sie die Baumscheibe deshalb möglichst groß an. Gedüngt und gewässert werden muß ein Obstbaum noch ein wenig über den Rand der Kronentraufe hinaus. In diesem Umkreis breiten sich die feinsten Saugwurzeln aus. In sehr heißen Sommern stechen Sie mit der Grabgabel oder mit einem spitzen Pfahl Löcher in den Boden und leiten die lebensspendende Flüssigkeit so direkt zu den Wurzeln. Auch flüssige Düngerlösungen können auf diese Weise verteilt werden. Sie wirken dann besonders schnell. Im Normalfall wird Jauche aber vor allem auf die großen Baumscheiben gegossen, die auch die Feuchtigkeit gleichmäßig regulieren. Im naturgemäßen Garten sind es vor allem die Pflanzenbrühen aus Brennesseln und Comfrey, die die Bäume dün-

Das Wurzelsystem eines Obstbaums reicht über die Kronentraufe hinaus. Düngen und wässern Sie bis zum Rand!

gen und gleichzeitig gesunderhalten. Für den Obstgarten sollten Sie auch noch Holunderblätter hinzufügen. Diese gemischte Jauche können Sie zweimal im Jahr verteilen: im Frühjahr und nach der Ernte.
Anstelle der Mulchschicht kann die Baumscheibe auch mit einer Gründüngung oder einer anderen lebendigen Bodendecke eingesät werden. Dazu eignen sich die käuflichen Mischungen, aber auch Steinklee, Spinat, Senfsaat, Kapuzinerkresse oder ein Wildkraut wie die Gundelrebe. Die abgefrorenen Blätter bleiben über Winter als Mulch liegen.
Stammpflege: Eine wichtige Pflegemaßnahme ist der Stammanstrich, der im Spätherbst oder im Februar ausgeführt wird. Bürsten Sie die Rinde zuerst mit einer Wurzelbürste kräftig ab. Dann streichen Sie mit einer selbsthergestellten Lehmbrühe oder mit einem käuflichen Präparat die Stämme der Obstbäume an (siehe Tabelle Seite 105). Mit einer Spritze kann die Brühe auch über die Äste der Krone fein verteilt werden.
Diese Mittel schützen den Stamm vor Frostrissen, sie heilen Wunden, fördern das Wachstum des Cambiums und glätten die Rinde. Sie beugen Schädlingen und Pilzkrankheiten vor, weil sie Unterschlupfmöglichkeiten verschließen. Das Präparat »Preicobakt« hält durch eine Beimischung von Tiergalle zusätzlich Hasen, Kaninchen und Vögel vom Knabbern und vom Knospenfraß ab.
Aus den folgenden Bestandteilen können Sie eine gesunde Lehmbrühe selbst mischen:
Lehm oder Tonmehl werden mit Schachtelhalmtee zu einer dicken Brühe verrührt. Dies ist die Grundlage. Nach eigener Wahl können Sie dann noch frischen Kuhdung, eine Handvoll Algenkalk oder Rainfarntee daruntermischen. Zum Spritzen müssen Sie die Flüssigkeit soweit verdünnen, daß sie eine Kalkdüse passieren kann. Zum Stammanstrich benutzen Sie einen dikken Malerquast oder einen Handfeger.

Schutz vor Krankheiten und Schädlingen

Viele der beschriebenen naturgemäßen Pflegemittel wirken bereits vorbeugend gegen Krankheiten und Schädlinge. Die humusreiche, stets abgedeckte Baumscheibe trägt zu gesundem Wuchs bei. Ausgeglichene Ernährung und richtiger Schnitt stärken die Gesundheit und Widerstandskraft der Bäume. Auch der Rindenanstrich hält Schäden fern. Selbst mit der Auswahl der Pflanzen auf der Baumscheibe können Sie schon Schädlingsabwehr betreiben. So bewirkt zum Beispiel die Kapuzinerkresse unter Obstbäumen, vor allem unter Apfelbäumen, eine Abwehr der Blut- und Blattläuse.
Selbsthergestellte Spritzbrühen, Jauche und natürliche Stäubemittel beugen rechtzeitig Krankheiten vor oder können im Notfall eingesetzt werden: Holunderblätterjauche wehrt Mäuse ab; das Stäuben mit Steinmehl wirkt gegen Blattläuse; Wermutbrühe hilft gegen Obstmaden und Läuse, Farnkrautbrühe gegen Schild- und Blutläuse, Rainfarntee gegen Milben und Mehltau. Es hilft auch, wenn Sie bei frühauftretendem Mehltau die Triebspitzen abschneiden und verbrennen. Schachtelhalmbrühe können Sie vorbeugend gegen alle Pilzkrankheiten einsetzen.
Alle praktischen Anleitungen zur Herstellung und zum Einsatz dieser natürlichen Mittel finden Sie im Kapitel »Biologische Schädlingsabwehr« auf Seite 100 und in der Schädlingstabelle.

Ernte und Konservierung

Ernten Sie alle Obstsorten sorgfältig und behutsam. Das saftige Frucht-

Äpfel, Birnen und Quitten gehören zu den Obstarten, die sich gut lagern lassen. Es lohnt sich, einen Wintervorrat anzulegen!

Große alte Apfelbäume tragen oft so reichlich, daß eine Familie Mühe hat, den ganzen Segen zu verwerten. Wenn ein Teil der Ernte für die Winterzeit eingelagert werden soll, ist es wichtig, die Früchte sorgfältig zu pflücken und vorsichtig zu transportieren, damit sie nicht beschädigt werden.

fleisch wird sonst schnell durch Druckstellen beschädigt. Verwenden Sie luftige Erntekörbe, und legen Sie nicht zu viele Früchte übereinander. Der Zeitpunkt der Ernte und die Lagerfähigkeit sind von den Obstarten abhängig. Beachten Sie bitte die Hinweise dazu in den Sortentabellen auf den folgenden Seiten. Als Faustregel können Sie sich merken: Eine Frucht ist reif, wenn sie sich mühelos vom Stiel abdrehen läßt. »Frühreife« Äpfel und Birnen, die schon im Sommer geerntet werden können, halten sich im allgemeinen nicht lange. Sie müssen sie frisch essen oder einkochen. Späte Obstsorten sollten dagegen so lange wie möglich am Baum bleiben. Sie entwickeln oft erst in den letzten Wochen ihr charakteristisches Aroma. Ein leichter Frost schadet solchen späten Äpfeln, Birnen oder Pflaumen nicht.

Zum Lagern eignet sich nur das Kernobst: Äpfel, Birnen und Quitten. Der Raum muß aber möglichst kühl und luftfeucht sein. In trockenen Kellern können Sie sich helfen, wenn Sie den Boden mit Wasser besprengen. Äpfel lassen sich auch in Plastikbeuteln aufheben, die Sie nach ein paar Tagen zubinden. Die Früchte werden darin von »ausgeatmeter« Kohlensäure und Feuchtigkeit eingehüllt und bleiben lange frisch. In wärmeren Räumen müssen diese Beutel mehrmals durchlöchert werden, damit ein Teil des Kohlendioxids, das beim Reifen ausgeschieden wird, entweichen kann. Weitere allgemeine Hinweise für die Lagerung finden Sie auf Seite 140–141.

Hier noch zwei Tips aus der biologischen Praxis. Übersprühen des gelagerten Obstes mit Schachtelhalmtee schützt vor Fäulnis und Schimmel (Pilze!). Ein Aufguß aus Zwiebelschalen, ebenfalls feinversprüht, erhöht die Haltbarkeit der Früchte. Sorgen Sie auch im Keller für gute Nachbarschaft. Obst nimmt schnell Gerüche an. Lagern Sie Äpfel und Birnen deshalb nicht zusammen mit Kartoffeln, Kohl oder Sauerkraut!

Steinobst können Sie nicht lagern. Nur Sauerkirschen lassen sich einfrieren. Alle anderen Obstsorten können durch Einkochen oder Einlegen konserviert werden. Sie können die Früchte auch als Kompott, Mus, Marmelade, Saft oder Most haltbar machen. Schließlich ist auch der Rumtopf mit vielen Obstsorten der Saison eine besondere Form der Konservierung.

Zum Trocknen eignen sich: Äpfel, Birnen, Aprikosen und Pflaumen.

Kernobst

Zum Kernobst zählt man diejenigen Früchte, deren Fleisch ein Gehäuse mit kleinen Samenkörnern umschließt.

Äpfel

Baumformen und Sorten: Für kleine Gärten sind Spindelbüsche unbedingt empfehlenswert. Besonders unkompliziert in der Pflege sind Buschbäume für mittelgroße Gärten. Apfelbäume können Sie aber auch als Halb- und Hochstämme kaufen, falls Sie genügend Platz dafür haben. Die Tabelle zeigt Ihnen eine Auswahl bewährter Sorten und ihre wichtigsten Eigenschaften:

Zum Anbeißen: Äpfel aus eigenem Garten.

Besondere Kulturtips: Apfelbäume gehören zu den Rosengewächsen. Sie sind als Wildformen seit Jahrtausenden bei uns heimisch. Die heutigen Gartensorten sind auf spezielle Unterlagen veredelt. Sie gedeihen am besten in humusreichen, etwas lehmigen Böden. Wichtig ist gleichmäßige Feuchtigkeit im Erdreich und möglichst auch in der Luft. Auf trockenen Südhängen sollten Sie keine Apfelbäume pflanzen. Diese weitverbreitete Obstart ist zwar nicht besonders empfindlich, aber es ist doch besser, wenn Sie diejenigen Sorten wählen, die Ihrem Klima am besten angepaßt sind. In milden Weinbaulandschaften gedeihen 'Golden Delicious' und 'Jonathan' besonders gut, während in rauhen Lagen 'Schöner von

Apfelsorten

Sorte	Aroma und Fruchtfleisch	Vitamin-C-Gehalt in mg (auf 100 g Apfelfleisch ohne Gehäuse bezogen)	Erntezeit	Haltbarkeit
'Klarapfel'	frisch-säuerlich; mürbes Fruchtfleisch, wird mehlig	15,3	Juli	nicht lagerfähig, nur für Frischgenuß
'Gravensteiner'	würzig, süß-säuerlich; saftiges Fleisch	7,8	Mitte August bis Mitte September	bis Dezember
'James Grieve'	würzig, süß-sauer; saftiges Fleisch, später mürbe	6,8	Mitte September bis Mitte Oktober	bis Ende November
'Geheimrat Oldenburg'	mittelmäßiger Geschmack; saftiges Fleisch	0–5	September	bis Dezember
'Goldparmäne'	würzig-süß; festes, knackiges Fleisch, später mürbe	18,1	Mitte September bis Mitte Oktober	bis Februar, ab November genußreif
'Cox Orange'	feinwürzig, süß-säuerlich; saftiges Fleisch, später mürbe	10–20	Oktober	bis Februar
'Freiherr von Berlepsch'	sehr gutes Aroma, spritzig, säuerlich	23,4	Ende Oktober bis November	bis März
'Boskoop'	würzig, süß-säuerlich; festes, grobfaseriges Fleisch, später mürbe	16,3	Mitte Oktober bis November	bis April, ab Januar genußreif
'Golden Delicious'	süß-würzig, Weinaroma; mürbes, saftiges Fleisch	8,0	Mitte Oktober bis Mitte November	bis April, ab Januar genußreif
'Ontario'	mild aromatisch	20,6	ab Ende Oktober	bis April, ab Januar genußreif
'Winterglockenapfel'	frisch, säuerlich-würzig; knackiges, saftiges Fleisch	10–20	Oktober	bis April, ab Januar genußreif

Alte Apfelsorten

Sorte	Aroma und Fruchtfleisch	Erntezeit	Haltbarkeit	Besonderheiten
'Prinz Albrecht von Preußen'	süß-säuerlich, nicht sehr ausgeprägt	Oktober	Oktober bis Januar	liebt feuchten Boden; widerstandsfähig und reichtragend; Herkunft: Schlesien (1865)
'Jakob Fischer'	säuerlich-frisch mit Weinaroma; große rote Frucht	Anfang bis Mitte September	September bis November	Alte Bauerngartensorte aus Oberbayern; liebt leichtere Böden; sonst anspruchslos und frosthart
'Rote Sternrenette'	süß-säuerlich; tiefrot gefärbte Frucht mit hellen »Sternchen«	Mitte Oktober	Oktober bis Dezember	braucht durchlässigen, feuchten Boden und kühle Lagen; für höhere Regionen geeignet; Herkunft: unsicher, vermutlich Belgien, um 1830
'Ananasrenette'	goldgelbe Schale, gelbliches Fruchtfleisch, sehr edles Weinaroma	Mitte Oktober	November bis März	anspruchsvoll, braucht humusreichen, warmen Boden und geschützte Lage; Liebhabersorte, gut geeignet für kleine Gärten; Herkunft: Holland
'Jakob Lebel'	säuerlich-saftig, gelbliches, mürbes Fruchtfleisch	Ende September bis Anfang Oktober	Oktober bis Dezember	anspruchslos und widerstandsfähig; liebt windgeschützte Lagen und nicht zu schwere Böden. Herkunft: Frankreich, um 1850
'Zuccalmaglio'	saftig-aromatisch mit feiner Würze; hellgelbe Schale	Ende Oktober	November bis April	verlangt guten Boden, gedeiht aber noch in höheren Lagen; Herkunft: Rheinland, um 1878
'Kaiser Wilhelm'	fest, saftig, würzig	Mitte Oktober	Dezember bis März	liebt durchlässigen, lehmhaltigen Boden und warmen, geschützten Standort. Herkunft: Nordrhein (1864)
'Winterrambur'	weißes Fleisch, später mürbe; süß-säuerlich; hoher Vitamin-C-Gehalt	Mitte Oktober	Dezember bis März	Alte, anspruchslose Bauernsorte, für Höhenlagen bis 800 m geeignet; liebt guten, feuchten Boden; Herkunft: Schweiz und Rheinebene (vor 1800)
'Schöner aus Nordhausen'	würzig-spritzig; gelbliches Fruchtfleisch	Mitte bis Ende Oktober	Dezember bis April	liebt Luftfeuchtigkeit und humusreichen, lockeren Boden; widerstandsfähig auch in ungünstigen Lagen, bis 800 m Höhe; Herkunft: Südharz (um 1850)

'Schöner von Nordhausen'

'Jakob Fischer'

Nordhausen', 'Geheimrat Oldenburg' und 'James Grieve' noch gute Ernten bringen. Beachten Sie in diesem Zusammenhang auch die Hinweise in der Tabelle »Alte Apfelsorten«.

Vor allem aber müssen Sie wissen, daß ein Apfelbaum niemals allein stehen darf: Er braucht einen andersartigen Pollenspender, der seine Blüten befruchtet. Äpfel sind Fremdbestäuber. Deshalb müssen Sie immer zwei verschiedene Sorten nahe zusammenpflanzen. Es gibt unter den gängigen Zuchtformen auffallend gute Pollenspender und Sorten, die sich besonders harmonisch ergänzen. Fragen Sie danach beim Kauf in der Baumschule. In den Baumschulkatalogen sind solche Sorten meist entsprechend gekennzeichnet.

Apfelbäume gehören zu den ausgeprägten Flachwurzlern. Der größte Teil der Saugwurzeln befindet sich in der obersten Erdschicht. Eine gepflegte Baumscheibe, die niemals umgegraben wird, ist für diesen Obstbaum ganz besonders wichtig. Versorgen Sie sie regelmäßig mit Kompost, und säen Sie im Frühling Kapuzinerkresse aus, die die Blutläuse abhält. Auch die Gundelrebe, ein Wildkraut, kann als gesunde, schützende Bodendecke dienen.

Birnen

Baumform und Sorten: Birnen sind meist auf Quittenunterlage veredelt. Die Spindelbuschform eignet sich für kleine Hausgärten besonders gut. Für größere Obstgärten gibt es auch Buschbäume oder Halb- und Hochstämme. Die wärmeliebenden Birnen können gut als Spalier an einer geschützten Hauswand hochgezogen werden. Die Tabelle zeigt eine Auswahl bewährter Sorten:

Besondere Kulturtips: Auch Birnen gehören zu den Rosengewächsen. Sie haben tief- und flachreichende Wurzeln. Deshalb brauchen sie tiefgründigeren Boden als Apfelbäume. Auf hohen Grundwasserstand reagieren sie empfindlich. Birnbäume lieben nährstoffreiche, warme, eher leichte Böden. In geschützter, sonniger Lage gedeihen sie am besten. An ungünstigen Standorten entwickeln die Früchte kein gutes Aroma. Birnen brauchen, genau wie Äpfel, stets einen Partner, der für die Bestäubung sorgt. Gute und schlechte Pollenspender sind in den Katalogen der Baumschulen meist bezeichnet.

Birnen gibt es in vielen aromatischen Sorten.

Birnensorten

Sorte	Aroma und Fruchtfleisch	Erntezeit	Haltbarkeit	Besondere Eigenschaften
'Frühe von Trévoux'	frisch und würzig; saftiges Fleisch	August	bis Anfang Oktober	trägt reich und regelmäßig, auch für frostgefährdete Lagen geeignet
'Williams Christ'	süß-aromatisch; sehr saftiges, schmelzendes Fleisch	Mitte August bis September	bis Ende Oktober	gute Sorte für kleine Baumformen und zum Konservieren; verlangt gute, geschützte Lagen
'Gute Luise'	süß-saftig, sehr gutes Aroma	September	bis Oktober	reichtragend, aber schorfanfällig; für warme Lagen
'Clapps Liebling'	fein säuerlich-würzig; saftiges Fleisch	Mitte August bis Mitte September	bis Mitte Oktober	stark wachsend, für mittlere Höhenlagen geeignet
'Gellerts Butterbirne'	würzig-süß; sehr saftiges, schmelzend zartes Fleisch	Mitte September bis Anfang Oktober	bis Mitte November	vor allem für größere Baumformen geeignet; schorfanfällig; widerstandsfähig gegen Frost
'Conférence'	süß, feiner Geschmack; saftreiches, körniges Fleisch	Mitte September bis Mitte Oktober	bis Anfang Dezember	reichtragend, das Aroma ist abhängig von gutem Standort
'Alexander Lucas'	süß, würzig-frisch; saftiges Fleisch	Mitte September bis Mitte Oktober	bis Ende Dezember	fruchtbar, für klimatisch günstige Landschaften und warme Böden
'Köstliche von Charneu'	süß, leicht würzig; saftreiches Fleisch	Mitte September bis Oktober	bis Mitte November	reichtragend; für Mittelgebirgslagen geeignet; gut für kleine Baumformen
'Madame Verté'	feines, zimtartiges Aroma	Mitte bis Ende Oktober	bis Januar/Februar (erst in diesen Monaten genußreif)	haltbare Wintersorte, auch für rauheres Klima geeignet

Quitten

Baumformen und Sorten: Meist werden Quitten als Buschbäume gepflanzt. Es gibt aber auch Halbstämme. Unterscheiden müssen Sie zwischen Apfelquitten mit rundlichen Früchten und den Birnenquitten mit länglichen Früchten.
Die folgenden Sorten sind empfehlenswert: 'Bereczki-Quitte' (birnenförmige, große Früchte, frostempfindlich), 'Champignon' (kleine birnenförmige Früchte, reichtragend, anspruchslos), 'Riesenquitte von Lescovac' (großfrüchtige Apfelquitte, nicht so frostempfindlich).
Besondere Kulturtips: Quitten zieren den Garten mit schönen Blüten und leuchtenden Früchten. Sie brauchen Sonne und nicht zu schweren Boden. Sonst sind sie sehr anspruchslos. Manche Sorten sind frostempfindlich. Da Quitten sich selbst befruchten, können Sie auch einen einzelnen Baum pflanzen. Diese Obstart wird in späteren Jahren beim Schnitt nur noch ausgelichtet.
Die pelzigen Früchte sind nur gekocht genießbar. Sie können ein köstliches Gelee daraus zubereiten. Quitten, die über Winter im Wohnraum liegen, verbreiten zauberhaft altmodischen Wohlgeruch.

Steinobst

Bei diesen Obstarten umschließt das Fruchtfleisch einen »steinharten« Kern, in dem der Same verborgen ist.

Süßkirschen

Baumformen und Sorten: Süßkirschen gibt es nur als Großbaumform. Sie brauchen 6–8 Jahre, bis sie tragen. Wegen des umfangreichen Kronendurchmessers sind sie für kleine Gärten nicht empfehlenswert. Unterscheiden müssen Sie zwischen Herzkirschen mit weichem Fruchtfleisch und Knorpelkirschen mit festem Fruchtfleisch.
Hier eine Auswahl aus dem reichen Sortenangebot: 'Hedelfinger' (dunkelbraun-rote Knorpelkirsche), 'Schneiders Späte Knorpelkirsche' (dunkelbraune Knorpelkirsche), 'Große Prinzessin' (Herz-Knorpelkirsche, gelbrot).
Besondere Kulturtips: Süßkirschen brauchen tiefgründigen, lehmhaltigen, aber lockeren Boden. Auf schwerem nassem Untergrund werden sie krank. Da sie selbst unfruchtbar sind, müssen Sie Platz für wenigstens zwei dieser großen Bäume haben. Als Befruchter kann aber auch ein Kirschbaum in Nachbars Garten oder ein Wildkirschenbaum in der Nähe dienen. Erkundigen Sie sich in der Baumschule genau, welche Sorten zusammenpassen!

Kirschen bringen reiche Ernten, die Sie zum Teil einkochen müssen.

Sauerkirschen

Baumformen und Sorten: Sauerkirschen haben kleinere Kronen und wachsen meist als Buschbäume. Sie sind leichter im Hausgarten einzuordnen. Die beste und umkomplizierteste Sorte ist die 'Schattenmorelle' (dunkelrote, säuerlich-herbe Früchte; gedeiht auf schweren und leichten Böden); eine gute neuere Sorte ist auch 'Morellenfeuer' (dunkelrote, sauer-süße, sehr saftige Früchte; robuste, gesunde Sorte für alle Böden).
Besondere Kulturtips: Sauerkirschen sind selbstfruchtbar, es genügt also einen Baum zu pflanzen. Sie gedeihen in allen Böden, nur auf schwere, nasse Erde reagieren sie mit Krankheiten. In sonniger Lage werden die Sauerkirschen saftiger und aromatischer. Diese Obstbäume sind nicht so sehr durch Frühlingsfröste gefährdet, weil sie relativ spät blühen.

Verjüngungsschnitt (VS) und Rückschnitt (R) bei der Sauerkirsche.

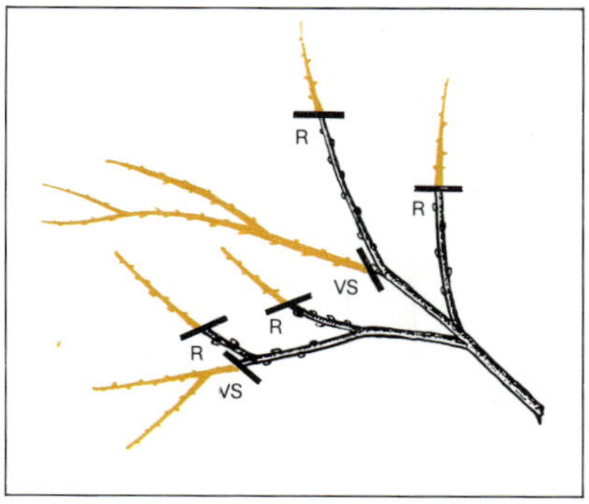

Beim Schnitt müssen Sie eine Besonderheit beachten: Schattenmorellen tragen am einjährigen Holz. Deshalb werden die abgeernteten Triebe jedes Jahr bis auf einen nachwachsenden jungen Trieb zurückgeschnitten.
Durch diese regelmäßige Fruchtholzverjüngung trägt der Baum immer reichlich. Wo dieser Schnitt vernachlässigt wird, da bilden die Bäume nur noch an den nachwachsenden Spitzen Blüten und Früchte. Ihre Zweige werden immer länger und verkahlen nach innen. Es entstehen die typischen peitschenartigen Sauerkirschentriebe. Durch kräftigen Rückschnitt auf Jungtriebe können auch solche vernachlässigten Bäume wieder verjüngt werden.

Pfirsiche

Baumformen und Sorten: Pfirsiche werden meist als Buschbäumchen gepflanzt. Halbstämme sind selten. Die folgenden Sorten eignen sich für den privaten Garten: 'Roter Ellerstädter', auch 'Kernechter vom Vorgebirge' ge-

Pfirsichbäume brauchen Wärme.

nannt (gutes Aroma, späte Blüte, deshalb weniger frostempfindlich, widerstandsfähig gegen Krankheiten), 'Rekord aus Alfter' (widerstandsfähig, gut zum Einmachen), 'Madame Rogniat' (alte robuste Sorte, reiche Ernte).

Besondere Kulturtips: Der Pfirsich ist eine Obstart, die im Weinbauklima besonders gut gedeiht. Er braucht viel Wärme und einen humusreichen Boden. In rauhen Gegenden und auf kalten, nassen Böden sollten Sie auf dieses Obst im Garten verzichten. Am besten pflanzen Sie einen Pfirsichbaum nahe ans Haus oder in einen geschützten Innenhof. Da die Bäume schon sehr früh blühen (März bis April), sind sie besonders frostgefährdet.

Beim Schnitt müssen Sie auf einige Besonderheiten achten. Pfirsiche tragen wie die Sauerkirschen am einjährigen Holz und müssen deshalb jedes Jahr zurückgeschnitten werden. Der Baum entwickelt »wahre Fruchttriebe«; an diesen etwa 50 cm langen Zweigen sitzen Blüten- und Holzknospen in Büscheln zusammen. Dies sind die fruchtbarsten Triebe, die jedes Jahr um die Hälfte eingekürzt werden. Die »falschen Fruchttriebe« sind dagegen nur mit Blütenknospen besetzt. Sie tragen nicht und müssen bis auf 1–2 Augen zurückgeschnitten werden.

»Holztriebe«, die nur Laubknospen besitzen, müssen auf 3–5 Augen eingekürzt werden. Dieser Schnitt wird am besten im Frühling zur Blütezeit durchgeführt. Außerdem können Sie an diesen vielseitigen Bäumen auch kurze Triebe entdecken, die mit zahlreichen Blüten besetzt sind. Sie wirken wie kleine Blumensträuße und werden deshalb Bukett-Triebe genannt. Diese Blütenzweige werden nicht weggeschnitten!

Pfirsichbäume können Sie aus kernechten Sorten (zum Beispiel 'Roter Ellerstädter' oder 'Kernechter vom Vorgebirge') selbst großziehen. Andere Sorten fallen nicht echt aus und müssen veredelt werden. Pfirsiche sind selbstfruchtbar und können einzeln stehen.

Aprikosen

Baumformen und Sorten: Aprikosen werden als Buschbäume verkauft und meist als formloses Spalier an warmen Hauswänden gezogen. Empfehlenswerte Sorten sind: 'Ungarische Beste' (frosthärteste Sorte, zum Rohessen und für Kompott), 'Aprikose von Nancy' (über 200 Jahre alte französische Sorte, reiche Ernte, die Blüte ist frostempfindlich), 'Wahre Große Frühaprikose' (sehr wohlschmeckend, aber frostempfindlich).

Pflaumen wachsen in jedem Garten.

Besondere Kulturtips: Aprikosen sind noch anspruchsvoller als Pfirsiche. Sie gedeihen nur im Weinbauklima und brauchen einen warmen, leichten Boden, der dennoch genügend feucht und nährstoffreich sein muß. Die Blüte setzt noch früher ein als beim Pfirsich und ist deshalb sehr frostgefährdet. Pflanzen Sie dieses feine Edelobst nur, wenn Sie alle Voraussetzungen für gutes Gedeihen erfüllen können.

Pflaumen und Zwetschen

Baumformen und Sorten: Von diesen Obstarten gibt es nur die großen Formen des Halb- und Hochstammes. Empfehlenswerte Sorten sind: 'Kirkes Pflaume' (wohlschmeckende blaue Edelpflaume; mittelmäßig frosthart, selbstunfruchtbar), 'Ontariopflaume' (goldgelbe Pflaume, reichtragend; anspruchslos, selbstfruchtbar), 'Zimmers Frühzwetsche' (reichtragend, verlangt guten Standort; nicht selbstfruchtbar, nur zum Rohessen), 'Hauszwetsche' (altbewährte Sorte mit lokalen Varianten; reichtragend, gut zum Rohessen, für Kuchen und zum Einmachen).

Besondere Kulturtips: Pflaumen und Zwetschen gehören zu den anspruchslosesten Obstarten, die auch unter weniger guten Bedingungen wachsen. Ideal sind mittelschwere, humusreiche Böden, die genügend Feuchtigkeit besitzen. Achten Sie bei der Sortenwahl auf selbstfruchtbare und selbstunfruchtbare Züchtungen.

Pflaumen sind meist nur für den frischen Verbrauch bestimmt; Zwetschen lassen sich dagegen sehr vielseitig verwenden. Sie sind auch gut zum Einkochen und Einfrieren geeignet.

Mirabellen und Renekloden

Baumformen und Sorten: Wie bei den Pflaumen wird bei diesen Obstarten meist der Halbstamm gepflanzt.

Empfehlenswerte Sorten sind: 'Mirabelle von Nancy' oder 'Nancy Mirabelle' (süßwürzige, kleine, goldgelbe Früchte; gut zum Einmachen; reichtragend; für warme Lagen; selbstfruchtbar), 'Große Grüne Reneklode' (honigsüße gelblich-grüne Früchte; gut zum Einmachen und zum Rohessen; braucht gute Böden, selbstunfruchtbar), 'Graf Althans' (rötlich-violett gefärbte Reneklode; würzig-süß, gut für Frischgenuß und zum Einmachen; nicht sehr anspruchsvoll, selbstunfruchtbar).

Besondere Kulturtips: Mirabellen und Renekloden wachsen ähnlich wie Pflaumen und Zwetschen, brauchen aber mehr Sonne und Wärme. Guter Humus und gute Ernährung sind für ihr Gedeihen wichtig. Alle vier Steinobstarten können sich untereinander befruchten. Fragen Sie aber in der Baumschule nach denjenigen Sorten, die erfahrungsgemäß die besten Partner sind.

Schalenobst

So nennt man die verschiedenen Nüsse, weil ihre eßbaren Samen von harten, holzigen Außenschalen umgeben sind. Nüsse enthalten nur wenige Vitamine, aber große Mengen Fett und Eiweiß, außerdem Kalzium, Phosphor und Eisen. Sie gehören deshalb zu den sehr wertvollen aber kalorienreichen Nahrungsmitteln.

Haselnüsse

Die Zuchtformen der Haselnußsträucher stammen alle von unserer heimischen Waldhasel ab. Sie brauchen viel Platz – etwa 3–4 m Abstand in der Reihe. In großen Gärten können sie als Hecken an der Grundstücksgrenze gepflanzt werden. Sehr hübsch wirken die Bluthaseln mit ihren dunkelroten Blättern. Haselnüsse werden vom Wind bestäubt, brauchen aber einen Partner zur Befruchtung. Sie müssen also mindestens zwei dieser starkwüchsigen Büsche pflanzen. Sonst sind die Pflanzen sehr anspruchslos, sie lieben feuchten Boden. Vier bis sechs Hauptäste genügen für eine Pflanze. Durch kräftiges Auslichten und Rückschnitt halten Sie die Haselnußsträucher in fruchtbarer Form.

Walnüsse

Baumformen und Sorten: Walnüsse gehören zu den größten Bäumen im Obstgarten. Ihre Kronen erreichen im Alter 8–12 m Durchmesser, ihr Wurzelraum breitet sich noch weiter aus. Ein Sämlingsbaum, der selbst aus einer Nuß gezogen wird, trägt erst nach 15–20 Jahren Früchte. Früher pflanzte der Vater einen Walnußbaum, von dem die Kinder erst ernten konnten. Diese Bäume waren natürlich nur für sehr große Gärten geeignet.

Durch ganz spezielle Veredelungsverfahren wurden inzwischen auch kleinere Walnußsorten gezüchtet. Sie werden durch eine schwachwachsende Unterlage »gebremst«. Diese neuen Zuchtformen tragen bereits nach dem zweiten Jahr. Ihre Kronen werden nur 4–6 m breit. Ein großer Vorteil dieser neuen Sorten ist die sichere Weitergabe ihrer guten Eigenschaften. Die Qualität der Veredelung ist immer bekannt und verändert sich nicht. Bei Sämlingen ist man dagegen auf Zufallsmischungen angewiesen. Oft bringen sie – nach langem Warten – nur enttäuschende Ergebnisse. Die folgenden veredelten Sorten sind auch für »normale« Gärten geeignet.

'Esterhazy II' (mittelstark wachsend, breitkronig, spätaustreibend, nicht auf Fremdbefruchtung angewiesen, für warme, trockene Gebiete);

'Nr. 139' (mittelstark wachsend, reichtragend, auf Fremdbefruchtung nicht angewiesen, wenig frostgefährdet);

'Nr. 26' (mittelstark wachsend, reiche regelmäßige Ernte, auf Fremdbefruchtung nicht angewiesen, wenig frostgefährdet).

Besondere Kulturtips: Die veredelten Walnußsorten stellen keine »gehobenen Ansprüche« an das Klima und den Boden. Sie versagen nur in kalten Gebieten und auf sehr schlechtem Untergrund. Die allgemeinen Dünge- und Pflegeregeln für Obstbäume können auf sie angewendet werden. Am besten gedeihen sie aber in humusreicher, mäßig feuchter Erde auf einem sonnigen Platz. Einen Ernteausfall gibt es nur dann, wenn die Blüte im April/Mai durch einen späten Frost leidet.

Unter Walnußbäumen entstehen wunderbare Schattenplätze im Garten. Da im Wurzelbereich keine anderen Pflanzen gedeihen, können Sie – nach alter Tradition – unter einem solchen Baum einen sommerlichen Sitzplatz einrichten. Der strenge Geruch der Blätter vertreibt Mücken und Fliegen. Dies ist ein weiterer Grund, den selten gewordenen Nußbaum wieder in naturgemäße Gärten zu pflanzen.

Richten Sie sich auch bei der Ernte nach dem sanften Rhythmus der Natur: Walnüsse fallen von selbst vom Baum, wenn sie reif sind. Sie sollten sie niemals gewaltsam mit Stöcken herunterschlagen. Das Geräusch der mit leisem Prasseln fallenden Nüsse ist die herbstliche Begleitmusik zur Erntezeit im Obstgarten.

Die unbekannte Walnuß: So sehen die Früchte aus, wenn sie noch in ihrer grünen Hülle am Baum hängen.

Der Ziergarten

Im biologischen Garten sollten auch die Zierpflanzen keine Ausnahme von den bewährten naturgemäßen Regeln machen. Ein Rosenbeet ohne Begleitpflanzen ist eine Monokultur! Versuchen Sie deshalb, Sommerblumen, Stauden und Sträucher harmonisch miteinander zu mischen. Natürlich müssen die Partner zueinander passen. Alles, was Sie über Standortansprüche und Lebensgewohnheiten der wichtigsten Zierpflanzen wissen müssen, erfahren Sie auf den nächsten Seiten. Selbstverständlich können Sie alle Maßnahmen des naturgemäßen Pflanzenschutzes auch im Blumengarten anwenden. Vor allem die vorbeugenden und stärkenden Spritzungen wirken sich hier wohltuend auf eine gesunde Entwicklung von Rosen, Sonnenblumen und Stauden aus. Im Notfall wenden Sie gegen Läuse, Schnecken oder Mehltau die gleichen Mittel wie im Gemüsegarten an.
Halten Sie sich bei der Anlage Ihres grünen Reiches ab und zu den alten Bauerngarten vor Augen: Gemüse, Obst, Kräuter und Blumen waren darin malerisch, aber sinnvoll kombiniert. Eine Staudenrabatte kann zum Beispiel den Nutzgarten umrahmen. Sommerblumen und Kräuter dürfen die Gemüsebeete säumen. Umgekehrt kann in einem kleinen Ziergarten mit Sträuchern und bunten Blumen noch ein wenig Platz für Gewürzkräuter, Radieschen und eine Randpflanzung aus Schnittsalat ausgespart werden. Gestalten Sie Ihren Garten mit Gefühl und mit Einsicht in die biologischen Zusammenhänge, dann werden die »Nützlichen« und die »Zierenden« in Zukunft wie von selbst das richtige Verhältnis zueinander finden.

Blütenfest für einen Sommer: einjährige Blumen

Die Einjährigen werden im Frühling ausgesät. Sie blühen vom Sommer bis zum Herbst. Der erste Frost macht ihrem kurzen bunten Leben ein Ende. Aber in diesen wenigen Wochen entfalten sie eine solche Fülle von Farben, Formen und Düften, als gelte es, keine einzige kostbare Minute zu verlieren.
Mit diesen kurzlebigen Blütenpflanzen können Sie Ihren Garten im Handumdrehen in ein Blumenmeer verwandeln. Ein preiswertes Vergnügen, wenn Sie bedenken, daß Sie gewissermaßen den Sommer in Samentüten kaufen!
Viele Einjahrsblumen werden direkt an Ort und Stelle ins Freiland gesät. Einige empfindliche Arten ziehen Sie besser im Warmen vor. Bedenken Sie bei der Planung immer, daß diese blütenreichen Gewächse einen sonnigen Platz brauchen.
Im Schatten kümmern die meisten dieser lebensfrohen Kinder Floras, von denen viele aus wärmeren Kontinenten zu uns einwanderten. Pflanzen Sie sie nicht zu eng, damit sie auch Raum genug haben, um ihre üppige Pracht zu entfalten.
Ein wichtiger Tip für die Pflege: Einjahrsblumen brauchen guten, humusreichen Boden, aber sie sind mit einer einzigen Zusatzdüngung zu Beginn des Hauptwachstums – etwa Anfang Juni – zufrieden. Am besten verwenden Sie dann Brennesseljauche, die auch etwas tierischen Dünger enthält.
Eine gute Startdüngung erreichen Sie auch mit Guano. Bereits im Herbst mischen Sie eine langsam wirkende Mischung aus Horn-Blut-Knochenmehl unter den Kompost der Blumenbeete. Auch Steinmehl, Algenkalk und Holzasche sind gute Dünger für den Blütengarten. Wenn Sie die Einjährigen zu reichlich ernähren, dann entwickeln diese Pflanzen mehr Blätter als Blütenknospen.
Im übrigen gelten die Anweisungen für Bodenvorbereitung, Aussaaten und Pflege, wie sie im Kapitel »Allgemeine Praxis«, Seite 137, des Nutzgartenteils beschrieben sind, sinngemäß auch für den Blumengarten.
Merken Sie sich vor allem noch eine simpel klingende, aber sehr wirkungsvolle Pflegeregel: Je sorgfältiger Sie alles Verblühte entfernen, desto reicher und länger werden Ihre Einjahrsschönheiten blühen. Sie verwenden dann all ihre Kraft zur Bildung von Knospen. Samen dürfen sich nur dann entwickeln, wenn Sie selber Saatgut für den nächsten Sommer ernten möchten.

Aster *Callistephus chinensis*

Merkmale: Ein Strahlenkranz farbiger Blütenblätter ist typisch für diese variationsreichen Korbblütler. Sie stammen ursprünglich aus China. Deutsche Gärtner entwickelten viele Neuzüchtungen. Astern gehören heute zu den beliebtesten Sommerblumen in unseren Gärten, die auch als haltbare Schnittblumen Freude machen. Die Farbskala der Astern umfaßt Weiß, Creme, Rosa, Rot und Violett.

Astern sind ein farbenprächtiger Sommergarten-Schmuck. Es macht Freude, die verschiedenen Züchtungformen auszuprobieren.

Kultur: Aussaat ab März ins Frühbeet, von April bis Mai ins Freiland. Pflanzweite je nach Sorte 15–25 cm. Höhe je nach Sorte 30–70 cm. Blütezeit Ende Juli bis zum Frost.
Sorten: 'Original China-Astern' (ungefüllte, margeritenähnliche Blütensterne, bezaubern trotz aller Neuzüchtungen durch schlichten, ländlichen Charme, 60 cm);
'Herzoginaster' (große chrysanthemenartige Blüten, welkeresistent, 60 cm);
'Straußenfederastern' (langgefiederte Blütenblätter, sehr große Blumen, 65–70 cm);
'Prinzeßaster' (sehr dicht gefüllte, kissenförmige Blüten, 70 cm);
'Pompon-Astern' (halbkugelige, kleine Kissenblüten, 50 cm);
'Zwerg-Chrysanthemum-Astern' (Höhe nur 30 cm, für Einfassungen und Blumentöpfe);
'Pinocchio-Astern' (neuere, 20 cm hohe Zwergaster, rundlicher Aufbau, ganz von sternförmigen, gefüllten Blüten bedeckt).
Besonderer Tip: Astern sind anfällig für die Welkekrankheit, die durch Fusarium-Pilze verursacht wird. Achten Sie auf resistente Sorten beim Sameneinkauf. Gesunder Boden und Spritzungen mit Schachtelhalmbrühe helfen die gefürchtete Krankheit einzudämmen. Auch Steinmehl dient dem gesunden Wuchs.

Atlasblume, Sommerazalee

Godetia

Merkmale: Eine schöne (fast) Unbekannte aus der Familie der Nachtkerzengewächse. Die zarten seidigen Blumenkelche sehen im Garten und in der Vase sehr apart aus. Sie leuchten weiß, rosa, rot und haben oft ausdrucksvolle Flecken.
Kultur: Ab April ins Freiland säen und später auf 15 cm Abstand verpflanzen. Atlasblumen werden etwa 40 cm hoch, sie vertragen auch leichten Schatten. Blütezeit Juni bis September.
Sorten: Es gibt gefüllte und ungefüllte Sorten in gemischten Farben.
Seltener werden reine Sorten angeboten wie z. B. 'Rosenkönigin' (rosa-karminrot) oder 'Herzog von York' (purpur-weiß), beide einfach; 'Rosenkönigin' (rosa, gefüllt, 60 cm).
Besonderer Tip: Einer der hübschesten und anspruchslosesten »Lückenbüßer« im Sommergarten. Kombinieren Sie sie mit der blauen Jungfer im Grünen.

Balsamine, Rosenbalsamine

Impatiens balsamina

Merkmale: Balsaminen gehören zu den Springkrautgewächsen. Sie sind mit den Fleißigen Lieschen verwandt und besitzen ähnliche wasserhaltige, glasige Stengel. Die rosenförmigen Blüten sitzen in den Blattwinkeln. Sie sind weiß, rosa oder rot gefärbt. Balsaminen sind altmodisch-liebenswerte Blumen aus dem Bauerngarten.
Kultur: Anzucht im warmen Frühbeet oder auf der Fensterbank ab März. Erst nach den Eisheiligen, ab Mitte Mai, ins Freiland pflanzen mit 15–20 cm Abstand. Blütezeit Juli bis Oktober. Höhe 60–70 cm. Balsaminen brauchen reichlich Feuchtigkeit, sie gedeihen auch im Halbschatten.
Sorten: Gefüllte Mischungen.
Besonderer Tip: Für Naturgärten gibt es auch die Himalaja-Balsamine *(Impatiens glandulifera)*, die mannshoch wächst, rosa blüht und sich selbst aussät. Die Hummeln lieben sie sehr!

Atlasblumen in einem Sommerblumenbeet.

Elfenspiegel *Nemesia strumosa*

Merkmale: Ein Braunwurzgewächs aus Südafrika. Unzählige Blüten in allen Farbenspielen (außer Blau) schmücken diese dankbaren Sommerblumen.
Kultur: Ab März Aussaat im Frühbeet, ab April im Freiland an Ort und Stelle. Die Samen keimen langsam. Blütezeit Juni bis Oktober. Höhe 30 cm. Rückschnitt fördert neue Blütenbildung. Sonst sind die Pflanzen sehr anspruchslos.
Sorten: Bunte Mischungen.
Besonderer Tip: Die niedrig bleibenden Blumen eignen sich als Bodendekker im Ziergarten.

Flockenblume, Kornblume
Centaurea

Merkmale: Diese Gartenblumen, die zu den Korbblütlern gehören, sind mit den einfachen Kornblumen am Feldrand verwandt. Sie blühen aber großblumiger in Weiß, Rosa, Lila und natürlich auch in Kornblumenblau. In der Vase verbreiten die hübschen und haltbaren Blumen heitere ländliche Stimmung.
Kultur: Aussaat ab März ins Freiland, später werden zu dicht stehende Pflanzen mit 15–25 cm Abstand vereinzelt. Blütezeit Juli bis September. Höhe 40–100 cm. Möglichst sonniger Standort.
Sorten: Bunte Mischungen und Einzelfarben, zum Beispiel 'Jolly Joker' (lilarosa), 'Blauer Junge' (blau), 'Pinkie' (rein-rosa);
Centaurea moschata ist eine duftende großblumige Flockenblume.
Besonderer Tip: Hübsch für Bauerngärten.

Gauklerblume
Mimulus luteus und *M. tigrinus*

Merkmale: Eine abenteuerlich getigerte Blume aus der Familie der Braunwurzgewächse. Die Blüten erinnern ein wenig an Urwaldorchideen, sie sind meist rot und gelb gefärbt. Die etwas altmodische Gauklerblume wartet auf ihre Wiederentdeckung für unsere Gärten.
Kultur: Aussaat ab März im warmen Frühbeet oder im Zimmer, in kleine Töpfe verpflanzen und abhärten. Im April ist auch Aussaat im Freien möglich. Verpflanzen auf 15 cm Abstand. Höhe 30 cm. Blütezeit Juni bis Oktober. Die Pflanzen brauchen im Sommer ausreichend Feuchtigkeit. Ein halbschattiger Standort ist günstiger als volle Sonne.
Sorten: Bunte Mischungen.
Besonderer Tip: Schneiden Sie nach der ersten Blüte die Pflanzen zurück, damit sie neu austreiben. Zur gleichen Zeit ist eine Düngung mit Brennesseljauche angebracht.

Glockenrebe *Cobaea scandens*

Merkmale: Eine Kletterpflanze, die zu den Sperrkrautgewächsen gehört. Ihre großen blauvioletten Glocken sind eine Zierde für Rankgitter im Garten und auf dem Balkon. Die Pflanzen wachsen bei guter Pflege rasch und können große Flächen bedecken.
Kultur: Auf der Fensterbank oder im Frühbeet vorziehen. Ab März 2–3 Samenkörner in einen Blumentopf legen. Schon die Jungpflanzen brauchen Kletterstäbe zum Festhalten. Ab Mitte Mai in Balkonkästen, Kübel oder in den Garten pflanzen, mindestens 20–30 cm Abstand einhalten. Höhe bis 5 m! Sorgen Sie deshalb für ausreichende Kletterhilfen in Form von Stäben, Drähten oder Gittern. Blütezeit Juli bis Oktober.
Dieser vitale Klettermaxe braucht mehr Dünger als andere Einjahrsblumen. Gießen Sie öfter mit Brennesseljauche.
Besonderer Tip: Gut als Sichtschutz geeignet. In voller Sonne blüht die Glockenrebe viel reicher.

Heliotrop, Sonnenwende
Heliotropium arborescens

Merkmale: Aus dem warmen Peru stammt dieses Raublattgewächs, das in seiner Heimat ausdauernde Sträucher bildet. Die Pflanzen blühen in tief violetten Blütendolden und duften – besonders am Abend – intensiv nach Vanille.
Kultur: Sie können Heliotrop-Samen in Schalen auf der Fensterbank aussäen. Empfehlenswerter ist es, fertige Pflanzen beim Gärtner zu kaufen und diese im Sommer durch Stecklinge zu vermehren. Ab Mai kann der Heliotrop ins Freiland. Er wächst in Balkonkästen, in Schalen und auf Gartenbeeten. Abstand 30 cm. Höhe 30–60 cm. Blütezeit bei vorgezogenen Pflanzen Mai bis Oktober. Sonnige, geschützte Lage und nahrhafter Boden sind wichtig für gutes Gedeihen.
Sorten: 'Marine', tiefdunkelviolett.
Besonderer Tip: Pflanzen Sie Heliotrop in die Nähe Ihres Sitzplatzes, dann können Sie an warmen Sommerabenden seinen süßen Duft genießen.

Jungfer im Grünen
Nigella damascena

Merkmale: Diese altmodische Blume aus der Familie der Hahnenfußgewächse gehört zu den bezauberndsten Einjahrsschönheiten; sie wird auch 'Gretel im Busch' oder 'Braut im Haar' genannt. Die offenen Sternblüten sind von einem grünen Kranz zart gefiederter Blätter umgeben. Es gibt blaue, rosa, rote und weiße Blüten. Sie eignen sich gut für liebliche Sommersträuße.
Kultur: Aussaat von März bis Mai direkt ins Freiland. Auch Herbstaussaat ist möglich. Zu dicht wachsende Pflänzchen auf 15 cm Abstand verziehen. Höhe 30–60 cm. Blütezeit Juni bis Oktober. Anspruchslose und dankbare Bauerngartenblume.
Sorten: 'Persische Juwelen' (Mischung in Blau, Rosa, Rot und Weiß), 'Miss Jekyll' (himmelblau).
Besonderer Tip: Empfehlenswert als duftiger Füller im Blumen- und Nutzgarten. Die aparten Samenstände eignen sich für Trockensträuße.
Die Jungfer im Grünen sät sich leicht aus und kommt von selbst wieder.

Levkojen bezaubern mit Farben und Düften.

Kokardenblume, Malerblume

Gaillardia pulchella

Merkmale: Ein Korbblütler mit hübschen strahlenförmigen Blüten, die lebhaft in Gold- und Rotbrauntönen gestreift sind. Langstielige, ausgesprochen dankbare Vasenblumen, blütenreiche Rabattenpflanzen.
Kultur: Aussaat im April ins Freiland. Verpflanzen mit 30 cm Abstand. Höhe 70–80 cm. Blütezeit Juni bis Oktober. Die Pflanzen vertragen auch trockenen Boden.
Sorten: 'Lorenziana plena', gefüllte Mischung.
Besonderer Tip: Unter günstigen Bedingungen überwintern die Pflanzen und blühen ein weiteres Jahr.

Levkoje *Matthiola incana*

Merkmale: Kreuzblütler aus dem Mittelmeerraum mit silbergrünen Blättern und duftenden gefüllten Blüten in Weiß, Cremegelb, Rosa, Rot und Lila. Wunderschöne, haltbare Schnittblumen, die schon Großmutters Garten und Salon zierten.
Kultur: Aussaat ab Februar/März ins warme Frühbeet. Sandige Erde, nur vorsichtig gießen. Ab April gibt es auch Pflanzen vom Gärtner. Mit 10 cm Abstand verpflanzen. Höhe 40–80 cm. Blütezeit Juni bis September. Die Levkojen lieben eher trockenen Boden und viel Sonne.
Sorten: 'Großblumige Sommerlevkojen' (niedrige Mischung), 'Dresdener Sommerlevkojen' (halbhohe Mischung), 'Balls Stangen-Mammut-Levkojen' (hohe Mischung).
Besonderer Tip: Pflanzen Sie Levkojen anfangs möglichst dicht, denn die Samen enthalten immer einen gewissen Prozentsatz ungefüllter Blumen. Diese können Sie dann später herausziehen.

Löwenmäulchen

Antirrhinum majus

Merkmale: Die samtigen Blumen aus der Familie der Braunwurzgewächse sind fester Bestandteil eines bunten Sommergartens seit Urgroßmutters Zeiten. Es gibt niedrige und hohe Sorten, die weiß, gelb, rosa und rot blühen. Löwenmäulchen sind haltbare Schnittblumen.
Kultur: Für eine frühe Blüte Aussaat ins Frühbeet entweder im Herbst oder im zeitigen Frühling. Sonst Freilandaussaat ab April. Verpflanzen auf 20–25 cm Abstand. Höhe 15–100 cm. Blütezeit Juli bis Oktober. Löwenmäulchen sind anspruchslos und gedeihen auch unter rauheren Bedingungen.
Sorten: Großes Angebot gemischter Sorten und Einzelfarben, z. B. Zwerglöwenmaul (Prachtmischung, 20 cm), 'Riesen Tetra' (Prachtmischung, 70 cm), hyazinthenblütiges Löwenmaul 'Hohes Lied' in Farbsorten: 'Bronzekönig' (bronze), 'Jugendliebe' (rosa), 'Schwester Maria' (weiß), 'Feuerzauber' (scharlachrot).
Besonderer Tip: Löwenmäulchen sind »Kinderblumen«, sie drücken die Blüten zusammen, damit die »Mäulchen« sich öffnen. Unter guten Bedingungen überwintern die Pflanzen und blühen ein zweites Jahr.

Mohn *Papaver*

Merkmale: Es gibt verschiedene einjährige Mohngewächse für den Garten. Sie bezaubern durch leuchtende Farben und seidige Blütenblätter. Die Blumen verlocken dazu, sie zu Sträußen zu schneiden, aber sie halten sich leider nicht lange. Pflücken Sie sie, wenn die Knospen gerade aufplatzen.
Kultur: Mohn hat lange Pfahlwurzeln und verträgt das Verpflanzen nicht. Deshalb breitwürfige Aussaat von März bis Mai an Ort und Stelle, zu dichte

Kokardenblumen werden auch Malerblumen genannt, weil sie so verschwenderisch mit leuchtenden Farben prunken.

Pflanzen auslichten. Höhe je nach Art 15–50 cm. Blütezeit je nach Aussaat Juni bis September. Mohn braucht viel Sonne, ist aber sonst anspruchslos und reichblühend.

Arten und Sorten: Seidenmohn oder Klatschmohn *(Papaver rhoeas)*, gefüllte und einfache Mischungen in Weiß, Rosa und Rot; eine hübsche zartfarbige Sorte ist 'Shirley', alle 50–75 cm hoch.

Schlafmohn oder Federmohn *(Papaver somniferum)*, gefüllte Prachtmischungen mit gefransten Blütenblättern in allen Farben, 80 cm. Eine Kuriosität ist die Sorte 'Henne und Küken'; die großen Samenkapseln sind von einem Kranz niedlicher, kleiner »Baby-Kapseln« umgeben.

Tulpenmohn *(Papaver glaucum)*, große scharlachrote Blüten, 50 cm hoch.

Besonderer Tip: Mit Mohn können Sie »nackte Stellen« im Blumenbeet und in der Staudenrabatte einsäen, so gesehen ist er ein Bodendecker im Ziergarten. Die meisten Mohnarten säen sich leicht von selber aus, wenn man die Samenkapseln auf dem Beet ausreifen läßt. Sie können natürlich auch Samen sammeln.

Nelke *Dianthus*

Merkmale: Auch unter den Nelkengewächsen gibt es verschiedene einjährige Arten, gefüllte und ungefüllte in vielen Farbtönen zwischen Weiß, Rosa und Rot. Die Übergänge zwischen Ein- und Zweijährigen sind oft fließend. Nelken bezaubern durch ihren süßwürzigen Duft. Sie gehören zu den besonders haltbaren Schnittblumen.

Kultur: Aussaat ab März ins Frühbeet oder in Schalen auf der Fensterbank, ab Mai auch ins Freiland. Verpflanzen mit 20–25 cm Abstand. Höhe je nach Sorte 25–50 cm. Blütezeit Juli bis Oktober. Guter Wasserabzug und etwas kalkhaltiger Boden sind günstig.

Arten und Sorten: Gartennelken *(Dianthus caryophyllus)*: 'Riesen-Chabaud-Nelken', gefüllte Mischung, 50 cm; 'Nizzaer Kind Nelken', 'Gefüllte

Fröhliche Chinesernelken.

Landnelken'; außerdem zahlreiche neue F1-Hybriden.

Chinesernelken *(Dianthus chinensis)*: 'Imperialis plenus', gefüllte Mischung, 20 cm; 'Merry-Go-Round', einfache, weiß-rote Blüten, 20 cm, 'China Doll', Blütenbüschel in Rot, Weiß und Rosa, 20 cm.

Heddewigsnelken *(Dianthus chinensis heddewigii)*: Gefüllte Mischung, 30 cm, 'Baby Doll', einfache große Blumen in Weiß, Rosa und Rot, 25 cm.

Die Heddewigsnelken bezaubern durch leuchtende Farben; im Gegensatz zu den anderen Nelken besitzen sie aber keinen Duft.

Besonderer Tip: Wühlmäuse und Hasen mögen Nelken sehr. Beachten Sie die Ratschläge im Kapitel »Schädlingsabwehr«.

Petunie *Petunia-Hybriden*

Merkmale: Petunien gehören zu den Nachtschattengewächsen. Die großen Trichterblüten verströmen besonders nachts einen schweren süßen Duft. Die rankenden Sorten eignen sich für Balkonkästen, die buschigen für Gartenbeete. Die Farbskala reicht von reinem Weiß über Rosa, Rot, Lavendel, Violett bis neuerdings zu sandfarbigen Tönen. Besonders attraktiv sind auch die zweifarbig-gestreiften Sorten.

Kultur: Ab März ist eine Aussaat der sehr feinen Samen in Schalen möglich, aber nicht ganz einfach. Es muß sehr sorgfältig pikiert werden. Ab Mai gibt es überall blühende Pflanzen zu kaufen. Pflanzenabstand 20–25 cm. Höhe bei Beetsorten 25–40 cm, rankende Sorten bilden viel längere Triebe. Blütezeit Mai bis November. Wer eine ununterbrochene Blüte wünscht, der muß öfter düngen.

Sorten: Die Zahl der einfachen und gefüllten Sorten ist unübersehbar. Für die eigene Aussaat sind die F1-Hybriden empfehlenswert. Eine hübsche niedrige Beetsorte ist z. B. *Petunia hybrida nana* 'Himmelsröschen', rosa, 20 cm.

Besonderer Tip: Nach der ersten Blüte in Abständen zwei- bis dreimal während des Sommers die Ranken einkürzen. So bleiben Petunien dicht und voller Knospen. Wenn die Blumen in Pflanzgefäßen oder Balkonkästen gehalten werden, müssen Sie sie regelmäßig gießen, düngen und von verwelkten Blüten befreien.

Phacelia, Bienenfreund

Phacelia tanacetifolia

Merkmale: Die Pflanzen gehören zu den Wasserblattgewächsen; ursprünglich waren sie in Nordamerika zuhause. Sie besitzen gefiederte Blätter und blaue Blütenähren.

Kultur: Von März bis Juni breitwürfige Aussaat ins Freiland. Wenn nötig auf 10–15 cm Abstand auslichten. Höhe, je nach Standort, 40–90 cm. Blütezeit Juni bis September.

Die Pflanzen sind sehr anspruchslos und blühen auf trockenen Böden besonders reich.

Sorten: Außer der Art *Phacelia tanacetifolia* gibt es noch eine Züchtung für den Blumengarten: *Phacelia campanularia* 'Blue Bells' hat leuchtend blaue, glockenförmige Blüten.

Besonderer Tip: Wichtige Pflanze für naturgemäße Gärten. Die *Phacelia* dient als bodenverbessernde Mischkultur in Blumen- und Nutzgärten. Die Blüten sind hervorragendes Bienenfutter!

Portulakröschen
Portulaca grandiflora

Merkmale: Die aus Südamerika stammenden »Röschen« gehören zu den Portulakgewächsen. Ihre seidigen Blüten in Weiß, Gelb oder Rot öffnen sich nur, wenn die Sonne scheint.
Kultur: Aussaat ab März ins Frühbeet, ab April ins Freiland. Vermischen Sie die feinen Samen mit Sand, dann lassen sie sich gleichmäßiger streuen! Pflänzchen auf 10–15 cm Abstand versetzen. Höhe nur 15–20 cm. Blütezeit Juni bis Oktober. Portulakröschen gedeihen am besten in sandigen Böden, bei voller Sonne.
Sorten: Einfache und gefüllte Mischungen.
Besonderer Tip: Reizend für Beeteinfassungen in romantisch-altmodischen Gärten. Guter Bodendecker für trokkene Böden und als blütenreicher Blickfang im sonnigen Steingarten.

Reseda *Reseda odorata*

Merkmale: Vor- und Zuname sind gleich, diese Blume aus der guten alten Zeit gehört zu den Resedagewächsen. Ihre Blüte ist eher unscheinbar, der Duft aber bezaubert seit Generationen.

Rittersporn in sommerlicher Gesellschaft.

Kultur: Aussaat ab April ins Freiland, verpflanzen auf 15–20 cm Abstand. Blütezeit Juni bis Oktober. Höhe 30–40 cm. Anspruchslos.
Sorten: 'Schöne von Stuttgart' (rötliche Blüten), 'Grandiflora' (lange rötliche Rispen), 'Machet Riesen' (orangerot).
Besonderer Tip: Reseda wirkt hübsch als Beeteinfassung. In der Vase verträgt sie sich nicht mit anderen Blumen (Phytonzide!). Lassen Sie sie allein wirken und duften. Auch die Nachbarschaft zu Rosen ist nicht günstig! Die jungen Resedapflänzchen müssen vor Erdflöhen geschützt werden.

Ringelblume
Calendula officinalis

Merkmale: Diese uralte Gartenpflanze aus der Familie der Korbblütler ist im Blumen-, Gemüse- und Kräutergarten zu Hause. Sie kann als Zier- und als Heilpflanze betrachtet werden. Die goldgelben oder orangeroten Blüten gleichen kleinen Sonnen. Es gibt gefüllte und ungefüllte Sorten. Alle – die alten Bauernblumen und die neuen Prachtzüchtungen – sind reizvolle Schnittblumen.
Kultur: Von April bis Mai ins Freiland säen. Die großen Samen keimen rasch, die Pflanzen sind sehr robust und anspruchslos. Abstand 25–30 cm. Höhe 25–50 cm. Blütezeit Juni bis November. Ringelblumen samen sich leicht selber aus. Wo sie sich wohlfühlen, da kommen sie von selbst wieder.
Sorten: 'Fiesta Gitana' (Mischung von cremegelb bis tief orange, 30 cm), 'Pazific-Schönheit' (Prachtmischung verschiedener Pazific-Hybriden, 50 cm), 'Zwergkönig' (orangerot mit brauner Mitte, nur 30 cm), 'Bonbon-Mischung' (dicht gefüllte Blumen, nur 25–30 cm), 'Susi orange' (dicht gefüllt wie Astern, 50 cm).
Besonderer Tip: Die Ringelblume wirkt gesundend auf den Boden und sollte im Nutz- wie im Ziergarten als heilsame Mischkultur eingeplant werden. Sie ist eine der wichtigsten und liebenswertesten Blumen im biologischen Garten!

Rittersporn
Delphinium ajacis und *D. consolida*

Merkmale: Der Rittersporn ist ein Hahnenfußgewächs. Seine langen Blütenrispen bringen heitere Sommerstimmung in den Garten und liefern wunderschöne Schnittblumen. Es gibt weiße, blaue, rosa, rote und lila Farben. *Delphinium ajacis* wächst eintriebig, *Delphinium consolida* entfaltet sich buschig und reichverzweigt.
Kultur: Aussaat März bis April oder im September direkt ins Freiland. Die Frühlingsaussaat blüht im Spätsommer, die Herbstaussaat bereits im Frühsommer. Pflanzabstand 30–40 cm. Höhe etwa 50–100 cm. Blütezeit Juni bis September. Einjähriger Rittersporn stellt keine besonderen Ansprüche.
Sorten: 'Hyazinthen-Rittersporn' (gefüllte Mischungen, 50 cm oder 110 cm), 'Königsrittersporn' (großblütig, lange Rispen, 90–110 cm).
Besonderer Tip: Herbstaussaaten sind empfehlenswert. Rittersporn ist bei Schnecken sehr beliebt, beachten Sie die Ratschläge gegen »Weitverbreitete Plagegeister« Seite 107.

Schleierkraut *Gypsophila elegans*

Merkmale: Das zierliche Nelkengewächs ist zur Blütezeit wirklich wie mit einem Schleier rosa oder weißer Blümchen bedeckt. Schleierkraut ziert Sommersträuße und läßt sie duftiger und heiterer wirken. Die Stiele der Blumen sind sehr zerbrechlich.
Kultur: Aussaat von März bis Juni direkt an Ort und Stelle ins Freiland. Pflanzabstand 30–40 cm. Höhe 40 bis 50 cm. Blütezeit etwa 8 Wochen nach der Aussaat 6 Wochen lang. Wer in Abständen neu aussät, der hat blühendes Schleierkraut bis zum Herbst. Die Pflanzen lieben eher mageren Boden, etwas Kalk und viel Sonne.
Sorten: 'Carminea' (karminrosa), 'Maxima alba' (weiß).
Besonderer Tip: Das kurzlebige Schleierkraut füllt vorübergehende Lücken. Säen Sie es sonst auf ein Extra-Schnittblumenbeet.

Schleifenblume
Iberis amara und *Iberis umbellata*

Merkmale: Schleifenblumen gehören in die Familie der Kreuzblütler. Die flachen Blütendolden sind aus vielen Blümchen zusammengesetzt. Es gibt weiße, rosa und lila Farbtöne. Die Blumen eignen sich auch zum Schnitt für kleine Sträuße.
Kultur: Aussaatzeiten sind September bis Oktober für frühe Blüte und April bis Mai für spätere Blüte. Am besten säen Sie direkt ins Freiland. Pflanzabstand 20 cm. Höhe 20–30 cm. Hauptblütezeit Juni bis Juli. Schleifenblumen sind sehr anspruchslos. Sie säen sich selber wieder aus. Ein Rückschnitt regt sie zu neuer Blüte an.
Sorten: Farbmischungen;
Iberis amara 'Eisberg' (reinweiß);
Iberis umbellata: 'Purpurea' (blau-violett), 'Rosa Kardinal' (scharlachrosa).
Besonderer Tip: Schleifenblumen sind ideale blühende Bodendecker für naturgemäße Gärten. Sie füllen rasch kahle Stellen in Rabatten und im Steingarten. Als Kreuzblütler sind sie leider auch bei Erdflöhen beliebt!

Schmuckkörbchen, Kosmee
Cosmos bipinnatus

Merkmale: Aus der Familie der Korbblütler stammen diese altbekannten Sommerblumen. Sie wirken zierlich trotz ihrer Höhe. Die schlichte Schönheit der offenen Blütenkörbchen wird durch das feingefiederte Laub noch unterstrichen. Kosmeen gehören zu den anmutigsten Garten- und Vasenblumen. Sie blühen weiß, rosa und weinrot. Neue Züchtungen leuchten tief orangefarben.
Kultur: Aussaat von April bis Mai ins Freiland. Verpflanzen mit 30–40 cm Abstand. Höhe 100–150 cm. Blütezeit Juni bis November. Schmuckkörbchen sind anspruchslose, reichblühende Pflanzen, die auch noch im Halbschatten gedeihen.
Sorten: Prachtmischungen; 'Gloria' (rosa mit karminroter Mitte), 'Karminkönig' (scharlachrot), 'Unschuld' (großblumig, reinweiß);
Cosmos sulphureus: 'Diablo' (feuerrot), 'Sunset' (orangerot), 'Luna' (gelb).
Besonderer Tip: Kosmeen bringen mehr Blüten, wenn sie nicht zu reichlich ernährt werden. Sie passen gut zum naturgemäßen Garten.

Skabiose, Nadelkissen
Scabiosa atropurpurea

Merkmale: Skabiosen gehören zu den Kardengewächsen. Die dichtgefüllten »Blütenkissen« sind rosa, lila oder dunkelpurpur gefärbt. Die langstieligen Blumen eignen sich gut zum Schnitt.
Kultur: Aussaat ab März ins Frühbeet, ab Ende April ins Freiland. Später mit 25–30 cm Abstand verpflanzen. Höhe je nach Sorte 40–90 cm. Blütezeit Juli bis November. Skabiosen lieben volle Sonne und durchlässigen, kalkhaltigen Boden.
Sorten: Prachtmischungen.
Besonderer Tip: Pflanzen Sie Skabiosen in Gruppen.

Sommerfuchsie, Klarkie
Clarkia elegans

Merkmale: Die Sommerfuchsie ist mit den Atlasblumen verwandt und stammt aus der gleichen Familie der Nachtkerzengewächse. Die bezaubernden Blüten erinnern an kleine, gefüllte Röschen. Sie sind weiß, rosa, rot und lila gefärbt. Reizende Sommerblumen für Gartenbeete und bunte Sträuße.
Kultur: Aussaat von März bis Mai direkt ins Freiland. Auch Herbstaussaat ist möglich. Sie muß über Winter mit Fichtenreisig zugedeckt werden. Verpflanzen auf 25 cm Abstand. Höhe 40–60 cm. Blütezeit Juni bis September. Klarkien gedeihen auch in kühlen Sommern gut. Sie dürfen nicht zu stark gedüngt werden und vertragen auch Halbschatten.
Sorten: Prachtmischungen.
Besonderer Tip: Pflanzen Sie Sommerfuchsien zusammen mit Atlasblumen, einjährigem Schleierkraut und Jungfer im Grünen. Eine anmutige Blütenmischung für Romantiker!

Schmuckkörbchen sind reizvolle Schnittblumen.

Sommerphlox *Phlox drummondii*

Merkmale: Eine blütenreiche Pflanze aus der Familie der Sperrkrautgewächse. Der niedrige einjährige Phlox blüht in zahlreichen rosa, roten und lila Farbabstufungen, oft zweifarbig mit »ausdrucksvollen Augen«.
Kultur: Aussaat im März ins Frühbeet oder ab April ins Freiland. Pflanzabstand 15 cm. Höhe je nach Sorte 20–40 cm. Blütezeit Juni bis Oktober. Rückschnitt fördert neue Blüten.
Sorten: 'Sternenzauber' (niedrige Mischung, 20–25 cm), Prachtmischungen (hohe Sorten, 40 cm).
Besonderer Tip: Farbenprächtiger Bodendecker für viele Zwecke. Bei Sommerhitze muß Phlox reichlich gegossen werden. Er verträgt aber Wärme und sandige Böden besser als Kälte, Nässe und schwere Böden.

Sonnenblume *Helianthus annuus*

Merkmale: Die »goldenen Riesen« im Sommergarten gehören zur Familie der Korbblütler. Sie machen sich nützlich, wenn die Kerne zur Ölgewinnung verwendet werden. Im Ziergarten sind die Sonnenräder ein prachtvoller Blickfang. Verzweigte Sorten liefern herrliche Schnittblumen in Gold und

Rotbraun. Es gibt hohe und niedrige, gefüllte und einfache Züchtungen. Sonnenblumen drehen sich den ganzen Tag und wenden »ihr Gesicht« immer dem großen Gestirn zu, dessen Namen sie zu Recht tragen.
Kultur: Ab April werden die großen Samenkörner im Freiland ausgesät. Später auf 40–60 cm Abstand auslichten. Höhe 0,5–3 m. Blütezeit Juli bis Oktober. Sonnenblumen gedeihen auch in großen Kübeln. Sie sind gewaltige Nährstofffresser und brauchen deshalb guten Boden und reichlich Dünger.
Sorten: 'Abendsonne' (braun-rote Mischung), 'Goldener Neger' (goldgelb mit dunkler Mitte, 2,5 m), 'Hohe Sonnengold' (goldgelb, gefüllt, 1,5 m), 'Zwerg-Sonnengold' (dicht gefüllt, 40 cm), 'Herbstzauber' (Mischung, Gelb bis Purpur).
Besonderer Tip: Aus hohen Sonnenblumen können Sie wunderschöne einjährige Hecken pflanzen, die schnell Sichtschutz bieten: zum Beispiel am Kompostplatz oder am Zaun von Neubaugrundstücken.
Nach den Erfahrungen mancher Biogärtner sollen dichte Sonnenblumenpflanzungen Wühlmäuse fernhalten.

Sonnenhut *Rudbeckia hirta*

Merkmale: Die typischen Korbblütler besitzen einen strahlenförmigen Blütenkranz, der um einen kegelförmigen dunklen Mittelpunkt angeordnet ist. Sonnenhüte wirken wie kleine Schwestern der Sonnenblumen. Sie liefern wunderbare, haltbare Schnittblumen in warmen Gelb-, Rost- und Brauntönen.
Kultur: Aussaat im März ins Frühbeet oder ab April ins Freiland. Pflanzabstand 30–40 cm. Höhe 60–90 cm. Blütezeit August bis Oktober. Keine besonderen Ansprüche.
Sorten: 'Marmalade' (orangegelb), 'Meine Freunde' (goldgelb), 'Herbstwald' (gelb-bronze-rot-braune Mischung).
Besonderer Tip: Unter günstigen Bedingungen überwintern die Pflanzen und blühen ein zweites Jahr.

Spinnenpflanze *Cleome spinosa*

Merkmale: Dieses Kaperngewächs war schon einmal zu Urgroßmutters Zeiten groß in Mode. Jetzt ist die attraktive Pflanze wieder überall zu haben. Die aparten Blütenstände mit den überlangen Staubgefäßen wirken sehr dekorativ. Sie sind rosa, lila oder weiß gefärbt.
Kultur: Im Frühbeet oder im Haus ab März aussäen. Pikieren und abhärten. Ab Mitte Mai mit 40–50 cm Abstand nach draußen pflanzen. Höhe 90 bis 100 cm. Blütezeit Juli bis September. Möglichst geschützter, warmer Standort; volle Sonne und reichliche Nährstoffversorgung sind Voraussetzung für gutes Gedeihen und reiche Blüte.
Sorten: Mischungen; 'Fliederfarbe' (mauve), 'Helen Campbell' (weiß), 'Rosakönigin' (hellrosa).
Besonderer Tip: Pflanzen Sie die exotisch wirkenden großen Blütenpflanzen als einzelne Gruppe oder in Kübel. Gießen Sie öfter mit Brennesseljauche.

Steinkraut *Lobularia maritima* syn. *Alyssum maritimum*

Merkmale: Das niedrige, honigsüß duftende Steinkraut gehört zu den Kreuzblütlern. Es schmückt sich mit weißen, lila oder rosa Blüten und bildet dichte Teppiche.
Kultur: Aussaat in Abständen immer wieder von März bis Juni direkt ins Freiland. Auf 15 cm Abstand verpflanzen. Höhe 10–15 cm. Blütezeit je nach Aussaat Mai bis September. Die Pflanzen blühen schon zehn Wochen nach der Aussaat. Nach einem Rückschnitt mit der Schere setzen Sie einen zweiten Flor an.
Sorten: 'Little Dorrit' (weiß), 'Rosie O'Day' (rosa), 'Wunderland' (rosarot), 'Königsteppich' (tiefviolett).
Besonderer Tip: Weil es so schnell wächst und blüht, ist das Steinkraut ein wertvoller Bodendecker für Stellen, die noch rasch zugedeckt werden sollen. Hübsch auch im Steingarten und als Beeteinfassung.

Strohblumen halten lange, wenn Sie sie rechtzeitig trocknen.

Strohblume *Helichrysum bracteatum*

Merkmale: Ein Korbblütler, dessen steife Hüllblätter die Strohblumen bilden. Die Farbskala reicht von Cremeweiß über Gelb, Orange bis zum tiefen Rot. Die Blumen sehen in der Rabatte hübsch aus und liefern reichlich Material für winterliche Trockensträuße.
Kultur: Im März Aussaat ins Frühbeet, ab April ins Freiland. Pflanzabstand 20–30 cm. Höhe 30–80 cm. Blütezeit Juli bis Oktober. Strohblumen wachsen leicht, nur gegen zuviel Nässe sind sie empfindlich.
Sorten: Hohe Prachtmischungen (80 cm), halbhohe Prachtmischungen (40–50 cm), 'Hot Bikini' (feuerrot), 'Bunter Bikini' (niedrige Mischung, 30 cm).
Besonderer Tip: Schneiden Sie Strohblumen, wenn die Knospen sich gerade zu öffnen beginnen, und hängen Sie sie gebündelt kopfunter zum Trocknen auf. So behalten sie die beste Form für Trockensträuße.

Studentenblume, Samtkäppchen *Tagetes erecta, Tagetes patula, Tagetes tenuifolia*

Merkmale: Diese vielseitigen Blumen aus der Familie der Korbblütler dürfen in keinem naturgemäßen Garten fehlen. Sie wachsen als niedrige Teppiche oder als hohe Schnittblumen. Alle

Gelb-, Gold- und Mahagonifarben sind in ihrem reichen Angebot vorhanden. Es gibt gefüllte und einfache Sorten. Alle haben leuchtende, samtige Blüten. Den Tagetesgeruch mögen manche Menschen nicht, deshalb wurden auch duftlose Züchtungen entwickelt.

Kultur: Aussaat ab März ins Frühbeet, ab April ins Freiland. Pflanzabstand bei niedrigen Sorten 15 cm, bei hohen Sorten 30–50 cm. Höhe je nach Sorte 15–90 cm. Blütezeit Mai bis November. Tagetes lassen sich leicht verpflanzen. Sie gedeihen überall, am besten aber in der Sonne. Bei Regenwetter bleiben sie standfest; vor allem die Blüten der niedrigen Sorten halten sich auch bei Nässe. Von den unkomplizierten Samtkäppchen können Sie besonders leicht Samen selber sammeln. Sie gewinnen dabei allerdings immer »bunte Mischungen«.

Sorten: Hohe Sorten *(Tagetes erecta)*: 'Pfitzers Geruchlose Stolz des Gartens' (orangegelb, hoch), 'Jubilee-F1-Hybriden' (dichtgefüllte große Ballblüten, 50–60 cm).
niedrige Sorten *(Tagetes nana)*: 'Cupido' (goldgelb, niedrig), 'Orangeflamme' (orange-samtrot, niedrig), 'Zitronentropfen' (zitronengelb, sehr niedrig), 'Ehrenkreuz' (alte einfache Sorte, gelb-braun), 'Marietta' (verbesserte 'Ehrenkreuz');
buschige, feinlaubige Sorten *(Tagetes tenuifolia)*: 'Gnom' (goldgelb, kleine Blüten, gefiedertes Laub), 'Paprika' (braunrot, ebenfalls gefiedertes Laub). Dies ist nur eine kleine Auswahl aus der großen Sortenfülle.

Besonderer Tip: Tagetes gehören zu den wichtigsten Blumen im naturgemäßen Garten. Sie dienen nicht nur zur Zierde, sondern auch als Bodendecker, Schädlingsabwehrer und gesunde Mischkultur. Vergleichen Sie dazu die Kapitel »Pflanzen als Helfer im Garten« und »Mischkultur«. Da Studentenblumen ein Leckerbissen für Schnecken sind, sollten sie auch die Tips im Abschnitt »Plagegeister«, S. 107 beachten.

Pflanzen Sie Tagetes zu Tomaten, Kartoffeln und Petersilie. Im Ziergarten passen diese vielseitigen Blumen gut als Bodendecker zu Rosen und ins Staudenbeet. Auch als Beeteinfassung und im Balkonkasten leuchten sie unermüdlich bis zum Frost mit ihren warmen Goldbrokattönen.

Trichtermalve *Malope trifida*

Merkmale: Dieses einjährige Malvengewächs war schon im alten Bauerngarten heimisch. Es bezaubert mit einer verschwenderischen Fülle seidiger Trichterblüten, die aus den Blattachseln wachsen. Weiß, rosa und rot sind die Farben der Malven, die trotz ihrer Zartheit lange in der Vase halten.

Kultur: Aussaat im April an Ort und Stelle, später mit 20–30 cm Abstand verpflanzen. Höhe 60–100 cm. Blütezeit Juli bis Oktober. Trichtermalven gedeihen besonders gut in sandig-humosem Boden bei voller Sonne.

Sorten: Großblumige Mischungen.

Besonderer Tip: Ein ähnlich hübsches Malvengewächs ist auch die Bechermalve *(Lavatera trimestris)*. Sie wächst unter den gleichen Bedingungen wie die Trichtermalve. Die Sorte 'Silver Cup' hat rosa Blüten wie aus japanischer Seide. Das weiße Gegenstück heißt 'Mont Blanc'. Wer sie einmal erlebte, der wird ihren Zauber nie wieder missen mögen.

'Silver Cup', eine seidige Sommerschönheit.

Trichterwinde, Prunkwinde
Ipomoea (Pharbitis) imperialis und *Ipomoea tricolor*

Merkmale: Diese Windengewächse ranken rasch hoch und sind monatelang mit herrlichen Trichterblüten übersät. Jeden Morgen öffnen sich neue Blumen, die sich in der Mittagszeit wieder schließen. Es gibt gestreifte und einfarbige Züchtungen in den Farben Weiß, Rot, Violett und Blau. Die Schönste von allen ist die strahlend himmelblaue Kaiserwinde. Eine Blume zum Meditieren!

Kultur: Aussaat ab April ins Freiland. Ab März Vorkultur in Torftöpfchen. Die Samen sollten in Wasser vorquellen. Abstand in der Reihe 15 cm. Höhe 2–5 m. Blütezeit Juli bis September. Winden brauchen Kletterhilfen. Sie ranken an Zäunen, Stäben und Drähten im Garten und auf dem Balkon.

Sorten: Prachtmischungen;
Ipomoea imperialis: 'Kaiserwinden-Prachtmischung' (leuchtend blaue Kaiserwinde);
Ipomoea tricolor (himmelblaue Blüten, großblumig);
Ipomoea tricolor: 'Scharlachruhm' (rot), 'Scarlet O'Hara' (karmesinrot).

Besonderer Tip: Pflanzen Sie blaue Kaiserwinden dort, wo die Morgensonne scheint und wo Sie sie nach dem Aufstehen gleich begrüßen können. Die Blüten sind jeden Morgen ein Erlebnis!

Die Kaiserwinde begrüßt den Morgen.

Wicken verschönern jeden Gartenzaun.

Trompetenzunge
Salpiglossis sinuata

Merkmale: Dieses Nachtschattengewächs überrascht mit den phantasievollsten Blüten des Sommergartens. Die trompetenförmigen Blumen sind mit einem Netz von farbigen Adern durchzogen und strahlen in Goldgelb, Rosa, Rot, Mahagonibraun und Blau. Aus ihrer südamerikanischen Heimat haben sie ihren ganzen fremdländischen Zauber mit in unsere Gärten gebracht. Sie wirken wie Kinder des Regenbogens. Es ist erstaunlich, daß diese Blumen, die sich auch gut zum Schnitt eignen, noch immer verhältnismäßig wenig verbreitet sind.
Kultur: Vorkultur ab März im Frühbeet oder im Haus ist unbedingt empfehlenswert, obgleich eine Aussaat ab April an warmen geschützten Stellen auch im Freiland möglich ist. Im Mai wird auf 30 cm Abstand verpflanzt. Höhe 60–80 cm. Blütezeit Juni bis September. Trompetenzungen brauchen einen warmen, geschützten Standort und guten, nährstoffreichen Boden.
Sorten: Prachtmischungen.
Besonderer Tip: Zusammen mit Gauklerblumen und Elfenspiegel bilden die Trompetenzungen eine leuchtende »Exotenecke«.

Wicke *Lathyrus odoratus*

Merkmale: Wicken gehören zu den Schmetterlingsblütlern, und sie wirken genauso, wie ihr Name es verspricht: geflügelt, heiter und fast schwerelos. Ihr lieblicher Duft durchzieht den ganzen Raum, wenn Sie ein Wickensträußchen in die Vase stellen. Das Farbenspiel reicht von Weiß, Zartgelb, Rosa, Rot über Lavendel bis Tiefviolett. Es gibt hochrankende und niedrige buschige Sorten.
Kultur: Aussaat von März bis Mai ins Freiland in 5 cm tiefe Rillen. Legen Sie etwa alle 10 cm je 2–3 Körner, die einige Stunden vorher in warmem Wasser quellen sollten. Reihenabstand 30 cm. Wicken sind Stickstoffsammler, sie brauchen nahrhaften Boden, vertragen aber keine frischen Dünger. Gießen Sie öfter mit Brennesseljauche. Feucht halten bei Hitze. Höhe bei rankenden Sorten 1,50–3,00 m, buschige Sorten 25–60 cm. Blütezeit Juli bis Oktober. Die hohen Sorten brauchen Kletterhilfen, die niedrigen eignen sich auch für blühende Beete.
Sorten: Prachtmischungen;
Einzelfarben, zum Beispiel 'Royal Carmesin', 'Royal Lavendel' und viele andere;
Zwergwicken: 'Kleiner Liebling' (25–35 cm, auch für Balkonkästen);
Buschwicken: 'Jet-Set-Mischung' (60 cm, brauchen keine Stütze).
Besonderer Tip: Mulchen Sie den Boden um die Wicken, denn die Pflanzen brauchen viel Feuchtigkeit. Gegen Schnecken helfen die Tips auf Seite 107.

Ziertabak *Nicotiana*

Merkmale: Ein Nachtschattengewächs, das im Sommergarten monatelang blüht und vor allem in den Abendstunden süß duftet. Hübsche Rabattenblume, die auch für Sträuße geschnitten werden kann. Kräftige Büsche in Weiß, Rosa und Rot.
Kultur: Aussaat ab März im Frühbeet oder im Haus; ab Mitte Mai ins Freie pflanzen mit 25–30 cm Abstand. Höhe 50–80 cm. Blütezeit Mai bis November. Ab und zu mit Brennesseljauche gießen. Anspruchslos, reichblühend, gedeihen auch im hellen Schatten.
Sorten: *N. sanderae* 'Scharlachkönig' (scharlachrot, 80 cm), 'Idol' (leuchtend rot, 40–50 cm), 'Nicky-Rose', F1-Hybride (rosa), 'Nicky-White' (weiß), 'Sperling's Brasilia' (weiß, rosa, dunkelrot).
Besonderer Tip: Ziertabak wird von den meisten Schädlingen gemieden und ist deshalb eine Sommerblume ohne Probleme.

Zinnie *Zinnia elegans*

Merkmale: Die farbenfrohen Korbblütler aus Mexiko sind sehr beliebt als Beet- und Schnittblumen. Sie wirken etwas steifstengelig, sind aber dafür sehr haltbar – sowohl im Garten als auch in der Vase. Das Farbenspiel reicht von Cremeweiß über Gelb, Orange, Rot, Rosa bis Lila und Rostbraun. Es gibt Riesen und Zwerge unter den zahlreichen Zinnien-Züchtungen.
Kultur: Aussaat ab März ins Frühbeet oder in Schalen auf der Fensterbank, ab Ende April auch ins Freiland. Später die großen Sorten auf 30–40 cm Abstand verpflanzen, die kleinen auf 20 cm. Höhe je nach Sorte 20–100 cm. Blütezeit Juni bis Oktober. Zinnien brauchen viel Wärme und Sonne. Wenn sie einmal angewachsen sind, vertragen sie auch Trockenheit. Mit Brennesseljauche düngen.
Sorten: Mischungen und Einzelfarben von Dahlienblütigen Riesenzinnien (90 cm), Chrysanthemenblütigen Riesenzinnien (90 cm), Skabiosenblütigen Zinnien (80 cm), Liliput-Zinnien (60 cm, kleinblumig);
Zinnia angustifolia: 'Perserteppich' (40 cm, kleinblumig), 'Old Mexiko' (rotbraun mit goldgelben Spitzen, 40–50 cm),
'Däumling' (Zwergzinnie, 15 cm, für Einfassungen und Balkonkästen).
Besonderer Tip: Die zierliche, locker verzweigte *Zinnia angustifolia* paßt am besten in naturgemäße Gärten. Mit ihren warmen braun-gelben Farbtönen ist sie eine gute Partnerin für *Tagetes*.

Unentbehrlich – die zweijährigen Sommerblumen

Im gärtnerischen Grenzland zwischen den einjährigen und den ausdauernden Stauden sind die zweijährigen Sommerblumen angesiedelt. Ihr normaler Lebensrhythmus beginnt mit der Aussaat im Frühsommer. Im Herbst werden sie dorthin verpflanzt, wo sie blühen sollen. Im folgenden Jahr entwickeln sie dann erst Blüten und Samen. Eigentlich wäre damit ihr Lebenszyklus abgelaufen. Aber viele Zweijährige sind recht ausdauernd und blühen unter günstigen Umständen noch 1 oder 2 Jahre länger.

Da die Aussaatzeit in die Sommermonate Juni bis Juli fällt, ist es besonders wichtig, das Beet stets feucht und etwas schattig zu halten. Ab Mitte August bis September sollten Sie die Jungpflanzen an Ort und Stelle versetzen, damit sie vor dem Winter gut einwurzeln. In kalten Gegenden müssen Sie die kleinen Stiefmütterchen, den Goldlack und die anderen Zweijährigen durch eine Kieferreisigdecke schützen. Die Pflanzen können notfalls auch erst im folgenden Frühling versetzt werden und im geschützten Frühbeet überwintern. Dann brauchen sie aber genügend Abstand untereinander. Gedüngt werden die Zweijährigen erst im zweiten Jahr. Für die Bodenvorbereitungen und die Pflege gelten die gleichen Regeln wie bei den einjährigen Sommerblumen. Unter den Zweijährigen finden Sie die schönsten altvertrauten Blumen aus dem Bauerngarten. Es lohnt sich, den späten Aussaattermin nicht zu vergessen!

Bartnelken kann man nie genug haben!

Fingerhüte kommen aus den alten Bauerngärten. Es gibt auch schöne Neuzüchtungen.

Bartnelke, Karthäusernelke
Dianthus barbatus

Merkmale: Ein zauberhaft altmodisches Nelkengewächs. Die Blumen duften würzig-süß und halten sich lange in der Vase. Es gibt gefüllte und ungefüllte Sorten in Weiß, Rosa und Rot.

Kultur: Aussaat im Juni, verpflanzen im Spätsommer mit 20–25 cm Abstand. Karthäusernelken lieben die Sonne, gedeihen aber auch im Halbschatten noch recht gut. Die Pflanzen säen sich leicht aus. Wo Kahlfröste zu befürchten sind, ist es ratsam, die kleinen Bartnelken über Winter abzudecken.

Sorten: Gefüllte und ungefüllte Prachtmischungen, 'Pink Beauty' (lachsrosa, 50 cm), 'Scarlet-Beauty' (scharlachrot, 50 cm), 'Indianerteppich' (Zwergbartnelken, 25 cm).

Besonderer Tip: Bartnelken wirken am schönsten in üppigen Gruppen oder auch als Randbepflanzung im bäuerlichen Gemüsegarten.

Fingerhut *Digitalis purpurea*

Merkmale: Diese Blume aus der Familie der Braunwurzgewächse ist ursprünglich am Waldrand und auf Lichtungen zu Hause. Die hohen Stiele mit den im Schlund gefleckten Glocken bringen in den Garten ein wenig Wildnis-Stimmung. Fingerhut sieht auch in der Vase bezaubernd aus. Außer den purpurrosa Naturformen gibt es heute viele Züchtungen in Creme, Gelb, Rosa und Dunkelrot.

Kultur: Aussaat im Juni ins Freiland, im Spätsommer verpflanzen mit 30–40 cm Abstand. Höhe 120–150 cm. Blütezeit je nach Sorte Juni bis Juli oder auch August bis Oktober. Die Pflanzen lieben halbschattige Plätze und heben sich von grünem Hintergrund (Nadelgehölze) besonders gut ab. Der Boden sollte eher etwas trokken und gut wasserdurchlässig sein. Leicht saurer Humus entspricht den natürlichen Lebensgewohnheiten dieser Waldrandgewächse.

Rückschnitt nach der Blüte hält die Fingerhüte länger am Leben. Die 'Foxy-Auslese' blüht bereits im ersten Jahr, wenn sie zeitig im Frühling ausgesät wird.

Sorten: 'Excelsior-Hybriden' (waagerecht stehende Blüten, 120 cm, Blütezeit Juni bis Juli), 'Foxy-Mischung' (60 cm, alle Farben), 'Sperling's Mervita' (Pastellfarben, 120–140 cm, Blütezeit August bis Oktober).

Besonderer Tip: Fingerhüte sind herrliche Blumen für naturgemäße Gärten. Kombinieren Sie sie mit Wildstauden, Farnen und Gehölzen.

Die alte Heilpflanze *Digitalis* gehört dagegen nur in die Hand des Arztes! Warnen Sie Kinder vor dem Gift der schönen Fingerhüte!

Goldlack *Cheiranthus cheiri*

Merkmale: Der Goldlack aus der Familie der Kreuzblütler blühte schon vor Jahrhunderten in Kloster- und Bauerngärten. Sein süßer Wohlgeruch gehört zu den besonderen Frühlings-Gartenfreuden. Es gibt gefüllte und ungefüllte Sorten, die alle in warmen Gold-, Orange- und Rotbrauntönen leuchten. Ein Goldlackstrauß erfüllt das ganze Zimmer mit seinem Duft.

Kultur: Aussaat schon ab Mai ins Freiland. Jungpflanzen mit 20–25 cm Abstand versetzen. In strengen Wintern mit Fichten- oder Kiefernreisig zudekken. In rauhen, kalten Lagen ist es besser, den Goldlack im Frühbeet zu überwintern und erst im Frühling auszupflanzen. Höhe je nach Sorte 15–50 cm. Blütezeit April bis Juni. Goldlack liebt nahrhaften, etwas lehmigen Gartenboden und viel Sonne. Unter günstigen Bedingungen hält er oft mehrere Jahre aus.

Sorten: Einfache Sorten: 'Kanariengelber Zwerg' (ungefüllt, 25 cm), 'Schwarzbrauner Zwerg' (ungefüllt, 25 cm), Mischung einfacher Sorten; gefüllte Sortenmischungen (nicht winterhart!);

'Einjähriger Pariser' (einjähriger Goldlack, Aussaat im März);

Cheirantus allionii 'Sperling's Ornato' (ein sehr winterharter Goldlack für die Frühlings- oder Sommeraussaat in Orange).

Besonderer Tip: Pflanzen Sie Goldlack in Gruppen zu Vergißmeinnicht und Stiefmütterchen. Er paßt wunderschön zu bäuerlichen Mischkulturen-Gärten.

Königskerze

Verbascum densiflorum, Verbascum thapsus und *Verbascum*-Hybriden

Merkmale: Diese wahrhaft königlichen Blumen aus der Familie der Braunwurzgewächse können im Heilkräutergarten ebenso zu Hause sein wie im Ziergarten. Wie Riesenkandelaber wirken die hohen Stiele mit den gelben Blüten, die außer ihrer Schönheit auch Medizin enthalten. Für den Garten gibt es neben den uralten Naturformen auch neue Züchtungen.

Goldlack leuchtet in den schönsten Goldtönen und duftet verführerisch süß.

Eine königliche Hoheit: die Königskerze!

Kultur: Aussaat im Juni bis Juli, verpflanzen auf 30–40 cm Abstand. Höhe 150–250 cm. Blütezeit Juli bis August. Königskerzen gedeihen am besten in sandigem, magerem, etwas kalkhaltigem Boden. Stauende Nässe vertragen sie nicht. Wo sie sich wohlfühlen, da vermehren sie sich selbst durch Samenflug.

Arten und Sorten: Naturformen: *V. densiflorum* (großblütig, ein hoher Mitteltrieb), *V. thapsus* (kleinblütig, stark verzweigt, sehr hoch); *V. olympicum* (gelbblütig mit breiten wolligen Blättern, 200 cm); *V. bombyciferum* (schwefelgelb, 180 cm);

Hybride: *'Cotswold Queen'* (bernsteinfarbige Blütenrispen, 150 cm).

Besonderer Tip: Königskerzen wirken majestätisch schön in Einzelgrup-

pen. Sie können aber auch gut in eine Mischkultur aus Nutzpflanzen und Kräutern eingeordnet werden – zum Beispiel als Randpflanzung am Zaun des Gemüsegartens, zusammen mit Ringelblumen und Salbei.
Die getrockneten Blüten von *V. densiflorum* und *V. thapsus* dienen als Tee bei Erkältungen.

Marienglockenblume
Campanula medium

Merkmale: Ein Glockenblumengewächs mit üppiger Blütenfülle. Die großen rundlichen Glocken schmückten schon die alten Bauerngärten. Marienglockenblumen füllen mit ihren breiten Blütenpyramiden mühelos Rabattenlücken und liefern wunderschöne Schnittblumen. Es gibt gefüllte und ungefüllte Sorten in Weiß, Rosa und Lila-blau.
Kultur: Aussaat Mai bis Juni ins Freiland, später verpflanzen auf 30–40 cm Abstand. Höhe 40–80 cm. Blütezeit Juni bis Juli. Gedeiht überall in nährstoffreicher, etwas kalkhaltiger Erde an sonnigem Standort.
Sorten: Einfache und gefüllte Mischungen, Einzelfarben, 'Glockenspiel-Mischung' (niedrig, 40 cm).
Besonderer Tip: Pflanzen Sie einige Glockenblumen auf ein Extra-Schnittblumenbeet für Sträuße. In der Rabatte ist es zu schade, wenn man »Löcher« schneidet.

Zart wie Porzellan sind Marienglockenblumen.

Maßlieblichen, Tausendschönchen *Bellis perennis*

Merkmale: Die reizenden Korbblütler sind die vornehmen Schwestern unserer heimischen Gänseblümchen. Dichtgefüllt und kugelrund wirken sie wie eine Sonntagsschönheit vom Lande. Die weißen, rosa und roten Blüten lassen sich auch zu hübschen Biedermeiersträußchen binden.
Kultur: Aussaat Mai bis Juni, später verpflanzen auf 10–15 cm Abstand. Höhe 15 cm. Blütezeit März bis Juni. Maßliebchen gedeihen überall in gutem, etwas feuchtem Boden, sowohl in der Sonne als auch im Halbschatten. Sie sind ganz winterhart. Die niedrigen Blumen eignen sich gut für Einfassungen und als Frühlingsbalkonschmuck.
Sorten: Prachtmischungen;
Einzelsorten: 'Rosa Teppich', 'Roter Teppich', 'Weißer Teppich', 'Kito' (kirschrosa), sehr großblütig; 'Pomponette', rosa, rot oder weiß (kleinblumig, dicht gefüllt, sehr reich blühend).
Besonderer Tip: Maßliebchen samen sich leicht aus, fallen dabei aber meist in ihre »ungefüllte Vergangenheit« zurück. Besser ist eine Vermehrung durch Teilung besonders kräftiger Pflanzen.

Stiefmütterchen
Viola-Wittrockiana-Hybriden

Merkmale: Diese Blumen aus der Familie der Veilchengewächse sind aus unseren Gärten nicht wegzudenken. Die freundlichen Gesichter und der zarte Duft gewinnen in jeder Generation neue Freunde. Die modernen Züchtungen zeigen alle Farben des Regenbogens und riesengroße Blüten.
Kultur: Aussaat Juni bis Juli, später verpflanzen auf 15–20 cm Abstand. Höhe 20–30 cm. Blütezeit März bis Mai, Blütenbeginn oft schon im Herbst. Stiefmütterchen sind im allgemeinen winterhart, Schutz ist nur bei starkem Frost nötig. Die Pflanzen gedeihen in der Sonne und im Halbschatten. Der Boden sollte locker, humusreich und feucht sein. Auch in Balkonkästen und Schalen blühen die »Riesenveilchen«. Gießen Sie sie mit Brennesseljauche.
Sorten: 'Einfarbige frühblühende Riesen' (reine Farben ohne Flecken), 'Hesses Überriesen' (Blütendurchmesser 8–10 cm), 'Schweizer Riesen' (großblumig in vielen Farben), 'Majestic-Giants F1-Hybriden' (kräftig und riesenblumgig), 'Roggli Riesen' (große Blüten, spät, gut für Herbstpflanzung); *Viola hiemalis* (frostharte Mischung).
Besonderer Tip: Benutzen Sie Stiefmütterchen als bunten Teppich für das Tulpenbeet!

Stockrose, Malve *Alcea rosea*

Merkmale: Das riesige Malvengewächs mit den röschenähnlichen Blüten war ein sommerliches Wahrzeichen alter Gärten. Auch heute wirken die weiß, rosa, rot, schwarzrot und zartgelb gefärbten Blumen als unübersehbarer Blickfang.
Kultur: Aussaat Mai bis Juni möglichst an Ort und Stelle, denn die Pflanzen leiden beim Umsetzen wegen ihrer

Stockrosen gehören zu den uralten Bauerngartenblumen, die immer aufs neue bezaubern.

langen Pfahlwurzeln. Reichlich Abstand von 40–50 cm unbedingt einhalten. Höhe 2–3 m. Blütezeit Juli bis September. Im zweiten Jahr sollten die Stockrosen angebunden werden. Sie lieben nährstoffreichen Boden und sonnige Lage. Gießen Sie mit Brennesseljauche. Am Zaun oder an einer warmen Hauswand stehen die Riesenblumen am günstigsten.
Sorten: 'Preismalven', gefüllte Prachtmischung.
Besonderer Tip: Malven sind anfällig für Malvenrost. Er wird durch Enge und Trockenheit gefördert. Weiter Abstand, Mulch und vorbeugende Spritzungen mit Schachtelhalmtee schützen vor der Krankheit.

Vergißmeinnicht *Myosotis*

Merkmale: Vergißmeinnicht gehören zu den Rauhblattgewächsen. Ihre himmelblauen Blütenteppiche wirken wie ein Abbild des Frühlingshimmels. Seit alten Zeiten sind sie in unseren Gärten heimisch als Teppich- und Einfassungsblumen. Sie eignen sich gut für kleine Vasen. Manche Sorten blühen auch rosa und weiß.
Kultur: Aussaat Juni bis Juli auf ein feucht-schattiges Beet. Später verpflanzen mit 15 cm Abstand. Höhe 15 bis 40 cm. Blütezeit vor allem Mai. Vergißmeinnicht sind anspruchslos, gedeihen aber am besten an feucht-kühlen Plätzen. Sie samen sich leicht aus.
Sorten: 'Blauer Korb' (tiefblau, großblumig, 25 cm), 'Blauer Ball' (kräftiges Blau, kugeliger Wuchs), 'Indigo compacta' (dunkelblau, 20 cm).
Besonderer Tip: Wählen Sie blaue Vergißmeinnicht als Teppich zu Füßen weißer und rosa lilienblütiger Tulpen.

Wolfsmilch *Euphorbia lathyris*

Merkmale: Dieses Wolfsmilchgewächs verdient seinen Platz im Garten weniger durch die unscheinbaren gelblichen Blüten als durch seinen nützlichen Einsatz gegen Wühlmäuse. Die hübsch geformten blaugrünen Blätter wirken sehr dekorativ.
Kultur: Aussaat Juni bis Juli, später in Gruppen auspflanzen. Höhe 80 cm. Sonniger Standort.
Besonderer Tip: Am Gartenzaun oder in der Nachbarschaft gefährdeter Pflanzen (zum Beispiel Lilien) hält diese Wolfsmilch die Wühlmäuse ab. Die Wirkung sollte aber nicht überschätzt werden. Beachten Sie dazu auch die Tips im Kapitel »Plagegeister«, Seite 106.
Vorsicht: Der Milchsaft der Wolfsmilch ist auch für Menschen giftig. Warnen Sie Ihre Kinder, damit sie diese Pflanzen nicht pflücken!

Farbenpracht für viele Gartenjahre: ausdauernde Stauden

Stauden sind krautige Gewächse, die jedes Jahr neu austreiben. Im Gegensatz zu den Ein- und Zweijährigen nennt man sie auch ausdauernde oder perennierende Pflanzen. Die meisten frieren oberirdisch zurück und überwintern unter der Erde in ihren Wurzelstöcken. Einige bleiben auch im Winter grün. Im nächsten Frühling erwachen sie alle zu neuem Leben und Blühen.
Zu den Stauden zählen so unterschiedliche Gewächse wie niedrige Steingartenpolster, hohe Rittersporne, vielgestaltige Zwiebelblumen, Dahlien, Gräser, Seerosen und Sumpfblumen. Auch zahlreiche Gräser und Farne gehören zu den Ausdauernden.
Stauden haben, da sie so viele verschiedenartige Gewächse umfassen, auch sehr unterschiedliche Lebensgewohnheiten. Ihre Ansprüche an den Boden, an Licht und Wasser müssen Sie kennenlernen, bevor Sie zu pflanzen beginnen. Nur mit solchem Wissen können Sie die richtigen Partner zusammenbringen, die es auch jahrelang miteinander aushalten können. So gibt es zum Beispiel Stauden, die sich an sonnigen und trocknen Plätzen wohlfühlen, und solche, die nur an schattigen, feuchten Stellen gedeihen.

Prachtstauden und Wildstauden

Zwei große Staudengruppen sollten Sie vor allem unterscheiden: die Beet- und Prachtstauden und die Wildstauden. Die Prachtstauden werden in Beeten und Rabatten buntgemischt zusammengepflanzt. Die meisten brauchen Sonne, einen lockeren, nährstoffreichen, offenen Boden und ständige Pflege. Zu ihnen gehören zum Beispiel Rittersporn, Phlox, Margeriten, Astern, Mohn und viele andere. Die Wildstauden werden dagegen mit Gehölzen, Zwiebelblumen und Bodendeckern kombiniert. Sie wachsen – ähnlich wie in der freien Natur – mit der Zeit dicht zusammen und bilden dann eine Pflanzengemeinschaft, die von der Pflege des Gärtners weitgehend unabhängig wird. Unkraut vermag diese geschlossene Bodendecke kaum noch zu durchdringen. Solche Kombinationen müssen natürlich »stimmen«, wenn sie funktionieren sollen. Stauden, die sich für naturhafte Pflanzungen eignen, sind zum Beispiel Akeleien, Eisenhut, Astilben, Glockenblumen, Farne und Gräser.
In den folgenden Pflanzenbeschreibungen finden Sie besondere Hinweise auf Beetstauden und Wildstauden. Die naturhaften Pflanzungen, die mit Wildstauden angelegt werden können, passen sicherlich besonders gut in naturgemäße Gärten. Aber auch die Prachtstauden mit ihren herrlichen Blüten und weithin leuchtenden Farben bedeuten Erlebnisreichtum und Pflanzenkostbarkeiten für jeden Gärtner, der die überreiche Fülle der Natur zu schätzen weiß. Vor allem der große Gärtner Karl Foerster hat in diesem Jahrhundert das Staudensortiment durch seine Züchtungen um bisher ungeahnte Blumenschätze bereichert. Sein Bemühen um standfeste Sorten, klare Farben und mehltauresistente Rassen ist sicher auch unter das große

Triebstecklinge schlagen in sandiger Erde unter einer Plastikhaube rasch Wurzeln.

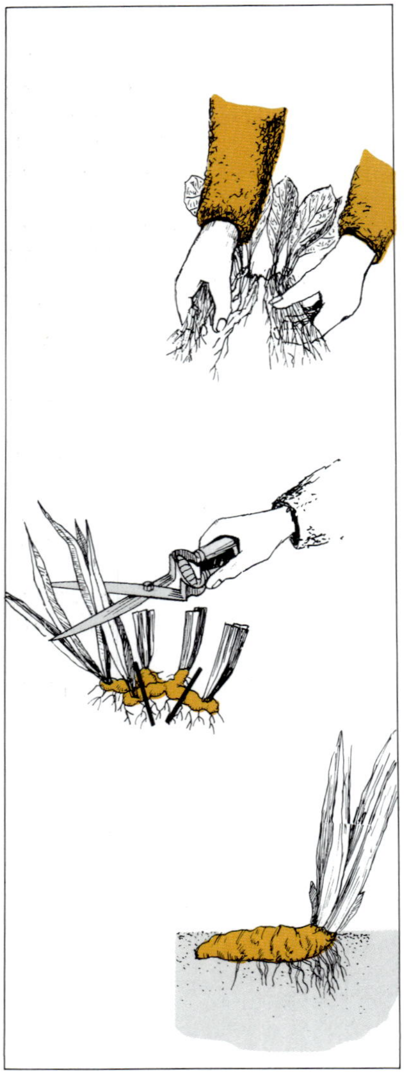

Verschiedene Vermehrungsmöglichkeiten bei Stauden: Wurzelballen können geteilt werden. Iris vermehrt man durch Abtrennen von Rhizomen (fleischige Wurzelsprossen, die sehr flach eingegraben werden). Blätter und Triebe werden beim Einpflanzen der abgetrennten Staudenteile zurückgeschnitten.

Stichwort »naturgemäß« einzuordnen. Auf Foerster-Züchtungen wird bei den Staudenbeschreibungen öfter hingewiesen.

Bodenvorbereitung und Pflanzung

Der Boden für alle Staudenpflanzungen muß sorgfältig vorbereitet werden. Entfernen Sie jedes Unkraut, denn wenn es später in die Wurzelstöcke wuchert, wird es zur unausrottbaren Plage. Lockere, humusreiche Erde ist die beste Grundlage. Versorgen Sie Staudenbeete reichlich mit reifem Kompost. Als Dünger sollten Sie eine langsam fließende Nahrungsquelle wählen, denn die ausdauernden Pflanzen brauchen zwar Nährstoffe, aber sie dürfen niemals stark angetrieben werden, sonst wuchern sie ins Blatt und bilden weniger Blüten. Eine Mischung von Horn-Blut-Knochenmehl (zum Beispiel »Oscorna«) ist für Stauden ideal.

Der Boden einer Prachtstaudenrabatte sollte möglichst offenbleiben, damit Sie hacken, wässern und düngen können. Ältere Pflanzungen wachsen im Sommer so dicht zusammen, daß dennoch eine natürliche Schattengare entstehen kann. Wo Lücken im Beet auftauchen, die »nackt« in der Sonne liegen, da können Sie einjährige Sommerblumen zwischen die Stauden säen. Solche Kombinationen sehen hübsch aus, und sie schützen gleichzeitig das Beet vor Austrocknung. Tagetes, Ringelblumen und Kapuzinerkresse eignen sich dazu besonders, weil sie gleichzeitig den Boden entseuchen und die Nachbarpflanzen vor Schädlingen schützen. Im Herbst und Frühling entsteht an diesen Stellen von selbst wieder Platz für die Pflegearbeiten, wenn die kurzlebigen Blumen verwelkt sind.

Im Frühling und nach der ersten Hauptblüte sollten Sie die Beetstauden zusätzlich mit Pflanzenjauche düngen. Wichtig ist, daß Sie verblühte Blumen immer sofort herausschneiden. Dadurch verlängern Sie den Flor. Die beste Pflanzzeit für fast alle Stauden liegt im Herbst von September bis November und im Frühjahr von März bis Mai. Kombinieren Sie die Blumen in einer Rabatte so, daß die Blütezeit vom Frühling bis zum Herbst ständig wechselt. Sowohl in der Wuchshöhe als auch in den Farbabstimmungen müssen die Stauden harmonisch aufeinander abgestimmt sein.

Vermehrung

Für die eigene Vermehrung bieten sich verschiedene Möglichkeiten an: Wurzelstockteilung, Abtrennen von Rhizomen (fleischiger Wurzelsproß) und Ausläufern, Stecklingen und auch die Aussaat selbstgeernteter Samen. Hinweise auf die Vermehrung finden Sie in den folgenden Einzelbeschreibungen. Denken Sie bei der Anlage eines Staudenbeetes immer daran, daß diese herrlichen Pflanzen Jahre – oder sogar Jahrzehnte lang – in Ihrem Garten wachsen und blühen sollen. Schenken Sie ihnen einen Platz, an dem sie sich auch wohlfühlen können.

Akelei *Aquilegia*

Merkmale: Ein Hahnenfußgewächs mit alter Gartentradition. Über den rundlich gefiederten blau-grünen Blättern nicken blau-violette Blütenglokken mit langen Spornen. Die Wildform kommt auch noch in Weiß und Rosa vor. Neue Züchtungen leuchten großblumig und lang gespornt in Rot, Blau, Violett und Gelb.

Kultur: Akeleien gedeihen gut in feuchtem, humusreichem Boden. Sie lieben lichten Halbschatten, blühen aber auch in der Sonne. Blütezeit Mai bis Juni. Höhe 20 bis 70 cm. Die Blumen samen sich leicht von selbst aus

Alte Akeleienform, die sich leicht aussamt.

und können auch gut durch Aussaat im Frühling oder Herbst herangezogen werden. Teilen lassen sich die Pflanzen nicht!

Arten und Sorten: *A. vulgaris*: Gemischt in blauen, violetten, rosa, weinroten und weißen Tönungen;
A. caerulea-Hybriden: 'Mc. Kana Riesen' (langspornig, großblumig, alle Farben); 'Olympia Blau-Weiß' (blau-weiß, 70 cm), 'Crimson Star' (weiß-rot, 60 cm), 'Mini-Star' (blau-weiß, nur 15 cm).

Besonderer Tip: Die Naturform *(A. vulgaris)* eignet sich gut für Wildstaudenpflanzungen mit Farnen, Storchenschnabel und Elfenblumen. Eine bildschöne Bauerngartenkombination: Akelei und Tränendes Herz.

Aster, Herbstaster *Aster dumosus, Aster novaeangliae, Aster novi-belgii*

Merkmale: Astern sind Korbblütler, die in zahlreichen ausdauernden Arten in unseren Gärten verbreitet sind. Es gibt Frühlingsastern (*A. alpinus* und *A. tongolensis*) und Sommerastern *(A. amellus)*. Hier ist nur von den Herbstschönheiten die Rede, die mit Tausenden von Blütensternen das Gartenjahr ausklingen lassen. Sie leuchten auf hohen oder niedrigen Stielen in Weiß, Lavendel, Violett, Rosa und Karminrot. *A. dumosus* ist eine niedrige Kissenaster. Hohe Büsche bilden die rauhblättrige *A. novae-angliae* und die glattblättrige *A. novi-belgii*. Sehr anmutig und natürlich wirkt die kleinblütige Myrthenaster *A. ericoides*.
Staudenastern sind wunderschöne, haltbare Schnittblumen.

Kultur: Die Pflanzen brauchen guten, durchlässigen Boden und wollen in voller Sonne stehen. Weiten Abstand einhalten! Höhe je nach Sorte 20–120 cm. Blütezeit September bis Oktober. Vermehrung durch Teilung der Wurzelstöcke und durch Aussaat. Die Herbststaudenastern sind anspruchslos, sie bleiben jung, wenn sie öfter geteilt werden.

Arten und Sorten: *A. dumosus:* 'Herbstgruß vom Bresserhof' (rosarot, 50 cm), 'Prof. A. Kippenberg' (leuchtend-blau, 30 bis 40 cm);
A. novae-angliae: 'Rubinschatz' (Foerster-Züchtung, rubinrot, 120 cm), 'Andenken an Alma Pötschke' (lachsrot, 100 cm);
A. novi-belgii: 'Crimson Brocade' (gefüllt, rosarot, 100 cm), 'Royal Blue' (tiefblau, 120 cm);
A. ericoides: 'Erlkönig' (hell-lila, 120 cm), 'Schneetanne' (weiß, 120 cm).

Staudenastern locken Schmetterlinge an.

Besonderer Tip: Alle Staudenastern sind Treffpunkt der Schmetterlinge. Glattblättrige Arten sind vom Mehltau gefährdet, die rauhblättrigen Arten sind ganz unempfindlich und gesund. Alle gehören zu den Beetstauden.

Astilbe, Prachtspiere *Astilbe*

Merkmale: Astilben sind Steinbrechgewächse, die im Sommer mit lange haltbaren, fedrigen Blütenrispen bezaubern, die aus winzigen Einzelblümchen zusammengesetzt sind. Ihre Farben sind Weiß, Rosa, Rot und Lila. In der Vase halten die Blüten gut, wenn die Stielenden etwas zerdrückt werden.

Kultur: Astilben lieben feuchten, nahrhaften Boden und Halbschatten. Sie wirken am schönsten zwischen Gehölzen und an Teichrändern. Geben Sie ihnen reichlich Laubkompost und Dünger. Pflanzabstand 40–50 cm. Höhe je nach Sorte 20–100 cm. Blütezeit Juli bis August. Vermehrung durch Teilen der Wurzelstöcke.

Arten und Sorten: *A.-Arendsii*-Hybriden: 'Brautschleier' (schneeweiß, 70 cm), 'Cattleya' (cattleyenrosa, 60 bis 100 cm), 'Fanal' (granatrot, 60 cm), 'Amethyst' (purpurlila);
A. japonica-Hybriden: 'Deutschland' (weiß, 50 cm), 'Mainz' (lilarosa, 50 cm), 'Bremen' (dunkelrosa, 50 cm);
A. taqueti 'Superba' (purpurrosa Wildform, 100 cm).

Besonderer Tip: Kombinieren Sie Astilben mit Farnen, Gräsern, Glockenblumen, Anemonen und Gehölzen. Sie eignen sich hervorragend für Wildstaudenpflanzungen.

Bergenie *Bergenia*

Merkmale: Behäbige, breitblättrige Stauden aus der Familie der Steinbrechgewächse. Sie gehören zu den immergrünen Pflanzen und schmücken sich im Frühling mit rosa oder roten Blütenrispen.

Kultur: Anspruchslose Pflanzen, die in der Sonne und im Schatten gedeihen. Sie nehmen mit jedem Boden vorlieb.

Blüten für die Winterzeit: Die Sterne der Christrosen leuchten durch den schlafenden Garten.

Pflanzenabstand 30–40 cm. Höhe 30–50 cm. Blütezeit April bis Mai. Vermehrung durch Teilung.
Sorten: 'Abendglut' (rot, 40 cm), 'Morgenröte' (leuchtend rosa, remontierend, 40 cm), 'Silberlicht' (weiß-rosa, 40 cm).
Besonderer Tip: Robuste Gewächse mit Wildstauden-Charakter, als Bodendecker für naturhafte Pflanzungen geeignet. Bei einigen Sorten verfärben sich die Blätter im Herbst.

Blaukissen, Aubrietie *Aubrieta*

Merkmale: Diese dankbaren Polsterstauden gehören zu den Kreuzblütlern. Das silbrig-grüne Laub ist winterhart; im Frühling sind die Pflanzen über und über mit Blüten bedeckt. Weithin leuchten die Blumenkissen in Blau, Violett, Rosa, Rot und Weiß.
Kultur: Aubrietien lieben sonnige Standorte und gedeihen in fast jedem Boden; für etwas Kalk und Dünger sind sie dankbar. Höhe 10–15 cm. Blütezeit April bis Mai. Sie können die Pflanzen selbst großziehen. Aussaat im Frühbeet oder in Schalen ab April. Im Freiland werden die Setzlinge mit 20–30 cm Abstand ausgepflanzt. Vermehrung durch Stecklinge und Teilung.
Sorten: 'Blue Emperor' (blau), 'Rosenteppich' (karminrosa), 'Rotkäppchen' (dunkelrot), 'Schloß Eckberg' (dunkelviolett).

Herbstliche Pracht: Chrysanthemen und Astern bilden eine farbenfrohe Gemeinschaft zum Ausklang des Gartenjahres.

Besonderer Tip: Nicht nur im Steingarten, auch zwischen Frühlingszwiebelblumen bilden Aubrietien herrliche Teppiche. Pflanzen Sie Schleifenblumen und Steinkraut dazu.

Christrose, Nieswurz *Helleborus*

Merkmale: Christrosen sind Hahnenfußgewächse, die zu einer außergewöhnlichen Zeit mitten im Winter blühen. Die Blütensterne im Schnee sind immer von neuem ein wunderbares Gartenereignis. Sie leuchten nicht nur weiß-rosa, sondern auch dunkelrot und grünlich. Die kurzstieligen Blumen halten sich gut in der Vase.
Kultur: Die immergrünen Stauden brauchen humusreichen, feuchten Boden. Sie lieben Kalk, geben Sie ihnen deshalb kalkhaltiges Steinmehl! Mulchen Sie mit grobem Kompost. Im Halbschatten unter Sträuchern, wo sie ungestört bleiben, entwickeln sich Christrosen am besten. Pflanzabstand 30–40 cm. Höhe 25–40 cm. Blütezeit je nach Sorte Dezember bis März. Vermehrung durch Teilung.
Arten: *H. niger* (weiße Christrose, 30 cm, Blüte ab Dezember);
H. praecox (weiß, Blüte schon ab Oktober/November);
H. atrorubens (dunkel purpurrot, Blüte Januar bis März);
H. foetidus die altbekannte Nieswurz (hellgrün, Blüte Januar bis April).

Besonderer Tip: Haben Sie Geduld mit Christrosen, sie blühen erst mit den Jahren immer reicher, am besten ungestört in Wildstaudenpflanzungen.

Chrysantheme, Winteraster
Chrysanthemum × hortorum

Merkmale: Diese Korbblütler gehören zu den ältesten kultivierten Blumen. Sie kamen aus Asien zu uns und erfüllen den Spätherbst mit dem tiefen Leuchten ihrer Strahlblüten. Ihr herber Duft riecht nach Vergänglichkeit. Chrysanthemenblüten überstehen den ersten Frost meist unbeschadet. Sie halten wochenlang in der Vase. Ihre Farbauswahl reicht von Weiß über Gelb, Kupfer, Braun bis zum tiefsten Rot und reinen Rosa.
Kultur: Chrysanthemen lieben humusreichen, möglichst etwas lehmigen Boden und einen sonnigen, geschützten Standort. Ernähren Sie sie kräftig mit Horn-Blut-Knochenmehl, Brennesseljauche und Steinmehl. Beste Pflanzzeit ist das Frühjahr. Pflanzabstand 40–60 cm. Höhe 40–100 cm. Blütezeit, je nach Sorte, August bis November. Vermehrung durch Teilung, Stecklinge oder Aussaat von Züchtersorten.
Arten und Sorten: *Indicum*-Gruppe: 'Kleiner Bernstein' (bernsteingelb, gefüllt, 40–50 cm), 'Golden Rehauge' (goldgelb, 80–100 cm), 'Nebelrose' (hellrosa, 100 cm);
Koreanum-Gruppe: 'Fellbacher Wein' (weinrot, 80–100 cm), 'Goldmarianne' (Foerster-Züchtung, tiefgelb, einfach, 80–100 cm), 'Kupfergoldstern' (Foerster-Züchtung, braunrotgelb 80–100 cm), 'Schneewolke' (Foerster-Züchtung, weiß, gefüllt, 50–60 cm), 'Schweizerland' (rosa, gefüllt);
Rubellum-Gruppe: 'Clara Curtis' (rosa, einfach, 70 cm).
Besonderer Tip: Chrysanthemen sind Beetstauden, die öfter auseinandergenommen und neu gepflanzt werden müssen. Etwas Winterschutz mit Fichtenzweigen ist ratsam. In sehr kalten Gegenden können Sie die Stauden im Herbst eintopfen und mit den Kübelpflanzen im Haus überwintern.

Dachwurz, Donnerwurz
Sempervivum

Merkmale: Ein Dickblattgewächs mit wunderschönen grünen, silberumsponnenen oder braunroten Blattrosetten. Auf langen Stielen erscheinen rosa oder gelbliche Blütensterne. Alte Donnerwurz-Sorten wuchsen auf Mauern, Türpfosten oder Dächern der Bauernhäuser – wie kleine gute Geister, die kein Frost und keine Dürre vertreiben konnten. Neue Züchtungen sind wahre Kleinodien in der Färbung und in der ornamentalen Form.
Kultur: Anspruchsloser geht es nicht: so trocken und mager wie möglich. Kein Dünger, aber viel Sonne. Höhe der Blüten 10–20 cm. Blütezeit Juni bis Juli. Gute Plätze sind Steingärten, Mauerritzen, Vertiefungen in Findlingssteinen und Schutthalden. Eine Pflanze, die geblüht hat, stirbt anschließend ab. Dafür bilden sich zahlreiche Ausläufer mit neuen Rosetten. Die Vermehrung findet ständig von selbst statt.
Sorten: 'Rheinkiesel' (silbrig-umsponnene Rosette), 'Rubin' (dunkelrot), 'Topas' (topasfarbig), *S. schlehanii* 'Rubicundum' (rot mit grünen Spitzen). Dies sind nur wenige Beispiele aus einem umfangreichen Züchtungsangebot, das noch viele andere »Donnerwurz-Edelsteine« enthält.
Besonderer Tip: Bepflanzen Sie einen alten Trog mit verschiedenen Dachwurz-Züchtungen.

Diptam, »Brennender Busch«
Dictamnus

Merkmale: Ein Rautengewächs mit ledrigen Blättern und dekorativen rosa oder weißen Blütenständen. Die Pflanzen duften intensiv und enthalten viel ätherisches Öl.
Kultur: Der Diptam braucht einen sehr sonnigen Platz und durchlässigen Boden, der mit reichlich Kompost und etwas Kalk versorgt werden soll. Pflanzabstand 90–120 cm. Höhe 80 cm. Blütezeit Mai bis Juli. Je länger die Pflanzen ungestört an einem Platz stehenbleiben, desto üppiger blühen sie mit der Zeit. Vermehrung durch Samen. Attraktives Gewächs für Wildstaudengemeinschaften auf eher trockenem Standort.
Arten und Sorten: *D. fraxinella* (rosa), 'Albiflorus' (weiß).
Besonderer Tip: An heißen Sommertagen verströmen die Samenkapseln so viel ätherisches Öl, daß man es in einer windstillen Stunde über dem »brennenden Busch« anzünden kann!

Edeldistel *Eryngium*

Merkmale: Edeldisteln sind dekorative Doldenblütler. Ihre stahlblaue Farbe und vor allem die bizarre »Halskrause« machen sie zu einem besonderen Blickfang im Garten. Sehr schön für Trockensträuße.
Kultur: Edeldisteln sind keine Wohlstandsgeschöpfe. Sie brauchen lockeren, trockenen Boden und viel Sonne. Pflanzabstand 30–45 cm. Höhe

Ein Sommergarten, in dem Stauden, einjährige Blumen und Gräser in einer Harmonie der Farben und Formen zusammenklingen.

Die Edeldistel läßt sich gut trocknen.

40–100 cm. Blütezeit Juli bis September. Vermehrung durch Aussaat.
Arten und Sorten: *E. alpinum:* 'Amethyst' (violett-blau, 80–100 cm), 'Opal' (silbrig-lila, 80–100 cm);
E. planum: 'Blauer Zwerg' (tiefblau, 50 cm).
Besonderer Tip: Pflanzen Sie die bizarren Disteln in Natur- und Heidegartenpartien zu Gräsern und Heidekraut.

Federnelke *Dianthus plumarius*

Merkmale: Die dichten grau-grünen Polster dieses Nelkengewächses sind zu jeder Jahreszeit ein hübscher Anblick. Die rundlichen, fedrigen, gefüllten Blüten duften süß-würzig. Sie sind weiß, rosa oder rot gefärbt. Federnelken sind haltbare Vasenblumen, die den ganzen Raum mit Wohlgeruch erfüllen.
Kultur: Durchlässiger, leichter Boden und Sonne sind Voraussetzung für gesunde Nelken. Sonst keine besonderen Ansprüche. Pflanzabstand 25 cm. Höhe 15–30 cm. Blütezeit Mai bis Juni. Vermehrung durch Stecklinge oder Aussaat.
Sorten: 'Altrosa' (rosa, gefüllt, 25 cm), 'Diamant' (weiß, gefüllt, 20–30 cm), 'Maischnee' (weiß, gefüllt, 25 cm), 'Heidi' (rot, gefüllt, 25–30 cm).
Besonderer Tip: Federnelken eignen sich als anmutig-altmodische Beetumrandung. Sie lieben es aber auch, über Trockenmauern herunterzuwachsen.

Feinstrahlaster, Berufskraut
Erigeron

Merkmale: Hübsche Korbblütler, die den Staudenastern ähneln. Die Blüten sind weiß, rosa, rot, lila oder violett. Sie liefern haltbare Sommersträuße.
Kultur: Anspruchslose Staude für die Sommerrabatte. Feinstrahlastern wachsen in jedem guten Gartenboden in voller Sonne oder im Halbschatten. Pflanzabstand 30 cm. Höhe 50–80 cm. Blütezeit Juli bis August. Vermehrung durch Teilung und durch Aussaat.
Sorten: 'Dunkelste Aller' (Foerster-Züchtung, violett-blau, 70 cm), 'Foersters Liebling' (rosarot, 60 cm), 'Rosa Triumph' (rosa, gefüllt, 60 cm), 'Sommerneuschnee' (Foerster-Züchtung, weiß, 50–60 cm).
Besonderer Tip: Nicht knospig, sondern vollerblüht schneiden; die Blüten öffnen sich nicht in der Vase.

Funkie, Herzlilie *Hosta*

Merkmale: Funkien sind Liliengewächse, die vor allem durch ihre prächtigen, verschieden gefärbten Blätterbüsche auffallen. Die glockenförmigen Blüten in Weiß, Rosa oder Lila zeigen ihre Schönheit erst auf den zweiten Blick.

Die Pfirsichblättrige Glockenblume.

Kultur: An schattigen Plätzen, in feuchtem, humusreichen Boden entwickeln sich die Herzlilien zu stattlichen Büschen, die von Jahr zu Jahr schöner werden. Sie wachsen aber auch in der Sonne und auf schlechtem Boden. Pflanzabstand je nach Sorte 30–60 cm. Höhe 40–60 cm. Blütezeit Juli bis August. Vermehrung durch Teilung.
Arten und Sorten: *H. albomarginata:* Weißrandfunkie (Blätter mit weißem Rand, Blüten lila);
H. fortunei 'Aurea' (im Frühling goldbunte, später grüne Blätter, Blüten lila);
H. plantaginea 'Grandiflora', die Lilienfunkie (große herzförmige Blätter, weiße duftende Blüten);
H. sieboldiana 'Elegans', Große Blaublattfunkie (breite, blaubereifte Blätter, Blüten lila-weiß).
Besonderer Tip: Funkien passen gut zu Wildstaudenpflanzungen im Schatten. Reizvolle Partner sind Eisenhut, Fingerhut, Astilben und Waldgräser.

Gemswurz, Frühlingsmargerite *Doronicum*

Merkmale: Die Gemswurz ist ein Korbblütler mit margeritenähnlichen gelben Strahlenblüten. Die Blumen eignen sich vorzüglich zum Schnitt.
Kultur: Gemswurz gedeiht in jedem normalen Gartenboden in der Sonne oder im Halbschatten. Die Staude ist robust und winterhart. Pflanzabstand 30 cm. Höhe je nach Sorte 25–70 cm. Blütezeit April bis Mai. Vermehrung durch Teilung oder Aussaat.
Sorten: *D. orientale (caucasicum):* 'Frühlingspracht' (gefüllt, 40–50 cm), 'Riedels Goldkranz' (große Blüten, 25 cm), 'Riedels Lichtspiegel' (großblumig, kompakt, 35 cm).
Besonderer Tip: Gemswurz ist ein strahlender Begleiter für rote Tulpen.

Glockenblume *Campanula*

Merkmale: Die verschiedenen Glockenblumengewächse gehören zu den lieblichsten Blumen im Sommergarten. Je nach Art und Herkunft eignen sie sich für Steingärten, Rabatten oder für Wildstaudenpflanzungen im lichten Schatten von Gehölzen. Ihre weißen, rosa, lila oder violetten Glocken bringen heitere Sommerstimmung in den Garten und ins Zimmer, denn sie halten sich auch gut in der Vase.

Kultur: Fast alle Glockenblumen gedeihen in der Sonne und im Halbschatten. Nur die Waldglockenblume *(C. macrantha)* liebt etwas mehr Schatten. Sie wachsen alle in jedem normalen Gartenboden. Pflanzabstand je nach Art 20–45 cm. Höhe je nach Art und Sorte 20–100 cm. Blütezeit Juni bis August. Vermehrung durch Teilung und Aussaat. Die meisten Glockenblumen breiten sich rasch von selbst aus.

Arten und Sorten: Karpatenglockenblume *C. carpatica:* 'Karpatenkrone' (Foerster-Züchtung, hellblau, 15 bis 20 cm), 'Weiße Clips' (weiß, 20 cm);
Dalmatiner Glockenblume *C. portenschlagiana:* (blaue Dauerblüher, 10 bis 15 cm);
Knäuelglockenblume, *C. glomerata*: 'Acaulis' (dunkel-violett, 20 cm), 'Dahurica' (dunkel-violett, 40–50 cm);
Riesen-Doldenglockenblume, *C. lactiflora:* 'Loddon Anne' (rauhhaarige Blätter, lila-rosa Glocken, 90 cm);
Waldglockenblume, *C. macrantha:* (rauhe Blätter, dunkelviolette Glocken, 100 cm);
Pfirsichblättrige Glockenblume, *C. persicifolia:* 'Grandiflora alba' (weiß, 70 cm), 'Grandiflora Coerulea' (lilablau, 70–100 cm).

Besonderer Tip: Die hohen Glockenblumen können Sie zu stimmungsvollen Wildstaudengruppen mit Fingerhut, Akeleien, Farnen und Schattengräsern zusammenpflanzen.
Niedrige Arten wie die Karpartenglokkenblume und die Dalmatinerglockenblume fühlen sich im sonnigen Steingarten wohl.

Goldrute *Solidago*-Hybriden

Merkmale: Die langen Blütenrispen dieses Korbblütlers sehen wirklich aus wie goldbehangene Ruten. Die Untu-

Die bescheidenen Goldruten blühen reich.

Monarda-Hybriden gibt es in vielen Farben.

genden der wuchernden Wildform haben die neuen *Solidago*-Züchtungen ganz abgelegt. Sie bilden anmutige Gruppen und liefern ausdrucksvolle Blütenzweige für die Vase.

Kultur: Goldruten sind anspruchslos. Sie gedeihen in jedem normalen Gartenboden in der Sonne, aber auch im Halbschatten. Pflanzabstand 40 cm. Höhe je nach Sorte 40–100 cm. Blütezeit Juli bis Oktober. Die Stauden samen sich leicht selbst. Sonst Vermehrung durch Teilung.

Sorten: 'Golden Shower' (dunkelgelb, 80 cm), 'Goldenmosa' (goldgelb, große Rispen, 80 cm), 'Strahlenkrone' (flache, strahlige Blütenrispen, goldgelb, 60 cm).

Besonderer Tip: Goldruten passen in Rabatten und in Naturpflanzungen. Kombinieren Sie das warme Gold mit lila Herbstastern oder mit rotbrauner Sonnenbraut.

Indianernessel, Monarde
Monarda didyma und Hybriden

Merkmale: Monarden gehören in die Familie der Lippenblütler. Ihre buschigen Blütenstände sind in Etagen um den Stiel angeordnet. Sie blühen in warmen rot und rosa Tönen, aber auch in lila und weiß. Lange haltbare Garten- und Vasenblumen.

Kultur: Indianernesseln wachsen fast wie Unkraut. Am besten gedeihen sie in feuchtem, humusreichem Boden bei voller Sonne. Sie wachsen aber auch in ungünstigen Lagen. Pflanzabstand 30–40 cm. Höhe 80–150 cm. Blütezeit Juli bis September. Vermehrung durch Teilung.

Sorten: Hybriden: 'Adam' (karminrot, 80–100 cm), 'Prärieblrand' (lachsrot, 120 cm), 'Prärienacht' (purpur-lila, 150 cm), 'Schneewittchen' (weiß, 80–100 cm).
Monarda didyma: Naturform mit würzig duftenden Blättern und roten Blüten.

Besonderer Tip: Indianernesseln passen in Rabatten, Schnittblumenbeete und Naturpflanzungen. Sie sind beliebte Bienenweiden. Die Naturform *M. didyma* ist auch eine Teepflanze!

Iris, Schwertlilie *Iris germanica*

Merkmale: Dieses variationsreiche Irisgewächs ist durch steife Schwertblätter gekennzeichnet. Die herrlichen Blüten bilden in der Mitte einen »Dom«, um den sich drei Hängeblätter gruppieren. Die Blumen der »Regenbogengöttin« schillern in allen Farben: weiß, blau, gelb, braun, violett, rosa, weinrot und rostrot. Bei vielen Sorten sind zwei Farben zu leuchtendem Kon-

Edle Irisblüten gehören zum uralten Gartenadel; sie strahlen in allen Farben des Regenbogens.

trast kombiniert. Es gibt niedrige, mittelhohe und hohe Bartiris und Hunderte prächtiger Züchtungen, die die alte Bauerngarten-Schwertlilie längst überflügelt haben. Iris sind auch sehr dekorative Vasenblumen.

Kultur: Schwertlilien brauchen durchlässigen, humusreichen, aber trockenen Boden. Sie lieben volle Sonne. Pflanzabstand 30–40 cm. Höhe je nach Sorte 20–100 cm. Staunässe ist sehr schädlich. Die dicken fleischigen Rhizome (Wurzelsprosse) werden sehr flach gepflanzt und nur 2–3 cm mit Erde bedeckt. Die beste Pflanzzeit liegt in den Monaten nach der Blüte von Ende Juni bis August. Dann können die Stauden auch durch Abtrennen von Rhizomen vermehrt werden. Iris setzen leicht Samen an, die Sie ohne Schwierigkeiten im Frühbeet aussäen können. So züchten Sie Ihre eigenen *Iris*-Sorten!

Sorten: Aus der ungeheuren Fülle kann nur eine zu eigenen Entdeckungen anregende kleine Auswahl genannt werden.

Hohe Bartiris, *Iris × barbata Elatior*-Gruppe und mittlere Bartiris, *Iris × barbata Intermedia*-Gruppe: 'Amethyst Flame' (rosig-lila, 80 cm), 'Golden Promenade' (goldgelb, 70 cm), 'Pinnacle' (weiß-gelb, 80 cm), 'Stepping Out' (weiß mit violetter Randzeichnung, gewellte Blütenblätter, 80 cm), 'Rosenquarz' (rosa, 90 cm), 'Sable Night' (schwarzblau, 90 cm), 'South Pacific' (leuchtend-blau, 100 cm), 'Veilchenkönig' (violett, 90 cm), 'Wine and Roses' (weinrot-rosa, 70 cm);

niedrige Sorten, *Iris barbata nana*: 'Cyanea' (violett-blau, 20 cm), 'Tinkerbell' (hellblau mit dunklem Fleck, 30 cm), 'Brassie' (goldgelb, 25 cm) und 'Jerry Rubin' (rubinrot, 30 cm).

Arten: Wunderschöne »Familienmitglieder« sind auch die Sibirische Iris *(Iris sibirica)*, die an trockenen und feuchten Stellen ihre grasartigen Büsche entfalten. Die Blüten sind kleiner als die der Schwertlilien und haben keinen »Bart«. *Iris kaempferi,* die Japanische Sumpfiris, hat flache, tellerförmige Blüten und aparte Zeichnungen. Sie wirkt besonders anmutig am Rand eines Gewässers.

Besonderer Tip: *Iris sibirica* eignet sich für naturhafte Pflanzungen rund ums Wasserbecken. Die anderen Schwertlilien sind dagegen ausgesprochene Beet- und Prachtstauden. Säen Sie einjährigen Mohn und Bechermalven zwischen die Iris, damit sie nach der Blüte nicht so steif aussehen.

Japananemone, Herbstanemone *Anemone hupehensis* und *Anemone japonica*-Hybriden

Merkmale: Ein langstieliges Hahnenfußgewächs mit wunderschönen, offenen Schalenblüten. Diese späten Anemonen sind mit ihren weißen, rosa und roten Farben eine große Bereicherung des Spätsommer- und Herbstgartens. Sie halten sich lange in der Vase.

Kultur: Japananemonen gedeihen gut im lichten Halbschatten in durchlässigem, aber feuchtem Boden. Geben Sie etwas Winterschutz aus Laub und Fichtenzweigen. Die Wurzeln bilden Ausläufer und vergrößern ständig die Pflanzungen. Beste Pflanzzeit Frühling. Abstand etwa 45 cm. Höhe 60–100 cm. Blütezeit August bis Oktober. Vermehrung durch Wurzelstecklinge.

Arten und Sorten: *A. hupehensis*: 'Septembercharme' (rosa, 60 cm), 'Praecox' (kräftig rosarot, einfach, 50 cm);

Japananemonen leuchten im Herbstlicht.

A. japonica-Hybriden: 'Honorine Jobert' (weiß, einfach, 80 cm) 'Königin Charlotte' (lila-rosa, halbgefüllt, 80 cm), 'Prinz Heinrich' (dunkelrot, halbgefüllt, 80 cm).
Besonderer Tip: Herbstanemonen wachsen am besten in ungestörten Wildstaudenpflanzungen zusammen mit Gräsern, Farnen, Eisenhut, Glokkenblumen und Astilben.

Kornblume *Centaurea montana* und *Centaurea macrocephala*

Merkmale: Diese ausdauernden Korbblütler ähneln den einjährigen Kornblumen. Ihre blauen oder auch gelben Blüten sind hübsche Beet- und Schnittblumen.
Kultur: Staudenkornblumen gedeihen fast überall, aber am besten in durchlässigem Boden und in der Sonne. Pflanzabstand 30–45 cm. Höhe, je nach Sorte, 40–150 cm. Blütezeit Mai bis August. Vermehrung durch Teilung und durch Aussaat oder Aussamen.
Sorten: *C. montana* 'Grandiflora', blaue Alpenkornblume (40–60 cm);
C. macrocephala (150 cm, gelbe Riesenblüten).
Besonderer Tip: Pflanzen Sie sie zu Schafgarben und Margeriten.

Kugeldistel *Echinops*

Merkmale: Diese stattliche Distel ist ein Korbblütler. Die kugeligen blauen Blütenköpfe und die schönen silbergrauen Blätter wirken im Freien wie in der Vase sehr apart. Die Blumen eignen sich zum Trocknen.
Kultur: Als Steppenpflanze braucht die Kugeldistel trockenen, durchlässigen Boden und volle Sonne. Pflanzabstand 40–60 cm. Höhe 90–120 cm. Blütezeit Juli bis September. Auch Aussaat ist möglich.
Arten und Sorten: *E. banaticus* 'Taplow Blue' (intensiv blau, 100 cm);
E. ritro 'Veitch's Blue' (stahlblau, 80 bis 100 cm).
Besonderer Tip: Dekorative Einzelstauden zwischen Gräsern und anderen Pflanzen, die Trockenheit lieben.

Lilienschweif, Steppenkerze
Eremurus

Merkmale: Ein imponierendes Liliengewächs aus der Steppe. Die meterhohen Blütenkerzen in Weiß, Rosa, Gelb und Orange leuchten weit durch den Garten. Sie sind zur Blütezeit eine wirkliche Attraktion.
Kultur: Steppenlilien lieben guten aber unbedingt durchlässigen Boden und volle Sonne. Beste Pflanzzeit ist August bis September. Eine Dränageschicht aus Sand ist hilfreich. Legen Sie die seesternartigen Wurzeln im Pflanzloch 15 cm tief auf kleine Hügel aus Kompost. Pflanzabstand 40–50 cm. Höhe 80–250 cm. Blütezeit Juni bis Juli. Vermehrung durch Samen.
Arten und Sorten: *E. bungei* (reingelb, 80 cm);
E. himalaicus (weiß, 120 cm);
E. × *isabellinus:* 'Ruiters Hybriden' und 'Shelford-Hybriden' (leuchtende Mischungen in Gelb, Orange, Rötlich, Weiß, 150–200 cm).
Besonderer Tip: Steppenkerzen wirken herrlich als Einzelgruppen; sie lassen sich aber auch mit Rittersporn zu einem leuchtenden Farbenspiel verbinden. Naturgemäße Partner für eine »Steppenpflanzung« sind Riesenlauch, Yucca und Trockengräser.

Lupine, Wolfsbohne
Lupinus-Hybriden

Merkmale: Lupinen sind Schmetterlingsblütler und Stickstoffsammler. Die hohen Blütenkerzen der neuen Züchtungen strahlen in den leuchtendsten Farben von Weiß, Gelb über Rot, Rosa, Blau bis Violett. Sie bilden herrliche Gruppen in der Rabatte und liefern wunderschöne Schnittblumen.
Kultur: In durchlässigem, humusreichem, leicht saurem Boden gedeihen die Lupinen am besten. Sie wachsen aber auch unter weniger idealen Voraussetzungen, sowohl in der Sonne als auch im Halbschatten. Der Rückschnitt aller verblühten Triebe ist besonders wichtig, um eine monatelange Blütezeit zu sichern. Pflanzabstand etwa 50 cm. Höhe 80–120 cm. Blütezeit Mai bis Juli und Nachblüte im September. Vermehrung durch Züchtersaatgut.
Sorten: Die schönsten Lupinenzüchtungen sind die Russel-Hybriden: 'Edelknabe' (karminrot), 'Kastellan' (blaue Töne mit weißer Fahne), 'Kronleuchter' (gelbe Töne), 'Fräulein' (weiß), 'Mein Schloß' (ziegelrote Töne), 'Schloßfrau' (rosa Töne mit weißer Fahne).
Neu sind die *polyphyllus*-Hybriden: 'Niedrige Auslese' (bunte Sämlingsmischung, nur 60 cm).
Besonderer Tip: Pflanzen Sie Lupinen auch dort, wo der Boden im Ziergarten verbessert werden soll. So können Sie das Schöne mit dem nützlichen Stickstoffsammler verbinden.

Mädchenauge, Schöngesicht
Coreopsis

Merkmale: Anmutige Korbblütler mit offenen Strahlenblüten. Das Mädchenauge zeichnet sich durch unermüdliche, monatelange Sommerblüte aus. Die leuchtend gelben Blumen und die zartgefiederten Blätter wirken im Beet ebenso hübsch wie in der Vase.
Kultur: Das Mädchenauge gedeiht am besten in der vollen Sonne. Es braucht durchlässigen Boden und ist sonst sehr anspruchslos. Pflanzabstand 30 cm. Höhe je nach Sorte 30–100 cm. Blütezeit Juli bis September. Vermehrung durch Teilung oder Aussaat.
Arten und Sorten: *C. grandiflora* 'Badengold' (goldgelb, großblumig, 80–100 cm);
C. lanceolata 'Sterntaler' (gelb, 30 cm, Dauerblüher);
C. verticillata 'Grandiflora' (gelbe Blüten, sehr feines Laub, 60 cm).
Besonderer Tip: Hübscher Kontrast zu blauem Ziersalbei, anspruchsloser Lückenfüller.

Margerite
Chrysanthemum maximum

Merkmale: Die hohen weißen Sommermargeriten aus der Familie der Korbblütler gehören zu den klassischen Stauden, die das Bild des Hochsommergartens unvergeßlich prägen. Auch die großartigsten Züchtungen haben noch etwas vom rustikalen Charme der Wiesen-Wucherblume bewahrt, von der sie abstammen. Neben dem schlichten weißen Strahlenkranz um eine goldene Mitte gibt es auch gefüllte Sorten. Die gezüchteten Margeriten sind typische Beetstauden. Sie halten sich auffallend lange in der Vase.

Kultur: Margeriten gedeihen in der Sonne und im Halbschatten. Sie lieben humusreichen, durchlässigen Boden. Sonst sind sie anspruchslos. Pflanzabstand 50–80 cm (Wucherblume!). Höhe je nach Sorte 50–100 cm. Blütezeit Juli bis August. Vermehrung durch Teilung und Aussaat.

Sorten: 'Gruppenstolz' (einfach, 60 cm), 'Christine Hagemann' (gefüllt, 60–80 cm), 'Harry Pötschke' (Riesenblüten von 15 cm Durchmesser, 100 cm), 'Silberprinzeßchen' (50 cm, einfach), 'Wirral Supreme' (gefüllt, groß, 90 cm).

Besonderer Tip: Das klare Weiß der Margeriten bewahrt die Leuchtfarben der großen Prachtstauden vor allzu heftigem »Zusammenprall«. Pflanzen Sie sie zwischen Rittersporn, Mohn, Phlox, und Lupinen.

Margeritensterne für den Sommergarten.

Es geht auch sanft: rosa Mohnzüchtung.

Mohn, Türkischer Riesenmohn *Papaver orientale*

Merkmale: Diese Seidenblumen aus der Familie der Mohngewächse sind ein besonderes Ereignis für Gärtner, die Sinn für orientalische Prachtentfaltung haben. Auf dem Grund der riesigen Blütenkelche leuchten geheimnisvoll blau-schwarze Flecken. Außer dem heftigen Mohnrot gibt es auch sanfte rosa und weiße Züchtungen. Wie bei allen Mohnblumen ist die Blüte kurz, aber berauschend schön.

Kultur: Am besten in durchlässigem, etwas kalkhaltigem Boden und in der vollen Sonne. Sonst sehr anspruchslos. Pflanzabstand 40–50 cm. Höhe 50–100 cm. Blütezeit Mai bis Juni. Vermehrung durch Wurzelstecklinge und Samenaussaat. Die langen Pfahlwurzeln lassen sich schlecht verpflanzen.

Sorten: 'Beauty of Livermere' (dunkelrot, 100 cm), 'Feuerriese' (Foerster-Züchtung, ziegelrot, 80 cm), 'Rosenpokal' (Foerster-Züchtung, karminrosa, 70 cm), 'Fatima' (weiß mit rosa Rand, 70 cm), 'Graue Witwe' (weiß-lila mit großen schwarzen Flecken, 70 cm), 'Perrys White' (weiß, 80 cm).

Besonderer Tip: Schneiden Sie das rauhhaarige Laub nach der Blüte zurück, sobald es vergilbt. Rosa Mohn und blauer Rittersporn sind zauberhafte Partner. Zu den leuchtend roten Sorten passen weiße Margeriten.

Nelkenwurz *Geum*

Merkmale: Die Nelkenwurz ist ein Rosengewächs. Sie blüht sehr lange und sorgt an ihrem Platz den ganzen Sommer für Farbtupfer in Orange, Gelb und Rot. Die Blumen gleichen entfernt den Blütenschalen einfacher Rosen.

Kultur: Die Nelkenwurz liebt humusreichen, durchlässigen, aber feuchten Boden. Sie gedeiht in der Sonne oder im Halbschatten. Sonst ist sie sehr hart und anspruchslos. Pflanzabstand 25–30 cm. Höhe 20–50 cm. Blütezeit Mai bis August. Vermehrung durch Teilung und Aussaat.

Arten und Sorten: *G. coccineum* 'Feuermeer' (orange-rot, halbgefüllt, reich und öfter blühend, 30 cm); *G. × hybridum* 'Georgenberg' (leuchtend orange-gelb, 25 cm).

Besonderer Tip: Nelkenwurz bewährt sich auch in rauhen Lagen. Sie eignet sich für naturhafte Pflanzungen mit Hornveilchen, Gräsern, Storchenschnabel und Glockenblumen.

Pfingstrose *Paeonia lactiflora* und *Paeonia officinalis*

Merkmale: Pfingstrosen sind Hahnenfußgewächse. Sie gehören sowohl in China als auch in Europa zu den ältesten Gartenblumen. Unsere gute alte Bauernpfingstrose *(P. officinalis)* mit den dicken roten Blütenbällen ist seit Jahrhunderten in europäischen Gärten heimisch. Die prachtvollen neuen Züchtungen der Chinesischen Pfingstrose oder Edelpfingstrose *(P. lactiflora)* haben dagegen überwiegend asiatische Ahnen. Sie blühen gefüllt, halbgefüllt und mit herrlichen einfachen Schalenblüten. Die ungefüllten Sorten wirken wie chinesische Porzellangefäße, auf deren Grund die goldenen Staubfäden wie Kunstwerke der Natur ausgebreitet sind. Rot, Rosa und Weiß sind die Farben der Pfingstrosen, die auch dekorative Schnittblumen liefern.

Kultur: Alle Pfingstrosen lieben nährstoffreichen, lockeren Humus und einen sonnigen Standort. Reichlich Kompost und gute Ernährung mit Horn-Blut-Knochenmehl oder verrottetem Mist fördern das gesunde Wachstum. Ganz wichtig: Pflanzen Sie Pfingstrosen nie zu tief, dann blühen sie nicht! Die dicken Triebknospen müssen dicht unter der Erdoberfläche liegen. Geben Sie in den ersten Jahren Winterschutz, später sind die Stauden sehr widerstandsfähig. Pflanzenabstand 80 bis 100 cm. Höhe 60–80 cm. Blütezeit Mai bis Juni. Vermehrung durch Teilung.

Sorten: *P. lactiflora:* 'Duchesse de Nemours' (cremeweiß, gefüllt), 'Festiva Maxima' (weiß mit purpurnem Fleck, gefüllt), 'Inspecteur Lavergne' (rot, gefüllt), 'Lady Alexander Duff' (weißlichrosa, gefüllt), 'Murillo' (zartrosa, einfach, goldene Staubgefäße), 'Sarah Bernhardt' (apfelblütenrosa, gefüllt);
P. officinalis: 'Alba Plena' (weiß, gefüllt), 'Rosea Plena' (rosa, gefüllt), 'Rubra Plena' (rot, gefüllt).

Besonderer Tip: Pfingstrosen brauchen Anlaufzeit. Erst nach 2–3 Jahren beginnen sie richtig zu blühen und werden von Jahr zu Jahr üppiger. Setzen Sie sie deshalb an einen Platz, wo sie jahrzehntelang ungestört bleiben. Päonien-Freunde sollten auch die verholzende Strauchpfingstrose *(P. suffruticosa)* kennenlernen.

Phlox *Phlox paniculata*

Merkmale: Phlox ist ein Sperrkrautgewächs. Die kraftvollen Büsche mit den reichen Blütendolden sind der Inbegriff der Sommerblüte. Der süße Duft des Phlox verzaubert warme Abende. Eine Staudenrabatte ohne diese Blumen ist einfach unvollkommen. Auch in sommerlichen Sträußen sind die leuchtenden haltbaren Blütenbälle unentbehrlich. Ihre Farben reichen von reinem Weiß über Rosa, Rot, Orange bis zu Lila und Violett.

»Ein Sommer ohne Phlox ist ein Irrtum«, sagte Karl Foerster, der uns die schönsten Sorten schenkte. Er hat noch immer Recht.

Kultur: Wer den Phloxstauden humusreichen, durchlässigen Boden und gute Ernährung bietet, der kann sie getrost 10 Jahre am gleichen Platz stehenlassen. Sie gedeihen in der Sonne und im lichten Schatten. Kompost, verrotteter Mist, Horn-Blut-Knochenmehl und Brennesseljauche halten sie gesund und wüchsig. Pflanzabstand 50–80 cm. Höhe 70–150 cm. Blütezeit bei geschickter Sortenwahl Juni bis September/Oktober. Vermehrung durch Teilung. Wenn Sie die erste Hauptblüte nach dem Verwelken herausbrechen, blühen viele Seitentriebe nach.

Sorten: 'Aida' (dunkelkarminrot, 70 cm), 'Bornimer Nachsommer' (Foerster-Züchtung, lachsrosa, 90–100 cm), 'Dorffreunde' (Foerster-Züchtung, rosarot, dunkelrotes Auge, 100 cm), 'Kirmesländler' (Foerster-Züchtung, weiß, rotes Auge, 100 cm), 'Landhochzeit' (Foerster-Züchtung, rosenrot, dunkles Auge, sehr gesunde Sorte, 100 cm), 'Monte Cristallo' (Foerster-Züchtung, weißer Riesenphlox, 150–170 cm), 'Schneerausch' (Foerster-Züchtung, weiß, 80 cm), 'Pastorale' (Foerster-Züchtung, warmes Rosa, 70 cm), 'Starfire' (leuchtendes Rot, 90 cm), 'Sternhimmel' (hell-lila, weißes Auge, 80 cm), 'Wilhelm Kesselring' (violettpurpur, weißes Auge, 80 cm).

Besonderer Tip: Phlox wird leicht ein Opfer der Wurzelälchen. Günstiger Standort und gute Ernährung wirken vorbeugend, eine Unterpflanzung mit Tagetes gesundend. Leider passen die Farben dieser Blumen nicht harmonisch zusammen. Sie sollten nur aus »medizinischen Gründen« kombiniert werden. Bei starker Infektion hilft nur Vernichten der kranken Pflanzen und Standortwechsel. In gepflegten biologischen Gärten ist diese Gefahr gering.

Primel *Primula*

Merkmale: Die Primelgewächse sind sehr vielgestaltig und artenreich. Die niedrigen Kissen- oder Polsterprimeln gehören zu den prächtigsten Frühlingsblumen. Sie zaubern alle Farben des Regenbogens hervor. Himmelsschlüssel und Aurikel gehören zu den uralten Bauernblumen.

Pfingstrosen – je älter desto schöner!

Zwei, die zusammengehören: der Hochsommer und die Phloxblüte.

Kultur: Alle Primelarten lieben humusreichen, feuchten Boden und einen halbschattigen bis schattigen Standort. Pflanzabstand je nach Art 15–30 cm. Höhe und Blütezeit sind bei den Artenbeschreibungen angegeben. Alle Primeln lassen sich durch Aussaat im Frühbeet vermehren.

Arten und Sorten: Man unterscheidet verschiedene Gruppen:
Kissen- oder Polsterprimeln *(P. acaulis)* blühen in Weiß, Gelb, Rot und Blau von März bis April. Höhe 10 cm. Sie werden in allen Gärtnereien in reicher Auswahl angeboten.

Himmelschlüssel *(P. elatior)* tragen an kurzen Stielen gelbe, rote oder violette Blütendolden. Sie blühen von April bis Mai. 'Grandiflora' und 'Pacific' sind großblumige Hybrid-Mischungen, 'Vierlanden' leuchtend goldgelb. Höhe 20 cm.

Echte Aurikel oder Alpenaurikel *(P. auricula),* mehlig graugrüne Blätter und gelbe, duftende Blüten. Blütezeit Mai, Höhe 10 cm.

Gartenaurikel *(P. × pupescens)* die alte Bauerngarten-Aurikel bezaubert mit lebhaft gefleckten Blüten in gelben, roten und schwarzroten Tönen, Blütezeit Mai, 20 cm.

Etagenprimeln *(P. beesiana, P. bullesiana* und *P. bulleyana)* tragen an hohen Stielen etagenartig angeordnete Blüten in Rot, Gelb und Orange. Blütezeit Juni bis Juli. Höhe 40 cm.

Ball- oder Kugelprimeln *(P. denticulata)* haben kugellrunde Blütenstände auf langen Stielen. Sie blühen von April bis Mai. 'Cachemiriana Rubin' ist rot-violett gefärbt, 'Alba' weiß. Höhe 30 cm.

Dies ist nur eine kleine Auswahl aus der großen Primelfülle.

Besonderer Tip: Primeln sind dafür naturgemäße Gärten schöne »Halbwilde«. An Bachläufen und Teichrändern können Sie verschiedenartige Primeln sammeln. Kissenprimeln und Himmelschlüssel-Hybriden sind inzwischen zur Massenware geworden. Die knalligen Farben können sehr unnatürlich wirken. Wählen Sie vorsichtig aus, z. B. Weiß und Gelb oder Weiß und Blau.

Rittersporne schenken dem Garten die schönsten blauen Farbtöne. Eine größere Gruppe sorgfältig zusammengestellter Sorten wird zum strahlenden Mittelpunkt des Frühsommers.

Rittersporn *Delphinium × cultorum* und *Delphinium × belladonna*

Merkmale: Das Hahnenfußgewächs Rittersporn ist eine königliche Erscheinung in der frühsommerlichen Staudenrabatte. Die meterhohen blauen Blütentürme überstrahlen alle anderen Beetgefährten. Alle Höhen und Tiefen der Himmelsfarbe Blau werden in diesen Stauden erdnah lebendig. Hinzu kommen Weiß und Rosa. Karl Foerster ist der »Vater« der schönsten und gesündesten Rittersporn-Züchtungen. Wer seine Sorten wählt, der kann sich darauf verlassen, daß sie standfest, mehltauresistent und von bester Blütequalität sind. Sogar die Namen der Foerster-Rittersporne sprechen für sich – sie umreißen mit einem einzigen Wort das Charakterbild einer Sorte – poetisch und treffend zugleich. Rittersporne gehören auch zu den herrlichsten Vasenblumen.

Kultur: Guter, humusreicher Boden und kräftige Ernährung sind Voraussetzung für das gewaltige Blütenwunder des Rittersporns. Geben Sie reichlich Kompost, organischen Dünger, der nicht zu viel Stickstoff enthalten darf, Steinmehl und Brennesseljauche während des Sommers. Bei Hitze brauchen die Stauden viel Wasser. Nach der ersten Blüte werden sie auf 10–20 cm zurückgeschnitten. Dann treiben sie neu aus und blühen im Spätsommer noch einmal. Pflanzabstand etwa 1 m. Höhe je nach Sorte 80–180 cm. Blütezeit Juni bis Juli und September bis Oktober. Vermehrung durch Teilung und Aussaat.

Arten und Sorten: *D. × belladonna*-Hybriden: 'Kleine Nachtmusik' (Foerster-Züchtung, dunkellila, 70 cm), 'Völkerfrieden' (enzianblau, 100 cm);
D. × cultorum: Elatum-Hybriden (hoher Wuchs, lange dichte Blütenrispen; in dieser Gruppe befinden sich die

meisten Foerster-Züchtungen): 'Berghimmel' (Foerster-Züchtung, mittelblau, 180 cm), 'Fernzünder' (Foerster-Züchtung, enzianblau, weißes Auge, 140 cm), 'Finsteraarhorn' (Foerster-Züchtung, schwärzliches Violett-Blau, 170 cm), 'Gletscherwasser' (Foerster-Züchtung, eisblau, weißes Auge), 'Lanzenträger' (enzianblau, weißes Auge, 200 cm), 'Perlmutterbaum' (Foerster-Züchtung, hellblau-rosa, dunkles Auge, 180 cm), 'Tempelgong' (Foerster-Züchtung, nachtblau mit purpur, 180 cm), 'Jubelruf' (Foerster-Züchtung, reines, strahlendes Blau, bis 200 cm), 'Zauberflöte' (Foerster-Züchtung, mittelblau, weißes Auge, 180 cm);
D. × cultorum, Pacific-Hybriden (großblumige amerikanische Züchtungen, aus Samen gezogen, variabel in den Farben, nicht so standfest): 'Black Knight' (dunkelviolett, 180 cm), 'Rosa Sensation' (lilarosa, 180 cm).
Besonderer Tip: Beachten Sie die Ratschläge gegen Schnecken im Abschnitt »Plagegeister«, S. 107.
Der Rittersporn ist eine der Leitstauden in den Frühsommer-Rabatten. Pflanzen Sie ihn in rhythmischen Gruppen. Rosa Mohn, Madonnenlilien, weiße Margeriten, früher Phlox und Rosen sind »standesgemäße« Partner. Rittersporne muß man erlebt haben – im Morgenlicht, in der Abendbeleuchtung und auch vor Gewitterwolken. Dann begreift man, daß Blau eine mystische Farbe ist.

Salbei, Ziersalbei
Salvia nemorosa

Merkmale: Salbei gehört in die Familie der Lippenblütler. Außer dem Gewürzkraut gibt es noch viele Naturformen und einige schöne Züchtungen mit leuchtend blauen oder violetten Blumen und langer Blütezeit.
Kultur: Salbei braucht eher trockenen, etwas kalkhaltigen Boden und volle Sonne. Sonst anspruchslos. Rückschnitt nach der Blüte fördert neuen Austrieb. Pflanzabstand 30–40 cm. Höhe 40–50 cm. Blütezeit Mai bis September. Vermehrung durch Teilung.
Sorten: 'Mainacht' (Foerster-Züchtung, leuchtend blau), 'Ostfriesland' (dunkelviolett).
Besonderer Tip: Lassen Sie die Pflanzen lange Zeit ungestört wachsen. Gut für Naturpflanzungen zusammen mit Gräsern, Schafgarbe und Nachtkerzen. Sehr schön auch als Rosenpartner!

Schafgarbe *Achillea*

Merkmale: Ein Korbblütler für den Ziergarten, der mit der alten Heilpflanze vom Wegrand verwandt ist. Schafgarben haben hübsche flache Blütendolden in Gelb, Rot und Weiß.
Kultur: Durchlässiger Boden und volle Sonne gehören zu den wenigen Ansprüchen der Schafgarben. Pflanzabstand 40–60 cm. Höhe je nach Sorte 40–120 cm. Blütezeit Juni bis September. Vermehrung durch Teilung oder Aussaat.
Arten und Sorten: *A. filipendulina*: 'Parker' (goldgelb, 120 cm), 'Altgold' (goldgelb mit braun, 60 cm).
A. millefolium: 'Sammetriese' (Foerster-Züchtung, rot, 80–100 cm), 'Kelwayi' (dunkelrot, 50 cm).
Besonderer Tip: Für naturhafte Pflanzungen und Rabatten. Schafgarben eignen sich auch für Trockensträuße.

Scheinmohn
Meconopsis betonicifolia

Merkmale: Dieses herrliche Mohngewächs ist in unseren Gärten noch eine große Unbekannte. Das glockenklare Blau der offenen Schalenblüten im Zusammenklang mit den goldenen Staubgefäßen bedeutet ein unvergeßliches Erlebnis. Der Scheinmohn ist mit dem roten Mohn verwandt. Er stammt aus Tibet und China.
Kultur: Feuchter, aber unbedingt durchlässiger Boden ist Voraussetzung für gesundes Wachstum. Die Erde soll etwas sauer und sehr humusreich sein. Geben Sie reichlich Kompost, möglichst Laubkompost oder Rindenkompost und Dünger, der keinen Kalk enthält. Der schöne Scheinmohn gedeiht am besten im Halbschatten. Pflanzabstand 30–40 cm. Höhe 60–80 cm. Blütezeit Juni bis August. Vermehrung durch Samen.
Besonderer Tip: Scheinmohn wächst gut neben Rhododendren. Englische Kenner empfehlen die Blütenknospen in den beiden ersten Jahren auszukneifen, weil blühende Jungpflanzen leicht absterben.

Schleierkraut *Gypsophila paniculata* und *Gypsophila repens*

Merkmale: Schleierkraut ist ein Nelkengewächs. Die duftige Fülle der weißen oder rosa Blüten lockert Rabatten und Sträuße auf.
Kultur: Die Pflanzen erhielten auch den Namen Gipskraut und zeigen dadurch an, daß sie kalkhaltigen Boden lieben. Durchlässige Erde und volle Sonne sind weitere Standortansprüche. Pflanzabstand 50–60 cm. Höhe je nach Sorte 40–100 cm. Blütezeit Juni bis August. Vermehrung durch Triebstecklinge. Wählen Sie den Standort dieser sehr dauerhaften Staude sorgfältig aus; Schleierkraut läßt sich nicht verpflanzen!
Sorten: *G. repens* 'Rosenschleier' (rosa, gefüllt, 40 cm);
G. paniculata 'Bristol Fairy' (weiß, großblumig, gefüllt, 100 cm), 'Flamingo' (rosa, gefüllt, 120 cm).
Besonderer Tip: Schleierkraut läßt sich gut trocknen! Pflanzen sie es in die Nähe von Rosen.

Seltene Schönheit: der blaue Scheinmohn.

Sedum, Fetthenne *Sedum*

Merkmale: Vielgestaltige Dickblattgewächse, bei denen Blätter und Blüten gleichermaßen eine Zierde für den Garten bedeuten. Niedrige Sorten siehe Kapitel »Bodendecker«.
Kultur: Die hohen Formen, die hier beschrieben sind, vertragen viel Trokkenheit und brauchen volle Sonne. Sonst sehr anspruchslos. Pflanzabstand 40–50 cm. Höhe 30–40 cm. Blütezeit August bis Oktober. Vermehrung durch Triebstecklinge.
Arten und Sorten: *S. spectabile* 'Carmen' (dunkelrosa Blüten, graugrüne Blätter, 40 cm);
S. telephium 'Herbstfreude' (braunrote Blüten, 40 cm).
Besonderer Tip: Die flachen Blütendolden der hohen Sedumarten sind ein spätsommerlicher Tummelplatz für Schmetterlinge und Insekten!

Silberkerze *Cimicifuga*

Merkmale: Ein Hahnenfußgewächs, das auf hohen schlanken Stielen attraktive weiße Blütenkerzen trägt, die aus zahllosen weißen Einzelblümchen zusammengesetzt sind.

Die Juli-Silberkerze vor grüner Kulisse.

Kultur: Silberkerzen lieben und vertragen Halbschatten bis Schatten. Bei reichlicher Feuchtigkeit gedeihen sie auch in der Sonne. Der Boden soll humusreich und bedeckt sein. Geben Sie Kompost und Mulch. Pflanzabstand 30 cm. Höhe 60–200 cm. Blütezeit je nach Sorte Juli bis Oktober. Vermehrung durch Teilung.
Arten und Sorten: *C. acerina* 'Compacta' (aufrechte weiße Kerzen, 60 cm, die niedrigste Art);
Julisilberkerze, *C. racemosa* (leicht überhängend, 120–180 cm);
August- oder Kandelabersilberkerze, *C. dahurica* (verzweigt, Blüte im August, 200 cm);
Septembersilberkerze, *C. ramosa,* 'Atropurpurea' (braunrotes Laub, weiße verzweigte Kerzen, 200 cm);
Oktobersilberkerze, *C. simplex,* 'Armleuchter' (verzweigt, 120–140 cm).
Besonderer Tip: Silberkerzen sind eindrucksvolle Gewächse für Wildstaudenpflanzungen. Sie fühlen sich nur unter Bodendecken wohl. Pflanzen Sie sie vor grüne Gehölzkulissen zusammen mit Japananemonen, Farnen, Gräsern und Teppichstauden.
Durch geschickte Sortenwahl kann die Blütezeit vom Sommer bis zum Herbst anhalten.

Skabiose *Scabiosa caucasica*

Merkmale: Skabiosen sind Kardengewächse. Die »gerüschten« flachen Blüten sind lila, violett, blau oder weiß gefärbt. Die langstieligen Blumen gehören zu den haltbaren Rabatten- und Vasenschönheiten.
Kultur: Skabiosen gedeihen am besten in durchlässigem Boden und in der vollen Sonne. Pflanzabstand 30–40 cm. Höhe 60–80 cm. Blütezeit Juni bis Oktober. Vermehrung durch Teilung oder Aussaat. Die Blumen sind »Dauerbrenner«, wenn immer alles Verwelkte herausgeschnitten wird.
Sorten: 'Blauer Atlas' (tief blauviolett, 70 cm), 'Clive Greaves' (hell lilablau, 80 cm), 'Nachtfalter' (auffallend dunkelviolett, 80 cm), 'Prachtkerl' (leuchtend blau, 80 cm).
Besonderer Tip: Heitere Partnerin für Schafgarbe, Sommersalbei und Schöngesicht.

Sonnenauge *Heliopsis scabra*

Merkmale: Korbblütler mit rauhen Blättern. Die gelben Strahlenblüten haben Ähnlichkeit mit kleinen Sonnenblumen. Das Sonnenauge erfüllt die Rabatte monatelang mit seinem leuchtenden Blütenreichtum. Straffe Stiele, gute Schnittblume.
Kultur: Das Sonnenauge gedeiht in jedem normalen Gartenboden, am besten in der vollen Sonne. Planzabstand 50–60 cm. Höhe 100–130 cm. Blütezeit Juli bis September. Vermehrung durch Teilung und Aussaat. Die Pflanzen neigen zum Wuchern.
Sorten: 'Goldgefieder' (Foerster-Züchtung, goldgelb, gefüllt 120 cm), 'Goldgrünherz' (Foerster-Züchtung, gefüllt, grüne Mitte), 'Hohlspiegel' (Foerster-Züchtung, orangegelb halbgefüllt, 120 cm), 'Karat' (einfach, leuchtendgelb, 100 cm), 'Spitzentänzerin' (Foerster-Züchtung, goldgelb, halbgefüllt, 130 cm).
Besonderer Tip: Pflanzen Sie Sonnenauge zu Indianernesseln, Sonnenbraut, Veronika und Salbei. Halten Sie aber genügend Abstand zu den Nachbarn ein!

Sonnenblume *Helianthus*

Merkmale: Die ausdauernden Sonnenblumen sind hochgewachsene, robuste Korbblütler mit gelben Strahlenblüten und rauhen Blättern. Es gibt einfache und gefüllte Sorten. Alle gehören zu den langblühenden Rabattenstauden und haltbaren Vasenblumen, die den Spätsommer und Frühherbst vergolden.
Kultur: Sonnenblumen sind anspruchslos. Sie wachsen in jedem normalen Gartenboden, möglichst in der vollen Sonne. Pflanzabstand 40–50 cm. Höhe 120–250 cm. Blütezeit Juli bis September. Vermehrung durch Wurzelausläufer und Teilung.
Arten und Sorten: *H. atrorubens* (goldgelb, halbgefüllt, 200 cm);

H. decapetalus 'Capenoch Star' (einfach, zitronengelb, 120 cm), 'Soleil d'Or' (goldgelb, gefüllt, 150 cm);
H. salicifolius, Weidenblättrige Papyrus Sonnenblume (250 cm, aparte Riesenstaude, die am Wasserbecken besonders gut wirkt).
Besonderer Tip: Staudensonnenblumen neigen zum Wuchern (Ausnahme: *H. decapetalus*). Sie bilden dichte Blütenhecken am Zaun oder um den Kompostplatz.

Sonnenbraut *Helenium autumnale* und *Helenium-Hybriden*

Merkmale: Ein Korbblütler mit offenen, samtigen Blütenschalen. Die Sonnenbraut blüht reich und lange in den schönsten warmen Gold-, Bronze-, Braun- und Mahagonitönen. Sie ist eine Prachtstaude für die Rabatte und liefert ausdrucksvolle haltbare Schnittblumen.
Kultur: Die Sonnenbraut liebt natürlich die Sonne. Ihre Wurzeln brauchen aber feuchten, humusreichen Boden. Geben Sie reichlich Kompost. Pflanzabstand 30–50 cm. Höhe 80–160 cm. Blütezeit Juli bis Oktober. Vermehrung durch Teilung und Aussaat.
Sorten: 'Baudirektor Linné' (rotbraun, 100 cm), 'Flammenrad' (Foerster-Züchtung, orange-rot-gelb, 150 cm), 'Goldlackzwerg' (Foerster-Züchtung, rot-braun, gelber Rand, 90 cm), 'Kanaria' (Foerster-Züchtung, kanariengelb, 120 cm), 'Waltraud' (goldbraungelb, 80–100 cm), 'Moerheim Beauty' (braunrot, remontierend, 80 cm), 'Königstiger' (goldgelbe Mitte, rotbrauner Rand, 180 cm).
Besonderer Tip: Die Sonnenbraut wirkt besonders schön, wenn sie in Gruppen zusammengepflanzt wird. Gute Partner sind Herbstastern, Goldruten, Sonnenhut und Sonnenauge.

Sonnenhut *Rudbeckia*

Merkmale: Diese Korbblütler ähneln kleinen Sonnenblumen. Das kegelförmige dunkle Herz in der Mitte der Strahlenblüten gab ihnen den Namen Sonnenhut. Die Blumen blühen monatelang und eignen sich gut für Sommersträuße.
Kultur: Sonnenhut liebt durchlässigen Boden und sonnigen oder halbschattigen Standort. Sonst sehr anspruchslos. Pflanzabstand 30–40 cm. Höhe 60–200 cm. Blütezeit Juli bis Oktober. Vermehrung durch Teilung oder Aussaat.
Arten und Sorten: *R. sullivantii* 'Goldsturm' (goldgelb, reich und langblühende Spitzensorte, 60–80 cm);
R. laciniata: 'Goldquelle' (goldgelb, gefüllt, 80 cm); 'Goldball' (goldgelb, gefüllt, 200 cm);
R. nitida 'Herbstsonne' (goldgelb, 200 cm); 'Juligold' (früh, goldgelb, 170–200 cm).
Besonderer Tip: Sonnenhut paßt gut zu Astern, Sonnenbraut und Salbei.

Im Spätsommer blühen die Blumen der Sonne: Sonnenhut, Sonnenbraut und Sonnenauge. Die Wahl zwischen den herrlichen Züchtungen in warmen Gold– und Rottönen fällt schwer. Von oben nach unten: 'Goldsturm' *(Rudbeckia),* 'Waldhorn' *(Helenium),* 'Mars' *(Heliopsis)* mit 'Moerheim Beauty' *(Helenium).*

Steinbrech *Saxifraga*

Merkmale: Unter den Steinbrechgewächsen gibt es unzählige Arten und Sorten. Sie bilden niedrige Teppiche und bieten sich, da viele von ihnen zu den alpinen Stauden zählen, vor allem als Steingartengewächse an. Die wichtigsten Gruppen sind Moossteinbrech, Rosettensteinbrech, Polstersteinbrech und Schattensteinbrech. Diese Kleinstauden sind besonders reizvoll, weil ihre Blätter das ganze Jahr dekorative Rosetten oder Polster bilden.
Kultur: Moossteinbrech-Arten brauchen feuchten Humus und Halbschatten. Rosettensteinbrech-Arten wachsen am besten in Mauerritzen; sie lieben Kalk und volle Sonne. Polstersteinbrech-Arten gedeihen im Schotter, in Mauerritzen oder sandig-steiniger Erde. Schattensteinbrech-Arten lieben humosen Boden und Halbschatten. Die Hauptblütezeit liegt in den Monaten März bis Juni. Vermehrung durch Teilung oder Aussaat.
Arten und Sorten: Das Studium guter Staudenkataloge und der Spezialkataloge von Alpenpflanzen-Gärtnereien (siehe Bezugsquellen im Anhang) lohnt sich. Aus der überreichen Fülle dieser kleinen Lebenskünstler-Pflanzen könnte hier nur eine willkürliche Auswahl getroffen werden.
Besonderer Tip: Steinbrecharten können zum Sammeln verführen. Sie eignen sich zur Anlage reizvoller Miniaturgärten in Trögen, Baumstämmen und Felsbrocken.

Storchschnabel *Geranium*

Merkmale: Die Storchschnabelgewächse schmücken den Garten mit ihren schön gelappten Blättern und mit leuchtenden, offenen Blütenschalen. Ihre Farben sind Blau, Violett, Weiß, Rosa und Rot. Der Name stammt von den langen schnabelförmigen Samenständen.
Kultur: Storchschnabel gedeiht besonders gut in humusreichem, feuchtem Boden, wächst aber auch in trokkenen Lagen. Er liebt Sonne oder

Geranium sanguineum zusammen mit Wurmfarn.

Halbschatten. Pflanzabstand 30–40 cm. Höhe je nach Sorte 10–70 cm. Blütezeit je nach Sorte Mai bis August. Vermehrung durch Teilung.
Arten und Sorten: *G. dalmaticum* (karminrosa, 10 cm);
G. endressii (rosa, 25–30 cm);
G. grandiflorum 'Johnson' (blau mit Purpur, 30–40 cm);
G. macrorrhizum 'Spessart' (rosa, 20 bis 35 cm, duftende Blätter;
G. magnificum (violett-blau, reichblühend, 50–60 cm);
G. sanguineum (karminrot, 30 cm, Dauerblüher);
G. subcaulescens 'Splendens' (purpurrosa, 15–20 cm.

Taglilie 'Patrizia Fay'

Besonderer Tip: Für naturhafte Pflanzungen ist Storchschnabel ideal. Er kann, je nach Art und Größe, als dekorativer Bodendecker eingesetzt oder in Gemeinschaft mit Glockenblumen, Veronika und Sedum gepflanzt werden.

Taglilie *Hemerocallis*-Hybriden

Merkmale: Ein Liliengewächs, das große Büsche mit schlanken, grasartigen gebogenen Blättern bildet. Die offenen trompetenförmigen Blüten haben eine typische Lilienform. Es gibt herrliche Züchtungen in Creme, Gelb, Orange, Aprikosenrosa und Rotbraun. Viele Sorten sind zweifarbig gezeichnet. Die Einzelblüte hält nur einen Tag, aber die Pflanzen bilden unaufhörlich Knospen. Taglilien sind wunderschöne Dauerblüher im Garten und eignen sich auch als aparte Vasenblumen.
Kultur: Taglilien sind Anpassungskünstler. Am besten gedeihen sie in durchlässigem, humusreichem Boden in sonniger Lage. Aber sie wachsen auch willig im Schatten und an trockenen Plätzen. Die Stauden sollen lange ungestört bleiben, um so reicher blühen sie. Pflanzabstand 40–60 cm. Höhe 50–120 cm. Blütezeit Juni bis September. Vermehrung durch Teilung.
Sorten: 'Atlas' (gelb, großblumig, 100 cm), 'Crimson Glory' (rot, 100 cm), 'Crimson Pirat' (rot-orange, 70 cm), 'Jake Russel' (goldgelb, 80 cm), 'Luxury Lace' (rosa-grün, 80 cm), 'Pink Damask' (rosa, 90 cm), 'Sammy Russel' (ziegelrot-orange, 70 cm), 'Shooting Star' (grünlich-gelb, großblumig, 100 cm).
Besonderer Tip: Taglilien eignen sich hervorragend für naturhafte Pflanzungen, die lange ungestört bleiben sollen. Gute Nachbarn sind Sibirische Iris, Veronika, Storchschnabel, Gräser, Tradeskantien und Funkien. Sehr stimmungsvoll wirken diese Stauden am Rand des Wasserbeckens.

Tränendes Herz *Dicentra*

Merkmale: Das Tränende-Herz ist ein Mohngewächs, das als altmodisch-liebliche Bauerngartenblume seit Urgroßmutters Zeiten geliebt wird. Die zartgefiederten Blätter und die rosa Blütenherzen, die anmutig an gebogenen Zweigen aufgereiht sind, machen diese Staude zu einem kleinen Kunstwerk der Natur. Es gibt auch Sorten mit weißen Herzen. Das Tränende Herz ist eine bezaubernde, nostalgische Vasenblume.

Kultur: Leichter Schatten und etwas feuchter humusreicher Boden sind die besten Voraussetzungen für gutes Gedeihen. Pflanzabstand 40–60 cm. Höhe 30–70 cm. Blütezeit je nach Sorte Mai bis August. Vermehrung durch Teilung und Wurzelstücke, die aber vorsichtig behandelt werden müssen, denn sie brechen leicht.

Arten und Sorten: *D. spectabilis,* das Tränende Herz aus dem Bauerngarten (rosa, 80 cm, Blüte Mai bis Juni); 'Alba' (weiße Herzen, 70 cm);
D. eximia, Zwergherzblume (purpurrote Herzen, 20–30 cm, Blütezeit Mai bis Juli); 'Alba' (seltene weiße Zwergform);
D. formosa 'Bountiful' (dunkelrot, 30 cm, lange Blüte von April bis August).

Besonderer Tip: Im Sommer verschwindet das Laub der Tränenden Herzen. Pflanzen Sie deshalb in die Nachbarschaft Spätblüher, die die Lükken füllen, zum Beispiel Astilben. Bezaubernde Gesellschaft zur Blütezeit sind Akeleien und Vergißmeinnicht.

Tradeskantie, Dreimasterblume *Tradescantia*

Merkmale: Ein Commelinengewächs mit schmalen, grasartigen Blättern und klaren dreigeteilten Blütensternen. Tradeskantien blühen unermüdlich monatelang – weiß, blau, violett, rosa oder rot.

Kultur: Halbschattige Lage und feuchter Boden sind ideal; Tradeskantien gedeihen aber auch ziemlich unbekümmert an trockenen Plätzen und in der Sonne. Sie sind robuste Dauerblüher. Pflanzabstand 30–40 cm. Höhe 30 bis 50 cm. Blütezeit Juni bis September. Vermehrung durch Teilung oder durch Aussaat.

Sorten: *Andersoniana*-Hybriden: 'Innocence' (weiß), 'Karminglut' (leuchtend karminrot), 'Zwanenburg Blue' (dunkelblau, großblumig), 'Rosi' (VEB Bornim, früher Foerster, große rosa Blüten).

Besonderer Tip: Tradeskantien wirken besonders harmonisch in naturhaften Uferpflanzungen neben Taglilien, Sibirischer Iris, Blutweiderich und Gräsern.

Veronika, Ehrenpreis *Veronica*

Merkmale: Ein Braunwurzgewächs, das in allen Größen in unseren Gärten verbreitet ist, vom niedrigen Steingartenteppich bis zur hohen Rabattenstaude. Die Veronika haben Blütenkerzen in Blau, Weiß oder Rosa. Sie blühen reich und lange.

Kultur: Alle Arten lieben volle Sonne und durchlässigen, eher trockenen Boden, sonst anspruchslos. Pflanzabstand 30–40 cm. Höhe je nach Arten und Sorten 15–180 cm. Blütezeit Juni bis August. Vermehrung durch Teilung oder Triebstecklinge.

Arten und Sorten: *V. incana* (silbergraue Blätter, dunkelblaue Blütenkerzen, 20–30 cm);
V. longifolia 'Blauriesin' (Foerster-Züchtung, blau, 60–80 cm);
V. prostrata, Teppichehrenpreis (leuchtend blau, 10 cm); 'Alba' (weiß, 10 cm), 'Mrs. Holt' (leuchtend rosa, 10 cm);
V. spicata 'Blaufuchs' (blau-violette Blütenähren, 40 cm), 'Rotfuchs' (dunkel-rosa-rot, 40 cm);
V. teucrium 'Knallblau' (Foerster-Züchtung, leuchtend enzianblau, 25 cm);
V. virginica (blau, 160–180 cm).

Besonderer Tip: *V. incana* gehört zu den schönsten Teppichstauden; pflanzen Sie sie zu roten Rosen!

Yucca, Palmlilie *Yucca filamentosa*

Merkmale: Ein Liliengewächs aus Mittelamerika mit steifen Blättern und weißen Blütenglocken.

Kultur: Die Yucca liebt einen sonnigen, geschützten Standort, warmen durchlässigen Boden, guten Humus und etwas Kalk. Sie ist dankbar für Dünger und etwas Winterschutz. Abstand 100 cm. Höhe 100–200 cm. Blütezeit Juli bis August.

Sorten: 'Schellenbaum' (Foerster-Züchtung, milchweiße große Blüten, 160–180 cm), 'Schneetanne' (Foerster-Züchtung, gelblich-grüne Glocken, 140–160 cm), 'Rosenglocke' (weiß mit leichtem Rosaschimmer, 140 cm).

Besonderer Tip: Palmlilien wirken am schönsten in Einzelgruppen.

Geliebt wie eh und je: das Tränende Herz.

Gute Partner sind Rosen und *Veronica incana.*

Gräser – »das Haar der Mutter Erde«

Auch die winterharten Ziergräser gehören in den Bereich der ausdauernden Stauden. Ihre Ahnenreihe reicht weit in die Wildnisvergangenheit der Erde zurück. Diese uralten Pflanzen, die Karl Foerster einmal »das Haar der Mutter Erde« nannte, konnten bis heute viel von ihrem ursprünglichen Charakter bewahren. Die Gärtner haben die Gräser kaum durch Züchtung verändert. Wildformen wurden meist nur ausgelesen und vermehrt. Deshalb bringen die Gräser viel natürliche Atmosphäre in unsere Gartenräume. Ihre bewegten Halme sind Spielgefährten der Winde. Sie zeigen sich zu allen Jahreszeiten als reizvolle Gestalten: mit sommerlichen Blütenrispen, in goldener Herbstfärbung oder als bizarr bereifte Winterhorste.

Gräser können Sie als malerische Gruppen zwischen Wildstauden pflanzen oder als strapazierfähige Teppiche ausbreiten. Die Riesengräser wirken als stimmungsvoller Blickfang, wenn sie einzeln – als Solitär – stehen dürfen. Staudengräser können Jahre, oft Jahrzehnte am gleichen Platz bleiben, wo sie mit zunehmendem Alter immer schöner werden. Sie sind anspruchslos und »pflegeleicht«. Niemals sollten sie stark gedüngt werden, vor allem nicht mit Stickstoff. Im Wohlstandsleben verlieren die »Wildlinge« schnell ihren Charakter.

Mit Gräsern entstehen wunderschöne naturnahe Pflanzungen. Hier ist es ein zartes Federgras *(Stipa)* mit langen Grannen, das sich anmutig im Wind wiegt.

Bei der Auswahl müssen Sie einige wichtige Standortwünsche beachten, denn Gräser stammen aus den verschiedensten Teilen der Erde – aus Wäldern, Steppen und Sümpfen. Es gibt sonnenhungrige und schattenliebende unter ihnen, die auch im Garten am richtigen Platz eingeplant werden müssen.

Für naturhafte Pflanzungen eignen sich die meisten Gräser besonders gut. Pflanzen Sie sie zusammen mit Wildstauden und mit Zwiebelblumen, die sich ungestört vermehren sollen.

Gräser, die Schatten und Feuchtigkeit lieben

Die Bodendecker des Waldes brauchen Halbschatten bis Schatten und feuchten, humosen Boden. Mit Laubkompost oder Rindenkompost können Sie die Erde verbessern. Unter Laub- und Blütengehölzen fühlen sich vor allem die Seggen *(Carex)* und die Marbeln oder Hainsimsen *(Luzula)* wohl. Pflanzen Sie sie in Gruppen zusammen mit schattenliebenden Wildstaudenblumen wie Akeleien, Silberkerzen, Waldglockenblumen und Buschwindröschen.

Die **Japansegge** *Carex morrowii* 'Variegata' bildet immergrüne, 30–40 cm hohe Büsche mit gelbgestreiften Halmen.

Die **Vogelfuß-Segge** *Carex ornithopoda* 'Variegata' wächst in 15 cm hohen, weißbunten Horsten.

Die **Breitblattsegge** *Carex plantaginea* bedeckt den Boden mit immergrünen Blättern.

Die **Schattensegge** *Carex umbrosa* schmückt sich über zierlichen, 20 cm hohen Polstern mit rotbraunen Ähren.

Die **Schneemarbel** *Luzula nivea* besitzt weißbehaarte Halme und helle Blütenähren, sie wird 40–50 cm hoch.

Die **Haarmarbel** *Luzula pilosa* mit behaarten Blättern und bräunlichen Ähren bleibt 15–20 cm niedrig.

Die **Waldmarbel** *Luzula sylvatica* ist wintergrün und wird 30–50 cm hoch.

Gräser für trockene Sonnenplätze

Viele Gräser haben Steppencharakter. Sie eignen sich als unverwüstlicher Bewohner sandiger Heidegärten, trockener Schotterflächen und der problematischen regenarmen Streifen dicht neben der Hauswand. Unter diesen Durstkünstlern finden Sie besonders schöne blaugrau gefärbte Arten. Diese Farbe ist bei Gräsern geradezu ein Erkennungszeichen für die Sonnenkinder. Sie alle brauchen mageren Boden, der sehr gut wasserdurchlässig sein muß. In nahrhafter Erde faulen diese Trockenstauden, oder sie wuchern ungesund und überaltern schnell.

Für die Gräser, die Trockenheit und Sonne lieben, ist es besonders wichtig, daß sie im Winter keine »nassen Füße« bekommen. Schneiden Sie deshalb niemals verdorrte Halme im Herbst zurück. Sie wirken wie wohldurchdachte Regenrinnen, die die Niederschläge nach außen ableiten. Wo die überhängenden Blätter fehlen, da rinnt die Nässe ins Herz der Stauden und Läßt sie faulen. Ein übertriebener Ordnungssinn, der alles Verwelkte wegschneidet, ist in naturhaften Pflanzungen mit Gräsern besonders fehl am Platz. Unter den dichten, trockenen Halmen finden Tiere Schutz in der kalten Jahreszeit; die Samenstände halten Nahrung für die körnerfressenden Vogelarten bereit. Aber auch dem Gärtner bieten Gräser noch unverhoffte Winterfreuden, wenn über Nacht der Rauhreif die trockenen Horste verzaubert. Sie wirken dann bizarr und märchenhaft – fremdartig schöne Gartengestalten in einer vereisten Jahreszeit.

Der **Blaustrahlhafer**, *Avena sempervirens,* bildet silber-blaue Büsche, 60–80 cm hoch. *Avena pendula,* eine Foerster-Züchtung, ist eine überhängende Form, 60–100 cm hoch.

Der **Blaustrandhafer**, *Elymus arenarius,* 80 bis 100 cm hoch, hat stahlblaue, bereifte Halme.

Der **Blauschwingel**, *Festuca glauca,* bildet zierliche 20 cm hohe Büschel mit dünnen blaugrauen Gräsern.

Festuca amethystina, Regenbogenschwingel, schimmernd bläulich-grüne Grasschöpfe;

Festuca ovina 'Blaufuchs', stahlblau.

Das **Schillergras**, *Koeleria glauca,* wächst in festen 15 cm hohen Büscheln mit graugrünen Haaren.

Das **Pfeifengras**, *Molinia altissima,* erreicht stolze 120–180 cm. Die überhängenden grünen Halme färben sich im Herbst goldbraun. *Molinia caerulea* bildet 80 cm stattliche blaugrüne Horste.

Die **Rutenhirse**, *Panicum virgatum* 'Rehbraun', wächst 100 cm hoch. Sie besitzt eine schöne braune Färbung.

Das Chinaschilf bildet prächtige Horste.

Das **Lampenputzergras**, *Pennisetum compressum,* bildet hübsche Büsche mit besonders reizvollen, lampenputzerartigen Blütenständen, Höhe 60–80 cm. Im Sommer gießen!

Das **Reiherfedergras**, *Stipa barbata,* schmückt sich mit silberweißen, federartigen Grannen. Es wird 60–80 cm hoch.

Malerisches Lampenputzergras

Gräser, die sich im Wasser spiegeln

Von ganz besonderem Reiz sind windbewegte Gräsergestalten, die sich im Wasser spiegeln. Ihre Schönheit verdoppelt sich an solchen Standorten. Pflanzen Sie am Rand eines kleinen Teiches oder eines Wasserlaufes zum Beispiel das **Pfahlrohr**, *Arundo donax*, das 200–300 cm hohe schilfartige Halme von blaugrüner Farbe besitzt.
Das **Zittergras**, *Briza media,* das 40–60 cm Höhe erreicht, wirkt zierlicher; zwischen feinen Rispen bringt es herzförmige Blüten hervor.
Das **Schwadengras** oder **Süßgras**, *Glyceria maxima* 'Variegata' hat gelbgestreifte, schilfartige Blätter, die 40–70 cm hoch werden.
Auch die **Hirse** wirkt reizvoll als Uferpflanze, ebenso wie das **Goldbandleistengras** und das **Chinaschilf**, die im nächsten Abschnitt beschrieben sind.

Im Winter zeigen sich viele Gräser in neuer Schönheit; Schnee und Reif verzaubern sie in bizarre Märchengestalten. Schneiden Sie deshalb trockene Halme nie im Herbst ab!

Im Blickpunkt – die Riesengräser

Die großen Prachtgestalten unter den Gräsern brauchen Platz und Freiraum, um ihre volle Wirkung zu entfalten. Pflanzen Sie sie einzeln oder in kleinen Gruppen an ausgesuchten Plätzen.
Das **Riesen-Chinaschilf,** *Miscanthus japonicus,* erreicht mühelos 300 bis 350 cm. Es besitzt schilfartige überhängende Blätter und treibt im Herbst dekorative, fedrige Blütenstände.
Das **Stachelschweingras**, *Miscanthus sinensis* 'Zebrinus strictus' wird 180 cm hoch und ist durch gelbe Querstreifen und steife Halme gekennzeichnet.
Das **Goldbandleistengras**, *Spartina michauxiana* 'Aureomarginata', wirkt durch elegante, überhängende Halme, die gelbgerändert sind. Höhe 130–150 cm.
Das **Pampasgras**, *Cortaderia selloana,* nimmt eine Sonderstellung im Garten ein. Seine 2 m hohen silberweißen Blütenfahnen, von denen es auch rosa Zuchtformen gibt, wirken besonders dekorativ. Dieses Riesengras braucht volle Sonne und nahrhaften, aber durchlässigen Boden. Im Sommer müssen Sie es bei Trockenheit reichlich gießen, es benötigt dann auch zusätzlichen Dünger, der aber möglichst wenig Stickstoff enthalten soll. Im Spätherbst binden Sie die Blätter zu einem Schopf zusammen, so bewahren Sie die Staude vor Nässe und Fäulnis. Eine Decke aus Laub oder Fichtenreisig schützt das Pampasgras im Winter vor Frost. Rückschnitt und Pflanzung nur im Frühling!
Viele Staudengräser liefern besonders apartes Material für Trockensträuße. Sie können sie alle durch Teilung vermehren.

So überwintert das Pampasgras.

Farne – Pflanzen aus der Urzeit

Die winterharten Freilandfarne gehören zu den ältesten Pflanzen der Erde. Ihre direkten Vorfahren wuchsen bereits vor 150 Millionen Jahren auf unserem Planeten. Sie haben sich seitdem kaum verändert. Auch die Farne, die in Staudengärten vermehrt und verkauft werden, sind noch immer ausgesprochene Wildpflanzen. Sie eignen sich deshalb ganz besonders für naturnahe Pflanzungen.
Alle Farne sind ursprünglich Waldbewohner. Sie brauchen feuchten, hu-

musreichen Boden und lichten Schatten. Bereiten Sie die Erde mit Laubkompost oder Rindensubstrat sowie etwas Vorratsdünger vor. Nach der Pflanzung verschafft eine Mulchdecke, möglichst aus Laub und kleinen Holzabfällen, den Farnen heimatliche Atmosphäre. Pflanzen Sie sie zusammen mit schattenliebenden Bodendeckern, wie Haselwurz, Elfenblumen oder Buschwindröschen. Gute Nachbarn sind auch Waldgräser, Fingerhut, Silberkerzen, Funkien und Rhododendren.

Eine kleine Auswahl gibt Ihnen einen Einblick in die geheimnisvolle Urwelt der Farne. Sie sind ein Erlebnis zu allen Jahreszeiten: Im Frühling rollen sich ihre Triebe wie kunstvolle Bischofsstäbe auf; im Sommer bezaubern ihre dekorativ gefiederten Blattwedel, im Herbst färben sich einige Arten braun und trocknen ein, andere bleiben auch im Winter grün. Im Rauhreif enthüllt ihre Struktur eine neue zerbrechliche Schönheit.

Der **Pfauenrad- oder Hufeisenfarn**, *Adiantum pedatum,* wirkt zierlich durch besonders feingefiederte Blätter, je nach Sorte wird er 20–50 cm hoch.

Der **Rippenfarn**, *Blechnum spicant,* besitzt schmale lange Blätter, die fein gefiedert sind. Er ist immergrün und wächst 40 cm hoch.

Der **Wurmfarn**, *Dryopteris filix mas,* ist weitverbreitet, er kann bis zu 100 cm hoch werden und besitzt lange, einfach gefiederte Blätter. In gutsortierten Staudengärtnereien werden außerdem noch zahlreiche andere Wurmfarnarten angeboten.

Der **Königsfarn**, *Osmunda regalis,* entrollt doppelt gefiederte Blätter, die im Herbst verdorren. Er wird bis 150 cm hoch.

Der Straußfarn oder Becherfarn, *Matteuccia struthiopteris,* hat trichterförmig angeordnete Blätter, die einfach gefiedert und wintergrün sind. Sie wachsen 80 cm hoch.

Der **Hirschzungenfarn**, *Phyllitis scolopendrium,* besitzt auffallend glatte, ungeteilte ledrige Blätter. Er wird 20–40 cm hoch und bleibt im Winter grün.

Der **Tüpfelfarn**, *Polypodium vulgare,* hat grobgefiederte, ledrige Blattwedel, die wintergrün sind und 20–30 cm Höhe erreichen.

Der **Schildfarn,** *Polystichum,* besitzt gefiederte, meist etwas ledrige, immergrüne Blätter. Es gibt sehr verschiedene Formen von 30–40 cm Höhe.

Wer Farne und Gräser in seinen Garten holt, der erfährt im Zusammenleben mit ihnen etwas von der langen Erd- und Menschheitsgeschichte. Diese uralten Pflanzen lehren alle Gärtner die Geduld, die sie im Umgang mit der Natur brauchen.

Farne schaffen wildnishafte Gartenstimmungen. Hier wachsen sie im lichten Schatten zusammen mit *Iris sibirica*.

Bunte Blüten aus braunen Zwiebeln und Knollen

Ausdauernde Gartengefährten sind auch die vielen bunten Zwiebel- und Knollengewächse. In unscheinbaren braunen Gebilden verbergen sie eine überraschende Blütenfülle. Viele dieser prachtvollen Blumen wanderten aus fernen Ländern bei uns ein. Noch vor 300 Jahren kostete eine ausgefallene Tulpe ein Vermögen. Heute kann es sich jeder leisten, für ein paar Mark diese Frühlingsjuwelen im Garten auszustreuen.

Lockerer, durchlässiger Boden ist für alle Zwiebel- und Knollengewächse günstig. In nasser, schwerer Erde faulen sie leicht. Rechtzeitige Bodenvorbereitung mit Kompost, organischem Vorratsdünger und einer Mulchabdekkung bis zur Pflanzung bilden die beste Grundlage. Auch Gründüngung kann den Boden gut vorbereiten.

Einige Zwiebelblumen eignen sich zum Verwildern, das heißt, sie können jahrelang am gleichen Platz bleiben. Der Gärtner muß sie nur in Ruhe lassen, dann vermehren sie sich von selbst. Unter einer schützenden Decke aus Teppichstauden fühlen sie sich am wohlsten. Narzissen und Schneeglöckchen sind dafür Beispiele. Andere Zwiebelblumen, wie zum Beispiel Tulpen, nimmt man besser nach ein paar Jahren heraus, trennt den Nachwuchs von den Mutterzwiebeln und setzt sie mit genügend Abstand im Herbst wieder ein. Nur so entwickeln sich die Pflanzen zu normaler Größe.

Unterscheiden müssen Sie auch zwischen winterharten Zwiebelblumen und Knollengewächsen und solchen, die im Freien erfrieren würden. Die »harten« bleiben das ganze Jahr in der Erde. Die empfindlicheren müssen Sie im Herbst herausnehmen und im Keller frostfrei überwintern. Dazu gehören zum Beispiel Dahlien, Gladiolen und Freesien.

Viele Zwiebelblumen leben nach einem unabänderlichen Rhythmus: Im Frühling treiben sie aus und blühen. Dann behalten sie noch eine Weile ihr Laub. Nach ein paar Wochen vergilbt es und stirbt ab. Den Sommer verbringen sie »zurückgezogen« und unterirdisch in ihren dicken Vorratsbehältern. Diese Gewächse müssen im Herbst oder zeitig im Frühling gedüngt werden, damit sie während der Vegetationszeit ihre Reserven für das nächste Jahr auffüllen können. Tulpen, die niemals Nahrungsnachschub bekommen, verausgaben sich schnell. Ihre Bäuche schrumpfen, ihre »Vorratskammern« leeren sich.

Wichtig ist auch die Funktion der grünen Blätter. Schneiden Sie nie aus übertriebenem Ordnungssinn das »schmucklose Grünzeug« nach der Blüte ab. Die Pflanzen brauchen diese Organe, um die Nährstoffe zu verwerten. Erst mit dem Vergilben zeigen sie von selbst an, daß sie »genug haben« für dieses Jahr.

Die durchschnittliche Pflanztiefe der bekanntesten Zwiebelblumen.

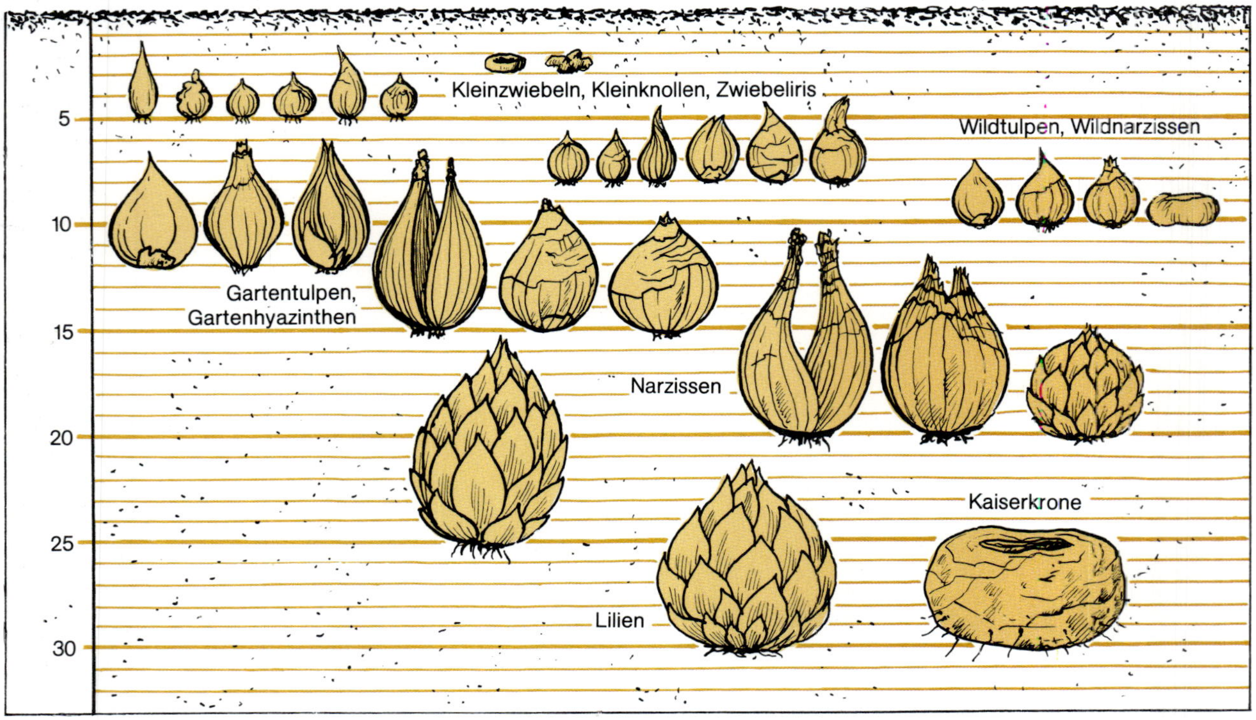

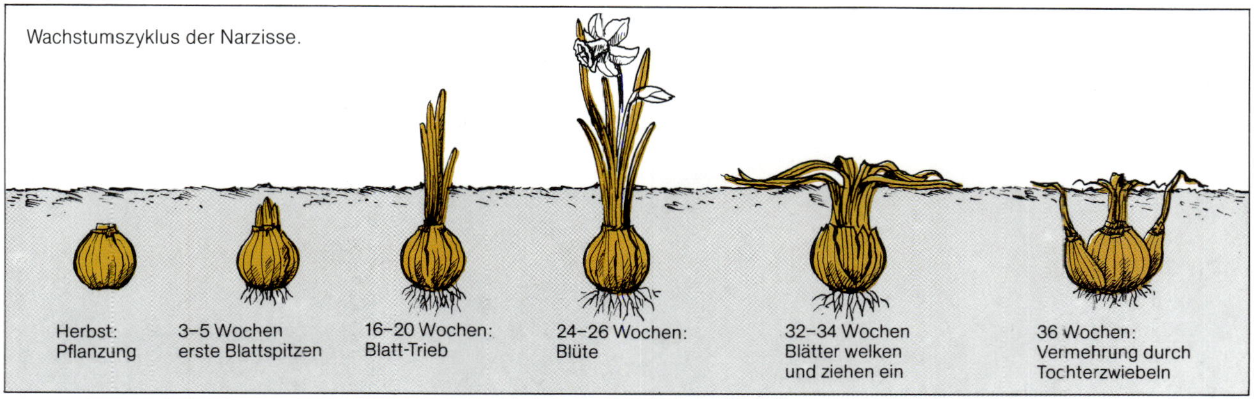

Die gutgenährten Zwiebeln und Knollen sind natürlich für viele ungebetene Mitesser ein verlockender Leckerbissen. Beachten Sie deshalb die Tips gegen Wühlmäuse auf Seite 106. Besonders kostbare Zwiebeln, wie zum Beispiel Lilien, können Sie vor Nagezähnen abschirmen, wenn Sie sie in Plastik-Gittercontainer setzen und in dieser schützenden Hülle eingraben. Als Faustregel für die richtige Pflanztiefe der Zwiebelgewächse können Sie sich einprägen: Doppelt so tief wie der Zwiebelbauch dick ist. Die Pflanzzeit im Herbst dauert von September bis November. Die Zwiebeln sollen vor dem Frost möglichst noch Wurzeln bilden.

Frühlingsblüher

Anemone *Anemone blanda* und *Anemone coronaria*

Merkmale: Anemonen sind Hahnenfußgewächse. Ihre hübschen offenen Blütenschalen leuchten weiß, rot, rosa oder violett. Es gibt halbgefüllte und einfache Sorten. Alle sind haltbare Schnittblumen.
Kultur: Die knorrigen kleinen Knollen werden im Herbst in die Erde gelegt, Pflanztiefe etwa 5 cm, Abstand 5–8 cm, Wuchshöhe 20–25 cm. Anemonen gedeihen am besten im lichten Schatten von Gehölzen an frostgeschützten Stellen. Sie sind winterhart.
Arten und Sorten: Die Frühlingsanemone *(A. blanda)* blüht im März bis April. Die St.-Brigid-Anemonen und die de-Caen-Anemonen *(A. coronaria)* blühen später von Mai bis Juni.
Besonderer Tip: Pflanzen Sie Anemonen in Gruppen. Die frühen Arten eignen sich zum Verwildern.

Hyazinthe *Hyazinthus orientalis*

Merkmale: Hyazinthen sind Liliengewächse. Die etwas steifen Prachtblüten verströmen einen schweren, süßen Duft. Es gibt weiße, blaue, rosa, rote und gelbe Züchtungen.
Kultur: Die Pflanzen brauchen durchlässigen, möglichst etwas sandigen Boden und volle Sonne. Die Zwiebeln werden im Herbst gesetzt, Pflanztiefe 15–20 cm, Abstand 10–15 cm, Höhe etwa 25–30 cm, Blütezeit April bis Mai. Mit den Jahren bilden die Hyazinthen Nebenzwiebeln, die Blüten werden kleiner und glockiger. Wer große Blumen liebt, der muß öfter neue Zwiebeln setzen oder den Nachwuchs auspflanzen und großziehen. Hyazinthen sind winterhart.
Sorten: Viele Züchtungen, die in klaren Einzelfarben angeboten werden.
Besonderer Tip: Barocke Pracht entfalten Hyazinthen, wenn sie in großen Farbgruppen auf einem Beet zusammenstehen.

Iris, Zwiebeliris *Iris*

Merkmale: Diese Irisgewächse aus dem Bereich der Zwiebelblumen sind sehr vielgestaltig. Sie blühen zu verschiedenen Zeiten, besitzen aber alle die typische dreigeteilte Blumenform, die auch ein Erkennungszeichen der Schwertlilien ist. Die Holländischen und Englischen Iris sind zauberhafte Schnittblumen. Weiß, Blau, Violett und Gelb sind die wichtigsten Farbtöne.

Die Frühlingsanemone *(Anemone blanda)*.

Iris reticulata 'Pauline'.

Eine märchenhafte Frühlingswiese mit Krokus, Schneeglanz und Kissenprimeln.

Kultur: Zwiebeliris werden normalerweise im Herbst gepflanzt. Holländische und Englische Iris können notfalls auch noch im zeitigen Frühling in die Erde. Diese beiden Arten werden etwa 10 cm tief gepflanzt, Abstand 10–15 cm, Höhe 30–60 cm, Blütezeit Mai bis Juni. In durchlässigem Boden und in der Sonne gedeihen sie am besten. Es lohnt sich, mit den preiswerten Zwiebeln ein Schnittblumenbeet anzulegen. Holländische Iris werden in großer Auswahl im Fachhandel angeboten, die reizvollen Englischen Iris leider nur selten.
Die Zwergiris werden nur 15 cm hoch und blühen bereits im Februar/März *(Iris danfordiae* und *I. reticulata*). Ein guter Standort ist der Steingarten. Alle Zwiebeliris sind winterhart.
Arten und Sorten: Holländische Iris *(I. hollandica)* in allen Farbzüchtungen; Englische Iris *I. anglica)* in Einzelfarben Weiß, Rosa, Blau, Violett; *I. danfordiiae* in Gelb und *I. reticulata* in verschiedenen blauen Züchtungen.
Besonderer Tip: Probieren Sie einmal die wenig bekannten Englischen Iris aus. Sie haben sanftgerundete Blütenblätter und tiefe warme Farben. Wunderschöne Blumen für Iris-Romantiker!

Kaiserkrone *Fritillaria imperialis*

Merkmale: Ein stattliches Liliengewächs, das an hohen Stielen eine Krone aus roten oder gelben Glocken trägt. Kaiserkronen sind seit Jahrhunderten beliebte attraktive Frühlingsblumen. Alte holländische Blumenmaler haben sie oft auf ihren Bildern verewigt.
Kultur: Möglichst früh im August bis September pflanzen, 15–20 cm tief in guten durchlässigen Gartenboden. Im Pflanzloch möglichst ein Sandbett anlegen. Kompost und gut verrotteten Mist geben. Standort sonnig bis halbschattig, Höhe etwa 80 cm, Blütezeit April bis Mai.
Arten und Sorten: *F. imperialis:* ›Lutea‹ (gelb), ›Rubra Maxima‹ (rot). *F. meleagris,* die Schachbrettblume, ist eine kleine Verwandte mit schachbrettartig gemusterten Glocken, Höhe nur 30 cm. Pflanzen Sie sie in lockeren Gruppen.

Besonderer Tip: Kaiserkronen sollen jahrelang ungestört bleiben. Ihr Moschus-Knoblauch-Geruch vertreibt Wühlmäuse aus der Umgebung.

Krokus *Crocus vernus*

Merkmale: Der Krokus ist ein Irisgewächs. Seine leuchtenden Blütenkelche sind die Boten des Frühlings im Garten. Sie blühen weiß, gelb, lila, violett und gestreift.
Kultur: Krokusse wachsen überall in durchlässigem Boden an sonnigen und halbschattigen Plätzen. Pflanztiefe 5–10 cm, Abstand 5–10 cm, Blütezeit Februar bis April, Pflanzzeit Herbst. Die Pflanzen sind ganz winterhart. Die botanischen Krokusse haben kleinere Blumen und beginnen früher zu blühen, die großblumigen Gartenkrokusse öffnen sich etwas später. Am schönsten wirken sie in dichten Gruppen.
Arten und Sorten: Es gibt viele großblumige Züchtungen in Einzelfarben, aber auch zahlreiche Wildformen, die unter der Bezeichnung Botanische Krokusse im Handel sind.
Besonderer Tip: Wo Krokusse im Rasen blühen, da müssen Sie mit dem Mähen warten, bis das Laub vergilbt.

Märzbecher, Frühlingsknotenblume *Leucojum vernum*

Merkmale: Märzbecher sind Amaryllisgewächse. Sie tragen an langen Stielen rundliche, weiße Glocken, die grüne Flecken am Blütensaum haben. Sie sehen aus wie vergrößerte Schneeglöckchen.
Kultur: Feuchter, humsreicher Boden, sonniger bis halbschattiger Standort. Möglichst früh im Herbst pflanzen, 10 cm tief mit 10 cm Abstand. Höhe 20 cm, Blütezeit Februar bis März. Märzbecher sind winterhart.
Besonderer Tip: Pflanzen Sie Märzbecher zu den Wildstauden, wo sie sich ungestört vermehren können.

Narzisse *Narcissus*

Merkmale: Narzissen sind Amaryllisgewächse. Am Mittelmeer und in den Alpen wachsen sie noch wild. In ihre große Familie gehören die gelben Osterglocken ebenso wie die weißen duftenden Sterne der Dichternarzissen. Ob groß- oder kleinkronig – Narzissen gehören seit alten Zeiten zu den lieblichsten Frühlingsblumen, die sich auch gut zum Schnitt eignen. Ihre Farben sind weiß, Gelb, Rosa und Orange.
Kultur: Im Herbst werden die dicken mehrteiligen Zwiebeln 15–20 cm tief gelegt, kleine Arten etwas höher. Sie lieben humusreichen, durchlässigen Boden an sonnigen bis halbschattigen Plätzen. Abstand 15–20 cm. Höhe 30–60 cm, Blütezeit, je nach Art und Sorte, Februar bis Mai. Die winterharten Narzissen sollen möglichst lange ungestört bleiben, sie vermehren sich dann reichlich.
Arten und Sorten: Es gibt unzählige Arten und Sorten. Zu den Gartennarzissen gehören die Trompetennarzissen *(N. pseudonarcissus)* in der Form der Osterglocken, die großkronigen Narzissen *(N. incomparabilis)* mit flachen Blütensternen und gerüschten Kronen, die Dichternarzissen *(N. poeticus)*, die weiße Sterne mit roten Krönchen besitzen und herrlich duften.
Die Wildnarzissen haben meist kleinere Blüten. Zu ihnen gehören neben vielen anderen die Jonquillen (*N. jonquilla* 'Odorus') mit zierlichen, duftenden gelben Glöckchen. Reizend auch die »Engelstränen« *(N. triandrus)* mit hellgelben hängenden Blüten und die weiße Wildnarzisse 'Thalia' mit weit zurückgeschlagenen Blütenblättern.
Besonderer Tip: Narzissen werden von Wühlmäusen nicht angerührt. Sie eignen sich zum Verwildern in naturhaften Pflanzungen.

Schneeglanz *Chionodoxa*

Merkmale: Schneeglanz gehört zu den Liliengewächsen. Die leuchtend blauen Sternblüten mit dem weißen Auge zählen zu den frühesten Frühlingszeichen. Es gibt auch weiße und rosa Sorten.
Kultur: Im Herbst in durchlässigen Boden legen, etwa 8 cm tief mit 5–7 cm Abstand. Höhe 10 bis 15 cm. Blütezeit März. Schneeglanz liebt Sonne oder Halbschatten, er ist winterhart.
Arten: *Ch. sardensis* (enzianblau); *Ch. gigantea* (großblumig).
Besonderer Tip: In dichten Gruppen pflanzen und verwildern lassen.

Schneeglöckchen *Galanthus*

Merkmale: Schneeglöckchen sind Amaryllisgewächse. Jedes Kind kennt die weißen Glöckchen mit den grünen Punkten, die als erste den Frühling einläuten. Eis und Schnee können diese lebensstarken Optimisten nicht schrekken.
Kultur: Im Herbst werden die kleinen Zwiebelchen 8–10 cm tief mit 8–10 cm Abstand gepflanzt. Im leichten Halbschatten und in lockerem Boden gedeihen sie am besten. Höhe 15–20 cm, Blütezeit Februar bis März.
Arten: *G. nivalis*, das heimische Schneeglöcken und *G. elwesii*, das großblumige Riesenschneeglöckchen.
Besonderer Tip: Schneeglöckchen eignen sich gut zum Verwildern, sie vermehren sich sehr rasch. Besonders eindrucksvoll wirkt ihr Weiß in der Nachbarschaft von blauer *Iris reticulata*.

Scilla, Blausternchen *Scilla*

Merkmale: Die Scilla gehören zu den Liliengewächsen. Ihre locker angeordneten Glocken wirken wie leuchtend blaue Schwestern der Schneeglöckchen. Es gibt auch weiße Sorten.
Kultur: Im Herbst werden die Zwiebeln 5–8 cm tief gelegt, mit 8–10 cm Abstand. Höhe nur 15 cm, Blütezeit März bis April. Das Blausternchen wächst in jedem normalen Gartenboden in der Sonne und im Schatten, es ist ganz winterhart.
Arten und Sorten: *S. sibirica* (blau), 'Alba' *(weiß)*;
S. hispanica (campanulata), die Waldhyazinthe, hat 30 cm hohe Stiele mit großen Glockenblüten in Weiß, Rosa oder Blau. Sie blüht von April bis Mai.
Besonderer Tip: *S. sibirica* vermehren sich rasch, wenn sie ungestört bleiben. Lassen Sie sie neben Schneeglöckchen verwildern.

Narzisse 'Februargold' mit Gedenkemein.

Traubenhyazinthe *Muscari*

Merkmale: Traubenhyazinthen sind Liliengewächse. Ihre blauen Glöckchen drängen sich dicht wie Trauben zu einer kleinen Pyramide zusammen. Sie eignen sich gut zum Schnitt für kleine Frühlingssträuße.
Kultur: Die anspruchslosen Blumen gedeihen in der Sonne und im Halb-

Waldhyazinthe unter blühendem Rhododendron.

schatten in jedem normalen Gartenboden. Im Herbst werden die Zwiebelchen etwa 5–8 cm tief gelegt mit 8 cm Abstand. Höhe 15–20 cm, Blütezeit April bis Mai. Traubenhyazinthen vermehren sich rasch und sind ganz winterhart.

Arten und Sorten: *M. ambrosiacum* (zartlila, duftend);
M. armeniacum (tiefblau);
M. comosum 'Plumosum', die Federhyazinthe, (rötlich-blaue Blüte, 40 cm hoch, Blütezeit Mai bis Juni).

Besonderer Tip: Traubenhyazinthen bilden zauberhafte blaue Teppiche, die Sie roten Tulpen oder gelben Narzissen zu Füßen legen können. Liebenswerte Verschwender können aus diesen Blumen einen blauen »Wasserlauf« pflanzen!

Tulpe *Tulipa*

Merkmale: Tulpen sind Liliengewächse. Sie kamen aus der Türkei und dem Vorderen Orient zu uns. Die ersten kostbaren Blumen lösten vor etwa 400 Jahren unter den Liebhabern fiebrige Spekulationen aus, die manchen Gartenfreund ein Vermögen kosteten. Heute sind Tulpenzwiebeln für jeden erschwinglich geworden. Ein Frühlingsgarten ohne die üppigen Blumenkelche ist undenkbar. Es gibt inzwischen unzählige Züchtungen: hohe und niedrige, gefüllte und einfache, glattblättrige und krausblütige. Die Farbskala enthält alle Töne außer einem reinen Blau. Tulpen sind wunderbarer Blütenschmuck für Beete, Steingärten und Vasen.

Kultur: In humusreichem, durchlässigem Boden an einem sonnigen Standort werden die Zwiebeln im Herbst 10–15 cm tief gelegt. Abstand 15–20 cm, Höhe je nach Sorte 20–80 cm, Blütezeit je nach Sorte März bis Mai. Tulpen sind vollkommen winterhart und bilden mit der Zeit viele Nebenzwiebeln. Wer sie herausnimmt und auf einem Extrabeet großzieht, der kann seine Bestände leicht vermehren. Wo sie stehenbleiben, da werden die einzelnen Tulpen kleiner, sie bilden dafür lockere Gruppen. Liebhaber großer Prachtblumen nehmen die Zwiebeln, nachdem die Blüten verwelkt sind, jedes Jahr heraus, trocknen und sortieren sie im Keller und pflanzen sie im Herbst wieder ein.

Arten und Sorten: Es ist unmöglich, aus der Fülle Einzelsorten zu nennen. Zwischen folgenden großen Gruppen können Sie überall im Fachhandel wählen:

Botanische Tulpen *T. Kaufmanniana-, -Fosteriana-, -Greigii*-Hybriden) blühen früh, die meisten bleiben relativ niedrig, manche haben braunrot gestreiftes Laub. Diese Arten eignen sich am besten zum Verwildern.

Ausgesprochene Wildtulpen sind zum Beispiel *T. clusiana* (schmale Blütenform, innen weiß, außen rosa), *T. 'tarda'* (sternförmige, gelb-weiße Blüten) und *T. chrysantha* (zitronengelbe Blüten mit rosa Hauch).

Ein Teppich aus Winterlingen, Schneeglöckchen und Botanischen Krokussen unter alten Sträuchern (Bild oben).

Die zierliche Wildtulpe *Tulipa tarda* paßt besonders gut in naturgemäße Gärten. Pflanzen Sie sie in lockeren Gruppen.

Einfache frühe Tulpen blühen im April, sie werden 25–30 cm hoch und liefern gute Schnittblumen.
Gefüllte frühe Tulpen blühen zur gleichen Zeit, ihre Blüten ähneln Pfingstrosen.
Triumph-Tulpen haben kompakte, rundliche Blumen, sie blühen mittelfrüh und werden 40–50 cm hoch.
Darwin-Tulpen sind langstielige Maitulpen, die herrliche Schnittblumen liefern mit großen eiförmigen Blumen.
Lilienblütige Tulpen blühen gleichfalls im Mai, sie haben elegante beschwingte Blüten, deren Enden in Zipfel auslaufen.
Papageien-Tulpen blühen im Mai und werden 50–70 cm hoch. Die Blüten sind bizarr gefranst.
Rembrandt-Tulpen öffnen sich ebenfalls im Mai und erreichen etwa 50 cm Höhe. Die geflammten Farben verdanken sie ursprünglich einer Viruserkrankung.
Gefüllte späte Tulpen blühen spät im Mai, werden 40–60 cm hoch und haben noch mehr Ähnlichkeit mit dicken runden Pfingstrosen als ihre früher blühenden Schwestern.
Es gibt noch zahlreiche andere Spielarten und wunderschöne Züchtungen. Das Studium guter Kataloge ist ein lohnendes Vergnügen!
Besonderer Tip: In Reih und Glied aufgereiht wirken Tulpen immer steif. Pflanzen Sie sie lieber in lockeren Gruppen, nach Farben und Blütezeit geordnet. Und legen Sie ihnen einen Teppich aus Vergißmeinicht, Stiefmütterchen, Traubenhyazinthen oder anderen geeigneten Pflanzen zu Füßen. Tulpen sind persische Prinzessinnen – ein wenig Haremsglanz brauchen sie auch im Garten!

Winterling *Eranthis hyemalis*

Merkmale: Winterlinge gehören zu den Hahnenfußgewächsen. Die buttergelben Blumensterne gewinnen jedes Frühlingswettrennen. Manchmal blühen sie schon im Januar!
Arten: *E. hyemalis* (gelb, sehr früh); *E. cilicica* (tiefgelb, etwas später).

Frühlingsboten im Schnee: Winterlinge.

Kultur: Winterlinge gedeihen in jedem normalen Gartenboden in der Sonne und im Halbschatten. Die Knöllchen werden 5 cm tief mit 8–10 cm Abstand im Herbst in die Erde gelegt. Höhe 10 cm, Blütezeit Januar bis März, vollkommen winterhart.
Besonderer Tip: Wunderschön zum Verwildern vor Gehölzgruppen, Winterlinge bilden rasch ausgedehnte Blütenteppiche. Wählen Sie eine Stelle, wo der früheste Frühlingsgruß gut sichtbar ist.

Sommer- und Herbstblüher

Begonie *Begonia tuberhybrida*

Merkmale: In der großen Familie der Begoniengewächse bilden die Knollenbegonien eine Gruppe besonders farbenfroher, reichblühender Sommerblumen. Es gibt gefüllte und ungefüllte, buschige und hängende Sorten. Sie entfalten alle Farben außer Blau.
Kultur: Die flachen Knollen werden im Frühling ab Februar/März in Schalen oder Blumentöpfe mit lockerer Erdmischung gelegt – die Seite mit der »Delle« nach oben. Feucht und warmhalten an einem hellen, aber nicht zu sonnigen Fenster. Ab Mitte Mai können die vorgetriebenen Pflanzen ins Freie. Sie werden in Balkonkästen, Schalen oder auf Gartenbeete gepflanzt.
Begonien brauchen eine lockere Erdmischung, die aus Laub- oder Rindenkompost und Sand zusammengestellt werden kann. Sie gedeihen am besten im Halbschatten. Während des Sommers müssen sie öfters gedüngt werden; dazu können Sie Brennesseljauche oder auch einen organischen Blumendünger, z. B. 'Guano flüssig', 'Biotrissol', 'Cohrs Blumendünger' oder 'Oscorna Blumendünger' verwenden. Pflanzabstand 20–30 cm, Höhe je nach Sorte 25–40 cm. Blütezeit Mai bis Oktober.
Knollenbegonien sind nicht winterhart. Vor dem ersten Frost nehmen Sie die Pflanzen aus der Erde, schneiden das Laub ab und lagern die gereinigten Knollen in einem frostfreien Kellerraum. Am besten legen Sie sie in Kisten, die mit trockenem Sand gefüllt sind. Ab Februar können die Begonien dann wieder angetrieben werden.
Arten und Sorten: Multiflora-Begonien (gefüllte, runde Blüten in rosa, weißen, roten, gelben und orangefarbigen Einzelsorten); 'Leuchtfeuer' (ungefüllte, reichblühende feuerrote Sorte);
B. fimbriata (gefranste, nelkenähnliche Blüten in allen Farben);
B. marmorata (gefüllte Blumen, zweifarbig marmoriert);
Ampel- oder Hängebegonien (lange hängende Triebe, kleine gefüllte Blüten in allen Farben).
Besonderer Tip: Begonien sind anfällig für Mehltau, beachten Sie die Tips der großen Schädlingstabelle auf Seite 109–119.

Canna, Indisches Blumenrohr
Canna-Indica-Hybriden

Merkmale: Die Canna gehören zu den Blumenrohrgewächsen. Ihre hohen exotischen Blütenstände und das prächtige, oft rotbraun gefärbte Laub wirken sehr dekorativ. Sie blühen rot, rosa, gelb und orange und sind oft auffallend gesprenkelt; die Blüten haben etwas Ähnlichkeit mit Gladiolen.

Kultur: Die Rhizome werden in großen Töpfen ab März in warmen Räumen vorgetrieben. Ab Mitte Mai können die Pflanzen ins Freie. Sie gedeihen in großen Kübeln oder auf Gartenbeeten. Pflanzabstand 40–50 cm, Höhe 60–130 cm, Blütezeit Juni bis Oktober. Voraussetzung für gutes Gedeihen sind sonniger, geschützter Standort und lockere, humusreiche Erde. Ein- bis zweimal im Monat muß während der Sommermonate flüssig gedüngt werden.

Das Blumenrohr aus Indien ist nicht winterhart. Nachdem der erste Frost das Laub zerstört hat, werden die Rhizome mit dem Erdballen ausgegraben und in einem frostfreien Keller in feuchtem Sand eingelagert. Im nächsten Frühling können die Pflanzen wieder angetrieben werden.

Sorten: 'Lucifer' (Zwerg-Canna, rot mit gelbem Rand), 'Wyoming' (orangerot, großblumig, rotbraunes Laub), 'Brillant' und 'Amerika' (rot), 'Prinz Carneval' (gelb mit rot gesprenkelt).

Besonderer Tip: Die aus Indien stammende Canna wirkt neben vielen Gartenblumen fremd. Am besten pflanzen Sie sie als dekorative Einzelgruppe im Kübel.

Dahlie *Dahlia-cultorum*-Hybriden

Merkmale: Dahlien sind Korbblütler. Die vielen unterschiedlichen Zuchtformen, die heute als Nachkommen der mexikanischen Einwanderin in unseren Gärten heimisch sind, bieten für jeden etwas: für Balkonkästen, Blumenschalen, Schnittblumenbeete, Rabatten und dekorative Einzelstellung gibt es die passende Dahlie. Pompöse Blütenräder, altmodische Pompomkugeln und einfache offene Schalen stehen zur Wahl. Die Dahlien sind aus den Sommer- und Herbstgärten nicht mehr wegzudenken. Sie blühen monatelang in allen Farben, außer Blau, und liefern reichlich Schnittblumen.

Kultur: Für frühe Blüte können Dahlien in großen Töpfen angetrieben werden. Im Mai werden sie direkt ins Freiland gepflanzt. Sie gedeihen überall, lieben aber humusreichen, durchlässigen Boden und volle Sonne. Geben Sie reichlich Kompost und gut verrotteten organischen Dünger. Über den Triebknospen der dicken fleischigen Knollen sollen nur etwa 2–3 cm Erde liegen. Pflanzabstand je nach Sorte 50–100 cm, Höhe je nach Sorte 30–250 cm, Blütezeit Juli bis Oktober. Beim Pflanzen schlagen Sie gleich einen Stützpfahl in den Boden, um große Stauden später anzubinden.

Dahlien sind nicht winterhart, sie sollen aber bis nach dem ersten Frost im Freiland bleiben, um auszureifen. Dann wird das erfrorene Laub abgeschnitten. Graben Sie die Knollen vorsichtig aus. Sie sollen mit den Erdklumpen an der Luft trocknen. Die Stengel werden nur handhoch über den Knollen abgeschnitten. Dieser Stengelrest muß unbedingt erhalten bleiben, weil sonst die dicht darunter sitzenden Triebknospen eintrocknen. Bewahren Sie die Dahlien in einem möglichst kühlen aber frostfreien Kellerraum auf. Am besten werden sie in Holzkisten mit feuchtem Sand eingeschlagen. In warmen Kellern müssen Sie das Substrat ab und zu anfeuchten. Die Knollen dürfen weder faulen noch eintrocknen. Im nächsten Frühling werden sie geteilt und wieder eingepflanzt.

Einfache Mignondahlie

Rundliche Pompomdahlie

Gruppen und Sorten: Einzelsorten gibt es in großen Mengen. Sie werden überall in reicher Auswahl angeboten. Wählen Sie zwischen den folgenden großen Gruppen:

Anemonenblütige Dahlien haben einen einfachen Blütenkranz und ein Herz aus dichtgedrängten Röhrenblüten, Höhe etwa 50 cm.

Halskrausendahlien zeigen außer den einfachen äußeren Blütenblättern noch einen zweiten Kranz von Zungenblüten, der sich wie eine Krause um die Mitte legt.

Kaktusdahlien werden bis 120 cm hoch und tragen mittelgroße, gefüllte Blumen mit schmalen, spitz auslaufenden Blütenblättern.

Mignondahlien bleiben 30 cm niedrig, sie schmücken sich mit runden, einfachen Blüten.

Pompondahlien erreichen 100 cm Höhe, sie tragen dicht gefüllte, kleine rundliche Blumen, die wie ein Ball aussehen.

Schmuckdahlien können bis zu 200 cm hoch werden. Ihre großen gefüllten Blüten erreichen bis zu 30 cm Durchmesser. Die Blütenblätter haben eine breit-ovale Form. Diese Dahlien sind bei den Hobbygärtnern besonders beliebt, weil sie sich zu prachtvollen Schaustücken entwickeln.

Außerdem gibt es noch viele interessante Zuchtvariationen, die Sie in guten Katalogen und Fachgeschäften finden (siehe Anhang).

Besonderer Tip: Die farbenfrohen Dahlienblüten halten eine Woche lang in der Vase, wenn Sie sie vollerblüht

am Morgen aus dem Garten holen und nach dem Anschneiden blitzschnell ins Wasser tauchen. Alle Nebenknospen und möglichst viele Blätter sollen entfernt werden.
Der junge Austrieb im Frühling ist sehr durch Schnecken gefährdet; beachten Sie die Spezialtips, Seite 107.

Freesie *Freesia*

Merkmale: Freesien gehören zu den Irisgewächsen. Die am Stielende aufgereihten trompetenförmigen Blüten verströmen einen lieblichen Duft. Sie sind cremeweiß, gelb, orange, rosa, purpurrot, lila oder violett gefärbt und zählen zu den beliebtesten Schnittblumen.
Kultur: Speziell präparierte Knollen blühen nun auch im Freiland. Pflanzzeit von Mitte April bis Mai; humusreiche, feuchte Erde ist am besten geeignet. Warmer, geschützter, halbschattiger Standort. Abstand 5–10 cm, Höhe etwa 30–40 cm, Blütezeit August bis Oktober. Gartenfreesien sind nicht winterhart. Vor dem Frost müssen Sie die Knollen ausgraben und in einem warmen Raum trocken überwintern. Die Blüte im nächsten Jahr ist möglich, aber nicht zuverlässig.
Sorten: Freiland-Freesien, Paradiesfreesien (bunte Mischungen).
Besonderer Tip: Eine Liebhaberkultur für Spezialbeete. In naturgemäßen Pflanzungen wirken die Freesien fremd.

Gladiole *Gladiolus*-Hybriden

Merkmale: Gladiolen sind Irisgewächse. Steife schwertförmige Blätter und leuchtende »Schmetterlings«-Blüten, auf hohen Stielen aufgereiht, sind charakteristisch für diese prachtvollen Sommerblumen. Sie eignen sich für Schnittblumenbeete und Rabatten. Die zahllosen modernen Züchtungen haben alle Farben des Spektrums hervorgelockt: Weiß, Gelb, Orange, Rot, Rosa, Lila, Violett, Bläulich (aber kein reines Blau), Bräunlich und Grünlich. Alle Gladiolen sind hervorragende, lange haltbare Schnittblumen.
Kultur: Gladiolen wachsen am besten in humusreichem, etwas sandigem Boden in der vollen Sonne. Sie gedeihen aber auch unter weniger idealen Bedingungen und sind im Grunde recht anspruchslos. Von April bis Mai können Sie die flach-runden Zwiebeln 10 cm tief in den Boden legen, sehr hohe Sorten etwas tiefer, kleine Sorten etwas höher. In leichter, sandiger Erde ist eine etwa 15 cm tiefe Pflanzung zu empfehlen, damit die hohen Stiele mehr Halt bekommen. Pflanzabstand 10–20 cm, Höhe je nach Sorte 60–150 cm. Blütezeit Juli bis September.
Hohe Sorten müssen bei Regen und Wind angebunden werden. Versorgen Sie Gladiolen mit reichlich Kompost, Steinmehl und einer Mulchdecke. Geben Sie niemals frischen Dünger, er fördert Krankheiten.
Gladiolen sind nicht winterhart. Nach dem ersten Frost werden die Zwiebeln ausgegraben, gesäubert und trocken im Keller gelagert. Die kleinen Brutknöllchen werden abgetrennt und im nächsten Frühling zur Vermehrung auf ein Extrabeet gepflanzt. Sie blühen nach 2–3 Jahren. Die hochgezüchteten Blumen sind anfällig für Pilz- und Viruskrankheiten. Beachten Sie die Tips in der Schädlingstabelle auf Seite 109–119, und spritzen Sie vorbeugend ab Frühling mit Schachtelhalmbrühe.
Arten und Sorten: Züchtungen in allen Farben werden überall in reicher Auswahl angeboten. Unterscheiden Sie zwischen den großblumigen Edelgladiolen und den kleinblumigen Butterfly- oder Schmetterlingsgladiolen, die durch besonders anmutige Blüten bezaubern.
Winterharte Wildformen sind *G. byzantinus* (purpurrot) und *G. communis*, die Gemeine Siegwurz (rosa-violett), die im Naturgarten heimisch werden kann.
Besonderer Tip: Schneiden Sie Gladiolen, wenn die ersten Blumen aufgeblüht sind, dann öffnen sich alle Blüten bis zur Spitze in der Vase. Lassen Sie den Pflanzen aber immer einige Blätter, damit sich die Zwiebeln regenerieren können.

Gladiolen wirken weniger steif, wenn sie in Gruppen mit Sommerblumen zusammen gepflanzt werden.

Herbstzeitlose *Colchicum autumnale)*

Merkmale: Dieses merkwürdige Liliengewächs bringt im Herbst krokusähnliche »nackte« lila-rosa Blüten hervor. Deshalb nannte man sie früher »Dame ohne Hemd«. Blätter und Früchte erscheinen beim Herbstkrokus erst im folgenden Frühling. Der normale Vegetationsrhythmus ist bei diesen Blumen auf den Kopf gestellt. Sie sind interessant zu beobachten und bereichern den Garten zu ungewohnter Zeit mit ihrer Blüte.
Kultur: Durchlässiger, eher trockener Boden und volle Sonne sind Voraussetzung für gutes Gedeihen. Die Zwiebeln werden im August 10 cm tief gepflanzt, Abstand 15–25 cm, Höhe 15–20 cm, Blütezeit September bis Oktober. Die Pflanzen sind winterhart.
Sorten: Außer der Art *C. autumnale* (rosa-lila) 'Album' (reinweiß).
Besonderer Tip: Herbstzeitlosen eignen sich für naturnahe Pflanzungen, wo sie jahrelang ungestört bleiben können. Auch im Rasen wirken sie sehr hübsch. Achtung: Herbstzeitlosen sind giftig!

So einfach und edel blühen und duften Madonnenlilien seit Jahrtausenden.

Lilie *Lilium*

Merkmale: Die Lilien sind auch Liliengewächse; sie gehören zum uralten Gartenadel, nicht nur bei uns in Europa, sondern auch in Ostasien. Die edlen Blüten der noch heute erhältlichen Naturformen verleihen dem Platz, an dem sie wachsen, eine gewisse Würde. Auch in der Vase verlangen diese formschönen Blumen besondere Aufmerksamkeit – sie passen nicht in jede beliebige Gesellschaft. Es gibt heute hervorragende Neuzüchtungen, vor allem aus Amerika. Die Begegnung mit diesen großblumigen, standfesten Hybriden ist ein Gartenerlebnis besonderer Art. Lassen Sie es sich nicht entgehen!

Kultur: Lilien wollen mit den »Füßen« kühlschattig stehen, ihre Blüten aber im warmen Licht der Sonne entfalten. Dies ist die seit Jahrhunderten gültige Grundregel aller Lilienkultur. Wählen Sie einen Platz, der hell und sonnig, aber vor greller Mittagsglut geschützt ist. Der Boden soll humusreich, locker, nahrhaft und unbedingt durchlässig sein. Die Zwiebeln brauchen zwar eine gewisse Feuchtigkeit, aber Nässe schadet ihnen immer und bringt Fäulnisgefahr. Schwer, lehmige Böden müssen durch eine Dränageschicht aus Sand und Kies unterhalb der Pflanzung verbessert werden. Geben Sie reifen Kompost, Steinmehl und einen langsam wirkenden organischen Dünger (zum Beispiel »Oscorna«) zur Bodenverbesserung. Schattige, feuchte Kühle erreichen Sie durch eine Mulchschicht aus Laub oder durch eine Bodendecke aus niedrigen Stauden.
Lilien sollten immer in Gruppen zu mindestens 3–5 Stück gepflanzt werden. Dies kann im Herbst oder im zeitigen Frühling geschehen. Pflanzabstand je nach Sorte 25–45 cm, Tiefe 20 bis 25 cm. Die Madonnenlilien kommen bereits im August in die Erde. Sie werden höher gepflanzt, nur etwa 3 cm unter der Oberfläche.
Höhe je nach Sorte 40–180 cm, Blütezeit je nach Sorte Mai bis September. Lilien können durch Nebenzwiebeln, durch Bulben, die in den Blattachseln erscheinen und durch Samen vermehrt werden. Sie sind winterhart. Alle Lilienzwiebeln müssen nach dem Kauf rasch in die Erde, damit sie nicht austrocknen. Auch auf dem Beet sollen sie nicht lange in Wind und Sonne liegen.

Arten und Sorten: Zu den altbekannten Naturformen gehören:
die Goldbandlilie, *L. auratum* (große schalenförmige Blüten, weiß mit bräunlichen Streifen, 150–180 cm);
die Madonnenlilie, *L. candidum* (trichterförmige, schneeweiße Blüten, süß duftend, 150–180 cm);
die Türkenbundlilie, *L. martagon* (weinrote, braungefleckte Blüten, deren Blütenblätter anmutig zurückgeschlagen sind, 80 cm); 'Album' (reinweiße Blüten, ohne Zeichnung);
die Tigerlilie, *L. tigrinum* 'Splendens' (ähnlich wie Türkenbund, aber lebhaft orangerot und gefleckt, 100 cm);
der Goldtürkenbund, *L. hansonii* (goldgelb mit braunen Punkten, 150 cm);

Wie ein orientalischer Turban wirkt die Blütenform der Türkenbundlilie (links).

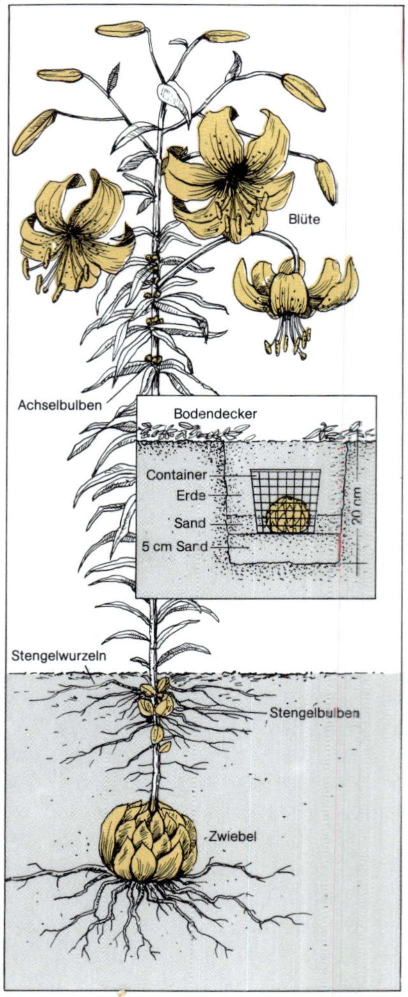

Die Zeichnung rechts zeigt den Aufbau einer Lilienpflanze. Ein Gittercontainer schützt die Zwiebeln vor Wühlmäusen.

die Feuerlilie, *L. umbellatum* (orangerote offene Kelche, 80–100 cm);
die Prachtlilie, *L. speciosum* (zurückgeschlagene Blütenblätter, gefleckt, rosa, weiß, rot, 75–120 cm);
die Königslilie, *L. regale* (große trichterförmige Blüten, weiß, außen braunrosa, 100–150 cm).
Besonders empfehlenswerte Zuchtformen sind:
die Midcentury-Hybriden, die Harlequin-Hybriden, die Martagon-Hybriden, die Bellingham-Hybriden, die Aurelianense-Hybriden und die Auratum-Hybriden.
Neu im Angebot sind die beiden großen Gruppen der Orient- und der Asiatischen Hybriden.
Dies ist aber nur ein kleiner »Blick durchs Schlüsselloch«, der anregen soll, die reiche Welt der Lilien selbst zu entdecken.
Besonderer Tip: Die Naturformen können jahrelang ungestört in Wildstaudenpflanzungen wachsen. Madonnenlilien und Hybriden passen auch ins Staudenbeet. Gegen Wühlmäuse können sie die kostbaren Zwiebeln schützen, wenn Sie sie in Gittercontainer pflanzen.

Montbretie *Crocosmia*

Merkmale: Montbretien sind Irisgewächse. Ihre offenen Trichterblüten, die kleinen Gladiolen ähneln, sind anmutig an einem schlanken Stiel aufgereiht. Sie blühen in warmen gelben und orangeroten Tönen und liefern reizvolle Schnittblumen. Die graziösen Montbretien leuchteten schon in Großmutters Sommerrabatten.
Kultur: Die Pflanzen gedeihen in jedem normalen, lockeren Gartenboden in der Sonne und im Halbschatten. Die Zwiebeln werden im April bis Mai 8–10 cm tief in den Boden gelegt, Abstand 7 cm, Höhe 60–100 cm, Blütezeit Juli bis September. Montbretien sind in milden Gegenden winterhart, sonst sollte man sie herausnehmen und wie Gladiolen trocken überwintern.
Sorten: Kleinblumige Prachtmischungen, großblumige Prachtmischungen; 'Emily Mc. Kenzie' (orangerot).

Montbretien erinnern an Großmutters Garten.

Besonderer Tip: Freilandpflanzen vermehren sich; graben Sie sie alle 3 Jahre aus und verpflanzen Sie sie wieder mit genügend Abstand. So können auch »die Kinder« groß werden.

Pfauenlilie, Tigerblume
Tigridia pavonia

Merkmale: Ein exotisch wirkendes Irisgewächs aus Mittelamerika. Die großen offenen Blüten sind wie ein Stern dreigeteilt und im Grunde abenteuerlich getigert. Die einzelnen Blumen halten nur einen Tag, leuchten aber weit und auffallend durch den Garten. Ihre Farben sind Gelb, Orange, Rot und Bräunlich.
Kultur: Humusreicher, feuchter Boden und volle Sonne bis Halbschatten sind Voraussetzung für erfolgreiche Kultur. Geben Sie Kompost und Dünger. Pflanzzeit April bis Mai, 10 cm tief, Abstand 10–20 cm. Höhe 40–60 cm, Blütezeit Juli bis September. Pfauenlilien sind nur in milden Gegenden winterhart. Besser im Herbst ausgraben und wie Begonien trocken im Haus überwintern.
Sorten: Prachtmischungen.
Besonderer Tip: Die malerischen Pfauenlilien sind auch ein besonderer Anziehungspunkt für Insekten.

Ranunkel *Ranunculus asiaticus*

Merkmale: Ranunkeln sind Hahnenfußgewächse, die mit den Anemonen verwandt sind. Die kugeligen, dicht gefüllten Blumen gleichen Miniatur-Pfingstrosen. Sie blühen in allen Farben außer in Blau und liefern schöne haltbare Schnittblumen.
Kultur: Ranunkeln brauchen volle Sonne und durchlässigen Boden. Sie werden im zeitigen Frühling etwa 5 cm tief gepflanzt, mit der Spitze nach unten. Die harten knolligen Wurzeln sollten vorher in Wasser eingeweicht werden. Pflanzabstand 8–10 cm, Höhe 20–30 cm, Blütezeit Juni bis Juli. Ranunkeln sind nicht ganz winterhart, entweder abdecken oder vorsichtshalber im Herbst ausgraben und trocken in Sand überwintern.
Sorten: Prachtmischung 'Afrikanische Riesenranunkeln', 'Mischung Biedermeier';
Päonienblütige Ranunkeln in Sorten: 'Parisienne' (rosa), 'Rheingold' (gelb), 'Madonna' (weiß), 'Cardinal' (rot).
Besonderer Tip: Regelmäßiger Schnitt fördert die Blütenbildung.

Zierlauch, Blumenlauch *Allium*

Merkmale: Die Zierlaucharten sind Liliengewächse. Es gibt sehr unterschiedliche Formen des Blumenlauchs, die in Farbe und Wuchshöhe stark variieren.
Kultur: Anspruchslos, gedeihen in jedem Gartenboden, auch in trockenen Lagen, in voller Sonne. Die Zwiebeln werden im Herbst 10–15 cm tief gepflanzt, Abstand je nach Sorte 15 bis 45 cm. Höhe je nach Sorte 20–150 cm. Blütezeit Mai bis Juni.
Arten und Sorten: *A. christophii,* Sternkugellauch (lila Dolden, 40 cm);
A. giganteum, Riesenlauch (violettblaue Kugeldolden, 180 cm);
A. moly, Goldlauch (goldgelbe Dolden, 25 cm);
A. orlophilum, Rosenlauch (karminrosa, 25 cm).
Besonderer Tip: Die kugeligen Blüten sind auch aparte Trockenblumen.

Teppiche aus Blättern und Blüten geknüpft: die Bodendecker

Niedrige Stauden, die mit den Jahren dicht zusammenwachsen, den Boden zudecken und lebendige Teppiche bilden, nennt man deshalb unter Gärtnern Teppichstauden oder Bodendekker. Sie wirken sowohl durch hübsche Blätter als auch durch Blüten dekorativ. Im Ziergarten erfüllen die Pflanzen einen ähnlich guten Zweck wie die Mulchschicht im Gemüsebeet. Sie schützen den Humus, erhalten die Erde feucht und unterdrücken das Unkraut. Für naturhafte Pflanzungen sind sie unentbehrlich. Besonders wohltuend bewähren sie sich dort, wo Blumenzwiebeln verwildern sollen. Unter einer Decke aus niedrigen Stauden bleiben sie ungestört, weil dort niemand mit Hacke oder Spaten Unheil anrichten kann.

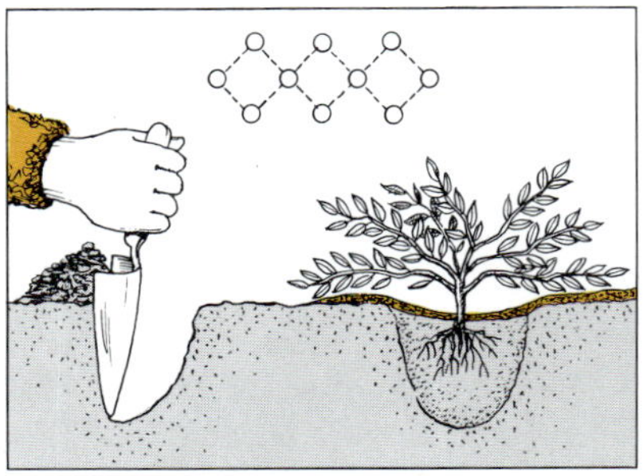

Legen Sie die Bodendeckerpflanzen nach diesem Schema auf der vorgesehenen Fläche aus. Dann wächst der Teppich bald dicht zusammen. Die Pflanzlöcher sollen so groß sein, daß die Wurzeln reichlich Platz finden.

Die Bodenvorbereitungen und die wichtigsten Pflegemaßnahmen sind im großen Kapitel »Stauden« beschrieben. Sie gelten für die kleinen Teppichknüpfer genauso wie für die großen Prachtgewächse. Besonders wichtig ist es aber, das Unkraut mit allen Wurzeln zu entfernen, bevor Bodendecker gepflanzt werden. In den ersten beiden Jahren, bis die Fläche zugewachsen ist, müssen Sie noch sehr sorgfältig weiter jäten. Diese Mühe lohnt sich, weil die geschlossene Decke dann später keine Arbeit mehr macht. Wer in den ersten Jahren nachlässig ist, der wird schon bald den Wurzelfilz von »Gut und Böse« nicht mehr trennen können.

Als Bodendecker eignen sich außer Stauden auch viele Gräser, Farne und einige niedrige Gehölze, wie zum Beispiel *Cotoneaster dammerie* und flachwachsende Rosen. Bei den Beschreibungen der Stauden, der Rosen und der Gehölze wird auf solche Möglichkeiten öfter hingewiesen. Auch unter den einjährigen Sommerblumen finden Sie Tips für Bodendecker. Hier soll aus der großen Fülle der ausdauernden, kleinen Zauberkünstler nur eine Auswahl getroffen werden, die für jeden Garten einige praktische Beispiele enthält.

Bodendecker breiten ihre Blütenteppiche nicht nur »Parterre« aus; einige lieben auch die luftige Höhe einer Trockenmauer.

Bodendecker für sonnige Plätze und lichten Schatten

Gänsekresse *Arabis*

Merkmale: Die Gänsekresse ist ein Kreuzblütler, der sowohl durch das weiche grau-grüne Laub als auch durch reiche Blütenpolster in Weiß und Rosa den Garten schmückt.
Kultur: Trockener, durchlässiger Boden mit Kalkgehalt. Pflanzzeit Frühjahr oder Herbst. Abstand 15–20 cm, Höhe 10–20 cm, Blütezeit April bis Mai. Die Pflanzen können durch Teilung, Stecklinge oder Aussaat vermehrt werden. Ein Rückschnitt nach der Blüte regt zu neuem Wachstum an.
Arten und Sorten: *A. blepharophylla* 'Frühlingszauber' (rosa);
A. caucasica 'Plena' (weiß gefüllt), 'Schneehaube' (große weiße Blüte).
Besonderer Tip: Gänsekresse wächst besonders gut im Steingarten, in Mauerritzen und auf trockenen Flächen.

Hartheu, Johanniskraut *Hypericum*

Merkmale: Das Hartheu ist ein Johanniskrautgewächs. Die niedrigen, holzigen Sträucher werden teils zu den Gehölzen, teils zu den Stauden gezählt.

Diese Zierpflanzen mit den dunkelgrünen ovalen Blättern und den großen gelben Schalenblüten dürfen nicht mit der Heilpflanze Johanniskraut *(H. perforatum)* verwechselt werden!
Kultur: Das bodendeckende Johanniskraut gedeiht in der Sonne und im lichten Schatten. Es liebt durchlässigen, sandigen Boden. Pflanzzeit Herbst oder Frühling, Abstand 45 cm, Höhe 15–30 cm, Blütezeit Juni bis September. Vermehrung durch Ausläufer oder Stecklinge. Das über den Boden kriechende immergrüne Gehölz sollte im zeitigen Frühling zurückgeschnitten werden. Etwas frostempfindlich.
Arten: *H. calycinum* (goldgelb, 30 cm); *H. polyphyllum,* Zwerghartheu (gelb, 15 cm).
Besonderer Tip: Johanniskraut bildet einen blühenden Saum vor Gehölzen und eignet sich gut zum Bewachsen von Hängen.

Heidekraut, Besenheide
Calluna vulgaris

Merkmale: Das Heidekraut ist auch ein Heidekrautgewächs. Die kleinen Sträucher sind im Spätsommer mit den bekannten erikarosa Glöckchen übersät, die die Heidelandschaft melancholisch färben.
Kultur: Leichter, durchlässiger Boden, möglichst sandig-humos, sauer, auf jeden Fall kalkfrei. Heidekraut wächst am besten in der vollen Sonne, verträgt aber leichten Schatten. Pflanzung im Frühjahr, Abstand etwa 20–30 cm, Höhe 25–45 cm, Blütezeit August bis September. Rückschnitt auf halbe Höhe im Frühling fördert dichten Wuchs. Vermehrung durch Stecklinge.
Arten und Sorten: *C. vulgaris* (Wildform, rosa, 30 cm); 'Alba Plena' (weiß gefüllt, 30 cm), 'J. H. Hamilton' (lachsrosa, gefüllt, 25 cm).
Besonderer Tip: Heidekraut gedeiht gut zusammen mit Moorbeetpflanzen wie Azaleen und Rhododendren oder mit Kiefern, Birken und Wacholder. *Erica carnea,* die Schneeheide, blüht im Winter. Sie ist eine Alpenpflanze und verträgt auch etwas Kalk.

Heiligenkraut *Santolina*

Merkmale: Ein aromatisch-duftender Korbblütler aus dem Mittelmeerraum. Die kleinen holzigen Sträucher wirken dekorativ durch feingefiederte graugrüne Blätter und gelbe Blütenköpfchen. Sie bleiben auch im Winter grün.
Kultur: Das Heiligenkraut liebt trokkenen, durchlässigen Boden und volle Sonne. Beste Pflanzzeit ist der Frühling. Abstand 40–60 cm, Höhe 30–40 cm, Blütezeit Juli bis August. Die Pflanzen bedecken den Boden mit ihren niederliegenden Trieben, Rückschnitt hält sie in Form. Vermehrung durch Stecklinge.
Arten: *S. chamaecyparissus* (silbergrau, 30 cm);
S. virens (dunkelgrün, 40 cm).
Besonderer Tip: Das duftende Heiligenkraut eignet sich sehr gut für Steingärten, Einfassungen und Heidegärten.

Katzenminze *Nepeta*

Merkmale: Ein Lippenblütler mit graugrünen Blättchen und lilablauen Blütenquirlen. Die Pflanzen verströmen einen würzigen Minzengeruch, den die Katzen sehr lieben. Die Blätter welken im Herbst. Katzenminze bildet lockere Polster aus langen Trieben.
Kultur: Leichter, sandiger Boden und volle Sonne sind ideal. Die Katzenminze gedeiht aber auch in etwas nahrhafterer Erde. Pflanzzeit Frühling, Abstand 30–45 cm, Höhe 20–60 cm, Blütezeit Juni bis September. Im Frühling sollen die Pflanzen zurückgeschnitten werden. Vermehrung durch Stecklinge.
Arten und Sorten: *N. faasenii* (lilablauer Dauerblüher, 30–40 cm); 'Six Hills Giant', (leuchtend lila Blüte, Pflanzen größer und kräftiger als die Art, 50 cm);
N. sibirica, (aufrecht, blaue Blüten, lange Blütezeit, 90 cm).
Besonderer Tip: Das aromatische Kraut bildet herrliche Duft-Teppiche, eignet sich aber wegen seiner Höhe und wegen des lockeren Wuchses mehr für Randpflanzungen oder für sehr großzügige Flächen.

Ein Dauerblüher ist der rosa Knöterich.

Knöterich *Polygonum affine*

Merkmale: Die Knöterichgewächse sind sehr vielgestaltig. Als Bodendekker eignet sich vor allem die niedrige Art *P. affine*, die mit länglichen Blättern und rosa Blütenähren eine frische Note in den Garten bringt.
Kultur: Feuchter Boden und sonniger bis halbschattiger Standort. Pflanzzeit Frühling oder Herbst. Abstand 20–30 cm, Höhe 15–20 cm, Blütezeit Juli bis Oktober. Vermehrung durch Wurzelausläufer. Im Winter entstehen manchmal kahle Stellen im Knöterichteppich, die aber im Frühling von selbst wieder überwachsen.
Sorten: 'Superbum' (rosa Dauerblüher, 20 cm), 'Darjeeling Red' (rosarot, 15 cm), 'Donald Lowndes' (große kräftig rosa Blütenähren, 20 cm).
Besonderer Tip: In naturhaften Pflanzungen unterdrückt ein rosagrüner Knöterichteppich jedes Unkraut.

Kater Mumpitz liebt seine Katzenminze!

Polsterphlox *Phlox subulata*

Merkmale: Ein niedriges Sperrkrautgewächs mit nadelartigen, immergrünen Blättern und leuchtenden offenen Blüten in Weiß, Rosa, Rot und Hellblau. Im Frühjahr verschwinden die Polster unter einem Blütenschleier.
Kultur: Durchlässiger, eher trockener Boden und volle Sonne. Pflanzzeit Herbst oder Frühjahr, Abstand 20–30 cm, Höhe 10–20 cm, Blütezeit April bis Mai. Vermehrung durch Teilung und durch Stecklinge beim Rückschnitt nach der Blüte.
Sorten: 'Daisy Hill' (lachsrosa, 15 cm), 'G. F. Wilson' (hellblau, 15 cm), 'Schnee' (weiß, 15 cm), 'Atropurpurea' (dunkelrot, 10–20 cm), 'Scarlet Flame' (leuchtend scharlachrot, 10–15 cm).
Besonderer Tip: Die Blütenteppiche des niedrigen Phlox wirken besonders hübsch im Steingarten, an trockenen Mauern und sonnigen Hängen neben Schleifenblumen und Aubrietien.

Schleifenblume
Iberis sempervirens

Merkmale: Ein immergrüner Kreuzblütler. Über den dunkelgrünen Blätterkissen erscheinen wie Schnee im Frühling die runden weißen Blüten, die aus Kränzen vieler kleiner Blümchen zusammengesetzt sind.
Kultur: Humusreicher, etwas kalkhaltiger, feuchter Boden, der aber im Untergrund durchlässig sein muß. Sonniger Standort. Pflanzzeit Frühling oder Herbst, Abstand 30–40 cm, Höhe 15–30 cm, Blütezeit April bis Mai. Vermehrung durch Stecklinge, bewurzelte Triebe oder Samen. Die Zweige der Schleifenblumen kriechen über den Boden und schlagen schnell Wurzeln. Leichter Rückschnitt nach der Blüte.
Sorten: 'Findel' (weiß, große Polster, 25 cm), 'Schneeflocke' (weiß, großblumig, 25 cm), 'Zwergschneeflocke' (15 cm, zierliche Polster).
Besonderer Tip: Schöner weißer Nachbar für gelbes Steinkraut und violette Aubrietien. Guter Bodendecker unter naturhaften Rosenpflanzungen.

An trockenen, steinigen Plätzen ist der Mauerpfeffer zu Hause.

Sedum, Fetthenne *Sedum*

Merkmale: Die vielen sehr unterschiedlichen Sedumarten gehören zu den Dickblattgewächsen. Fleischige, oft reizvoll gefärbte Blätter und Blütenstände in Weiß, Gelb, Rosa oder Rot schmücken auch schwierige Gartenplätze, an denen anspruchsvollere Gewächse nicht mehr gedeihen.
Kultur: Sedum-Arten wachsen auf trockenen, sehr durchlässigen Böden, haben nur geringe Nährstoffansprüche und vertragen volle Sonne. Pflanzzeit Herbst oder Frühling, Abstand 20 bis 30 cm, Höhe je nach Sorte 5–20 cm, Blütezeit je nach Sorte Mai bis September. Leichte Vermehrung durch Teilung und Stecklinge.
Arten und Sorten: *S. acre,* der bekannte Mauerpfeffer (gelbe Sternblüten, 5 cm);
S. album (rundliche Blätter, weiße Blüten, 10 cm), 'Murale' (braunrote Blätter, rosa Blüten, 10 cm);
S. cauticolum (bläuliche Blätter, purpurrote Blüten, 10 cm);
S. floriferum 'Weihenstephaner Gold' (grüne Polster, goldgelbe Blüten, 10–15 cm);
S. pluricaule 'Rosenteppich' (grüne Polster, rosa Sommerblüte, 10 cm);
S. spathulifolium 'Cape blanco' (attraktive silberweiße Rosetten, gelbe Blüten, 10 cm);
S. spurium 'Album Superbum' (sehr gut für grüne Teppiche, weiße Blüten, 15 cm), 'Purpurteppich' (dunkelpurpur Blattfarbe, karminrote Blüten, 10 cm), 'Schorbuser Blut' (bräunliche Blätter, rote Blüten).
Besonderer Tip: Die verschiedenen Sedum-Arten bieten zahlreiche reizvolle Varianten für die naturgemäße »Teppichknüpferei«. Achten Sie auf die schönen Blattfärbungen! Da sie sehr anspruchslos sind, überdecken sie auch schlechte Böden.

Silberwurz *Dryas octopetala*

Merkmale: Die Silberwurz ist ein Rosengewächs, das den Boden dicht mit holzigen Trieben überzieht. Über dunkelgrünen gezähnten Blättern erscheinen zauberhafte weiße Blütenschalen, die ein wenig an Anemonen erinnern. Im Herbst wehen über dem Teppich silberweiße fedrige Samenstände.
Kultur: In durchlässigen, kalkhaltigen, eher mageren Böden und in voller Sonne gedeiht diese Gebirgspflanze am besten. Pflanzzeit Herbst oder Frühling, Abstand 20–30 cm, Höhe

etwa 15 cm, Blütezeit Mai bis Juni. Leichte Vermehrung durch Stecklinge.
Arten und Sorten: *D. octopetala* 'Argentea' (graugrüne Blätter, weiße Blüten, 10 cm);
D. × *Suendermannii* (dunkle Blätter mit heller Unterseite, elfenbeinweiße Blüten, 15 cm).
Besonderer Tip: Silberwurz-Teppiche sollten viel mehr Verbreitung finden. Hübsche Nachbarn sind Glockenblumen und Polsternelken.

Sonnenröschen
Helianthemum-Hybriden

Merkmale: Sonnenröschen sind Zistrosengewächse, die niedrige Zwergsträucher bilden. Über immergrünen Blättchen erscheint eine Fülle seidiger Blütenröschen in Weiß, Gelb, Rosa oder Rot. Alle sind dankbare Dauerblüher.
Kultur: Durchlässiger, etwas kalkhaltiger Boden und volle Sonne, sonst stellen die Sonnenröschen keine besonderen Ansprüche. Pflanzzeit Herbst oder Frühling, Abstand 30–40 cm, Höhe 10–20 cm, Blütezeit Juni bis September, Vermehrung durch Stecklinge, Teilung oder Samen. Rückschnitt im Spätsommer.
Sorten: 'Blutströpfchen' (blutrot, 20 cm), 'Cerise Queen' (kirschrot, gefüllt, 15 cm, 'Gelber Findling' (mit gelben Blüten übersät, 10 cm), 'Golden Queen' (großblumig, goldgelb, 15 cm), 'Lawrensons Pink' (rosa, 15 cm), 'Die Braut' (weiß), 'Sterntaler' (goldgelb, flachwachsend).
Besonderer Tip: Die Sonnenröschen breiten ihre Triebe weit aus und fassen überall Wurzeln. Sie können sie unbesorgt mit der Schere im Zaum halten.

Es lohnt sich, die Silberwurz kennenzulernen.

Stachelnüßchen *Acaena*

Merkmale: Ein Rosengewächs, das dichte Rasen bildet und sogar trittfest ist. Sehr dekorativ wirken die zierlich gefiederten graugrünen oder bronzegrünen Blätter. Ein hübscher Schmuck sind die stacheligen Samenstände im Herbst.
Kultur: Stachelnüßchen gedeihen in jedem durchlässigen, nicht zu nahrhaften Gartenboden, sowohl in der Sonne als auch im lichten Schatten. Pflanzzeit Herbst oder Frühling. Abstand 20 bis 30 cm, Höhe 10 cm, Vermehrung durch bewurzelte Triebe.
Arten und Sorten: *A. buchananii* (graugrünes Laub);
A. magellanica (blaugrau, kräftig);
A. microphylla (bräunlich, stark wachsend), 'Kupferteppich' (braunrotes Laub, zierlich).
Besonderer Tip: Stachelnüßchen sind ein guter Rasenersatz auf trockenen Flächen. Zwiebelgewächse gedeihen sehr gut unter diesem Teppich. Versuchen Sie es mit Narzissen!

Steinkraut *Alyssum saxatile*

Merkmale: Ein Kreuzblütler mit graugrünen Blättern und leuchtend gelben lockeren Blütenständen. Im Frühling schäumt das Steinkraut über vor Blütenfülle.
Kultur: Anspruchslose Staude, die überall in der Sonne und im Halbschatten gedeiht. Der Boden sollte nicht zu nahrhaft, aber durchlässig sein. Pflanzzeit Frühling oder Herbst. Abstand 30–40 cm, Höhe 20–30 cm, Blütezeit Mai bis Juni. Vermehrung durch Stecklinge, bewurzelte Absenker oder Samen. Leichter Rückschnitt nach der Blüte.
Sorten: 'Citrinum' (zitronengelb, 20 bis 30 cm), 'Compactum' (leuchtendgelb, 20 cm), 'Plenum' (gefüllt, goldgelb, 20 cm).
Besonderer Tip: Außer im Steingarten und an Trockenmauern wirkt Steinkraut auch als robuster Bodendecker vor Ziersträuchern. Hübsche Gesellschaft bilden Gänsekresse und Teppichphlox.

Thymian *Thymus*

Merkmale: Thymian ist ein Lippenblütler. Neben der Gewürz- und Heilpflanze gibt es einige sehr niedrige Bodendecker, die dichten Rasen bilden und zum Teil trittfest sind. Das schön gefärbte Laub, die leuchtenden rosa, roten oder weißen Blüten und der würzige Duft bilden den unnachahmlichen Reiz einer Thymianpflanzung.
Kultur: Möglichst magerer, sehr durchlässiger Boden und volle Sonne sind Voraussetzung für gesunde Kultur. In fetten Böden bildet Thymian geile Triebe, die schnell überaltern oder erfrieren. Pflanzzeit wegen der Frostempfindlichkeit besser im Frühling, Abstand 15–25 cm, Höhe 5 bis 20 cm, Blütezeit Juni bis September. Vermehrung durch Teilung.
Nach kalten Wintern ist im Frühling ein leichter Rückschnitt nötig.
Arten und Sorten: *T. citriodorus* 'Golden Dwarf' (gelbe Blätter, lila Blüten, Zitronenduft, 15 cm);
T. rotundifolius 'Pupurteppich' (leuchtend purpurrote Blüte, 8 cm);
T. serpyllum 'Albus' (dichter Rasen, weiße Blüte, 5 cm), 'Coccineus' (scharlachrote Blüte, 3 cm).
Besonderer Tip: Auf mageren Böden können Sie zauberhafte farbige Teppiche knüpfen mit verschiedenen Thymiansorten. Sie bilden einen pflegeleichten Rasenersatz, der zu allen Jahreszeiten gut wirkt. Legen Sie Thymianteppiche möglichst großflächig an und »verstecken« Sie Blumenzwiebeln darunter, zum Beispiel Wildkrokusse.
Etwas ganz Besonderes: schaffen Sie sich einen Duft-Platz im Garten. Zum aromatischen Thymian passen Origano, Salbei, Lavendel, Katzenminze, Heiligenkraut und Federnelken.

Bodendecker für schattige Plätze

Beinwell *Symphytum grandiflorum*

Merkmale: Dieser niedrige Beinwell, ein Rauhblattgewächs, ist mit dem Comfrey verwandt, der im biologischen Garten eine so wichtige Rolle spielt. Die Staude hat kräftige, rauhhaarige Blätter und rahmweiße Blütendolden.
Sorten: *S. grandiflorum* 'Wisley Blue' (perlmutterblau, 30 cm).
Kultur: In frischen, feuchten Böden an schattigen Stellen breitet sich der Beinwell stark aus. Pflanzzeit Frühling oder Herbst, Abstand 40–60 cm, Höhe 25––30 cm, Blütezeit April bis Mai. Leichte Vermehrung durch Teilung.
Besonderer Tip: Ein wertvoller, robuster Bodendecker für schattige Flächen unter Gehölzen und am feuchten Teichufer.

Buschwindröschen *Anemone nemorosa*

Merkmale: Das Buschwindröschen ist eine Anemonenart und gehört zu den Hahnenfußgewächsen. Das zierlich gefiederte Laub und die weißen offenen Schalenblüten machen dieses heimische Waldblümchen zu einem bezaubernden Teppichknüpfer.
Kultur: Als Waldpflanze braucht das Buschwindröschen einen schattigen Platz und humusreichen, feuchten Boden. Geben Sie ihm Laubkompost. Pflanzzeit am besten im Herbst, Abstand etwa 20 cm, Höhe 10 cm, Blütezeit April bis Mai. Vermehrung durch Ausläufer.
Arten und Sorten: Außer der Art *A. nemorosa* (weiß, 10 cm), die Sorten 'Robinsoniana' (lavendelblaue Züchtung) und 'Frühlingsfee' (große, weiße Blüten mit rötlicher Zeichnung, 15 cm).
Besonderer Tip: Wunderschöner Bodendecker für naturhafte Pflanzungen unter Gehölzen zusammen mit Leberblümchen, Schneeglöckchen und Narzissen.

Das Buschwindröschen paßt zu Gehölzen.

Elfenblume *Epimedium*

Merkmale: Ein immergrünes Berberitzengewächs mit graziösen herzförmigen Blättern. Im Frühling beim Austrieb und im Herbst nimmt das Laub eine schöne rötliche oder bronzebraune Färbung an. Lockere Blütentrauben in Gelb, Weiß, Lavendel oder Purpurrot vermehren den Reiz dieses aparten Bodendeckers.
Kultur: An schattigen Plätzen mit humusreicher Erde gedeihen Elfenblumen am besten. Geben Sie ihnen reichlich Laubkompost. Pflanzzeit Frühling oder Herbst, Abstand 20 bis 25 cm, Höhe 20–30 cm, Blütezeit April bis Mai. Die Pflanzen breiten sich langsam aus. Vermehrung durch Teilung.
Arten und Sorten: *E. grandiflorum* (weiße, langgespornte Blüten, 20 cm), 'Rose Queen' (kräftig rosa, 25 cm), 'Violaceum' (hellviolett, langgespornt, 20 cm);
E. rubrum (rot, 20 cm);
E. versicolor 'Sulphureum' (schwefelgelb, 25 cm).
Besonderer Tip: Pflanzen Sie die Elfenblumen am Gehölzrand, wo man ihre zarte Schönheit auch bewundern kann. Anemonen, Farne, Primeln und Schaumkraut passen dazu.

Frauenmantel *Alchemilla*

Merkmale: Der Frauenmantel ist ein Rosengewächs mit sehr ausdrucksvollen, wie Fächer gelappten Blättern. Auf der glatten, graugrünen Oberfläche sammeln sich die Regentropfen wie Perlen. An langen Stielen erscheinen im Sommer Trugdolden mit unzähligen Blüten, die wie gelbes Schleierkraut über den Blättern schweben.
Kultur: Frauenmantel ist denkbar anspruchslos und gedeiht in fast jedem Boden. Die Pflanzen sind im Schatten zu Hause, gedeihen aber auch bei Sonne. Pflanzzeit Frühling oder Herbst, Abstand 40 cm, Höhe 10–30 cm, Blütezeit Juni bis Juli. Vermehrung durch Teilung oder Aussaat.
Arten: *A. erythropoda* (grünlich-gelbe Blüten, 10 cm);
A. mollis (graugrüne dekorative Blätter, gelbe Blüten, 30 cm);
A. vulgaris (heimisches Heilkraut).
Besonderer Tip: Frauenmantel eignet sich sehr gut für naturhafte Pflanzungen zusammen mit Lungenkraut, Farnen und Glockenblumen.

Günsel *Ajuga reptans*

Merkmale: Der kriechende Günsel ist ein Lippenblütler. Die hübschen glänzenden Blätter bilden dichte Rosetten,

Die Frauenmantelblüte wirkt heiter und graziös.

die blaulila Blüten reihen sich in Quirlen um einen aufrechten Stengel.

Kultur: Auf feuchten humusreichen Böden im Halbschatten gedeiht der Günsel am besten. Er wächst aber auch unter weniger idealen Bedingungen. Pflanzzeit Herbst oder Frühling, Abstand 15–25 cm, Höhe 10–15 cm, Blütezeit April bis Mai. Leichte Vermehrung durch eingewurzelte Ausläufer, die sofort eine neue Rosette bilden.

Arten und Sorten: *A. reptans* (grünblättrig, lilablaue Blüten, 10 cm); 'Atropurpurea' (braunrotes Laub, lilablaue Blüten, 15 cm).

Besonderer Tip: Die braunrote Form ist besonders dekorativ. Pflanzen Sie Traubenhyazinthen und Krokusse dazu.

Immergrün *Vinca*

Merkmale: Das Immergrün ist ein Hundsgiftgewächs. Die ledrigen grünen Blättchen bedecken an langen wuchernden Trieben große Flächen – immergrün wie schon der Name verrät. Darin leuchten blaue oder auch rötliche Blüten.

Kultur: Das Immergrün ist ein altbekannter robuster Bodendecker, der beinahe überall wächst. Am besten halbschattig bis schattig in feuchtem, humusreichem Boden. Dort bilden die Ausläufer rasch Wurzeln. Pflanzzeit Herbst oder Frühling, Abstand 30–40 cm, Höhe 10–30 cm, Blütezeit April bis Juni. Leichte Vermehrung durch bewurzelte Ausläufer.

Arten und Sorten: *V. major* (große Blätter, blaue Blüten, 30 cm); 'Variegata' (weißbunte Form);
V. minor (niedriges, echtes Immergrün, dunkelgrüne Blätter, blaue Blüten, 10 cm); 'Rubra' (rotviolette Blüten), 'Alba' (weiße Blüten).

Besonderer Tip: Hervorragender dichter Teppich unter Bäumen und Sträuchern. Pflanzen Sie Narzissen darunter!

Leberblümchen *Hepatica*

Merkmale: Das Leberblümchen ist ein Hahnenfußgewächs. Es hat ledrige,

Teppich aus *Vinca minor* 'Bowles Variety'.

dreilappige Blätter und leuchtend blaue, anemonenähnliche Blüten. In lichten Wäldern wächst es wild, ist aber schon seit Jahrhunderten in den Gärten heimisch.

Kultur: Das Leberblümchen liebt hellen Schatten und etwas kalkhaltigen Boden. Sonst ist es anspruchslos. Pflanzung im Frühling oder Herbst, Abstand 15–20 cm, Höhe 10 cm, Blütezeit März bis April. Vermehrung durch Teilung. Die Pflanzen bilden mit der Zeit dichte Horste.

Arten und Sorten: *H. angulosa* (große blaue Blüten);
H. nobilis triloba (blaublütige Wildform); 'Alba' (weiß), 'Rubra Plena' (karminrot, gefüllt).

Besonderer Tip: Das Leberblümchen paßt gut in naturgemäße Gärten. Pflanzen Sie Anemonen und Märzbecher dazu.

Lungenkraut *Pulmonaria*

Merkmale: Das Lungenkraut ist ein typisches Rauhblattgewächs, das sich im Frühling mit blauen oder rötlichen Glockenblüten schmückt.

Kultur: In feuchtem, humusreichem Boden an schattigem Standort gedeihen die buschigen Stauden am besten. Sonst anspruchslos. Pflanzzeit Herbst oder zeitiges Frühjahr, Abstand 20 bis 30 cm, Höhe 20–40 cm, Blütezeit März bis Mai. Vermehrung durch Teilung.

Das Leberblümchen liebt Waldatmosphäre.

Die Pflanzen samen sich leicht von selbst aus.

Arten und Sorten: *P. angustifolia* 'Azurea' (tief enzianblaue Blüten, 20 bis 30 cm);
P. rubra (rotblühend, 30–40 cm);
P. saccharata 'Mrs. Moon' (silbrig-geflecktes Laub, rosarote Blüte);
P. officinalis (die heilkräftige Wildform, rosablaue Blüten).

Besonderer Tip: In naturgemäßem Garten ist außer den dekorativen Züchtungen auch die Wildform empfehlenswert, die sich durchaus sehen lassen kann. Das getrocknete Kraut dient als Hustentee. Alle Lungenkräuter passen zu Gehölzen, zusammen mit Akeleien, Gräsern und Anemonen.

Lungenkraut *(P. sacharate)* mit silbrig gefleckten Blättern.

Maiglöckchen
Convallaria majalis

Merkmale: Maiglöckchen sind Liliengewächse. Jedes Kind kennt die lieblichen weißen Glöckchen, die süß und intensiv duften. Die weichen grünen Blätter sterben im Herbst ab und treiben im Frühling neu aus.
Kultur: Im Schatten unter Bäumen und Sträuchern behaupten sich die Ausläufer des Maiglöckchens auch gegen starken Wurzeldruck. Günstig ist feuchte, humusreiche Erde. Sie wachsen aber auch in anderen Böden. Pflanzzeit ist der frühe Frühling. Maiglöckchenkeime (die Enden der Wurzelausläufer) werden zu mehreren in Gruppen mit 20 cm Abstand gepflanzt. Höhe 20 cm, Blütezeit Mai. Vermehrung durch unterirdische Ausläufer.
Sorten: *C. majalis* 'Grandiflora' (großblumig).
Besonderer Tip: Maiglöckchen bilden nicht nur blühende und duftende Gartenteppiche, sie halten sich auch gut in der Vase. Achten Sie aber darauf, daß die ganze Pflanze giftig ist! Nur in der Hand des Arztes ist das Maiglöckchen ein wirksames Herzmittel.

Veilchen *Viola odorata*

Merkmale: Das blauviolette wohlriechende Frühlingsveilchen gehört zu den Veilchengewächsen. Seine geflügelten, stark duftenden Blüten sind seit Jahrhunderten beliebt. Sie brechen das Eis des Winters und der Herzen. Es gibt auch weiße und rote Sorten.
Kultur: Im Schatten von Gehölzen fühlen sich die Veilchen am wohlsten. Sie lieben feuchten, humusreichen Boden. Geben Sie ihnen Kompost. Pflanzzeit am besten Herbst, Abstand 10–15 cm, Höhe 10–15 cm, Blütezeit Februar bis April und eine kleine Nachblüte von September bis Oktober. Vermehrung durch Ausläufer und durch Aussaat im Herbst, denn Veilchen sind Frostkeimer.
Arten und Sorten: *V. odorata* 'Königin Charlotte' (blauviolett), 'Albiflora' (weiß), 'Rubra' (dunkelrot);
V. cornuta, Hornveilchen, (großblumige Verwandte des Duftveilchens).
Besonderer Tip: Das angeblich bescheidene Veilchen wuchert sehr stark; seine Samen werden von Ameisen verschleppt. Pflanzen Sie es dort, wo es zartere Gewächse nicht bedrängt.

Ein alter, dichtgewirkter Bodendecker-Teppich aus Efeu und gelbblühender Waldsteinie.

Waldmeister *Galium odoratum*

Merkmale: Waldmeister ist ein Rötegewächs. Über seinen sternförmigen, hellgrünen Blätterquirlen erscheinen im Mai duftende weiße Blütendolden.
Kultur: Als ausgesprochene Waldpflanze gedeiht der Waldmeister am besten in feuchter, lockerer, humusreicher Erde und im Schatten. Geben Sie ihm Laubkompost oder Rindenkompost. Pflanzzeit Herbst oder zeitiger Frühling. Abstand 20–25 cm, Höhe 5–15 cm, Blütezeit Mai bis Juni. Vermehrung durch Teilung. Waldmeister bildet Wurzelausläufer und knüpft rasch einen grünen Teppich.
Arten: *G. odorata* (heimischer Waldmeister, weiß, durftend, 15 cm); dies ist die einzige Art, die noch in den Staudengärtnereien kultiviert wird.
Besonderer Tip: Der Bodendecker Waldmeister ist gleichzeitig ein Würz- und Heilkraut, das als Beruhigungsmittel wirkt. Zur Blütezeit werden die Blätter getrocknet für Schlaftee. Im Mai würzt Waldmeister die Bowle.

Ysander, Dickmännchen
Pachysandra terminalis

Merkmale: Der Ysander ist ein immergrünes Buchsbaumgewächs. Die gezähnten, ledrigen Blätter bilden eine dichte grüne Decke. Die kleinen weißen Blütenähren wirken unscheinbar.
Kultur: Im tiefen Schatten und in humusreichem, etwas saurem, feuchtem Boden gedeiht der robuste Ysander am besten. Pflanzzeit Frühling oder Herbst. Abstand 15–25 cm, Höhe 15–30 cm, Blütezeit April bis Mai. Vermehrung durch Teilung.
Sorten: Außer der Art *P. terminalis* (ledrige, dunkelgrüne Blätter, 30 cm) die Züchtung 'Green Carpet' (zierlich, 15 cm).
Besonderer Tip: Es gibt keinen anderen Bodendecker, der soviel Schatten und soviel Wurzeldruck aushält wie der Ysander. Pflanzen Sie ihn an schwierigen Stellen unter Bäumen und Sträuchern, wo sonst nichts mehr wachsen will.

Seit Jahrtausenden beliebt: Rosen blühen vor Bauernhäusern ebenso wie im Schloßgarten.

Rosen – eine Gartenkönigin und ihr Hofstaat

Rosen gehören zu den ältesten und edelsten Blumen auf der Erde. Der Stammbaum unserer großblumigen modernen Züchtungen verzweigt sich über Europa und weit bis nach Ostasien. In China blühten Rosen wahrscheinlich schon vor 5000 Jahren in den kaiserlichen Gärten. Aber erst um 1700 n. Chr. gelangten asiatische Rosenarten nach Europa – unter ihnen die berühmten Teerosen und die Bengalrosen. Zusammen mit den vitalen aber schlichten heimischen Rosen, der Hundsrose *(Rosa canina)*, der Damaszenerrose und der *Rosa gallica* gehörten sie zu den Stammeltern aller üppigen Rosennachkommen, die heute bis in den kleinsten Garten vorgedrungen sind. Die reichblühenden Polyantharosen entstanden gegen Ende des vorigen Jahrhunderts. Die großblumigen Floribundarosen sind Kinder des 20. Jahrhunderts. Einer der größten Zuchterfolge besteht in der monatelangen Verlängerung der Blütezeit. Daß Rosen »remontieren«, das heißt, daß sie nach der Hauptblüte noch einen zweiten oder dritten Flor hervorbringen, ist ein kleines Wunder gärtnerischer Kunst. Moderne Rosen blühen oft von Juni bis November! Ihre Blüten wandelten sich in perfekt geformte, dichtgefüllte Kelche, ihre Farben besitzen eine nie gekannte Leuchtkraft. Nur der Duft – jenes unbeschreibliche Fluidum, das seit Jahrtausenden die Königinnen der Blumen umgab – blieb bei vielen modernen Züchtungen auf der Strecke. Als wäre es sonst zuviel des Guten!

Wer die Rose nicht nur als stromlinienförmige Schönheitskönigin betrachten möchte, der wird vielleicht wieder auf die Suche gehen nach jenen romantischen Sorten, deren Blumen den Rüschen der guten alten Zeit gleichen und die einen tiefen Wohlgeruch verströmen, der für manche kleine Untugend entschädigt. Diese »alten Rosen« haben in den letzten Jahren eine ungeahnte Renaissance erlebt. Sie wurden gesammelt, vermehrt und in den Züchterkatalogen wieder angeboten. Die umfangreichste und schönste Sammlung historischer Rosen verdanken wir Ingwer Jensen; sein Katalog ist eine Fundgrube seltener Kostbarkeiten (siehe Bezugsquellen im Anhang).

Kaufen können Sie heute beide: die

reichblühenden, farbenprächtigen Neuzüchtungen und die stillen, duftenden alten Rosen.

Pflanzung

Die beste Pflanzzeit für alle Rosen ist der Herbst, von Oktober bis November. Sie können sie aber auch im Frühling von März bis April setzen. Die großen Baumschulen lagern ihre Sträucher über Winter in Kühlhäusern. Diese Pflanzen können ohne weiteres bis Ende Mai verschickt und eingepflanzt werden. Gut eingewurzelte Containergewächse können Sie sogar während der Blüte jederzeit in Ihren Garten umsiedeln.
Alle Rosen wollen sonnig und unbeengt stehen. Bereiten Sie das Beet oder die Pflanzstelle schon vier bis sechs Wochen vorher gründlich vor. Rosen wachsen besonders gut in sandigem, durchlässigem Lehm. Schweren, tonigen Boden müssen Sie mit Sand und Kompost verbessern. Sehr gut wirkt hier eine tiefwurzelnde Gründüngung als »Vorfrucht«. Leichte sandige Böden brauchen viel Kompost zur Verbesserung des Humusgehaltes. Geben Sie den Rosen in solchen Gärten regelmäßig Stein- oder Tonmehl.
Der ideale Rosendünger ist gutverrotteter Rindermist. An seiner Stelle können Sie aber auch getrockneten Rinderdung oder eine Mischung aus Horn-Blut-Knochenmehl verwenden. Auch Guano eignet sich – am besten einige Zeit vorher mit Kompost vermischt.
Stellen Sie alle Rosenpflanzen nach dem Kauf oder sofort nach der Ankunft einer Postsendung mehrere Stunden in ein großes Gefäß mit Wasser – am besten »bis zum Hals«. Vor der Pflanzung – möglichst an einem trüben feuchten Herbsttag – werden die Zweige nur ein wenig beschnitten, so daß überlange Triebe wegfallen; die Wurzeln kürzen Sie dagegen um ein Drittel ein und entfernen alles Vertrocknete und Gequetschte. Zum Schluß tauchen Sie die Wurzeln in eine Lehmbreimischung, wie sie im Kapitel »Obstbäume« (S. 196) beschrieben ist.
Das Pflanzloch wird so tief ausgehoben, daß die dicke »knubbelige« Veredelungsstelle später etwa 5 cm unter der Erdoberfläche liegt. Füllen Sie den mit Kompost vermischten Aushub sorgfältig wieder ein, und drücken Sie den Humus rings um die Wurzeln fest an. Sie müssen dabei nicht unbedingt mit den Stiefeln zutreten – eine kräftige Gärtnerhand erfüllt den gleichen guten Zweck – aber mit mehr Gefühl! Zum Schluß gießen Sie noch, möglichst mit Regenwasser, an.
Denken Sie schon rechtzeitig bei der Planung daran: Rosen brauchen Abstand! Bei zu enger Pflanzung können sie sich nicht richtig entwickeln und werden schnell krank. Es wird zwar oft empfohlen, Beetrosen eng zusammenzusetzen, aber dann entstehen genau jene Monokulturen, die im naturgemäßen Garten vermieden werden!

So werden Rosen gepflanzt: Zuerst kürzen Sie die Wurzeln ein. Dann müssen die Pflanzen gründlich gewässert werden. Kurz vor der Pflanzung tauchen Sie die Wurzeln in einen Lehmbrei. Die Veredelung muß zum Schluß etwa 5 cm unter der Erde liegen.

Des Sommers ganze Fülle leuchtet dem Besucher entgegen. Durch den Rosenbogen führt der Weg ins Gartenparadies.

Schnitt

Ab März können alle Rosen geschnitten werden (niemals im Herbst!). Bedenken Sie, ehe Sie entschlossen zur Schere greifen, daß Rosen ihrer Natur nach kleine Sträucher sind. Das Auslichten und der Rückschnitt schwacher und kränklicher Triebe ist viel wichtiger als das Einkürzen. Die weitverbreitete Unsitte, die Beetrosen radikal auf

Buschrosen, die nur mäßig zurückgeschnitten und ausgelichtet werden, blühen besonders reich (links). Buschrosen, die etwa um die Hälfte eingekürzt werden, entwickeln weniger, aber auffallend große Blüten (rechts).

Kronenbäumchen werden wie Edelrosen zurückgeschnitten. Die Krone soll eine rundliche Form bekommen (links). Strauchrosen (Mitte) werden kaum beschnitten. Entfernen Sie nur alte und dürre Äste tief am Boden.

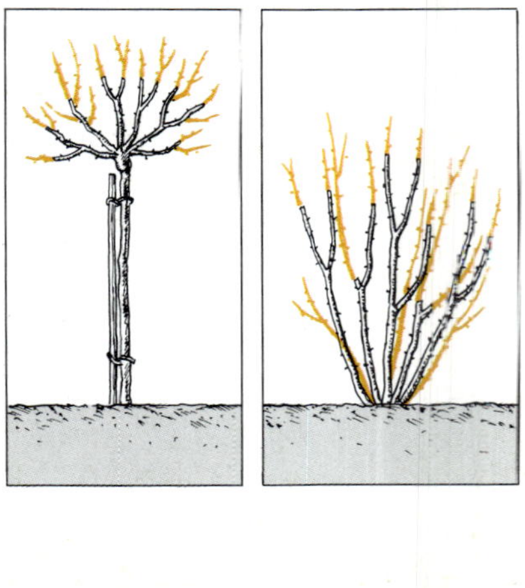

zwei bis drei Augen und einheitliche Höhe abzusäbeln, ist eine unnötige Rohheit – eine Erniedrigung im wahrsten Sinn des Wortes. Der Wille zum Überleben bewegt die Pflanzen zwar dazu, für frischen Nachwuchs zu sorgen, aber dafür brauchen sie auch Zeit. Kurzgeschnittene Rosen blühen deshalb später und bringen weniger Einzelblüten.

In einem naturgemäßen Garten sollten auch die Beetrosen (Polyantha-, Floribunda- und Edelrosen) zunächst nur gesäubert werden. Schneiden Sie alle dürren und erfrorenen Äste bis ins gesunde Holz zurück. Auch alle nach innen wachsenden Zweige werden entfernt. Dünne schwache Ästchen dürfen Sie ganz stark auf ein bis zwei Augen einkürzen. Beim Zurückschneiden der Hauptzweige achten Sie vor allem darauf, daß ein lockerer, luftiger Aufbau des kleinen Rosenstrauches entsteht. Kürzen Sie da, wo es Ihnen nötig erscheint, um höchstens ein Drittel ein. Dabei schneiden Sie immer schräg über einem nach außen weisenden Auge. Ausnahme: frischgepflanzte Rosen schneiden Sie im ersten Frühling kräftig zurück auf etwa ein Drittel der ursprünglichen Länge. Auch kranke, verwilderte oder überalterte Pflanzen können ausnahmsweise zur Verjüngung stärker eingekürzt werden.

Strauch- und Parkrosen haben ihren ursprünglichen Charakter als Sträucher bewahrt. Sie werden im Frühling nur ausgelichtet und in Form gebracht. Schneiden Sie außerdem totes und erfrorenes Holz heraus. Kletterrosen behandeln Sie ähnlich – auch hier wird vor allem altes Holz entfernt und solche Zweige, die der Pflanze Luft und Licht wegnehmen. Zwergrosen stutzen Sie nur sehr behutsam zurück. Bei Hochstämmchen achten Sie vor allem auf einen ausgewogenen, luftigen Kronenaufbau. Die Zweige werden nur wenig eingekürzt, aber trockenes Holz und nach innen wachsende Triebe müssen ganz entfernt werden.

Pflege

Eingewachsene Rosen düngen Sie am besten im zeitigen Frühling. Gleichzeitig bekommen die Pflanzen auch noch einmal Kompost, der möglichst mit Mulch abgedeckt wird. Eine zweite Nahrungsgabe ist nach der Hauptblüte, etwa Ende Juni, angebracht. Sie gibt den Rosen neue Kraft für die vielen Knospen, die sie noch bis zum Herbst entwickeln sollen. Anstelle eines organischen Streudüngers können Sie im Sommer auch einen Flüssigdünger verwenden: zum Beispiel Brennnesseljauche vermischt mit tierischem Dünger. Spätestens ab August muß das Holz der Rosen langsam ausreifen, damit es den Winter ohne Frostschäden überstehen kann. In dieser Zeit dürfen Sie weder düngen noch übermäßig wässern.

In heißen Sommerwochen brauchen auch die tiefwurzelnden Rosen Wassernachschub. Lassen Sie sich aber nicht dazu verleiten, aus Bequemlichkeit den Sprenger ans Rosenbeet zu stellen. Der künstliche Regen verdirbt nicht nur die Blüte; die triefendnassen Blätter sind in der Wärme auch anfällig für Pilzkrankheiten. Mehltau und Sternrußtau sind oft die unerwünschte Folge. In der Mittagszeit hat eine solche Bewässerung noch schlimmere Auswirkungen: Jeder Wassertropfen wirkt wie ein Brennglas, durch das die Sonnenstrahlen die Blätter versengen.

Gießen Sie Ihre Rosen mit der Gießkanne oder notfalls mit einem Schlauch direkt in den Wurzelbereich. Einmal in der Woche gründlich gewässert nützt mehr, als jeden Tag ein bißchen Wasser versprüht, das an der Oberfläche schnell wieder verdunstet.

Alle verwelkten Blumen müssen Sie regelmäßig entfernen. Schneiden Sie dabei aber nur ein wenig vom Stengel ab; auch beim Schnitt für Blumensträuße dürfen Sie nicht zu viele lange Stiele schneiden, weil die Pflanzen dadurch geschwächt werden.

Vor dem ersten Frost bekommen die Rosen einen leichten Winterschutz. Meist genügt das Anhäufeln mit Erde. In rauhen Gegenden legen Sie noch einen Mantel aus Fichten- oder Kiefernreisig um die Pflanzen. Auch Kletterrosen können auf diese Weise vor starken Temperaturschwankungen geschützt werden. Binden Sie die Fichtenzweige über die Hauptäste.

Wichtig sind winterliche Vorsichtsmaßnahmen vor allem bei Kronenbäumchen. Sie werden im Spätherbst losgebunden und vorsichtig niedergebeugt. Legen Sie die Krone in eine vorher ausgehobene Mulde und häufen Sie ein lockeres Gemisch aus Erde und Sand darüber. Je älter ein Stämmchen ist, desto weniger läßt es sich biegen. Dann wenden Sie eine andere Methode an: Füllen Sie die Krone mit Stroh aus, und umwickeln sie vor allem die gefährdete Veredelungsstelle dick mit den wärmenden Halmen. Hül-

Winterschutz: Kronenbäumchen mit Fichtenzweigen und Stroh einbinden oder herunterbiegen und mit Erde bedecken. Beetrosen anhäufeln und abdecken; Kletterrosen niederlegen oder mit Zweigen einhüllen.

len Sie zum Schluß die ganze Krone von außen mit Fichtenzweigen ein, die locker festgebunden werden. In sehr rauhen Landschaften sollten Sie lieber auf die empfindlichen Rosenbäumchen verzichten.

Rosen-Arten und -Sorten

Von den unzähligen neuen Rosensorten können Sie sich beim Studium der Kataloge (siehe Bezugsquellen im Anhang) ein Bild machen. Dieser Überblick soll Ihnen nur helfen, sich in der Fülle des Angebotes zurechtzufinden und Rosen in ihren charakteristischen Gruppen kennenzulernen.

Edelrosen (Teehybriden) sind buschige Rosen mit besonders großen, edlen Einzelblüten. Sie eignen sich vor allem zum Schnitt und als attraktive Einzelpflanzen. In Gruppen und auf Beeten bringen Sie niemals ein solches Blütenmeer zustande wie die Polyantharosen. Pflanzen Sie sie mit mindestens 30–40 cm Abstand.

Einige bewährte Beispiele: 'Gloria Dei' (gelb mit kupferrosa Rändern), 'Konrad Adenauer' (leuchtendrot, duftend), 'Erotica' (samtig dunkelrot, duftend), 'Carina' (zartrosa, leicht duftend), 'Pascali' (reinweiß), 'Königin der Rosen' (lachsorange auf goldgelbem Grund, duftend).

Polyantha- und Floribundarosen sind reichblühende Beetrosen, die von Blütenbüscheln überdeckt sind. Die Polyantharosen haben kleinere Blumen als die oft edelrosengleichen Floribundarosen. Pflanzen Sie sie mit mindestens 30–40 cm Abstand.

Einige bewährte Beispiele: 'Lili Marleen' (gesunde Spitzensorte mit feurigroten Blüten), 'Friesia' (goldgelbe, duftende Floribunda), 'Meteor' (zinnoberrot, sehr reichblühend), 'The Queen Elizabeth Rose' (silberrosa, edelrosengleiche Floribunda, kräftig, eine der schönsten Gartenrosen).

Zwergrosen sind niedliche Miniaturröschen, die nur 20–30 cm hoch werden. Hübsch für Einfassungen, Steingärten und Balkonkästen. Pflanzabstand 20 cm. Reich und öfter blühend.

Einige bewährte Beispiele: 'Baby Maskerade' (Farbenspiel von rot-kupfrig bis gelb), 'Starina' (lachsrot), 'Zwergkönig' (blutrot, sehr winterhart), 'Zwergkönigin' (kräftig rosa, leicht duftend).

Kletterrosen bilden lange Triebe, die an Spalieren oder Gittern festgebunden werden müssen. Es gibt einmal blühende und öfter blühende Sorten. Pflanzabstand 1–2 m.

Einige bewährte Beispiele: 'New Dawn' (porzellanrosa, duftend, reich und öfter blühend), 'Sympathie' (samtig dunkelrot, edle Rosenblüte, duftend, öfter blühend), 'Goldstern' (tiefes goldgelb, öfter blühend).

Park- und Wildrosen sind alte botanische Arten und solche mit ausgeprägtem Wildrosencharakter. Sie brauchen 1–1,50 m Abstand, wirken aber besonders malerisch, als freistehende, überhängende Einzelpflanzen. In dieser Gruppe finden Sie noch heute einige Jahrhunderte alte Sorten; sie fügen sich sehr schön in naturhafte Pflanzungen ein.

Einige bewährte Beispiele: *Rosa rugosa* 'C. F. Meyer' (rosa, stark duftend),

Unübertroffen seit Generationen – die Kletterrose 'New Dawn' mit porzellanrosa Blüten.

Von Blüten übersät ist die kräftige Parkrose 'Frühlingszauber'.

Mit rundlichen Blüten, rosa-rot gestreift, bezaubert die Bourbonrose 'Variegeta di Bologna'.

R. rugosa 'Pink Grootendorst' (rosa Nelkenrose), *R. centifolia* 'Muscosa', die Moosrose (rosa, mit »bemoosten« Knospen, würzig-duftend), *R. hugonis*, die Chinesische Goldrose (einfach, goldgelb), *R. lutea* 'Bicolor Atropurpurea', die Kapuzinerrose (einfach, gelbkapuzinerrot), *R. rubiginosa,* die Schottische Zaunrose (große, einfache karminrote Blüten, Blätter nach Äpfeln duftend), *R. spinosissima,* die Bibernell- oder Dünenrose (einfach weiß bis hellgelb, duftend).

Zierstrauchrosen sind eine Züchtungsmischung aus Teehybriden, Polyantha-, Kletter- und Wildrosen. Sie blühen reich und eignen sich für Beete, Gruppen und lockere Hecken. Pflanzabstand 60–100 cm.

Einige bewährte Beispiele: 'Dirigent' (glühend blutrot, gesunder Dauerblüher), 'Lichtkönigin Lucia' (leuchtend zitronengelb, duftend, Dauerblüher), 'Schneewittchen' (weiße, edle Blumen, reich blühend, nur 1 m hoch).

In guter Gesellschaft entfaltet sich die Schönheit der Blumenkönigin noch harmonischer. Blauer Lein und rosa Rosen ergeben ein sommerlich heiteres Gartenbild.

Bodendecker-Rosen sind niedrigwachsende Rosen, die ihre Zweige über den Boden breiten. Eine interessante neue Gruppe, die für naturnahe Pflanzungen ganz neue Rosen-Aspekte eröffnet. Nun können Sie auch Teppiche aus Rosen knüpfen!

Einige Beispiele: 'Fleurette' (karminrosa, einfache Blüten mit heller Mitte, breit ausladende niedrige Pflanzen mit langer Blütezeit), 'Heideröslein-Nozomi' (zierliche, perlmuttrosa halbgefüllte Blumen über einem grünen Laubteppich, robust, gut für Böschungen), 'Repens Alba' (weiße Blütenbüschel, stark kriechend, gut zum Beranken größerer Flächen), 'Rote Max Graf' (Blüten leuchtend rot mit heller Mitte, leicht duftend, sehr kräftig und widerstandsfähig), 'Immensee' (duftende rosa Schalenblüten, gute Bienenweide).

Schutz vor Schädlingen

Die besten vorbeugenden Maßnahmen sind gesunder Boden, sonniger, luftiger Stand und die richtige Sortenwahl. Pflanzen Sie in kalten Landschaften mit langen Wintern nicht gerade die empfindlichsten Neuzüchtungen. An einer robusten Strauchrose haben Sie bestimmt mehr Freude! Vermeiden Sie auch Monokulturen. Gemischte Pflanzungen sind der Schönheit der Rosen nicht abträglich, sie verbessern aber die Bodenverhältnisse. Wo Wurzelälchen auftreten, sollten Sie den Rosen mindestens einen Sommer lang einen Teppich aus Tagetes zu Füßen legen. Die Nachbarschaft von Lavendelstauden schützen sie dagegen vor Läusen und Ameisen.

Im übrigen gelten auch für die Königin der Blumen alle Regeln des naturgemäßen Gartens, die Boden und Pflanzen gesund erhalten. Verwenden Sie öfter Brennesseljauche. Steinmehl und Algenpräparate fördern die Widerstandsfähigkeit. Schachtelhalmbrühe beugt den gefürchteten Pilzerkrankungen vor. Alle wichtigen Tips zur Schädlingsabwehr – auch gegen spezielle Rosenkrankheiten – finden Sie in der Schädlingstabelle auf Seite 109–119.

Gute Nachbarschaft

Eine Königin braucht heitere Gesellschaft. Sie sollten ihr einen Hofstaat oder zumindest einige ausgesuchte Begleiter zur Verfügung stellen. Ein wenig ländliche Romantik steht einer edlen Dame gar nicht übel: Denken Sie an den alten Bauerngarten, wo Rosen und weiße Madonnenlilien nebeneinander um die Wette strahlten und dufteten. Später vollendete der Rittersporn dieses Zusammenspiel zu einem harmonischen Dreiklang in Rosarot, Weiß und Blau.

Natürlich ist es im Grunde eine Geschmacksfrage, über die man nicht streiten sollte, ob ein Blumenfreund ein einheitliches Rosenbeet über alles liebt oder ob er an gelungener Nachbarschaft seine Freude hat. Naturgemäßer ist sicherlich die gemischte Pflanzung. Selbst Beetrosen wirken lockerer und natürlicher, wenn sich ihre Blüten über Gräsern oder Teppichstauden entfalten. Zur Anregung und zum Ausprobieren sollen die folgenden Vorschläge verleiten:

Bezaubernd altmodisch und dazu »biologisch gesund« ist die Kombination von Rosen, Lavendel und Schleierkraut. Zu rosa Strauchrosen passen, mit gebührendem Zwischenraum, Rittersporn, Madonnenlilien, Königslilien und später lila Staudenastern.

Sehr harmonisch wirkt das Zusammenspiel von roten Polyantharosen, blauem Ziersalbei, silber-blauer *Veronica incana* und blaugrauen Gräsern.

In sandigen Heidegärten können Strauch- und Wildrosen über einem Teppich aus Thymian, Katzenminze, Lavendel und Gräsern blühen.

Auch unter den Einjährigen finden sich anmutige 'Rosenkavaliere': z. B. Steinkraut, Schleifenblumen und weiße Kosmeen.

Dauerhafter Gartenschmuck: die Ziersträucher

Sträucher und Bäume bilden das Gerüst einer Gartenanlage. Sie gliedern den Raum, setzen Akzente und sorgen für Dauer und Beständigkeit im kurzweiligen Auf und Ab der Blütenpflanzen. Wählen Sie Ihre Ziersträucher sorgfältig aus. Sie müssen der Größe des Gartens ebenso angepaßt sein wie dem Klima und den Bodenverhältnissen. Halten Sie sich bei der Pflanzung stets vor Augen, welche Ausmaße der erwachsene Strauch haben wird, und fragen Sie sich, ob er in ein paar Jahren noch genügend Platz hat, um seine Zweige ungehindert ausbreiten zu können.

Der Standort muß, wie bei der Pflanzung von Obstbäumen, rechtzeitig vorbereitet werden. Bei Neubaugrundstücken, deren Böden oft durch schwere Baumaschinen mißhandelt und verdichtet sind, empfiehlt sich auf jeden Fall als erste Vorbereitung eine tiefwurzelnde Gründüngung. Sonst genügen die bodenverbessernden Methoden des naturgemäßen Gartens, die in diesem Buch ausführlich beschrieben sind: Kompost und Mulchen. Die Ziersträucher brauchen keine intensive Düngung. Außer der Humusanreicherung ist Horn-Blut-Knochenmehl eine gute ausgleichende Nahrungsquelle für Gehölze.

Beim Kauf in der Baumschule müssen Sie unterscheiden zwischen Sträuchern, die mit »nackten« Wurzeln geliefert werden und solchen, die einen Wurzelballen besitzen oder sogar in ein Ballentuch eingeschlagen sind. Solche Ballenware läßt sich natürlich problemloser verpflanzen, sie ist aber auch teurer.

Die beste Pflanzzeit für laubabwerfende Gehölze beginnt im Herbst, sobald die Blätter fallen – etwa im Oktober. Sie dauert bei offenem Wetter bis weit in den November. Auch im zeitigen Frühling können Sie von März bis April die meisten Sträucher noch pflanzen. Immergrüne Laubgehölze und Nadelgehölze verpflanzt man, sobald ihr Neutrieb abgeschlossen ist, von August bis September. Sie müssen unbedingt noch im Herbst fest einwurzeln, denn als »Grüne« schalten sie über Winter ihren Stoffwechsel nicht ab. Nahrungsaufnahme und Schutz vor Verdunstung funktionieren aber nur, wenn auch das Wurzelsystem arbeitet.

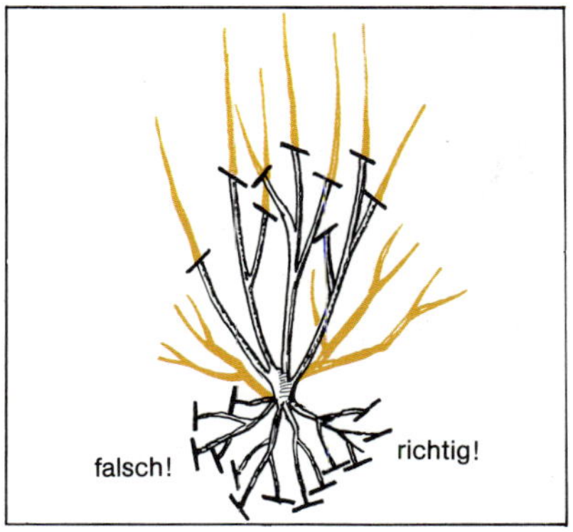

Rückschnitt bei der Pflanzung: Die Zweige werden um ein Drittel bis um die Hälfte zurückgenommen, schwache Triebe ganz entfernt. Auch die Wurzeln werden etwas gekürzt.

Pflanzung eines Strauches: nicht zu tief setzen, Erde auffüllen, festtreten und angießen.

Heben Sie eine reichlich große Pflanzgrube aus, in der alle Wurzeln sich bequem ausbreiten können. Daneben muß noch Raum bleiben für die lebenswichtigen Faserwurzeln, die sich bald nach dem Umsetzen ausbreiten sollen. Der Strauch soll genau so tief gepflanzt werden, wie er in der Baumschule stand. Auf keinen Fall dürfen Sie ihn bis über den Hals zuschütten. Bei Ballenpflanzen ist das nicht schwierig. Sie dürfen nur nicht vergessen, das Ballentuch aufzuschneiden. Freie Wurzeln müssen vor dem Pflanzen mit einem scharfen Messer eingekürzt werden. Die Schnittfläche soll nach unten weisen. Proportional dazu werden die oberirdischen Pflanzenteile, die Zweige, zurückgeschnitten – etwa um ein Drittel bis um die Hälfte. So ist das Gleichgewicht wieder hergestellt.

Pflanzen Sie möglichst an einem trüben Tag, und tauchen Sie die Wurzeln in einen Lehmbrei (siehe Seite 196). Sie dürfen niemals an der Luft trocken werden. Die mit Kompost vermischte lockere Erde wird nun wieder in die Grube gefüllt und anschließend vorsichtig festgetreten. So entsteht ein enger Kontakt zwischen Wurzeln und Erdreich. Dann gießen Sie kräftig an.

Der Pflegeschnitt im Laufe der folgenden Jahre kann je nach Gehölzart sehr unterschiedlich sein. Bei der Beschreibung der einzelnen Pflanzen wird auf besondere Maßnahmen hingewiesen. Als allgemeine Orientierungshilfe können Sie sich einprägen: Ein Strauch wächst, wenn er am richtigen Ort steht und genügend Platz hat, von Natur aus meist harmonisch. Der Aufbauschnitt findet bereits in der Baumschule statt.

Der Strauch links wurde sinnlos »abgesäbelt«. Rechts: richtiges Auslichten eines Zierstrauches. Alte Triebe werden tief am Boden weggenommen.

Der Gärtner sollte nur darauf achten, daß vertrocknete Zweige und Äste, die nach innen wachsen, oder solche, die sich kreuzen, stets im Frühling herausgeschnitten werden. Der Strauch soll im ganzen gut proportioniert und luftig aufgebaut sein. Altes Holz wird, wenn es entfernt werden muß, tief am Boden abgesägt. Sie erkennen es an der dunklen Rindenfärbung.

Das Grundprinzip heißt also: auslichten. Sehr alte oder verwilderte Sträucher können Sie verjüngen, wenn Sie sie ausnahmsweise radikal bis kurz über den Boden zurückschneiden. Sie bilden dann noch einmal kräftige junge Triebe. Nach 2–3 Jahren haben sie sich so gut erholt, daß sie auch wieder üppig blühen.

Azalee

siehe Rhododendron

Bartblume *Caryopteris*

Merkmale: Die niedrigen Sträucher gehören zu den Verbenengewächsen. Im Spätsommer und Herbst sind sie mit zierlichen blauen Blütendolden geschmückt. Die grau-grünen schmalen Blätter duften angenehm würzig. Die blühenden Zweige eignen sich auch gut zum Schnitt. Ein seltener Herbstblüher unter den Ziersträuchern.

Kultur: Sonniger Standort und durchlässiger, etwas kalkhaltiger Boden. Pflanzzeit am besten Frühling, Höhe 1–1,20 m, Blütezeit August bis Oktober. In rauhen Landschaften ist eine Mulchdecke als Winterschutz wichtig. Rückschnitt im Frühling, Vermehrung durch Stecklinge.

Arten und Sorten: *C. clandonensis* (leuchtendblaue Blüten);
C. incana 'Heavenly Blue' (tiefdunkelblaue Blüten), 'Kew Blue' (blau-violette Trugdolden).

Besonderer Tip: Die anmutigen kleinen Sträucher passen gut zu herbstlichen Stauden, zum Beispiel zu Astern.

Berberitze, Sauerdorn *Berberis*

Merkmale: Die Berberitzen gehören zu den Sauerdorngewächsen. Sie sind eine sehr vielgestaltige Pflanzengattung. Es gibt unter ihnen laubabwerfende und immergrüne Arten. Die meisten besitzen Dornen. Viele blühen gelblich. Die Blätter sind grün oder dunkelrot gefärbt. Im Herbst schmükken sich die Berberitzen mit kleinen roten oder blau-schwarzen Beeren.

Vermehrung der Ziersträucher: Wurzelstecklinge in der Ruhezeit abtrennen und etwa 7 cm tief in die Erde legen (oben). Für Absenker biegen Sie einen jungen Trieb im Frühling zu Boden. Einschneiden, in die Schnittstelle ein Streichholz klemmen und in Erde betten (Mitte). Blattstecklinge vom jungen Holz (unten).

Kultur: Berberitzen sind sehr hart und anspruchslos. Sie gedeihen fast überall, in der Sonne und im Halbschatten. Pflanzzeit Frühling oder Herbst, Höhe je nach Art und Sorte 0,40–2 m. Vermehrung durch Stecklinge. Einzelpflanzen werden kaum beschnitten, sonst normaler Heckenschnitt.

Arten und Sorten: *B. julianae* (immergrün, blauschwarze Beeren, 2 m); *B. buxifoiia* 'Nana' (niedrig, immergrün, für Einfassungen, 30–50 cm); *B. thunbergii* (grünblättrig, im Herbst rot verfärbt, 1–1,50 m); 'Atropurpurea' (braun-rote Blätter, im Herbst scharlachrot, 1,50 m). Dies ist die sogenannte Blutberberitze, die für halbhohe Hecken sehr beliebt ist.

Besonderer Tip: Berberitzen eignen sich gut für halbhohe oder niedrige Hecken. Sie müssen dann regelmäßig geschnitten werden.

Buchsbaum *Buxus*

Merkmale: Buchsbaum ist auch ein Buchsbaumgewächs. Die immergrünen Sträucher mit den festen ovalen Blättchen gibt es in niedrigen Formen für Einfassungen und in hohen Formen, die stattliche baumartige Büsche bilden.

Kultur: Buchsbaum ist sehr anspruchslos, auch gegenüber rußhaltiger Industrieluft. Pflanzzeit Frühling oder Spätsommer, Höhe je nach Sorte 0,30–6 m. Die Pflanzen gedeihen in der Sonne und im Schatten, lieben aber kalkhaltigen Boden. Buchsbaum kann beliebig in Form geschnitten werden; die beste Zeit dafür ist der späte Frühling, wenn kein Frost mehr zu befürchten ist.

Arten und Sorten: *B. sempervirens arborescens* (frei wachsender, baumartiger Buchs, 4–6 m), 'Suffruticosa' (glänzend grün, niedriger Einfassungsbuchs).

Besonderer Tip: Buchsbaum gehörte einst zum typischen Bild der Bauerngärten. Auch heute noch können Sie Buchshecken als dekorative Gliederung im gemischten Gemüse-Blumengarten einplanen. Eine besondere

Die Bartblume ist ein reizvoller Herbstblüher.

Zugabe: der würzige Duft der Blätter, der besonders an warmen Sommertagen den Garten durchzieht.

Cotoneaster, Felsenmispel
Cotoneaster

Merkmale: Cotoneaster sind Rosengewächse. Sie umfassen sehr unterschiedliche Arten, teils laubabwerfend, teils immergrün, vom kriechenden Bodendecker bis zum bauumartig hohen Strauch. Viele schmücken sich im Herbst mit rotem Beerenbehang.

Kultur: Alle Cotoneaster sind sehr anspruchslos. Sie gedeihen in jedem durchlässigen Boden in der Sonne und im Halbschatten. Pflanzzeit Frühling oder Herbst, Höhe je nach Sorte 0,30–3 m. Vermehrung durch Stecklinge. Möglichst wenig schneiden. Planen Sie von Anfang an reichlich Platz ein.

Arten und Sorten: *C. dammerie radicans* (dunkelgrüner Bodendecker, rote Früchte, 20 cm), 'Skogholm' (starkwüchsig, für große Flächen, sehr winterhart, 30–60 cm);
C. horizontalis hybridus 'Herbstfeuer' (dunkelgrün, rote Beeren, flachwachsend, kann auch mit den fächerartig wachsenden Zweigen an Hauswänden hochgeleitet werden, 20–40 cm);
C. microphyllus (sehr zierlich, glänzend dunkelgrün, 30 cm);
C. salicifolius floccosus (hoher Strauch mit überhängenden Zweigen, grün, rote Beeren, 3 m);
C. watereri (wintergrün, rote Früchte, rote Blattfärbung im Herbst, dekorativer Einzelstrauch, 3 m).

Besonderer Tip: Die hohen Cotoneaster-Sträucher gleichen zur Zeit der unscheinbaren aber süßduftenden Blüte wahren Bienen-Orgeln. Die niedrigen Arten sind anspruchslose Bodendecker, an denen man sich et-

Niedrige Buchsbaumhecken und eine rundliche Buchskugel schmücken den Bauerngarten.

was übergesehen hat, weil sie so häufig als eintönige Monokultur-Steppe verwendet werden. Die roten Beeren sind bei Vögeln sehr beliebt.

Deutzie, Maiblumenstrauch
Deutzia

Merkmale: Deutzien sind Steinbrechgewächse. Sie bezaubern mit dem Reichtum ihrer weißen oder rosa glockenförmigen Blüten. Die Sträucher werfen im Herbst die Blätter ab.
Kultur: Pflanzzeit Herbst und Frühling. Deutzien wachsen in jedem normalen, etwas feuchten Gartenboden in der Sonne und im Halbschatten. Höhe je nach Sorte 0,70–2 m, Blütezeit je nach Sorte Mai bis Juli. Schnitt: nur auslichten.
Arten und Sorten: *D. gracilis* (Zwergstrauch mit weißen Blütenrispen, 70–100 cm);
D. × hybrida 'Mont Rose' (rosa Blütenrispen, lockerer Wuchs, 1,50 m);
D. × magnifica (aufrechter Strauch, gefüllte weiße Blüten, 2 m).
Besonderer Tip: Deutzien eignen sich gut für lockere Naturhecken aus Blütensträuchern.

Essigbaum, Sumach *Rhus*

Merkmale: Essigbäume sind Sumachgewächse, die besonders durch aparte, farbige Fruchtstände und durch geschlitztes Laub mit herrlicher Herbstfärbung auffallen. Die Sträucher sind meist zweihäusig. Im Winter sind sie kahl.
Kultur: Essigbäume lieben volle Sonne und einen sehr durchlässigen, eher sandig-trockenen Boden. Höhe 2–5 m. Die Pflanzen wuchern durch Wurzelausläufer, aus denen ständig neue Triebe wachsen. Zum Ausgleich werden alte Zweige im Frühling bis zum Boden abgeschnitten. Vermehren durch bewurzelte Triebe oder Stecklinge.
Arten und Sorten: *R. glabra* 'Laciniata', Scharlachsumach (tiefgefiederte grüne Blätter, scharlachrote Fruchtstände);
R. typhina, Hirschkolbensumach (starkwüchsiger, malerischer Strauch, orangerote Herbstfärbung, kolbenartige karminrote Fruchtstände, 4 m); 'Laciniata' (zierliche, farnwedelartige geschlitzte Blätter, 3 m).
Besonderer Tip: Meist braucht man zwei Sträucher, damit sich Früchte bilden. Fragen Sie in der Baumschule nach Sorten, die zusammenpassen.

Felsenbirne *Amelanchier*

Merkmale: Felsenbirnen sind Rosengewächse. Die anmutigen Sträucher schmücken sich im Frühling mit weißen Blütentrauben und im Herbst mit leuchtend orangeroter Blattfärbung. Das Laub fällt dann ab.
Kultur: Anspruchslose Sträucher für trockenen oder etwas feuchten Boden, sie wachsen in der Sonne und im Halbschatten. Die Pflanzen vertragen auch Kalk. Höhe 5–8 m, Blütezeit April bis Mai, Vermehrung durch Ausläufer oder Absenker. Schnitt: nur trockenes Holz herausnehmen.
Arten: *A. lamarckii (canadensis)* (weiße Blüten, orangerote Herbstfärbung, 6–8 m);
A. laevis (braunroter Austrieb als schöner Kontrast zu weißen Blüten, verträgt saure Böden, 5 m).
Besonderer Tip: Auf trockenen Böden ist die Herbstfärbung ausgeprägter.

Kein Frühling ohne Fliederduft!

Feuerdorn *Pyracantha*

Merkmale: Ein dornenbewehrtes Rosengewächs mit immergrünen Blättern. In strengen Wintern fallen sie zum Teil ab. Feuerdorn blüht weiß, ähnlich wie Weißdorn, und bietet im Herbst einen prachtvollen Anblick im Schmuck des reichen, leuchtend orangeroten Beerenbehangs.
Kultur: In humusreichem, möglichst durchlässigem Boden und in voller Sonne gedeiht der Feuerdorn am besten. Er verträgt aber durchaus Schatten und auch Industrieluft. Höhe 2–3 m, Blützeit Mai bis Juni. Schnitt: Die Pflanzen können in Form geschnitten werden, allerdings leidet darunter der Blüten- und Beerrenreichtum etwas. Wenn Sie die Spitzen der Haupttriebe kürzen, verzweigen sich die Sträucher reicher. Feuerdorn eignet sich für dekorative Einzelstellung, als freiwachsende Hecke und als Spalier an der Hauswand.
Arten und Sorten: *P. coccinea* 'Mohave' (reicher, orangeroter Beerenschmuck, sehr dicke Früchte, verzweigter, breiter Strauch, 4 m);
P. crenatoserrata 'Orange Glow' (glänzend grünes Laub, leuchtend orangerote Früchte, 3 m);
P. rogersiana 'Soleil d'Or' (reicher gelber Beerenschmuck, 1,50 m).
Besonderer Tip: Feuerdornbeeren sind für Vögel ein Leckerbissen, deshalb hält die Pracht nie über Winter. Fragen Sie beim Kauf nach vegetativ vermehrten Sorten, Sämlinge erweisen sich oft als blühfaul! Mit Feuerdorn können Sie undurchdringliche Hecken pflanzen.

Flieder *Syringa*

Merkmale: Der Flieder ist ein Ölbaumgewächs. Ein Frühling ohne den betörenden Duft seiner großen Blütenrispen in Weiß. Lila oder Violett ist nicht denkbar. Es gibt gefüllte und un-

Blütengehölze, Zwiebelblumen und Bodendecker bilden zusammen eine harmonische Lebensgemeinschaft.

gefüllte Kultursorten, aber auch sehr reizvolle Wildformen.

Kultur: Flieder liebt humusreichen, etwas kalkhaltigen Boden und volle Sonne. Er verträgt auch leichten Schatten, Höhe je nach Sorte 1–3 m, Blütezeit Mai bis Juni, Vermehrung durch Stecklinge ist möglich. Schnitt: Alle verblühten Rispen müssen sofort herausgeschnitten werden, ebenso alle Wurzelschößlinge. Sonst nur nach Bedarf auslichten. Bei Pflanzung nicht zurückschneiden, dies geschieht erst im zweiten Jahr!

Arten und Sorten: *S. chinensis,* Königsflieder (reizvolle überhängende Wildform, einfache lila Blüten, 3 m);
S. reflexa, Bogenflieder (reichblühend, lange Rispen, außen weinrot, innen hellrosa, 2,50 m);
S.-Vulgaris-Hybriden: 'Andenken an L. Späth' (einfach, dunkelpurpur), 'Charles Joly' (purpurrot, gefüllt), 'Michel Buchner' (lila, gefüllt), 'Mme. Lemoine' (weiß, gefüllt), 'Katherine Havemeyer' (gefüllt, sehr große Einzelblüten, purpur-lila-rosa).

Besonderer Tip: Die Wildformen bilden, wenn sie einzeln stehen und lange ungestört bleiben, herrliche Büsche mit elegant überhängenden Zweigen, die im Mai ganz in Blüten eingehüllt sind. Flieder eignet sich auch für lockere Blütenhecken.

Forsythie, Goldglöckchen *Forsythia*

Merkmale: Die Forsythien sind Ölbaumgewächse. Ihre leuchtend gelben Glöckchen läuten den Frühling ein, bevor die Blätter erscheinen. Schon im Winter lassen sich Forsythienzweige im warmen Zimmer zum Blühen bringen.

Kultur: Anspruchslose Sträucher, die in jedem normalen Gartenboden in der Sonne oder im Halbschatten gedeihen. Höhe je nach Sorte 1–3 m. Blütezeit März bis April. Vermehrung durch Stecklinge oder Absenker. Schnitt: Auslichten, damit die starkwüchsigen Sträucher nicht verwildern.

Arten und Sorten: *F. × intermedia* 'Goldzauber' (goldgelb, reichblühend, 2,50 m), 'Lynwood Gold' (dottergelb, sehr reichblühend, 2,50 m), 'Spectabilis' (dunkelgelb, 2,50 m);
F. ovata 'Tetragold' (rundlicher Strauch, goldgelb, 1 m).

Besonderer Tip: Die *F.-Intermedia*-Hybriden eignen sich auch für geschnittene Hecken; die locker wachsenden Sträucher schmücken mit ihrem herrlichen Frühlingsgold aber auch jede Blütenhecke.

Ginster, Geißklee *Cytisus*

Merkmale: Der Ginster ist ein typischer Schmetterlingsblütler. Die geflügelten gelben Blüten des heimischen Besenginsters duften süß an überhängenden Zweigen. Die Zuchtformen sind elfenbeinweiß, rosa oder rot gefärbt. Es gibt hohe und kriechende Formen.

Kultur: Ginster liebt einen sonnigen Standort und durchlässigen, leichten, möglichst sandig-humosen Boden. Höhe je nach Sorte 0,10–1,50 m, Blütezeit je nach Sorte April bis Juni. Vermehrung ist durch Samen möglich. Schnitt: Die abgeblühten Ruten werden jedes Jahr etwas zurückgeschnitten. Die Blüten entwickeln sich an den neuen Trieben. Es geht aber auch ohne Rückschnitt.

Arten und Sorten: *C. decumbens* (Kriechform, mit goldenen Blüten übersät, 10–20 cm);
C. praecox, Elfenbeinginster (rahmweiße Blüten, anmutige überhängende Form, 1,50 m);
C.-Scoparius-Hybriden, Besenginster: 'Andreanus Splendens' (gelb-rot, 1,50 m), 'Golden Sunlight' (hellgelb, 1,50 m), 'Killiney Red' (einheitlich leuchtendrot, 1 m).

Besonderer Tip: Schöne Sträucher für naturgemäße Pflanzungen. Achten Sie darauf, Pflanzen im Topf zu bekommen, andere wachsen schlecht an.

Goldregen *Laburnum*

Merkmale: Ein herrlicher Schmetterlingsblüher mit langen goldenen Blütentrauben. Im Winter ist er kahl. Alle

Duft und Anmut bringen die zierlichen Ginsterbüsche in den Garten.

Pflanzenteile sind leider giftig. Vorsicht bei Kindern!

Kultur: Goldregen wächst gut in warmen, eher trockenen und kalkhaltigen Böden. Schwierig in kalter, nasser Erde. Sonne bis Halbschatten, Höhe 3–5 m, Blütezeit Mai bis Juni. Nicht schneiden, kein Verjüngungsschnitt möglich, nur trockene Äste entfernen.

Arten und Sorten: *L. anagyroides* (vulgare), Gemeiner Goldregen (gelb, 10–12 cm lange Blütentrauben, 5 m);
L. × watereri 'Vossii' (beste Sorte mit bis zu 50 cm langen Blütentrauben, 3–5 m).

Besonderer Tip: Bildschöner Nachbar für Flieder oder für die lila Blütentrauben der Glyzine.

Hartriegel *Cornus*

Merkmale: Zu den Hartriegelgewächsen gehören sehr unterschiedliche, laubabwerfende Sträucher. Einige fallen durch attraktive rote Äste auf, andere durch frühe gelbe Blüten, wie die Kornelkirsche.

Kultur: Anspruchslos, aber unterschiedlich je nach Art und Herkunft; Hartriegel wachsen sowohl in der Sonne als auch im Halbschatten. Die Blumenhartriegel lieben als ehemalige Waldpflanzen einen humusreichen

etwas sauren Boden. Höhe je nach Sorte 2–8 m, Blütezeit je nach Sorte Februar bis Juni.
Schnitt: Möglichst unberührt lassen; Kornelkirschen nur aus Platzgründen schneiden. Nur die Sträucher mit farbiger Rinde müssen jedes Jahr ausgelichtet werden, damit sie neue Triebe bilden.
Arten und Sorten: *C. alba* (rotbraune Zweige, rotes Laub im Herbst, 3 m, gut an feuchtem Standort); 'Sibirica' (leuchtend-rote Rinde, prächtiger Winteranblick, 2 m);
C. florida, Blumenhartriegel (große weiß-rosa Scheinblüten im Mai, rote Herbstfärbung, 3–5 m);
C. canadensis, Kanada-Hartriegel (Bodendecker mit weißen Scheinblüten für sauren Waldboden, rote Beeren, 10–20 cm);
C. kousa, (weiße Scheinblüten, rote Herbstfärbung, 5 m);
C. mas, Kornelkirsche (schon ab Februar gelbe Blütendolden, 4–5 m);
C. stolonifera 'Flaviramea' (gelbe Rinde, 2–3 m, hübscher Kontrast zum rotgefärbten *C. alba* 'Sibirica'!).
Besonderer Tip: Die Kornelkirsche eignet sich gut für Naturhecken; die frühe Blüte ist eine wichtige Bienenweide!
Sehr schön im Naturgarten: der niedrige Kanada-Hartriegel als blühender Bodendecker!

Hibiskus, Straucheibisch
Hibiscus syriacus

Merkmale: Der Strauchhibiskus ist ein typisches Malvengewächs mit wunderschönen offenen Trichterblüten in Weiß, Rot oder Lilablau. Die Blätter fallen im Herbst ab.
Kultur: Nur in rauhen Lagen sollte der Strauch einen geschützten Platz an einer Wand und etwas Winterschutz erhalten. Sonst ist er frosthart. Der Hibiskus wächst am besten in feuchtem, humusreichem aber durchlässigem Boden. Geben Sie ihm Laubkompost. Sonniger bis halbschattiger, warmer Standort ist empfehlenswert. Höhe 2–3 m, Blütezeit Spätsommer.
Schnitt: Im Nachwinter werden nur erfrorene Zweige zurückgeschnitten. Seien Sie vorsichtig, der Strauch wirkt lange kahl, wie abgestorben. Das täuscht, er treibt nur spät aus. Unsachgemäßer oder radikaler Schnitt ist tödlich für den schönen Strauch!
Sorten: *H. syriacus*-Hybriden: 'Coelestis' (blau mit dunkelroter Zeichnung), 'Hamabo' (zartrosa, karminroter Fleck), 'W. R. Smith' (reinweiß), 'Woodbridge' (sehr groß, rubinrot), 'Blue Bird' (einfach, blauviolett).
Besonderer Tip: Der Hibiskus ist ein wertvoller Spätsommerblüher, mit dem Sie Schmetterlinge und Insekten in Scharen in den Garten locken.

Holunder *Sambucus*

Merkmale: Der Holunder ist ein robustes Geißblattgewächs. Seit altersher zieht es diesen sagenumwobenen Strauch zu den Häusern der Menschen. Seine schirmartigen elfenbeinweißen Blütenstände duften süß und schwer. Die Beeren sind je nach Art schwarz oder rot gefärbt. Im Winter sind die Sträucher kahl.
Kultur: Holunder ist denkbar anspruchslos, gedeiht aber besonders gut in stickstoffreichen, feuchten, durchlässigen Böden. Er wächst in der Sonne und im Halbschatten. Höhe 4–10 m, Blütezeit Mai bis Juli. Vermehrung ist durch Stecklinge möglich. Schnitt: bei guter Gesundheit gar nicht. Kräftiger Rückschnitt zur Verjüngung wird spie-

Der Holunder ist ein »Freund des Menschen« und ein wichtiges Gewächs im Bio-Garten.

lend verkraftet, ebenso jeder Eingriff, der dazu dient, allzu sperrigen Wuchs den Gartenverhältnissen anzupassen.

Arten und Sorten: *S. nigra,* Gemeiner Holunder (elfenbeinweiße Blüten, schwarze Beeren, bis 10 m); 'Großfrüchtige Fliederbeere' (vegetativ vermehrte Auslese mit besonders großen Blüten), 'Riese aus Vossloch' und 'Haschberg' (großfrüchtige Beeren), 'Aurea' (goldgelbe Blätter);

S. racemosa, Traubenholunder (gelbliche Blüten, rote Beeren, 4–8 m).

Besonderer Tip: Holunder sind vitale, stark wachsende Sträucher, die viel Platz brauchen. Trotzdem sollten sie, wo immer es möglich ist, im biologischen Garten einen Platz finden. Alle Pflanzenteile sind heilkräftig. Die Beeren sind sehr vitaminreich, die Blätter eignen sich für Tee und auch für schädlingsabwehrende Pflanzenjauche.

Hortensie *Hydrangea*

Merkmale: Die Hortensie ist ein sommergrünes Steinbrechgewächs aus Jahrhunderte altem ostasiatischem Blumenadel. Es gibt verschiedene Arten, deren Blüten wie kugelige Bälle, wie flache Dolden oder wie langgezogene Rispen aussehen können. Ihre Farben variieren zwischen Weiß, Rosa, Rot, Blau und Violett.

Die Samthortensie – eine aparte Erscheinung.

Kultur: Die »Wasserschlürferin« aus Japan braucht feuchten, durchlässigen, sauren Boden mit einem pH-Wert von 6–5. Verbessern Sie den Boden mit Laubkompost, Rindensubstraten und Mulch. An halbschattigen, geschützten Plätzen gedeihen die Pflanzen am besten. Höhe je nach Art 1–2 m, Blütezeit je nach Art und Sorte Juni bis September, Vermehrung durch Stecklinge.

Schnitt: Die meisten Arten sollen möglichst wenig geschnitten werden, weil sie die Blütenknospen am einjährigen Holz bilden. Entfernen Sie im Herbst nur die verwelkten Blüten. Bei Frostschäden kann die *H. macrophylla* bis zum Boden zurückgeschnitten werden, sie blüht aber erst im nächsten Jahr wieder. Nur bei der Rispenhortensie werden die Jahrestriebe im Nachwinter auf wenige Knospen zurückgeschnitten.

Arten und Sorten: *H. aspera sargentiana,* Samthortensie (große samtige Blätter, flache Blütendolden, hellviolett, sterile weiße Randblüten, 2 m);

H. macrophylla 'Acuminata' (rotbraune Blattfärbung im Herbst, flache bläuliche Blütendolden mit sterilen rosa Randblüten, 1 m);

H. paniculata 'Grandiflora', Rispenhortensie (lange, rahmweiße Rispen, die kupferrosa verblühen, 1,50 m, reizvolle Spätsommerblüher).

Besonderer Tip: Hortensien sind fremdartig schöne Sträucher, die in Einzelstellung am besten zur Geltung kommen. Ihre Topfhortensie können Sie unter den gleichen Bedingungen in den Garten pflanzen, sie entwickelt sich dann zu einem ausdauernden Blütenbusch, der wie alle Hortensien sehr alt werden kann. Die Blumen werden wieder kleiner und wirken dann natürlicher.

Weniger bekannt aber wunderschön sind die Kletterhortensien, die Sie auf Seite 293 näher kennenlernen können.

Jasmin, Echter Jasmin
Jasminum nudiflorum

siehe Kletterpflanzen.

Jasmin, Falscher Jasmin, Pfeifenstrauch *Philadelphus*

Merkmale: Der Falsche Jasmin ist ein sommergrünes Steinbrechgewächs. Seine offenen weißen Schalenblüten erfüllen im Frühsommer den Garten mit schwerem, süßen Duft. Es gibt auch gefüllte Sorten.

Kultur: Jasmin gedeiht in jedem normalen Gartenboden in der Sonne und im Halbschatten. Höhe je nach Sorte 1,5–4 m, Blütezeit Mai bis Juli, Vermehrung durch Stecklinge.

Schnitt: Nach der Blüte können die Triebspitzen entfernt werden. Das muß aber nicht sein. Wichtig ist regelmäßiges Auslichten der starkwüchsigen Sträucher.

Arten und Sorten: *Ph. coronarius* (einfache, rahmweiße starkduftende Blüten, 3–4 m);

Ph. lemoinei 'Manteau d' Hermine' (gefüllt, 1,50 m);

Ph. virginalis (gefüllt, reinweiß, starkduftend, 3 m).

Besonderer Tip: Die reichblühenden, robusten Jasminsträucher eignen sich gut für freiwachsende Hecken.

Kolkwitzie *Kolkwitzia amabilis*

Merkmale: Die Kolkwitzie ist ein laubabwerfendes Geißblattgewächs, das einen ausdrucksvolleren Namen verdient hätte, der etwas von seiner anmutigen Schönheit verrät. Die glokkenförmigen, rosa-weißen Blüten bilden lockere Trauben und hüllen im Frühling den ganzen Strauch ein. Charakteristisch ist auch die abblätternde Rinde.

Kultur: Die Kolkwitzie wächst in jedem normalen Gartenboden in der vollen Sonne. Höhe 2–3 m, Blütezeit Mai bis Juni, Vermehrung durch Stecklinge.

Schnitt: Möglichst wenig, nur vorsichtig auslichten.

Die rosa Blütenwolken der Kolkwitzie harmonieren mit dem kräftigen Rot der Weigelie. Die Kolkwitzie duftet bei Regen!

Sorten: Außer der Art *K. amabilis* (rosa-getönte Blüten) 'Rosea' (kräftig rosa).
Besonderer Tip: Diese eleganten Sträucher sind viel zu wenig bekannt. Was sich auch kaum herumgesprochen hat: Sie verströmen bei Regenwetter einen unnachahmlichen würzigen Duft! Gut mit Stauden im Naturgarten zu kombinieren.

Lorbeerkirsche, Kirschlorbeer

Prunus laurocerasus

Merkmale: Die Lorbeerkirsche gehört zu den Rosengewächsen. Ihre glänzenden immergrünen Blätter, die an Lorbeer erinnern, zieren den Strauch das ganze Jahr. Im Frühling schmückt er sich mit weißen Blütentrauben, im Herbst mit schwarzroten Früchten. Blätter, Rinde und Früchte sind giftig!
Kultur: Die Lorbeerkirschen gedeihen in der Sonne und im Halbschatten. Der Boden sollte durchlässig und feucht sein. Geben Sie Laubkompost. Höhe 1–2 m, Blütezeit Mai. Schnitt: möglichst gar nicht. Rückschnitt bei Winterschäden oder Platzmangel bereitet aber keine Probleme.
Sorten: 'Otto Luyken' (schmale Blätter, breitwachsender Strauch, gut für Hecken, sehr frosthart), 'Schipkaensis Makrophylla' (großblättrig, weiße aufrechte Blütentrauben).
Besonderer Tip: Der schöne immergrüne Strauch eignet sich gut für dichte Hecken.

Magnolie *Magnolia*

Merkmale: Magnolien gehören zu den Magnoliengewächsen, die sehr unterschiedliche Arten aufweisen. Im Garten blühen vor allem die Sorten mit den purpur-weißen, porzellanartigen Blumen in Tulpenform und die weißen Sternblumen der Sternmagnolie. Es gibt auch Sommerblüher, die hier nicht aufgezählt werden. Im Winter sind die Pflanzen kahl.
Kultur: Magnolien sind ebenso schön wie anspruchsvoll. Sie lieben volle Sonne und einen geschützten Standort, der die Blüten vor spätem Frost bewahrt. Der Boden soll nährstoffreich, etwas lehmig aber durchlässig sein. Geben Sie reichlich Laubkompost und decken Sie die Baumscheibe immer mit Mulch ab. Höhe je nach Sorte 3–5 m, Blütezeit je nach Sorte März bis Juni. Nicht schneiden! Nur vorsichtig dürre Äste entfernen.
Arten und Sorten: *M. soulangiana* (große tulpenförmige Blüten, weißrosa, außen rot überlaufen, 4 m); 'Nigra' (purpurfarbige Blüten, 3 m);
M. stellata, Sternmagnolie (weiße, duftende Blütensterne, 3 m).

Besonderer Tip: Geben Sie diesen edlen Blütengehölzen einen ausgesuchten Platz, wo sie frei stehen und gebührend bewundert werden können.

Perückenstrauch *Cotinus*

Merkmale: Der Perückenstrauch ist ein Sumachgewächs. Sein schönster Schmuck sind die bizarren, fedrigen Fruchtstände, die ihm den Namen gaben, und die leuchtend gelb-rote Herbstfärbung.

Pfaffenhütchen schmücken naturnahe Hecken.

Kultur: Der Perückenstrauch wächst in jedem guten, durchlässigen Gartenboden, möglichst in der Sonne. In sehr nährstoffreicher Erde neigt er zu übermäßig starkem Wachstum. Höhe 2–5 m, Blütezeit Juni bis Juli, Vermehrung durch Stecklinge. Rückschnitt nur bei zu starkem Wachstum.

Arten und Sorten: *C. coggygria* (gelb-rote Herbstfärbung, starkwüchsig); 'Royal Purple' (tiefrote, glänzende Herbstfärbung, nur 2–3 m).

Besonderer Tip: Der Perückenstrauch ist eine besondere Gartenattraktion für Menschen, die Sinn für skurrile Gestalten haben.

Pfaffenhütchen, Spindelbaum *Euonymus*

Merkmale: Pfaffenhütchen sind Spindelbaumgewächse. Zu ihnen gehören sehr vielgestaltige Sträucher, die teils sommer-, teils wintergrün sind. Die Blüten wirken unscheinbar. Der Schmuck der Pfaffenhütchen besteht in leuchtender Herbstfärbung und in roten oder rosa Beeren. Es gibt hochwachsende und kriechende Arten.

Kultur: Alle Spindelbaumarten sind anspruchslos. Sie wachsen in fast jedem Boden, in der Sonne und im Halbschatten. Höhe je nach Sorte 0,30–4 m, Vermehrung durch Stecklinge. Schnitt: immergrüne Arten nicht schneiden, sommergrüne Arten auslichten!

Arten und Sorten: *E. europaeus* (heimischer Strauch, rot-gelbe Herbstfärbung, rosa-rote Früchte, 3–4 m);
E. fortunei 'Gracilis' (weiß-bunter Bodendecker oder Kletterstrauch, 30 cm), 'Emerald Gold' (immergrün, goldgelbes Laub, 30 cm).

Besonderer Tip: Die hohen Sträucher eignen sich für freiwachsende Hecken, die niedrigen als Bodendekker oder Ranker mit Haftwurzeln.

Ranunkelstrauch *Kerria*

Merkmale: Ranunkelsträucher sind laubabwerfende Rosengewächse, die im Frühling mit einfachen oder gefüllten gelben Blütenröschen überschüttet sind.

Kultur: Anspruchslos, die Sträucher gedeihen in jedem normalen Gartenboden in der Sonne ebensogut wie im Halbschatten. Höhe 1,50–2 m, Blütezeit Mai bis Juli, Vermehrung durch Ausläufer.

Schnitt: Erfrorene Spitzen im Frühling wegschneiden, sonst nur auslichten.

Arten und Sorten: *K. japonica* (einfach, goldgelb), 'Pleniflora' (gefüllt, goldgelb).

Besonderer Tip: Laubkompost bekommt den Sträuchern gut. Sie eignen sich für lockere Naturhecken oder als Einzelstrauch am Haus.

Rhododendron, Azalee, Alpenrose *Rhododendron*

Merkmale: Rhododendren sind Heidekrautgewächse, die eine große Zahl von Arten und Sorten umfassen. Zu ihnen gehören auch die Azaleen. Es gibt immergrüne und laubabwerfende Arten. Die ausdrucksvollen offenen Trichterblüten, die in Büscheln zusammenstehen, zeigen eine leuchtende Farbskala von Weiß über Rosa, Rot, Lila, Violett bis Gelb und Orange.

Kultur: Als sogenannte Moorbeetpflanzen brauchen die Rhododendren sauren Humus. Sie sind ausgesprochen kalkempfindlich. Der pH-Wert sollte bei 4,5–5,5 liegen. Bereiten Sie den Boden mit Laubkompost und feuchtem Torf vor. Die Pflanzgrube muß reichlich groß ausgehoben werden, sie wird gleichfalls mit Kompost und Torf ausgefüttert. Die Pflanzen werden gut angegossen, mit weichem, abgestandenem Wasser. Als Dünger eignen sich gut verrotteter Rindermist oder Hornspäne.

Rhododendren lieben den Halbschatten. Schützen Sie sie vor Sonne und vor rauhen Winden, indem Sie sie zwischen Kiefern oder unter Lärchen pflanzen. Der Boden um die Pflanzen wird mit einer Mulchschicht aus Laub und zerkleinerten holzigen Abfällen

Rhododendronblüte – zart wie Porzellan.

Üppiger Rhododendronbusch über einem Teppich aus blauem Geranium.

bedeckt. Höhe der Pflanzen je nach Art und Sorte 0,30–4 m, Blütezeit je nach Sorte April bis Juni. Vermehrung durch Samen (sehr langwierig) oder durch Stecklinge.
Schnitt: Sehr wenig, nur Frost- oder Altersschäden beseitigen. Vor allem bei jungen Pflanzen müssen die verwelkten Blütenstände vorsichtig herausgebrochen werden.
Arten und Sorten: In die überreiche Fülle des Angebotes kann nur ein kleiner Einblick gegeben werden. Es lohnt sich, sich mehr mit diesen herrlichen Blütenpflanzen zu beschäftigen. Hinweise auf deutsche Rhododendronzüchter und gute Bezugsquellen finden Sie im Anhang.
Laubabwerfende Azaleen: Exbury- und Knapphill-Hybriden (1,50 m): 'Persil' (weiß-gelb), 'Satan' (scharlachrot), 'Klondyke' (gelb-orange);
Pontica-Hybriden (bis 2 m): 'Coccinea speciosa' (dunkel-orangerot), 'Corneille' (rosa-weiß, gefüllt);
Kosteranum-Hybriden oder *Azalea-Mollis*-Hybriden (1,50–2 m): 'Hortulanus H. Witte' (gelb-orange), 'Winston Churchill' (korallenrot).
Halbimmergrüne und immergrüne Azaleen: Geisha-Hybriden (30–50 cm, in Karmin, Rosa, Violett, halbimmergrün);
Japanische Azaleen (1 m, immergrün, großblumig): 'Beethoven' (purpurrosa), 'Orange Beauty' (hell-orange), 'White Lady' (weiß).
Immergrüne Rhododendren:
Großblumige Hybriden (2–4 m): *Rh. catawbiense* 'Grandiflorum' (purpurlila, sehr widerstandsfähig) 'Cunningham's White' (weiß, zartgelb), 'Dr. H. C. Dresselhuys' (purpurrot), 'Roseum Elegans' (purpurrosa).
Rh.-Repens-Hybriden: Neue Zwergrhododendren von Hobbie, die auch Sonne vertragen: 'Baden-Baden' (scharlachrot, 50 cm), 'Elisabeth Hobbie' (dunkel scharlachrot).
Wildarten: *Rh. ferrugineum,* Echte Alpenrose (rosa, 50–80 cm);
Rh. hirsutum, Almenrausch (rosarot, etwa 1 m, verträgt etwas Kalk);
Rh. praecox, Vorfrühlingsalpenrose (karminrosa, Blüte ab Februar bis März, etwa 1 m).
Besonderer Tip: Mit Rhododendren können Sie reizvolle naturhafte Pflanzungen für Jahrhunderte zusammenstellen. Gute Nachbarn sind Farne und Kiefern.

Sanddorn *Hippophae rhamnoides*

Merkmale: Der Sanddorn ist ein Ölweidengewächs. Die dornigen, sommergrünen Sträucher haben schmale silbergraue Blätter und schmücken sich im Herbst mit orange-roten Beeren. In den Dünen an der Küste wachsen sie wild.
Kultur: Sanddorn gedeiht am besten in der vollen Sonne in sandigen, durchlässigen, eher mageren Böden. Höhe 4–5 m, Vermehrung durch Ausläufer und Absenker. Kein Schnitt! Die Pflanzen brauchen viel Platz. Sie sind zweihäusig, deshalb müssen Sie zu den fruchttragenden weiblichen Sträuchern immer eine männliche Pflanze setzen.
Art: *Hippophae rhamnoides.*
Besonderer Tip: Sanddorn ist schön und nützlich zugleich – ideal für große Naturgärten. Aus den vitaminreichen Beeren können Sie Saft herstellen. Auch die Vögel schätzen sie als Nahrung.

Scheinquitte, Japanquitte
Chaenomeles japonica

Merkmale: Die Scheinquitte ist ein laubabwerfendes, dorniges Rosengewächs, das im Frühling mit roten offenen Schalenblüten geschmückt ist. Es gibt auch gefüllte Züchtungen. Im Herbst hängen die Sträucher voller gelblich-grüner, quittenähnlicher Früchte.
Kultur: Anspruchslose Sträucher, die überall, auch in sandigem Boden, in der vollen Sonne gedeihen. Höhe 1–2 m, Blütezeit je nach Sorte März bis Mai, Vermehrung durch Stecklinge oder Wurzelausläufer. Schnitt: Auslichten, die Pflanzen vertragen auch Heckenschnitt.
Sorten: Außer der Art *Ch. japonica* (ziegelrot, 1 m) Hybriden: 'Fire Dance' (signalrot, 1,50 m), 'Nicoline' (großblumig, tief scharlachrot).
Besonderer Tip: Scheinquitten eignen sich gut für dornige Hecken. Die Früchte lassen sich zu Gelee kochen.

Schneeball *Viburnum*

Merkmale: Der Schneeball ist ein Geißblattgewächs. Es gibt sehr viele unterschiedliche, interessante Arten unter diesen schönen Sträuchern. Einige sind immergrün, die meisten werfen ihr Laub ab. Die üppigen, meist

Rundlich-ländlich: der gute alte Schneeball.

weißen, manchmal rosa Blütenbälle verhalfen den Pflanzen zu ihrem Namen. Einige fallen im Herbst durch farbige Früchte auf.
Kultur: Die Schneeball-Sträucher sind anspruchslos. Sie gedeihen in jedem normalen, durchlässigen Gartenboden, die meisten lieben volle Sonne. Höhe je nach Sorte 1,50–4 m, Blütezeit je nach Sorte März bis Juni, Vermehrung durch Stecklinge. Schnitt: kaum, nur auslichten.
Arten und Sorten: *V. × bodnantense* 'Dawn' (hellrosa Dolden, Winterblüher von Dezember bis März, 3 m);
V. × burkwoodii (rosa-weiß, duftend, halbimmergrün, 1,50–2 m);
V. carlesii 'Aurora' (rosa-weiße, halbkugelige Blütendolden, duftend, 2 m);
V. fragans, Duftschneeball (weiß-rosa, in milden Wintern schon ab November blühend, 1–3 m);
V. lantana, Wolliger Schneeball (weiße, breite Blütendolden, runzelige unterseits »wollige« Blätter, rot-schwarze Früchte, verträgt Schatten, 4 m);
V. opulus 'Sterile', Gemeiner Schneeball (weiße Blütenbälle, 3 m).
Besonderer Tip: Die winterliche duftende Blüte einiger Arten bereichert den Garten um seltene Genüsse. Schneeballsträucher eignen sich gut für lockere Naturhecken.

Buddleja alternifolia mit eleganten Rispen.

Seidelbast *Daphne*

Merkmale: Der Seidelbast gehört zu den Seidelbastgewächsen. Es gibt verschiedene Arten dieser kleinen Sträucher, deren kahle Zweige sehr früh im Frühling von duftenden, sternförmigen rosa oder weißen Blüten eingehüllt werden. Sie sind teils sommer-, teils wintergrün. Der heimische Seidelbast entwickelt im Herbst rote Früchte, die sehr giftig sind.
Kultur: Die Seidelbastarten lieben Sonne oder leichten Schatten, einen geschützten Platz und humusreichen, etwas kalkhaltigen Boden. Höhe 30–100 cm, Blütezeit je nach Sorte März bis Juni, Vermehrung durch Stecklinge. Kein Schnitt, er gefährdet die Blüte!
Arten und Sorten: *D. × burkwoodii* 'Sommerset' (blaß-rosa, duftend, wintergrün, 1 m);
D. cneorum, Rosmarinseidelbast (karminrosa, duftende Blüten, immergrün, 20–30 cm);
D. mezereum, heimischer Seidelbast (rosarot, blüht und duftet schon im März, rote Beeren, 1 m); 'Alba' (weiße Blüten, gelbe Beeren, 1 m).
Besonderer Tip: Verzichten Sie auf diesen schönen Frühlingsblüher, solange kleine Kinder im Garten spielen, die Verlockung der roten Früchte ist zu gefährlich!

Sommerflieder, Schmetterlingsstrauch *Buddleja*

Merkmale: Der Sommerflieder ist ein laubabwerfendes Buddlejengewächs. Die Blätter sind meist flaumig graugrün, die langen Blütenrispen leuchten im Spätsommer in Lavendel, Purpur, Rot, Blau und Weiß.
Kultur: Die Sträucher sind etwas frostempfindlich, deshalb brauchen sie einen geschützten Standort und eine Mulchdecke auf der Wurzelscheibe. Sie gedeihen am besten in der vollen Sonne, in humusreicher, durchlässiger Erde. Geben Sie ihnen reichlich Kompost und Laubabdeckung. Höhe 1,50–4 m, Blütezeit August bis September, Vermehrung durch Stecklinge.
Schnitt: Im Frühling die Triebe des Vorjahres auf wenige Knospen einkürzen. Bei Frostschäden kann tief ins alte Holz zurückgeschnitten werden. Die Sträucher treiben wieder durch und blühen noch im gleichen Jahr. Nur *B. alternifolia* sollte so wenig wie möglich geschnitten werden. Sie verträgt im Notfall aber auch einen Verjüngungsschnitt.
Arten und Sorten: *B. alternifolia* (wechselständige Blätter, lila-rote 30–40 cm lange Rispen, blüht schon Mai bis Juni, 3 m);
B. davidii 'Empire Blue' (blaue 25–30 cm lange Rispen, 3 m), 'Royal Red' (lange rote Rispen), 'White Profusion' (sehr lange weiße Rispen).
Besonderer Tip: Der Sommerflieder ist ein wertvoller Zierstrauch für den Spätsommer. Er wächst sehr schnell und bildet bald hohe Hecken. Unter besten Bedingungen erreicht ein Strauch 4–6 m Höhe und Breite. Die Blüten besitzen große Anziehungskraft auf die Schmetterlinge.

Spierstrauch *Spiraea*

Merkmale: Die Spiersträucher sind sommergrüne Rosengewächse, die in ganz unterschiedlichen Arten und Größen vorkommen. Sie blühen weiß, rosa oder rot. Besonders schön sind die Frühlingsblüher, die aussehen, als wären sie mit weißem Blütenschnee überschüttet.
Kultur: Anspruchslos, die Sträucher gedeihen in jedem normalen Gartenboden in der Sonne und im Halbschatten. Höhe je nach Sorte 0,30–2 m, Blütezeit je nach Sorte April bis Mai oder Juni bis September, Vermehrung durch Stecklinge.
Schnitt: Die Frühjahrsblüher auslichten, die Sommerblüher werden im Winter ausgelichtet, sie vertragen zur Verjüngung starken Rückschnitt.

Die Blüte der Zaubernuß beginnt im Winter und reicht oft bis in den Frühling.

Arten und Sorten: *S.* × *arguta,* Schneespiere, Brautspiere (überhängende zierliche Zweige, weiß, Frühjahrsblüher, 1,50–2 m);
S. bumalda 'Anthony Waterer' (karminrote Doldenblüten, Sommerblüher, 30 bis 80 cm);
S. japonica 'Little Princess' (flache karminrote Blüten, 30–50 cm, Sommerblüher);
S. × *vanhouttei*, Prachtspiere (weiß, später Frühlingsblüher, 2 m).
Besonderer Tip: Die Spiersträucher eignen sich sehr gut für freiwachsende Hecken; sie sind für kleine Grundstücke besonders gut geeignet.

Weigelie *Weigelia*

Merkmale: Weigelien sind sommergrüne Geißblattgewächse. Ihr Schmuck sind weiße, rosa oder rote röhrenförmige Blüten, die in dichten Büscheln den ganzen Strauch bedecken.
Kultur: Die Sträucher sind robust und anspruchslos, sie gedeihen in jedem normalen Gartenboden in der Sonne und im Halbschatten. Höhe 1,50 bis 3 m, Blütezeit Juni bis Juli, Nachblüte im September.
Schnitt: Regelmäßig auslichten, ein starker Verjüngungsschnitt wird spielend verkraftet.
Arten und Sorten: Garten-Hybriden: 'Boskoop Glory' (satin-rosa, 2–3 m), 'Bristol Ruby' (leuchtend rot, 2,50 m);
W. florida 'Purpurea' (braun-rote Blätter, dunkelrosa Blüten, 1,50 m), 'Styriaca' (reichblühend, karminrosa, 2 m).
Besonderer Tip: Weigelien sind die rustikalen Schwestern der lieblichen Kolkwitzien. Sie setzen die Blütezeit nach dem Flieder fort. Für Naturhekken sind sie hervorragend geeignet.

Zaubernuß *Hamamelis*

Merkmale: Zaubernüsse sind auch Zaubernußgewächse. Sie blühen teils im Spätherbst, teils mitten im Winter an kahlen Ästen bis zum Frühling. Ihre zerfransten gelben oder rötlichen Blüten überstehen Eis und Schnee.
Kultur: Geben Sie den schönen Sträuchern einen geschützten Platz in der Sonne oder im Halbschatten. Sie lieben humusreichen, tiefgründigen, feuchten und etwas sauren Boden.
Pflanzzeit bei offenem Wetter von Herbst bis Frühling mit Laubkompost und Rindensubstrat. Höhe 2–3 m, Blütezeit Januar bis März oder September bis November, Vermehrung durch Stecklinge. Nicht schneiden!
Arten und Sorten: *H.* × *intermedia* 'Jelena' (Winterblüher, rötlich-orange Blütenfärbung, 3 m);
H. japonica (Winterblüher, Blüte goldgelb, innen purpurrot, 2 m);
H. mollis, Lichtmeßzaubernuß (Winterblüher, goldgelb, leicht duftend, 3 m);
'Feuerzauber' (roter Winterblüher, rote Blattfärbung im Herbst);
H. virginiana (gelb-braune, duftende Herbstblüte, goldene Blattfärbung, 3–4 m; dies ist die *Hamamelis*, die zu Salben verwendet wird).
Besonderer Tip: Pflanzen Sie Zaubernüsse nahe ans Haus, vor grünem Koniferen-Hintergrund. So können Sie die winterliche Schönheit auch voll genießen.

Zierapfel *Malus*

Merkmale: Die Zieräpfel gehören ebenso wie die »richtigen« Äpfel zu den Rosengewächsen. Sie bilden große Sträucher oder Bäume, die eine Fülle einfacher oder gefüllter Blüten tragen. Ihre Farben sind Weiß, Rosa, Purpur und Rot.
Auch die Blätter haben oft eine reizvolle rötliche oder braune Färbung. Im Herbst sind die Zieräpfel mit roten oder gelben Früchten behangen. Im Winter werfen sie die Blätter ab.
Kultur: Die Zieräpfel sind sehr robust, winterhart und anspruchslos. Sie gedeihen gut in voller Sonne und in feuchtem, durchlässigem, etwas saurem Boden. Höhe je nach Sorte 2 bis 10 m, Blütezeit Mai bis Juni.
Schnitt: Junge Pflanzen brauchen einen leichten Erziehungsschnitt, ältere bleiben möglichst »ungeschoren«.
Arten und Sorten: *M. adstringens* 'Crimson Brillant' (halbgefüllt, rotweiße Blüten, dunkel purpurfarbene Früchte, 3 m);
M. coronaria 'Charlottae' (zartrosa Blüten, halbgefüllt, duftend, organgerote Blattfärbung im Herbst, grüngelbe Früchte, 4 m); 'Red Jade' (Hängeform, rosa-weiße Blüten, rote Früchte, 3 m);

Leuchtend rot blüht der Zierapfel.

M. sargentii (weiße Blüten, gelbrote Blattfärbung, rote Früchte, 2 m);
M. sieboldii 'Wintergold' (rosa, goldgelbe, haltbare Früchte).
Besonderer Tip: Die Zieräpfel gleichen im Frühling duftigen Blütenwolken, ein reizvoller Kontrast zum hellgrünen Birkenaustrieb, wenn diese Bäume als Nachbarn im Garten stehen. Die kleinen Äpfelchen sind eßbar, Sie können sie zu Gelee verarbeiten. Auch die Vögel mögen sie.

Japanische Zierkirsche, *Prunus serrulata.*

Zierjohannisbeere, Blutjohannisbeere *Ribes*

Merkmale: Die Zierjohannisbeeren sind wie ihre nützlichen Verwandten im Obstgarten Steinbrechgewächse. Sie haben auch ähnliche Blätter, die im Herbst abfallen. Die Blüten bilden lange rosarote oder gelbe Trauben. Die schwärzlichen Früchte sind ungenießbar.
Kultur: Sie gedeihen in jedem normalen, durchlässigen Boden in der Sonne und im leichten Schatten. Höhe 2–2,50 m, Blütezeit April bis Mai, Vermehrung durch Stecklinge.
Schnitt: Regelmäßig auslichten, da die Sträucher stark wachsen. Bei *R. sanguineum* können Sie nach der Blüte auch die Langtriebe zurückschneiden oder entspitzen.
Arten und Sorten: *R. alpinum,* Alpenjohannisbeere (unscheinbare grünliche Blüten, aber schöne dunkelrote Früchte);
R. aureum, Goldjohannisbeere (gelbe duftende Blüten, schwarze Beeren);
R. sanguineum 'Atrorubens' Blutjohannisbeere (dunkelrote reiche Blüte, aromatische duftende Blätter, schwarzblaue Früchte).
Besonderer Tip: Die Alpenjohannisbeere ist ein gutes Vogelschutzgehölz und deshalb für natürliche Hecken in biologischen Gärten empfehlenswert. Auch die anderen Arten der Zierjohannisbeeren eignen sich für lockere Hekken. Farbkontrast zu Forsythien.

Zierkirschen und Zierpflaumen *Prunus*

Merkmale: Zierkirschen und Zierpflaumen gehören zu den laubabwerfenden Rosengewächsen. Der Formenreichtum dieser Gattung ist sehr groß, die meisten Arten wachsen zu stattlichen Bäumen heran. Im Frühling gleichen ihre Kronen Blütenwolken in Weiß und Rosa. Die einfachen Blumen ähneln denen der Obstbäume, viele Sorten sind gefüllt; einige Bäume bilden reizvolle Hängeformen. Zur Gruppe der Zierkirschen gehört auch das bekannte Mandelbäumchen.
Kultur: Die Bäume sind winterhart und nicht besonders anspruchsvoll. Tiefgründiger, guter Gartenboden mit etwas Kalkgehalt ist für alle *Prunus*-Arten geeignet. Sie lieben volle Sonne. Höhe je nach Sorte 1–20 m, Blütezeit je nach Art April bis Juni, Winterblüher von November bis April.
Schnitt: Kräftiger Rückschnitt bei der Pflanzung, später möglichst wenig schneiden, da die *Prunus*-Arten zum »Gummifluß« neigen. Ausnahme: das Mandelbäumchen. Nach der Blüte werden die abgeblühten Zweige auf 3–5 Knospen eingekürzt. Zur gleichen Zeit wird auch ausgelichtet. Die Zwergmandel wird nicht geschnitten.
Arten und Sorten: *P. avium,* die Vogelkirsche (heimische Wildform der Süßkirsche, weißblühend, schwarzrote-Früchte, gelbrote Blattfärbung bis 20 m); 'Plena' (dieselbe Art, prächtig weiß gefüllt);
P. cerasifera, Blutpflaume (weiß, dornig, rötliche eßbare Früchte, bis 8 m), 'Nigra' (die gleiche Art mit schwarzroten Blättern und rosa Blüten, 4–6 m);
P. serrulata 'Amanogawa', Japanische Zierkirsche mit senkrecht wachsenden Zweigen (rosa, nach Freesien duftende Blüten, 4–5 m), 'Kazan' (strauchig, bogenförmige Äste, dunkelrosa, halbgefüllte Blüten, 6–8 m), 'Shidare Sakura' (Hängeform mit bis zum Boden reichender Blütenschleppe, zartrosa gefüllt, 4 m);
P. subhirtella 'Autumnalis' (Winterblüher von November bis April, weiß, halbgefüllt, 3–5 m);
P. tenella, Zwergmandel (rosarot, 1 m);
P. triloba, das Mandelbäumchen (rosa, dichtgefüllte »Röschen«, 2 m).
Besonderer Tip: Die Japanischen Zierkirschen sind im Frühling ein besonderes Erlebnis. Sie sollten deshalb auch im Blickpunkt stehen. Die dornige Blutpflaume eignet sich für Vogelschutzhecken.

Ein Frühlingstraum: Japanische Zierkirsche *(Prunus subhirtella)* über einem Teppich aus Narzissen, Stiefmütterchen und Tulpen.

Mittelhohe bis hohe Heckensträucher 2–4 m

Berberitze, *Berberis thunbergii* und Atropurpurea'
Blutjohannisbeere, *Ribes sanguineum* 'Atrorubens'
Blutpflaume, *Prunus cerasifera*
Falscher Jasmin, *Philadelphus*
Felsenmispel, *Cotoneaster*
Feuerdorn, *Pyracantha*
Flieder, *Syringa vulgaris*
Forsythie, *Forsythia*
Kolkwitzie, *Kolkwitzia*
Kornelkirsche, *Cornus mas*
Pfaffenhütchen, *Euonymus*
Ranunkelstrauch, *Kerria*
Sanddorn, *Hippophae*
Schneeball, *Viburnum*
Schottische Zaunrose, *Rosa rubiginosa*
Sommerflieder, *Buddleja*
Spierstrauch, *Spirea vanhouttei* und *S. arguta*

Niedrige Hecken-Sträucher bis ca. 1 m

Berberitze, *Berberis buxifolia* 'Nana'
Deutzie, *Deutzia gracilis*
Fingerstrauch, *Potentilla*
Heiligenblume, *Santolina*
Lavendel, *Lavandula*
Spierstrauch, *Spirea bumalda*
Zierquitte, *Chaenomeles*

Bäume für den Garten

Bäume sind etwas Besonderes. Sie können den Gärtner, der sie in die Erde setzte, lange Zeit überleben. Früher war es üblich, bei der Geburt eines Kindes einen jungen Baum zu pflanzen. In seinem Schatten spielten oft noch die Enkel und Urenkel. Unter dem mächtigen Blätterdach einer Linde oder eines Kirschbaumes lebte auch die Erinnerung an den Großvater und an Geschichten aus längst vergangenen Tagen weiter.

Die Gärten unserer Zeit bieten für größere Bäume meist nicht mehr genügend Platz. Aber es gibt ja auch zierlichere Gehölze, die dennoch dem grünen Reich eine unverwechselbare persönliche Prägung verleihen. Der Kauf eines Baumes muß reiflich überlegt sein, denn es bedeutet einen schmerzlichen Eingriff, wenn Sie eines Tages die Säge an einen dicken Stamm legen müssen, weil mächtige Äste Ihren Garten verdunkeln. Wählen Sie Ihren Baum so aus, daß er sich auch als »Erwachsener« noch harmonisch in die räumlichen Verhältnisse einordnet. Auch den Klima- und Bodenverhältnissen muß er angepaßt sein.

Wichtig ist ebenso die Überlegung: Möchten Sie ein Gehölz, das üppig blüht? Lieben Sie vor allem die leuchtende Blätterfärbung im Herbst? Oder möchten Sie lieber Ihre Augen auf grünen Kronen ausruhen lassen? Soll Ihr Baum Schatten spenden über einem Sitzplatz oder schätzen Sie mehr den weiten Blick auf eine Gehölzkulisse am Rande des Grundstücks? Soll Ihr Baum rasch wachsen, damit Sie auch bald »etwas davon haben«? Oder bringen Sie genug Geduld auf, eine langsame Entwicklung abzuwarten?

Lassen Sie sich Zeit für diese Entscheidungen, denn Bäume werden Sie ein ganzes Gartenleben lang begleiten. Kaufen Sie deshalb auch in einer anerkannt guten Baumschule, die beste Qualität garantiert. Vom jungen Mini-Baum bis zum halberwachsenen Prachtexemplar werden Sie dort eine reiche Auswahl vorfinden. Vor allem aber sollten Sie sich dort von erfahrenen Fachleuten beraten lassen, welche Gehölze in Ihrer Landschaft und in Ihrem Gartenboden am besten gedeihen. Pflanzen aus heimischen Baumschulen haben den Vorteil, daß sie bereits an das Klima angepaßt sind.

Es ist heute für Spezialisten kein Problem mehr, auch stattliche Bäume noch zu verpflanzen. Sie können damit lange Wartezeiten überbrücken. Allerdings ist dieses »Bäumchen-Wechsel-Spiel« eine beachtliche Preisfrage.

Die Bodenvorbereitungen und die Pflanzregeln für Gartenbäume sind die gleichen, die schon bei den Obstbäumen und den Ziersträuchern beschrieben wurden. Die Zeichnungen zeigen Ihnen noch einmal anschaulich die Tricks der Praxis.

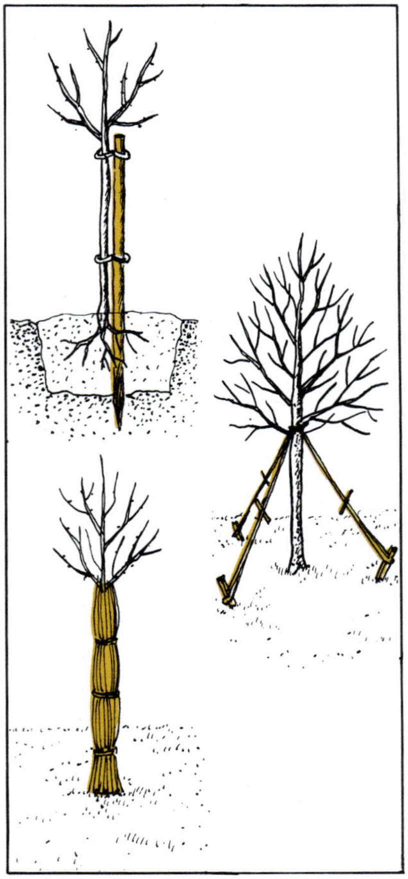

Richtige Pflanzung eines Laubbaumes (oben).

Hohe Stämme werden durch gespannte Drähte verankert (Mitte) und mit Strohmatten vor der Sonne geschützt (links unten).

Beim Pflanzen eines Nadelbaumes müssen Sie das Ballentuch lösen; der Stützpfahl wird schräg angebracht (unten).

Laubbäume

Pflanzzeit: Oktober bis März

Ahorn *Acer*

Die Ahornarten umfassen eine große Gruppe sehr unterschiedlicher Gehölze, die vom mächtigen Baum über Heckensträucher bis zum zierlichen Fächerahorn reichen. Sie wachsen in jedem normalen Gartenboden in der Sonne oder im Halbschatten. Typisch sind die gelappten oder fingerförmigen Blätter.

Farbenprächtig wirkt der rotblättrige Spitzahorn, *A. platanoides* 'Faassen's Black', der 8 m hoch wird und in mittleren Gärten Platz hat. Seine Blätter sind schwarzrot gefärbt.

Der Silberahorn, *A. saccharinum* (15 m), besitzt hellgrüne Blätter und eine gelbe Herbstfärbung.

Niedrig (je nach Sorte 1,50–5 m) bleiben die herrlichen japanischen Fächerahorne. Ihre zierlich geschlitzten Blätter und die leuchtend rote Färbung machen sie zu Juwelen für kleine Gärten und Innenhöfe.

Birke *Betula*

Mit ihrem zierlichen Geäst, dem zarten grünen Frühlingsaustrieb und der ausdrucksvollen schwarz-weißen Rinde bieten die Birken zu jeder Jahreszeit einen reizvollen Anblick. Diese schlanken Bäume, die keine breiten Kronen bilden, finden auch im kleinen Garten Platz. Sie wachsen an sonnigen Stellen, in jedem Boden, vertragen auch Sand und Trockenheit. Ihre Wurzeln breiten sich sehr flach aus; deshalb wächst im nächsten Umkreis keine anspruchsvolle Pflanze. Nicht im Frühling schneiden, dann »bluten« die Bäume!

Die Papierbirke *B. papyrifera* (25 m), und die Sandbirke, *B. verrucosa* syn. *pendula* (15 m), erreichen stattliche Höhen.

Die schlanke Wuchsform der Birken fügt sich auch in kleinere Gärten ein.

Die leuchtend gefärbten Beeren der Eberesche dienen Vögeln und Menschen als vitaminreiche Nahrung. Empfehlenswert ist vor allem die Mährische Eberesche.

Zierlich und besonders anmutig wächst dagegen die Hängebirke, *B. verrucosa* 'Tristis' (10 m), deren Zweige wie lange Schleppen herunterhängen. Sie wächst langsam und eignet sich für kleinere Gärten.
Ein besonderer Gesichtspunkt für den Bio-Gärtner: Birkenblätter und Birkensaft sind Naturheilmittel!

Buche *Fagus*

Buchen, die wir aus unseren Wäldern kennen, wachsen langsam und bedächtig zu mächtigen Baumgestalten heran. Sie können Jahrhunderte alt werden. Typisch sind die glatte Rinde, eine breite Krone und elliptische Blätter mit regelmäßigen Nerven. Diese Bäume haben nur in großen Gärten Platz, sie sollten frei und sonnig stehen, zum Beispiel in einer Rasenfläche. Humusreicher, etwas kalkhaltiger, feuchter Boden bekommt ihnen am besten.
Die heimische Rotbuche, *F. sylvatica* (bis 30 m), hat grüne Blätter, aber rötliches Holz.
Herrliche schwarzrote Belaubung zeigt dagegen die Blutbuche (20 m). Für den Garten wird die Sorte 'Swat Margret' empfohlen.
Die bescheidensten Ausmaße hat die Hängebuche (15 m); 'Pendula' besitzt grüne, 'Purpurea Pendula' dunkelrote Blätter. Die Äste bilden malerische Schirme.

Eberesche, Mehlbeere *Sorbus*

Ebereschen gehören zu den mittelgroßen Bäumen. Sie wirken sehr dekorativ durch ihr hübsch gefiedertes Laub, das sich im Herbst rot färbt; weiße Blütendolden im Mai und leuchtend orangerote Beeren. Die lockeren Kronen werfen keinen dichten Schatten. Ebereschen wachsen in jedem normalen Gartenboden, er darf nur nicht zu naß oder moorig sein. Sie gedeihen in der Sonne und im Halbschatten.
Am meisten verbreitet ist die Gemeine Eberesche (Vogelbeerbaum), *S. aucuparia* (bis 15 m).
Eßbare Früchte tragen vor allem die Mährische Eberesche, (*Sorbus moravica*, 5 m) und verschiedene Züchtungen, zum Beispiel 'Konzentra' und 'Rosina'. Ihre Beeren sind sehr wertvoll und vitaminhaltig. Sie können Saft und Marmelade daraus kochen. Auch für die Vögel sind alle Ebereschen eine Delikatesse.
Dieser Baum ist für naturgemäße Gärten sehr zu empfehlen. Er eignet sich auch gut für kleinere Grundstücke.

Eiche *Quercus*

Es gibt wintergrüne und laubabwerfende Eichenarten. Unsere heimische Eiche wächst zu einem mächtigen Waldbaum heran. Charakteristisch sind die rauhe borkige Rinde, die typischen ausgebuchteten Eichenblätter und die rundlichen Eichelfrüchte, die in einer becherförmigen Hülle stecken. Für normale Gärten ist die Eiche viel zu groß. Sie ist ein Baum für die freie Landschaft und für Parks. Wo sie gepflanzt wird, bevorzugt sie Sonne und nahrhaften, humusreichen Boden.
Die Sommer- oder Stieleiche, *Qu. pedunculata* syn. *robur*, die auch Deutsche Eiche genannt wird, wächst bis 50 m hoch. Eine immergrüne, kleine Eichenart ist *Qu. turneri* 'Pseudoturneri', ein rundkroniger Baum, der nur 7–10 m hoch wird.

Esche *Fraxinus*

Die Esche mit ihren unpaarig gefiederten Blättern zählt vor allem zu den Nutzhölzern. Die Gemeine Esche, *F. excelsior*, wir bis 40 m hoch, für normale Gärten ist sie zu groß.
Für Eschenliebhaber empfiehlt sich eher die Traueresche, *F. excelsior* 'Pendula', mit hängenden Zweigen oder die aparte Blumenesche, *F. ornus*, die auch Manna-Esche genannt wird. Sie wird meist 6–10 m hoch und trägt im Mai weiße, duftende Blütenrispen. Die Blumenesche verträgt Trockenheit, sie liebt Sonne und verlangt etwas kalkhaltigen Boden.

Kastanie, Roßkastanie *Aesculus*

Wer hätte nicht Kindheitserinnerungen an die stacheligen Samenhüllen und die glänzend braunen Kastanienfrüchte. Roßkastanien sind herrliche imponierende Baumgestalten. Sie wer-

den über 25 m hoch und breiten ihre dichtbelaubten Kronen 12 m breit aus. In ihrem Schatten kann man sich geruhsam niederlassen – vorausgesetzt man hat genügend Platz. Charakteristisch für diesen Baum sind die großen gefingerten Blätter, die dicken klebrigen Knospen im Frühling und dann im Mai und Juni die prachtvollen aufrechten Blütenkerzen. Es gibt weiß- und rotblühende Sorten.
Die Gemeine Roßkastanie, *Ae. hippocastanum,* blüht weiß; *Ae. carnea* entfaltet etwas später rote Blütenkerzen.
Ein kleiner Trost für kleine Gärten: *Ae. parviflora,* die Buschkastanie, eine strauchig wachsende Kastanienart mit weißen Blüten, die 2–4 m hoch wächst.

Linde *Tilia*

Der sagenumwobene Dorf- und Hofbaum früherer Zeiten ist leider für unsere Gartenverhältnisse meist zu groß. Wer im Schatten einer Linde ausruhen möchte, der braucht ein großes Grundstück. Es wäre schade, einen solchen Baum, der ein ehrwürdiges Alter von mehreren Jahrhunderten erreichen kann, kurzsichtig an den falschen Platz zu pflanzen.
Herzförmige Blätter und süß duftende Blüten im Juli sind charakteristisch für die Linde. Diese reiche Blüte ist eine wichtige Bienennahrung. Aus den getrockneten Blumen können Sie heilkräftigen Tee zubereiten. Wer das Glück hat, über genügend Platz zu verfügen, der pflanze eine Linde in seinen naturgemäßen Garten. Sie ist für Tiere und Menschen ein »guter Freund«. Linden wachsen in der Sonne und im Halbschatten. Sie brauchen kräftigen, tiefgründigen feuchten Boden.
Die Winterlinde oder Steinlinde, *T. cordata,* wird bis 30 m hoch. Sie hat kleine runde, glänzend-grüne Blätter. Die Sommerlinde, *T. platyphyllos,* fällt durch größere Blätter auf.

Pappel *Populus*

Die schmale hohe Silhouette ist charakteristisch für die rasch wachsende Pappel. Sie gedeiht in der Sonne oder im lichten Schatten und liebt nährstoffreichen, feuchten Boden, der durchlässig sein muß. Staunässe vertragen die Bäume nicht. In neuen Gärten können sie besonders schnell für Sichtschutz sorgen. Ihre Lebensdauer ist auf 25–30 Jahre begrenzt.
Die Silberpappel, *P. alba* 'Nivea', kann über 30 m hoch werden, ihre Blätter besitzen eine weißliche Unterseite. Ein windfester Baum für Dünen und Wasserufer.
Die Balsampappel, *P. balsamifera,* wird genau so hoch und besitzt beim Austrieb duftende Blätter.
Die Berliner Pappel, *P. berolinensis* (bis 25 m), wächst säulenförmig. Sie ist gesund und widerstandsfähig.

Robinie, Scheinakazie *Robinia*

Die Scheinakazien bilden lockere Kronen. Durch ihre zartgefiederten Blätter können Licht und Sonne dringen. Sie erdrücken also den Garten nicht in tiefem Schatten. Eine besondere Zierde aller Robinien sind die typischen Schmetterlingsblüten, die lange Trauben bilden. Sie können, je nach Art,

Ein malerischer, viel zu wenig bekannter Baum ist die Scheinakazie. Ihre duftenden Schmetterlingsblüten sind sogar eßbar!

Unentbehrlich für naturgemäße Gärten ist die Kätzchenweide; sie liefert im Frühling wichtige Bienennahrung.

weiß, rosa, karminrot oder violett-rosa gefärbt sein. Einige Sorten duften. Vor allem die normale Scheinakazie ist zur Blütezeit, von Mai bis Juli, ein Treffpunkt der Bienen. Akazienhonig gehört zu den besonderen Delikatessen. Dies ist auch ein Grund, den hübschen anspruchslosen Baum in einem naturgemäßen Garten anzupflanzen. Er gedeiht in jedem durchlässigen Boden, auch in magerem Sand. Die Robinien lieben Sonne und luftigen Stand.
Die Gemeine Akazie, *R. pseudoacacia,* wird bis 25 m hoch, sie blüht weiß.
Die Rotblühende Akazie, *R. hispida,* bildet nur 1,50–2 m hohe Sträucher.
Apart wirken die runden Kronen der Kugelakazie, *R. pseudoacacia* 'Bessoniana'. Mit leuchtend goldgelben Blättern ist die Sorte 'Frisia' geschmückt, die 5–10 m hoch wächst.

Ulme, Rüster *Ulmus*

Die schnellwachsende Ulme mit ihrer breiten Krone ist ein ausgesprochener Park- und Straßenbaum, der sehr alt werden kann. Charakteristisch sind ihre geflügelten Früchte. In kleinen Gärten ist für sie kein Platz.
Die Bäume sind durch die gefürchtete Ulmenkrankheit sehr gefährdet. Wo immer sich eine Möglichkeit bietet, da sollte man neue Ulmen pflanzen, damit sie nicht aussterben. Abgesehen von der Beachtung dieser Seuche stellen die Bäume keine besonderen Ansprüche. Sie gedeihen überall in tiefgründigem Boden, auch bei Trockenheit. Sie vertragen Sonne und Halbschatten.
Für größere Gärten eignet sich die Goldpyramidenulme, die durch ihre leuchtende Herbstfärbung auffällt.
Die Feldulme, *U. carpinifolia,* wird 20–40 m hoch.
Die Goldpyramidenulme, *U. carpinifolia* 'Wredei' wächst säulenförmig etwa 10 m hoch und besitzt goldgelbe Blätter.
Der Bergrüster, *U. glabra,* erreicht 40 m Höhe. Seine Krone ist breit ausladend.

Weide *Salix*

Weiden gibt es in vielen verschiedenen Größen und Formen. Für jeden Garten findet sich etwas Passendes. Charakteristisch sind für diese Bäume oder Sträucher die schmalen langen Blätter und die weichen, meist silbrigen Kätzchen. Weiden sind ziemlich anspruchslos. Sie lieben feuchten, frischen Boden, einige Arten stehen gern am Ufer eines Gewässers. Im frühen Frühling sind die Weidenkätzchen die erste Bienennahrung. Deshalb besitzen sie für naturgemäße Gärten einen besonderen Wert.
Das heimische Weidenkätzchen, *S. caprea,* wird etwa 5 m hoch und blüht schon im Februar. Eine besonders reich und goldgelb aufblühende Sorte ist *S. caprea mas*. Bezaubernd sieht die Hängekätzchenweide 'Pendula' mit ihren langen Zweigen aus.
Eine aparte Variante aus Fernost ist die Drachenweide, *S. matsudana* 'Setsuka' aus Japan, die bis 5 cm breite, bizarre Zweige besitzt.
Tief am Boden kriecht die Zwergweide, *S. simulatrix*.
Ein hoher wunderschöner Baum ist dagegen die Trauerweide *S. alba* 'Tristis'. Sie wird bis 15 m hoch. Ihre wehenden, lang herunterhängenden Zweige sind im Frühling ein zauberhafter Anblick, wenn das erste zarte Grün durchschimmert. Am schönsten wirken die Trauerweiden auf weiten Rasenflächen oder am Ufer eines Gewässers, wo sie ihre Schönheit spiegeln können.

Nadelbäume

Pflanzzeit: August bis September

Eibe *Taxus*

Eiben sind zweihäusig, das heißt, männliche und weibliche Blüten wachsen auf verschiedenen Pflanzen. Diese Gehölze mit den glänzend grünen Nadelblättern haben sehr unterschiedliche Gestalten. Sie können säulenförmig, breitbuschig oder fast kriechend wachsen. Samen, Rinde und Nadeln sind giftig. Gefährlich sind sie vor allem für Pferde. Alle Eiben sind anspruchslos, sie gedeihen noch im Schatten unter Bäumen. Jeder Boden ist ihnen recht, außer sehr trockenen oder nassen Standorten. Die Pflanzen vertragen jeden Schnitt und eignen sich deshalb gut für dichte immergrüne Hecken. Eiben wachsen langsam, können aber ein sehr hohes Alter erreichen; in alten Schloß- oder Gutsgärten gibt es mehrhundertjährige Exemplare zu bewundern.

T. baccata, unsere heimische Eibe, wird etwas 15 m hoch.

Die Irländische Säuleneibe, *T. baccata* 'Fastigiata', bildet schmale 3–5 m hohe Säulen.

Die Goldsäuleneibe 'Fastigiata Aureomarginata' ist mit goldbunten Nadeln geschmückt.

Buschig und nur 2 m hoch wächst dagegen die ganz goldgelb gefärbte Goldeibe, *T. baccata* 'Semperaurea'.

Flach ausgebreitet – 50–70 cm hoch – sind die Äste der Tafeleibe, *T. baccata* 'Repandens'.

Besonders dekorativ wirkt die Japanische Zwergeibe, *T. cuspidata* 'Nana', die etwa 1 m hoch, aber bis 3 m breit wächst. Alle Eibenarten sind sehr winterhart.

Fichte *Picea*

Fichten haben einen gleichmäßigen, kegelförmigen Wuchs. Ihre immergrünen Nadeln sind rund um den Zweig verteilt. Es gibt viele Arten, die große bis 20 m hohe Bäume und zierliche Zwerggehölze umfassen. Alle Fichten wachsen am besten in der Sonne, vertragen aber auch leichten Schatten. Sie lieben feuchten, tiefgründigen Boden und Luftfeuchtigkeit. Einige Arten gedeihen auch in trockenen Böden. Die Fichte ist der typische deutsche Weihnachtsbaum.

Aus der großen Zahl der Arten und Sorten, die in den Baumschulen angeboten werden, kann hier nur ein Eindruck vermittelt werden. Sehr ausgefallen wirkt die Mähnenfichte *P. breweriana* (10–20 m), mit ihren hängenden Zweigen.

Die Serbische Fichte, *P. omorika,* wächst schlank und elegant. Ihre Äste sind bogenförmig ausgebreitet, ihre Nadeln an der Unterseite silbrig gefärbt. Sie wird 30 m hoch, paßt aber durch den schmalen Aufbau gut in den Hausgarten.

Die veredelte Blaufichte, *P. pungens* 'Glauca Koster', zeigt die steifen, so beliebten blauen Nadeln. Sämlinge der Blaufichte sind billiger, vergrünen aber manchmal im Alter. Die Bäume wachsen sehr langsam bis 20 m hoch.

Sehr hübsch wirken auch verschiedene Fichten-Zwergformen: die kissenförmige Nestfichte, *P. abies (excelsa)* 'Nidiformis' (60 cm), und die kegelförmige Zuckerhutfichte, *P. glauca* 'Conica' (1,50 m).

Ginkgo, Fächerblattbaum
Ginkgo biloba

Der Ginkgo ist ein urweltlicher Baum, dessen Vorfahren vor Millionen Jahren auf der Erde wuchsen. Diese einzige Art blieb in chinesischen und japanischen Tempelgärten erhalten. Charakteristisch sind seine auffallenden fächerförmigen Blätter, die sich im

Ginkgo, der Baum mit den Fächerblättern.

Die heimische Eibe *(Taxus baccata)*.

Herbst gelb färben und abfallen. Eigenartigerweise erwies sich dieser seltene Baum im industrialisierten Westen als sehr hart.

Der Ginkgo wächst in jedem guten, nicht zu nassen Gartenboden, am besten in der Sonne. Er sollte frei stehen. In der Jugend, die 20 Jahre dauern kann, wachsen die Äste lang und relativ steil in die Höhe; später bilden sich ausladende Kronen. Die Bäume werden 30–40 m hoch. Für kleine Gärten eignet sich dieser interessante Urbaum also leider nicht. Er wird übrigens unter den »Nadelbäumen« aufgeführt, weil er ebenfalls ein »Nacktsamer« ist. Es gibt auf der ganzen Erde nur noch eine einzige Art, *G. biloba*. 'Pendula' ist davon eine interessante Hängeform.

Kiefer, Föhre *Pinus*

Charakteristisch für Kiefern sind die langen Nadeln, die büschelweise zusammenstehen, die borkige Rinde und ihr oft malerischer Wuchs. Es gibt viele verschiedene Arten – hohe Bäume und niedrige Zwergformen. Alle Kiefern sind anspruchslos. Sie gedeihen in mageren, durchlässigen Böden, notfalls sogar noch auf trockenen, heißen Hängen. Sie brauchen volle Sonne und freien Stand. In den Garten passen vor allem die niedrigbleibenden Bergkiefern.

Die Zirbelkiefer, *P. cembra,* wächst schmal pyramidenförmig, etwa 10 m hoch.

Die Bergkiefer, *P. mugo,* bildet 3–4 m hohe Büsche.

Anmutig wirkt die Mädchenkiefer, *P. parviflora glauca* (5–10 m), mit ihren pinselförmigen Nadelbüscheln.

Außerdem gibt es eine große Auswahl schöner Zwergkiefern, die nur 1–2 m Höhe erreichen.

Lärche *Larix*

Die Lärchen wachsen pyramidenförmig und können bis zu 35 m hoch werden. Ihre weichen Nadeln sind nicht winterhart. Bezaubernd wirkt der zartgrüne Austrieb im Frühling. Im Herbst färben sich die Nadeln goldgelb und fallen dann ab. Im Winter schmücken zahlreiche braune Zapfen das malerische, lockere Geäst. Lärchen brauchen freien Stand und reichlich Platz. Sie lieben Sonne, vertragen aber leichten Halbschatten. Die Erde sollte feucht und tiefgründig sein. Die Bäume können bei rechtzeitigem Schnitt auch als Hecke gepflanzt werden.

Die heimische Lärche, *L. decidua* (über 30 m), bildet waagerechte Hauptäste mit graziös hängenden Seitenästen. Die Trauerlärche 'Pendula' ist ihre Hängeform.

Die Japanische Lärche, *L. leptolepis* syn. *kaempferi* braucht hohe Luftfeuchtigkeit. Sie besitzt blaugrüne Nadeln und rötliches Holz. Auch von ihr gibt es eine Trauerlärche 'Pendula', die sehr malerisch wirkt.

Mammutbaum *Sequoiadendron*

Dieser Urweltbaum kann 3000 Jahre alt und 100 m hoch werden! Seine immergrünen Nadelblätter liegen eng an den Ästen; auffallend ist die rotbraune, rissige Rinde und die regelmäßige, spitz auslaufende Pyramidenform. Wer sich einen solchen Baum in den Garten holen möchte, der muß ihn frei und majestätisch wachsen lassen. Der Mammutbaum braucht Windschutz, Sonne und feuchten, nahrhaften, tiefgründigen Boden. Es gibt eine einzige Art: *S. giganteum.*

Interessante Ergänzung für Liebhaber seltener Bäume: der Urweltmammutbaum, *Metasequoia,* er galt als ausgestorben und wurde 1945 in China wiederentdeckt. Der Baum ähnelt der Sumpfzypresse und wirft im Winter seine Nadeln ab.

Scheinzypresse, Lebensbaum-Zypresse *Chamaecyparis*

Die Scheinzypressen bilden kegelförmige oder pyramidenförmige Gehölze. Ihre immergrünen Schuppenblätter können grün, blaugrün oder gelb gefärbt sein. Es gibt so viele unter-

Ein ausdrucksvolles Gehölz für kleine Gärten ist die Bergkiefer *(Pinus mugo)*, rechts unten der Frühlingsaustrieb.

schiedliche Arten und Sorten, daß sich für jede Gartengröße etwas Passendes findet. Die Scheinzypressen eignen sich vorzüglich für dichte Hecken. Sie wachsen am besten in voller Sonne und in feuchter, humusreicher Erde. Empfindlich sind sie nur gegen Trokkenheit und Wind.

Schmale blaugrüne Säulen bildet *Ch. lawsoniana* 'Columnaris Glauca' (5–7 m). Goldgelb und schlank zeigt sich 'Kelleris Gold' (4 m).

Die Federzypresse, *Ch. pisifera* 'Plumosa', hat aparte straußenfederartige, grüne Zweige.

Die Muschelzypresse, *Ch. obtusa* 'Nana Gracilis', bleibt 1,50 m niedrig und bezaubert durch muschelförmige Zweige.

Tanne *Abies*

Tannen sind der Inbegriff des immergrünen Nadelbaumes. Sie wachsen in sehr regelmäßiger Pyramidenform und bleiben bei gutem Standort bis tief zum Boden grün. Ihre Nadeln sind flach und zweireihig angeordnet. Tannen wachsen sehr hoch – bis 60 m – und sind auch sonst anspruchsvoll. Sie vertragen keine staubige Industrieatmosphäre. Feuchte Luft und sehr guter, tiefgründiger, feuchter Boden sind für gutes Gedeihen notwendig.

Für den Garten empfehlen sich die Koreatanne, *A. koreana* (3–5 m), mit dunkelgrünen Nadeln und violett-purpurnen Zapfen, die Silbertanne, *A. procera (nobilis)* 'glauca' (bis 12 m), mit dunkelblauen Nadeln und bizarrem Wuchs, und die Blaue Spanien-Tanne, *A. pinsapo,* 'Glauca' (bis 10 m), die gleichfalls blaue Nadeln und malerischen Wuchs verspricht.

Thuja, Lebensbaum *Thuja*

Die Lebensbäume wachsen säulenförmig oder als schlanke Pyramiden. Ihre Schuppenblätter besitzen einen aromatischen Wohlgeruch. Von den Scheinzypressen unterscheiden sie sich durch aufrechte Wipfeltriebe und ihre tonnenförmigen Zäpfchen. Die Thuja eignet sich vorzüglich für immergrüne Hecken. Sie ist ziemlich anspruchslos und gedeiht in der Sonne ebenso wie in leichtem Schatten. Luftfeuchtigkeit und feuchter Boden sagen ihr besonders zu. Die Pflanzen behalten normalerweise alle grünen Zweige bis dicht zum Boden. Deshalb bilden sie einen idealen Sichtschutz. Grüne Thuja-Mauern können aber auch streng und abweisend wirken.

Der Abendländische Lebensbaum, *Th. occidentalis,* ist dunkelgrün, verträgt jeden Schnitt und wird bis 20 m hoch. 'Ellwangeriana Rheingold' bleibt 1,50 m niedrig, die Nadeln sind goldgelb gefärbt. 'Holmstrup' bildet dichte tiefgrüne Säulen.

Wacholder *Juniperus*

Wacholder für den Garten gibt es in vielen unterschiedlichen Arten. Vom Bodendecker bis zum bizarren Baum reicht die Auswahl. Sie können nadelartige oder schuppenförmige Blätter haben, ihre Färbung reicht von Grün über Blau bis zu Grautönen. Alle Wacholder sind denkbar anspruchslos, zäh, ausdauernd und lebensstark. Sie wachsen am besten in leichten durchlässigen Böden und in der vollen Sonne.

Der Zwergwacholder, *J. chinensis* 'Blaauw's Varietät', fällt durch graublaue Nadeln auf. 'Pfitzeriana' breitet seine Äste bis zu 4 m weit aus.

Der Gemeine Wacholder, *J. communis,* ist ein heimisches Heidegewächs, das zu den hochgeachteten Heilpflanzen gehört. Im naturgemäßen Garten kann dieser baumartige malerische Strauch als Vogelschutzgehölz und als Gewürzpflanze dienen.

Der Kriechwacholder, *J. horizontalis* 'Glauca', besitzt blaue Nadeln und bleibt 30 cm niedrig.

J. virginiana 'Burkii' wächst kegelförmig bis 3 m hoch. Auffallend sind die stahlblauen Nadeln, die im Herbst und Winter purpur-bronzefarbig leuchten. 'Glauca', der Rotzeder-Wacholder, wächst besonders malerisch. Er hat stahlblaue Nadeln und wird 7 m hoch.

Zeder *Cedrus*

Zedern wachsen zu prachtvollen malerischen Baumgestalten heran. Ihre Nadeln sitzen in Büscheln zusammen. Wegen ihrer Größe und auch wegen ihrer Ansprüche eignen sie sich nicht für jeden normalen Garten. Am sichersten gedeihen Zedern im Weinbauklima. Sie brauchen Wärme und tiefgrundigen Humus. Der Standort muß gegen Witterungsschwankungen geschützt sein.

Die berühmte Atlas-Zeder, *C. atlantica,* liebt kalkhaltigen Boden. Sie hat blaugrüne Nadeln – ähnlich wie Lärchen, aber wintergrün – und wird 20–30 m hoch. Die Blauzeder, *C. atlantica* 'Glauca', besitzt stahlblaue Nadeln und ist besonders widerstandsfähig.

Am empfindlichsten ist die Himalajazeder, *C. deodora,* deren würziges Holz die Hindus zu Weihrauch verbrennen.

Der Gemeine Wacholder prägt die Stimmung eines heideartigen Naturgartens.

Naturnaher Garten

Bis zu diesem Kapitel war im »Bio-Garten« stets die Rede davon, wie die großen Gesetze der Natur für die kleine Welt des Gartens übersetzt werden können. Sie haben auf vielfältige Weise erfahren, wie die eßbaren Pflanzen des Nutzgartens und die schönen Gewächse des Ziergartens ihrer Natur gemäß wachsen und gedeihen, wenn der Gärtner ihnen die Möglichkeit dafür schafft. Auf den letzten Seiten dieses Buches soll die Natur selbst zu ihrem Recht kommen. Denn jenseits des schützenden Gartenzauns ist die Welt schon lange nicht mehr in Ordnung. »Mutter Natur« ist in Not. Mancher Gärtner, der ihr viel verdankt, könnte ihr eine helfende Hand reichen. Wer der Natur das Gartentor ein wenig öffnet, der kann einen kleinen Beitrag zu ihrem Überleben leisten.

Die Situation ist paradox. Jahrtausende lang wurden Gartenzäune errichtet, um das mit viel Mühe und Ausdauer kultivierte Land vor den Gefahren der wuchernden Wildnis zu schützen. Der Zaun war das Symbol der Grenze: Drinnen gediehen in einer friedlichen kleinen Welt die Pflanzen des Menschen. Draußen ließ die Natur ihrem ungezügelten Wachstum freien Lauf. Wo der Mensch seine Kulturen nicht hütete, da wurden sie von den vitalen Wildpflanzen überrannt. Heute sind die Gewächse der Landschaft gefährdeter als die Kulturpflanzen des Gartens. Zahlreiche Arten sind bereits ausgestorben, unzähligen anderen droht ein schneller oder langsamer Tod. Mit den Pflanzen verlieren auch die Tiere, die von einem bestimmten Nahrungsangebot abhängig sind, ihre Lebensgrundlage. Viele Pflanzen und Tierarten, deren Entwicklung Tausende oder gar Millionen Jahre beanspruchte, sind bereits buchstäblich vom Erdboden verschwunden.

Zum ersten Mal in einer langen Geschichte könnten die Gärten der Menschen Zufluchtsorte der Natur werden. In kleinen geschützten Oasen finden gefährdete Pflanzen und Tiere einen neuen Lebensraum. Viele solcher Öko-Inseln sind dann in der Lage, ein dichtes Netz zu bilden, in dem zerstörte Strukturen langsam wieder zusammenwachsen können. Es wäre also wichtig, daß möglichst viele Gärtner sich dazu bereitfinden, ihr Gartentor ein wenig zu öffnen, um diejenigen einzulassen, die Jahrtausende lang draußen vor der Tür bleiben mußten.

Eine solche Rettungsaktion muß aber nicht bedeuten, daß nun die ungebremste Wildnis in den Garten einzieht und alle »Kulturarbeit« aufgegeben wird. Ein konsequenter »Natur-Garten« wird sicher die Ausnahme von der Regel bleiben. Ein solcher Wildpflanzen-Garten, in dem ausschließlich heimische Kräuter, Gräser, Blumen, Stauden und Bäume geduldet werden, ist nur unter bestimmten Bedingungen möglich. Meist scheitert er schon an der Grundstücksgröße und an den beengten Nachbarschaftsverhältnissen. Leichter und in vielen Fällen sinnvoller ist es, ein Stückchen Natur in eine vorhandene Gartenanlage einzubeziehen. Dafür bieten sich verschiedene reizvolle Möglichkeiten an. Jeder Bio-Gärtner sollte zumindest eine davon aufgreifen und in seinem Garten verwirklichen.

Auf den folgenden Seiten finden Sie Anregungen und praktische Beispiele für naturnahe Gestaltungen und Pflanzungen. Sie reichen von der blühenden Hauswand bis zur lebendigen grünen Grenze. Wählen Sie, was zu Ihrem Garten und Lebensraum gut paßt.

Hausverkleidung aus Blättern und Blüten

Garten- und Wohnbereich treffen an der Hauswand zusammen. Wenn es auch an der Fassade grünt und blüht, gehen Innen- und Außenwelt sanft ineinander über. Es entsteht eine besonders enge Lebensgemeinschaft zwischen Pflanzen und Menschen.

Darüber hinaus bieten efeuumsponnene Wände oder Mauern, die sich hinter wildem Wein verstecken, eine Menge Vorteile. Vor allem in den Städten tragen die Häuser »im grünen Pelz« dazu bei, die Lebensbedingungen in Straßenschluchten aus Stein und Asphalt zu verbessern. Die meterhohen, von unzähligen Blättern bedeckten Flächen produzieren Sauerstoff in stickigen Straßen; das Fassadengrün nimmt im umgekehrten Vorgang das für den Menschen gefährliche Kohlendioxid auf. Kletterpflanzen binden Staub; sie schützen das Haus vor Sonnenhitze und vor Winterkälte; sie regulieren Luftströmungen und Feuchtigkeit. Das lebendige Grün an der Fassade hält länger als jeder Anstrich.

Eine Wand mit leuchtend gefärbtem Herbstlaub ist eine Wohltat für die Augen zwischen grauem Beton und kaltspiegelnden Glasfassaden. In einer

Die *Clematis montana* 'Rubens' wächst üppig und blüht überreich.

ländlichen Umgebung bilden solche lebendigen Wände den natürlichen Übergang vom Haus zu den Pflanzen des Gartens.

Die richtige Pflanze an der richtigen Wand

Wichtig für eine »gesunde« Fassadenbekleidung mit lebendigem Grün ist die richtige Pflanzenauswahl. Die teilweise heftigen Diskussionen um den Nutzen oder die »Gefährlichkeit« der Kletterpflanzen am Haus ist in den meisten Fällen von Vorurteilen oder von mangelnder Baukenntnis geprägt.

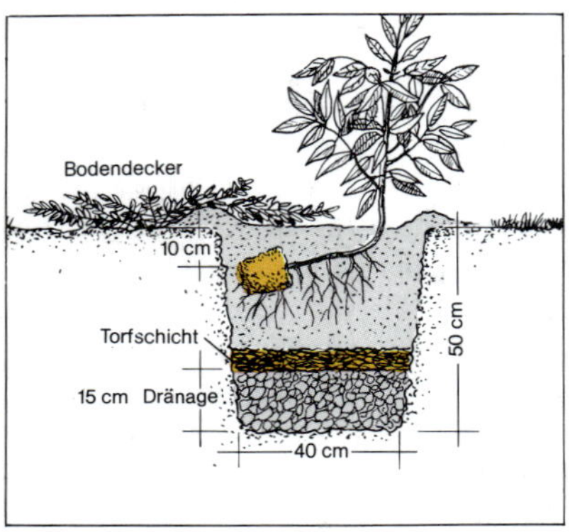

Eine Clematis soll tief und schräg eingepflanzt werden. Sorgen Sie auch für guten Wasserabzug und »kühlen Fuß«!

Einfach ausgedrückt: Pflanzen und Mauern müssen zusammenpassen. Die Haftwurzeln des Efeus oder des Wilden Weins können z. B. nur dann Schaden anrichten, wenn der Putz oder das Mauerwerk Risse aufweisen. Dann dringen die Pflanzenorgane tiefer ein, zerstören Bausubstanz und lassen Feuchtigkeit einsickern. Wo die Hauswand in Ordnung ist, da können Pflanzen und Mauern jahrzehntelang gute hilfreiche Partner sein.

Neuere Untersuchungen haben ergeben, daß außerdem bestimmte Baustoffe für den direkten Kontakt mit »selbsthaftenden« Kletterpflanzen nicht geeignet sind. Dazu zählen zum Beispiel Fachwerk, Holzverkleidungen, vorgehängte Wandkonstruktionen, rissiger oder zu dünner Putz und schadhafte Fugen im Ziegelstein-Mauerwerk. Gefährdet sind auch bestimmte Anstriche und Putzarten, zum Beispiel Dispersions- und Dispersionssilikat-Anstriche sowie Kunstharzputz.

Da aber nur wenige Kletterpflanzen direkt mit ihren Wurzeln auf der Wand haften, gibt es noch zahlreiche Möglichkeiten, dem Haus einen grün-bunten Mantel umzuhängen. Die meisten Pflanzen benötigen Rank- und Kletterhilfen, die mit reichlich Abstand vom Mauerwerk angebracht werden. So ist stets für eine ausreichende Zirkulation von Luft und Feuchtigkeit gesorgt.

Wichtig bei der Pflanzenauswahl ist aber auch die Himmelsrichtung. So eignet sich zum Beispiel für die Nordseite der immergrüne Efeu. Er bildet auch im Winter an dieser kalten Wand einen guten Wärmeschutz. Außerdem vertragen die Pflanzen Schatten.

An der Südseite sollten Sie Wilden Wein pflanzen. Wenn im Herbst die bunten Blätter fallen, können die Sonnenstrahlen wieder durchdringen und die Wand wärmen. Im Sommer wirkt der dichte grüne Vorhang dagegen kühlend.

Ost- und Westseiten sind die Wetterfronten des Hauses. Hier ist es wichtig, Wind und Regen abzuhalten. Pflanzen, die an Spalieren ranken, sind für solche Wände empfehlenswert. Dabei entsteht zwischen Haus und Pflanzen ein luftiger Zwischenraum. Hier gedeihen zum Beispiel Clematis, Geißblatt und Knöterich.

Hilfe für Klettermaxe

Efeu und Wilder Wein gehen ohne Hilfe »die Wände hoch«. Die meisten anderen Kletterpflanzen brauchen Stützen und »Wegweiser«. Rankgerüste können Sie größtenteils selber herstellen und befestigen. Geeignet sind zum Beispiel:

- Holzspaliere, die pflanzenfreundlich imprägniert sein sollten;
- Drahtgitter, die aus Baustahlgewebe passend zurechtgeschnitten werden können; achten Sie darauf, daß das Material entweder rostfrei ist oder mit Rostschutz gestrichen wird!
- Formschöne Kunststoffgitter, die im Handel erhältlich sind;
- Drähte, die straff gespannt und stabil befestigt werden müssen.

Alle Konstruktionen werden am besten mit starken Dübeln in der Mauer verankert. Die Gerüste müssen so kräftig und massiv sein, daß sie die Last der Pflanzen tragen können. Zur Hauswand muß immer ein Abstand von mindestens 20 cm eingehalten werden.

Kletterpflanzen sind Spezialisten

Die »Grünen mit den langen Ranken« haben die unterschiedlichsten Methoden, um sich von Stockwerk zu Stockwerk hochzuschwingen. Sie sollten diese abwechslungsreichen Kletterwerkzeuge kennen; dann können Sie auch die richtigen Stützen auswählen:

Haftwurzeln besitzen Efeu, Kletterhortensien und Wilder Wein. Sie können sich selber an einer Wand »festsaugen« und brauchen keine Stützen. Der Wilde Wein hat außerdem noch rankende Triebe.

Glyzinen sind kräftige Schlinger, die starken Halt brauchen. Als Blütenbaldachin über einem Sitzplatz können sie ihren ganzen asiatischen Zauber entfalten.

Rankpflanzen wickeln sich um Drähte und Stäbe. Dazu gehören Weinreben und Clematis.

Schlingpflanzen winden sich um stützende Gerüste. Einige besitzen als zusätzliche Hilfe spiralförmige Triebe. Die Schlingpflanzen sind entweder auf Rechts- oder auf Linksdrehung spezialisiert. In diese Gruppe gehören die Glyzine, der Hopfen, der Knöterich und das Geißblatt.

Spreizklimmer strecken zwar haltsuchende lange Triebe aus, sie müssen aber festgebunden oder durch Gitter hindurch geleitet werden. Wichtigste Vertreter dieser etwas unselbständigen Fassadeneroberer sind die Kletterrosen. In diese Gruppe gehören aber auch der Winterjasmin und die Kletterbrombeere.

Beschwingte Kletterkünste: Pergola und Rosenbogen

Die rankenden oder schlingenden Kletterpflanzen sind vielseitig begabt; sie wollen sich durchaus nicht »immer an der Wand entlang« bewegen. Beschwingt und abenteuerlustig breiten sie sich zum Beispiel an freistehenden Gerüsten aus. Eine Pergola, ein Sichtschutz-Spalier am Sitzplatz oder ein romantischer Rosenbogen werden rasch von ihren Blütenranken erobert. Mit einfachen Mitteln entstehen so lauschige Sitzplätze oder besonders schöne Blickpunkte im Garten.

Im Handel können Sie vorgefertigte Bauelemente aus Stahl oder dauerhaft imprägnierte Holzbalken kaufen. Das Gerüst für eine Pergola oder einen Kletterbogen können geschickte Handwerker aber auch preiswert selber herstellen und aufbauen.

Wichtig ist, daß die tragenden Pfosten auf stabilen, lange haltbaren Grundkonstruktionen befestigt werden. Im allgemeinen gießt man zu diesem Zweck in den erforderlichen Abständen frostsichere, kastenförmige Betonfundamente. Darin werden verzinkte Eisenschuhe eingelassen, die einige Zentimeter über dem Erdreich enden. In diese Metallkonstruktion werden die Holzstützen eingepaßt und verschraubt. So sind sie vor der Bodenfeuchtigkeit geschützt und wesentlich länger haltbar.

Kleiner Kletterbogen mit Holzgittern für Wicken und Japanischen Zierhopfen.

Eine dauerhafte Konstruktion ist diese Pergola aus Steinsäulen und Holzbalken (rechts).

Eine Pergola kann, eng mit der Hauswand verbunden, den Sitzplatz auf der Terrasse überspannen. Das malerisch bewachsene Gerüst kann aber auch frei im Gartenraum errichtet werden. Doppelreihige Pergolen bilden zum Beispiel wunderschöne stimmungsvolle Laubengänge. Aus Pergolakonstruktionen und Gittern, die die Zwischenräume füllen, lassen sich auch lauschige Gartenhäuschen bauen. Kletterbögen, an denen sich Rosen oder auch andere Gewächse hochranken, überspannen das Gartentor, oder sie bilden, frei aufgestellt, einen blütenumrankten Durchgang zu bestimmten Gartenbereichen. Sie sollten so geplant werden, daß sie im Blickpunkt stehen und gebührend bewundert werden können.

Romantik mit Untermietern

In einem naturgemäßen Garten spielen bewachsene Mauern und blütenumrankte Sitzplätze nicht nur eine ästhetische Rolle. Das dichte, dauerhafte Gerank bietet auch zahlreichen Lebewesen Schutz und Nahrung. So nisten zum Beispiel verschiedene Vogelarten gern zwischen Efeu und Wildem Wein oder im kräftigen Schlinggeäst der Glyzine. Auch eine Pergola, die von Knöterich, Geißblatt oder Kletterrosen eingehüllt wird, bietet Lebensräume für gefiederte Untermieter. Unzählige Insekten, Käfer und Spinnen erobern sich die Schlupfwinkel im dichten Blattvorhang ganz von selbst. Auf das Schauermärchen vom »Ungeziefer«, das von der weinumrankten Hauswand aus die Wohnung erobert, wird ein aufmerksamer Bio-Gärtner sicher sehr gelassen reagieren. Er weiß ja aus eigener Erfahrung, daß hier Lebensgemeinschaften entstehen, die sich von selbst regulieren, wenn sie ungestört bleiben. Die Spinnen fangen Mücken, Fliegen und andere Insekten. Und die Vögel werden bei der Aufzucht ihrer Jungen dafür sorgen, daß Spinnen, Raupen und Läuse nicht überhand nehmen.

Ein abgeschirmter Sitzplatz entstand aus Pergolasystemen und Rankgittern. Der Wilde Wein bildet einen dichten Vorhang.

Lassen Sie sich Ihren Dornröschen-Traum nicht durch unsachliche Argumente verderben, und suchen Sie sich unter den Kletterkünstlern, die auf den nächsten Seiten beschrieben sind, Ihre Lieblingslianen aus.

Pflanzenauswahl für alle Himmelsrichtungen

Kletterpflanzen sollten lange an ihrem Platz bleiben; wählen Sie sie deshalb sorgfältig aus, so daß sie zur Lage des Gebäudes und zu den Bodenverhältnissen passen. Dann werden Sie mit diesen schönen Pflanzen in glücklicher Hausgemeinschaft leben können.

Clematis, Waldrebe *Clematis*

Merkmale: Waldreben sind Hahnenfußgewächse mit schön gefiederten Blättern. Die flachen, offenen Blüten der Hybriden können 12–15 cm Durchmesser erreichen. Sie sind leuchtend blau, rot, violett, weiß oder rosa gefärbt. Die Naturformen besitzen meist kleinere Blumen, blühen aber überreich. Einige schmücken sich im Herbst mit zauberhaften, fedrigen Fruchtständen. Die Clematis gehören zu den attraktivsten Lianen in unseren Gärten.

Kultur: Als Schlinggewächse, die ursprünglich in lichten Wäldern zu Hause waren, brauchen die Clematis einen kühlen, feuchten Wurzelgrund, aber Wärme und Sonne für ihre Blüten. Die Erde soll locker, humusreich und etwas kalkhaltig sein. Es darf keine stauende Nässe entstehen. Heben Sie das Pflanzloch etwa einen halben Meter tief aus, und füllen Sie zunächst eine 15 cm dicke Dränageschicht aus Sand und Kies ein. Dann erst schaufeln Sie den mit Kompost verbesserten Erdaushub wieder in die Grube.

Die Waldreben werden schräg und tief in das Pflanzloch gelegt. Den Trieb leiten Sie etwa 30 cm weit waagerecht und decken ihn mit 10 cm Erde zu. Erst in dieser Entfernung darf er wieder nach oben wachsen. Nach der Pflanzung decken Sie den Wurzelbereich mit feuchtem Mulchmaterial zu. Auch Steinplatten-Mulch hat sich bewährt. Pflanzen Sie niedrige Gehölze oder Stauden vor die Clematis, die für kühlen, feuchten Schatten sorgen. Auch Bodendecker können diese Aufgabe erfüllen. Für Bio-Gärten ist diese Form der naturgemäßen Behandlung eines Waldgewächses schon beinahe selbstverständlich.

Ost- und Westlagen sind für Clematis ideal. Heißen Süden und zugigen Norden sollten Sie meiden. Die Pflanzen brauchen Kletterhilfen. Am liebsten schlingen sie sich um Spanndrähte oder Rankgitter. Höhe je nach Sorte 2–10 m, Blütezeit je nach Art und Sorte Mai bis Juni oder Juli bis September; Vermehrung durch Triebstecklinge.

Schnitt: Die Frühjahrsblüher dürfen im Februar/März nur ausgelichtet werden, denn die Pflanzen blühen am einjährigen Holz. Rückschnitt zerstört die Blüte! Die *C.-Patens*-Sorten können nach der Blüte vorsichtig ausgeputzt werden. Die Sommerblüher schneiden Sie im zeitigen Frühling kräftig zurück, denn sie blühen an denjenigen Zweigen, die vom Frühling bis zum Sommer neu wachsen.

Manchmal bekommen die schönen verwöhnten Züchtungen von heute auf morgen einen »Kollaps« (die sogenannte Clematis-Krankheit) und sterben ab. Schneiden Sie sie dann tief zurück. Oft treiben die Pflanzen wieder gesund aus.

Arten und Sorten: Frühlingsblüher: *C. montana* Anemonenwaldrebe (stark wachsend, reichblühende Wildart, kleine weiße Blüten, 9–12 m). Im allgemeinen werden nur Zuchtformen der Waldrebe angeboten. Am bekanntesten sind *C. montana* 'Rubens' (hellrosa, 6–9 m) und *C. montana* 'Superba' (tiefes Rosa, 6–8 m).

C.-Patens-Hybriden 'Lasurstern' (tiefblau, 3 m),

Sommerblüher: *C.-Jackmanii*-Hybriden (3–4 m) wie 'Gipsy Queen' (dunkelblau), 'Superba' (violett-blau) und 'The President' (dunkelviolett, hell gestreift).

Robust und blütenreich ist die einfache *Clematis jackmannii.*

C.-Lanuginosa-Hybriden (bis 2 m) wie 'Blue Gem' (lavendelblau, gewellte Blütenblätter), 'Crimson King' (weinrot), 'Nelly Moser' (lila-rosa, rot gestreift);

C.-Viticella-Hybriden (bis 4 m) wie 'Lady Betty Balfour' (dunkelblau, weiße Mitte), 'Ville de Lion' (karmesinrot);

Wildarten: *C. paniculata* (weiße, duftende Rispen, späteste Blüte, September bis Oktober, 10 m),

C. tangutica (gelbe, nickende Blütenglöckchen, fedrige Samenstände, 3 m).

Besonderer Tip: Die *Clematis*-Hybriden sind sicher prachtvolle Blickfänger an Terrassen und Hauswänden. Im naturgemäßen Garten sollten Sie aber unbedingt auch die Wirkung der Naturformen ausprobieren. Die Anmut und der Blütenreichtum der *C. montana* 'Rubens' sind unübertroffen. Sie wächst auch als rosa Wasserfall über Mauern! Ein temperamentvoller Partner für die weiße *C. paniculata* ist der flammendrote Wilde Wein.

Spezialgärtnereien bieten besonders reichhaltige Clematis-Sortimente an, die neben Naturformen auch bezaubernd altmodische Züchtungen führen. (Siehe Bezugsquellen im Anhang.)

Der alte Efeu und die Natursteinmauer zeugen von dauerhafter Freundschaft.

Efeu *Hedera helix*

Merkmale: Der immergrüne Efeu ist ein Araliengewächs mit glatten oder herzförmigen Blättern, die sich ledrig anfühlen. Alte Exemplare bringen grüne Blüten hervor, die schwarzen oder roten Früchte sind giftig. Efeu klettert mit Haftwurzeln und braucht keine Stütze.

Kultur: Die winterharten Pflanzen gedeihen in der vollen Sonne ebenso wie im Schatten. Sie wachsen am besten in durchlässiger, feuchter, humusreicher Erde. Höhe je nach Sorte bis 20 m, leichte Vermehrung durch bewurzelte Teilstücke oder Stecklinge. Efeu klettert an Wänden oder Zäunen hoch, er schwingt sich in Bäume, oder er bildet auf der Erde eine dichte Bodendecke. Schnitt nach Bedarf und Platz.

Sorten: *Hedera helix*, Gemeiner Efeu, (heimische Art, die bis zu 20 m hoch wird), 'Baltica', Baltischer Efeu (besonders winterhart), 'Hibernica', Irländischer Efeu (großblättrig).

Besonderer Tip: Efeu bildet robuste, dichte grüne Wände, die auch den Vögeln Nistmöglichkeiten bieten. Besonders malerisch wirkt er in hohen Bäumen. Haben Sie keine Angst – er ist kein »Würger«! Selten, aber wirkungsvoll: Efeu als Sichtschutz – er hüllt einen Zaun vollkommen ein.
Der altmodische Efeu ist wieder sehr beliebt. Spezialgärtnereien bieten eine Fülle interessanter, zum Teil auch buntlaubiger Sorten an (Bezugsquellen finden Sie im Anhang).

Geißblatt, Jelängerjelieber, Heckenkirsche *Lonicera*

Merkmale: Das Geißblatt ist auch ein Geißblattgewächs. Seine Röhrenblüten sitzen in Büscheln zusammen und verströmen einen süßen mehr oder weniger starken Duft. Sie sind, je nach Art und Sorte, weiß-gelb, rosa, rötlich oder tief orange-gelb gefärbt. Im Herbst erscheinen rote oder blau-schwarze Beeren.

Kultur: Das Geißblatt gedeiht in der Sonne und im Halbschatten in nährstoffreichem, aber durchlässigem Boden. Die Pflanzen sind starke Schlinggewächse, die Stützen brauchen, zum Beispiel Spanndrähte, Spaliere oder nicht zu dicke Pergolapfosten.
Höhe je nach Sorte 2–4 m, Blütezeit je nach Sorte Mai bis Oktober, Vermehrung durch Triebstecklinge oder Absenker.

Das Geißblatt umschlingt auch Zäune.

Schnitt: Nach der Blüte auslichten, ältere kahl gewordene Pflanzen vertragen Rückschnitt.

Arten und Sorten: *L. brownii* 'Dropmore Scarlet' (orange-scharlachrot, langblühend);
L. caprifolium, das heimische Jelängerjelieber, das besonders stark duftet (gelbliche, außen rötliche Blüte, korallenrote Beeren, 3 m);
L. heckrottii (gelb-rote Blüte, 3 m);
L. henryi (immergrün!, gelb-rote Blüte, blauschwarze Beeren, 3 m);
L. periclymenum, Waldgeißblatt (gelbrote Blüten, rote Beeren, 5 m);
L. tellmanniana (orange-gelb, 4 m).

Besonderer Tip: Das Geißblatt eignet sich gut zum Bewachsen von Pergolen und Lauben. Nachts duftet es besonders intensiv. Für den Naturgarten empfehlen sich besonders die beiden heimischen Arten »Jelängerjelieber« und das Waldgeißblatt.

Glyzine, Blauregen *Wisteria*

Merkmale: Glyzinen sind typische Schmetterlingsblütler, die sich mit prachtvollen lila oder violetten Blütentrauben schmücken. Auch das gefiederte Laub wirkt dekorativ. Glyzinen sind sehr kräftige, im Alter verholzende Schlinger.

Kultur: Dieses herrliche Klettergewächs braucht einen geschützten, sonnigen Standort und feuchten, humusreichen, durchlässigen Boden. Pflanzzeit ist der Frühling. Schneiden Sie die jungen Triebe auf etwa 30 bis 50 cm zurück, wickeln Sie sie in feuchtes Moos ein und mulchen Sie den Wurzelbereich. Nicht zu nahe an der Hauswand pflanzen, dort ist es zu trokken! Höhe bis 10 m, Blütezeit Mai bis Juni, Vermehrung durch Absenker im Frühling.

Schnitt: Auslichten und lange junge Triebe im Sommer zurückschneiden. Das kurze Blütenholz darf aber nicht beschädigt werden. Glyzinen muß man im Zaum halten; sie »stürmen« sonst das Dach! Ihre starken lianenartigen

Der wunderbare Duft der Glyzinen entfaltet sich erst am Abend. – Für Dachrinnen kann die blaue Pracht gefährlich werden!

Triebe sind in der Lage, Dachrinnen zu zerquetschen und Pfannen hochzuheben. Leiten Sie sie deshalb sorgfältig und konsequent an stabilen Spanndrähten, die sehr gut im Mauerwerk verankert werden müssen. Auch eine rustikale Pergola kann die Last ausgewachsener Glyzinen tragen. Dort wirken die zauberhaften Blüten wie ein lila Baldachin.

Arten und Sorten: *W. sinensis* (lilaviolette Blütentrauben, 30 cm lang); *W. floribunda* 'Marcobotrys' (herrliche blau-violette Blütentrauben, bis 60 cm lang).

Besonderer Tip: Glyzinen sind Schlinger, die ihre eigene Richtung einhalten möchten, zwingen Sie sie nicht »andersherum«. Im Alter bilden sie knorrige, zähe Stämme. Die Blüten verströmen am Abend einen zauberhaften würzig-süßen Duft. Die langen violetten Trauben gehören zum Schönsten, was der Frühling zu bieten hat. Glyzinen stammen aus China – sie verbreiten asiatischen Zauber in Ihrem Garten.

Jasmin, Echter Winterjasmin

Jasminum nudiflorum

Merkmale: Der Echte Jasmin ist ein Ölbaumgewächs. Seine gelben Sternblüten erscheinen im Winter und Vorfrühling an langen dünnen Trieben.

Kultur: Winterjasmin gedeiht in jedem normalen Gartenboden, in der Sonne und im Halbschatten. Am besten wächst er in durchlässigem, humusreichem Boden. Höhe etwa 2 m, Blütezeit Dezember bis März. Die Vermehrung erfolgt durch Triebstecklinge. Den Rückschnitt sollte man, falls nötig, nach der Blüte vornehmen, überlange Ruten im Sommer entspitzen.

Besonderer Tip: Der Winterjasmin ist ein Spreizklimmer, der sich nicht selbst halten kann. Am Spalier müssen Sie ihn festbinden. Besonders natürlich wirkt er, wenn er über Mauern herunterhängen kann. Im Winter können Sie aus diesem gelben Vorhang Blütenzweige für die Vase schneiden.

Kletterhortensie

Hydrangea petiolaris

Merkmale: Die Kletterhortensie ist ein Steinbrechgewächs mit glänzendgrünen ovalen Blättern und duftenden, flachen, weißen, bis 25 cm breiten Blütenscheiben. Die Pflanzen klettern mit Haftwurzeln.

Kultur: Kletterhortensien gedeihen im Halbschatten und lieben durchlässigen, humusreichen Boden. Im Alter vertragen sie auch Trockenheit. Anfangs wachsen sie langsam, später rasch und kräftig. Höhe bis 10 m, Blütezeit Juni bis Juli.

Wie altmodische Spitzen: die Kletterhortensie.

Schnitt: So wenig wie möglich, nur auslichten.
Besonderer Tip: Die Kletterhortensie eignet sich auch als Bodendecker im Schatten. Besonders schön wirken die Pflanzen aber, wenn sie ganze Mauern bedecken. Da sie sehr alt und schwer werden können, sind zusätzliche Kletterhilfen, wie Spanndrähte oder Laubengitter, empfehlenswert. Solche Konstruktionen helfen, das Gewicht besser zu verteilen und die Haftwurzeln zu entlasten.

Kletterrosen

Kletterrosen brauchen, wie alle anderen Rosen, viel Sonne und einen humusreichen, möglichst lehmhaltigen Boden. Die langen Triebe müssen festgebunden werden. Nur bei der Pflanzung schneiden Sie sie etwas zurück.
Später werden Kletterrosen nur noch ausgelichtet und geputzt.
Weitere Informationen S. 258.

Knöterich, Klettermaxe
Polygonum (Fallopia) aubertii

Merkmale: Der Knöterich ist auch ein Knöterichgewächs. Sein Schmuck sind üppige Wolken weißer Blütenrispen.
Kultur: Das vitale Schlinggewächs gedeiht in der Sonne und im Halbschatten. Fast jeder Boden, auch trockener, ist ihm recht. Höhe leicht 10 m, Blütezeit August bis Oktober, Vermehrung durch Triebstecklinge.
Schnitt: Je nach Platzverhältnissen jährlicher Rückschnitt im Frühling, um den Klettermax im Zaum zu halten. Sonst auslichten.
Besonderer Tip: Knöterich braucht Kletterhilfen. Er ist der stärkste und wildeste unter den Schlinggewächsen. Pflanzen Sie ihn dort, wo rasch größere Flächen zugedeckt werden sollen.

Trompetenwinde
Campsis radicans

Merkmale: Die Trompetenwinde ist ein laubabwerfendes Trompetenblumengewächs, das im Spätsommer orangerote trompetenförmige Blüten hervorbringt, die sich in Büscheln zusammendrängen. Die Pflanzen klettern mit Haftwurzeln.
Kultur: Dieses herrliche Klettergewächs mit den ungewöhnlichen leuchtenden Blüten ist anspruchsvoll und empfindlich. Die Trompetenwinde braucht einen warmen, geschützten, sonnigen Standort und nährstoffreichen, durchlässigen, feuchten Boden. Geben Sie ihr Laubkompost und eine dicke Mulchschicht als Winterschutz. Im Weinbauklima gedeihen die Pflanzen am besten. Höhe 6–10 m, Blütezeit Juli bis September, Vermehrung durch Wurzelschößlinge oder Triebstecklinge.
Schnitt: Im Nachwinter die einjährigen Triebe auf 2–3 Knospen kürzen, erfrorene Äste entfernen.
Besonderer Tip: Trotz der Haftwurzeln müssen die Triebe zunächst an ein Spalier gebunden werden. Trompetenwinden sind nichts für rauhe Landschaften.

Wilder Wein, Jungfernrebe
Parthenocissus

Merkmale: Auch der Wilde Wein ist ein Rebengewächs. Das schönste an diesem sommergrünen Klettergewächs ist die leuchtend rote Herbstfärbung der gelappten Blätter. Die Pflanzen halten sich mit Haftwurzeln fest.
Kultur: Der Wilde Wein ist anspruchslos und gedeiht in der Sonne ebenso wie im Schatten. Er wächst in jedem, auch in trockenem Boden, am besten aber in tiefgründiger, humusreicher Erde. Junge Triebe werden zuerst geleitet und festgebunden, dann klettern sie von selbst. Höhe bis zu 12 m, Vermehrung durch Stecklinge und Absenker.
Schnitt: Im Frühling dort, wo die Pflanzen eingegrenzt werden müssen.

Ein Haus im roten Herbstpelz – der Wilde Wein schafft eine natürliche Verbindung zwischen Wohnraum und Garten.

Die Wilde Rebe *(Vitis)* ist mit der echten Weinrebe verwandt. Mit ihren rasch wachsenden Ranken deckt sie ganze Hauswände zu.

Arten und Sorten:
P. quinquefolia (prächtige rote Herbstfärbung, blauschwarze Beeren);
P. quinquefolia engelmannii (dunkelrote Herbstfärbung, schnell kletternd);
P. tricuspidata 'Veitchii' (selbstklimmender Wein, zierlichere Form, orangegelbe bis rote Färbung).
Besonderer Tip: 'Veitchii' eignet sich für Mauern, die anderen Arten auch für Pergolen, Lauben, Zäune und als Bodendecker. *P. quinquefolia,* der fünfblättrige Wilde Wein braucht in den ersten Jahren eine Kletterhilfe, weil er erst später Haftscheiben entwickelt.

Der Wilde Wein ist neben dem Efeu der klassische »Fassadenbegrüner«. An mancher Burgmauer und an manchem Schloßturm haben diese beiden »Spezialisten« schon bewiesen, wie lebensstark und ausdauernd sie sein können. Auch in unserer Zeit hat ein rotgoldener Wandbehang aus Wildem Wein nichts von seinem Reiz eingebüßt. Seine zahlreichen anderen Qualitäten lernen diejenigen Gärtner aufs neue zu schätzen, die wieder mit der Natur zusammenarbeiten möchten.

Geborgen hinter dichten Hecken

Der Garten soll ein intimer Lebensraum bleiben. Deshalb wird er nach außen meist abgeschirmt. Hecken bilden lebendige Mauern, die fremde Blicke ebenso abwehren wie Straßenlärm und Staub. Beachten Sie aber bei der Pflanzung das Recht des Nachbarn, und halten Sie genügend Abstand zum Zaun, bei mittelhohen Hecken etwa 1,50 m. Überlegen Sie gut, ob für Ihre persönlichen Verhältnisse eine immergrüne oder eine laubabwerfende Grenzbepflanzung die größeren Vorzüge aufweist. Wählen müssen Sie auch zwischen einer Hecke, die jedes Jahr ein- bis zweimal geschnitten werden muß, oder einer freiwachsenden Naturhecke. Geschnittene Hecken wachsen sehr dicht zusammen, aber sie machen auch viel Arbeit. Freiwachsende Pflanzungen entsprechen mehr dem Charakter eines naturgemäßen Gartens, benötigen aber mehr Platz.

Wo Heckensträucher sich frei entfalten und relativ ungestört wachsen können, entstehen wertvolle Lebensräume. Diese begrenzten Oasen kommen sowohl der Natur als auch dem Garten zugute. Denn unter den zahlreichen Tieren, die sich im Schutz der Hecke ansiedeln, befinden sich auch viele Nützlinge, die bei der Schädlingsabwehr unermüdlich mithelfen.

Die Anlage einer »Naturhecke« muß aber wohlüberlegt sein. So werden z. B. kleine Grundstücke von ausladenden Sträuchern bald zugewuchert. Der Garten versinkt im Schatten, und dornige Zweige machen dem gutwilligen Bio-Gärtner das Leben schwer. Vor allem die heimischen Gehölze, die für »Naturgärten« immer an erster Stelle empfohlen werden, benötigen großenteils sehr viel Raum. In der freien Landschaft, wo diese Sträucher wild wachsen, ist das kein Problem. Im Garten

Dichte Hecken schützen Haus und Garten vor Straßenlärm und neugierigen Blicken.

Schlehenhecken bieten vielen Tieren ideale Lebensräume. Aber sie brauchen Platz!

sollten Sie sich rechtzeitig vor der Pflanzung mit diesem Umstand vertraut machen.

Falls Sie – wie die meisten Gartenbesitzer heutzutage – nur ein relativ kleines Grundstück besitzen, brauchen Sie aber noch lange nicht Ihre guten Absichten aufzugeben. Es gibt eine Fülle reizvoller Möglichkeiten, die sowohl der Natur als auch den räumlichen Realitäten gerecht werden. Suchen Sie sich aus den folgenden Beispielen heraus, was sich Ihren Wünschen und Ihrer Gartengröße am besten anpaßt.

Freiwachsende Hecke aus heimischen Gehölzen

Diese Sträucher eignen sich für große Grundstücke und für Naturgärten, in denen Wildkräuter, Wiesenblumen und Wildstauden »den Ton angeben«. Ideal ist es, wenn eine solche Hecke aus heimischen Gehölzen von der Gartengrenze in die freie Landschaft überleitet.

Besonders empfehlenswert sind zum Beispiel Haselnuß, Kätzchenweide und Cornelkirsche, die alle im Frühling wertvolle erste Bienennahrung liefern. In den folgenden Monaten blühen und fruchten Weißdorn, Schlehen, Heckenrosen, Schwarzer und Roter Holunder, Gewöhnlicher Schneeball, Wolliger Schneeball, Pfaffenhütchen, Roter Hartriegel, Berberitzen und Liguster. Alle diese Gehölze bieten vielen Lebewesen, von der Haselmaus über verschiedene Vogelarten bis zu Käfern, Insekten und Schmetterlingen, einen reichgedeckten Tisch. Für manche unter ihnen bedeutet dieses heimische Nahrungsangebot die einzige Möglichkeit zum Überleben.

Freiwachsende Blütenhecken

Für viele Gärten eignet sich ein ebenso schöner wie nützlicher Kompromiß: Pflanzen Sie eine lockere Hecke, die aus bewährten, gut angepaßten Blütensträuchern und einigen besonders wertvollen aber nicht zu »wilden« Naturgehölzen gemischt wird.

Als traditionsreiche Blütensträucher, die zum Teil schon ihren angestammten Platz im Bauerngarten hatten, empfehlen sich Flieder (sehr gut passen hier die Wildformen!), Strauchrosen, Jasmin, Ranunkelstrauch, Forsythien, Spiersträucher, Kolkwitzie, Weigelie, Deutzie und Buddleija. Als »halbwilde« Partner können Sie dazu gesellen: Holunder, Sauerdorn (Gemeine Berberitze), Gemeinen Schneeball, Goldjohannisbeere, Alpenjohannisbeere, Haselnuß, Schneebeeren und Wildrosenarten.

Die Wildsträucher müssen, je nach Standort, ab und zu behutsam etwas beschnitten werden. Dies geschieht aber nur, um einen zu starken Ausdehnungsdrang etwas zu bremsen und ungesunde Enge zu vermeiden. Der lockere, natürliche Wuchs muß unbedingt erhalten bleiben!

Hecken mit bunten Früchten

Ganz besonders reizvoll kann eine natürlich wachsende Hecke sein, die überwiegend aus wilden Beerensträuchern besteht. Der bunte herbstliche Schmuck ist ein Genuß für das Auge und für den Gaumen. Wildbeeren sind reich an wertvollen Inhaltsstoffen. Sie bereichern den Speisezettel des gesundheitsbewußten Gärtners ebenso wie den der Vögel und zahlreicher anderer Tiere.

Eine Mischung aus Sträuchern und kleinen Baumformen ist für die freiwachsende »Naschhecke« besonders

Wertvolle Weißdornbeeren.

empfehlenswert, zum Beispiel: Holunder, Sauerdorn, Kornelkirschen, Ebereschen, Quitten, Zierquitten, Apfelrosen, Heckenrosen, Zieräpfel, Maulbeeren und Mispeln.
In großen Gärten tragen auch Weißdorn, Schlehen und Sauerdorn reiche Früchte. Ein prächtig gefärbter Beerenstrauch, der nur den Vögeln als Nahrung dient, ist der Feuerdorn.

Kleine Hecken für kleine Grundstücke

Auch auf kleinen Grundstücken können Sie noch verhältnismäßig frei und natürlich wachsende Hecken pflanzen, wenn Sie Gehölze wählen, die weder zu hoch noch zu breit werden. In überschaubaren Grenzen entwickeln sich z. B.: Schottische Zaunrosen oder Apfelrosen (*Rosa rubiginosa,* ca. 2,50 m), Kartoffelrosen (*Rosa rugosa,* 1,50 bis 2 m), Goldjohannisbeeren (*Ribes aureum,* 1,50–2 m), Blutjohannisbeeren (*Ribes sanguineum,* 2–2,50 m), Spiersträucher (*Spiraea,* 1–2 m), Berberitzen (*Berberis,* 0,50–3 m), Deutzien (*Deutzia,* 0,50–1,50 m) und Fingersträucher (*Potentilla,* 0,60–1 m).
Alle diese Sträucher sind sehr unkompliziert; sie stellen keine besonderen Ansprüche und bieten doch mit Blüten und Beeren ein abwechslungsreiches Gartenbild.
Eine ausführlichere Beschreibung der einzelnen Gehölze finden Sie im Kapitel »Dauerhafter Gartenschmuck: Die Ziersträucher« (S. 263) und im Kapitel »Rosen« (S. 257).

Der Lebensraum Hecke

Damit Ihre Hecke zu einem möglichst naturgemäßen Lebensraum wird, müssen auch die Bedingungen der näheren Umgebung stimmen. Lassen Sie unter den Sträuchern entweder eine natürliche Wildkräuter-Gemeinschaft heranwachsen, oder siedeln Sie gezielt bestimmte Bodendecker an. So können Sie zum Beispiel niedrige Stauden, die leichten Schatten vertragen, zwischen den neugepflanzten Heckensträuchern verteilen. Dazu gehören Lungenkraut, Leberblümchen, Buschwindröschen, Waldmeister, Veilchen, Waldgräser und viele andere. In den Kapiteln »Teppiche aus Blättern und Blüten geknüpft: die Bodendecker« (S. 250), »Gräser – das Haar der Mutter Erde« (S. 236) und »Farne« (S. 238) finden Sie dafür zahlreiche Anregungen.

Aus Feuerdorn entstehen undurchdringliche Hecken, die Vögeln Schutz und Nahrung bieten. Die Beeren sind leuchtender Blickfang.

Gleich zu Anfang, solange der Boden noch nicht dicht bewachsen ist, sollten Sie auch einige Zwiebelblumen, die sich zum Verwildern eignen, am Saum der Hecke einstreuen. Narzissen, Anemonen, Botanische Krokusse und Winterlinge passen zum Beispiel gut in diese Lebensgemeinschaft.
Alle praktischen Anleitungen für die Pflanzung und eine größere Auswahl finden Sie im Kapitel »Bunte Blüten aus braunen Zwiebeln und Knollen« (S. 240).
Sehr sinnvoll ist es auch, wenn Sie an einer geeigneten Stelle im Bereich der Hecke einige Brennesselstauden wachsen lassen, die den Raupen mehrerer Schmetterlingsarten (u. a. Pfauenauge und Kleiner Fuchs) als Nahrung dienen.
Im übrigen gilt, nachdem die Sträucher und ihre Begleitpflanzen angewachsen sind, das Hauptmotto: Möglichst nicht stören! Je mehr Untermieter sich im Bereich der Hecke ansiedeln, desto wichtiger ist es, daß sie in Ruhe heimisch werden können. So entsteht von selbst ein ausgewogenes Miteinander – ein kleines Biotop.
Im Herbst bleibt das welke Laub natürlich unter den Sträuchern als Bodendecke liegen. Es dient nicht nur der Humusanreicherung, sondern schafft auch warme Schlupfwinkel für Tiere, die Schutz vor der Winterkälte suchen. Häufen Sie zusätzlich an einigen Stellen im ruhigen Heckenbereich noch dürres Geäst, morsche Holzstücke und lockere Steinhaufen auf. Igel, Spitzmäuse, Blindschleichen, Käfer und manche anderen Mitbewohner des Gartens wissen solche »Wohnungsangebote« zu schätzen.
Der Nutzen beruht auf Gegenseitigkeit – der Gärtner wird ihn spätestens dann bemerken, wenn sich zwischen Schädlingen und Nützlingen ein erfreuliches Gleichgewicht eingependelt hat.

Die Pflanzung der Hecke

Für eine Hecke aus locker und unbeengt wachsenden Gehölzen gelten im Grunde die gleichen Pflanzregeln, wie sie bei den Ziersträuchern (S. 263) beschrieben sind. Je nach Art und Wuchs halten Sie zwischen den einzelnen Sträuchern einen Abstand von 1–2 m ein.
Günstig ist es, wenn Sie an den vorgesehenen Stellen den Boden bereits einige Wochen oder Monate vorher gut vorbereiten, indem Sie die Erde von Unkraut, vor allem von wuchernden Arten befreien; gründliche Bodenlockerung und Mulchen sorgen für günstige Pflanzbedingungen. Sehr gut ist auch eine tiefwurzelnde Gründüngung als Vorkultur. Bedenken Sie, daß die Erde an dieser Stelle nie wieder tief bearbeitet werden kann, solange die Hecke dort wächst!
Nach der Pflanzung decken Sie den Boden zwischen den kleinen Sträuchern sorgfältig mit Laub oder Rindenmulch zu. Später sorgen die Stauden zu ihren Füßen für eine gute Bodendecke.

Hecken, die geschnitten werden

Auch geschnittene Hecken können im Bio-Garten eine sinnvolle Rolle spielen. Die dichten »grünen Mauern« schaffen ein günstiges Kleinklima. In dichtbesiedelten Großstadtbereichen tragen sie dazu bei, daß auch im engen Nebeneinander der Gärten abgeschirmte Räume entstehen. Verschmutzte Luft und Staub werden gefiltert, Straßenlärm gedämpft. In ländlichen Gärten sorgen geschnittene Hekken seit eh und je für Windschutz.
Ein wichtiger Gesichtspunkt ist auch, daß Schnitt-Hecken wenig Platz beanspruchen, weil sie immer auf eine bestimmte, überschaubare Breite zurückgestutzt werden. Zudem gibt es für diese Heckenart auch immergrüne Gehölze, die Sommer wie Winter gleichmäßig dichten Sicht-, Lärm- und Staubschutz garantieren.
Die Tatsache, daß eine Hecke regelmäßig geschnitten wird, bedeutet auch nicht, daß dadurch kein Leben in ihren Zweigen möglich wäre. In alten Hainbuchen- oder Weißdornhecken nisten die Vögel sehr gern: Die zahlreichen Astquirle,die dort mit den Jahren entstehen, bieten gute Voraussetzungen für den Nestbau! Natürlich muß der Gärtner bei den Schnitt- und Pflegemaßnahmen entsprechend behutsam vorgehen und auf die Brutzeiten Rücksicht nehmen. Aber das ist im naturgemäßen Garten eigentlich selbstverständlich.
Für eine Schnitthecke werden die jungen Sträucher enger gesetzt als für freiwachsende Hecken. Statt der einzelnen Pflanzlöcher heben Sie – an einer Schnur entlang – am besten einen Graben aus, der so breit und so tief sein muß, daß die Wurzeln der Gehölze bequem darin ausgebreitet werden können. Die beste Pflanzzeit für laubab-

Schnitt einer Hainbuchenhecke im 1., 3. und 5. Jahr nach der Pflanzung. Links Sommerschnitt, rechts Winterschnitt.

werfende Gehölze liegt in den Monaten Oktober bis November oder März bis April. Immergrüne Gehölze müssen bereits im August bis September gepflanzt werden, damit sie vor dem Winter noch gut einwurzeln.
Für den Schnitt der Hecken merken Sie sich am besten diese Grundregel: Laubgehölze, z. B. Hainbuche oder Weißdorn, werden zweimal geschnitten. Der Sommerschnitt wird im Juni durchgeführt, der zweite Schnitt erfolgt im Nachwinter oder im zeitigen Frühling. Bei guter Pflege und gesundem Wachstum genügt aber oft auch ein einmaliger Schnitt.
Der Buchsbaum sollte vorsichtshalber erst im späten Frühling geschnitten werden, wenn keine Fröste mehr zu befürchten sind. Immergrüne Nadelhecken schneiden Sie im Juli. Bei diesen nicht so rasch wachsenden Hecken genügt ein Schnitt im Jahr!
Die geschnittene Hecke stellt für einen naturgemäßen Garten sicher nicht die Ideallösung dar. Aber diese lebendige Form des Schutzwalls oder der »grünen Grenze« ist auf jeden Fall menschen- und naturfreundlicher als Betonmauern, Autolärm und Abgase. Auch beim Gärtnern besteht manchmal die größte Kunst darin, aus den vorhandenen Möglichkeiten das beste zu machen.

Hainbuchenhecken dienen seit altersher als Wind- und Sichtschutz für den Garten.

Eine geschnittene Eibenhecke im Schmuck der roten Beeren.

Laubabwerfende geschnittene Hecken

Pflanze	Charakter	Höhe der Hecke	Bedarf pro lfd. m bei mittlerer Pflanzengröße
Hainbuche, *Carpinus betulus*	Laubgehölz	1,50–3,00 m	3–4 Stück
Feldahorn, *Acer campestre*	Laubgehölz	2,00–4,00 m	2–3 Stück
Lärche, *Larix decidua* und *L. kaempferi*	Nadelgehölz	2,00–3,00 m	2–3 Stück
Rotbuche, *Fagus sylvatica*	Laubgehölz	2,00–3,00 m	2–3 Stück
Weißdorn, *Crataegus*	Laubgehölz	1,50–3,00 m	4 Stück

Immergrüne geschnittene Hecken

Pflanze	Charakter	Höhe der Hecke	Bedarf pro lfd. m bei mittlerer Pflanzengröße
Berberitze, *Berberis verruculosa*	Laubgehölz	0,50–1,00 m	3–4 Stück
Buchsbaum, *Buxus sempervirens*	Laubgehölz	0,30–0,75 m	4–6 Stück
Eibe, *Taxus baccata*	Nadelgehölz	0,60–2,00 m	3–4 Stück
Lebensbaum, *Thuja occidentalis*	Nadelgehölz	0,60–2,50 m	2 Stück
Lorbeerkirsche, *Prunus laurocerasus*	Laubgehölz	0,40–0,80 m	2–3 Stück
Scheinzypresse, *Chamaecyparis*	Nadelgehölz	1,25–2,25 m	2–3 Stück

Eine naturnahe Uferpflanzung umschließt diesen Teich. Über dem Spiegelbild des Himmels schwimmen die Seerosenblüten.

Wunderbare Wasserwelt

Ein Teich lockt Leben in den Garten

Einen Dorfteich mit quakenden Fröschen, einen Bach, der sich in natürlichen Windungen durch eine Wiese schlängelt, ein sumpfiges, dichtbewachsenes Seeufer – all das findet man in unserer begradigten »Kultur-Landschaft« nur noch selten. Mit solchen »Idyllen«, die nicht in erster Linie der Urlaubsromantik, sondern lebensnotwendigen natürlichen Kreisläufen dienen, verschwindet eine Fülle von Pflanzen und Tieren lautlos »von der Bildfläche«.

Einen wichtigen Ausgleich für die sterbende Welt der Gewässer können die kleinen Teiche bilden, die in zahlreichen Gärten entstehen. An die Stelle der Zierbecken für Seerosen und Goldfische treten immer häufiger kleine lebendige Gewässer, die möglichst naturgemäß gestaltet werden. Solche Anlagen entwickeln sich schon bald zu »Öko-Oasen« im Garten. Sie locken vielfältiges Leben an und eröffnen ihren Besitzern eine Wunderwelt, die sie immer wieder staunend beobachten können.

Damit die Freude an diesem kleinen Biotop auch von Dauer ist, müssen einige wichtige naturgemäße Voraussetzungen geschaffen werden.

Ein selbstgebauter Teich

Die Anlage eines kleinen Gewässers bereitet einigen Aufwand und muß sorgfältig überlegt werden. Diese Anfangsmühen zahlen sich später unbedingt aus. Wenn Sie gerade neu gebaut haben, sollten Sie Ihren Teich von Anfang an in die Gartengestaltung einbeziehen. Dann können Sie den Aushub von einem Bagger oder von einem Räumgerät erledigen lassen, wenn die Anlage im Frühling hergerichtet wird.

In einem bereits bepflanzten Garten müssen Sie die Vertiefung unter Umständen in Handarbeit ausschaufeln, weil größere Maschinen sonst den Rasen oder die Pflanzungen zerstören.

Merken Sie sich für die Anlage eines naturgemäßen Teiches, in dem außer artenreichen Pflanzen auch Tiere heimisch werden sollen, folgende Grundregeln:

- Die Seitenwände müssen sanft und allmählich vom Ufer zum Wasser abfallen. Steile Böschungen stellen für zahlreiche Wassertiere ein unüberwindliches Hindernis dar; sie können nicht mehr herausklettern.
- Ideal ist die Einteilung in drei unterschiedlich hohe Bereiche:
  1. ein tiefes Becken, mindestens 80–90 cm, das im Winter nicht bis zum Boden durchfriert;
  2. eine halbhohe Stufe, die langsam zum Ufer ansteigt;
  3. eine sumpfige Uferzone.

  In jedem dieser Bereiche gedeihen unterschiedliche Wasserpflanzen und Tiere.
- Als Abdichtung des Untergrundes verwenden Sie am besten eine starke Spezial-Plastikfolie, die durch Pflanzenwurzeln nicht zerstört wird. Andere Möglichkeiten, die aber mit viel Arbeitsaufwand verbunden sind, bieten Dachpappe, die mit Bitumenkleber an den Nahtstellen abgedichtet wird, oder eine Lehmschicht, die

den gesamten Untergrund hermetisch abschließen muß. Auch wasserdichter Beton eignet sich zum Bau eines Beckens.
Nur selten entstehen durch tonigen, undurchlässigen Untergrund oder durch hohen Grundwasserstand natürliche Wasserstellen im Garten.

- Für die Pflanzen müssen Sie rechtzeitig Mulden im Grund einplanen, die mit Erde gefüllt werden. Verwenden Sie möglichst keinen nährstoffreichen Humus, der das Wasser trübt. Am besten eignet sich lehmiger Boden, der mit etwas Sand oder feinem Kies vermischt wird.

Als Dünger, zum Beispiel für die Seerosen, mischen Sie etwas Hornmehl unter die Erde.

Der Wassergarten wird bepflanzt

Ab Mai – bis in den Sommer hinein – können Sie Wasserpflanzen, die in Töpfen geliefert werden, in Ihren Teich einsetzen. Wer also im Frühling mit dem Bau beginnt, der hat noch genügend Zeit, um die Anlage fertigzustellen. Die Stauden der Uferzonen werden am besten im Frühling oder im Herbst gepflanzt.
Seerosen können Sie auch in geräumige Körbe setzen; dann wuchern die starken Wurzeln nicht unkontrolliert durch das Becken. Außerdem haben Sie die Möglichkeit, den Standort zu korrigieren oder frostgefährdete Pflanzen im Herbst herauszunehmen. In einer naturgemäßen Teichanlage ist es allerdings besser, wenn Sie von vorneherein nur solche Gewächse auswählen, die sich für den Standort eignen und mehrere Jahre lang miteinander leben können.

Wenn Sie Ihre Wasser- und Sumpfpflanzenauswahl von Anfang an sehr sorgfältig auf die Tiefe des Teiches und die Besonderheiten der Uferzone abstimmen, haben Sie schon viel für eine harmonische Entwicklung Ihres Feucht-Biotops getan. Seerosen gibt es zum Beispiel in vielen zauberhaften Farben für unterschiedliche Wassertiefen. Die Zwergseerose *Nymphea pygmaea* 'Alba' benötigt nur 5–15 cm Wasser. In einer mittleren Tiefe von 40–80 cm gedeihen die meisten neuen Züchtungen. Besonders tiefes Wasser – bis zu 2 m – braucht die Teichmummel, unsere heimische Wasserrose. Alle Seerosen benötigen zu ihrer Entwicklung Sonne oder sehr lichten Schatten.
Hübsche Begleiter für Seerosen in der flacheren Wasserzone (10–30 cm tief) sind Blumenbinse oder Schwanenblume, Fieberklee, Tannenwedel, Pfeilkraut und Froschlöffel. Ganz frei im Wasser treiben die Schwimmpflanzen, die nirgends Wurzeln schlagen. Diese »Vagabunden« unter den Teichgewächsen tragen viel zur Reinhaltung des Wassers und zum biologischen

Die Wassernuß bildet ein wunderschönes natürliches Blatt-Ornament. Der Fieberklee mit seinen zarten weißen Blüten gedeiht im flachen Wasser und am sumpfigen Ufer. Eine farbenfrohe Uferbepflanzung entsteht aus Sibirischer Iris und gelben Trollblumen (von oben nach unten).

Gleichgewicht bei. Zu ihnen gehören z. B. Tausendblatt und Wasserpest.
In der sumpfigen Uferzone gedeihen Teichsimse, Binsen, Seggen, Schilf, Rohrkolben, Kalmus, Sumpfdotterblumen, Sumpfvergißmeinnicht und Wasserschwertlilien.
Auch dort, wo die kleine Wasserlandschaft wieder in den normalen Gartenboden übergeht, sollten Sie Pflanzen ansiedeln, die zur Uferstimmung passen. Sehr hübsch wirken hier Blutweiderich, Gelbfelberich, Mädesüß, Trollblumen und Sumpfgladiolen. Wenn Sie sich nicht streng auf heimische Pflanzen beschränken möchten, können Sie auch die Sibirische Iris, die Japaniris *(I. kaempferi),* Tradeskantien und Taglilien in die Nähe des Ufers pflanzen. Bezaubernde Wasserbegleiter sind auch viele Staudengräser.
In den Tabellen finden Sie noch einmal eine Auswahl von Pflanzen für verschiedene Wassertiefen. Alle diese Stauden können Sie in Spezial-Gärtnereien kaufen. Es lohnt sich auch, die Kataloge dieser »Wassergärtner« anzufordern. Die genaue Beschreibung der

Der Wasserhahnenfuß mit den anemonenartigen Blüten schwimmt frei im Teich; er trägt zur Klärung des Wassers bei.

Je dichter ein Teichufer eingewachsen ist, desto mehr Lebewesen können sich dort ansiedeln. Zur Freude des Wassergärtners blühen die farbenfrohen Etagenprimeln im feuchten Boden.

Pflanzen, die Sie darin finden, ist eine große Hilfe bei der Auswahl (siehe Bezugsquellen im Anhang).
Setzen Sie die Pflanzen des feuchten Elementes nie bei sengender Sonnenhitze, sondern bei bedecktem Himmel. Sie dürfen nicht trocken werden! Sobald alle Wurzeln an den vorgesehenen Stellen in die Erde eingegraben sind, können Sie den Boden mit einer dünnen Kiesschicht abdecken. So vermeiden Sie, daß das Wasser den Humus aufwirbelt. Leichte Pflanzen beschweren Sie im Wurzelbereich zusätzlich mit einem flachen Stein, damit sie nicht hochgeschwemmt werden.
Lassen Sie das Wasser nur langsam mit sanftem Strahl einlaufen. Die Pflanzen sollen mit den obersten Blättern noch ein wenig herausragen. Mit zunehmendem Wachstum lassen sie auch den Wasserspiegel langsam steigen.

Von der trüben Brühe zum klaren Spiegel

Ein Teich braucht anfangs viel Geduld. Die trübe Brühe der ersten Wochen läßt noch nicht viel vom Zauber der durchsichtigen Wasserfläche ahnen, die später so viel Freude bereitet. Auf keinen Fall dürfen Sie in dieser Übergangsphase das Wasser auswechseln! Die Reinigung vollzieht sich von selbst nach natürlichen Gesetzen. Pflanzen und Tiere werden dafür sorgen.
Die starke Sonnenstrahlung im Frühling begünstigt auch in »eingespielten« Gewässern die Vermehrung der Algen, die das Wasser trüben. Wenn das biologische Gleichgewicht des Teiches in Ordnung ist, reguliert sich auch diese vorübergehende Störung meist von selbst. Falls sich Fadenalgen in großen Mengen entwickeln, fischen Sie sie am besten mit der Hand oder mit einem Netz heraus. In einem Gewässer, das leicht beschattet und von Seerosen – oder anderen Pflanzenblättern – bedeckt ist, können sich Algen nicht entwickeln. Einige Unterwasserpflanzen, wie z. B. Wasserstern *(Callitriche)* und Wasserhahnenfuß *(Ranunculus aquatilis),* wirken erfolgreich gegen die Al-

genvermehrung, weil sie das Gewässer mit Sauerstoff anreichern.
Je vielfältiger die Pflanzen und die Tierwelt eines kleinen Teiches sich entwickeln, desto natürlicher wirkt die ganze Anlage. Zuwuchern und verwildern darf die begrenzte Wasserwelt aber nicht. Deshalb müssen Sie alle paar Jahre die Pflanzen auslichten, soweit dies möglich ist.
Besonders empfindlich ist die feuchte Uferzone eines Teiches. Hier sollten Sie möglichst wenig herumlaufen, weil viele Tiere sich zwischen Halmen und Wurzeln verstecken. Legen Sie aus Natursteinen einen Weg bis zum Ufer an, oder bauen Sie einen einfachen Holzsteg, der auf Stützen bis ins Wasser reicht. Dort können Sie die wunderbare Wasserwelt in Ruhe beobachten. Die meisten Tiere – Frösche, Lurche, Kröten, Libellen, Wasserläufer und viele andere – finden sich hier von selbst ein. Wenn Frösche zum Laichen einwandern, sollten Sie lieber keine Fische in den Teich einsetzen, weil diese die Brut zum größten Teil auffressen.
In unserer Zeit der hektischen Eile und Betriebsamkeit kann eine Mußestunde am Teichufer die innere Ruhe wieder herstellen. Wer die Wasserläufer auf der glitzernden Oberfläche beobachtet oder dem faszinierenden Schauspiel einer Libellengeburt zuschaut, der ahnt wieder, wie reich die Lebensvielfalt der Natur sich in Millionen von Jahren entwickelt hat. Er ahnt auch, wie leer und traurig unsere Umwelt eines Tages aussehen wird, wenn viele dieser Geschöpfe keinen Lebensraum mehr finden und aussterben. Zahlreiche kleine Gartenteiche können dazu beitragen, daß Überlebens-Oasen für Pflanzen und Tiere entstehen – Oasen, die auch den Menschen Stunden des Glücks und des Friedens schenken.

Viele Tiere finden sich von selbst am Teich ein: Frösche vermehren sich hier ebenso wie zartflügelige Libellen (Azurjungfer, oben). Das Hornkraut (unten) bietet den jungen Kaulquappen ein hübsches Versteck.

Pflanzen für tiefes Wasser (50–200 cm)

Seerosen *(Nymphaea)* in zahlreichen Züchtungen
Gelbe Teichrose *(Nuphar lutea)*
Seekanne *(Nymphoides peltata)*
Hornkraut *(Ceratophyllum demersum)*
Laichkraut *(Potamogeton natans)*
Wasseraloe oder Krebsschere *(Stratiotes aloides)*

Schwimmpflanzen

Tausendblatt *(Myriophyllum verticillatum)*
Wasserpest *(Elodea canadensis)*
Froschbiß *(Hydrocharis morsus ranae)*
Wassernuß *(Trapa natans)*
Wasserlinse *(Lemna minor)*
Wasserhahnenfuß *(Ranunculus aquatilis)*

Pflanzen für mittlere bis flache Wassertiefe (10–30 cm)

Fieberklee *(Menyanthes trifolia)*
Froschlöffel *(Alisma plantago-aquatica)*
Schwanenblume oder Blumenbinse *(Butomus umbellatus)*
Pfeilkraut *(Sagittaria sagittifolia)*
Rohrkolben *(Typha latifolia)*
Igelkolben *(Sparganium erectum)*
Tannenwedel *(Hippuris vulgaris)*

Pflanzen für feuchte Uferzonen

Kalmus *(Acorus calamus)*
Sumpfdotterblume *(Caltha palustris)*
Sumpfschwertlilie *(Iris pseudacorus)*
Goldfelberich *(Lysimachia punctata)*
Blutweiderich *(Lythrum salicaria)*
Mädesüß oder Wiesenkönigin *(Filipendula ulmaria)*
Wasserminze *(Mentha aquatica)*
Teichsimse *(Scirpus lacustris)*
Sumpfvergißmeinnicht *(Myosotis palustris)*

Pflanzen für die Übergangszone (feucht aber nicht naß)

Dreimasterblume *(Tradeskantia)*
Taglilien *(Hemerocallis)*
Sibirische Schwertlilie *(Iris sibirica)*
Knöterich *(Polygonum)*

Rasen – Blumenrasen – Blumenwiese

Der Traum eines Naturgärtners ist die bunte blühende Wiese – der Alltag im Garten findet dennoch meistens auf dem Rasen statt. Lassen wir also die Kirche im Dorf und den grünen Teppich hinter dem Haus. Es nützt weder den Schmetterlingen noch den Menschen, wenn Träume wider die Natur erzwungen werden. Wenn Sie direkt zu Füßen Ihrer Terrasse eine wunderschöne Blumenwiese aussäen, die im Sommer von spielenden Kindern niedergetreten wird, dann geht der gute Wille mit den empfindlichen Wildblumen zugrunde. Wünsche und Möglichkeiten passen nicht zusammen.

Damit das Engagement für die Natur ohne allzu große Enttäuschungen erhalten bleibt, beginnt dieses Kapitel schlicht und einfach mit dem Rasen. Diese trittfeste Grundlage ist in vielen Gärten vorhanden. Der Grasteppich bildet außerdem in den meisten Fällen gar keine monotone grüne Steppe. Gänseblümchen und Löwenzahn haben längst wieder große Teile unserer Rasenflächen zurückerobert. So ist der Anfang für einen artenreicheren Blumenrasen schon gemacht. Auch Bio-Gärtner können auf einem ganz normalen Grasteppich beginnen und dort einen Teil ihrer Wiesenblumen-Träume verwirklichen.

Die Steigerung bis zur echten Wildblumenwiese, die von Insekten summt und von Schmetterlingen umgaukelt wird, diese Steigerung wird sicher nur in wenigen Gärten zauberhafte, naturnahe Wirklichkeit werden. In diesem Kapitel finden Sie deshalb blumenreiche Kompromisse und schmetterlingsfreundliche Speziallösungen. So kann auch in kleinen Gärten ein Stückchen aus der großen Natur einen neuen behüteten Lebensraum zurückgewinnen. Und das ist besser als Resignation vor dem Unmöglichen.

Träumen Sie also weiter – aber suchen Sie sich einen Traum aus, der in Ihrem Garten aufblühen kann.

Eine grüne Augenweide: der Rasen

Ein grüner Rasenteppich als Mittelpunkt des Ziergartens hat sich beinahe so selbstverständlich eingebürgert wie das Rosenbeet. Und dieser Trend entstand aus vielen guten Gründen: Die kleinen Grundstücke in den Siedlungen rund um die großen Städte gewinnen durch diesen optischen Trick ein wenig Weite und Großzügigkeit. Für Hunderttausende, die tagsüber in Büros und Fabriken eingeschlossen sind, bedeutet der Rasen hinter dem Haus einen herrlichen Freiraum. Dort kann man sich an der frischen Luft bewegen und entspannen. Für viele Kinder ist diese freie Fläche der einzige ungefährdete Tummelplatz – fern vom bedrohlichen Straßenverkehr. Und schließlich – mit Gärtneraugen betrachtet – bietet die sanfte Farbe Grün einen idealen »Malgrund«, von dem sich die bunten Blumen und unterschiedlichen Gehölze des Gartens um so farbiger abheben.

Übrigens: Ein Rasen muß nicht unbe-

◀ Auch ein schlichter Rasen kann harmonisch in einen natürlichen Garten eingegliedert werden als grüner Freiraum für erholsame Mußestunden.

dingt flach und tischeben angelegt werden; Sie können ihn auch in natürlich wirkenden Wellenlinien einbetten, indem Sie vorher weichgeschwungene Mulden oder Hügel durch Erdaufschüttungen modellieren. Diese Höhenunterschiede müssen aber so gut ausgewogen sein, daß sie das Rasenmähen nicht unmöglich machen.

Bodenvorbereitung und Aussaat

Gründliche Vorbereitung erspart Ihnen manchen späteren Rasenärger. Wer das Angenehme mit dem Nützlichen verbinden möchte, der pflanzt als Vorfrucht Kartoffeln. Sie hinterlassen krümeligen, unkrautfreien Boden. Vor allem auf Neubaugrundstücken sollten Sie sich nicht von Ungeduld leiten lassen. Zunächst wird die Fläche gelokkert und gründlich von Unkraut befreit. Ideal wäre eine tiefwurzelnde Gründüngungseinsaat im Jahr zuvor, die abgemäht wird und über Winter als Mulchdecke liegenbleibt. Sehr zeitig im nächsten Frühling werden die Reste dieser organischen Schicht weggeharkt. Sie brauchen anschließend den lockeren Grund nur leicht durchzuhacken und noch einmal nach Unkraut abzusuchen. Dann streuen Sie einen organischen Vorratsdünger, z. B. Horn-Blut-Knochenmehl aus, sowie reifen Kompost, der keine Unkrautsamen enthalten darf. Die ganze Fläche wird zum Schluß glattgeharkt.

Ab April, wenn der Boden sich genügend erwärmt hat, können Sie mit der Aussaat beginnen. Bis Juni ist die Zeit günstig. Wichtig für ein gutes Gelingen ist auch die Wahl der richtigen Grasmischung. Sie werden im vielseitigen Handelsangebot unter anderem englischen Luxusrasen, Spielrasen, Sportrasen und simplen Bleichrasen bekommen. Der smaragdgrüne Zierrasen, der auf englischen Gartenfotos so verlokkend leuchtet, braucht unbedingt die Pflege eines Liebhabers, der viel Zeit für dieses Hobby aufwendet. Für Familien, die ihren Rasen nicht nur als Augenweide, sondern vor allem als strapazierfähiges Gebrauchsstück betrachten, empfehlen sich die robusteren Mischungen, wie »Spielrasen« oder »Zier- und Gebrauchsrasen«. Lassen Sie sich gut beraten, und sparen Sie nicht im falschen Moment. Von billigen Mischungen brauchen Sie oft eine größere Menge auf den Quadratmeter!

Am besten säen Sie bei feuchtem, trübem Wetter. Das Saatgut soll möglichst gleichmäßig verteilt werden; halten Sie sich auch an die empfohlene Menge, die auf der Packung angegeben ist. Zum Schluß harken Sie die Samen mit dem Rechen in die Oberfläche und drücken sie mit einer Walze oder mit Trittbrettern unter den Schuhen fest ins Erdreich. Ideal wäre jetzt ein warmer Regen. Kommt er nicht von selbst, so müssen Sie die Aussaat mit einem Sprenger regelmäßig feucht halten. Außer den Frühlingsmonaten ist auch die Zeit von August bis September noch günstig für die Anlage eines neuen Rasens.

Düngung und Pflege

Rasengräser durchwurzeln den Boden nur 15 cm tief. Wenn Sie bedenken, daß sich in diesem Bereich auf jedem Quadratmeter Hunderte von Gräsern buchstäblich »auf die Füße« treten, dann ist Ihnen schnell klar, daß diese Pflanzen viel Pflege brauchen. Rasen ist ja im Sinne des Bio-Gärtners eine Monokultur!

Die Gräser müssen regelmäßig ernährt werden, denn durch den ständigen Schnitt werden die Pflanzen zu großen, immer neuen Wachstumsleistungen gezwungen. Organische Dünger – es gibt unter ihnen auch Spezial-Rasendünger – werden im Mai und im Juni bis Juli ausgestreut. Eine dritte Nährstoffversorgung im Herbst ist möglich, aber nicht unbedingt nötig, weil die organischen Substanzen sich langsam auflösen. Sie reichen also »auf Vorrat«.

Anlage eines neuen Rasens: Nach der Bodenvorbereitung wird die Fläche geglättet; ein Samenstreuwagen verteilt die Saat gleichmäßig; mit einer Walze oder mit Trittbrettern wird sie festgedrückt.

Biologische Rasendünger haben außerdem den Vorteil, daß sie keine Verbrennungen hervorrufen, daß sie nicht so schnell ausgewaschen werden und daß sie durch ihren Gehalt an organischen Substanzen das Bodenleben fördern.
Wenn es nach der Düngung nicht regnet, sollten Sie gründlich wässern, damit die Nährstoffe gleichmäßig in den Wurzelgrund eindringen können. Auch in heißen Sommerwochen müssen Sie den Rasen sprengen, damit er nicht verdorrt.
Für einen Gärtner, der die Gesetzmäßigkeiten eines gesunden Boden- und Pflanzenlebens kennt, ist es einleuchtend, daß die dichte Pflanzengemeinschaft des Rasens mit ihrem verflochtenen Wurzelfilz außer Nährstoffen und Wasser vor allem auch Luft braucht. Harken Sie deshalb mit einem groben Rechen die Fläche nach dem Mähen öfter durch. Wichtig ist dies besonders im Frühling. So entfernen Sie auch Moos und Laub. In hartnäckigen Fällen bewährt sich ein Vertikutiergerät, das Sie bei Ihrem Samenhändler ausleihen können. Sie werden staunen, wieviel Moos und Grasfilz ein solcher Apparat aus Ihrem Rasen herauskämmt!
Moos ist übrigens oft ein Zeichen für stauende Nässe oder undurchlässigen Boden. Lüftungsmaßnahmen und Algenkalk können das Übel beseitigen.
Die wichtigste Rasenpflege besteht in möglichst regelmäßigem Mähen. Bei der jungen Aussaat werden beim ersten Schnitt – wenn die Gräser 6–8 cm hoch sind – nur die Spitzen weggenommen. Achten Sie darauf, daß die Messer scharf sind, sonst rupfen Sie die zarten Pflanzen leicht mit den Wurzeln aus. Später halten Sie am besten eine mittlere Schnitthöhe ein. Beim Gebrauchsrasen liegt sie etwa bei 3–5 cm. Zu hoch gewachsenes Gras wird »in Etappen« wieder eingekürzt.
Kurz rasierte Gräser sind schneller in Gefahr, trocken zu werden. Außerdem besteht ja auch ein Rasen aus lebendigen Pflanzen, die wenigstens einen Teil ihrer Blätter beziehungsweise Halme dazu brauchen, um ihren Stoffwechsel in Gang zu halten. Bei einem regelmäßig gemähten Rasen wird die Bildung neuer Grastriebe gefördert, und die Fläche wächst dicht und sattgrün zusammen. Wer in kurzen Abständen zum Mäher greift, der kann die kleinen Halmstückchen als Mulch und Nahrung für die Bodenlebewesen einfach liegenlassen. Längerer Grasschnitt muß dagegen immer sorgfältig zusammengeharkt und weggebracht werden. Er dient im Gemüsegarten als willkommenes Material für die Bodendecke.
So liefert auch ein Rasen, der strengen Bio-Maßstäben nicht unbedingt entspricht, noch einen wichtigen naturgemäßen Beitrag für die Gesundheit des Bodens und der Pflanzen.

Löwenzahn und blaue Veronika können einen grünen Rasen mit Leichtigkeit in einen bunten Blumenteppich verwandeln.

Vom Gänseblümchen zum Blumenrasen

Ein Bio-Gärtner wird zum Unkraut im Rasen sicher ein anderes Verhältnis haben als ein Anhänger der makellosen englischen Rasenkultur. Wenn im Frühling der grüne Teppich eines Morgens mit rosa-weißen Gänseblümchensternen und goldenen Löwenzahnsonnen bestickt ist, wird dieser Anblick den einen erfreuen, während der andere an Messer und Gift denkt. An diesem Punkt trennen sich die Wege zum unterschiedlichen Rasenglück.
Im naturgemäßen Garten sind Wildkräuter, wie Gänseblümchen und Löwenzahn, der erste Schritt zu einem blumigen Rasen. Diese Zwischenlösung ist natürlich längst nicht so artenreich und wertvoll wie eine Wildblumenwiese, aber sie ist fröhlicher und auch insektenfreundlicher als einheitliches Grasgrün. Wer der Natur eine Weile ihren Lauf läßt, der wird erleben, daß den ersten Eroberern des neuen Lebensraumes bald weitere folgen. Himmelblaue Veronika, Klee, Günsel und sogar Wiesenschaumkraut siedeln sich zwischen den Gräsern an. Dann sollte ein Gärtner, der mit der Natur zusammenarbeiten möchte, den Rasenmäher im Frühling nicht so häufig benutzen. Bienen und andere Insekten werden den buntbestickten Teppich in Scharen besuchen. Sie sind gerade in diesen frühen Wochen dankbar für jede Nektarquelle. Nach der Blüte schadet es den robusten Wildkräutern nicht, wenn sie wieder kürzer gehalten werden.
Wer nach solchen Anfangserfahrungen noch abwechslungsreichere Blumengemeinschaften in seinem Rasen ansiedeln möchte, der kann gezielt bestimmte Arten und Sorten auspflanzen oder säen. Dies ist auch in einem bereits vorhandenen, eingewachsenen Rasen möglich.
Stechen Sie an verschiedenen Stellen Rasensoden aus. Die freigelegte Erde wird anschließend gelockert und mit Kompost verbessert. Dann können Sie geeignete Blumensamen, mit etwas Sand vermischt, ausstreuen. Eine solche Aussaat muß gleichmäßig feucht gehalten und sorgfältig beobachtet werden, bis die Sämlinge stark genug sind, um sich durchzusetzen.
Sicherer ist es, wenn Sie die Blumen im Frühbeet oder in Aussaatkistchen vorziehen und dann kräftige Jungpflanzen an die vorbereiteten Stellen setzen. Im Samenfachhandel werden spe-

ziell für die Verwendung im Rasen Samen von Echten Duftveilchen und von Kissenprimeln angeboten. Beide Stauden vertragen »Fußtritte« und Rasenmähen.
Außerdem sollten Sie das Blumenmuster im Gras noch durch vielseitige Zwiebelblumen bereichern. Sie werden ebenfalls an den freigelegten Stellen in die Erde gesetzt. Ausdauernd und gut geeignet sind z. B. Schneeglöckchen, Botanische Krokusse, Scilla und Schneeruhm. In etwas ruhigeren, nicht so oft betretenen Ecken, können Sie auch niedrige Wildformen der Narzissen auspflanzen. Herbstkrokusse sorgen noch einmal für Farbtupfer zum Ausklang des Gartenjahres.
Ein solcher Blumenrasen erfreut wochenlang durch bezaubernde Blütenbilder; er nützt der Natur ebenso wie den Menschen, die ihn weiter als Spiel- und Freizeit-Tummelplatz betreten dürfen. So kann man auch in kleinen Gärten natürlichen Verhältnissen näherkommen – im Rahmen der begrenzten Möglichkeiten.

Schmetterlingstraum und Feldblumenzauber – Ein Wildblumen-Beet

Wenn Sie Ihren Rasen als »Gebrauchsteppich« behalten und dennoch Wildblumen als Insekten- und Schmetterlingsinseln ansiedeln möchten, dann bietet sich ein unkomplizierter Kompromiß an. Legen Sie einfach ein oder zwei Beete an, auf denen bestimmte Blütenmischungen ausgesät werden. Im Samenfachhandel werden bereits wunderschöne Spezialitäten angeboten. Besonders das Sperli-Programm enthält wertvolle, in der Gartenpraxis bewährte Wildblumenmischungen sowie Samen ausgewählter Feld- und Wiesenblumen.
So können Sie zum Beispiel auf einem Beet ein Tütchen »Insekten-Nektar« ausstreuen. Diese Mischung enthält zahlreiche Blumenarten, die Schmetterlinge anlocken. Natürlich finden auch Bienen, Hummeln und andere Insekten auf diesem blütenreichen Beet ein ausgesuchtes Nektarangebot.
Einen ganz anderen, aber nicht minder reizvollen Charakter hat ein Beet, auf dem Sie eine Feld- und Wildblumenmischung aussäen. Altvertraute Schönheiten, die einst an den Wiesen- und Ackerrändern zu Hause waren, leuchten Ihnen einen Sommer lang entgegen: Kornblumen, Klatschmohn, Kornrade, Färberkamille, Schafgarbe und Natternkopf finden sich darunter.
Sie können sich die Pflanzengesellschaft auf einem solchen Beet auch selber zusammenstellen, wenn Sie Einzelsaatgut, zum Beispiel von Kornrade, Kornblumen, Saatwucherblumen, Klatschmohn oder anderen ausgesuchten Wildblumen, aussäen. (Bezugsquellen finden Sie im Anhang.)
Ein Wildblumen-Beet bietet dem Natur-Gärtner viele Vorteile gleichzeitig an: Die »schönen Wilden« gedeihen auf einem überschaubaren, geschützten Platz. Selbst in kleinen Gärten findet sich Raum für eine solche zauberhafte Natur-Insel. Diese Feld- und Wiesenblumen braucht niemand zu mähen. Die Spezialmischung lockt Schmetterlinge

»Insekten-Nektar-Mischung«

und Insekten in den Garten. Und schließlich hat der Gärtner mit seiner Familie viel Freude an den zauberhaften Blüten, von denen er hin und wieder einen Feldblumenstrauß pflücken darf, der die Erinnerung an »früher« weckt: Damals, als so viel wilde Schönheit noch im Überfluß auf der anderen Seite des Gartenzauns blühte.
Ein wirklich konsequenter Naturgärtner sollte allerdings nicht nur nach farbenfrohen Blüten und bunten Schmetterlingen Ausschau halten. Mindestens ebenso wichtig sind Nahrungspflanzen,

Der Blumenrasen ist ein bildschöner Kompromiß für kleine Gärten. Im kurzen Gras blühen Primeln, Gänseblümchen und blaue Scilla.

für die auf den ersten Blick nicht ganz so attraktiven Schmetterlingsraupen. Diese sind in vielen Fällen auf ganz bestimmte Gewächse spezialisiert. Wo die Raupen ihr lebensnotwendiges Futter nicht finden, da sterben sie aus. Mit ihnen gehen auch die Falter unter! Die Futterpflanzen (z. B. Brennesseln) sind meist nicht so wirkungsvoll wie die nektarspendenden Blüten. Dennoch sollten im Biogarten ein paar Quadratmeter bereitgehalten werden, wo Nahrungspflanzen der Schmetterlingsraupen wachsen dürfen. Dies ist eine echte Hilfe des Gärtners für die gefährdete Natur.

Zwei auf Gärten abgestimmte Samenmischungen nehmen Ihnen die Mühe der Pflanzensuche ab. »Bläuling« ist eine Zusammenstellung von Futterpflanzen für trockene Standorte; sie enthält u. a. Margeriten, Flockenblumen, Bunte Kronwicke, Gemeines Sonnenröschen, Hornklee, Sand-Esparsette, Dost, Thymian und Weiße Fetthenne.

»Schwalbenschwanz« eignet sich für normal feuchte Böden mit einer Mischung aus Margeriten, Wilden Möhren, Hornklee, Sauerampfer, Wiesenklee, Veilchen, Aufrechter Trespe, Wildem Kümmel, Brennesseln und Wiesengräsern.

Eine hochwachsende Wiese mit ausdauernden Gräsern und bunten Wildblumen.

Eine richtige Wildblumenwiese

Dies ist die Krönung aller Naturgarten-Träume: eine richtige Wiese voller Margeriten, Salbei und Glockenblumen. Und der Gärtner träumt sich in stillen Stunden mitten hinein: Wohlig auf dem Rücken liegend lauscht er mit geschlossenen Augen dem vielfältigen Summen der Insekten und dem Zirpen der Grillen. Käfer krabbeln über seine nackten Füße. Es duftet unbeschreiblich nach Gras und Sommer. Und wenn der glückselige Gärtner die Augen öffnet, dann gaukeln Falter, so bunt wie ein altes Bilderbuch, durch die warmen Lüfte.

Wie paradiesisch – aber bevor dieser Traum auf Erden Wirklichkeit wird, müssen Sie einige ganz realistische Überlegungen anstellen und wichtige Voraussetzungen erfüllen.

- Eine Wildblumenwiese braucht genügend Platz; sie muß sich ungestört entfalten können. Ist die eingesäte Fläche zu klein, dann können sich die Pflanzen nicht artgerecht entwickeln. Auch ein funktionierendes Ökosystem ist unter allzu beengten Bedingungen nicht möglich.
- Die Pflanzengemeinschaft der Wiese entfaltet sich nur auf mageren Böden in möglichst freier sonniger Lage. Zu nahrhafte, gutgedüngte Erde, nasser Untergrund und Schatten entsprechen nicht den naturgemäßen Voraussetzungen für eine Magerwiese.
- Wildblumen und Wiesengräser wachsen viel höher als Rasen. Sie dürfen nicht niedergetreten werden. Deshalb ist die wilde Wiese keine Spielwiese!
- Eine Wiese muß nur ein- bis zweimal im Jahr gemäht werden. Aber dafür benötigen Sie spezielle Geräte. Normale Rasenmäher sind zu diesem Zweck nicht geeignet.

Wohin mit der Wiese

Wo bietet sich im Garten ein idealer Platz für eine echte Wildblumenwiese an? Die Fläche sollte mindestens 100–200 m^2 groß und so gelegen sein, daß sie nur selten betreten wird. Unter Obstbäumen können Sie z. B. eine Wildblumenwiese anlegen. Die Erntezeit sollte allerdings ungefähr mit der Zeit des Mähens zusammenfallen. Ein nicht zu steil abfallender, sonniger Hang eignet sich ebenso wie ein Grundstück am Wochenendhaus. In einer sehr großen ländlichen Anlage können Sie einen Teil des Gartens, dort wo er in die freie Landschaft übergeht, als Naturgarten mit einer Wildblumenwiese anlegen.

Bodenvorbereitungen und Aussaat

Es ist nicht möglich, Wildblumensamen einfach in einem vorhandenen Rasen oder in einer Obstwiese auszustreuen. Die Saat keimt nur in offenem Boden; deshalb muß die Fläche sorgfältig vorbereitet werden. Wo bereits Gras wächst, da ist es notwendig, die Pflanzendecke mit einer Fräse gründlich aufzureißen. Dauerunkräuter und Wuchergräser müssen auf jeden Fall entfernt werden. Kleine Flächen können Sie auch umgraben.

Die artenreiche Wildblumenwiese ist eine typische Magerwiese. Aus diesem Grunde sind ja auch die blühenden Wiesen aus dem Bild der Landschaft verschwunden: Die Bauern düngen ihre Weiden zu intensiv! Auch der Bio-Gärtner darf seine Wildblumenmischung nicht in zu »fette«, nährstoffreiche Gartenerde säen. Wo der Boden zu humusreich ist, da muß bei der Vorbereitung Sand und, nach Bedarf, Algenkalk eingearbeitet werden. »Abmagern« nennen die Berufsgärtner eine solche Bodenkur.

Zum Schluß wird die lockere, saubere Fläche mit dem Rechen glatt gezogen. Nun können Sie das Saatgut breitwürfig ausstreuen. Die günstigste Zeit für die Anlage einer Wildblumenwiese liegt in den Monaten April bis Juni und später im August bis September. Harken Sie die Samen nur sehr oberflächlich in die oberste Krume ein. Dann

drücken Sie die Saat mit einer Walze oder mit Trittbrettern fest. Falls es nicht regnet, müssen Sie die eingesäte Fläche mit einem sanften Gartensprenger gleichmäßig feucht halten. Die Samen dürfen 5–6 Wochen lang nicht trocken werden!
Sehr wichtig für den Erfolg ist eine harmonisch abgestimmte Mischung aus niedrigen, nicht wuchernden Grassamen und ausgewählten Wildblumen. Kaufen Sie solche Mischungen nur im Fachhandel oder bei Spezialfirmen. (Siehe Bezugsquellen im Anhang.)
Eine Spezialität im Wildblumen-Angebot ist »Sperling's Schmetterlingswiese«. Die etwa 70 verschiedenen Pflanzenarten dieser Mischung enthalten sowohl Nektarpflanzen für Schmetterlinge und Insekten als auch Futterpflanzen für die Raupen. Die »Schmetterlingswiese« wird wie eine Wildblumenwiese ausgesät.

Die Entwicklung der Wiese

Im ersten Jahr keimen im offenen Boden überwiegend Ackerblumen. Dann leuchtet die junge Wiese in Kornblumenblau und Mohnrot. In dieser Zeit lohnt es sich, noch einmal ungebetene Wucherunkräuter zu entfernen, damit die gesäten Blumen sich ungestört entwickeln können.
Vom zweiten Jahr an setzen sich die eigentlichen Wiesenkräuter durch, die mit der Zeit eine dauerhafte Gemeinschaft bilden. Ihre Zusammensetzung schwankt von einem Garten zum anderen. Sie ist abhängig von den Boden- und Klimaverhältnissen. Auch ein Teil der heimischen Wildkräuter, deren Samen bereits im Boden ruhten, fügen sich nun in die Gemeinschaft ein. Mit der Zeit pendelt sich ein Gleichgewicht der am besten anpaßten Blumen, Kräuter und Gräser ein. Je nach Standort finden Sie dann auf Ihrer Wiese Margeriten, Wiesenglockenblumen, Witwenblumen, Hornklee, Wiesenkümmel, Kuckuckslichtnelken, Wiesensalbei, Kleinen Wiesenknopf, Brunelle und viele andere.

Eine Wiese zum Träumen – zwischen Mohn, Kornblumen, Margeriten und Glockenblumen.

Die Pflege

Nach den etwas aufwendigen Vorbereitungen benötigt eine Wildblumenwiese, wenn sie erst einmal eingewachsen ist, nur noch wenig Pflege. Gedüngt wird sie überhaupt nicht. Auch das Wässern entfällt. Gemäht wird die Wiese, wenn sie schon sehr hoch gewachsen und die Hauptblüte vorüber ist. Der erste Termin liegt im Juli bis August. Diese Mahd ist unbedingt nötig für eine gesunde Weiterentwicklung. Der zweite Termin liegt im September bis Oktober. Dieser Schnitt kann auch ohne Schaden weggelassen werden. Zum Schneiden der hohen Wiese können Sie nach alter Sitte eine Sense benutzen. Dies ist die natürlichste und beste Art des Mähens. Für kleine Flächen reicht auch ein moderner Nylonfaden-Mäher. Bequem und leistungsstark ist ein Balkenmäher. Das selbstgeschnittene duftende Heu eignet sich als wertvolles Tierfutter. Zum Mulchen im Gemüsegarten oder zum Kompostieren enthält es zu viele Samen! Baumscheiben können Sie aber damit abdecken.
Sinnvoll ist es, wenn Sie durch die Wiese einen Weg mähen, der kurzgehalten wird. So können Sie in andere Bereiche des Gartens gelangen, ohne die Wildblumen niederzutreten.
Dort, wo die Wildwiese an das kultivierte Gartenland grenzt, sollten Sie ebenfalls einen Randstreifen kurzmähen. Sonst könnten Ihre schönen Wildblumen leicht in die Gemüsebeete überwechseln und dort den Nutzpflanzen und dem Gärtner das Leben schwer machen.
Abgesehen von solchen »Fehltritten« und kleinen Alltagsproblemen ist die blumenreiche Wiese aber ein Stückchen vom Paradiesgarten. Für viele Schmetterlingsarten, die auf den stickstoffgedüngten Nutzweiden keine Lebensgrundlage mehr finden, bedeutet sie eine rettende Insel. Für den Bio-Gärtner wirkt sie wie ein Bindeglied zwischen Garten und Wildnis. Hier kann er im blühenden Gewimmel beobachten, »wie die Natur es macht«. Pflanzen vermehren und verdrängen sich; sie bilden mit der Zeit eine beständige harmonische Gemeinschaft.
Die Wildblumenwiese lehrt den Gärtner in ihrem summenden Schweigen manches von dem, was in diesem Buch mit vielen Worten versucht wurde: Einsicht in die Naturzusammenhänge, Geduld und die Hoffnung auf ein friedliches Zusammenleben mit allen buntgemischten Geschöpfen, die uns für eine kurze Zeitspanne anvertraut sind – vom Regenwurm bis zum Gänseblümchen.

Untersuchungsanstalten für Bodenproben

Biologisch orientierte Institute

Dr. Fritz Balzer
Oberer Ellenberg 5, 3551 Amönau

Institut für biologisch-dynamische Forschung
Brandschneise 5, 6100 Darmstadt

Institut für Mikrobiologie und Bodenchemie GmbH
Kornmarkt 34, 6348 Herborn

Labor für Bodenmikrobiologie
Dr. Grün-Wollny
Burggarten 9, 3554 Kirchvers

Boden und Pflanze GmbH,
Mooseurach 6, 8197 Königsdorf

Mikrobiologisches und chemisches Labor Dr. W. Wenzel
Maygasse 8, A-8010 Graz

CBB W. Felderer
Speckbacherstr. 5
I-39012 Meran

Eidgenössische Forschungsanstalt, Schloß
CH-8820 Wädenswil

ACEPSA-Labor
CH-1041 Oulens VD

Staatliche Institute

Berlin
Pflanzenschutzamt Berlin
Altkircher Str. 1–3, 1000 Berlin 33

Hamburg
Institut für angewandte Botanik
Marseiller Str. 7, 2000 Hamburg 36

Schleswig-Holstein
Landwirtschaftliche Untersuchungs- und Forschungsanstalt
Gutenbergstr. 75–77, 2300 Kiel

Niedersachsen
Landwirtschaftliches Untersuchungsamt und Versuchsanstalt
Mars-la-Tour-Str. 4, 2900 Oldenburg

Landwirtschaftliche Untersuchungs- und Forschungsanstalt
Finkenbornerweg 1A, 3250 Hameln

Landwirtschaftliche Untersuchungs- und Forschungsanstalt
Hochstr. 18, 3300 Braunschweig

Nordrhein-Westfalen
Landwirtschaftliche Untersuchungs- und Forschungsanstalt
Nevhinghoff 40, 4400 Münster

Landwirtschaftliche Untersuchungs- und Forschungsanstalt
Weberstr. 59–61, 5300 Bonn

Rheinland-Pfalz
Landes-Lehr- und Versuchsanstalt für Weinbau, Gartenbau und Landwirtschaft, Institut für Bodenkunde
Egbertstr. 18–19, 5500 Trier

Landwirtschaftliche Untersuchungs- und Forschungsanstalt
Obere Langgasse 40, 6720 Speyer

Hessen
Landwirtschaftliches Untersuchungsamt und Versuchsanstalt
Am Versuchsfeld 11
3500 Kassel-Herleshausen

Landwirtschaftliches Untersuchungsamt und Versuchsanstalt
Rheinstr. 91, 6100 Darmstadt

Hessische Lehr- und Forschungsanstalt für Wein-, Obst- und Gartenbau,
Beinstr. 15, 6222 Geisenheim

Baden-Württemberg
Landesanstalt für Landwirtschaftliche Chemie der Universität Hohenheim
Emil-Wolff-Str. 14
7000 Stuttgart 70

Staatliche Landwirtschaftliche Untersuchungs- und Forschungsanstalt Augustenberg
Neßlerstr. 23, 7500 Karlsruhe 41

Bayern
Bayerische Hauptversuchsanstalt für Landwirtschaft der Technischen Universität München
8050 Freising-Weihenstephan

Bayerische Landesanstalt für Bodenkultur und Pflanzenbau
Vöttingerstr. 38
8050 Freising

Verbände und Kontaktadressen

ANOG (Arbeitsgemeinschaft für naturgemäßen Qualitätsanbau von Obst und Gemüse)
Anton-Reuter-Str. 18, 5400 Koblenz 1

Forschungsring für biologisch-dynamische Wirtschaftsweise e. V.
Baumschulenweg 19, 6100 Darmstadt

Abtei Fulda
Nonnengasse 16, 6400 Fulda

Stiftung ökologischer Landbau
Eisenbahnstr. 28–30
6750 Kaiserslautern

Fördergemeinschaft organisch-biologischer Landbau e. V.
Bahnhofstr. 1, 7326 Heiningen

Arbeitsgemeinschaft Bodenfruchtbarkeit und Qualitätserzeugung e. V.
Postfach 1112, 7900 Ulm

Gesellschaft für Boden und Gesundheit
Postfach 19
7183 Langenburg/Württ.

Arbeitskreis alternativer Landbau im Bund Naturschutz
Pläntschweg 72, 8000 München 80

Schweizerische Gesellschaft für biologischen Landbau
Chriesbaumwaid
CH-8302 Fehraltorf/ZH

Schweizerische Stiftung zur Förderung des biologischen Landbaus
Bernhardsberg
CH-4104 Oberwil/BL

Biologisch-organischer Landbau
Dr. H. Müller
CH-3506 Grösshöchstetten/BE

Arbeitsgruppe für biologischen Land- und Gartenbau
CH-2076 Gals

Österreichischer Demeterbund
Gauermanngasse
A-1010 Wien

Dachverband für ökologische Lebensversicherung und zukunftsorientierte Umwelt
Präsident: Prof. Dr. G. Preuschen
Thal Eck 436, A-8051 Graz

Bezugsquellen

Versand-Firmen

Bio-Spezialfirmen

Bio-Gartenmarkt Keller
Konradstr. 17
7800 Freiburg i. Br.

Stoeckler Bio Agrar AG
Bioschredder, biologisches Pflanzenschutz- und Pflegeprogramm
Gewerbestr. 18
CH-8132 Egg/ZH

Gartenfachhandel mit Bio-Programm

Blumen Horstmann
Postfach 540
2200 Elmshorn

Dehner – Alles für den Garten
Postfach 1160
8852 Rain am Lech

Inhoffen Samen
Rhein. Saatgut Gesellschaft m. b. H.
Wilhelmstraße 14
5350 Euskirchen Rhld.

J. Lambert & Söhne
Postfach 2565
5500 Trier

Samen Mauser
Zürichstr. 98
CH-8600 Dübenhorst/Zürich

Samen Schmitz
Viktualienmarkt
8000 München 1

Gärtner Pötschke
Postfach 2220
4044 Kaarst 2

Biologische Dünger und Pflanzenschutzmittel im örtlichen Fachhandel

California Rinderdung
Heinz O. Heddergott KG
Langelohe 65
2200 Elmshorn

Ernst-Otto Cohrs
Lebenfördernde Pflegemittel für Boden, Pflanze und Tier
Postfach 1165
2130 Rotenburg/Wümme

Kutomin – Kompostierter Kuhmist
Finsterwalder Hof
8214 Hittenkirchen a. Ch.

Guano – Compo GmbH
Postfach 2107
4400 Münster

Hornoska Humusdünger
Günther Cornufera GmbH
8520 Erlangen 2

Ledax Gartenbausystem
Ledona AG
Postfach 2440
CH-6030 Ebikon

Mannarit Naturdünger und
Mannahum getrockneter Stalldung
Manna-Düngerwerk
7403 Ammerbruch 2
Pfäffingen

»Die Biologischen von Neudorff«
Dünger, Pflanzenpflege, Pflanzenschutz
W. Neudorff GmbH KG
Postfach 1209
3254 Emmerthal 1

Oscorna Spezialdünger
Pflanzenschutz- und Pflege-Programm
Oscorna Dünger GmbH und Co.
Postfach 4267
7900 Ulm

Sperli-Bodenkur und
Sperli Gründüngungsmischungen
Carl Sperling & Co., Pflanzenzüchter
Postfach 2640
2120 Lüneburg

Gebr. Schaette KG
Pflanzenpflegemittel
Postfach 147
7967 Bad Waldsee

Pflanzenpflegemittel in Österreich:

Bio-Agrar-Zentrum GmbH
Bienensteingasse 9
A-3250 Vieselburg
(Ledona Produkte)

ARJOBAS
Biologische Pflanzenschutzmittel
Vertrieb: Karl O. Müller
Salzburger Str. 13
A-4840 Vöcklabruck

Franz Praskac
u. a. Cohrsprodukte
Freundorf
A-3430 Tulln

Regenwürmer und Regenwurmhumus

Wurmzuchtfarm Tennessee Wiggler
Oskar Angst
Gryphiusweg 15
6800 Mannheim 31

Eisenia GmbH & Co.
Kapellenstr. 25
6200 Wiesbaden

Finsterwalder Hof (Regohum)
8214 Hittenkirchen a. Ch.

Humoral Vertriebsgesellschaft
Landenberger & Co.
Innere Dorfstr. 12
7461 Dormettingen

Piton-Deutschland GmbH
2844 Lemförde

Saul Manfred
Pflanzen-Gold S'Edel-Humus
Edkovener Str. 143
5202 Hennef/Uckerath

Ziegelasch, H., VERMIKULTUR
Postfach 149
7200 Tuttlingen 1

Nützlinge per Post

Institut für Gemüsebau, FH Weihenstephan
Lange Point
8050 Freising

W. Neudorff GmbH KG
Postfach 1209
3254 Emmerthal 1

D. Niessner
Hugo-Wolf-Str. 13
4010 Hilden

Dipl. Ing. Sautter und Stepper
Rosenstr. 19
7403 Ammerbuch 5

Hatto Welte
Maurershorn 10
7752 Reichenau

Indische Laufenten

Karlheinz Bolenz
Hippergstr. 4
6501 Budenheim

Georg Garnreiter
Wernhardsberg 5
8200 Rosenheim

K.-L. Stehling
Gerichtsweg 3
3557 Ebsdorfergrund

August Tappmeyer
Lange Str. 30
4517 Hilter

Einige Spezialitäten für den Bio-Garten

(ohne Anspruch auf Vollständigkeit)

Bio-Schredder & Kompostersäcke
Thermo-Komposter
W. Neudorff GmbH KG
Postfach 1209, 3254 Emmerthal 1
(im örtlichen Fachhandel erhältlich)

Mulch, Komposte, Pflanzen-Substrate, Dünger u. a. für biologischen Land- und Gartenbau
JUP Institut für Umweltpflege AG
Eichenweg 11
CH-3052 Zollikofen/Bern

Bihutherm (Strohprodukt zur Bodenverbesserung)
Firma Riko
Altriperstr. 60
6800 Mannheim 24

Schneckenzaun Bio-Fix
Thomas Pfau, Ing.
Geräte für den Umweltschutz
Juchstr. 27
CH-8116 Würenlos/Schweiz

Bezugsquelle in Deutschland:
Bio-Gartenmarkt Keller
Konradstr. 17
7800 Freiburg i. Br.

Neudorff's Intensiv Kultursystem (mit Schnecken-Abwehrkante)
W. Neudorff GmbH KG
(siehe oben)

Humofix-Schnellkompostpulver
Abtei Fulda
Nonnengasse 16
6400 Fulda

Topinambur-Zuchtgarten K. Marquardt
Sonnenberg 42
3105 Müden/Ö.

Grünspargelzucht
Helmut Steiner
Römerstr. 817
4130 Moers/Ndrrh.

Dörrapparate verschiedener Firmen
Bio-Gartenmarkt Keller
(siehe oben)

Spezialgeräte für den Bio-Garten

Adlus – Max Langenstein GmbH & Co.
Postfach 2054
7918 Illertissen
(Bio-Geräte-Serie)

Polar – Gartengeräte – Wilfert GmbH
Stöcken 45–47
5650 Solingen 1
(Bio-Bodenlüfter, Bio-Gabel Rindenreiniger)

Die Geräte sind im örtlichen Fachhandel erhältlich.

Saatgut aus biologischem oder biologisch-dynamischem Anbau; ungebeiztes Saatgut

Bio-Gartenmarkt Keller
Konradstr. 17
7800 Freiburg i. Br.
(ungebeiztes Saatgut von Gemüse und Blumen und Sonderliste für biologisch-dynamisches Saatgut)

Karl Hild, Saatzuchtbetrieb
Postfach 99, 7142 Marbach/Neckar
(ungebeiztes Saatgut, Gemüse)

Kiepenkerl-Samen
Bruno Nebelung GmbH u. Co.
Postfach 5569, 4400 Münster
(ungebeiztes Saatgut)

Ilmar Randuja – Ekkart Hof
CH-8574 Lengwil
(Gemüse, Kräuter, Blumen, Gründüngung)

Carl Sperling & Co., Pflanzenzüchter
Postfach 2640
2120 Lüneburg
(NUR NATUR-Samen, Kräuter; Bio-Start, mit keimungsfördernden und pilzhemmenden Pflanzenextrakten behandelt; Gemüse und Kräuter)

Julius Wagner GmbH
Postfach 105880
6900 Heidelberg
(»Bio-Select«, gesunde Sorten mit Naturextrakten behandelt, Gemüse)

Wildkräuter und Wildblumen; Wiesenblumen-Mischungen

Conrad Appel GmbH, Abt. Wildpflanzen
Bismarckstr. 59, 6100 Darmstadt

Blauetikett-Bornträger GmbH
6521 Offstein

Expona
Postfach 1161, 8045 Ismaning

Dieter Köhler
Leonhardistr. 28
8201 Tuntenhausen-Biberg

Wolfhart Lau
7881 Großherrischwand

L. C. Nungesser KG
Postfach 110846, 6100 Darmstadt

Staudengärtnerei Rolf Peine
Mariabrunner Str. 71, 8000 München 60

Carl Sperling & Co., Pflanzenzüchter
Postfach 2640, 2120 Lüneburg

Julius Wagner GmbH, Samen-Großhandel
Postfach 105880, 6900 Heidelberg

Blumen- und Gemüsesamen

Blumen Horstmann
Postfach 540
2200 Elmshorn

Dehner – Alles für den Garten
Postfach 1160
8852 Rain am Lech

Inhoffen Samen
Rhein. Saatgut Gesellschaft m. b. H.
Wilhelmstr. 14
5350 Euskirchen – Rhld.

J. Lambert & Söhne
Postfach 2565, 5500 Trier

Gärtner Pötschke
Postfach 2220, 4044 Kaarst

Samen Mauser
Zürichstr. 98
CH-8600 Dübendorf/Zürich

Samen Schmitz
Viktualienmarkt
8000 München 1

Carl Sperling & Co., Pflanzenzüchter
Postfach 2640, 2120 Lüneburg

Julius Wagner GmbH
Samen-Großhandel
Postfach 105880
6900 Heidelberg

Staudengärtnereien

Georg Arends, Staudengärtnerei
Monschaustr. 76
5600 Wuppertal-21

Staudenkulturen Hagemann
Walsroder Str. 324
3012 Langenhagen 6

Odenwälder Pflanzenkulturen
Kayser & Seibert
Wilhelm-Leuschner-Str. 85
6101 Roßdorf 1

Gärtnerischer Pflanzenbau
Dr. Hans Simon
Georg-Mayer-Str. 70
8772 Marktheidenfeld

Staudengärtnerei Heinz Klose
Rosenstr. 10
3503 Lohfelden bei Kassel

Botanischer Alpengarten
F. Sündermann
Aeschacher Ufer 48
8990 Lindau im Bodensee

Staudengärtnerei
Gräfin von Zeppelin
Laufen/Baden
7811 Sulzburg 2

Wasser- und Sumpfpflanzen

Heinrich Junge
Wasserpflanzen, 3250 Hameln

Teichgärtnerei Ursula Oldehoff
8195 Achmühle

Karl Wachter
Wasserpflanzengärtnerei
2081 Appen-Etz bei Pinneberg

Blumenzwiebeln und Dahlienknollen

Wiehler Dahlien
Gärtnerei Otto Bergerhoff
5276 Wiehl

Albrecht Hoch
Importeur von Pflanzenspezialitäten
Potsdamer Str. 40
1000 Berlin 37 (Zehlendorf)

Blumen Horstmann
Postfach 540
2200 Elmshorn

Samen Mauser
Zürichstr. 98
CH-8600 Dünbenhorst/Zürich

Wilhelm Pfitzer
Täschenstr. 51
7012 Fellbach

Gärtner Pötschke
Postfach 2220
4044 Kaarst

Rheinische Blumenzwiebel-Kulturen
Rittergut Birkhof
4052 Korschenbroich 3

Firma G. R. Vatter AG
Sägestr. 65
CH-3098 Köniz-Bern

Rosen

W. Kordes' Söhne, Rosenschule
2201 Sparrieshoop über Elmshorn

Ingwer J. Jensen GmbH
Kultivateur historischer und seltener Rosen
Hermann-Löns-Weg 39
2390 Flensburg 04631/60100

Richard Huber, Baum- und Rosenschule
CH-5605 Dottikon
(großes Sortiment alter Rosen)

Uwe Rohlfs, Rosenkulturen
2910 Westerstede 2 Mansie
(führt Bodendecker-Rosen)

Rosen-Union 06032/82068
Steinfurther Hauptstraße 25
6350 Bad Nauheim-Steinfurth

Baumschulen

Christian Fey
5309 Meckenheim

Geisenheimer Baumschule
Postfach 1250
6222 Geisenheim/Rhein
(Obstspezialitäten, neue Walnußzüchtungen)

Versand Baumschule, Rudi Hartmann
Postfach 1503
2080 Pinneberg (Holstein)
(Spezialist für Heckenpflanzen)

Baumschule Hesse
Postfach 240
2950 Weener 1 (Ostfriesland)

Euro-Baumschule, Rudolf Schmidt
2084 Rellingen (Holstein)

Ernst Wohlt, Baumschule
Postfach 2207
2080 Pinneberg (Holstein)

Rhododendron-Spezialisten

Georg Arends
(siehe Staudengärtnereien)

Dietrich Hobbie
Rhododendron-Kulturen
2911 Linswege/Oldenburg

Wildsträucher

Baumschule Appel
Bismarckstr. 59, 6100 Darmstadt

ARJOBAS-Biolog. Wildgehölzezucht
Ruppert Uttentaler
Piesing 17, A-4682 Geboltskirchen

Baumschule Brenninger
Hofstarring 57, 8251 Steinkirchen

Hohenloher Baumschule
Pfedelbacher Str. 55, 7110 Öhringen

Naturland-Wildsträucher
Kleinhaderner Weg 1, 8032 Gräfelfing

Naturwuchs, Wildsträucherbaumschule
August-Bebel-Str. 16–18
4800 Bielefeld 1

Kletterpflanzen-Spezialitäten

Abtei Neuburg
Stiftweg 2
6900 Heidelberg-Ziegelhausen
(Spezialgärtnerei für Efeu)

Ingwer J. Jensen
Hermann-Löns-Weg 39, 2390 Flensburg
(Umfangreiches Clematis-Sortiment, Efeu, historische Kletterrosen)

Alte Obstsorten

Baumschulen Baumgartner
8341 Nöham b. Pfarrkirchen
(umfangreiches Sortiment alter Apfel- und Birnensorten, Kirschen und Zwetschen)

Baumschule Brenninger
Hofstarring 57, 8251 Steinkirchen
(umfangreiches Sortiment alter Apfel- und Birnensorten, Walnußveredelungen)

Hermann Cordes
Lütlanden 4, 2000 Wedel (Holst.)
(Alte und neuere Obstsorten)

Klaus Ganter
BdB-Markenbaumschule
Forchheimer Str. – Baumweg 2
7831 Wyhl am Kaiserstuhl
(umfangreiches Sortiment alter Apfel- und Birnensorten, Walnußveredelungen)

Erdbeeren

Dehner
Alles für den Garten
(siehe Blumen und Gemüse)

Blumen Horstmann
(siehe Blumen und Gemüse)

Gärtner Pötschke
(siehe Blumen und Gemüse)

Gustav Rosenbaum
(Erdbeerpflanzen für biologischen Anbau)
Wülfersche Str. 16, 4817 Leopoldshöhe

Zeitschriften für den Biogärtner

Kraut & Rüben
BLV Verlag
Lothstr. 19, 8000 München 40

BioGarten
pala Verlag
Schloßgraben 21, 6117 Schaafheim

Garten organisch
Postfach 3645, 7900 Ulm

Lebendige Erde
Forschungsring für biologisch-dynamische Wirtschaftsweise
Baumschulenweg 19, 6100 Darmstadt

Winke
Abtei Fulda
Nonnengasse 16, 6400 Fulda

Abtei Fulda: Comfrey, Was ist das?
- Beerenobst im naturgemäßen Anbau
- Wildbeeren auch im Garten
- Obstbau-Kalender auf Biologischer Grundlage
- Der Natur auf der Spur
- Gemüsebau auf naturgemäßer Grundlage
- Pflanzensaft gibt Pflanzenkraft

Arbeitsgruppe für biologischen Land- und Gartenbau: Wegleitung zum Biologischen Gartenbau, Bühlmann Verlag, 1978

Aubert, Claude: Das große Buch der Biologisch Gesunden Ernährung, Verlag ORAC, Wien 1980

Beba, Hans/Andrä, Hermann: Hügelkultur, die Gartenbaumethode der Zukunft, Waerland-Verlagsgenossenschaft, 1974

Berling, Rainer: Nützlinge und Schädlinge im Garten, BLV Verlag, 1986

Boas, Prof. Dr. Friedrich: Zeigerpflanzen, Verlagsgesellschaft für Ackerbau mbH, 1958

Bockemühl, Jochen: Vom Leben des Komposthaufens, Philosophisch-Anthroposophischer Verlag, 1979

Boerner/Koch: Gehölzschnitt, Ulmer Verlag, 1979

Bruce, M. E.: Gartenglück durch Schnellkompost, Waerland-Verlagsgenossenschaft

Buch, Walter: Der Regenwurm, Ulmer Verlag 1986

Buchner, Greet: Gesundheit fängt im eigenen Garten an, Bircher-Benner Verlag

Caspari, Dr. Fritz: Fruchtbarer Garten, Wirtschaftsverlag M. Klug, 1964

Chan, Peter: Peter Chan's chinesischer Gemüsegarten, pala-Verlag 1985

Darwin, Charles: Die Bildung der Ackererde durch die Tätigkeit der Würmer, E. Schweizerbart'sche Verlagsbuchhandlung, 1899
- Nachdruck der Originalausgabe (deutsche Übersetzung) März Verlag, Berlin 1983

Dietrich, Peter: Der Naturgemäße Garten, Verlag J. Neumann-Neudamm, 1980

Dittmer, Werner: Nach alten Rezepten konservieren, Otto Maier Verlag, 1987

Francé-Harrar, Anni: Die letzte Chance, Bayerischer Landwirtschaftsverlag, 1950
- Humus, Bodenleben und Fruchtbarkeit, Bayerischer Landwirtschaftsverlag, 1957

Francé, R. H.: Die Welt der Pflanzen, Südwest Verlag, 1962

Franck, Gertrud: Gesunder Garten durch Mischkultur, Südwest-Verlag, 1980

Franz, Jost M./Krieg, Aloysius: Biologische Schädlingsbekämpfung, Verlag Paul Parey, 1976

Fukuoka, Masanobu: Der Große Weg hat kein Tor, pala-Verlag

Graf, Ursula Rösli: Darstellung verschiedener Biologischer Landbaumethoden und Abklärung des Einflusses Kosmischer Konstellationen auf das Pflanzenwachstum (Dissertation), Zürich 1977

Haas, P. G. de: Naturgemäßer Obstbaumschnitt, BLV Verlag, 1978

Haller, Albert von: Lebenswichtig aber unerkannt (Phytonzide schützen das Leben), Verlag Boden und Gesundheit, 1977

Haller, Albert und Wolfgang von: Die Wurzeln der gesunden Welt (2 Bände), Verlag Boden und Gesundheit, 1978

Hansen/Stahl: Bunte Staudenwelt, Ulmer Verlag, 1963
- Bäume und Sträucher im Garten, Ulmer Verlag, 1976
- Die Stauden und ihre Lebensbereiche in Gärten und Grünanlagen, Ulmer Verlag 1981

Heyer, Gustav von: Der Regenwurm, Dein Freund und Helfer, Eigenverlag, 1974

Heynitz, Kraft von: Kompost im Garten, Ulmer Verlag, 1983

Heinitz, von/Merckens: Das biologische Gartenbuch, Verlag E. Ulmer, Stuttgart, 1980

Hitschfeld, Oswald: Naturgemäße Schädlingsabwehr, Heinrich Schwab Verlag, 1976

Howard, Sir Albert: Mein Landwirtschaftliches Testament, Edition Siebeneicher, Volkswirtschaftlicher Verlag, 1979

Howard, Mario, Naturgemäßer Gartenbau, Desertina-Verlag, 1978
- Mischkulturen für Flach- und Hügelbeete, BLV Verlag, München 1985

Jäggli/Furrer/Jäggi: Bodenkunde, Verlag Wirz Aarau,1978

Könemann, Ewald: Nußbau in allen Lagen, Wilhelm Braumüller Verlagsbuchhandlung, 1978

Koepf/Pettersson/Schaumann: Biologisch-dynamische Landwirtschaft, Ulmer Verlag, 1974

Kreuter, Marie-Luise: Der biologische Garten, Heyne-Verlag, 1977
- Biologischer Pflanzenschutz, BLV Verlag, 1982
- Das 1×1 des Biogärtners, BLV Verlag 1983
- Kräuter und Gewürze aus dem eigenen Garten, BLV Verlagsgesellschaft, 1985

Lehane, Brendan: Macht und Geheimnis der Pflanzen, Wolfgang Krüger Verlag, 1978

Lingenfelder, Maria: Die Milchsäuregärung, Das hauswirtschaftliche Einsäuern von Gemüse, Waerland-Verlag

Lohmann, Michael: Ökogärten als Lebensraum, BLV Verlag,1983

Pfeiffer, E. und Riese, E.: Der erfreuliche Pflanzgarten, Rudolf Geering-Verlag, 1940

Rainer, Roland: Die Welt als Garten – China, Akademische Druck- und Verlagsanstalt Graz, 1976

Le Roy, Louis G.: Natur ausschalten Natur einschalten, Verlag Klett-Cotta,1978

Schmid, O./Henggeler, S.: Biologischer Pflanzenschutz im Garten, Verlag Wirz Aarau, 1979; Verlag E. Ulmer 1984

Schuphan, W.: Mensch und Nahrungspflanze, Dr. W. Junk B. V.-Verlag, 1976

Schwarz, Urs: Der Naturgarten, Wolfgang Krüger Verlag, 1980

Schwenke, W.: Zwischen Gift und Hunger, Schädlingsbekämpfung gestern, heute und morgen, Springer-Verlag, 1968

Seifert, Alwin: Gärtnern, Ackern – ohne Gift, Biederstein Verlag, 1971

Senckenbergische Naturforschende Gesellschaft: Umwelt 2000, Verlag Waldemar Kramer, 1971

Siebeneicher, Georg E. (Herausgeber): Neues großes Gartenlexikon, Südwest Verlag, 1973

Snoek/Wülfrath: Das Buch vom Steinmehl, Verlag Orac Pietsch, 1983

Spohn, E.: Gesunde Erträge aus lebendigem Boden, Schnitzer Verlag, 1974

Stangl, Martin: Gesundes Obst und Gemüse, BLV Verlag, 1979
- Stauden im Garten, BLV Verlag 1984
- Freude und Erfolg im Obstgarten, BLV Verlag, 1987

Stein, Siegfried: Salate selbst gezogen, Gräfe & Unzer Verlag, 1980
- Pflanzenaussaat mit Erfolg, BLV Verlag 1987
- Wassergärten, BLV Verlag, 1984

Steiner, Hans: Nützlinge im Garten, Ulmer Verlag, 1985

Stout, Ruth: Mulch-Gärtnern ohne Arbeit, pala-Verlag

Thun, Maria: Aussaattage, Verlag Aussaattage, jährliche fortlaufend

Tokin, Prof. B. P.: Phytonzide, Verlag Volk und Gesundheit, Berlin 1956

Trolldenier, Günter: Bodenbiologie, Die Bodenorganismen im Haushalt der Natur, Franck'sche Verlagsbuchhandlung, 1971

Vernazza, Clelia: Biologisch Gärtnern, Hallwag Verlag, 1979

Voitl/Guggenberger/Willi: Das große Buch vom biologischen Land- und Gartenbau, Verlag ORAC, Wien,1980

Welten, Frieda: Biologischer Gartenbau Ratgeber, Lichtquellverlag Oberwil, 1973

Wistinghausen, Eckard von: Was ist Qualität?, Verlag Lebendige Erde, 1979

Verweise bedeuten:
fette Zahlen = Hauptverweis
* = Abbildung
T = Tabelle